63인의 역사학자가 쓴

한국사 인물 열전

한영우선생정년기념논총 간행위원회 엮음

3

돌베개

63인의 역사학자가 쓴 한국사 인물 열전 3

한영우선생정년기념논총 간행위원회 엮음

2003년 12월 1일 초판 1쇄 발행
2008년 3월 25일 초판 2쇄 발행

펴낸이 한철희 | 펴낸곳 돌베개 | 등록 1979년 8월 25일 제406-2003-018호
주소 (413-756) 경기도 파주시 교하읍 문발리 파주출판도시 532-4
전화 (031)955-5020 | 팩스 (031)955-5050
홈페이지 www.dolbegae.com | 전자우편 book@dolbegae.co.kr

책임편집 이경아 | 편집 김수영·박숙희·김현주·김윤정 | 교정 최양순
본문디자인 이은정 | 인쇄·제본 백산

ISBN 89-7199-177-1 04910
　　　　89-7199-178-X 04910(세트)

책값은 뒤표지에 있습니다.

이 도서의 국립중앙도서관 출판시도서목록(CIP)은 e-CIP 홈페이지
(http://www.nl.go.kr/cip.php)에서 이용하실 수 있습니다.(CIP제어번호: CIP2003001584)

63인의 역사학자가 쓴

한국사 인물 열전

3

책머리에

이 책은 한국사에 뚜렷한 행적을 남긴 역사적 인물 63인을 선정하여, 그들의 생애와 활동을 종합 정리한 인물 평전이다.

역사 연구는 기본적으로 인물에 관한 연구라 할 수 있다. 동양의 전통 역사서인 기전체(紀傳體) 사서에는 당대에 뚜렷한 행적을 남긴 인물들의 열전(列傳)이 있고, 서양에서도 일찍부터 인물사 연구를 시작하여 상당한 성과를 내놓았다. 또한 근래에는 중국사나 일본사 분야에서 역사적 인물에 관한 전문 저작들이 많이 나오고 있다. 그러나 한국사에 있어서는 인물의 생애가 간략하게 정리된 인물사전이나 집중적인 연구가 이루어진 몇몇 인물에 대한 연구서를 제외하면 아직도 인물사 연구가 많이 부족한 형편이다. 이에 필자들은 역사적 인물의 행적에 관한 기록이 기왕의 인물사전보다 자세하고, 관련 자료 및 인물에 대한 평가가 포함된 새로운 형태의 인물 평전을 편찬하기로 하였다.

필자들이 이러한 책을 구상하게 된 데에는 서울대 국사학과에서 30년 이상을 재직하고 2003년 8월 말로 정년을 맞으신 한영우 선생의 정년을 기념하려는 것이 계기가 되었다. 조선 시대를 중심으로 한국사 전반에 걸쳐 많은 연구 업적을 남기고 훌륭한 후학들을 길러낸 선생님의 학덕에 보답하는 동시에 한국사 연구에 디딤돌이 될 수 있는 책을 만들고자 했던 것이다.

이 책에 수록된 인물은 한국 고대사에서 현대사에 이르기까지 총 63명에 이르며, 본문의 순서는 각 인물의 생년을 기준으로 하여 시대순으로 배열되어 있다. 각 인물의 평전에는 생애, 활동 및 업적, 역사적 평가, 연구 현황, 문제점, 참고자료를 정리하여 인물의 전체 모습이 드러날 수 있도록 하였고, 평이한 문체를 사용하여 일반인도 쉽게 이해할 수 있도록 하였다.

물론 이 책에 수록된 인물만으로 한국사의 주요 인물이 모두 망라되었다고 할 수는 없을 것이다. 비록 이 책에서 다루어지지는 않았지만 한국사에서 중요한 업적을 남긴 인물들이 많이 남아 있기 때문이다. 그렇지만 이 책은 현재 역사학자들이 크게 관심을 가지고 연구를 진행하고 있는 인물을 대상으로 하였고, 각 인물에 관한 가장 최근까지의 연구 성과를 반영하였으며, 해당 인물을 본격적으로 연구하기 위한 참고자료까지 제시하였다는 것이 가장 큰 장점이다.

책의 편집을 마치고 보니 인물의 선정에서 몇 가지 특징이 나타난다. 대상 인물에 있어 조선 후기와 근현대의 인물이 비슷한 비중을 보이고, 국왕이나 대통령과 같이 국가의 최고 지도자였던 인물이 많이 등장한다. 또한 지금까지 역사 교과서에 전혀 보이지 않았던 인물들이 새롭게 나타나기도 한다. 새로운 인물이 발굴되었다는 것은 연구의 지평을 넓힐 수 있는 터전이 되며, 인물의 개인 행적을 종합적으로 정리하는 것은 연구의 심도를 더하는 밑거름이 될 것이다.

무엇보다도 이 기획에 참여하여 좋은 원고를 보내주신 여러 필자들에게 깊은 감사의 인사를 드린다. 그리고 이를 계기로 새로운 역사적 인물들의 행적이 꾸준히 발굴되고 그들의 행적이 종합적으로 정리됨으로써, 한국사의 폭과 깊이가 더해지기를 기대한다.

2003년 11월
필자를 대표하여 정옥자 씀

63인의 역사학자가 쓴 한국사 인물 열전 3

한국사 인물 열전 2

박규수 朴珪壽

개화사상의 아버지

이영학 한국외국어대학교 사학과 교수

1. 박규수의 생애

박규수(朴珪壽, 1807~1876)는 19세기 중엽의 선진 사상가이고, 정치가이며, 학자였다. 그는 19세기 중엽 사상적·정치적인 측면에서 중심에 서 있었다. 그는 김정희(金正喜)·이규경(李圭景)·최한기(崔漢綺) 등 당시의 선각적 인물들과 교류하면서 사상을 형성해갔으며, 강위(姜瑋)·오경석(吳慶錫)·유대치(劉大致) 등의 중인층과 교류하면서 사상을 심화시켜갔다.

박규수는 박지원(朴趾源)의 손자로 실학적 학풍을 계승하면서 사회를 개혁하려고 노력했고, 밖으로는 문호를 개방하여 서구의 선진 문물을 수용함으로써 당시의 사회적 위기를 극복하려고 했다. 나아가 그의 새로운 사상은 김윤식(金允植)·김홍집(金弘集)·김옥균(金玉均)·박영효(朴泳孝)·유길준(兪吉濬) 등에게 영향을 주면서 개화사상이 확대되어가는 데 큰 역할을 했다.

이제 19세기 중엽에 큰 역할을 했던 박규수의 생애에 대해서 알아보자.

박규수는 1807년 9월 서울 북부 가회방(嘉會坊: 현재 종로구 가회동)에서 박종채와 그 부인 전주 유씨의 3남 중 장남으로 태어났다. 박규수의 가문은 신라 시조 박혁거세의 후예로, 고려 중기에 나주 반남현(潘南縣)의 호장(戶長)을 지낸 박응주를 선조 일세(一世)로 하는 반남(潘南) 박(朴)씨 가문이다.

반남 박씨 가문은 조선 시대에 유명한 학자와 관료를 배출했다. 고려 말에는 박상충(朴尙衷)이 유명했으며, 그 아들 박은(朴訔)이 조선 건국 초 왕자의 난 때 태종을 도와 좌명공신(佐命功臣)으로 좌의정에 오르고 반남군(潘南君)에 봉해진 후 가문이 크게 번성했다. 조선 중종 때 김굉필(金宏弼)의 문인으로 사간(司諫)을 지내고 조광조(趙光祖)와 함께 왕도정치를 구현하기 위해 노력한 10세손 박소(朴紹)와 그 네 아들대(代) 이후 가문이 크게 번창하여, 박규수 당대에 이르기까지 명문거족으로 자리잡았다. 특히 조부 박지원은 북학파의 거두로 학문이 뛰어났고, 개혁적인 인물로 18세기 말에 두각을 나타냈다. 박규수의 집안은 19세기에 들어와 노론 낙론계(洛論系)를 대표했던 집안이다. 그 가계도를 그림으로 표시하면 다음과 같다.

박규수의 생애는 사상적인 변천에 따라 다음과 같이 네 시기로 나눌 수 있다.*

먼저, 제1기(1807~1830년)인 수학기이다. 그는 어려서부터 총명하여 7세 때 벌써 『논어』를 읽고 시를 지어 사람들을 놀라게 했다고 한다. 그는 아버지 박종채의 영향을 크게 받으면서 자랐다. 아버지는 조부 박지원의 행적을 기록한 『과정록』(過庭錄)을 집필했고, 박지원의 '실학'을 자식에게 전해주었다. 박규수는 열심히 학문을 연마하여 학식을 높여, 21세(1827년) 때는 효명세자(孝明世子)에게 『주역』을 진강(進講)하고 세자에게서 인정을 받았다. 효명세자는 1825년부터 경우궁(景祐宮) 후문 가까이에 있던 박규수의

---

* 이완재, 「박규수의 가세와 생애」, 『박규수 연구』, 집문당, 1999.

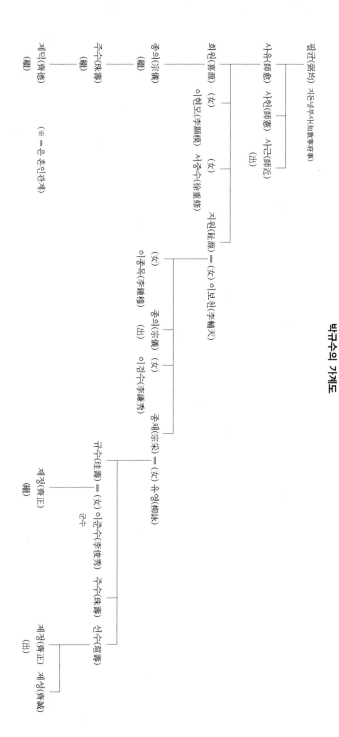

출전: 이완재, 「박규수의 가계와 생애」, 『박규수 연구』, 집문당, 1999 참조.

집을 자주 방문하여 박규수와 교유했다. 그는 세자와 잘 어울렸고, 절친했다. 효명세자는 1827년부터 대리 청정을 하면서 심상규(沈象奎) 등 안동 김씨계의 인사를 파면하고, 대신 신진 인사를 기용하는 인사 행정을 단행했으며, 경복궁 보수·형벌제도 개선 등을 행하면서 왕권을 강화하고자 했다. 이 과정에서 세자와 박규수는 의기 투합했다. 다음해에는 세자의 명으로 박지원의 글들을 정리하여 『연암집』(燕巖集)을 만들어 바쳤다. 박규수는 『연암집』을 정리하면서 박지원의 사상을 이해할 수 있었고, 그 영향을 받으면서 자신의 생각을 다듬을 수 있었다.

제2기(1830~1848년)는 칩거기이다. 1830년 그와 절친했던 효명세자가 갑자기 세상을 떠나자, 박규수는 크게 상심했다. 그는 세자와 국내외 정세에 대해 논의하면서 새로운 사회를 건설해갈 계획을 모색하기도 했었다. 그런 그에게 세자의 죽음은 큰 충격이었다. 박규수는 세자가 서거한 후 연일 통곡하며 삶의 의욕조차 잃었다. 설상가상으로 세자가 죽은 지 4년 뒤에 어머니가 사망했으며, 그후 다시 1년 뒤에 아버지와 아우 박주수(朴珠壽)가 세상을 떠나자 박규수는 인생무상을 느낄 정도로 큰 충격에 휩싸였다. 이에 그는 칩거하면서 독서를 하며 세월을 보냈다. 그는 과거도 포기한 채 학문에만 몰두하면서 은둔 생활을 했다. 반면에 이 기간은 오랜 내면적 모색을 통해 자신의 사상과 학문을 심화시킨 시기이기도 했다.

제3기(1848~1872년)는 과거에 합격하여 관료로 나아가면서 자신의 뜻을 펼쳐 나갔던 관료 생활기이다. 그는 42세(1848년) 때 증광시(增廣試) 병과에 급제했다. 이후 박규수는 관료로서 정치가로서 외교관으로서 자신의 뜻을 펼치며 활발하게 활동했다. 그는 중앙 관계에서 요직을 차지했고, 관료로 입문한 지 16년 만에 종2품으로 고속 승진을 했으며, 이후 한성판윤, 예조판서, 사헌부 대사헌, 홍문관 제학, 공조판서, 사간원 대사간, 형조판서, 우의정 등을 역임하면서 중앙 정계에 큰 영향을 미쳤다.

제4기(1872~1876년)는 박규수가 서양의 선진 문물을 수용하기 위해 문호를 개방해야 한다고 주장한 시기이며, 나아가 개화사상을 양반층의 자제들에게 전하려 했던 시기이다. 그는 1861년 청나라의 위문사로 갔다 온 후, 조선은 개국(開國)하여 외국과 교류해야 한다고 생각했다. 그뒤 1871년 신미양요를 겪고, 1872년 4월 중국에 정식 사신단의 대표자(進賀兼謝恩正使)로 갔다 온 뒤 세계정세에 눈을 뜨고는, 서양의 선진 문물을 수용해야 한다는 입장을 정하면서 적극적으로 신사상을 전파하려고 노력했다. 그리하여 대원군과 의견 차이를 나타냈으며, 이에 1874년 우의정을 사임한 후 자신의 사랑방에 양반층의 자제들을 모아놓고 국내외 정세를 논의하면서 그들로 하여금 새로운 사회를 만들어가게 유도했다. 박규수는 1876년 강화도 회담 때 일본과의 개항을 주장하여 강화도 조약을 맺는 데 큰 역할을 담당했다. 그러나 그는 자신의 생각을 모두 실천에 옮기지 못하고, 1876년(70세) 12월 서울 북부 재동의 자택에서 타계했다.

2. 활동 및 업적

박규수는 1848년 과거에 합격한 뒤 42세의 늦은 나이에 관료로 나아가면서, 처음에는 지방 관직을 주로 맡았다. 1848년에 용강현령이 되었고, 1850년에는 부안현감으로 부임하면서 향촌 사정과 농민 생활을 살펴보았다. 그의 수령 생활은 백성들을 이해하는 데 일정한 기여를 하였다. 서울 북촌의 양반 동네에서 태어나 성장한 박규수에게, 지방의 수령 생활은 향촌 사회의 실정과 백성들의 삶을 이해하는 데 큰 도움이 되었다. 그가 부안현감으로 재직하는 동안 청렴한 행정 관료로 인정받아 1851년 8월 사헌부 지평에 임명되었고, 곧이어 홍문관 부수찬에 전임(轉任)되었다.

19세기 중엽은 이양선(異樣船)이 출몰하고, 지방관의 비리가 횡행하면서 민란이 빈발하던 혼란과 위기의 시기였다. 그런 가운데 박규수는 1854년 10월 경상좌도 암행어사로 파견되었다. 그는 영남 지방을 돌아보면서 지방관들의 부정 비리를 직접 파악하고, 백성들의 어려운 삶을 알게 되었다. 그는 삼정(三政)의 문란, 지방 서리와 수령들의 비리 등 실상에 접하면서, 그것을 척결하는 데 힘을 기울였다. 그가 지방의 실정을 있는 그대로 파악하여 보고함으로써 경주부윤, 대구판관, 밀양부사 등 많은 지방관들이 처벌되었으며, 반대로 대구영장(營將), 경주영장 등은 포상을 받았다. 그는 경상좌도 암행어사로서 노력한 공로를 인정받아 다음해(1855년) 1월에 승정원 동부승지(同副承旨)에 특진되었다. 승지로서 2년여에 걸쳐 국왕의 최측근에 있던 박규수는 1858년 곡산부사로 나가 지방관으로서의 능력을 다시한번 발휘했다.

19세기 중엽은 서구 열강의 침략이 거세지는 시기였다. 1856년 애로호 사건을 계기로 영국과 프랑스 연합군이 중국을 침략했고, 1860년에는 중국의 수도인 북경이 함락되자 청나라의 함풍제가 열하(熱河)로 피신했다. 그 소식이 조선 조정에 알려지자 양반 관료들은 "서양 세력이 조만간 조선에도 침략해 들어올 것"이라는 위기의식을 느꼈고, 이에 가족들을 지방에 피신시키는 자들도 생겼다. 곧바로 조정에서는 청나라 황제를 위로하고, 서양 세력의 중국 점령 상태와 그들의 침략 목적을 알기 위해 1861년에 위문사를 파견했다.* 박규수는 1월부터 6월까지 위문사의 부사(副使)로 열하에 갔다가, "(중국은) 내치(內治)의 문란이 병란(兵亂)을 초래했고, 이것이 외이(外夷)에게 틈을 주어 외환(外患)을 불렀다"고 보고하여, 중국은 내적으로 내치를 이루지 못해 태평천국의 난 등이 진행되고, 그것을 틈타 양이(洋夷)가 침략하여 곤경에 빠졌다고 파악했다. 그러나 "서양이 전쟁을 일으킨 것은 중국을 침략하기 위해서가 아니라 통상을 요구하고 천주교의 포교를 허가받기 위한 것이며, 현재 중국 북경에서는 많은 서양인들이 자유로이 활동한다"(『용호한록』 3, 「578 別使先來便錄紙」)고 보고하면서, 그들이 땅을 빼앗기 위한 것은 아니므로 너무 경계할 필요는 없다고 했다. 그후 그는 서양 열강, 특히 미국과 교류를 하고자 했다.

1862년 2월 경상도 단성·진주를 시작으로 전국적으로 민란이 일어났다. 이에 철종은 박규수를 진주 민란의 안핵사(按覈使)로 파견하여 백성들을 위무(慰撫)하고, 민란의 진상을 조사·보고하는 역할을 맡겼다. 그는 진주 지역의 사정과 민란 전개 과정, 주도 세력들을 조사한 뒤, 진주 민란은 전 우병사(前右兵使) 백낙신(白樂莘)의 탐학(貪虐)으로 말미암아 백성들이 환곡(還穀)과 도결(都結)을 과잉 징수당했기 때문에 일어난 것이라고 파악했다. 그리하여 탐관오리들을 엄벌에 처하고, 반면에 난민(亂民)들은 주동자와 가담자를 구분하여 가볍게 처리할 것을 건의했다. 아울러 특별기관을 설치하여 민란의 원인을 조사하고 해결방안을 모색할 것을 건의하였고, 이에 정부에서는 '삼정이정청'(三政釐整廳)을 만들어 개혁안을 마련하기도 했다. 그러나 민란의 구조적 원인인 삼정의 문란, 수령과 서리들의 침학(侵虐) 등을 완전히 제거하지는 못했다. 이후 박규수는 중앙으로 진출하여 이조참의, 한성판윤, 예조판서, 사헌부 대사헌, 홍문관 제학 등의 요직을 거치면서 관료로서의 역량을 발휘했다.

1866년 당쟁이 심해지고 정부에서 천주교를 탄압하는 시기에, 박규수는 평안도 관찰사(1866년 2월~1869년 3월)로 파견되었다. 그가 평안감사로 부임한 그해 7월에, 미국상선 제너럴셔먼호가 대동강으로 올라오면서 교역을 원하기보다는 지방관의 저지를 무시하고 중무장한 채로 평양 입구까지 침입하여 약탈과 살상을 자행했다. 그러자 군·관민이 합세하여 배를 침몰시키고 24명의 승무원을 전원 몰살시켰다.

이에 미국측은 그해 12월 워추세트호를 파견했으며, 함장 슈펠트는 황해도 옹진만에 도착하여 장연현감과 조선 국왕에게 서신을 보내 미국 상선 서프라이즈호를 구조해준 데 대해 감사하고** 제너럴셔먼호 사건의 진상을 물

---

* 손형부, 『박규수의 개화사상 연구』, 일조각, 1997, 97~105쪽.
** 1866년 5월 미국 배 서프라이즈호가 표류하다가 평안도 철산에 정박했는데, 조선 정부에서는 이들을 구조하여 후하게 대접하고 청국까지 호송해주었다.

었다. 그러나 이 배는 회답을 얻지 못한 채 18일 만에 귀항했다. 이 소식을 들은 박규수는 제너럴셔먼호 사건을 해명할 수 있는 좋은 기회를 놓쳤다면서, 급히 외교 문서를 발송했다. 그는 '표류한 선박은 우리가 보호해주지만, 제너럴셔먼호는 침략해 들어왔기 때문에 침몰시켰다. 미국과는 아무런 나쁜 감정이 없으며, 사이좋게 지내기를 원한다'는 취지로 외교 문서를 발송했다(『瓛齋集』권7, 咨文,「擬黃海道觀察使答美國人照會」).

그러나 1871년 미국 함대가 제너럴셔먼호에 대한 배상과 통상을 요구하면서 조선을 침략해왔다(신미양요). 이때 박규수는 미국 무력의 막강함을 알게 되었다. 또한 그는 1972년 4월 정식 사신단의 대표로 중국에 다녀온 후, 중국은 쇠락해가는 반면 서양 열강은 막강한 무력을 지니고 있다는 사실을 깨달았다. 그리하여 서구 열강이 침략해 들어오기 전에 문호를 개방하고, 그들의 선진 문물을 받아들이면서 조선의 국력을 키워야 한다고 생각했다.

박규수는 1873년 5월 형조판서에 임명되었고, 12월에는 우의정으로 승진했다. 일본은 1868년 메이지 유신(明治維新)을 단행한 후, 다음해(1869년)에는 조선과 교류하기를 원하면서 외교 문서를 발송해왔다. 박규수는 일본과 교류해야 한다고 주장했다. 반면에 대원군은 계속 쇄국(鎖國)을 주장했으며, 의견 차이로 박규수는 1874년에 우의정을 사임했다. 그후 그는 자신의 사랑방에 양반층의 젊은 자제들을 모아놓고 국내외 정세를 논하면서 그들에게 세계정세를 알려주고, 국내의 사회 모순을 생각하게 했다. 또한 젊은 양반 자제들에게 새로운 사상을 전하려고 했다.

한편, 박규수는 많은 글을 남겼다. 20대 초반 효명세자에게 『상고도설』(尚古圖說)과 『풍소여향』(鳳韶餘響)를 지어 바쳤다. 『상고도설』80부는 옛날부터의 충신과 의사의 사적을 발췌하여 국가의 난세, 민생의 안위 등에 대한 자신의 견해를 밝힌 것이고, 『풍소여향』은 역대 제왕의 고사 가운데 모범이 될 만한 것을 발췌하여 절구(絶句) 100수의 장편 시를 지어 바친 것이다. 1820년대에는 예학(禮學)에 몰두하여 1831년 아우 박주수(朴珠壽)와 함께 『거가잡복고』(居家雜服考)를 저술해, 예학을 바탕으로 사대부가 알아야 할 복식 제작법과 제도를 설명해놓았다. 이와 같이 박규수는 20~30대에 유학에 몰두한 가운데 실학의 영향을 받았다.

1848년 무렵에는 「벽위신편평어」(闢衛新編評語)를 지어 천주교에 대비하는 방법을 제시했다. 박규수는 『해국도지』를 참고하여 지세의(地勢儀: 현재의 지구의)를 만들기도 할 정도로 서양에 대해 깊이 연구했다. 그러나 지세의를 만든 사실이 서양 문물의 우수성을 알리는 오해를 줄 것을 우려하여 「지세의명병서」(地勢儀銘幷序)를 지어 선배 유학자들의 우수성을 설명하려고 했다.

1854년 경상좌도 암행어사로 나갔을 때 올린 보고서인 『수계』(繡啓)와 1862년 진주 민란 당시 안핵사로 파견되었을 때 올린 보고서 『안핵사 장계』(按覈使狀啓) 등에서는 그가 국가 기강의 해이, 삼정의 문란, 지방관의 탐학, 백성의 곤궁 등 사회 전반의 문제를 지적하고, 그것을 해결하기 위해 국내 정치체제의 정비, 삼정의 개혁, 지방관의 부정부패 척결, 백성의 위무 등을 이루어야 한다고 지적했다.

박규수는 이러한 내홍(內訌: 내분)이 심한 가운데 외적의 침입을 받는 것을 두려워했다. 중국이 태평천국의 난을 겪는 가운데 1840년 제1차 영청전쟁, 1860년 제2차 영청전쟁이 일어나고 그 결과 북경을 함락되는 과정을 지켜보면서, 조선도 민란 등의 내홍을 겪는 가운데 서양이 침략해 들어오면 사직(社稷)을 유지하기가 어려울 것이라고 판단했다. 1866년 이후 박규수가 청나라와 미국에 쓴 외교 문서는 이러한 국제정세관에 입각해 개국을 하고자 한 의도를 드러냈다. 그러나 당시 쇄국이 주도적인 분위기였기 때문에 적극적으로 주장하지는 못했다.

이러한 여러 글들을 모아, 박규수의 제자인 김윤식이 1912년에 『환재집』(瓛齋集)을 간행했다. 해방 이후 박규수의 글들을 추가로 수집하여 『박규수 문집』을 간행하기도 했지만, 최근에 그의 글들을 집대성해서 편찬해놓은 것은 성균관대학교 대동문화연구원에서 펴낸 『환재총서』(瓛齋叢書)(총 6권, 1996년) 이다.

3. 역사적 평가

박규수는 19세기 중엽에 선각적인 인물이었다. 그는 조부 박지원의 실학사상을 계승했고, 1870년대에는 개화사상을 전파하는 선구자 역할을 했다. 그를 역사적으로 평가하면, 실학사상의 계승자였으며, 애민주의자였다. 1860년대 말 쇄국이 주도적인 분위기 속에서 박규수는 미국과 일본에 문호를 개방하면서 교류해야 한다고 주장했다. 나아가 젊은 양반층의 자제들에게 새로운 세계관을 갖도록 유도했다.

(1) 실학사상의 계승자

박규수는 조부 박지원에게 사상적인 영향을 받았다. 아버지 박종채가 박규수에게 할아버지 이야기를 많이 들려주었고, 박규수 스스로도 조부 박지원의 글들을 정리하면서 영향을 받았다. 그는 22세 때 친교를 나누던 효명세자가 명을 내려 조부의 글들을 모아서 정리하여 『연암집』을 만들어 바쳤다. 그 과정에서 조부의 사상체계를 한번 정리할 수 있었다. 말년에 관직에서 은퇴한 뒤 젊은 양반층 자제들에게 신사상을 전파할 때도 박지원의 『연암집』을 읽으면서 국내 정세에 대해 토론했다.

　　그는 학문적인 교류도 주로 실학자들과 했다. 그는 학문을 형성하는 과정에서 외척, 선배, 친구 등의 영향을 많이 받았다. 외척으로는 이정리(李正履)·유공(柳公) 등이 있었고, 선배로는 김정희·이규경·조종영(趙鍾永)·홍석주(洪奭周)·홍길주(洪吉周)·김매순(金邁淳)·정약용(丁若鏞)·서유구(徐有榘)·윤정현(尹定鉉) 등이 있었으며, 친구로는 윤종의(尹宗儀)·신응조(申應朝)·남병철(南秉哲)·김영작(金永爵)·신석헌(申錫憲)·신석희(申錫禧)·

서승보(徐承輔)·신기영(申耆永)·최한기 등이 있었다. 이들은 주로 실학적 학풍을 갖는 인물들이었다. 중국인 학자 가운데는 명말 청초의 실학자인 고염무(顧炎武)의 영향을 많이 받았다. 이와 같이 인적 측면에서도 실학자들의 영향을 많이 받았다.

박규수는 중세적 신분제에 대해서도 비판했다. 그는 "조금이라도 지벌(地閥)이 있는 자면 으레 양반, 양반 하고 일컫는데, 이처럼 견디기 수치스러운 말은 없으며 이는 가장 무식한 자의 지껄임"이라고 말하면서 양반제에 대해 비판했다. 또한 그의 문인 박영효가 "『연암집』 가운데 귀족을 공격하는 글에서 평등사상을 얻었지요"라고 말했듯이, 그의 조부 박지원에게 받은 양반사회의 모순된 족벌의식에 대한 비판 정신을 이어받았다. 그는 직업관에서도 중세적 직업관을 탈피했다. 그는 "무릇 사람이면 효제충순(孝悌忠順)의 덕(德)이 있고, 무엇이고 '사'(士) 아닌 것이 없어, 그 몸은 '사'(士)이나 그 직업은 농공상고(農工商賈)이다"라고 언급했다. 즉, 사람으로서 유교적인 삼강(三綱)을 지니고 있으면 모두 선비이고, 그들의 직업은 농부, 공장, 상인으로 나누어진다고 보았다.

김윤식은 박규수의 학문 경향을 다음과 같이 종합적으로 평가했다.

> 박규수가 크게는 체국경야(體國經野)의 제(制)에서 작게는 금석(金石), 고고, 의기(儀器: 천체의 운동을 관측하는 기구), 잡복(雜服)에 이르기까지 연구가 정확하고 실사구시(實事求是)하지 않는 바가 없는데, 규모는 굉대(宏大)하고 종리(綜理)가 미세하고도 정밀했다. (『환재집』 권1, 「序」)

즉, 크게는 정치·경제 사상적 측면부터, 작게는 금석학·고고학·천문학·의복학 등에 이르기까지 그의 학문이 실사구시적이라고 언급했다. 박규수도 자신이 실학자임을 주장했다. 그는 "무릇 '학'(學)이라는 것은 모두가 실사(實事)에 근거를 두는 것이니, 천하에 '실'(實)이 없는데 어찌 '학'

이라고 이르겠는가"라고 하면서 실사구시를 학문의 근간이라고 주장했다. 이와 같이 박규수는 실학의 맥을 계승하였다.

(2) 애민주의자

박규수는 백성을 아끼고 사랑했다. 그런 측면에서 애민주의자(愛民主義者)라고 부를 수 있다. 그는 1848년 과거에 합격한 후 지방관으로 관료 생활을 했기 때문에 백성의 생활을 직접 접하고 이해할 수 있었다. 그의 백성을 사랑하는 마음은 혼란한 시기에 두드러지게 나타났다. 예를 들면, 1862년 진주 민란이 발생했을 때와 1866년 천주교 신자를 박해했을 때 두드러졌다.

1862년 전국적으로 민란이 일어났을 때, 박규수는 안핵사로 진주에 파견되었다. 그곳에서 진주 민란에 대해 조사했다. 그는 민란을 일으킨 죄인에 대하여 조사했고, 진주목의 관리들이 환곡을 횡령한 액수를 조사했다. 그는 중앙 관서에 올리는 보고서에서 진주읍 관리들의 횡령 내용을 자세히 조사하여 관련자를 처벌하고 횡령액을 환수할 것을 주장하는 한편, 농민들이 반란을 일으킨 원인은 "농민들의 탓이 아니라 매우 구조적인 모순에서 비롯"하는 것으로, 이것을 해결하지 않으면 문제를 치유할 수 없다고 주장했다. 그러므로 민란을 일으킨 관련자를 처벌하는 일은 가급적 신중하게 처리하는 것이 옳다고 건의했다. 기본적으로 인민에게 가혹한 처벌을 하기보다는 인민들이 한 행동에 대해 왜 그러한 행동을 취했는가를 살펴보고자 했다.

그러한 노력은 1886년 평안도 관찰사 시절에도 나타났다. 전국적으로 천주교 신자를 박해한 사건이 일어났을 때, 박규수는 천주교 신자들을 조사하면서 "인민(人民)이 교화(教化)의 혜택을 입지 못하여 정의를 버리고 사악함을 좇는데, 진실로 선(善)으로써 그들을 능히 인도하면 모두 우리의 양민(良民)인 것을 어찌 많이 죽이겠는가"라고 하면서 한 사람도 죽이지 않았다. 그는 백성들을 사랑하고 그것을 구조적인 문제로 보았기 때문에 백성들에게 책임을 묻지 않았다.

일본과 수교(修交)하는 데서도 백성을 사랑하는 의식이 드러났다. 일본과 수교를 해야 하는 여러 이유 가운데 표류하는 어민을 구하고 보호하기 위해서 수교해야 한다고 주장했다.

> 정치란 백성을 보호하는 것이다. 삼면이 바다로 둘러싸인 나라에서 어부들은 날마다 바다에 나아가 일본에 표도(漂到)하는 것이 매년 수십 회에 이르고, 그 때마다 일본 배에 의해 구조된다. 그런데도 이제 저들과 국교를 단절한다면, 이들 백성의 생명은 어찌하겠는가. (『환재집』 권11, 書牘, 「答上大院君 又」)

이와 같이 박규수는 인민의 우둔하고 무지함을 탓하기보다는 제도나 구조적인 사회적 모순을 해결하려고 했다. 그러나 그가 농민의 요구를 수용하려고 했지만, 농민을 역사의 주체로 인식하지는 않았다. 그것은 훨씬 뒤의 시기를 기다려야 했다.

(3) 개국론자

박규수는 1860년대에 들어서면서 조선이 개국(開國)해야 한다고 생각했고, 1870년대에는 개국을 적극적으로 주장했다. 박규수의 세계 정세에 대한 인식은 점차 변해갔다. 1850년대 전후의 서양에 대한 인식은 「벽위신편평어」(闢衛新編評語)와 「지세의명병서」(地勢儀銘幷序)를 통해 알 수 있다. 박규수는 그의 친구 윤종의가 1848년에 저술한 『벽위신편』(闢衛新編)에 대해 평을 했다. 『벽위신편』에서는 천주교의 유입과 서양 세력의 침투로를 막기 위한 방안으로 천주교의 모순을 알리고, 천주교를 철저하게 엄단하며, 천주교의 전파 통로인 해안을 방어할 것 등을 제시했다. 이에 대해 박규수는 「벽위신편평어」(闢衛新編評語)를 써서 천주교가 사교(邪敎)임을 규정한 후, 그 대응책으로 천주교도를 처형하고 천주교 관련서를 금서로 규정하기보다는, 천주교의 실체를 알도록 천주교서를 수입해서 공개하고, 관청을 특설하여 이것을 연구하고 비판함으로써 백성들을 교화시키도록 하자고 제안하였다.

아울러 박규수는 1850년 전후에 「지세의명병서」를 작성했다. 그는 위원(魏源)의 『해국도지』에 있는 지도 등을 이용해서 지세의를 만들었다. 그런데 이것을 제작하는 일이 서양인의 우월성을 인정하는 것으로 인식되어 천주교의 전파를 도울 우려가 있었다. 이 때문에 지세의에 중국의 세력 범위 등을 표시하고, 「지세의명병서」에서 선배 유학자들의 우수함과 서양인의 열등함을 설명하려고 했다.

이러한 서양에 대한 인식은, 1861년 청나라 열하에 위문사로 갔다온 뒤 달라졌다. 박규수는 청나라는 국세가 약화되어 조선에서 의존할 수 있는 상태가 아니라고 생각한 반면, 서양은 강력한 세력으로 파악했다. 또 서양의 진출 의도가 통상 교역과 종교 전파에 있다고 파악했으며, 서양의 진출이 영토의 침탈 등 커다란 피해를 주는 것은 아니라고 이해했다. 그리하여 박규수는 서양 열강이 상호 회동하여 조선을 정벌하는 국제 정세에 대처하기 위해 한편으로는 중국과 결속관계를 유지하면서, 다른 한편으로는 서양과 자주적으로 교류해야 한다는 외교론을 폈다. 따라서 박규수는 1860년대 중반에 미국과 교류하기를 원했다. 위원의 『해국도지』에서는 미국을 부유하고 공정하며 침략 의도를 갖지 않은 나라로 묘사했는데, 박규수도 그 영향을 받아 그대로 수용했다. 그는 미국과 교류하기를 원했지만, 당시 조정의 분위기는 쇄국이 지배적이었기 때문에 그것을 직접적으로 주장할 수는 없었다.

한편, 일본은 1868년 막부체제를 타파하고, 메이지 유신을 선언하며 천황 중심의 왕정복고를 단행했다. 다음해(1869년)에 일본이 조선 정부에 외교 문서를 보내면서 수교를 요청해오자, 조선 정부는 외교 문서의 형식이 이전까지와는 달라 받기를 거부했다. 일본은 대마도주(對馬島主)를 거치지 않고 직접 외무성에서 외교 문서를 발송했으며, 예전과는 달리 일본 왕을 천황이라 높였으며, 조선을 귀국(貴國)이라 낮추었다. 이에 조정은 5년 동안 수리하기를 거부했지만, 박규수는 1874년 우의정일 때 일본과 조약을 체결해야 한다고 주장했다. 그가 일본에 문호 개방을 요구한 이유는 다음과 같다.

일본이 침략 세력이기 때문에 그들의 요구를 들어주지 않으면 침입해올 것이라는 점, 그리고 일본이 침입해오면 서양이 합세할 것이라는 점, 그러면 조선은 대적할 수 없다는 점, 또한 조선의 어민들을 보호하기 위해서는 일본과 국교를 단절할 수 없다는 점, 일본이 서양에서 발달한 문명을 수용하여 부강을 꾀하므로 조선도 서양 문명을 받아들여 부국강병을 이루어야 한다는 점을 들어 일본과 수교해야 한다고 주장했다.*

당시에 일본은 '정한론'을 제창하면서 조선에 대한 침략 열기가 고조되었다. 1871년 미국 함대가 조선을 공격해오면서 일본의 협조를 구하자, 일본은 나가사키를 군사기지로 제공하고 일본인 정보원을 미국 함대에 함께 태워 전쟁 상황을 자세히 염탐했다. 1871년 조미전쟁 후 미국이 조선을 개항시키는 데는 실패했지만, 일본인 정보원은 조미전쟁을 수행할 때 조선인 병력의 수, 무기의 종류, 작전 수행의 실상 등을 파악하여 일본 정부에 보고했고, 일본 정부는 이 정보를 바탕으로 1875년 운양호 사건을 일으켜 1876년 조선을 개항시켰다.**

박규수의 개국 요구는 당시 영의정이던 이최응(李最應) 등의 정부 인사들에게 수용되어 병자수호조약(강화도조약)을 체결하게 했다. 박규수는 자신의 절친한 친구인 신헌(申櫶)을 대표자로 가게 하여 일본과 조약을 맺도록 했다.

* 손형부, 『박규수의 개화사상 연구』, 일조각, 1997.
** 김원모, 「셔먼호 사건과 미국 함대의 침입」(1866~1871), 『동양학』 28, 단국대학교 동양학연구소, 1998.

(4) 개화사상의 아버지

박규수는 1874년 우의정을 사임한 뒤 자신의 사랑방에 젊은 양반층의 자제들을 불러 모아놓고, 국내외 정세를 논의하게 했다. 젊은 양반층 자제들은 『이언』(易言)·『해국도지』·『연암집』 등을 읽으면서 국내외 정세를 논의했고, 그 과정에서 세계정세에 눈을 뜨고, 국내 정세의 부조리를 깨달으면서 개혁 방안을 모색했다. 박규수의 사랑방에 모여 같이 논의한 인물들은 김옥균(金玉均), 박영효, 박영교, 김윤식, 서광범(徐光範), 홍영식(洪英植) 등이었다.

박영효는 그때 그 일을 다음과 같이 회고했다. "그 '신사상'은 내 일가 박규수 집 사랑에서 나왔소. 김옥균, 홍영식, 서광범, 그리고 내 백형(박영교)하고 재동 박규수 집 사랑에 모였지요. 『연암집』의 귀족을 공격하는 글에서 평등사상을 얻었지요"라고 하면서 개화사상을 접한 것은 박규수의 사랑방이라고 했다.

유길준은 자신이 일본에 유학한 동기도 박규수의 권유에 따른 것이라고 회고했다. 그가 14~15세 때 한시를 지어 박규수에게 보이자, 박규수가 이를 보고 크게 칭찬하여 기상이 좋고 재주가 뛰어나니 왜 시무(時務)의 학을 공부하지 않느냐고 권유했다고 한다. 유길준은 이로부터 비로소 외국에 유학할 생각이 싹터, 이후 일본과 미국에 유학했다고 한다(김윤식, 『榘堂詩鈔』序).

영선사(領選使)로 천진(天津)에 가서 이홍장(李鴻章)과 한미조약을 상의하던 김윤식 같은 이도 박규수에게 많은 감화를 받았다. 그는 아버지를 여의고, 16세 때 박규수의 집에 드나들면서 큰 영향을 받았다. 후에 김윤식이 자신의 삶을 회고하면서 그에게 가장 큰 영향을 준 인물 열 사람을 거명하였는데, 그 중 첫번째가 박규수였다.

박규수는 자기 집 사랑방에 모인 김옥균 등에게 『해국도지』에 의거하여 손수 제작한 지구의를 빙빙 돌려 보이면서 "오늘에 중국이 어디에 있는가,

저리 돌리면 미국이 중국이 되고 이리 돌리면 조선이 중국으로 되니 어떤 나라도 가운데로 오면 중국이 되는데, 오늘날 어디에 중국이 있는가" 하며 중화사상을 비판하면서 새로운 세계관을 갖도록 유도했다.

4. 연구 현황과 쟁점

박규수는 19세기 중엽 내외의 요직을 역임한 정치가로 정계에 큰 영향을 미쳤으며, 실학사상을 계승하면서 개화사상을 전파하는 데 큰 역할을 했기 때문에 일찍부터 역사학자의 주목을 받았다. 박규수에 대한 연구는 1970년대부터 본격적으로 이루어졌다. 1970년대 중반 박규수의 생애와 사상, 그의 개국론, 실학사상에서부터 개화사상의 연관관계 등이 연구되었고, 국외에서도 박규수의 정치사상과 진주 민란, 양요(洋擾) 때 보여준 대응방식, 개국론 등이 연구되었다.

지금까지 박규수의 연구에서 쟁점이 되었던 사항을 정리하면 다음과 같다.

먼저, 박규수가 실학사상을 계승했는가에 대한 문제이다. 한 부류의 연구는 대체로 박규수가 실학사상을 계승했다는 입장이다.* 그의 신분관이나 애민론 등을 비롯하여 개국론 등은 실학사상을 계승하면서 발전한 것이라고 본다. 그는 박지원의 친손자로 『연암집』을 편찬하면서 조부의 사상을 이해하고 영향을 받았으며, 서유구의 책에서도 영향을 받았다고 적었다. 다른 한 부류는 박규수가 실학사상을 계승하지 않았다는 연구이다. 여기에는 다시 두 가지 견해로 나누어진다. 첫째는 박규수의 초기 사상에서 중화문명 이외의 문명은 인정하지 않는 화이사상을 강조하는 경향이 있다는 것

---

* 이완재, 『초기 개화사상 연구』, 민족문화사, 1989; 김영호, 「실학과 개화사상의 연관 문제」, 『한국사연구』 8, 한국사연구회, 1972; 손형부, 『박규수의 개화사상 연구』, 일조각, 1997; 原田環, 「1860年代前後における朴珪壽の政治思想」, 『朝鮮學報』 86, 朝鮮學會, 1978.

이다.* 둘째는 박규수는 토지개혁론을 주장하지 않았기 때문에 실학파의 입장을 제대로 이해하지 못했고, 그들의 토지개혁론을 계승하지 않았다는 견해이다.**

다음으로 박규수가 실학사상을 계승했다면, 개화사상으로까지 나아갔는가 하는 문제이다. 한 부류는 실학사상에 머물렀다는 입장이고, 다른 한 부류는 실학사상에서 개화사상으로 변해갔으며, 그 개화사상을 당시의 선진 지식인들에게 전달해주었다고 보는 견해이다.*** 즉, 박규수는 실학사상에서 개화사상으로 옮겨갔고, 아울러 개화사상을 전파하는 데 일정한 역할을 했다고 주장한다.

박규수가 외국, 특히 미국에 대해 개국을 주장한 시기에 대해서는 연구자들 사이에 견해 차이가 있다. 일부 연구자들은 1860년대에 개국을 주장했다는 견해를 피력하고,**** 다른 한 부류는 1871년에 개국을 주장했다는 견해를 보인다.***** 이 부분에 대해서는 조금 더 진전된 연구가 필요하다.

작은 문제로 1866년 박규수가 평안감사로 간 것에 대한 평가가 나누어진다. 한 부류의 연구는 박규수가 좌천되었다는 견해이고, 다른 연구들은 박규수가 영전되어갔다는 견해이다. 전자는 박규수가 대원군 정권 내에서 개혁파였는데, 경복궁 중건과 천주교 탄압 등을 추진하던 대원군 또는 보수파인 안동 김씨 세력과 갈등을 빚다가 권력의 핵심에서 밀려나 평안감사로 좌천되었다는 견해이거나,****** 또는 조대비가 물러나면서 풍양 조씨계의 인물들이 숙청되는 와중에 박규수도 외직으로 밀려났다는 견해이다.******* 반면에 박규수가 평안감사로 간 것은 영전이라는 견해가 있고,******** 또는 대원군이 중앙 정계 정쟁(政爭)의 소용돌이 속에서 박규수를 배려하기 위해 평안감사로 보냈다는 설이 있다.*********

63인의 역사학자가 쓴 한국사 인물 열전

5. 앞으로의 연구 방향

박규수에 관한 연구에서 앞으로 연구해야 할 부분을 지적하면서 마무리하고자 한다. 먼저, 19세기 중엽의 정치 세력에 대한 연구가 필요하다. 특히 대원군 당시에 어떤 정치 세력이 등장했는가를 연구할 필요가 있다. 나아가 조정 내에서 쇄국파와 개국파가 누구인지를 밝혀낼 필요가 있다. 1860년대는 쇄국의 분위기가 주도적인 가운데 개국을 주장하는 정치 세력이 커왔다. 그 때문에 대원군은 "화친 교역은 매국이나 망국"이라고 이야기하면서 그러한 세력이 커 나오는 것을 견제했다. 즉, 쇄국파가 주도하는 가운데 개국을 주장하는 세력들은 누구이며 그들의 논리는 어떻게 변화해가는가를 밝혀내는 것이 개항 전후 지식인의 사상 변화와 대응방식을 살피는 데 요체가 될 것이다.

다음으로 박규수의 사회개혁론을 규명할 필요가 있다. 그가 1854년 경상좌도 암행어사로 활동하면서 중앙 정부에 보고서를 올렸고, 1862년에는 진주 민란의 안핵사로 파견되면서 진주 민란의 원인과 해결책을 제시하기

* 金文子,「朴珪壽の實學—地球儀の製作を中心に」,『朝鮮史研究會 論文集』 17, 朝鮮史研究會, 1980.

** 김용섭,「갑신·갑오 개혁기 개화파의 농업론」,『한국 근대농업사 연구』, 일조각, 1978, 308~309쪽; 강재언·정창렬 역,『한국의 개화사상』, 비봉출판사, 1981, 131쪽.

*** 강재언,「개화사상·개화파·갑신정변」,『조선 근대사 연구』, 일본평론사, 1970; 김영호,「실학과 개화사상의 연관 문제」,『한국사연구』 8, 한국사연구회, 1972.

**** 이완재,「박규수의 생애와 사상」,『사학논지』 3, 한양대학교 문리과대학 사학회, 1975; 손형부,『박규수의 개화사상 연구』, 일조각, 1997, 137쪽.

***** 原田環,「朴珪壽と洋擾」,『旗田巍古稀紀念朝鮮歷史論集』(『朝鮮の開國と近代化』, 溪水社, 1979에 수록).

****** 藤間生大,「大院君政權の構造」,『近代東アジア世界の形成』, 春秋社, 1977, 256~258쪽; 김병우,「大院君 집권기 정치 세력의 성격」,『계명사학』 2, 계명대학교 사학과, 1991, 62~63쪽.

******* 연갑수,「대원군 집정의 성격과 권력구조의 변화」,『한국사론』 27, 서울대학교 국사학과, 1992; 안외순,「대원군 집정기 권력구조에 관한 연구」, 이화여대 박사학위 논문, 1996.

******** 김명호,「대원군 정권과 박규수」,『진단학보』 91, 진단학회, 2001, 237~243쪽.

********* 연갑수,『대원군 집권기 부국강병정책 연구』, 서울대학교 출판부, 2001, 55~59쪽.

도 했다. 그러나 박규수가 어떤 사회를 지향했으며, 구체적으로 그가 이상적으로 생각하는 사회상은 어떠했느냐를 밝힐 필요가 있다. 그의 토지개혁론은 무엇이며, 통상교역론은 무엇인지를 자세히 밝혀야 한다. 그래야 박규수가 이상적으로 생각하는 사회상, 국가상을 밝혀낼 수 있을 것이다.

셋째로 논쟁이 되는 박규수의 대외 정세 인식이 어떻게 변화되어갔는가를 밝힐 필요가 있다. 1860년대 이후 박규수의 세계관이 어떻게 변화되어갔고, 그의 국내 정세 인식과 국제 정세 인식이 어떻게 변화되어가면서 언제부터 개국론을 적극적으로 주장했는가를 살펴볼 필요가 있다. 아울러 이규경, 최한기 등과 함께 이들이 언제부터 공감대를 형성하면서 개국을 주장했는가를 밝히는 작업은 한국 근대사에서 선진사상의 근원과 내용, 그리고 그 계보를 밝히는 데도 기여할 것이라고 여겨진다.

참고문헌

· 저작

박규수, 『朴珪壽全集』上·下, 亞細亞文化社, 1978·1989.

_____, 『瓛齋先生集』上·下, 서울대학교 규장각 도서.

_____, 『瓛齋叢書』1~6권, 성균관대학교 대동문화연구원, 1996.

· 참고 저서

신용하, 『초기 개화사상과 갑신정변 연구』, 지식산업사, 2000.

이완재, 『박규수 연구』, 집문당, 1999.

_____, 『초기 개화사상 연구』, 민족문화사, 1989.

손형부, 『박규수의 개화사상 연구』, 일조각, 1997.

原田環, 『朝鮮の開國と近代化』, 日本: 溪水社, 1997.

63인의 역사학자가 쓴 한국사 인물 열전

· 참고 논문

김명호, 「대원군 정권과 박규수」, 『진단학보』 91, 진단학회, 2001.

_____, 「박규수의 ‘수계’에 대하여」, 『대동문화연구』 32, 성균관대학교 대동문화연구원, 1997.

_____, 「박규수의 ‘尙古圖會文儀例’에 대하여」, 『죽부 이지형 교수 정년기념논총』, 1996.

_____, 「박규수의 ‘地勢儀銘幷敍’에 대하여」, 『진단학보』 82, 진단학회, 1996.

_____, 「환재 박규수 연구 1·2·3」, 『민족문학사연구』 4·6·8, 1993~1995.

김신재, 「박규수의 개화사상의 성격」, 『경주사학』 19, 동국대학교 경주사학회, 2000.

신용하, 「개국론의 대두와 개화사상의 형성」, 『동양학』 28, 단국대학교 동양학연구소, 1998.

김원모, 「셔먼호 사건과 미국 함대의 침입」(1866~1871), 『동양학』 28, 단국대학교 동양학연구소, 1998.

구선희, 「개화파의 대외 인식과 그 변화」, 『한국 근대 개화사상과 개화운동』, 신서원, 1998.

김문용, 「동도서기론의 논리와 전개」, 『한국 근대 개화사상과 개화운동』, 신서원, 1998.

이완재, 「성리학의 맥락에서 본 초기 개화사상」, 『한국학 논집』 29, 한양대학교 한국학연구소, 1996.

_____, 「박규수의 생애와 사상」, 『사학논지』 3, 한양대학교 문리과대학 사학회, 1975.

정숭교, 「박규수의 생애와 사상」(1807~1877), 『동북아』 2, 서울대학교 동북아연구소, 1995.

김영호, 「개화사상의 형성과 그 성격」, 『한국사』 16, 국사편찬위원회, 1975.

_____, 「실학의 근대적 전회」, 『이을호 박사 정년기념 실학논총』, 1975.

_____, 「실학과 개화사상의 연관 문제」, 『한국사 연구』 8, 한국사연구회, 1972.

原田環, 「19世紀の朝鮮における對外的危機意識」, 『朝鮮史研究會 論文集』 21, 朝鮮史研究會, 1984.

_____, 「朴珪壽起草の洋擾 奏文·咨文について」, 『朝鮮史叢』 4, 1980.

_____, 「朝鮮の近代化構想」, 『史學研究』 143, 1979.

_____, 「シャーマン號事件と朴珪壽」, 『朝鮮史研究會 論文集』 21, 朝鮮史研究會, 1979.

_____, 「晋州民亂と朴珪壽」, 『史學研究』 126, 1975.

金文子, 「朴珪壽の實學―地球儀の製作を中心に」, 『朝鮮史研究會 論文集』 17, 朝鮮史研究會, 1980.

김병욱 金炳昱

사회 개혁을 향한 꿈과 실천

송찬섭 한국방송통신대학교 교수

머리말

19세기 중반은 변혁과 혼돈의 시기였다. 조선 사회의 계속된 내부 모순은 농민의 저항을 낳고 드디어 1862년에 들면서 대대적인 농민항쟁이 일어났다. 한편 서구 열강의 침략이 잇따르고 마침내 일본에 의해 개항이 되었으며 조선을 둘러싼 열강간의 세력다툼이 계속되었다.

이런 어려운 시기에 사회 현실에 관심이 높은 지식인은 어떤 역할을 해야 했을까? 이러한 의문에 대한 해답의 하나로 김병욱(金炳昱, 1808~1885)이라는 인물을 들고자 한다. 그는 뛰어난 학자도, 정치적으로 성공한 인물도 아니었다. 그러나 사회 현실에 대한 참여와 개혁에는 누구보다도 치열하게 나섰다. 그를 통해 이 시기의 개혁적인 지식인의 동향을 이해할 수 있을 것이다.

개혁의 시대적 배경에는 급격한 사회 변화가 있었다. 19세기에 들면 지방 단위로 일부 개혁을 시행해 나가는 모습을 찾아볼 수 있다. 개혁이 부분적이나마 가능했던 것은 빈번히 일어났던 농민항쟁의 영향으로 보인다. 여러 고을에서 농민들은 읍폐(邑弊)를 상당히 구체적이고 정확하게 짚으면서 삼정(三政)에 관한 개혁을 요구했던 것이다. 따라서 1862년 삼남 일대를 중심으로 일어난 농민항쟁 과정에서 여러 가지 개혁 방안이 나타났다. 여기에는 물론 항쟁을 이끄는 농민 지식인들의 역할이 컸다. 한편으로는 개혁적인 지식인 가운데 지방관을 맡으면 고을 단위로 개혁을 시행하기도 했다. 특히 이 시기에 사회 폐단이 심화되면서 당파와 관계없이 개혁을 주장하는 인물이 늘어난 것으로 보인다.

김병욱은 19세기 후반에 활동한 인물이었다. 그는 중앙 관계에서는 거의 알려지지 않았다. 그러나 삼정을 중심으로 여러 차례 개혁론을 내세웠으며, 지방 사족으로서 그리고 짧은 기간이었지만 수령을 지내면서 직접 실천하기도 했다. 그는 안동 김씨지만 세도가문과는 촌수가 멀었다. 그러나 안동 김씨의 핵심인 김수근의 도움으로 뒤늦게나마 관직에 올랐으므로 가문의 도움을 전혀 받지 않은 것은 아니었다. 또 다른 안동 김씨의 인물들인 김문근(金汶根), 김병학(金炳學), 김병국(金炳國) 등과도 친했기 때문에 개혁론을 내세울 수 있었다. 특히 대원군 정권이 들어서면서 삼정 개혁의 필요성을 느끼고 있었는데, 김병욱과 친교가 있는 김병학, 김병국이 권력의 중심에 있었기에 그가 주장하던 사창제(社倉制)가 정책에 반영되었다. 그뒤 민씨 정권 때도 당시 실세였던 민태호(閔台鎬) 등을 통해 개혁론을 채택하도록 시도했다.

김병욱에 관해 학문적으로 처음 다룬 것은 대한제국 광무양전(光武量田) 때 양무감리(量務監理)를 지낸 그의 아들 김성규(金星圭, 1863~1935)에 영향을 끼친 '가학'(家學)이라는 점 때문이었다. 그러나 김병욱은 학문만이 아니라 재야시절과 수령시절에 꾸준히 개혁론을 주장하고 실행한 사람으로 19세기 개혁론의 중요한 인물로서 연구가 보완되었다. 그리고 주로 개항기에 초점을 맞춰 그를 통해서 동도서기론(東道西器論) 형성 과정을 추적하는 성과도 있었다. 이 글은 그러한 연구 성과에 기초하여 재구성했다.

1. 생애

김병욱은 경상도 문경 출신의 사족(士族)이다. 아버지는 돈녕부(敦寧府) 도정(都正) 석근(奭根), 어머니는 문희(聞喜) 전씨(錢氏)로 오위장(五衛將) 도석(道碩)의 딸이었다. 자는 문거(文擧), 호는 뇌서(磊棲)였다. 그의 집안은 본래 본관인 안동에서 오래 살았고 선대에 관직에 올랐을 때는 서울에서 생활하기도 했지만, 관직에서 멀어지고 난 뒤 6대조 계원(啓源, 1642~1712) 때 문경으로 완전히 옮겼다. 김병욱은 이곳 문경 가은면(加恩面) 왕릉리(旺陵里)에서 태어났다. 문경으로 옮긴 뒤 그의 집안은 거의 관직에 나가지 못했다. 따라서 경제적으로 위축되고 지방사회에서의 영향력도 많이 줄어들었다.

그는 18세인 1825년 여름에 처음으로 서울로 올라와서 많은 지식인들과 교유하고 고관들을 찾아다니며 민생과 국가 운영에 대한 견해를 제시했다고 한다. 그러나 별로 사람들의 관심을 끌지 못하고 1831년경 고향으로 내려가서 농사일을 했다. 32세(1839년)에 부친의 명으로 다시 서울로 올라와 1841년 집안 아저씨뻘인 김수근(金洙根, 1798~1854)의 문하에 들어가서 1854년에 그가 병으로 사망할 때까지 14년간 지도를 받았다.

그는 김수근이 동생 김문근에게 요청해 뒤늦게 관직에 들어섰다. 1858년 5월 효정전(孝定殿) 전관(奠官)으로 시작해, 11월에는 오위(五衛) 사과(司果), 1860년 6월 사헌부(司憲府) 감찰(監察), 12월 장악원(掌樂院) 주부(主簿), 1861년 가을 휘경원령(徽慶園令), 1862년 봄 익릉령(翼陵令) 등을 거쳐 12월 연풍현감이 되어 1864년 6월까지 약 6년간 관직에 있었다. 연풍현감에서 물러나 다시 문경으로 돌아왔으나 곧바로 그해 여름에 다시 서울로 올라갔다. 1866년 병인양요(丙寅洋擾)를 맞아 서울이 무척 소란스러웠지만 그는 계속 서울에 머물렀다. 1867년에는 경상도 암행어사 박선수(朴瑄壽)에 의해 문경의 토호(土豪)로서 보고되어 엄형(嚴刑) 1차와 원지(遠地) 정배(定配)의 처벌을 받아 황해도 문화현(文化縣)으로 귀양갔다가 다음해 1868년 풀려 나왔다. 그뒤로도 자주 서울에 머물렀다가 1882년에는 돈녕부 도정으로 올랐다. 이때 이미 70대 중반의 나이였다. 그러다가 임오군란(壬午軍亂)이 일어나자 이제 세상일에 뜻을 끊고는 고향으로 내려가서 고향에서 한거하다가 1885년에 세상을 마쳤다.

가정에서도 그는 고통을 많이 겪었다. 부인 전주(全州) 이씨와 일찍 사별하고, 장남 옥균(玉均)이 일찍 요절하는 불운을 겪었다. 광무개혁(光武改革) 때 양전사업(量田事業)에서 중요한 역할을 했던 김성규도 그의 세번째 부인 순흥 안씨에게서 예순의 나이에 낳은 늦둥이였다.

2. 학문과 사상

김병욱의 집안은 영남 사림(士林)의 일원으로 볼 수 있다. 12대조 영(瑛)은 예문관 시교(待敎)로 있으면서 권벌(權橃)과 함께 상소를 올려, 1498년 무오사화로 말미암아 처벌을 받은 김종직(金宗直)을 신원하고 이극돈(李克敦)에게 추죄(追罪)할 것을 주장했다.* 10대조 기보(箕報)는 성수침(成守琛)의 문하에서 공부하고, 이어 이황(李滉)의 문하에 나아가 학문을 닦았다.** 그리고 유성룡(柳成龍), 김성일(金成一)과 교유했다. 이 점에서 영남 남인 계열로 볼 수 있다. 9대조 극(克)도 남인이었던 정구(鄭逑)의 문인이었다. 그뒤로는 뚜렷한 족적이 없어서 학문적인 성향을 짐작할 수 없다. 할아버지 계순(繼淳)과 아버지 석근의 글을 묶은 간단한 문집이 있으나 시, 제

---

* 그는 『三塘先生遺集』을 남겼다.
** 그는 『蒼筠先生遺稿』를 남겼다.

문, 가장(家狀) 등 일상적인 내용에 지나지 않는다.*

김병욱 자신은 소년 시절 문경에서 민조영(閔祖榮)에게서 유학에 대한 기초 교육을 받았고, 서울에 올라와서는 김씨 문중의 김익진(金翊鎭)에게 교육을 받았다. 그리고 다시 서울로 올라온 뒤 1841년부터 14년간 김수근의 문하에서 지도를 받았다. 김수근은 당대 최고 권세가였다. 그는 철종을 세우는 데 큰 공을 세웠으며, 동생 문근은 철종의 장인이 되었다. 김수근은 김병욱에게는 아저씨뻘이지만 그의 집안과는 촌수가 멀고, 집안 처지가 매우 차이가 났다.

김병욱은 부친과의 친분으로 세도가의 집안으로 들어간 셈인데, 그 의도가 무엇이든 간에 그의 문하생으로서 대단히 큰 영향을 받았다. 국가적인 중요한 문제점들을 파악하는 데 도움이 되었는데 시세(時勢)에 대해 서로 생각이 비슷했던 것 같다. 김수근 또한 그의 뜻을 가상하게 여기고 그의 주장을 취했으나, 재주가 쓸 만하다고 인정하면서도 천성이 거칠고 행함이 위험스러워 보여 자주 훈계했다.

사실 김수근의 학문 성향에 대해서는 잘 알려져 있지 않다. 어떤 이유인지 모르나 문집조차 남아 있지 않다. 다만 증조부인 김원행(金元行, 1720~1772)에게서 내려오는 가학의 영향을 받지 않은 것으로 보기도 한다. 김원행은 낙론(洛論)의 종주로 홍대용(洪大容), 황윤석(黃允錫) 등을 키워내는 등 북학사상을 형성하는 과정에서 중요한 역할을 했던 인물이다. 이 때문에 현실 문제에 대한 김수근의 깊은 관심을 북학풍의 가학과 관련 있는 것으로 보기도 한다.

김수근의 학문 성향은 그의 활동을 통해 짐작할 수 있다. 그는 1838년 안동 부사로 부임해 1년간 다스리면서 삼정 개혁을 시행했다. 이를 위해 향청을 강화했는데, 승지를 지냈던 유치명(柳致明)을 좌수(座首)로 맞아들이고 각 면의 이름 있는 사족(士族)들을 집강(執綱)으로 삼아 향회(鄕會)를 열었다. 여기서 군정(軍政)과 환정(還政)을 상당히 크게 개혁했다. 먼저 군액(軍

額) 7천여 명을 모두 각 동(洞)에 분배해 동포제(洞布制)를 시행하고, 빈 이름만 남아 있는 장부를 모두 장시(場市)에서 불태웠다. 이는 대원군이 동포제를 시행하기 전이었다. 환곡에 대해서도 빈 장부는 민간으로 돌려서 모조(耗條)만 취하도록 했다. 관에서 빈 장부를 채우려고 하면 민의 부담이 커지고 이서의 수탈이 늘어나기 때문이었다. 군정과 환정 개혁 모두 발전적인 방향인 데다가 제대로 시행되었기 때문에 그뒤로도 계속되었다고 한다.

물론 이러한 조치를 시행하는 데는 갈등이 많았다. 농민과 달리 사족들과 이서(吏胥)들은 맹렬하게 반대했다. 사족들은 주로 동포제 때문에 명분이 구별되지 않는다고 수치스러워했고, 이서들은 이익을 취할 곳이 막혀서 불만이 심했다. 그러나 1862년 삼남(三南) 일대에서 농민항쟁이 일어났을 때, 안동은 특별한 움직임이 없었는데 이 같은 개혁의 성과 때문에 농민들의 불만이 크게 표출되지 않은 것으로 볼 수 있다.

그밖에 김병욱이 높이 평가한 인물은 당연히 개혁에 앞장선 실학자들이었다. 실학의 대표적인 인물인 유형원(柳馨遠)과 정약용(丁若鏞)의 글을 배우면서 이들의 영향도 컸다고 보인다. 그는 이들의 개혁론, 대책 등을 사례로 많이 제시했는데 실학하는 인물들을 등용해야 한다고 주장했다. 김병욱의 일관되는 신념인 '위민'(爲民)도 정약용과 같은 실학자의 영향을 받은 것이다.

이러한 주장은 민회(民會)와도 연결된다. 그는 고을의 이방 등 주요 이서직에 대해 민회에서 추천하도록 했다. 그리고 환곡을 비롯하여 국가 재용을 포탈한 이서에 대해서는 민회에서 처형하자는 주장까지 했다. 때문에 농민항쟁에 대한 인식도 남달랐다. 농민항쟁에 대해 많은 사람들이 농민의 잘못을 비판했지만, 김병욱은 그들을 그렇게 만든 것은 관리들이므로 잘못을 저

* 김계순의 문집 『塘翁逸稿』 1권과 김석근의 문집 『怕知窩逸稿』 3권을 묶어서 『安東金氏二世逸稿』라는 제목으로 1923년 간행했다.

지른 관리들을 먼저 처벌한 다음에 난민을 처벌해야 민심을 복속시킬 수 있다고 했다. 더구나 그는 농민항쟁을 경험하고 사회 혼란을 목격한 것을 바탕으로 농민 경제의 안정과 국력의 강화를 목표로 개혁 방안을 마련했다.

한편 중국 인물로는 당(唐)의 육지(陸贄)와 송(宋)의 진덕수(眞德秀) 등의 영향을 받은 것으로 보인다. 육지가 쓴 『육선공주의』(陸宣公奏議)는 『정관정요』(貞觀政要)와 함께 당의 대표적인 정치서이다. 정조도 이 책이 치교(治敎)에 도움이 된다고 친히 29편을 뽑아서 『육주약선』(陸奏約選, 1797년)을 간행했다. 김병욱도 정조가 빈부의 격차를 좁히는 정치를 표방했기 때문에 그의 뜻을 받들어야 한다고 했다. 그는 『육선공주의』를 여러 차례 인용했는데, 실제로 연풍현에서 철점(鐵店)을 설치해 재용을 마련한 것이라든가, 1875년 조정에 올린 태평책도 당나라 육지의 영향을 받은 것이었다. 그리고 사창제(社倉制)를 제기한 것은 진덕수의 사창에서 영향을 받았다고 한다.

한편 그는 문벌 폐단을 강하게 비판했다. 선비는 이름 있는 문벌의 집안에서 구할 필요가 없고 초야에서 뽑아야 한다고 주장했다. 그 자신이 한미(寒微)한 집안 출신인데다 안동 김씨 세도가문으로부터 냉대를 받은 탓도 컸다고 생각된다.

이처럼 김병욱은 개혁론에 기반한 학문을 했으며 사회 문제에 대해서도 대단히 철저했다. 이런 처지에서 그는 비록 만족할 만한 관직에 오르지 못했지만 스스로에 대한 자부심이 매우 컸다. 그리고 김수근이 자기를 '국가적인 선비'(國士)로 대접해준 데 대해 자랑스럽게 생각했다. 또한 그가 국가에 제시한 대책은 국가의 흥망에 관계되는 중요한 내용이라고 장담했다. 이 때문에 여러 차례에 걸쳐 계속 대책을 올렸던 것이다.

그의 학문과 사상은 문집인 『뇌서집』(磊棲集) 6권 속에 담겨 있다. 문집은 논설, 잡저 등이 중심이다. 그 내용을 정리하면 다음과 같다. 첫째는 당시 사회 폐단과 개혁안을 들 수 있다. 「유곡역취모의」(留穀亦取耗議), 「논직징」(論糴政)(이상 권4), 「사창절목」(社倉節目)(권5) 등이 여기에 해당된다. 둘째 시세에 관한 글들이 적잖게 있는데, 가령 조일수호조규(朝日修好條規)가 조인되자 일어났던 논쟁에 관한 「청탁론」(淸濁論), 중국의 『이언』(易言)을 보고 쓴 「난언」(難言)이라든가, 『조선책략』(朝鮮策略)에 대한 논쟁으로 쓴 「병조좌랑유원식소론」(兵曹佐郎柳原植疏論), 「황책론」(黃策論) 등이 있다. 셋째 문경, 연풍 등 그가 관련되었던 지역의 개혁에 따른 사례와 그에 관련된 글이 여러 편 있다. 「문경현구폐전말」(聞慶縣抹弊顚末), 「연풍현거관전말」(延豊縣居官顚末) 등이 대표적이다. 넷째 종합적인 대책으로 「논시폐잉진오책소」(論時弊仍進五策疏) 등이 있다. 그가 당시 권력자였던 김병학·병국 형제, 민태호 등에 보낸 편지도 기본적으로는 대책과 관련이 있다. 그밖에 제문에서도 그가 따르던 김수근이나 고생을 함께 한 부인 전주 이씨와 부실(副室) 박랑(朴娘)에 대한 애절한 마음뿐 아니라 그의 삶과 생각이 잘 드러나 있다. 가난하지만 품성이 바른 이웃의 평민 여성에 대해 쓴 「심녀전」(沈女傳)을 통해서도 백성에 대한 따뜻한 마음을 엿볼 수 있다.

이처럼 그의 글은 그가 직접 실시했던 개혁안과 사창제, 태평오책 등 정책에 대한 건의가 중심이었다. 이런 점에서 그의 학문은 경세학(經世學)이라고 볼 수 있다. 문집은 1907년 아들 김성규에 의해 필사본으로 작성되었으며, 1923년 극작가였던 손자 김우진(金祐鎭)에 의해 활자본으로 간행되었다.*

3. 지방 사회에서의 활동

(1) 고향 문경에서의 활동

김병욱은 1825년부터 1831년까지, 그리고 1839년부터 1854년까지 서울에

---

* 필사본은 국립중앙도서관에 소장되어 있으며, 활자본은 증손인 고 金芳漢 선생(서울대학교 교수 역임)가에 소장되어 있다. 필자는 김방한 선생이 돌아가시기 전인 1999년에 활자본을 구해볼 수 있었다.

서 공부했고, 연풍현감을 그만둔 뒤로도 1864년부터 1867년까지 서울에서 생활했으며, 귀양을 다녀온 뒤로도 서울에 머물 정도로 서울을 중심으로 생활했다. 그러나 고향인 문경의 실상과 여기서 일어나는 폐단에 대해서는 묵과하기 어려웠다.

문경도 당시 폐단의 근원이었던 환곡 문제를 비켜갈 수 없었다. 특히 문경은 환곡이 많은 고을로 손꼽혔다. 문경의 환곡 추세를 간략하게 살펴보면, 18세기 중엽에는 2만 2,583석이었다가 19세기 초에는 환총(還摠)이 3만 1,400여 석으로 늘어났고, 1858년경에는 2만 4,000석으로 줄어들었다.

환곡이 많으면 포흠이 심해질 수밖에 없었다. 1840년에는 그동안 이서의 포흠곡 수만 석을 처음으로 민간에 부담시키면서 이무(移貿) 감가(減價)의 방법을 사용했다. 이무미를 상정가로 받아서는 훨씬 싼 값으로 분급하고, 가을에 시가로 많은 액수를 받아들이는 일종의 고리대 방식이었다. 이는 포흠을 저지른 이서들은 처벌받지 않고 오히려 농민들에게 강제로 징수하는 방식이었다. 이에 농민들은 집단으로 감영에 소(疏)를 올렸고, 그 결과 고을 안의 사민(士民)들을 각 면 집강으로 삼아 읍에서 회의를 열고 포흠 장부를 조사해 이서에게 철저하게 거두도록 했다. 수령 중심의 향회가 아니라 별도의 집회를 통해서 고을 문제를 해결하도록 결정한 것이다. 그러나 현감은 오히려 이서와 결탁했고 서울로 올라가서 세력가에게 알선해 감영에 영향을 주었다. 결국 해결을 요구하는 사족들에게 형벌을 가하고 환곡은 전과 같이 분급했다. 이 같은 방식이 1857년까지 19년간 계속되었다.

그뒤 포흠 서리들은 또 다른 방법을 사용했다. 토지 1결당 기존의 세금에 5냥씩 더 거두어 그 돈을 다시 환곡의 방식으로 운영하여 포흠을 메우려고 했다. 그리고 이를 합리화하기 위해 강제로 향회를 열었다. 이러한 때 김병욱이 문경에 내려왔다.

이에 김병욱은 오히려 향인들에게 향회를 통해 환곡의 빈 부분을 민간에서 운영하도록 옮기고, 매년 모조만 납부하도록 할 것을 제시했다. 이렇게 하면 이서가 환곡 포흠을 해결한다는 구실로 수탈하는 것을 막을 수 있고, 국가로서는 모조를 확보할 수 있다는 것이었다. 이는 앞서 김수근이 안동에서 시행했던 개혁의 영향을 받은 것으로 보인다. 그는 나아가 환곡의 총액을 6~7천 석까지 낮추고 이제 실곡(實穀)을 이용해 사창을 설치하도록 했다.

김병욱은 거의 혼자 힘으로 이 문제를 끌어나갔다. 그런데 수령이 감영에 거짓 공문을 보내 감영의 힘으로 해결하려고 하자, 그가 직접 감영에 가서 당시 감사 신석우(申錫愚: 재임 기간 1855년 10월~1857년 6월)와 논의했다. 그는 재임중 단성의 환폐에 대해서도 적극적으로 대책을 마련한 인물이었다. 그런데다가 김병욱과도 친분이 있었고, 그의 스승 김수근과 가까웠던 듯하여 논의가 상당히 진전되었다. 이제 김병욱의 주장대로 포흠 문제를 서리에게 맡기지 않고 향촌에서 직접 주관했다. 이를 담당할 기구로 향약소(鄕約所)를 설치했고, 이를 통해 고을 일을 상당히 공평하게 처리할 수 있었다.

그뒤 김병욱이 다시 서울로 유학하려고 했으므로 직접 참여하지 못해 문제가 생겼다. 그 대신 향약소 운영을 맡은 자가 포흠 서리와 결탁하는 바람에 다시 그들의 손으로 넘어갔다. 게다가 이들은 김병욱을 계속 모함했다.

문경은 환곡 대책으로 당시 추세에 맞춰 환곡 모조의 부세화 방향과 환곡을 민간에서 운영하는 방안을 잘 활용한 사례이며, 그 결과 문경에서는 매년 환총을 줄여서 1873년에는 6천 석이 되었고, 이를 거두어 사창을 만들어서 성과를 거두었다고 한다.

(2) 연풍현감으로서의 활동

김병욱은 1862년 12월 연풍 현감이 됨으로써 처음으로 지방관으로 발을 들였다. 연풍은 충청도에 속하지만 동쪽으로 문경과 인접한 작은 읍이었다. 그가 이곳을 맡은 것은 문경 출신인 점이 고려되었을 것이다. 1862년 농민항쟁이 지난 뒤여서 상당히 힘든 상황이었으나, 연풍이 처음 맡는 지방관의 자리인데다가 나름대로 개혁의 구상을 가졌던 그로서는 의욕을 가지고 임했다.

김병욱은 자신의 소신을 펼 수 있는 기회로 보고, 미리 고을 사정을 조사했다. 그 결과 연풍은 충청도의 작은 고을로서 관의 재정이 적은 점과 수령이 10년 사이에 9번이나 바뀌었을 뿐 아니라, 특히 1862년 한 해에만 3번이나 교체되었을 정도로 잦았음을 파악했다.

당시 연풍은 각종 상납이 적체되었는데, 김병욱은 그 근원을 사족 때문인 것으로 보았다. 이들이 조금이라도 여의치 않으면 유회(儒會)를 열어서 발문(發文)을 짓고 소장을 올린다는 것이다. 이는 수령 중심의 향회와는 다르고, 그렇다고 읍민의 이해를 대변하는 민회와도 다른 양반 중심의 집회였다.

이렇게 김병욱은 부임하는 과정에서 철저하게 대비했다. 저리(邸吏)를 미리 읍으로 보내어 쇄마전(刷馬錢)을 없애고, 신영(新迎) 행차를 정지하도록 하고, 단기(單騎)로 부임하면서 유회에서 수령을 맞이하도록 차정한 유리(由吏)를 모두 쫓아버렸다. 그리고는 남은 쇄마전으로 연풍에 속한 각 참(站)과 열악한 동에 분급했다. 이렇게 하여 처음부터 유회의 간섭을 배제하려고 했다.

김병욱은 부임한 뒤 곧바로 사족들과 논쟁해 향약을 실시하기로 합의했다. 그 결과 1863년 1월부터 시행했는데, 그의 향약은 여느 향약과 달리 그동안 그가 보아왔던 지방 사회의 폐단을 개혁하는 내용을 담고 있다. 곧 신의(信義)와 명분(名分) 등 유교적 윤리를 앞세웠으나, 대부분의 내용은 지방사회에서 일어나는 여러 가지 폐단들을 구체적으로 담고 있다. 특히 사족과 토호의 무단이나 이서의 간활(奸猾)함과 같은 고을의 여러 세력의 문제, 공납, 포흠, 첩징과 같은 부세의 문제, 그밖에 유민(遊民)이나 산송(山訟), 삼금(三禁: 牛禁·酒禁·松禁을 가리킴)과 같은 사회 문제 등을 다양하게 다루고 있다.

그러나 향약의 실시에도 불구하고 유회가 전의 활동을 포기한 것은 아니었다. 1863년 상모면(上茅面) 안보역(安保驛)에 사는 평민 여자 사이에 싸움이 일어나자 향교 교장이 이들에게 함부로 형벌을 주었다. 김병욱은 수령의 입장에서 이를 저지했다. 이에 사족들이 반발해 유회를 열었고 김병욱은 여기에 맞서 참석한 사람들을 잡아들이고자 했다. 유회에서는 여기서 굴복하지 않고 이 문제를 충청 일대로 확대하고자 했다. 그들은 청주 화양서원(華陽書院)의 힘을 이용하려고 했고, 나아가 충청감영을 움직이려고 했다. 김병욱은 그때마다 당당히 맞서서 이들의 의도를 좌절시켰는데, 이들은 서울까지 올라가서 왜곡된 소문을 퍼뜨렸다. 따라서 김병욱은 이 지역의 유회활동을 '유란'(儒亂)이라고 불렀다.

김병욱은 그뒤 부세 운영에 힘을 기울였다. 연풍은 포흠이 가장 큰 문제여서 이 때문에 대동세 3년분과 군전(軍錢) 2년분을 마련할 길이 없었다. 김병욱이 이향(吏鄕)들에게 대책을 물었더니 토지나 호(戶)에서 거두는 방법을 제시했다. 그러나 김병욱은 기본적으로 이서가 포탈한 액수를 민간에서 거두는 것은 불가하다고 하면서 산읍(山邑)인 이 지역 실정에 맞게 야철(冶鐵)을 하여 재용을 마련할 방법을 세웠다. 따라서 1863년 가을부터 다섯곳에 철점(鐵店)을 세우고 생산하는 대로 수납하도록 했다. 염철론(鹽鐵論)을 실제로 활용한 것이다.

그밖에도 그는 봉록(俸祿)을 덜어서 포흠을 메우는 방법도 실행했다. 본래 농민항쟁이 일어났을 때 한 수령이 김병국에게 각 읍의 포흠을 거두는 방법으로, 각 관에서 수령의 녹봉을 덜어서 폐단을 보충하자고 했다. 이에 대해 김병욱은 우리 나라의 봉록이 본래 박한데 더 줄이게 되고, 또 명분상으로는 기증한다고 하지만 스스로 내지 않고 반드시 농민들에게 거둘 것이기 때문에 국가에서 이를 권유하는 것은 불가하다고 했다. 그러나 중앙에서 봉록을 덜도록 지시했고, 이 때문인지 김병욱도 연풍에서 이를 활용한 것으로 보인다.

또 하나의 방법으로 송전(訟錢), 송답(訟畓) 등 송사가 들어왔을 때 그 과정에서 일정한 액수를 속공(屬公: 관부로 귀속시킴)해 활용했다. 두 건의 사례를 통해 450냥 가운데 150냥은 1860~1861년 두 해의 선무전(選武錢)을 완납하고 300냥은 1861년조 대동전을 보충하여 납부했다.

이런 방법으로 1864년 한 해가 지나면 적체된 공납을 모두 마칠 수 있는 상황이었다. 그러나 그의 대책이 문제가 되었다. 속공에 대한 사실을 보고하면서 감영의 처분을 기다렸지만 감영에서는 떳떳한 방법이 아니라며, 속공한 것을 모두 송사를 낸 당사자에게 환급하도록 했다. 철점 설치에 대해서도 유회에서는 관에서 이익을 취하는 행위를 한다며 경향(京鄕)에 허위사실을 퍼뜨렸다.

김병욱은 속공을 환급하라는 명은 듣겠으나, 이미 납부한 부세는 달리 변통해 처리하기 어렵다고 버텼다. 그러나 감영에서는 다시 거행한 서리를 엄형징방(嚴刑懲放)하고 그 돈을 즉시 출급하도록 명령했다. 결국 김병욱은 새로운 감사 이병문(李秉文)에게 쫓겨났다. 그는 속공해 부세로 납부한 것이 비록 위법이라고 하더라도 다른 고을에서 보편적으로 행하듯이 토지에 매기는 결가(結價)에다가 과다하게 징수하는 것과는 다르다고 항변하면서 사임했다.

그가 사임하는 과정에 이 고을 세력가의 모함도 작용했다고 한다. 한편으로는 대원군과의 갈등을 들기도 한다. 김병욱이 대원군을 비판한 적이 있는데, 대원군이 집권하면서 충청도 관찰사를 시켜 그를 제어하려고 했다는 것이다.

이처럼 연풍에서는 읍폐를 해결하기 위해 이 지역 유생 집단과 갈등을 빚었고, 결국 이들이 중앙과 연결해 그를 공격하는 바람에 큰 성과를 거두지 못했다. 사회 전반적으로 폐단이 만연한 가운데 한 고을을 개혁하는 일이 얼마나 어려운지 단적으로 보여주고 있다.

4. 사창제 건의와 개혁론 구상

대원군 정권기에 시행했던 사창제는 김병욱이 건의했다고 한다. 본래 사창제는 전에도 가끔 논의되고 시행되었다. 그러다가 대원군 때 전국적으로 시행되었는데, 이는 국가 차원에서는 처음으로 시행한 셈이다.

대원군의 사창제에는 김병욱이 간여했는데 그는 일찍부터 여기에 대해 관심을 가지고 있었다. 김수근이 당시 "환곡으로 충당하는 국가 재정을 달리 마련할 수 있으면 환곡을 없애는 것이 어떠냐" 하고 질문했고, 그는 "환곡은 국가의 혈맥과 같은 것이므로 전부 탕감할 수 없고 사창에 속하게 하면 이서들이 포흠을 범하지 못하고, 민간에는 진휼의 효과가 있으며, 국가는 모조를 취할 수 있다"라고 했다. 그는 이러한 이유 때문에 앞서 문경에서 사창을 시행했던 것 같다.

고종조의 사창제는 1867년(고종 4)부터 시행되었다. 고종 4년 호조별비곡(戶曹別備穀)을 삼남과 황해도에 내려보내자, 당시 호조판서였던 김병국이 김병욱에게 별비환곡(別備還穀)으로 사창제를 실시하면 어떠냐고 물어왔다.

안동 김씨의 세도를 배경으로 일찍이 내외 요직을 역임한 김병학, 병국 형제는 대원군 집권 뒤에도 계속 요직을 차지하고 있었다. 김병욱은 문경사건 때에도 김병국에게 말해 도움을 받았다고 한다. 그는 김병욱보다 거의 20세 가까이 어렸으나, 아버지의 제자인 김병욱을 후원한 것 같다. 그리고 김병욱도 이들에게 끊임없이 자기의 주장을 폈기 때문에 김병국이 김병욱의 의견을 물었던 것이다.

김병욱은 병인양요 시점인 당시, 외세에 대한 위기의식을 강하게 가지고 있었다. 따라서 사창제를 주장했고 나아가 별비환곡만 아니라 모든 환곡에 설치하자고 했다. 그러나 김병국은 다른 환곡은 자신이 알지 못한다고 발뺌하면서 별비환곡에 한정해서 대원군과 왕을 거쳐 허락을 받았다. 김병욱은 사창절목(社倉節目)의 초안을 잡아서 영의정 김병학에게 올렸다. 이렇게 해서 사창제가 시행되었다.

이런 과정에서 본다면 당시 환곡 운영이 아문(衙門)마다 이루어지기 때문에 호조에서 총괄하기 어렵다는 점과, 사창제가 시행되는 과정이 별비환곡에 대한 특별 운영의 의미를 담고 있다고 하겠다. 그리고 김병욱은 이서의 참여를 적극적으로 막은 것에 비해, 대원군의 「사창절목」에서는 빠졌다. 김병욱은 기존의 면리(面里) 조직을 이용하려 했고 이에 비해 대원군의 「사창절목」에서는 별도로 구성하고자 했던 듯하다. 전체적으로 본다면 김병욱은 동리 자치의 성격을 띠고 대원군은 국가의 통제를 강조했다고 할 수 있다.

무엇보다도 김병욱은 모든 창곡을 사창으로 만들고자 했으므로 환곡제의 커다란 변혁이라고 할 수 있고, 대원군의 사창에서는 왕이 내린 내탕곡(內帑穀)만 해당되었으므로 이것에 대한 운영 방안으로 제기되었다는 한계가 있다. 그리고 그는 분급하지 않은 환곡까지 포함하여 모조를 거두어서 국가 재정을 확보하자는 궁극적인 대책을 포함하고 있는데, 대원군의 사창에서는 원칙적인 주장만 했으므로 실질적인 대책이 되지 못했다. 따라서 사창제는 김병욱의 구상을 중심으로 했으나 중요한 문제에 대해서는 받아들여지지 않아서 형식적인 것이 되고 말았다.

김병욱은 사창제를 건의했지만 그뒤 평탄하지 못한 길을 걸었다. 사창제 시행 직후 고종 4년 암행어사 박선수에 의해 토호로 보고되었다. 곧 전답을 도매하는 자, 사송(詞訟) 비리자가 그 집에 폭주하고 그 무리들이 마구 날뛴다고 하여 엄형 1차와 원지 정배의 처벌을 받았다. 이는 앞에서 보았듯이 그의 환곡 개혁의 노력에 대한 비난하는 세력들의 영향력 때문으로 보인다. 가령 김병욱은 문경현의 환폐를 처리하는 과정에서 불만을 가졌던 저리(邸吏)가 주인인 심참판(沈參判)을 통해 김병욱이 민간으로부터 뇌물을 먹었다고 퍼뜨렸다고 한다. 그는 결국 황해도 문화현으로 유배되었다.

이런 상황에서 사창제는 김병욱의 생각과는 다른 방향으로 시행되었다.

유배 도중에 김병욱은 지난번에 사창의 규식(規式)이 이미 공포가 되었는데, 금년 모조를 취하지 않는 것으로 선회해 다음해를 기다려서 환곡운영을 행한다는 소식을 들었다. 이 소식을 듣고 그는 영의정 김병학에게 편지를 써서, 올해처럼 풍년이 들었을 때 시행하지 않았다가 내년에 생각지 않은 문제가 생기면 어떻게 할 것이냐고 반문했다. 그는 사창제 시행이 중흥의 대책이라고 생각하는데 국가가 기회를 놓칠 것을 우려한 것이었다.

실제로 김병욱은 황해도로 유배를 갔기 때문에 그 지역 실태를 직접 대할 수 있었는데, 이미 유배가는 길에서 듣기를, 황해감사가 사창을 갑자기 마련하기 어려워서 장계를 올려 금년은 먼저 관창(官倉)에 쌀을 거두어들이자고 요청했다고 한다. 이에 대해서도 김병욱은 김병학에게 다시 편지를 보내 입법 초부터 제대로 시행되지 않는 것을 통탄하면서, 이런 이면에는 수령이나 감사가 서리와 결탁했기 때문이므로 백성들의 편이 되어서 국가 대계를 기약하라고 촉구했다. 김병국에게도 편지를 보내 주위 의견에 저해받지 말고 결단력 있게 행하라고 당부했다. 그렇게 한다면 유배당한 자신의 어려움도 달게 받겠으니, 오직 이 일이 순조롭게 이루어져 민국 태평을 기대한다고 했다.

이런 주장에 대해 김병학·병국 형제는 모두 답을 회피했다. 김병학은 그의 주장이 세상을 구하는 양책이지만, 자기 같은 사람에게 말하는 것은 공언(空言)에 지나지 않는다면서 시행할 의도가 없음을 밝혔다. 김병국도 답서를 통해 이런 내용에 대해 힘써 말하겠지만, 조정에서 논의한 결과에 대해서는 자신할 수 없다고 책임을 넘겼다.

그뒤로도 김병욱은 계속 사창을 주장했다. 유배 기간에 쓴 「붕사소견」(鵬舍消遣)에서도 환곡이 가장 큰 폐단이고, 환곡의 포흠을 없애는 것은 가능하지 않다고 보았다. 곧 한 해 포흠을 말끔히 거둔다고 하더라도 내년에는 다시 포흠이 일어난다는 것이다. 따라서 그는 각항 환곡을 모두 사창에 이부한 다음에야 '민국'이 태평을 누릴 수 있다고 했다. 그러나 이 시기의 사창제는 그뒤 실제 운영 과정에서 보듯이 김병욱의 주장과는 달리 한정된 별비곡에 고리대 형태로 운영되었다.

당시 국가에서는 개혁보다는 체제를 유지하기 위해 삼정책(三政策)을 이용했다. 그 직전에 있었던 1862년의 거센 농민항쟁의 요구에도 불구하고 정부가 시행한 삼정이정책(三政理政策)에서 잘 드러난다. 김병욱이 내세운 1867년의 사창제 역시 왜곡된 형태로 운영되었다.

이처럼 김병욱은 힘써 제기한 사창제는 제대로 시행되지 않고, 몸은 유배당했다. 그의 유배생활은 상당히 힘들었다. '활민'(活民)을 하려던 자신이 '학민'(虐民)으로 처벌을 받는다는 사실이 매우 괴로웠다. 그러면서도 그는 유배 기간에 개혁과 관련해 많은 글을 썼다. 「봉사소견」, 「우론」(迂論), 「대책」, 「유곡역취모의」, 「논적정」 등 중요한 글을 이때 정리했다. 특히 중흥의 때를 맞았다고 표현한 점으로 보아 고종 즉위 이후 건의할 수 있는 기회로 삼았다. 이런 과정을 거쳐 김병욱의 개혁론은 1870년대 태평오책으로 종합 정리되었다. 기존의 삼정 문제에 재정 변통과 제민산(制民産)이 들어간 것은 당시 사정을 많이 첨가한 것이었다.

5. 외세에 대한 인식과 태평오책의 건의

(1) 한말 외세에 대한 인식

김병욱은 1960년대 후반에서 1980년대까지는 외세에 대해 주시하며 자신의 주장을 닦아나갔다. 그는 전부터 외세 침략에 대한 인식이 깊었다. 그는 윤육(尹堉), 신석우, 유후조(柳厚祚) 등 북경(北京)을 다녀온 중앙 관료들과 교유관계를 맺고 있어 서양 세력의 동향과 실체에 대해 비교적 풍부한 정보를 지니고 있었다고 한다. 한말 외세에 대한 인식은 1860년대 병인양요(1866년), 1870년대 일본의 운양호 사건(1875년 9월)과 병자수호조규(강화도조약, 1876년), 1880년대의 『조선책략』 등과 관련해 잘 드러난다.

그는 서구의 요구가 이전 오랑캐와는 다르다는 것을 알았다. 그는 일찍이 1861년 장악원에 있을 때 지난 해 일어났던 영국와 프랑스의 북경 침략(1860년) 소식을 듣고 당시 이조판서 김병국에게 대책을 올렸으나 답을 받지 못했다. 그는 1865년 겨울, 좌의정 김병학에게 자신의 견해를 말했고 이해 여름에 만난 자리에서 선후책을 올렸으나 채택되지 못했으며 그러다가 병인양요가 일어났다.

병인양요 동안 국가는 혼란에 싸였고 많은 사람들이 피난을 떠나 도성안은 텅 빌 정도였다. 그러나 그는 서울에 머물면서 당시 현실을 지켜보았으며, 「충훈부창의격문」(忠勳府倡義檄文)과 「통호서종친문」(通湖西宗親文) 등 격문을 작성해 국가의 치욕을 씻도록 독려했다. 그러나 그는 교전론을 주장하지는 않았고 오히려 무모한 교전론을 비판했다. 이미 중국과 일본이 열강에 의해 무너졌는데, 조선의 병력으로 그들을 당할 수 없음을 알았기 때문이다.

1870년대는 일본이 끊임없이 통상을 요구하고 그 결과 개항이 이루어졌다. 일본은 여러 차례 서계(書契)를 접수하려다가 거부당했는데 1873년 대원군의 실각과 함께 다시 제기되었으며, 1875년 운양호 사건을 일으킨 다음해 조일수호조규가 조인되었다.

조규에 대해서는 조야(朝野)에서 논란이 일어나고 개항 반대운동도 전개되었다. 척사측에서는 조약 체결이 구호(舊好: 예전의 좋은 관계)의 회복하자는 데 불과하다는 정부측을 비판하면서 '왜양일체론'(倭洋一體論)을 내세웠다. 그러나 김병욱은 원칙적으로 일본과의 화약(和約)에 찬성하는 입장이었다. 이전 구호를 닦는다는 주장은 반박을 당할 수 있다고 보았다. 그러나 일본과 우호관계가 끊기면 군사적인 문제가 일어나게 되는데 일본의 무력을 감당할 수 없다고 본 듯하다. 따라서 수호(修好)는 어쩔 수 없으며 이런 가운데 일본과 서양 세력에 대응할 수 있는 힘을 기르는 것이 시급하다고 보았다.

1880년대에 들어서 수신사 김홍집(金弘集)이 일본에서 『조선책략』을 들여오면서 이에 대한 논쟁이 크게 벌어졌다. 주일(駐日) 청국공사관 참사관 황준헌(黃遵憲)이 러시아를 동북아의 가장 위협적인 세력으로 치면서, 이에 대해 조선이 취할 방책을 '친중국(親中國), 결일본(結日本), 연미국(聯美國)'으로 내세웠다. 여기서 러시아는 영토 확장욕에 가득 찬 야만국으로, 미국은 약소국 편에 서는 부강하고 공평한 문명국으로 편중되게 묘사하고 있다. 당시 청은 러시아의 세력 확장에 불안을 느꼈는데, 이 책에는 그러한 청의 입장을 반영하고 있었다. 조선도 러시아에 대해 불안감을 느끼고 있었기에 정부 대신들은 이 책에 대해 참고할 만하다고 생각했다. 그러나 당시 유림들은 이에 대해 매우 비판적이었으며, 그 결과 1881년 영남 만인소가 이루어졌다.

김병욱은 『조선책략』의 내용에 전적으로 동감을 표하면서 유생들을 반박했다. 「병조좌랑 유원식소론」은 유생들이 대외 정세를 제대로 파악하지도 못하면서 외국을 배척한다고 비판한 글이었다. 이러한 비판의 이면에는 그 자신도 러시아의 동향을 우려하는 마음이 있었던 것으로 보인다.

한편 김병욱은 김홍집이 『조선책략』과 함께 들여온 청의 학자 정관응(鄭觀應)이 쓴 『이언』에 대해서도 관심을 가졌다. 그는 『이언』은 쉽게 말할 수 없는 대책을 개진(開陳)했다는 점에서 오히려 '난언'이라고 해야 한다면서 "기(器)는 서국(西國)의 법을 쓰고 도(道)는 공자의 교를 지킨다"라는 동도서기론적 주장에 대해 기뻐했다. 다만 서기(西器)를 곧바로 도입하는 것은 막대한 재원이 들기 때문에 재원이 부족한 조선에서는 바람직하지 않다고 보았다. 먼저 실사구시(實事求是)로 마음을 삼아 이재(理財)를 하여 부국(富國)을 이룰 것을 촉구하면서, 부국하면 자연히 부강해지고, 그런 뒤에는 선차(船車)나 전선(電線) 등의 일은 저절로 이루어진다고 보았다. 이로 볼 때 김병욱은 내수외양론(內修外壤論)을 바탕으로 한 동도서기론의 단계에 들어서 있다고 볼 수 있다.

(2) 태평오책의 제기

김병욱이 그의 개혁론을 종합 정리해 태평오책으로 제기한 것은 이 시기의 외세 침략과 관계가 있다. 이 무렵 그는 여러 차례 대책을 올렸다. 1870년 일본이 통상을 요구하자 당시 귀양에서 풀려 나와 고향에 있던 그는 상경해 방략(方略)을 역설했다. 그는 먼저 전처럼 김병국을 통해 의견을 올린 듯하다. 1875년 1월 김병국이 우의정이 되었다는 소식을 듣고 책자를 올렸는데, 그 내용은 곧 태평책일 것이다. 이에 대해 김병국은 내용이 좋다고 반응했다 한다. 그러나 채택은 되지 않았고 이에 대해 김병욱은 조정에서 아무도 진언하지 않는다고 비판했다.

그러다가 일본의 운양호가 시위를 하는 사건이 일어나자 1875년 6월 '태평오책'이라는 상소를 올렸다. 물론 국가 위기라고 칭한 것은 일본의 움직임에 대한 경계 때문이었다. 마침 나라 안에서는 이해 4월 울산에서 농민 항쟁이 일어났다. 그는 '민란'과 같은 움직임은 내상(內傷)이고 일본의 움직임은 외감(外感)이라고 보면서, 내상을 치료하면 외감의 병은 자연히 없어질 것이라고 보았다. 운양호사건을 보면서 삼정을 비롯한 '오책'을 올린 것은 그러한 뜻이었다. 그리고 1877년 다시 상소를 올렸는데 이는 태평오책의 시행을 촉구하는 내용이었다.

그가 상소를 올리려고 하자 김병학 형제는 여러 차례 그를 책망했다. 김병학 형제로서는 김병욱이 자신의 부친 때부터 문하에 있었기 때문에 상소의 배경으로 자신들이 지목받을까 두려웠을 것이다. 김병욱은 1875년 상소를 올린 다음, 지목받는 것을 싫어해 김병국의 집을 나와서 여관에 자리잡았다. 그렇지만 그는 김병학 형제에게 국가 위기를 보고 말을 하지 않을 수 없다고 자신의 뜻을 밝혔다. 더구나 김병욱이 2차 상소까지 하자 김병학 형제는 자신들이 지목받는 것이 싫어 그만두라고 했다. 하지만 끝내 김병욱이 이를 듣지 않고 시행해 결국 서로 절교하기에 이르렀다.

그뒤로도 김병욱은 이들 형제에게 태평책을 시행할 것을 계속 촉구했다.

1876년 김병욱은 우의정 김병국에게 편지를 보내, 대동법을 호서에서 시험하고 전화(錢貨)를 경기감영에서 먼저 한 것처럼 현명하고 뛰어난 사람 한 명을 선택해 한 도에서 시험하자고 했다. 또한 지난 번에 소를 올린 것을 왕도 유념했다고 하는데, 대신으로서 왜 이를 적극적으로 시행하려고 하지 않느냐고 비판했다. 1878년에도 그에게 편지를 써서 한 도에서라도 먼저 시행하자고 간곡히 요구했다.

김병욱은 김병학 형제와 갈등을 겪는 과정에서 당시 권력의 핵심인 민씨 쪽을 택한 듯하다. 1880년 처음으로 민태호에게 편지를 보냈는데, 이때 그는 전에는 김병학 형제에게 글을 올렸으나 지금은 그들이 힘이 되지 못하고 민태호가 현재 '사직(社稷)을 맡은 대신'이기 때문에 가능하다고 보고 올린다고 했다. 그뒤로도 3~4개월에 걸쳐 몇 차례 더 민태호에게 편지를 보내 책자에 대한 답을 요구했고, 마찬가지로 한 도에서 먼저 시행할 것을 요구했다. 여기에 대해 민태호는 자세히 못 보았다고 하면서 기다리는 것이 어떠냐는 식으로 회피했다. 한편 군국기무처(軍國機務處)와 민규호(閔奎鎬)에게도 자신의 책자를 읽고 채택하도록 요구했다.

태평오책은 내용이 100쪽에 이를 정도로 방대했으나 그뒤 1894년 농민전쟁이 일어났을 때 문경 구택(舊宅)에 소장된 책들과 함께 소실되었다. 다만 그 내용은 1. 전주감수 이제민산(田主減收 以制民産), 2. 재정변통 이양국력(財政變通 以養國力), 3. 전정구폐(田政捄弊), 4. 군정구폐(軍政捄弊), 5. 적정구폐(糴政捄弊) 등으로 이루어졌다고 한다. 이와 같이 다섯 가지 대책을 마련한 것은 먼저 삼정 구폐의 방법과 재원 불갈지도(財源 不渴之道)를 짓고, 제민지산(制民之産)은 1874년 육지(陸贄)의 부민 감수지론(富民減收之論)을 읽고 지어 함께 태평오책으로 했다고 한다. 자세한 내용은 원본이 없어져서 알 수 없지만, 1877년 다시 올린 재소(再疏)와 그동안 그의 주장을 종합하면 다음과 같다.

첫째 전수(田主)의 수입을 줄여서 민산(民産)을 통제하자고 하였다. 본래는 토지개혁론으로서 정전론, 한전론 등이 있으나 이는 실현되기 어렵다고 보았다. 따라서 전주의 지대를 국세보다 넘지 못하게 해 농민을 구하고자 했다고 한다.

그 방법으로는 첫째 전주가 전객을 함부로 바꾸지 못하도록 관에서 통제하게 했다. 관에서 전객의 일정한 수를 정해 사사로이 옮기지 못하게 영구히 경작하도록 하되, 전객이 사망하거나 또는 게을러서 농사를 망치면 전주가 관에 소장을 내서 바꾸도록 하는데, 만일 거짓 신고하면 전객으로 하여금 사리를 따져서 바로 잡도록 했다. 둘째 수조(收租)의 양을 3분의 1로 규정했다. 곧 1무의 수확이 30두면 10두를 내는 식으로, 수전(水田)은 나라 전체를 통하도록 했다. 한전(旱田)도 제한을 두어서 춘추 양곡을 합계해 수조의 분배를 정하도록 했다. 이와 같이 하면 비록 부자들이 조금 손실을 입었더라도 국가에서 걷는 세와 비교하면 그래도 많으며, 농민들은 작은 이익을 보상받을 수 있다는 것이다. 이를 본다면 토지 측면에서 그는 부호의 토지 소유를 인정하면서도 토지에 대한 권한을 국가에서 제한하고, 한편으로는 농민들의 경작과 이윤을 보장하고자 했다. 이른바 부자를 편안하게 하고 가난한 사람을 돕는 방법이었다. 그는 이러한 제도를 영구히 시정해야 할 뿐아니라 이웃 나라에도 가르쳐주자고 할 정도로 자신을 표방했다.

둘째 재정을 변통하여 국력을 기를 것을 주장했다. 그는 해륙물산(海陸物産)을 개척해 부국하는 데 뜻이 있었으나 정부가 이를 행하지 못한다고 보았다. 따라서 첫째 옛날 대전(大錢)을 거두고 당십전(當十錢)을 쓸 것, 둘째 염업(鹽業)과 광산업(鑛産業)을 관에서 운영할 것, 은동전을 개주(改鑄)하여 유통할 것 등의 주장을 내세웠다.

김병욱은 본래 재산을 늘리는 방법으로 염철을 주장했다. 김수근이 당시 호조판서가 국용(國用)을 풍부하게 하기 위해 평안도 갑산(甲山)에서 동을 채굴해 주전(鑄錢)하자고 할 때도 김병욱은 주전은 재물을 늘리는 방법이 아니라며 염철을 주장했고, 1862년 함경감영에서 주전을 하려고 할 때도 당시 행지중추부사(行知中樞府事) 김병국에게 각염론(権鹽論)을 올렸다. 1875년 「논시폐잉진오책소」를 올린 다음 작성한 「오책의소」(五策擬疏)에서도 염호(鹽戶)를 두는 것이 국가를 부유하게 하는 재산이라고 했다.

셋째 전정 폐단에 대한 대책을 담고 있다. 여기서 가장 중요한 내용은 고려 이래의 결부법(結負法: 토지의 면적과 수확량을 동시에 표시한 계량법)을 물리치고 전국 토지를 경묘법(頃畝法: 토지 면적을 단위로 하는 계량법)으로 세를 매기는 것이었다.

전정에 대한 그의 의견은 당시 가결(加結), 도결(都結) 등의 폐단과, 양안(量案) 개정 등의 문제를 제기했다. 특히 문경에서 1863~1864년 이래 관가와 이서가 결탁해 관도결을 시행, 결납이 13냥까지 올랐던 일에 대해 비판했다. 여기에 대해 관도결을 파하고 전처럼 호통(戶統)을 만들어 도서원(都書員)으로 하여금 거행케 하면 농민들이 편안할 것이라고 했다.

넷째 군정 폐단에 대한 대책을 담고 있다. 군정에 관해서 김병욱은 국민 개병에 뜻을 두었으나 정부가 행하지 못한다고 보고, 귀천을 나누지 말고 모두 돈을 내어 용병을 모집해서 훈련하자고 했다.

그는 당시 균역법(均役法)의 문제점에 대해서도 통렬하게 비판했다. 균역법이 시행된 이후 군영이 늘어났고 여러 차례 징수한다는 것이다. 그는 개혁 방법으로 궁극적으로는 결포제(結布制)를 시행할 것을 주장했다. 그는 호포제(戶布制)까지도 비판적이었다. 가령 호포를 시행할 때 영조가 창경궁 홍화문에 가서 조정의 모든 신하와 도성에 거주하는 백성들에게 여론을 들었는데, 이들은 호포와 결포 가운데 열에 일고여덟은 호포를 선택했다고 한다. 그러나 그가 생각할 때 도성 백성들도 부자이기 때문에, 만일 가난한 선비나 교외 농민들한테 물었으면 거꾸로 압도적으로 결포를 택할 것이라고 보았다. 이는 그가 여론의 근거를 어디에 두고 있는지 잘 보여준다.

다섯째 환곡 폐단에 대한 대책을 담고 있다. 그는 철종 말 농민항쟁의 대책으로 환곡을 탕감한 뒤, 국가에 1년을 지탱할 곡식이 없음을 우려해 진덕수의 사창법을 시행해 규모를 늘리자고 했다.

환곡 문제는 앞에서 보았듯이, 그가 가장 적극적으로 대책을 마련한 분야이다. 그는 환곡은 필요하다고 보았다. 그래서 환곡이 이미 빈 장부만 남은 것은 탕감하는 등 대책을 세우더라도 환곡 자체를 혁파하자는 주장에 대해 군량뿐 아니라 진휼 정책 때문에도 필요하다고 했다. 그렇지만 그는 비어가는 환곡을 다시 채우는 것은 좋은 방법이 아니라고 보았다. 현행대로 한다면 이서들이 다음해 또 다시 포흠을 할 것이기 때문이었다. 따라서 그는 크게 두 가지 개혁을 생각해냈다. 먼저 사창제를 시행해 이서의 손에 두지 않고 민간에서 운영하도록 했다. 다음으로 민간에 두더라도 감사, 수령 등 관리들이 간섭해서 여러 가지 이유를 내세워 진분을 하기 쉽기 때문에 분급하지 않은 곡식에도 모조를 거두자고 했다. 나아가 환곡을 분작민류(分作民留)해 모조만 취하자는 주장도 했다. 이렇게 하면 갖가지 수용이 여유 있고 또 여러 가지 폐단이 가라앉는다고 보았다. 이는 환곡을 부세로 이용하면서 원곡을 민간에 두어 전처럼 이서의 손에서 소멸하지 않게 하여 군사적인 일이나 진휼의 용도에 대비하도록 한 것이었다.

그는 태평오책에 대한 자부심이 대단했다. 공자와 같은 성인이 다시 살아나도 나의 말을 따를 것이라고 할 정도였다. 그리고 태평오책을 시행하면 3년이 지나지 않아서 백성과 나라가 가히 태평하고 패왕의 업이 이루어질 것임을 강조했다. 또한 반드시 시행해야 할 대책인데, 만일 이 방안이 미덥지 못하면 이를 시행하는 데 있어서 대동법을 호서에서 시행했던 것처럼 먼저 경기 감영에서 써보고 점차 다른 도로 확대할 것을 제언했다.

이처럼 그는 이 대책을 확신하고 반드시 시행하도록 계속 요구했다. 이를 테면 김병학·병국 형제가 권좌에 있을 때에는 이들에게 글을 올려 시행을 촉구했고, 민씨가 집권한 뒤에는 실권자 민태호와 민규호에게 서신을 보내 이 안을 실현해 줄 것을 당부했으며, 임오군란이 일어나자 정부 대신에게 다시 서신을 올려 시행을 촉구하기도 했다.

이런 점에 대해 그가 집권세력에 대해 지나치게 의존적이 아닌가 생각할 수도 있다. 그러나 앞에서 보았듯이 김병학, 병국 형제와 절교할 정도로 직선적으로 요구했으며 민태호, 민규호에게 서신을 보내면서도 민씨 정권에 대해서도 비판을 하고 있었다. 그러면서도 이들에게 요청할 수밖에 없었던 것은 국가에서 정책적으로 시행하기 위해서는 권력자를 부추기는 수밖에 없다고 생각한 듯하다.

그러나 실제로 집권 세력은 개혁 분위기는 아니었다. 왕은 그의 주장이 가상하다고 하면서도 시행하려고 하지 않았으며, 조정도 호의적인 편은 아니었다. 결국 그의 주장은 위정자들에게 받아들여지지 않았다. 따라서 그는 "삼정이 모두 폐막이 있는데 교구하려는 정론(正論)이 없고, 재곡(財穀)이 모두 고갈되었는데도 이를 마련하려는 좋은 계책이 없다"라고 통탄했다.

맺음말

지금까지 보았듯이 김병욱은 가세가 높은 가문 출신은 아니었다. 그리고 일찍 관료로 현달하지도 못했으며, 더구나 국정을 책임질 수 있는 위치는 전혀 아니었다. 그러나 일찍 서울을 무대로 학문의 추세를 받아들이려고 했고, 특히 김수근의 문하에 들면서 시세를 터득했다. 이것이 그의 사상과 활동의 밑바탕이 되었다. 또한 신석우, 유신환 등 당시 개혁적이거나 개명적인 지식인들과 가깝게 지냈던 것으로 보인다.

그는 사회의 여러 폐단에 대해 비판할 능력을 지니고 있었고, 이를 토대로 지방 사족으로서 그리고 지방관으로서 직접 그에 걸맞게 활동했다. 그는 김수근의 도움도 받았겠지만 왕성한 활동과 뚜렷한 개혁관을 지니고 있어서 당시 지식인들에게 수용되었던 것 같다. 신석우 등의 인물들은 고비마다 그에게 도움을 주었다. 그는 자신의 학문과 활동에 신념을 가지고 있었기 때문에 당시 최고 권력사에도 사신의 의견을 당당하게 밝혔다. 그는 김수근의 도움으로 관직에 올랐지만 현감자리가 가장 중요한 자리였을 뿐이다. 관직에서 물러나 있을 때도 병인양요, 병자수호조규, 임오군란 등 중요한 사건이 있을 때마다 나아갈 방향을 제시했다. 그리고 『조선책략』이나 『이언』 등과 같은 책에 관해 논쟁할 때도 당당히 자신의 의견을 밝혔다.

중앙 무대에서 중요한 관직을 가지지 못했던 그의 주장은 받아들여지기 어려웠다. 또한 당시 사회에 얼마나 영향력을 미쳤는지는 잘 가늠할 수 없다. 하지만 지식인으로서 어려운 시기에 자신의 사명을 다하려고 끊임없이 노력한 인물이었음은 높이 평가해야 할 것이다.

참고문헌

・원자료

金炳昱, 『磊棲集』, 1923.
金星圭, 『草亭集』, 1937.

・논저

金容燮, 「光武改革期의 量務監理 金星圭의 社會經濟論」, 『亞細亞研究』 48, 1972(『增補版 韓國近代農業史研究 下』1992에 재수록).
宋讚燮, 「19세기 후반 金炳昱(1808~1885)의 사회개혁론」, 『한국방송통신대학교 논문집』 29, 2000.
盧大煥, 「개항기 지식인 金炳昱(1808~1865)의 시세 인식과 富强論」, 『韓國文化』 27, 서울대학교 한국문화연구소, 2001.
宋讚燮, 『朝鮮 後期 還穀制 改革 研究』, 서울대학교 출판부, 2002.

박주종 朴周鍾

조선 후기 백과전서학의 발전과 지방 지식인

박인호 세명대학교 교양과정부 교수

1. 머리말

조선 후기에는 전통 학문 분야에서 전문적 연구가 행해지면서 많은 분야의 학문이 독립된 분과 학문으로 발전해 나갔다. 그 가운데 역사지리학, 금석학(金石學), 백과전서학(百科全書學) 등은 사료(史料)에 입각한 엄격한 비판, 사실 위주의 고증적 연구 방법, 자국(自國)에 대한 깊은 관심 등을 바탕으로 했으며, 이를 통해 근대 민족주의 정신을 우리 사회에 수용할 수 있는 기초를 마련했다.

　백과전서학은 제도와 문물에 대한 정보를 쉽게 얻을 수 있도록 함으로써 지식의 대중적인 확산에 크게 기여한 특징이 있다. 이러한 백과전서학은 전근대적 사회에서 벗어나려고 몸부림치던 동서양 세계에 공통으로 나타난 학문이었다. 중국에서는 각종 전장(典章: 한 나라의 제도와 문물) 제도의 연원과 내용을 다룬 십통(十通: 중국의 경제사·사회사·제도사에 관한 10가지 책의 총칭)류가 간행되었으며, 일본에서는 자국의 직제와 법령을 연구한 유서학

(類書學)이 발전했다. 서양에서는 백과전서파(百科全書派)로 불리는 계몽 사상가들이 나타났으며, 이들은 방대한 지식의 집적을 통해 뒷날 프랑스혁명을 가능하게 하는 지적 배경을 마련했다.

세계사의 흐름과 마찬가지로 우리 나라도 조선 후기에 백과전서학이 새로운 모습을 갖췄다. 조선 중기의 유형별로 정리한 유서류(類書類) 편찬에 이어, 조선 후기에는 과거의 제도와 문물을 종합적이고 체계적으로 정리한 백과전서류(百科全書類)가 광범위하게 편찬되었다.

박주종(朴周鍾, 1813~1887)은 개인적으로 우리의 전통 문화를 모두 14 편의 유형으로 나누어 정리한 『동국통지』(東國通志)를 편찬했다. 이는 전통 시대 역사 서술의 한 형태인 기전체(紀傳體)의 지(志) 형식을 빌렸지만, 과거의 전통을 나름대로 일관된 시각과 다양한 주제별로 정리한 것이다. 당시 정부 차원에서는 많은 인력과 물력을 지원해 문헌비고(文獻備考)라는 일련의 백과사전을 편찬했지만, 궁벽한 시골의 한미(寒微)한 선비에 불과했던 박주종이 개인의 힘으로 이처럼 방대한 분량의 백과사전을 편찬하는 일은 쉽지 않았을 것이다. 그리고 개인이 이런 백과전서를 편찬할 수 있었던 것은, 당시 사회가 이와 같은 백과적 지식과 전서류를 필요로 했음을 보여준다.

이 글에서는 박주종이라는 인물과 그가 편찬했던 『동국통지』를 백과전서학의 학문적 의의와 관련해 살펴보고자 한다.

2. 생애

박주종은 1813년(순조 13) 2월 15일 경상북도 예천군 금당실[金塘谷]에서 태어났다. 자는 문원(聞遠), 호는 산천(山泉), 본관은 함양(咸陽)이다. 증조 할아버지 박중경(朴重慶)은 문과를 거쳐서 1782년(정조 6) 운산군수(雲山郡守)를 역임했다. 할아버지 박한통(朴漢通)은 통덕랑(通德郎)을, 아버지 박필녕(朴弼寧)은 첨지중추부사(僉知中樞府事)를 지냈다. 어머니는 유성룡(柳成龍)의 후손인 유정조(柳貞祚)의 딸이다.

예천의 함양 박씨는 조선 시대 박종린(朴從鱗)대에 상주(尙州)에서 당시 권신인 김안로(金安老)와 정치적으로 대립해 예천 금당실로 이주했다. 그 뒤 예천의 함양 박씨는 금당실과 대저리 등에 거주하면서 지역의 중심 세력으로 성장했다.

예천은 서쪽으로는 문경을 지나 조령을 넘어 괴산·충주로 연결되며, 영주를 지나 죽령을 넘어 단양으로 연결되는 교통의 요지였다. 남쪽으로는 안동이 있어 낙동강 수운을 통해 동해안과 남해안까지 연결되었다. 그러므로 예천은 상업적으로뿐만 아니라 학문적으로도 영남 학맥의 주요 소통 요지라고 할 수 있다.

실제로 경기 지역의 남인 학맥은 예천 지역을 통해 영남 각 지역으로 연결되었다. 예를 들어, 이익(李瀷)이 충북 제천에 살았던 김이만(金履萬)을 통해 예천 지방 유사(儒士)들과 친분을 나누었다는 기사가 이익의 『성호선생문집』(星湖先生文集)과 김이만의 『학고선생문집』(鶴皐先生文集)에 보인다. 이때 예천 지방 유사들은 이익의 학설과 주장을 새로운 의미로 수용했을 것으로 보인다. 박주종의 학문에서 경기 남인 학맥의 영향이 엿보이는 것은 이와 같은 지역성도 관련이 있을 것으로 추정된다.

박주종의 학문은 퇴계학(退溪學)을 근간으로 한 가학(家學)을 잇고 있다. 그는 5세 때부터 집안의 학자였던 박기녕(朴箕寧, 1779~1857)에게 학문을 배웠다. 『상제잡의』(喪祭雜儀), 『용학표리도』(庸學表裏圖), 『하수선생문집』(荷叟先生文集) 등을 남긴 박기녕은 『나암수록』(羅巖隨錄)과 『저상일월』(渚上日月) 등을 남긴 박주대(朴周大)도 교육해 함양 박씨 가문의 가학을 잇는 데 중요한 역할을 한 인물이었다.

박기녕은 남야(南野) 박손경(朴孫慶)의 학문을 이었다. 박손경은 문명(文名)이 높아 대산(大山) 이상정(李象靖), 백불암(百弗庵) 최흥원(崔興遠)

과 함께 영남 3로(老)라고 칭송되던 인물로, 문집으로는 『남야집』(南野集)이 남아 있다. 박주종은 박손경과 박기녕으로 이어지는 가학의 전통을 이어 더욱 발전시킨 인물이라고 하겠다.

박주종은 높은 학식에도 불구하고 문과에 급제하지 못했다. 시험장에서 많은 사람들이 그의 곁에서 답안을 엿보려고 하여 시권(試券)을 펼쳐 보여 주었는데, 어떤 사람은 그의 대책을 베껴서 합격하기까지 했다. 당시 과거가 파행적으로 운영되면서 별다른 가문의 배경이 없던 그로서는 합격하기 쉽지 않았을 것이다.

1862년(철종 13)에 삼정구폐(三政救弊)를 위한 조칙(詔勅)이 내려지자, 대책을 올려 우등 5인에 들었다. 우등한 자는 관직에 등용하겠다는 약속이 있었음에도 불구하고 그는 결국 등용되지 못했으며, 지역의 한미한 선비로 일생을 보냈다. 그의 친우들도 정치적 또는 학문적으로 그리 현달한 사람들은 아니었으며, 대부분 예천과 안동 등 경북 북부 지역의 선비에 국한된다.

말년에는 고향에서 강학 활동에 힘썼으며, 1887년(고종 24) 8월 18일 청(淸)·신(愼)·겸(謙)·졸(拙) 4자를 후손들에게 유훈으로 남기고 생을 마감했다. 이것으로 본다면 그는 영남 지역의 한 유생으로서 평범한 일생을 살았다고 하겠다.

3. 활동과 업적

박주종의 사회 활동은 당시 영남 지역 유사들의 일반적인 행동 양식과 반경에서 크게 벗어나지 못했다. 정신적인 측면에서도 명나라에 대한 의리와 중화(中華) 중심주의에 집착하고 있어, 당시 영남 지역에 거주했던 영남 남인들의 의식 세계의 일단을 보여준다.

박주종의 대외적인 활동을 살펴보면, 1851년(철종 2)에 정구(鄭逑)와 장현광(張顯光) 두 선생을 문묘(文廟)에 종사(從祀)할 것을 주청(奏請)하는 소

(疏)를 올렸다. 1855년(철종 6)에는 이휘병(李彙炳)을 소수(疏首)로 한 사도 세자(思悼世子)의 추존을 청하는 만인소(萬人疏)에 참가했다. 그리고 영조 의 처분에도 불구하고, 사도세자를 추존해야 한다는 주장을 수록한 「청경 모궁전례소」(請景慕宮典禮疏)를 만들었으며, 따로 전례소를 올리게 된 배 경을 정리한 「경모궁전례사의」(景慕宮典禮私議)를 작성했다.

한편, 당시 안동의 유림 사회를 분열시켰던 유성룡계(柳成龍系)의 병산 서원(屛山書院)과 김성일계(金誠一系)의 여강서원(廬江書院)의 분기에 대 해서는, 양 원사의 관계를 완화하기 위해 보합론적인 입장에서 이휘령(李彙 寧), 이휘재(李彙載) 등과 함께 노력했다. 지역 지식인의 소임을 게을리하지 않았음은 1875년(고종 12) 국명(國明) 이만수(李晩綬)와 함께 향교에서 강 회(講會)를 열었던 데서도 알 수 있다.

박주종이 현실과 관련된 문제의식을 강화했던 것은 19세기 중반 이후의 대내외적 위기상황 때문이었다. 대내적으로 1862년의 농민항쟁, 대외적으 로 1866년의 서면호 소각사건, 프랑스군의 강화도 점령 등과 같은 일련의 위기상황은 박주종으로 하여금 사회 현실에 대해 더욱 적극적으로 발언하 도록 했다.

당시 그의 사회의식을 보여주는 자료들을 살펴보면, 1862년(철종 13)의 삼정구폐책에서는 비교적 온건한 입장에서 삼정에 대한 제도적인 개선론 을 내놓았다. 삼정구폐책에서 숙종조(肅宗朝)를 '실심실혜'(實心實惠)의 정치가 이루어진 시기로 보면서, 그뒤 어지러워진 현실은 삼정의 문란 때문 인 것으로 판단했다. 그리고 문란한 삼정을 극복하는 방략으로 '실'(實)을 강조했으며, 이는 옛 제도의 실질적 정신을 회복하는 것으로 결론짓고 있 다. 그 구체적인 방책으로는 수령을 잘 택할 것과 조정에서 절약할 것을 강 조하고 있다.

1868년 대원군 집정하에 이루어졌던 서원 철폐령에 대해 영남 지역에서 는 1871년(고종 8)에 정민병(鄭民秉)이 소두가 되어 올렸던 소청(疏請)을 이어서 1877년(고종 14) 6월부터 다시 만인소를 올리기로 논의했다. 그해 말 그는 소두가 되어 서원 복설(復設)을 주장하면서 덕수궁 대한문 궐하(闕下)에서 총 50여 일간 행했다. 그러나 다음해 1월 25일, 수학에 열중하라는 하교를 받았을 뿐, 별다른 소득을 얻지 못했다. 정축년과 무인년의 소청에 대한 전말을 적은 일기가 『정무소청일기』(丁戊疏廳日記)라는 이름으로 전한다.

그외 김성일과 유성룡의 문묘 종사를 청하는 승무소(陞廡疏)를 초안했다. 그리고 선현을 추숭(追崇)하기 위해 별동(別洞) 윤상(尹祥), 병산(缾山) 김난상(金鸞祥), 우담(雩潭) 채득기(蔡得沂), 낙재(樂齋) 서사원(徐思遠), 자암(紫巖) 이민환(李民寏), 남무성(南武星) 등 여러 선생의 증직증시소(贈職贈諡疏)를 작성했다. 1884년(고종 21)에는 '의대절목'(衣帶節目)이 반포되자 전통 의제를 고치지 말 것을 주청하는 「청물개의제소」(請勿改衣制疏)를 올리기도 했다.

박주종은 1850년대 이후 사회 문제에 대해 나름대로 상소를 통해 끊임없이 의견을 제시하는 모습을 보여주고 있다. 상소문에 나타난 논지를 보면 삼정 문란에 대해 옛 제도 회복을 주장한 점, 대원군의 서원 철폐에 대한 부정, 전통 의제는 귀천을 구별하기 위해 유지해야 한다고 한 점 등에서 보듯이, 전통적 유자(儒者)의 인식관에서 벗어나지 못했다. 또한 명나라에 대한 의리를 주장하는 중화적 세계관과 일본·서양에 대한 척사론적 입장은 여전히 유지되고 있었다.

그러나 박주종은 이러한 사회적 활동을 통해 향촌 지식층을 이끌어가는 위치까지 올랐으며, 지방에 거주하는 유학(幼學)에 불과했던 그로서는 이러한 적극적인 사회 참여를 통해 차츰 사회의식을 고조시켜 나갈 수 있었을 것이다.

서적 출판과 관련된 활동을 살펴보면, 박손경(朴孫慶)의 『주서강록간보차의』(朱書講錄刊補箚疑)를 교감(矯監)했고, 1874년(고종 11)에는 『무신창의록』(戊申倡義錄)을 교감했다. 그리고 1880년에는 유태좌(柳台佐)의 『학서집』(鶴棲集)을, 1881년에는 이희발(李羲發)의 문집인 『운곡집』(雲谷集)을, 1882년에는 장만걸(張萬杰)의 문집인 『장행당유고』(張杏堂遺稿)를, 1883년에는 『경암유고』(敬庵遺稿)를 각각 교정·교감했다.

박주종의 글은 손자인 박일수(朴一洙)가 수습해 문집을 편찬하려고 했으나 완성하지 못했으며, 1930년 박연수(朴衍洙)가 다시 정리했다. 그뒤 1956년 박희수(朴禧洙)를 중심으로 출간 작업이 추진되어 『산천선생문집』(山泉先生文集) 14권을 간행했다.

그런데 박주종이 비록 전통 유학의 세계와 영남 남인의 정치의식에서 벗어나지 못했으나, 그의 저술을 보면 특정 주제를 유형별로 정리한 백과전서적 체제를 취하거나, 백과적 지식을 바탕으로 논지를 전개하는 특징을 보여준다. 문집에 수록된 「수득만필」(隨得漫筆)을 보면, 박주종은 경학, 역사, 고실(故實), 예법에 이르기까지 다양한 분야에 관심을 가지고 있음을 알 수 있다.

박주종의 저술로는 1850년(철종 원년)에 정리한 『향약집설』(鄕約集說)이 있다. 그뒤 1868년(고종 5)에는 『동국통지』를 찬술(撰述)했고, 1872년(고종 9)에는 『면학유감』(勉學類鑑)을 지었다. 1880년(고종 17)에는 반개화 척사론에 입각해 장문(長文)의 『수양만설』(修攘謾說)을 지었다.

『향약집설』은 우리 나라 향약 관련 역사에 대한 일종의 분류사이다. 먼저 「주자증손여씨향약」(朱子增損呂氏鄕約)을 수록하고, 이어 「국조향약고실」(國朝鄕約故實)에서는 우리 나라 향약 관련 제도의 변천을 시간순으로 언급하고 있다. 이에는 퇴계(退溪), 율곡(栗谷), 중봉(重峰), 미수(眉叟), 우암(尤庵) 및 정조의 향약 관련 자료와 유형원(柳馨遠)의 『반계수록』(磻溪隨錄)에 수록된 향약 관련 주장을 인용하고 있다. 부록에는 「주자사창사목」(朱子社倉事目)을 수록하고 있다.

『동국통지』는 우리 나라 문물 백과사전으로, 1868년에 쓴 편찬사의 서문이 있다. 『동국통지』는 『한서』(漢書)의 10지(志)를 모방해 천문(天文), 오행(五行), 율력(律曆), 지리(地理), 제사(祭祀), 예악(禮樂), 병위(兵衛), 형법(刑法), 식화(食貨), 예문(藝文)의 10지에 학교(學校), 선거(選擧), 백관(百官), 여복(輿服) 4지를 더해 14지로 편성하고, 33편으로 구분해 전24권 17책으로 구성되어 있다. 이 책에는 우리 나라의 전장(典章)과 법도, 문물과 제도의 기원과 변천 과정을 자세히 적어놓았다.

『면학유감』은 여러 성현과 송·명 선유(先儒)들의 격언이나 지론 가운데 학문에 관련 있고 실용에 절실한 것을 분류해 실어 후학자들이 항상 깨닫고 반성하는 자료로 삼도록 한 격언집으로, 1872년에 쓴 서문이 있다. 형태면에서는 이기(理氣), 성정(性情), 존심(存心), 진학(進學), 택선(擇善), 검신(檢身), 징분(懲忿), 질욕(窒慾), 독륜(篤倫), 근례(謹禮), 신언(愼言), 겸양(謙讓), 광량(廣量), 안명(安命), 치가(治家), 교자(敎子), 수덕(樹德), 석복(惜福), 여환(慮患), 섭생(攝生), 교우(交友), 과거(科擧), 당관(當官), 명절(名節), 제민(濟民), 절옥(折獄)의 각 주제별로 관련된 자료들을 뽑아 편집했다.

『수양만설』은 김홍집이 일본에서 가져온 황준헌(黃遵憲)의 『조선책략』(朝鮮策略)을 배척하면서 작성한 논설이다. 이 논설에서는 대외적으로 제국주의의 침략에 대응하던 조선 유교 지식인의 자국에 대한 의식과 강렬한 반개화 척사론을 살펴볼 수 있다. 그는 척사의 방책으로 뇌물을 물리치고 수령을 잘 택할 것, 세렴(稅斂)을 줄이고 무기를 잘 정비할 것, 기양(祈禳)을 끊고 사원을 복설할 것, 유포(儒布)를 혁파하고 과폐(科弊)를 막을 것, 인재를 잘 선택할 것 등을 제시하고 있어, 전통적인 제도 개혁의 범위에서 크게 벗어나지는 못하고 있다.

그 가운데 백과전서류로서 주목되는 것은, 전통 시대의 전장제도를 주제별로 정리한 『동국통지』다. 박주종은 『동국통지』를 집필하면서 기전체 사서의 지 형식을 취했으며, 뒷날 누군가가 세가·연표·열전(列傳)을 덧붙여

역사서로서 완벽한 형태를 갖춰줄 것을 희망했다. 그러나 그 자신은 우리나라 역사를 전통적인 기전체 사서로 집필하려고 하지는 않았다.

박주종은 서문에서 역사를 편찬하지 않고 통지를 편찬한 것에 대해 자신은 사관(史官)이 아니며, 또한 역사는 포폄(襃貶)과 시비를 가하게 마련이나 당쟁으로 나뉘어 있는 상태여서 함부로 할 수 없다고 조심스럽게 변명하고 있다. 역사를 쓰는 대신 여러 서적과 선현들의 논술 가운데 전장제도에 대한 내용을 뽑아 분류해 책을 만들었다고 적었다. 그러나 책 속에는 고금(古今)에서의 득과 실, 시책(施策)이 편함과 편하지 않음, 정치를 잘함과 못함, 사람의 현명함과 모자람, 나라를 잘 다스리는 것과 혼란한 것 등이 정리되어 있어, 일종의 역사서 체재를 갖춘 것을 은연중에 자랑하고 있다.

박주종은 『동국통지』에서 천문·오행·율력 등을 가장 앞에 세웠는데, 이는 건(乾)을 부(父)로 하고 곤(坤)을 모(母)로 하며, 나라에서 중한 것은 또한 제사와 군사에 있다는 유교적 원칙하에 편찬했기 때문이다. 그러므로 하늘과 관계 있는 천문지·오행지·율력지를 앞에 두고, 그 다음에는 땅과 관련된 지리지를 두었으며, 나라에 관해서는 제사와 관련된 제사지와 예악지를, 그 다음은 군사와 형벌에 관련된 병위지와 형법지를 두고 있다. 각 지별로 내용과 특징을 살펴보면 다음과 같다.

(1) 천문지(天文志): 천체 변화에 응한 기상 변화를 정리했다.

(2) 오행지(五行志): 오행의 운행은 인간에게는 오사(五事)로 나타나며, 그것은 바로 성인이 세상을 경계하려는 뜻이라는 전통적 오행 관념에서 재이를 정리했다.

(3) 율력지(律曆志): 『한서』 율력지의 편목에 따른 고금의 상위·율력의 법과 운세를 정리했다.

(4) 지리지(地理志): 전대(前代)의 역사지리는 단군 이하 조선에 이르기까지를 시간순으로 성리하고, 다시 환도(丸都), 동부책성(東部柵城), 부여(夫餘), 국내

(國內), 발해(渤海)의 역사지리를 사항별로 정리. 당대의 역사지리에 대해 각 군현별로 정리했다.

(5) 제사지(祭祀志): 제례의 시행 과정을 대사(大祀), 중사(中祀), 소사(小祀), 잡사(雜祀), 가례(家祭)로 나누어 설명했다.

(6) 예악지(禮樂志): 오례의 의식과 악에 대해 정리했다. 악기는 재료에 따라 나누어 살폈으며, 여러 악의 절차와 음악을 항목별로 나누어 기록했다.

(7) 병위지(兵衛志): 역대의 병제와 군사 관련 법령과 제도 등을 정리했다.

(8) 형법지(刑法志): 법제에 관한 사항과 상언, 호적, 호패, 노비 등을 항목별로 기술했다.

(9) 식화지(食貨志): 전제(田制) 일반의 연혁과 각 토지에 대한 사항 및 경제제도를 정리했다.

(10) 예문지(藝文志): 역대의 서적을 22류로 구분하여 정리했다..

(11) 학교지(學校志): 역대 교육기관과 문묘·사우(祠宇)에 대해 기술했다.

(12) 선거지(選擧志): 역대 과거제도와 관리 임용제도를 기술했다.

(13) 백관지(百官志): 중앙 관직, 지방 관직, 토관 향직 등 관직의 연혁을 기록했다.

(14) 여복지(輿服志): 관복(冠服), 연여(輦輿), 새인(璽印), 노부(鹵簿) 등을 항목별로 나누어 정리했다.

영남의 궁벽한 한촌(寒村) 출신인 박주종이 어떻게 『동국통지』 편찬에 소용된 많은 자료들을 구해서 정리할 수 있었겠는가가 문제다. 『동국통지』의 자료적 측면을 살펴보면, 먼저 1770년(영조 46)에 13고로 편찬된『동국문헌비고』(東國文獻備考)를 기본 자료원으로 삼았다.

내용을 통해 두 책에서 보이는 지향성의 차이를 살펴보면, 정부에서 만든 문헌비고류는 유교의식을 기록한 예고·악고 및 관직 관료 교육에 관한 직관고·선거고·학교고, 그리고 당시의 경제제도와 관련된 전부고·재용고·호구고·시적고 등 경제적인 유목(類目)의 내용이 충실하다. 이에 반해 『동국통지』는 천문지·오행지·율력지 등 문헌비고류의 상위고 해당 부분과 제사지·예악지 등 문헌비고의 예고·악고 해당 부분, 그리고 지리지 등 분야의 내용을 강조했으며, 경제 사항은 오히려 식화지의 한 부분으로 축소되어 있다. 문헌비고류는 정부의 운영과 관련된 문물과 제도적 측면을 강조했다면, 『동국통지』는 좀더 문화와 예제적 측면을 강조했다는 점에서 차이가 있다.

『동국통지』 편찬에 참고했던 문헌으로, 백관·선거·병위·형법관계에서는 『경국대전』(經國大典)·『속대전』(續大典)·『대전통편』(大典通編), 제사·예악·여복관계에서는 『고려사』(高麗史)·『국조오례의』(國朝五禮儀)·『속오례의』(續五禮儀), 천문·역상관계에서는 『휘찬여사』·『국조보감』(國朝寶鑑)·『동사제강』·『동사보유』(東史補遺), 그리고 식화관계에서는 『반계수록』 등이 여러 차례 인용되어 있다. 지리관계에서는 유형원·이익과 함께 이종휘의 역사학을 계승하는 모습을 보여준다.

그런데 박주종이 『동국통지』에서 유형원의 『반계수록』과 이익의 『성호사설』(星湖僿說)을 폭넓게 인용한 점은 특이하다. 유형원과 이익에 대해서는 『동국통지』 외에도 문집과 다른 저술에서도 언급하고 있다. 박주종이 이들의 저술을 긍정적으로 인용하고 있는 것은, 유형원과 이익의 실학적 저술이 당시 영남 지역 궁벽한 지방 사대부에게까지 확산되고 있음을 보여주는 예로서 주목할 만하다.

그외 주목할 인물로는, 같은 시기에 같은 예천에 살았던 배상현(裴象鉉, 1814~1884)이 있다. 배상현은 1862년 『동국십지』(東國十志)라는 백과사전을 편찬했다. 그런데 배상현과 박주종은 같은 지역인 예천에서 살았으며, 서로 친분이 있어 편지글까지 교환했던 사이다. 그렇기 때문에 두 사람의 통시대적인 전장제도 정리는 어느 정도 관련이 있을 것으로 추정하며, 배상현의 『동국십지』 편찬 시기가 조금 앞서기 때문에, 혹 『동국통지』 편찬을

『동국십지』 편찬에서 자극받았을 가능성도 있다.

한편 내용적인 측면에서 『동국통지』의 특징을 살펴보면, 무엇보다 전통 시기의 문화적 내용을 여러 주제로 나누어 정리했다는 데 큰 의의가 있다. 박주종은 우리 나라 선비들이 중국의 장고에 대해서는 많이 알면서 정작 우리 나라에 대해서는 잘 모르는 현실을 비판하고, 단군·기자에서 조선 순조에 이르기까지, 모든 문물제도를 집대성해 수록했다. 또한 이전에 나온 다른 유서류들과는 달리 일관되고 통일된 관점에 따라 유형별로 나누어 편찬했다. 그리고 전장제도와 문물이 상·하 시대를 통해 면면히 전해 내려왔다는 점에 주의했다.

이에 따라 『동국통지』에서는 당시 편년 강목체(綱目體)의 정통론적인 사체(史體) 방식이나 포폄 위주의 춘추필법(春秋筆法)에서 벗어나, 폭넓은 문화사적인 관점에서 이전 시대의 전장제도를 정리할 수 있었다. 또한 전장제도를 주로 다루면서 그 결과 중세적인 역사관의 특징적인 모습인 도덕론적 가치 평가가 상대적으로 줄어들었다.

『동국통지』에서 보이는 이와 같은 특징은 도덕적 가치 판단을 위주로 했던 이전의 역사학과는 다른 모습이며, 형태적으로는 근대 분류사 총서의 선구적 형태라고 할 수 있다.

4. 역사적 평가

박주종이 편찬한 『동국통지』는 관찬(官撰) 문헌비고류가 나온 이후 사찬(私撰)으로는 본격적인 체재와 내용을 갖춘 문물제도서이다. 한국의 전통 시대에 서(書)나 지(志)의 형태로 이전의 문물제도를 종합적으로 정리한 자료로 현존하는 것 가운데 가장 오래된 것은, 고려 중엽인 1145년(인종 23) 편찬된 『삼국사기』(三國史記)의 지이다.

조선 시대에 들어와서는 1451년(문종 원년)에 편찬된 『고려사』(高麗史)

지를 통해 고려 시대의 문물을 정리했다. 그러나 『고려사』의 각 지는 조선 사대부들이 당시 자신들의 정치 혁명의 이론적 근거를 마련하기 위해 비판적인 시각에서 고려 왕조의 문물을 정리한 것이다. 따라서 고려 시대의 전장 문물을 왜곡시켰음을 염두에 두어야 한다.

조선 중기에는 광범위한 독서층의 확대와 성리학 지식의 확산으로 개인의 힘에 의해 각종 전고(典故)의 출처를 밝히고 또한 열람의 편의를 위한 유서류가 본격적으로 편찬되기 시작했다. 이러한 사찬 유서류는 문물제도의 잡다한 내용을 주로 다른 사람의 저술에서 필요한 사항을 끄집어내 수록하고 있어, 필요한 내용을 널리 모은다는 의미는 있어도 제도적인 연원과 변화를 찾아야 하는 점에서는 부족한 측면이 있었다. 그리고 유서류에는 일관된 관점으로 편찬하는 점이 부족해 잡다한 지식의 자료집처럼 되었다. 또한 편찬자의 생각을 표출할 수 있었던 안설(按說)도 거의 수록되지 않았다.

한편 유형원, 이익, 유수원(柳壽垣), 우하영(禹夏永), 정약용(丁若鏞) 등이 현실 개혁을 위한 개혁안을 작성하면서 역대의 전장제도에 대해 연구해 저술로 남기고 있다. 이들의 연구는 당시 도덕적인 포폄 위주의 일반적인 역사학의 모습과는 달리, 제도적인 연구를 통한 경세(經世)를 이룩하려는 양상으로 전개되었다는 특징이 있다.

이러한 경세적인 역사학은 제도사적 구명(究明)을 통해 사회를 발전적으로 보기 시작했다는 점에서 중요한 사학사적 의미를 지니며, 역사학의 새로운 발전이라고 평가할 수 있을 것이다. 그러나 아직 이들의 연구는 개혁안 모색에 중점을 두어서, 전장제도의 역사적인 연원과 시간적인 변천 과정 연구에서는 산발적이고 개별적인 수준에 머물렀다. 따라서 본격적으로 전대 또는 당대를 정리하지는 못하고 개혁안의 역사적인 연원을 탐구하는 데 그쳤다.

조선 후기에는 여러 분야에서 많은 백과전서류가 편찬되었다. 이때의 백과전서류는 관찬의 문헌비고나 사찬의 지와 같이 주제별로 분류해 일정한 체재로 편찬한 것과, 각 유형별로 사물에 관련된 사항들을 정리한 유서로 크게 나눌 수 있다.

관찬의 문헌비고나 사찬의 지는 이전 시대의 제도와 문물을 고증적으로 다루었을 뿐만 아니라, 역사적 변천에 유의함으로써 일종의 역사서 형식과 내용을 지니게 되었다. 이 시기의 각 유형별로 정리된 유서는 전통적인 사전 편찬의 형식을 취했지만 이전 시기에 비해 규모나 수량면에서 월등할 뿐만 아니라, 시문을 검색하고 출처를 밝히기 위해 편찬했던 수준에서 벗어나서 자국에 대한 관심과 사회 개혁에 대한 신념을 바탕으로 편찬되었다.

먼저 관찬의 문헌비고로는 1770년(영조 46)에 100권 40책의 목판으로 간행된 『동국문헌비고』가 있다. 그뒤 1783년(정조 7) 왕명을 받아 이만운(李萬運)이 증정(增訂)하기 시작해 이만운의 아들 이유준(李儒準)이 1809년(순조 9)에 완성한 『증정문헌비고』(增訂文獻備考)가 있다. 그리고 100여 년이 지난 뒤 1908년(대한제국 융희 2)에 다시 증보해 250권 50책으로 간행한 『증보문헌비고』(增補文獻備考)가 있다.

이 문헌비고류는 각 서문에서 보이듯이 널리 자료를 모아, 하나로 통일된 책으로 만들려고 했다. 그리고 이러한 문헌비고류의 편찬 목적은 실용과 경세를 위한 것이었다. 형태나 내용은 중국의 『통전』과 『문헌통고』(文獻通考)를 본받았으면서도, 내용은 국내의 문화적·역사적 배경을 참작해 조선의 고유한 제도의 변화를 기록하는 데 주의하고 있다.

18세기 후반에는 이긍익(李肯翊)의 『연려실기술』(燃藜室記述) 별집(別集)과 한치윤(韓致奫)의 『해동역사』(海東繹史) 각 지에서도 과거의 전장제도를 정리했다. 그러나 이들은 독립된 체재가 아니라 사서의 한 체재로 편찬된 것이며, 내용도 기존의 자료들을 나열한 것에 불과한 수준이었다.

18세기에는 종류별로 관련 사항들을 묶어 정리한 유서류도 편찬되었다. 이 시기에 나온 대표적인 유서로는 비망기적 성격을 가진 이익의 『성호사설』과 정상기(鄭尙驥)의 『농포문답』(農圃問答) 등을 들 수 있다. 농업

백과사전으로는 홍만선(洪萬選)이 편찬하고 유중림(柳重臨)이 증보한 『산림경제』(山林經濟) 등을 들 수 있다. 19세기에 들어와서는 18세기의 이러한 편찬 작업을 이어서 더욱 다양한 주제와 전문성을 갖춘 유서류들이 편찬되었다.

그런데 19세기 중엽에 관찬 문헌비고류 편찬의 영향을 받아 개인이 과거의 문물제도를 시간적 추이에 주의하면서 체계적으로 정리한 사찬의 지류가 나왔다. 이는 과거에 대한 일종의 문화사적인 정리라고 할 수 있다. 대표적인 것으로는 배상현의 『동국십지』(1862년)와 박주종의 『동국통지』(1868년)를 들 수 있다.

그런데 관찬 문헌비고류는 영·정조 때 융성했던 문화를 기반으로 당대 제일의 학자들과 관료들이 정부의 지원을 받아 편찬한 책이다. 그리하여 문헌비고류는 무엇보다 내용이 자세하게 편찬된 장점이 있다. 또한 내용에서는 같은 시기의 서양 문물에 대해 어느 정도 긍정적으로 인식하면서 편집하고 있다. 경제 조항에서는 시장의 발달과 대외무역의 발달을 자세히 적고 있다. 대외관계에서는 무역이나 사신 교류와 관련된 내용이 자세히 수록되어 있다. 대체로 행정과 관련된 사항들이 자세히 적혀 있다고 하겠다.

그러나 관찬 문헌비고류는 『동국문헌비고』가 영조 때 편찬된 이래 제대로 전해오지 못해 일반 지식인들이 구해 보기는 힘들었으며, 또 그 이후의 시대적인 변화를 반영하지 못했다. 또한 여러 사람이 편찬함으로써 통일된 관점이 부족했다. 전통적인 윤리 강상(綱常)의 질서를 견지하려는 지방 유생들은 자신들의 관점에 입각해 전통 문물을 정리할 필요가 있었을 것이다.

그런데 순조·헌종·철종·고종 연간의 세도정권 아래 살면서 성리학을 기본 이념으로 견지하고 있던 지방 선비들에게, 당시의 사회적 변화와 물밀듯이 들어오는 서양 문물은 커다란 충격이었다. 박주종은 자신이 살고 있는 사회를 개혁하는 방안에 주의를 기울였다. 당시 삼정(三政)의 문란을 극복할 수 있는 방책에 주의하고, 또한 일련의 상소를 통해 사회의식을 고조시

커왔던 박주종은 자연히 각종 제도의 개혁에 관심을 갖게 되었다.

이러한 제도적 개혁에 대한 관심은 박주종이 백과적으로 전대의 전장제도를 정리하게 된 이유 가운데 하나일 것이다. 즉, 개혁안을 만들기 위해서는 참고와 편람을 위한 서적이 필요했기 때문이다. 『동국통지』는 이러한 개혁안을 작성하는 데 필요한 전장제도의 역사적 연원을 파악하려는 노력의 산물이기도 한 것이다.

또한 박주종은 『동국통지』를 편찬하면서 실학자들의 저술에서 많은 자료를 뽑아냈다. 이는 당시 지방 사대부들이 가지고 있던 경세의식이 표출된 것이라고 할 수 있다. 『동국통지』 「병위지」에 군포 조항을 첨가한 점, 「식화지」에 전대 조항을 설정한 점, 「병위지」에서 문헌비고류에 별도로 수록되지 않은 진수·성보 조항을 따로 적은 점 등도 이러한 경세의식과 관련 있다 하겠다.

박주종의 『동국통지』는 비록 과거의 문물제도를 전통 유자의 관점에서 정리한 것이기는 하나, 개인이 우리 나라의 전장제도를 백과적으로 정리했을 뿐만 아니라, 그 내용에서는 실학자들의 사회적 대처 방안에 유의하고 있다. 이는 사회를 개혁해야 한다는 의식이 당시 지식인 사회에서 보편화하고 있음을 보여준다.

5. 연구 현황

박주종은 그리 널리 연구된 인물은 아니다. 조선 후기 사학사를 연구해온 학자들에 의해 최근 주목받기 시작했을 뿐이다. 『동국통지』는 한말 장지연(張志淵)이 이미 그 사료적 가치를 주목해서 자료에 채입하려 했으나 뜻을 이루지 못했다.

최근 한영우는 이종휘(李種徽)의 지리 고증에 가장 먼저 주의한 학인이라는 점을 지적하고 있으며, 정구복은 『동국통지』에 보이는 민족주의적 역사의식에 주목하고 있다. 그외 서지학 분야에서 민태희가 예문지의 내용을 분석한 논문이 있다.

역사학 분야에서는 박인호가 『동국십지』와 『동국통지』를 비교하면서 백과전서학계에서의 위상과 학문사적 의의를 살핀 것과, 『동국통지』「지리지」에 보이는 역사지리 인식의 내용을 정리하면서 이익과 이종휘의 역사학을 계승하고, 영토와 문화권에 대해 새로이 자각하고 있음을 지적한 논문이 있다.

6. 맺음말

조선 후기에는 다양한 주제를 백과사전 형태로 정리한 백과전서학이 하나의 학문적 경향으로 나타났다. 이 시기의 백과전서학은 학문적 논쟁을 거치면서 생겨난 전거(典據)를 중시하는 전고학적(典故學的) 분위기와 전래의 고증 연구가 심화되어 나타난 측면도 있었다. 그러나 그 배경에는 조선 후기에 광범위하게 번지기 시작한 자국에 대한 자존의식의 확산, 사회 질서의 재편을 통해 새로운 사회를 이룩하려는 경세의식의 고조, 서양 세계와 부딪치면서 느꼈던 다른 세상에 대한 지식의 필요성 등 전 시기와 전혀 다른 요인도 있었다.

조선 후기에는 이러한 배경 아래 많은 백과전서들이 편찬되었으며, 이 백과전서들은 제도와 문물을 다루는 내용 특성상 도덕적 가치 판단보다 고증적 연구와 사실 구명이 앞섰다. 여러 방면에 대한 박학한 지식은 과거 역사를 종합적이고도 통시대적으로 보도록 했으며, 또한 경세의식에 입각한 백과적 지식은 과거 역사를 변화와 발전의 측면에서 보도록 했다.

백과전서학은 제도와 문물에 대한 백과적 지식을 쉽게 익힐 수 있도록 함으로써 지식의 대중적 확산에 크게 기여했다. 또한 제도적 측면의 변화를 검증함으로써 이전 시기부터 꾸준히 사회가 발전해왔음을 보여준다. 그리

63인의 역사학자가 쓴 한국사 인물 열전

고 이전의 도덕적인 평가를 위주로 했던 역사학과 달리 제도적 측면의 사실과 고증을 중시하는 새로운 학문적 가치를 지향했다. 따라서 이 시기의 백과전서학은 중세 학문과 근대 학문을 연결하는 다리 역할을 했다고 평가할 수 있다.

그러나 서양이나 일본의 백과전서학에서는 인문학적 측면뿐만 아니라, 과학이나 기술학적 측면이 중요한 내용을 구성하고 있으며, 이를 그림으로 표현한 도판을 활용함으로써 지식 수용층을 확대했다. 그러나 우리 나라 백과전서학은 인문적 차원으로만 접근함으로써 여전히 일부 지식 향유층의 것에 한정된 기본적인 한계가 있었다.

이러한 백과전서학 전개 과정에서 주목되는 인물은 박주종이다. 박주종은 향촌의 궁벽한 시골 지식인으로서 대외적인 문제나 행정적인 실무에는 그다지 경험이 없는 인물이었다. 그가 현실 문제로 언급한 것도 영남의 선현을 위한 증시소와 문묘 배향관계의 승무소, 사도세자의 추숭에 관련된 전례소, 서원 철폐 반대를 위한 상소에서 보이듯이, 유교적인 추숭과 전례 등에 대한 것이 대부분이다. 그리고 향촌 질서와 향속(鄕俗)을 유지하기 위한 저술, 숭유를 위한 격언집, 척사 문제와 관련된 논설 등에서 보이듯이 향속 유지와 척사 문제가 주된 관심사였다.

그런데 박주종은 우리 나라의 문물과 제도를 백과적으로 정리한 『동국통지』를 편찬했다. 그는 조선 후기 관부 차원의 작업에 머물러 있던 백과사전 편찬 작업을 사적인 차원에서 전개했다. 이것은 백과전서적 지식의 생산자와 수용자가 지방의 궁벽한 시골에 살고 있던 선비에게까지 확대되었음을 보여주는 것이기도 하다. 게다가 박주종은 『동국통지』에서 정부가 주도해 편찬한 문헌비고와는 달리 사회 개혁의식이 바탕에 깔린 실학자들의 의견을 크게 인용함으로써 사회적 변화를 이루어야 한다는 인식 논리를 보여주고 있다.

또한 박주종이 백과전서의 형태로 『동국통지』를 편찬한 것을 역사학 발전이라는 측면에서 본다면 중세의 편찬학적 역사 전통에서 근대의 서술식 역사학으로 나아가는 가능성을 보인 것이다. 또한 『동국통지』는 그 내용에 자국의 제도적 발전과 문화적 역량에 대한 자존의식을 담고 있으며, 이러한 의식은 박주종의 『동국통지』에서만 볼 수 있는 것이 아니라 당시 활발하게 편찬되었던 백과전서류에 공통으로 나타나는 것이다. 그러므로 『동국통 지』의 편찬은 후일 민족의식으로 바뀔 수 있는 자존의식이 지방의 사대부에 이르기까지 광범위하게 유포되고 있음을 보여주는 한 징표이기도 하다.

참고문헌

· 원자료

박노국, 『함양박씨동원공파문헌세고』(咸陽朴氏東園公派文獻世稿), 함양박씨문헌세고간행소, 1994.

박일수, 『조고산천부군유사』(祖考山泉府君遺事)(미간행).

박주종, 『동국통지』(東國通志), 태학사 영인, 1986.

_____, 『면학유감』(勉學類鑑), 태학사 영인, 1986.

_____, 『산천선생문집』(山泉先生文集), 경인문화사 영인, 1991.

_____, 『수양만설』(修攘謾說)(미간행).

_____, 『시사회첩』(詩社會帖)(미간행).

_____, 『유편고금책학연의』(類編古今策學衍義)(미간행).

_____, 『향약집설』(鄉約集說)(미간행).

박화진, 『정무소청일기』(丁戊疏廳日記)(미간행).

배상현, 『동국십지』(東國十志), 1889년 목판 간행.

_____, 『오산문집』(浯山文集), 1977.

장지연, 「박일원(일수)애사」, 『위암문고』 권 6, 국사편찬위원회, 단기 4289.

• 논저

민태희, 「동국통지의 예문지 연구」, 중앙대학교 대학원 문헌정보학과 석사학위 논문, 1989.

박인호, 「동국십지와 동국통지에 대한 연구」, 『청계사학』 9, 청계사학회, 1992.

_____, 「동국통지 지리지에 나타난 박주종의 역사지리 인식」, 『한국사학사연구』, 나남, 1997.

정구복, 「조선 후기의 역사의식」, 『한국사상사대계』 5, 정문연, 1992.

한영우, 「18세기 중엽 소론 이종휘의 역사의식」, 『동양학』 17, 1987.

_____, 『조선 후기 사학사 연구』, 일지사, 1989.

명성황후 明成皇后

수구본당인가, 개화의 선각자인가

서영희 한국산업기술대학교 교양학과 교수

머리말

명성황후(明成皇后, 1851~1895)에 대한 높은 대중적 관심과는 달리 학계의 연구는 아직도 시작 단계에 불과하다. 을미사변의 배경이나 진상을 밝힌 논문 몇 편 외에 명성황후를 연구 대상으로 삼아 그 정치적 위상이나 역할을 조명한 논문은 손에 꼽을 수 있을 정도이다. 남북한 역사학계 모두 조선 왕조 말기의 역사에 대해 철저히 부정적 평가로 일관했기 때문에 망국의 책임 한가운데 서 있는 왕실 구성원들이 연구 대상조차 되지 못한 것은 어쩌면 당연한 일일지도 모른다. 최근에야 비로소 왕조 말기, 대한제국기 정치사에 대한 본격적인 연구가 시작되었고 고종에 대한 재평가도 이루어지고 있지만, 명성황후의 경우는 아직도 한말 궁중 비사(秘史)의 여주인공인 것처럼 인식되고 있는 실정이다.

또한 사실 관계에 대한 철저한 논증 없이 각종 야사와 풍문에 의지하다 보니 명성황후에 대한 평가도 극에서 극으로 달리는 경향이 있다. 시아버지

홍선대원군과 암투를 벌인 부덕한 며느리이자 고종을 허수아비로 만든 권력욕의 화신으로 인식되는가 하면, 한편에서는 개화의 선각자요, 일제의 국권 침탈에 저항해 장렬히 전사(?)한 국모라는 인식이 그것이다. 하지만 이런 일반 대중의 인식은 상당 부분 오해와 편견, 또는 철저하지 못한 사료 이해에서 비롯된 것이고 다분히 흥미 위주의 평가라는 점에 문제가 있다. 한국 근대사를 이끌어간 역사적 인물로서 명성황후를 평가하기 위해서는 그녀가 개화 정국에서 차지하는 위상이나 외교 책략가로서의 면모에 대해 본격적으로 검증해봐야 할 것이다.

그런데 명성황후를 역사적으로 평가할 때 가장 먼저 부딪치는 문제는 고종과의 관계이다. 명성황후의 정치적 역할을 높이 평가할 경우 그것은 곧 고종의 무능을 얘기하는 것으로 오해되기 때문이다. 하지만 고종에 대한 긍정적 평가와 명성황후에 대한 평가가 반드시 상반되어야 한다고 보지는 않는다. 두 사람이 개화 정책이나 외교 정책을 추진하는 데에 있어서 동반자적 역할을 수행했다고 볼 수도 있기 때문이다.

다음 문제는 명성황후가 과연 사치하고 부패한 수구론자였는지 아니면 개항 이후 조선을 근대화의 방향으로 이끌어가고자 한 개화의 선각자였는지 판단하는 문제이다. 그리고 대외적으로 친청에서 친러로 외세를 바꾸어가며 끌어들인 사대주의자였는지 아니면 조선의 독립 유지를 위해 가능한 최선의 방법을 강구한 외교 책략가였는지에 대한 규명이 명성황후에 대한 평가의 핵심을 이룬다고 생각한다. 이런 문제들이 해결될 때 명성황후는 그간의 왜곡된 이미지를 벗고 드라마나 소설의 주인공에서 역사학의 세계로 돌아올 수 있을 것이며, 자신의 자리만큼 정당한 역사적 평가를 받게 될 것이다.

1. 성장과 출세 과정

명성황후의 출생과 집안 배경에 대해서는 여러 가지 오해가 많다. 태어나자

마자 어머니를 잃고 계모 밑에서 자랐다거나, 몰락한 가문의 고아 소녀가 일약 중전마마가 되었다는 식의 기술은 분명히 사실과 다르다. 왕실에서 공식적으로 편찬한 『열성황후왕비세보』(列聖皇后王妃世譜)와 『선원계보기략』(璿源系譜紀略)에 따르면 명성황후는 여흥(驪興) 민씨 민치록(閔致祿, 1799~1858)의 외동딸로 1851년(철종 2) 9월 25일(음력) 경기도 여주 근동면 섬락리에서 태어났다.

여흥 민씨는 조선조에 태종비 원경왕후(元敬王后)와 숙종비 인현왕후(仁顯王后)를 배출한 노론 명문으로서, 인현왕후의 아버지였던 민유중(閔維重)이 명성황후의 6대조이고, 좌참찬과 홍문관 제학을 지낸 민진후(閔鎭厚)가 5대조다. 명성황후의 고조 익수(翼洙)는 학문이 높아 유일(遺逸) 천거되어 사헌부 장령을 지낸 숙야재(夙夜齋) 선생이고, 증조 백분(百奮)과 할아버지 기현(耆顯)은 대를 이어 문과에 합격해 각각 성균관 대사성과 이조참판을 역임했다. 명성황후의 아버지 치록도 과거에는 합격하지 못했으나, 문음으로 장릉 참봉직에 나아가 종6품의 제용감 주부·사복시 주부·사옹원 주부 등을 역임했고, 과천현감·임피현령·덕천군수·영천군수 등 외직을 거듭하다 병을 얻어 1858년(철종 9) 60세의 나이로 사망했다.

민치록의 첫번째 부인은 그가 스승으로 모셨던 노주(老洲) 오희상(吳熙常)의 딸로 36세에 요절했으며 혈육 한 점 남기지 못했다. 오희상은 정조의 지우(知遇)를 받은 19세기 노론 낙론 학맥의 산림으로서, 그 문하인 유신환(兪莘煥)의 제자 중에서 김윤식, 민태호, 민규호, 민영목 등 개화 인맥이 형성되었다. 오희상은 자신이 늘 칭찬해마지않던 제자이자 사위인 민치록의 부탁으로 자기보다 먼저 죽은 딸의 묘지명을 짓기도 했는데, 민치록이 오희상과 사승 관계를 맺고 있다는 사실은 그의 집안이 19세기 세도 정국을 이끌어간 경화사족(京華士族)의 범주에 들어감을 의미하는 것이라 생각된다.

민치록의 두번째 부인은 한산 이씨로 1남 3녀를 두었으나 모두 일찍 죽고 막내딸 하나만 살아남았는데, 그녀가 바로 명성황후였다. 『열성황후왕비세보』에 실린 민치록 행장(行狀)에 따르면 민치록이 생전에 대를 잇기 위해 민치구(閔致久)의 아들 승호(升鎬, 1830~1874)를 양자로 삼았는데, 민승호는 대원군의 부인인 부대부인(府大夫人) 민씨의 친동생으로 민치록과 민치구는 5대조 민유중에게서 갈려나온 일가였다. 민승호의 생부인 민치구에게는 대원군의 부인이 된 딸 민씨와 태호(泰鎬)·승호(升鎬)·겸호(謙鎬) 등 세 아들이 있었는데, 이 중 승호가 명성황후의 친정으로 양자를 간 것이다. 민승호는 고종 친정 초기에 세도를 자임하다가 대원군이 보낸 것으로 추정되는 폭약 상자를 받고 명성황후의 생모 이씨(당시 57세)와 함께 폭사했다. 전체적으로 명성황후의 집안은 왕비로 간택되기에 전혀 문제가 없었고, 인현왕후의 후예라는 자부심도 대단했다. 다만 명성황후는 어려서 아버지 민치록이 사망하는 바람에 홀어머니의 외동딸로 고단하게 자랐을 뿐이었다.

명성황후가 고향인 여주를 떠나 서울에 올라온 시기는 정확히 알 수 없으나, 양오빠인 민승호를 통해 대원군 집안과 연결된 시점에는 이미 서울 생활을 하고 있었다고 생각된다. 명성황후가 서울에서 생활한 곳으로 알려진 안국동의 감고당(感古堂)은 옛날 인현황후가 태어나고 살았던 집으로, 민유중의 5대손인 민치록이 물려받아 명성황후 집안의 서울 집으로 사용되고 있었다. 감고당의 위치는 대원군의 사저인 운현궁과 길 하나 건너 정도의 가까운 거리로서, 인현왕후 집안의 직계인 민치록 가와 대원군의 부인 민씨는 한 집안처럼 친밀하게 지냈던 것 같다. 따라서 민승호의 양자 입적도 자연스럽게 이루어진 것이고, 고종이 갑작스레 왕위에 오르자 민승호가 생질인 고종의 왕비감으로 자신의 누이동생을 적극 추천하면서 출세를 꿈꾸게 된 것이다. 결과적으로 민승호를 각각 양오빠와 친동생으로 둔 명성황후와 부대부인 민씨는 민씨 일가 내 촌수로 보면 12촌 자매지간인 동시에 며느리와 시어머니의 인연을 맺은 매우 특수한 관계였다.

대원군이 이처럼 일반적으로 수긍하기 어려운 혼사를 결정한 것은 세도 정권기 외척 발호의 문제점을 너무도 잘 알고 있었기 때문이었으며, 친정아버지와 친형제가 없고 양오빠 민승호마저 자신의 처남인 명성황후야말로 가장 완벽한 며느릿감이라고 생각한 듯하다. 게다가 여흥 민씨는 대원군의 어머니(南延君 球의 부인)와 부인의 성씨였기 때문에 대원군에게는 남다른 인연이 있었다.

어쨌든 1863년 12월에 12세의 어린 나이로 갑자기 왕위에 오른 고종(高宗, 1852~1919: 아명은 命福, 초명은 載晃, 후에 熙로 개명, 자는 明夫 혹은 聖臨, 호는 珠淵)이 15세가 되던 1866년 3월, 한 살 연상의 16세 소녀 명성황후와 고종은 운현궁에서 가례를 올렸다. 처음에 궁궐에 들어온 명성황후는 역대 여느 왕비와 마찬가지로 왕실의 웃어른인 대왕대비 조씨(神貞王后, 일명 趙大妃)를 비롯하여 헌종비, 철종비 등 대비들을 모시고 각종 제사와 의례 등 궁중 행사를 치러내는 일상을 보냈다.

하지만 명성황후는 결혼한 지 다섯 해가 되도록 자식을 낳지 못해 늘 고민이었다. 더욱이 고종의 사랑을 받던 궁인 이씨한테서 1868년 4월 완화군(完和君)선(墡)이 태어나고, 손자를 기다리던 대원군이 완화군을 세자로 책봉하려는 움직임을 보이자 명성황후의 위기의식은 더 커졌다. 그러던 중 1871년(고종 8) 11월에 명성황후도 드디어 첫번째 왕자를 출산하게 되지만 왕자는 쇄항증(鎖肛症)이라는 선천적 기형으로 5일 만에 죽고 만다. 명성왕후는 그 원인이 대원군이 보낸 산삼 때문이라 믿었으며 이때부터 대원군에 대해 적개심을 갖기 시작했다고 전해진다. 다행히 1874년 2월에 두번째 왕자(순종: 李坧)를 출산하지만, 그후 생산한 2남 1녀는 모두 1년을 넘기지 못하고 죽었으므로 어머니로서 명성황후는 매우 불행했다. 게다가 유일하게 살아 남은 세자마저 병약해서 어려서 천연두를 앓았고 옆구리 담증으로 고생하는 등 잔병치레가 많았다. 따라서 명성황후는 명산대천에 수만 냥의 거금을 써가며 기도를 드리고, 진령군(眞靈君) 등 무당을 불러들여 굿판을 벌이기도 했다. 이처럼 무슨 일이 있어도 세자를 지키겠다는 어머니로서의 강한 의지는 결국 명성황후를 세찬 비바람 치는 정치판으로 끌어들이는 계기가 되었을 것으로 생각된다.

2. 성품과 능력

명성황후에 대해 얘기할 때 공통적으로 등장하는 항목 중 하나는 우선 두뇌가 명석하고 지적이다라는 평가이다. 특히 그녀를 만나본 서양인들은 대부분 학문적 우수성과 총명함, 날카로운 기지 등을 언급하고 있다. 명성황후는 어려서 아버지에게 글을 배울 때 몇 번만 읽으면 바로 암송할 만큼 통달하였고, 기억력이 좋아서 어떤 일이든 한 번 본 일에 대해서는 절대 잊어버리지 않았다고 한다. 특히 역대의 치란(治亂)과 국가의 전고(典故), 열성조(列聖朝)의 사적에 밝아서 역사 책에 기록되지 않은 것까지 다 알고 있을 정도였다. 얼마나 독서를 좋아했는지 왕비로 간택되어 별궁에서 왕비 수업을 받을 때조차 『소학』(小學), 『효경』(孝經), 『여훈』(女訓) 등을 밤새도록 놓지 않고 읽었을 만큼 "호학(好學)이 천성"이었다고 고종이 회고하기도 했다. 황현도 『매천야록』에서 "명성황후는 총명하고 기억력이 좋아서 당색의 원파(源派)와 문벌의 고하를 모두 암기하여 사람을 기용하였고, 제가문(諸家文)과 사기에 통달하여 백관의 장주(章奏)를 친히 보고 팔가문초(八家文抄)도 읽기 좋아해서 북경에서 신본을 구해와 읽을 정도로 지력이 있었다"고 평가했다.

명성황후는 또 전통적인 학문 외에도 급변하는 국제 정세의 동향과 서양 사정을 알아보는데도 매우 열심이었다. 한국을 네 차례 방문해 『한국과 그 이웃 나라들』이라는 견문기를 남긴 영국의 여행가 비숍(Isabella Bird Bishop) 여사는 두번째 한국 방문이었던 1895년 1월에 모두 네 차례에 걸쳐 명성황후를 알현했던 사실을 기록에 남겼다. 그녀는 커피와 케이크, 적포도주를 곁들인 서양식 저녁 식사를 대접받았는데, 당시 갑오 개화 정권과 일본의 강압으로 왕권이 크게 위축되어 있던 고종과 명성황후는 영국의 왕과 내각의 관계는 어떠한지, 관리등용제도는 어떠하며 귀족은 어떤 권한을 지녔는지 등에 대해 자세히 물었다고 전하고 있다. 특히 왕실 비용 문제, 그 중에서도 왕비가 쓰는 비용을 개인적으로 부담하는지, 또는 국가에서 재무 장관이 제재하는지, 그밖에 왕비가 장관을 해임할 수도 있는지 등을 집요하게 질문한 걸 보면 명성황후는 개화 정권의 압박에 대해 반박할 수 있는 근거를 서양 사정에서 찾아보려고 했던 것 같다. 또한 명성황후는 비숍 여사가 여행하고 돌아온 지역에 대해 관심을 표명하며 시베리아 철도와 일본 철도의 건설비, 일본인들이 청일전쟁에 대해 느끼는 감정 등 바깥 사정에 대해 매우 적극적으로 물었다고 한다. 나라 밖 사정에 대한 관심과 지식은 명성황후가 이 시기 외교 정책 결정에 중대한 영향을 미쳤을 것임을 쉽게 짐작하게 한다.

명성황후의 성격에 대해서는 대담하고 강인했다는 것이 중평이다. 8세 어린 나이에 아버지가 세상을 떠 습렴하는 과정을 어른들과 똑같이 지켜보았고 지성으로 곡을 하는 등 어려서부터 매우 담대한 모습을 보였다고 한다. 이런 담력이 있었기에 임오군란 때 기지를 발휘해 장호원까지 피란하였다가 50여 일 만에 생환하였고, 갑신정변 당시에도 당황하는 고종 옆에서 침착하게 환궁을 주장하여 개화파의 정변을 무력화시킬 수 있었다. 갑오년 6월 일본군이 경복궁을 포위하고 개화 정권을 세우는 쿠데타를 감행했을 때도 고종은 세자와 함께 건청궁(乾淸宮)으로 피신할 것을 권고했지만 명성황후는 오히려 궁궐 안에서 가면 또 어디로 가겠냐며 고종을 안심시키고 위기 상황을 극복할 방법을 모색하는 등 어떤 불리한 사태에서도 당황하지 않는 강한 면모를 보여주었다.

명성황후의 외모는, 가장 가까이서 그녀를 관찰할 수 있었던 시의(侍醫) 언더우드 여사의 표현대로 가냘픈 몸매에 창백한 얼굴, 날카로운 눈과 뚜렷한 이목구비 그리고 전체적으로 총명해보이는 인상이었다고 한다. 비숍 여사는 명성황후가 진주처럼 희고 투명한 피부에 칠흑 같이 검은 머리칼을 한

우아한 여성으로서 기지 넘치는 대화를 하곤 했다고 기록하고 있다. 현재 명성황후의 모습으로 알려진 사진은 주한 이탈리아 총영사를 지낸 카를로 로제티(Carlo Rossetti)의 『꼬레아 꼬레아니』에 등장하는 '대례복 차림의 왕비'라는 제목이 붙은 사진이 원형이라고 하는데, 이 사진은 원래 궁녀의 사진인데 일본인들이 의도적으로 명성황후의 사진으로 둔갑시켜놓았다는 주장도 제기되고 있다. 어떤 이는 명성황후가 정적에 노출되는 것을 꺼려서 사진을 찍지 않았으므로 사진이 남아 있을 수 없다는 주장도 펴고 있는데, 고종과 순종의 사진이 분명하게 남아 있는데 비해 명성황후의 사진은 진위 논란에 휩싸여 있다는 것 자체가 파란만장했던 그녀의 일생을 반영하는 한 단면이라고 할 수 있다.

3. 고종의 정치적 참모

명성황후의 지적인 능력과 강한 성격 때문인지 많은 이들은 종종 남편인 고종을 치마폭에 싸고 모든 권력을 주물렀던 여인이라는 인상을 가지고 있다. 왕조 시대 중전이라는 위치가 원칙적으로 정무에 관여해서는 안 되는 자리였음을 상기한다면 분명 명성황후의 활약(?)은 상당히 비정상적인 것이었다. 하지만 고종의 왕위 계승 자체가 비상(非常)한 일이었고, 두 사람이 살던 시대가 유례 없는 격변기였다는 점을 고려한다면 왜 명성황후가 그렇게 역사의 전면에 나서야 했는지를 전통적인 왕조 시대와는 다른 관점에서 이해해야 할 것이다.

　명성황후가 평범한 왕비의 일상에서 벗어나 본격적으로 국정에 관여하기 시작한 것은 대체로 세자 책봉 문제를 둘러싸고 대원군과 갈등을 보이기 시작한 무렵부터라고 한다. 하지만 세자 책봉은 단지 표면상의 문제일 뿐이고 근본적인 갈등의 핵심은 사실 정당한 왕권의 행사, 즉 고종의 친정(親政) 체제 구축에 있었다고 생각된다.

누구나 알고 있듯이 고종은 대원군과 조대비에 의해 갑자기 만들어진 왕이었다. 안동 김씨 세도를 종식시키고 풍양 조씨 가문의 위세를 세워보려던 조대비가 몰락한 종친 이하응과 결탁하여 고종을 왕위에 앉혔고 살아 있는 대원군 이하응은 어린 아들을 대신하여 10년 세도를 누렸다. 하지만 어느새 성년이 된 고종은 대원군의 철권 통치에서 왕위를 되찾고 싶어졌고, 여기에 명성황후가 적극적으로 동참하면서 대원군과 명성황후의 갈등이 세간에 부각되기 시작했다는 것이다. 전통적인 유교 윤리로 보자면, 아들인 고종이 직접 아버지를 권좌에서 밀어내는 모습이 불효에 해당될 수도 있기 때문에 명성황후가 나서서 부자지간의 권력 갈등의 와중에서 고종의 방패막이가 된 셈이었다.

그런데 1873년 11월에 고종이 친정을 선언한 이후에도 조야에는 여전히 대원군 세력이 버티고 있었고, 사실상 고종의 친위 기반은 전무한 상태였다. 따라서 고종이 기존의 대원군 통치를 종식시키고 스스로 친정 체제를 만들어가는 과정에서 명성황후의 정치적 조언과 민씨 척족 세력의 협조는 절대적인 영향을 미쳤다. 게다가 고종에게 여흥 민씨는 처족일 뿐 아니라 외가이기도 하고, 할머니의 친정 가문이기도 했으므로 오히려 종친보다도 안전한 친위 기반일 수 있었다. 대원군의 서자인 이재선(李載先)이나 장손자 이준용(李埈鎔)이 자주 모반 사건에 휩쓸리는 예에서 보이듯 종친은 고종의 친위 기반이기보다는 오히려 위협적인 존재였다. 고종과 명성황후는 친정 초기에 흥선대원군의 형인 흥인군 이최응(李最應)과 고종의 형인 이재면(李載冕)을 적극 끌어당겨 대원군한테서 떼어놓았지만 대원군 10년 세도의 기반은 쉽게 해체되지 않았다.

이런 상태에서 고종과 명성황후는 자신들에게 충성을 다할 친위 세력이 필요했고, 그것이 자연스럽게 민씨 척족의 등용으로 이어졌다. 즉 명성황후의 국정 관여와 민씨 일족의 정계 진출은 고종의 동조 내지는 유도에 따른 것이었고, 안동 김씨의 세도나 대원군의 집정처럼 왕권을 압도하는 형세가 아니었다. 특히 국구(國舅)의 역할을 할 수 있는 명성황후의 아버지가 이미 세상을 뜬 상태였으므로 여흥 민씨 일족은 세도정권기의 안동 김씨에 비하면 강력한 구심점도 세력도 없었다. 다만 명성황후가 스스로 정치적 역량을 발휘해 민씨 일족을 끌어모았으나, 그들도 대부분 명성황후와 같은 항렬이거나 조카뻘이었기 때문에 국왕권을 압도할 세도 재상은 나올 수가 없었다. 초기에 세도가를 자임했던 명성황후의 양오빠 민승호는 고종 친정 1년여 만인 1874년에 대원군에 의해 제거되었고, 이후에 등장한 민규호(閔奎鎬)도 1878년에 병으로 급서했으며, 민겸호나 민태호도 각각 임오군란과 갑신정변 때 살해되었다. 따라서 명성황후는 직접 민씨 척족의 구심점이 되어 정국의 전면에 나설 수밖에 없었으며, 통치 기반이 부족한 남편 고종에게는 정치적 참모 역할을 자임할 수밖에 없었다.

고종이 명성황후의 내조에 대해 어떻게 생각했는지는 그가 직접 쓴 『어제행록』(御製行錄)에 잘 나타나 있는데, "타고난 예지와 날카로운 의리로 어려울 때 자신을 살뜰히 도와주었고, 근심거리가 있으면 반드시 대책을 세워 풀어주었으며, 특히 외국과 교섭하는 문제에서 황후가 권고한 수원 정책(綏遠政策: 먼 나라를 끌어들여 가까이하라는 정책)은 외국 사람들도 감복했을 정도"라고 극찬했다. 다만 인재등용에 있어서 명성황후의 조언을 듣지 않고 김홍집, 유길준, 조희연, 정병하 같은 인물들을 키워서 을미지변을 당하게 했다고 후회하고 있는 고종과 명성황후는 여러 내우외환을 겪으면서 다져진 정치적 동반자 관계였다고 생각된다.

4. 개화 정책의 추진

명성황후에 대한 부정적 평가의 핵심은 수구(守舊)적인 민씨 척족 정권의 중심이었다는 데 있는 것 같다. 하지만 명성황후가 개화와 서양 문물에 남다른 관심을 보인 사실은 여러 자료를 통해 확인할 수 있고, 개항 교섭 당시

신헌(申櫶)이 '중궁'(中宮)의 교지를 받고 교섭에 임했다는 기록이 있을 만큼 개화 정책에 적극적이었던 것도 확인된 사실이다. 또 여흥 민씨 일족 역시 기본적으로 북학풍을 이어받은 동도서기론자들로서 개화가 이미 대세라는 것을 부정하는 집단은 아니었다. 게다가 대원군과 기존의 안동 김씨 세도 가문에 비해 확실한 정권 기반 없이 정국을 운영하던 고종과 명성황후로서는 당시의 불가피한 시무였던 개화를 추진하는 것이 곧 자신들의 정권 유지를 위한 최선책이기도 했다. 다만 문제가 되는 것은 개화의 추진 방법과 추진 세력이었다.

고종은 자신이 친어머니처럼 따르던 조대비와 개인적 인연이 있던 김옥균이나 철종의 부마인 박영효 등을 총애한 반면, 명성황후는 자신의 친정 조카인 민영익(閔泳翊)을 개화 정권의 핵심으로 삼으려 했다. 민씨 척족의 젊은 세도가로 떠오른 민영익(1860년생)은 어려서부터 영리하기로 소문나서 명성황후의 친정에 양자로 입적된 인물이었다. 즉 1874년 아들과 함께 폭사한 명성황후의 양오빠 민승호의 대를 이을 인물로 민영익이 발탁된 것이다. 명성황후에게 그를 추천한 사람은, 민승호가 죽은 후 일시적으로 세도를 누렸던 민규호였다. 그는 친형 민태호의 아들인 민영익을 황후의 친정에 양자로 보내 자신의 세력 기반을 강화하려 하였다. 명성황후가 아무도 없는 자신의 친정을 지켜줄 조카인 민영익에게 매우 절실한 지원 의지를 가졌을 것임은 누가 봐도 자명한 사실이었다.

명성황후는 기회가 있을 때마다 민영익을 해외에 보내 직접 문명 개화의 실상을 보여주고 싶어했다. 1881년 12월 이동인의 일본행 이후 일본의 내외 정세에 더욱 호기심을 갖게 된 김옥균 등이 어윤중의 일본·중국 여행기인 『중동기』(中東記)를 읽고 드디어 도일을 결심하게 됐을 때, 명성황후는 민영익에게도 함께 도일할 것을 적극 권유했다. 그러나 여러 여건상 김옥균, 서광범만 일본에 건너가 이듬해인 1882년 6월 귀국 때까지 약 6개월 동안 일본의 문명 개화의 실상과 고종의 관심사인 일본 조야의 내한(對韓) 정책 등을 탐문하고 돌아오지만, 명성황후는 내심 김옥균 일행보다도 자신의 분신과도 같은 민영익이 직접 일본의 실상을 보고 오기를 바랐을 만큼 개화 정책 추진에 적극적이었다.

그러나 1881년 영남 만인소 사건과 1882년 6월의 임오군란에서 보듯 개화에 대한 반발도 만만치 않았다. 대원군 세력의 정치적 야심도 여전했고, 무엇보다 민중의 지지가 전혀 없다는 것이 명성황후의 개화 추진에 최대 약점이었다. 특히 임오군란은 민씨 척족들을 앞세워 개화를 추진해온 고종과 명성황후에 대한 정면 도전이었다. 군란의 와중에서 당시 권력의 최상층부에 있던 주요 인물인 이최응, 민겸호, 김보현 등이 살해되었는데, 이최응은 고종의 중부(仲父)로서 종친 세력을 대표하여 고종 친정체제에 힘을 실어왔고, 민겸호는 민규호가 죽은 후 민씨척족을 대표해 세도를 누려왔으며, 김보현은 민영익의 처 조부였다. 민영익을 비롯해 살아 남은 민씨 일족들은 모두 지방으로 피난을 떠나야만 했다.

하지만 봉기에 참여한 난민들의 최종 목표는 개화의 상징이자 민씨 척족 세력의 근원인 명성황후였다. 난민들은 대궐을 샅샅이 찾아다니며 명성황후를 처단하기 전에는 물러가지 않겠다고 버텼고, 봉기군에 의해 옹립된 대원군은 황후가 난리중에 살해되었다고 국상을 반포했다. 비록 시체는 찾지 못했지만 황후가 살아 있다 하더라도 다시 대궐에 돌아올 수 없도록 정치적 사망 선고를 해버린 것이다. 명성황후에 대한 민중의 반감이 과연 정당한 근거를 가진 것이었는가에 대해서는 논란의 여지가 있겠지만, 개항 이후 물가 폭등으로 인한 하층민의 생활고는 누군가 화풀이 대상을 찾아야 할 만큼 혹독했던 것이 사실이었다. 난민들은 자신들의 생활고가 개화 비용의 증대와 명성황후가 세자을 위한 기도에 쓰는 국고 낭비 때문이라는 풍설을 믿었다. 게다가 근대화를 추진하기 위해 만든 새로운 기구의 주요 요직은 모조리 민씨 척족들이 차지했으니, 개화는 오로지 민씨 척족들을 위해서만 필요한 것이라는 불신과 오해를 사게 됐던 것이다.

하지만 난리를 치른 후 실로 50여 일 만에 환궁한 명성황후는 자신의 지위에 불안을 느낀 나머지 더욱더 민씨 일족에게 의존하면서 더 적극적으로 근왕 세력을 양성하기 시작했다. 대궐을 떠나 있는 동안 연락병 노릇을 했던 함경도 출신 이용익이 파격적인 대우를 받으며 출세 가도를 걷기 시작한 것도 이와 같은 맥락에서였다. 김옥균 등 개화파에 대해서도 고종과는 달리 점점 의구심을 갖게 되었다. 명성황후에게 개화는 정권의 안정적 유지에 필요한 수단이었던 만큼 김옥균 등이 아니라 민영익을 비롯한 자신의 친정 세력이 중심이 되어 개화를 추진해야 한다는 생각에 변함이 없었던 것이다.

명성황후와 민씨 척족 세력이 점차 자신들을 소외시키는 데 불안을 느낀 개화파는 결국 서둘러 정변을 일으키고 말았다. 정변 당시 민영익은 중상을 입고, 민태호·민영목·조영하(趙寧夏)·이조연(李祖淵)·한규직(韓圭稷)·윤태준(尹泰駿) 등 민씨 척족과 왕실의 친위 관료들은 무참히 살해되었다. 하지만 고종과 명성황후는 갑신정변 이후에도 개화 정책을 계속 추진하였다. 1885년 5월에는 대궐 내에 내무부(內務府)를 설치하고 왕실이 직접 개화 자강 사업을 주관하기도 하였다. 그러나 청의 간섭과 재정 부족으로 개화 정책의 성과는 지지부진하였다. 고종과 명성황후는 개화파 대신 외국인 고문관과 일부 신진 개화파에게 의지하려 했지만 이미 개화정책의 추진 기반은 상당히 협소화한 상태였다. 청의 압력과 왕실 사이에서 갈등하던 민영익마저 해외로 망명한 이후에는 민씨 척족 가운데 명성황후를 직접 보좌해줄 인물도 없었고, 특히 절대 다수인 민중의 지지가 전혀 없었으므로 개화 정책의 추진은 이미 실패를 예고하고 있었다.

5. 인아거청일(引俄拒淸日)의 외교 전략

명성황후는 국제 정세에 대한 깊은 관심과 이해를 바탕으로 한반도 주변 열강의 상호 견제를 이끌어낸 뛰어난 외교 전략가였다. 언더우드 여사의 회고에 따르면 명성황후는 세계 각국의 사정에 대해 자신에게 많은 질문을 할 정도로 관심이 깊었고, 황후의 기민하고 유능한 외교 능력은 정치적 반대자들도 그 기지를 당해낼 수 없었다고 평가했다. 임오군란 당시 명성황후가 난군들에게 봉변을 당한 첫째 원인도 외교를 주지하며 개화 정책을 주도했기 때문이라는 김윤식의 주장 역시 이런 사실을 뒷받침한다.

그런데 명성황후의 외교 전략과 관련하여 항간에 잘못 알려진 사실 가운데 하나는 명성황후가 민씨 척족과 함께 친청 사대주의자였다는 오해이다. 물론 개항 초기 고종과 명성황후의 외교정책은 철저하게 청의 권고에 따른 것이었다. 1876년 조일수교와 1882년의 조미조약 체결에 이르기까지 일련의 개항 과정은 청의 이홍장이 전통적인 이이제이(以夷制夷) 정책으로 조선에 여러 열강을 끌어들이고 그들의 상호 견제 아래 세력 균형을 이루게 하려는 전략에 따라 이루어졌다. 이 과정에서 특히 청은 러시아의 침략 위협을 과장하여 조선의 집권층에게 과도한 공러(恐露)의식을 불어넣었는데, 1880년 제2차 수신사 김홍집이 가져온 『조선책략』도 그런 청의 외교 전략의 결과였다.

그러나 임오군란 이후 청의 속방화 정책이 가시화하자 고종과 명성황후는 청의 압박에서 벗어날 수 있는 방안을 모색하기 시작했다. 그런데도 지금까지 연구들은 대부분 명성황후와 민씨 척족들이 임오군란 이후 친청 수구로 돌아섰으므로 개화파가 갑신정변을 일으키게 되었다는 식으로 서술해왔다. 명성황후는 과연 친청 사대주의자였는가? 기존 연구에서 명성황후가 친청파로 낙인찍힌 결정적인 계기는 임오군란 당시 명성황후나 민씨 척족이 청에 파병을 요청하여 정적인 대원군을 납치하게 하고, 그 후 정권 유지를 위해 친청 사대로 일관했다는 주장에 근거를 둔다. 하지만 이미 여러 연구에서 밝혀졌듯이 청군의 파병은 어디까지나 조선에 대한 속방화 정책 차원에서 청이 결정한 것이지 명성황후나 고종의 요청에 따른 것이 아니었다. 조선측의 파병 요청이 있었다면 그것은 당시 천진에 체류중이던 김윤식과 어윤중이 청나라의 자문에 응해 파병과 대원군 제거만이 조선의 혼란을 평정할 수 있는 방안이라고 의견을 개진한 정도다. 청측에서는 출병을 요청하는 고종의 친서라도 얻으려 했으나 유폐중이라 불가하다는 어윤중의 말을 듣고 고종의 뜻과 상관없이 청군의 출병을 결정했고, 고종과 사전 상의 없이 파병 전에 이미 대원군을 납치할 계획도 세운 것이었다.

그럼에도 불구하고 결과적으로 대원군 납치가 민씨 척족 정권의 지속과 명성황후의 복권에 결정적 계기가 되었다는 점에서 청군 출병은 명성황후나 민씨 척족의 요청에 따라 이루어졌고, 그후 청의 후견 아래 친청 수구 사대 정권을 유지했다는 인식이 계속되어 왔다. 하지만 임오군란 이후 청의 내정 간섭으로 김윤식·김홍집·어윤중·이조연·조영하 등 친청 세력이 득세한 반면, 고종과 명성황후는 정국의 주도권을 빼앗기게 되었고 갑신정변마저 청군이 진압한 이후에는 원세개(袁世凱)가 마치 조선의 상왕(上王)처럼 군림했다. 이런 난국을 타개하기 위해 명성황후는 거청(拒淸)의 방도로 러시아를 끌어들인 것이고, 그 결과가 1885년과 1886년 두 차례 조러밀약으로 나타났다.

하지만 원세개와 친청 세력의 강력한 반발로 조러밀약은 무산되었고, 오히려 고종이 원세개의 폐위 협박에 시달리게 되었다. 청은 고종과 명성황후를 견제하기 위해 보정부(保定府)에 연금되어 있던 대원군을 환국시키는 등 압력을 강화했다. 명성황후와 고종의 반청 감정이 극에 달했을 때 마침 서울에 부임한 러시아 공사 웨베르(Karl Waeber) 부부와 그 가족 손탁(Antoinette Sontag)의 친절은 황후를 더욱 친러 쪽으로 끌어당겼다.

그러나 문제는 제정 러시아 정부의 인식이 조선 왕실의 기대에 훨씬 못 미치는 데 있었다. 러시아 정부 외무성은 조선 왕실의 보호 요청을 받아들이기에는 기본적으로 조선에 대한 지식이 너무 부족했고, 무엇보다 청·일과 군사적 충돌을 피하기 위해 엄격히 중립을 지켜야 한다는 불간섭 정책을 고수했다. 즉 '조선이 러시아에 위협이 되지 않도록 다른 열강에 병합되지 않고 독립을 유지하는 것을 지지하나, 이를 위해 러시아가 직접 군사적 동맹국이 되어 과다한 방위비를 지불하는 것에는 반대한다' 는 것이었다. 따라서 1886년 러청협정을 청이 준수하도록 설득하여 조선 불가침을 보장하는 것이 이 시기 러시아가 조선에 해줄 수 있는 최대치였다. 황준헌의『조선책략』이래 러시아의 남하 정책이 기정 사실인 것처럼 인식되어 왔으나, 사실 19세기 후반 러시아 정부는 본토에서 너무나 먼 태평양 진출은 계획하지도 않았고 더구나 적극적으로 조선 정책을 추진할 만한 국력이나 재정 여유가 없었다.

결국 러시아측 사정으로 볼 때 명성황후의 '인아거청' 은 청의 압력이나 국내 정치 세력의 반대가 없어도 실현되기 어려운 방안이었다. 그럼에도 불구하고 오랜 기간 동아시아 국제 사회의 패자로 군림해온 청이 제시한 조선책략적 사고를 거부하고, 오히려 거기서 코페르니쿠스적인 발상의 전환으로 '인아거청' 을 시도한 명성황후의 외교적 책략은 그 담대함만으로도 일정한 평가를 받을 만하다고 생각된다.

명성황후의 대러의존책은 청일전쟁 이후 조선의 보호국화를 기도하는 일본을 견제하기 위해 다시 한번 시도됐다. 즉 청일전쟁에서 승기를 잡은 일본이 이노우에 가오루(井上馨)를 파견하여 보호국화 정책을 강화하자 이에 반발한 명성황후는 러시아 세력을 끌어들여 왕권을 회복하고 개화 정권과 일본 세력을 동시에 제거하고자 했던 것이다. 더구나 러시아의 신속한 3국 간섭 주도로 일본이 랴오둥 반도를 되돌려주는 것을 본 명성황후는 친러책에 대한 확신으로 러시아 공사 웨베르와 은밀히 교섭하면서 일본에 정면 도전을 시도했다. 명성황후는 3국 간섭 당사국 중 독일이 이탈함으로써 국제 사회에서 일본의 위치가 불리하지 않게 되었다는 사실도 모른 채 러시아뿐 아니라 미국을 끌어들여 일본의 보호국화 정책에 대항할 수 있다고 생각했다. 웨베르나 알렌 등 현지 외교관의 개인적 친절과는 달리 러시아 정부와 미국 정부가 조선 문제에 직접 개입할 의사가 없었던 사실은 여전히 몰랐던 것이다. 미국은 조선에 대해 야심이 없는 만큼 관심도 없었고, 러시아의 경우도 당시의 조선에 대한 관심이 군대를 동원할 만큼 적극적인 것이 아니었다. 특히 러시아는 시베리아 철도가 완공되기 전까지는 만주가 침해당하지 않는 한 일본과의 충돌을 피하는 것이 기본 방침이었음을 명성황후는 알지 못했다. 일본은 국제 정세가 자신에게 유리하게 돌아가는 것을 틈타 을미사변을 일으켰고 장차 조선 침략에 가장 큰 걸림돌이라고 생각되는 명성황후를 시해하기에 이르렀다. 시해당한 명성황후의 몸에서 러시아 황제에게 웨베르의 연임을 요청하는 친서가 발견되었다는 기록은 그 사실 여부를 떠나 명성황후가 얼마나 러시아의 지원을 간절히 원하고 있었는지 짐작하게 한다.

　결국 명성황후의 외교 책략은 자신의 죽음을 가져왔다. 가까운 이웃 나라인 청나라와 일본은 각각 '속방화'와 '보호국화'라는 명목으로 조선을 병탄하려는 의도를 가지고 있었기에 멀리하고, 영토적 야심이 없는 먼 나라인 미국이나 러시아에 기대어 독립을 보전하고자 한 그녀의 수원 정책(綏遠政策)은 국제 정세의 변동에 따라 언제라도 허물어질 수 있는 것이었다. 국력이 뒷받침되지 않는 한 어떠한 절묘한 외교 정책도 사상누각에 불과하다는 진리를 보여주듯 명성황후의 죽음은 곧 자신이 추진한 대러의존책이 실패로 끝났음을 보여주는 사건이었다.

맺음말

한국 근대사에서 명성황후만큼 역사의 파고(波高)에 따라 변화무쌍한 삶을 영위하고 사후에도 사람들 입에 오르내린 인물도 많지 않을 것이다. 그 삶의 드라마틱함과 비극적 종말로 인해 소설이나 드라마의 단골 소재가 되기도 했다. 하지만 지금까지 일반의 관심은 대원군과 명성황후의 권력 쟁탈전 등 궁중 비사에만 집중되다 보니, 일본이 왜 명성황후를 죽였는가에 대한

진지한 해답보다는, 암탉이 울어서 나라가 망했다는 식의 반(反)페미니즘적 시각이나, 시아버지에게 불효하고 남편의 지위를 압박한 여인이라는 식으로 유교적 관점에서 명성황후를 평가하는 경향이 있었다.

그러나 한편으로 명성황후는 을미사변의 당사자로서 한국인의 반일 감정을 건드리는 민족주의적 뇌관 역할을 하기도 했는데, 임오군란 당시 난민의 손에 의해 죽을 뻔한 명성황후가 엉뚱하게도 일본 낭인들에게 무참하게 살해되자, 누구보다도 황후의 정치 관여에 비판적이었던 위정척사 지식인들이 국모 시해에 대한 복수를 기치로 을미의병을 일으킨 것도 역사의 아이러니이다. 결국 명성황후는 불행했던 한국 근대사의 극적인 요소를 한몸에 체현한 인물로서 지난 100여 년 동안 그에 대한 인식과 평가도 다양한 배경 속에 각종 논란거리를 제공해왔다.

특히 일제 시대 일본인들은 의도적으로 명성황후에 대해 악의적으로 이미지를 왜곡하여 명성황후는 총명하나 부덕하고 간악한 왕비상을, 고종은 무능하고 유약한 군주상을 갖게 되었고, 두 사람 모두 망국의 책임에서 자유로울 수 없었다. 이런 명성황후의 이미지는 사실상 해방 이후에도 계속되었으며, 한국 사학계의 연구 수준이 일제 식민사학을 충분히 극복한 최근까지도 본격적인 연구 없이 계속 확대 재생산되어 왔다. 그러다가 1990년대 후반에 대중 문화계에서 명성황후를 주인공으로 한 뮤지컬이 크게 성공한 이후부터는 대중의 관심이 그녀에 대해 긍정적인 재평가로 전환하였고 최근에는 명성황후에 대한 지나친 미화가 아니냐는 비판까지 등장하였다.

하지만 이런 모든 논란은 기본적으로 명성황후에 대한 구체적인 인물 연구가 부족하기 때문에 생긴 현상이며, 명성황후에 대한 재평가는 풍문이나 비사(秘史)가 아닌 반드시 역사적으로 검증된 사실에 입각해야 한다는 점을 강조하고 싶다. 또 그 평가의 기준도 전통적인 가족관이나 유교 윤리보다는 급변하는 국내외 정세에 능동적으로 대처한 한국 최초의 근대 여성 정치인으로서, 그 정치적 역량과 역사적 공과를 냉정하게 따져볼 때가 되지 않았나 생각한다. 그런 의미에서 명성황후가 추진한 개화 정책의 내용과 외교 전략에 대해 더욱 본격적인 연구가 필요하고, 그것이 완성될 때 명성황후에 대한 평전도 다시 쐬어질 수 있으리라 기대해본다.

참고문헌

· 원자료

『高宗實錄』권 36, 光武 元年(1897) 11월 22일 御製行錄.

『璿源系譜紀略』, 장서각 소장.

『列聖皇后王妃世譜』, 규장각 소장.

黃玹, 『梅泉野錄』.

· 논저

菊池謙讓, 『大院君傳附王妃の一生』, 日韓書房, 1910.

서영희, 「명성왕후연구」, 『역사비평』 57 겨울호, 2001.

＿＿＿, 「명성왕후재평가」, 『역사비평』, 60 가을호, 2002.

細井肇, 『女王 閔妃』, 月旦社, 1931.

角田房子, 김은숙 역, 『명성황후 ─최후의 새벽』, 조선일보사, 1998.

은정태, 「명성왕후 사진 진위논쟁」, 『역사비평』 57 겨울호, 2001.

李培鎔, 「開化期 明成皇后 閔妃의 政治的 役割」, 『國史館論叢』, 66, 1995.

이사벨라 버드 비숍, 『한국과 그 이웃 나라들』, 도서출판 살림, 1994.

최문형, 『명성황후 시해의 진실을 밝힌다』, 지식산업사, 2001.

최문형 외, 『명성황후 시해사건』, 민음사, 1992.

카를로 로제티, 『꼬레아 꼬레아니』, 서울학연구소, 1994.

한영우, 『명성황후와 대한제국』, 효형출판, 2001.

＿＿＿, 「을미지변, 대한제국 성립과 '명성황후 국장도감의궤'」, 『한국학보』 100, 2000.

유길준 兪吉濬

갑오개혁의 이론가로 개혁을 주도한 최초의 일본 및 미국 유학생

서현주 서울대학교 규장각 책임연구원

머리말

유길준(兪吉濬, 1856~1914)은 우리 나라 개화기의 대표적인 정치가이자 사상가이다. 갑신정변·갑오개혁·애국계몽운동 등 개화개혁운동에 직·간접으로 관여했으며, 자기의 사상을 글로 남겨놓은 예외적인 인물 가운데 하나이다.

　유길준의 생애는 크게 다음의 네 시기로 구분할 수 있다. 제1기는 1856년 출생에서부터 1880년까지의 국내 수학기이다. 제2기는 우리 나라 최초의 일본 및 미국 유학생으로 근대 서구 문명을 직접 접하고, 그 경험을 『서유견문』(西遊見聞)으로 정리하면서 자신의 사상을 가다듬은 시기이다. 제3기는 연금이라는 정치적 규제에서 풀려난 후 적극적으로 현실 정치에 참여해 갑오개혁의 이론가로 개혁을 주도해 나가다가 아관파천으로 내각이 해산되자 일본으로 망명하여 10년간 생활한 시기이다. 제4기는 1907년 귀국한 뒤 모든 관직을 거부하고 교육과 지방자치운동 등 계몽운동에 주력하다

가, 일제의 한국 강점 이후 일제가 주는 작위를 거부하고 사실상 은거한 시기이다.

이 글에서는 유길준의 생애와 사상 및 업적 등을 이러한 네 시기로 나누어 차례대로 살펴보고자 한다.

1. 국내 수학기(제1기, 1856~1880년)

유길준은 1856년 10월 24일 조선 시대 서울의 대표적인 양반 거주지인 계동에서 유진수(兪鎭壽)와 한산(韓山) 이씨의 3남 2녀 가운데 차남으로 태어났다. 형 회준(會濬)과 동생 성준(星濬), 유정수(柳正秀)와 결혼한 누이와 이윤종(李允鍾)과 결혼한 누이동생 등이 있다. 자는 성무(聖武)이며, 호는 구당(矩堂) 또는 천민(天民)이라고 한다. 유길준의 집안은 조선 시대 중반기까지 현관(顯官: 높은 관직)을 계속 배출하여 노론 계열의 명문으로 이름을 떨쳤다. 그러나 세도정치기에 이르러 안동 김씨와 풍양 조씨 등 세도가문의 위세에 눌려 정치적으로는 실각했지만, 유한준(兪漢儁)·유신환(兪莘煥) 등 대유(大儒: 학문과 덕이 높은 이름난 선비) 문장가를 배출하여 덕망 높은 학자 집안으로 명성이 높았다. 그런데 조부 유치홍(兪致弘)은 예천군수와 청송부사를 역임했으나 부친 유진수는 1864년 사마시(司馬試: 조선 시대에 생원과 진사를 뽑던 과거)에 합격해 종9품의 참봉직을 받았을 뿐이어서, 조부가 세상을 떠난 뒤(1865년)에는 가세가 크게 기울어 유길준의 성장기에는 외가에서, 그후에는 처가에서 경제적인 도움을 받았다.

이 무렵 다른 북촌 명문가 자제들처럼 유길준도 8세 때부터 조부 유치홍에게 한학을 배우기 시작해, 1866년 병인양요가 일어나자 향제(鄕第: 고향에 있는 집)가 있는 경기도 광주로 피난 가 최참봉의 서당에서 『소학』(小學), 『자치통감』(資治通鑑) 등을 배웠다. 14세 되던 1869년에는 다시 서울로 돌아와 외조부인 이경직(李敬稷)에게서 사서삼경(四書三經)을 익혔으며,

1872년에는 경학(經學)과 사서(史書)에 밝은 문중의 대학자 유만주(兪萬柱)에게 가르침을 받았다. 낙산 밑에 있던 유만주의 서당에는 매형인 유정수도 함께 다녔는데, 여기서 유길준은 그의 일생에 결정적인 영향을 미친 후원자 민영익(閔泳翊)과 교유했다.

가문의 영광을 재현할 촉망받는 인재로 주변의 기대를 한몸에 받던 유길준은 외조부의 주선으로 북학파 실학자인 박지원(朴趾源)의 손자이며 자주적 개국통상론자로 일컬어지는 박규수(朴珪壽)와 만남으로써 그의 진로를 크게 바꾼다. 박규수가 유길준의 글재주와 인물 됨됨이를 보고 청나라 위원(魏源)이 쓴 『해국도지』(海國圖志)라는 세계지리서를 내주면서 '시무학'(時務學)에 힘쓰라고 권했던 것이다. 이후 유길준은 10년 가까이 계속해왔던 과거 공부 대신 외국어와 만국공법(萬國公法) 등 근대적 학문에 열중하기 시작했다. 박규수의 권고로 접한 시무학은 유길준에게 과거 응시를 포기하도록 했고, 이러한 그의 결심은 1873년 「과문폐론」(科文弊論)을 집필하는 것으로 나타났다.

이 시기 유길준은 『해국도지』 외에 청나라에서 유입된 각종 양무(洋務) 서적을 탐독하면서 학문에 정진하는 한편, 박규수의 사랑에 드나들던 개화파 인사들인 강위(姜瑋)·김윤식(金允植)·어윤중(魚允中)·김옥균(金玉均)·박영효(朴泳孝)·홍영식(洪英植) 등과 교류했다.

이처럼 우리 나라가 중세에서 근대로 옮아가는 시대적 전환기에 명문가의 촉망받는 자제로 태어난 유길준은 8세 때부터 10여 년간 전통적인 교육을 받았으나 이후 청을 통해 수입된 근대적인 학문을 접하면서, 과거를 통해 관료로 입신하려던 전통적인 지식인의 꿈을 접고 과감히 새로운 학문과 경력을 향해 나아갔다. 그러나 유길준이 10여 년간 받은 전통적인 유교 교육은 그로 하여금 새로 접하는 근대 서구 문물에 일방적으로 경도되지 않고 비판적 또는 선택적으로 흡수할 수 있게 하는 바탕이 되었다고 본다.

2. 외국 유학과 『서유견문』 저술(제2기, 1881~1892년)

1881년 유길준에게 책을 통해서만 접하던 근대 서구 문물을 직접 체험해볼 수 있는 기회가 찾아왔다. 조선 정부가 메이지 유신 후 일본의 문명 개화상을 파악하기 위해 파견한 속칭 '신사유람단'의 일원으로 선발된 것이다. 5월 초 조사(朝士) 어윤중의 수원(隨員: 지위가 높은 사람을 따라다니며 시중 드는 사람)으로 일본에 도착한 유길준은 역시 같은 수원인 유정수와 함께 6월 18일 메이지(明治) 일본의 저명한 계몽사상가 후쿠자와 유키치(福澤諭吉)가 운영하던 게이오(慶應) 의숙에 입학함으로써 우리 나라 최초의 일본 유학생이 되었다. 일본 내 개화사상의 요람이던 이곳에서 유길준은 서양의 역사·지리·정치·경제·법률 등에 관한 강의를 듣는 한편, 당시 일본 사회에 큰 영향을 주던 서양 문명 소개서인 후쿠자와의 『서양 사정』(西洋事情)과 『학문의 권장』, 가토 히로유키(加藤弘之)의 『입헌정체략』(立憲政體略) 등의 책을 읽었을 것으로 추측된다. 또한 다윈(Charles Robert Darwin)의 진화론을 일본에 처음 소개한 미국인 생물학자로 도쿄대학 초빙 교수였던 에드워드 모스의 강연에도 참여하는 등 양학(洋學) 곧 서양 학문에 대한 이해의 폭을 넓혀 나갔다.

게이오 의숙에서 공부한 지 약 1년 반이 지난 1882년 12월, 유길준은 민영익의 권고로 유학 생활을 중단하고, 그해 여름에 일어난 임오군란의 수습을 위해 일본에 파견된 수신사 박영효 일행을 따라 귀국했다. 이듬해 2월 유길준은 개항 후 외교·통상 업무를 관장하는 기구로 창설된 통리교섭통상사무아문의 주사(主使)로 임명되었고, 동시에 한성부 판윤이던 박영효의 요청으로 우리 나라 최초의 신문인 『한성순보』(漢城旬報)의 간행을 추진했다. 유길준이 「한성부 신문국 장정」(漢城府新聞局章程)과 신문의 창간사를 집필하는 등 귀국 후 신문 발간 사업에 힘을 쏟았던 것은, 신문을 통해 국민을 개화 또는 문명의 단계로 이끌어보려 했기 때문이다. 그러나 박영효가

63인의 역사학자가 쓴 한국사 인물 열전

한성부 판윤에서 물러나면서 신문 발간 사업이 중단되자, 유길준도 통리교섭통상사무아문의 주사직을 사임하고 집에 칩거했다.

이로부터 얼마 지나지 않아 유길준의 행로에 새로운 전기가 찾아왔다. 조선 정부가 1882년에 수교한 미국에 최초의 외교 사절단을 파견할 때, 유길준도 정사(正使) 민영익의 수원으로 동행하게 되었다. 여덟 명으로 구성된 보빙사(報聘使: 답례로 외국을 방문하는 사신) 일행은 7월 15일 제물포를 출발하여 일본을 거쳐, 그해 9월 2일 미국의 샌프란시스코에 도착했다. 샌프란시스코에서 기차를 타고 워싱턴에 도착한 보빙사 일행은 보스턴·워싱턴·뉴욕 등 미국의 동부 주요 도시를 시찰한 다음 11월 16일 귀국길에 올랐는데, 유길준만 민영익의 지시에 따라 미국에 남아 공부하게 되었다.

우리 나라 최초의 국가 지원 미국 유학생이 된 유길준은 일본 유학 시절에 강연을 들었던 매사추세츠 주 세일럼 시에 있는 피바디 박물관 관장 모스 씨 집에 머물면서 약 반년 동안 그의 지도를 받았다. 1884년 9월 영어에 어느 정도 익숙해지자 유길준은 모스 씨의 알선으로 근처에 있는 대학 예비 학교인 담마 학교(Governor Dummer Academy)에 3학년으로 입학했다. 총학생이 40여 명에 불과한 소수 정예 교육기관이던 이곳에서 대학 진학을 목표로 공부하던 유길준은 1884년 12월 초 학우에게서 갑신정변이 일어났다는 소식을 전해 들었다. '청천벽력과 같은 소식'에 며칠 동안 밤잠을 설치던 유길준은, 정변이 실패로 끝나자 1885년 봄학기에 다시 학교를 다녔다. 유길준은 자신의 후원자 역할을 하던 민영익을 제거하고 권력을 장악하려 했던 김옥균 등의 개화파와 밀접한 관계였기 때문에 둘에 대한 향후 자신의 입장을 놓고 고민하던 중, 고종이 귀국을 명하는 친서를 보내자 1885년 9월 무렵 2년여의 미국 생활을 중단하고 귀국길에 올랐다. 정변에 실패한 갑신 개화파를 지지하는 대신 정부의 지시에 순응하는 쪽을 택했던 것이다.

뉴욕을 출발해 런던, 이집트의 새이드 항, 싱가포르, 홍콩을 거쳐 일본에 도착한 유길준은 스승 후쿠자와의 주선으로 망명 생활중인 김옥균을 만났다. 김옥균이 유길준의 귀국을 극력 만류했다는 주장도 있지만, 유길준은 결국 일본을 떠나 그해 12월 15일 제물포에 도착했다. 귀국하라는 국왕의 친서를 받고 돌아온 그였지만, 남대문 밖에 이르렀을 때 체포되어 포도대장 한규설(韓圭卨)의 집에 유폐된다. 유길준의 체포는 개화파에 적대적이던 청나라의 내정 간섭에서 비롯되었으나, '도성 내 연금'이라는 전례 없는 처분을 받은 것은 일어와 영어, 국제법 등 이른바 시무학에 능한 그의 재능을 조선 정부가 활용하고자 했기 때문이다. 유길준을 유폐했던 당사자인 한규설이 국왕의 총애를 받으며 군사, 외교, 경찰, 광무(鑛務) 등 다방면의 기무(機務)를 담당했던 조선 정부 내 최고 실력자 가운데 한 사람이었던 것도 이러한 사실과 밀접한 관련이 있다.

그러므로 유길준은 유폐된 상태에서도 저술 등의 지적 활동을 계속할 수 있었다. 유길준은 한규설의 집에 유폐된 직후 「중립론」이라는 외교 정책 건의서를 집필했는데, 그 내용은 중국이 맹주(盟主)가 되어 영국·프랑스·일본·러시아 같은 관계국들과 회합하고 우리 나라를 참여시켜 중립 조약을 체결하자는 것이었다. 그런데 주경(駐京) 독일 부영사였던 부들러는 1885년 2월에 이미 통리교섭통상사무아문 독판 김윤식(金允植)에게, "조선과 인접한 청·러·일 세 나라가 조선의 중립을 선언하고 조선을 보호해야 한다"는 중립안을 건의한 바 있다. 이 둘을 비교해보면, 부들러의 중립안이 주로 조선에서 중국과 일본이 대립하거나 분쟁을 일으킬 것을 예상하고 그것을 미연에 방지하려고 했던 데 반해, 유길준은 러시아의 남하 정책을 막는 것을 주된 목적으로 했으며, 또 전자는 주도국을 밝히지 않았지만 후자는 중국이 주도한다는 사실을 전제했다는 점에서도 차이를 보인다. 유길준이 귀국한 뒤에 제출한 최초의 시무책이라고 할 수 있는 이 중립안은 건의에 그쳤을 뿐 실제로 실현되지는 않았다.

1887년 가을부터는 백록동(白鹿洞)에 있던 민영익의 별장인 취운정(翠雲亭) 아래 작은 기와집으로 옮겨 연금되었는데, 유길준은 여기서 부인을 비롯한 가족과 벗 등이 드나드는 비교적 자유로운 분위기에서 저술 활동을 계속했다. 1890년경에는 '영약삼단'(另約三端)을 위반했다고 미국에서 강제 소환당한 초대 주미 특명 전권대사 박정양(朴定陽)의 입장을 변호하며 조선 정부가 청국에 보낸 외교 문서 3통을 작성했고, 1891년에는 양전(量田) 시행, 지권(地券) 발행, 조세 금납화 등의 경제 개혁안을 다룬 「지제의」(地制議)·「세제의」(稅制議) 등을 탈고했는데, 이들 글에서는 유형원(柳馨遠)의 『반계수록』(磻溪隧錄), 정약용(丁若鏞)의 『목민심서』(牧民心書), 최성환(崔瑆煥)의 『고문비략』(顧問備略) 등 실학자들의 책을 많이 인용했다. 이듬해에는 조선 정부의 판무사인 르 장드르가 1891년부터 도쿄에서 벌이던 제주도 어채영파교섭(漁採永罷交涉) 협상 내용을 비판하는 「어채론」(漁採論)과 그와 관련하여 한규설에게 보내는 편지를 썼다.

그러나 취운정 시절 유길준의 저작 가운데 가장 대표적인 것은 『서유견문』(西遊見聞)이다. 백록동으로 거처를 옮긴 다음 집필하기 시작해 1889년 봄에 탈고한 원고를 1895년 4월 25일 후쿠자와가 설립한 도쿄의 '코준샤'(交詢社)에서 간행한 이 책은, 총 20편 71개 항목으로 구성되었다. 초판 1,000부를 출판했으나 아관파천으로 말미암아 유길준이 일본으로 망명하면서 일종의 금서가 되는 바람에, 후쿠자와의 『서양 사정』처럼 조선 사회에 큰 반향을 일으키지는 못했다. 그러나 우리 나라 최초의 일본 및 미국 유학생이 저술한 초유(初有)의 서양 견문록으로, 조선 왕조가 위기에 처했던 시기에 개화파 정치가로 활약했던 그의 경륜을 담았다는 점에서 특히 주목된다.

유길준의 『서유견문』은 체제와 내용면에서 그의 스승 후쿠자와가 쓴 『서양 사정』의 영향을 많이 받았으나, 그가 「서」(序)와 「비고」(備考)에서 밝힌 대로 일본에서 읽은 새롭고 신기한 책들과 미국에서 가져온 서적 등 다른 사람의 책을 방고(傍考)·역출(譯出: 번역해냄)하고, 거기에다 구미에서 보고 들은 바를 바탕으로 자기의 의론(議論)을 세워 서술했기 때문에 무비판적인 모방이라고는 할 수 없다. 책 내용은 대부분 세계의 인문지리와 서구 여러 나라의 근대적인 정치·사회·교육 제도 등을 소개하는 것인데, 군데군데 자신의 논평을 덧붙였다. 이러한 논평을 통해 조심스럽게 나타낸 유길준의 개혁사상은, 유교적 윤리체계와 왕조체제를 옹호하는 대신 미국식 공화제 또는 대통령제를 반대할 뿐만 아니라, 가장 이상적인 정치제도라고 일컬어 졌던 영국식 입헌군주제를 도입하는 것 또한 시기상조이기 때문에 그에 앞 서 국민 교육을 실시하자는 것이었다. 이 점에서 유길준은 '단절에 의한 근 대 지향'이 아니라 '연속에 바탕을 둔 근대 지향'을 추구한 보수적이며 점진 적인 개혁론자라고 할 수 있다.

3. 현실 정치 참여와 일본 망명(제3기, 1893~1907년)

미국에서 귀국하자마자 한규설의 집에 연금되었던 유길준은 그로부터 7년 여가 지난 1892년 11월경, 도성을 떠나지 않는다는 조건으로 연금에서 해 제되었다. 신체적 구속과 정치적 규제에서 풀려난 유길준은 서울의 어느 여 숙(旅宿)에 머물면서 김학우(金鶴羽), 권형진(權瀅鎭), 조희연(趙羲淵)과 빈 번히 교류했다. 이들 세 사람은 토반(土班) 또는 무관 출신의 비교적 지체가 낮은 양반 또는 준양반들로, 갑신정변 이후 고종이 설치·운영하던 개화기 구에서 실무를 담당하며 일본과 중국 같은 외국에 드나든 경험이 있고, 외 국어도 구사할 줄 아는 인물들이었다. 원세개(袁世凱)를 대표로 하는 청의 지나친 내정 간섭에는 반대했으나, 경력 등의 면에서 친일 가능성이 짙은 관료들이었다.

유길준을 비롯한 이들의 활동이 본격화된 계기는 1894년에 일어난 농민 전쟁을 수습하기 위해 민씨 정권이 공론을 무시하고 청군의 파병을 요청했 을 때, 그에 대한 반대 의사를 표시하고 저지 활동에 나서면서부터이다. 이 들은 1880년대 초반부터 실무 관료로 국왕의 측근에서 활동하던 신진 관료 층이었으나 주요 의사 결정에는 참여할 수 없던 소수자였는데, 청군에 이어 개입한 일본이 내정 개혁을 요구할 때 중개 역할을 함으로써 자신들의 세력과 입지를 주동적으로 확대시켰다. 유길준이 민씨 정권(민영준이 주도)에 의해 1894년 6월 통리교섭통상사무아문의 주사로 또다시 임명된 것도 조선의 내정 개혁을 요구하면서 외교적 압박을 가하던 일본을 방어하고 무마하기 위한 조치였다고 할 수 있다. 외아문의 주사로 임명된 유길준은 일본 공사관으로 보내는 조선 정부의 공문서를 기안·작성한 것으로 추측되는데, 이와 관련하여 일본 공사관에서는 이해 7월 15일에 열린 제3차 남산 노인정 회담 때 조선이 일본에 제시한 외교 문서를 유길준이 기안하면서 일부러 강경한 표현을 사용해 조일관계 및 청일관계를 파국으로 몰고갔다고 파악했다. 즉, 당시 당국자에게는 개혁을 실행할 계획이나 의도가 전혀 없고 또 힘도 없다는 사실을 안 유길준이 오히려 일본과 조선 사이의 조기 충돌을 일으키려고 했다는 것이다. 그러나 이것은 일본 공사관의 자의적 해석에 불과하다. 유길준을 비롯한 개혁 관료들은 내정 개혁은 원칙적으로 자주권에 의거해 주체적으로 추구해야 하며, 또 조선의 제도와 헌장에 기초하여 제도 개혁을 추진해 나가야 한다는 입장을 표명했기 때문이다. 다만 이들은 주체적으로 정권을 창출할 계획이 없었기 때문에, 일본의 정치·군사적 진출에 따르는 소극적이며 타율적인 행위를 했다는 비판을 피할 수 없을 것이다.

일본군의 경복궁 점령 이후에 탄생한 갑오 정권은, 일본의 군사력과 정치적 영향력이라는 외부의 힘에 의해 성립되었다는 태생적 한계를 가지고 있었지만, 기본적으로 조선의 개혁 관료들에 의해 운영되었다. 갑오 정권은 내정 개혁을 담당할 기구로 군국기무처(軍國機務處)를 두었는데, 유길준은 김학우·권형진·조희연 등 동료들과 함께 17명의 군국기무처 회의원으로 임명되었다. 여기서 유길준은 김가진·안경수 등과 함께 군국기무처가 다룰 많은 의안을 기초했으며, 10월에는 보빙대사(報聘大使) 의화군(義和君) 의 수석 수행원으로 일본을 공식 방문해 군사 고문 초빙과 차관 도입을 교섭했는데, 이때 이미 1889년에 탈고해둔 『서유견문』의 원고를 들고 가 이듬해 출간한 것으로 보인다.

갑오개혁이 진행되어감에 따라 개혁을 주도했던 관료들이 정치 세력으로 분열되면서 계열화 추세가 나타났다. 유길준의 경우 국가체제상 국가 권력의 주체로서 군권을 제한하는 대신 개혁 관료 중심으로 국정을 운영하려 했던 광의의 김홍집(金弘集) 계열에 속했다고 할 수 있다. 이들은 일본파·친일파 등으로 불리면서 군국기무처 시기 이후 주도적인 개혁 관료층을 형성했으며, 철저하게 개혁 관료가 중심이 되어 개혁을 추진하면서 군권을 거의 배제할 정도로 개혁을 이끌어 나가려 했다.

유길준은 내각총서(總書), 내부협판, 내부대신 서리 등을 역임하면서 각종 개혁안을 제의하고 추진했는데, 을미사변(乙未事變) 이후 김홍집을 총리대신으로 하는 친일 내각이 재조직되었을 때는 내부대신이 되어 태양력과 단발령 실시 등을 내용으로 하는 을미개혁을 단행했다. 이러한 조치들은 갑오개혁의 과거제 폐지로 정치에 참여할 기회를 박탈당하고 사회적 지위마저 위태로워졌던 지방 유림들을 격분시켜 마침내 을미의병을 일으키게 했다. 1896년 2월에는 의병을 진압하기 위해 서울에 주둔해 있던 군대가 지방으로 내려간 사이, 을미사변 이래 일본과 친일 내각에 포위되어 불안과 공포의 나날을 보내던 고종이 서울 주재 러시아 공사관으로 거처를 옮기는 아관파천이 일어났다. 아관파천으로 갑오 정권이 무너져 김홍집·어윤중은 타살되었으며, 유길준·조희연·권형진 등은 일본인들의 도움을 받아 일본으로 망명했다.

망명 후 유길준은 후쿠자와의 도움을 받기는 했지만, 모스에게 경제적 지원을 요청하는 편지를 쓸 정도로 곤궁했던 것 같다. 게다가 김홍집 내각에서 군부대신을 지낸 안경수의 귀국 자수 사건과 박영효의 쿠데타 음모 사건으로 대한제국의 망명객 인도 요구가 거세져서 유길준의 처지는 여러모로 곤란했다. 그런 가운데서도 유길준은 계속 국내 정계로 복귀할 기회를 찾았는데, 1902년에 일어난 유길준 쿠데타 음모 사건은 그 하나의 예다. 이것은 고종을 그대로 황제로 받들면서 그 측근인 강석호·이용익 등을 제거하고 친일 인사들로 새로운 정부를 수립한다는 계획이었다. 인천의 부호 서상집을 국내 거점으로 하여 국내외 간의 연락과 자금 확보 등을 맡게 하고, 일본 육사를 졸업한 조택현·장호익 등의 유학사관을 귀국시켜 행동대 역할을 하게끔 모의했으나, 계획이 사전에 누설되어 조택현 등 유학사관 3명은 처형되고 나머지는 유배되었다.

이 사건이 한일 간의 교섭에 지대한 영향을 미칠 수 있다고 본 일본 정부는 민첩하게 대응하여 1902년 6월 5일 유길준을 오가사와라시마(小笠原島)의 하하시마(母島)로 유배시켰다가, 이듬해 하치죠시마(八丈島)로 옮기게 했다. 유길준은 여기서 약 3년을 보내고 1906년 3월 도쿄로 돌아왔으며, 1907년 6월에 일어난 헤이그 밀사 사건을 구실로 고종을 강제 퇴위시킨 일제의 주선으로 특사 처분을 받고 1907년 8월 16일, 11년 동안의 일본 망명 생활을 청산하고 귀국했다.

유길준은 일본에서 망명 생활을 하는 동안 마츠이 고키치(松井廣吉), 시부에 다츠오(澀江保) 등이 쓴 국제 관계사 책들을 번역했다. 영국과 프랑스, 러시아, 터키 간의 크림전쟁을 다룬 『영·프·러·터키 제국 크림전쟁사』(英法露土諸國哥利米亞戰史)(1908년 徽文館에서 출간), 프로이센 프리드리히 대왕의 7년 전쟁을 기술한 『프로이센 프리드리히 대왕 7년전사』(普魯士國厚禮斗益大王七年戰史)(1908년 日韓인쇄주식회사에서 출판), 『폴란드 쇠망전사』(波蘭衰亡戰史), 『이태리 독립전사』(伊太利獨立戰史) 등이 그것이다. 이밖에 독일의 역사학과 정치학자인 라트켄이 도쿄 제국대학에서 강의한 내용을 제자인 리노이에 류스케와 야마사키 데소조가 번역 기술하여 1892년에 출판한 책을 다시 국한문혼용체로 번역했다. 「정치학」(政治學)이라고 이름 붙인 이 미정고(未定稿)는 서양 정치학의 개론적 이론들, 특히 독일의 국가학 이론들을 주로 정부 형태론 중심으로 소개한 것이다. 영국의 입헌군주제를 조선의 이상적인 본보기로 상정한 이 글은 새로운 내용을 담았다기보다는 여러 이론들을 체계적으로 정리해서 설명했다는 데 큰 의미가 있었다.

4. 귀국과 계몽운동에 헌신(제4기, 1907~1914년)

유길준은 일본 망명 생활중에 번역 기술한 「정치학」에서, 영국식 입헌군주제와 의회민주주의 실현을 통한 민권의 신장을 역설하면서, 이것은 그냥 얻는 것이 아니라 그것에 걸맞게 국민의 의식 수준이 높아져야 가능하다는 점을 강조했다. 또 귀국하기 직전 일본 신문에 게재한 글에서 정미7조약(한일신협약) 체결 이후 한국은 실질적으로 일본의 속국이 되어, 거의 망국 지경에 이르렀다고 인식하고 사리사욕만을 추구해 망국을 초래한 당시 대신들을 규탄했다. 또한 한국은 이제 일본의 보호 아래 국가의 발달을 도모해 한국이라는 이름을 끝까지 보존하지 않으면 안 된다는 주장을 펴면서, 귀국하면 오로지 교육 사업에 종사하여 국민의식을 발전시키는 데 전념하겠다는 자신의 결심을 천명했다. 유길준은 이러한 자신의 논리에 따라 1907년 8월 귀국한 이후 '정치와는 완전히 발을 끊고 사회 속에서 국민을 계몽하는 사업', 즉 교육운동과 지방자치운동, 식산흥업(殖産興業) 활동 등에 종사했다.

귀국 후 10월에 궁내부 특진관을 제수받은 유길준은 그것을 극구 사양하면서, 「사직소」(辭職疏)와 함께 「평화광복책」(平和光復策)을 순종에게 올렸다. 여기서 유길준은 한국이 일본의 보호국이 된 원인은 전적으로 부강국으로 발전하는 데 실패한 한국인의 능력 부족 때문이며, 이러한 반식민지 상태에서 벗어나 광복을 찾기 위해서는 문명국 일본을 이용하여 부국강병을 이룩해야 한다고 주장했다. 그러나 공법이 무용지물이 된 국제 정세에서 약소국인 한국이 강대국 일본에 의존하는 데 대한 위기의식도 느꼈기 때문에, 일본으로 하여금 한국을 믿도록 하는 대일 평화 신뢰관계를 수립하는 것이 절체절명의 시대적 과업이라고 보았다. 이와 함께 한국인들이 충의 정신(忠義精神), 즉 군주에 대한 충성심과 국가에 대한 애국심을 올바로 발휘하도록 계도하는 것이 광복을 위해 반드시 필요하다고 역설했다.

유길준은 이러한 이론과 사상을 실천하기 위해 귀국 직후인 1907년 11월 흥사단(興士團)을 창립했다. 황실의 적극적인 지원 아래 신교육을 받았던 개화 지식인들이 중심이 되어 설립한 흥사단은 '국민개사'(國民皆士)를 내세우며, 소학 교육 활성화라는 당시 사회의 요청에 부응하여 소학 교육에 대한 지원 사업을 더욱 효과적으로 펼쳐 나가기 위한 단체로 조직되었다.

흥사단에서는 이러한 목적을 이루기 위해 교과서를 편찬하고, 시범학교인 융희학교와 부설 교사 양성소를 설립·운영했으며, 통감부가 1908년 9월 사립학교령을 공포하여 사립학교를 탄압하기 시작하자 기존의 학교를 유지할 대책을 찾기 위해 각 학회와 연계하여 교육구락부(敎育俱樂部)를 조직했다. 또한 실업 교육에도 관심을 가져 측량 기사를 양성하기 위한 수진(壽進) 측량학교를 설립·운영하고, 농림업의 발달을 도모하기 위해 융흥(隆興) 농업강습소를 개설하기도 했다.

유길준은 입헌군주제와 같은 '문명식 정부'를 수립한 후에야 비로소 나라의 개화·문명화를 기대할 수 있으며, 이러한 입헌군주제를 성공적으로 이룩하기 위해서는 지방자치제가 발달해야 한다고 믿었다. 일찍이 갑오개혁을 추진할 때 내부대신으로 1895년 10월 26일 「향회 조규」와 「향약 판무 규정」을 청의(請議)해 11월 3일 공포한 것도, 지방자치제의 실시 필요성을 누구보다도 절실히 느꼈기 때문이다. 리(里)·면(面)·군(郡)에 향회를 설치하고 임원을 두어 교육·호적·위생·사회·세목 등에 관한 사항을 논의하고 시행함으로써 지방자치를 실시하려 한 이 두 법령은 아관파천으로 갑오 정권이 실각함에 따라 전국적으로 시행되지 못했기 때문에, 유길준은 귀국한 후 다시 지방자치운동에 주력했다.

유길준은 전국에 걸쳐 자치를 실시하기 위한 준비 단계로 먼저 한성부 구역을 대상으로 한 자치 단체 설립을 시도했다. 이를 위해 1907년 일본 황태자가 방한했을 때 환영 행사 준비를 위해 관민 합동 단체로 설립했던 한성부민회(漢城府民會)를 법적 근거를 갖춘 자치 단체로 전환하려고 했으나 일제 통감부에서 막아 뜻을 이루지 못했다. 대신 1909년 1월 17일 규약에 의한 순수 민간 자치 단체로 한성부민회를 재조직하고 회장에 선출되어 적극적인 활동을 벌였다.

한성부민회는 방회(坊會)·부회(部會)·부민회의 위계적인 조직체계를 갖추었는데, 한 개 또는 몇 개의 방(坊)을 연합해 조직한 방회는 한성부민회를 창립하기 전부터 설립되기 시작해, 유지들의 특별 찬조금과 방민(坊民)들에게서 징수한 소득세 및 가옥세를 재원으로 삼아, 주로 방역 등의 위생 사업과 취학 아동의 의무 교육을 실시하는 데 주력했다. 방(坊)의 상급 행정 구역인 부(部)를 설립 구역으로 하여 조직된 부회는 이렇다 할 활동을 보이지 못했고, 최상층 조직인 부민회는 황제와 황후의 행행지영(行幸祗迎: 임금이 궁궐 밖으로 거둥할 때 맞이하는 행사), 통감의 부임 환영, 일본인 관광단 또는 조선인 일본 관광단의 환영 및 환송 같은 국가적·친일적 행사를 이끌었다. 이는 국왕에 대한 충성심을 높이고 대일 신뢰관계를 수립하는 것이 광복책이라는 그의 지론에서 비롯된 것이었으나 비판이 만만치 않았다. 일본인 관광단 환영 행사에 동원된 봉명(鳳鳴)학교 학생들이 집단으로 퇴거한 사건이 그 단적인 예라고 할 수 있다. 일본과 친선관계를 강화함으로써 일본의 보호에서 광복될 수 있다고 본 유길준의 태도는 안중근이 이토 히로부미(伊藤博文)를 저격·살해하자 도쿄에서 열린 그의 추도회에 직접 참여하고, 이와는 별도로 국내에서 한성부민회 주최로 국민 대추도회를 개최하려고 했던 것에서도 잘 드러난다.

이처럼 일본과 신뢰관계를 돈독히 하면서 문명화를 도모하는 것을 광복의 방책으로 삼았던 유길준의 태도는 이토의 장례식에 참여하고 돌아온 다음부터 약간 변했다. 먼저, 예정되었던 한성부민회 주최 국민 대추도회를 취소했고, 1909년 12월 친일 매국 단체인 일진회(一進會)가 한일합방을 지지하는 상소를 올리자 내각에 반박 건의서를 제출했다. 동시에 일진회 해산 및 그 기관지인 『국민신보사』의 폐쇄 등을 강력하게 요청했다. 또 일진회 회원으로 방회에 속해 있던 사람들을 축출했다. 이에 대해 일본의 보호 아래 한국이 부강을 꾀하면서 신뢰관계를 돈독히 한다면 광복할 수 있으리라고 생각했던 유길준이 합방 야욕을 노골적으로 드러내는 일본의 태도를 보고 기존의 친일적 자세를 버리고 반일적인 경향으로 돌아섰다고 평가하기도 한다. 유길준의 친일은 매국을 위한 친일이 아니라 개화와 개혁을 위한 친일이라는 것이다.

강점 후 일제는 조선의 지배층을 회유하기 위해 '조선 귀족령'을 제정하고, 78명에게 작위와 은사금을 수여했다. 유길준에게도 남작의 작위와 은사금을 내렸으나, 유길준은 거절하고 받지 않았다. 이것은 그와 함께 문명화를 추구하던 많은 동료들이 모두 작위를 받고 중추원에 자리를 차지했던 것과는 대비되는 일이다. 유길준은 부국강병을 목표로 문명화를 추진하는 과정에서 민족의 자주성을 포기하지는 않았던 것이다. 이후 유길준은 1913년 11월 흥사단이 설립한 융희학교가 재정난으로 말미암아 1911년 1월경 기호학교와 합병해서 세운 중앙학교 교장으로 선임되어 후진을 교육하는 데 정열을 쏟았다. 이런 가운데 지병인 신장염이 악화되어 1914년 9월 30일 향년 59세로 고종에게서 하사받은 노량진의 조호정(詔湖亭)에서 세상을 떠났다. 10월 7일 용산역에서 사회장으로 장례식이 거행되었으며, 이튿날 경기도 광주군 동부면 덕풍리 선영에 안장되었다.

맺음말

유길준은 우리 나라가 중세에서 근대로 이행하는 과도기에 서울의 명문가에서 태어나 전통적인 유교 교육을 받으면서 과거를 준비하다가, 중국을 통해 들어온 새로운 학문과 사상을 접하면서 과거를 포기하고 새로운 학문과 경력을 추구한 선각자이다. 우리 나라 최초의 일본 및 미국 유학생이었으며, 정치·경제·사회 등 모든 부문에서 제도적 개혁을 통해 한국 사회를 근대화하고자 했던 갑오개혁의 이론가이자 주역이었다. 갑오개혁이 근대적 개혁 사업과 제도화를 통해 한국 사회를 근대사회로 전환시키는 계기가 되었다고 지적 받는 한편, 일제의 조선 식민지화 정책의 일환으로 조선의 독자적인 근대화를 막았으며, 반침략 민족운동을 탄압하는 가운데 일본의 지속적인 후원을 받는 예속적 운동으로 전락했다는 이중적인 평가를 받는 것처럼, 그에 대한 평가도 엇갈린다.

유길준에 대한 당대의 인식도 시간의 흐름과 함께 변화하는 모습을 보였다. 유길준이 망명에서 돌아온 뒤에는 예전에 그를 죽이고자 했던 사람들조차 모두 그를 우러러보아 세간에 명망이 높았다는 김윤식의 글은 이러한 상황을 뒷받침한다. 그러나 다른 한편에서는 유길준의 행적에 대한 비판이 계속 제기되었다. 일본인 관광단을 환영하라는 유길준의 지시를 소학교 학생들이 거부했을 뿐만 아니라, "지금 머리를 수그리는 것은 장래 머리를 세우기 위해서라면서 온화한 수단으로 국가의 문명을 꾀하여 민족의 복리를 주장한다는 유길준 등 일본 망명객들의 주장은, 망명객에게도 이전의 오명을 씻을 수 없게 할 뿐 아니라 국민을 잘못 이끌어 의식 없는 사람으로 만들기 십상이므로 차리리 집에서 노는 것이 좋겠다"는 노골적인 비판을 받기도 했다.

이것은 모두 유길준을 비롯한 이른바 갑오개혁기의 개혁 관료들이 정치적 기반이 취약하고 역량이 미약했기 때문에 외세 의존적이며 친일적인 개화·문명화를 추구했던 사실에서 비롯되었다. 근본적인 개혁을 위해서는 일본의 개입과 간섭을 허용할 수도 있다는 이들의 태도는 일본의 침략 정책에 부딪쳐 주체적인 개혁으로 바꾸는 계기를 만들어내지 못했다. 그러므로 매국을 위한 친일이 아니라 개화·문명화를 위한 친일이라는 표현이 어떤 면에서는 사실일 수도 있으나, 그의 여러 활동이 자주적 근대화라는 민족 문제를 도외시한 친일 분위기를 조성하는 데 일조했음을 부인하기는 어려울 것이다.

참고문헌

兪吉濬全書編纂委員會 편, 『兪吉濬全書』, 일조각, 1971.

李熙昇, 「略傳」, 『杞溪文獻』, 富雲獎學會(兪致雄 편), 1963.

兪東濬, 『兪吉濬傳』, 일조각, 1987.

細井肇, 「大石良雄と福澤諭吉を崇拜せる兪吉濬」, 『現代漢城の風雲と名士』, 日韓書房, 1910.

大村友之丞 편, 「男爵 兪吉濬氏」, 『朝鮮 貴族列傳』, 大村友之丞, 1910.

李光麟, 「미국 유학 시절의 兪吉濬」, 『韓國 開化史 研究』, 일조각, 1969(1999).

_____, 「유길준의 개화사상」, 『韓國 開化思想 研究』, 일조각, 1979.

_____, 「日本 亡命 時節의 兪吉濬」, 『開化派와 開化思想 研究』, 일조각, 1989.

_____, 「兪吉濬의 英文 書翰」, 『開化派와 開化思想 研究』, 일조각, 1989.

_____, 「兪吉濬의 문명관」, 『韓國 近現代史論攷』, 일조각, 1999.

柳永益, 「甲午更張 이전의 兪吉濬 ―1894년 親日 改革派 官僚로서의 등장 배경 연구」, 『甲午
       更張 研究』, 일조각, 1990.

_____, 「西遊見聞과 兪吉濬의 保守的 漸進改革論」, 『韓國 近現代史論』, 일조각, 1992.

김도형, 「유성준·유만겸·유억겸 ―유길준의 양면성 '극복' 한 유씨 일가의 친일상」, 『친일파
       99인 (1)』, 돌베개, 1993.

金炯睦, 「自强運動期 漢城府民會의 義務 敎育 施行과 性格」, 『中央史論』 제9집, 중앙대학교
       사학연구회, 1997.

吳甲均, 「유길준의 교육사상」, 『黃山 李興鍾 博士 華甲紀念史學論叢』, 기념논총간행위원회,
       1997.

吳成哲, 「유길준의 교육사상 再考」, 『청주교육대학교 논문집』 제35집, 청주교육대학교, 1998.

尹炳喜, 『兪吉濬 研究』, 國學資料院, 1998.

왕현종, 『한국 근대 국가의 형성과 갑오개혁』, 역사비평사, 2003.

金敏洙, 「大韓文典攷 ―國語 文法學史의 한 課題인 崔光玉·兪吉濬의 兩文典에 對하여」, 『서
       울대학교 논문집』 인문사회과학 5집, 1957.

정용화, 「유길준의 정치사상 연구 ―전통에서 근대로의 복합적 이행」, 서울대학교 대학원 박
       사학위 논문, 1998.

張寅性, 「유길준에 나타난 도덕과 정치―자기―타자 인식의 정치적 사유」, 『國際問題研究』
       제23호, 서울대학교 국제문제연구소, 1999.

김학준, 『한말의 서양 정치학 수용 연구 ―유길준·안국선·이승만을 중심으로』, 서울대학교
       출판부, 2000.

남궁억 南宮檍

몸과 마음을 다하여 나라와 겨레 사랑을 실천한 민족주의자

류승렬 강원대학교 역사교육과 교수

머리말

파란과 격동이 거듭된 한말·일제 강점기에 근대화 과업의 성취와 외세의 침탈이라는 양극 사이에서 사회를 이끌어나가야 했던 지도자들의 삶은 한결같지 않았다. 이들 중 남궁억(南宮檍, 1863~1939)은 전투적이고 투쟁적인 삶을 살지는 않았지만 일찍부터 근대 사조를 접하고 민중 계몽에 나섰던 선각자였으면서도, 스스로 소위 '망국대부' (亡國大夫)라고 할 정도로 상당한 관직을 역임하며 국왕의 측근에 있기도 하였던 인물이다. 또한 일제의 침탈과 강점에 반발해 민족주의를 확립한 그는 결코 일제와 타협하지 않으며 궁벽한 시골에 학교를 세우고 민중과 함께 조선의 내일을 준비했다.

　이런 그의 모습을 통해 우리는 전투적·투쟁적 민족주의자와는 구분되는 또 다른 실천적 민족주의자를 접할 수 있게 된다. 이것이 그를 선정해 생애와 사상을 살피는 까닭이다.

63인의 역사학자가 쓴 한국사 인물 열전

1. 주요 경력과 활동

(1) 일제 강점 이전

한서(翰西) 남궁억의 본관은 함열이고 자는 치만이며, 1863년 서울 왜송골에서 아버지 영과 어머니 덕수 이씨 사이에 태어났다. 그의 부친은 일찍 사망했고, 홀어머니는 12남매를 낳아 아홉을 마마로 잃었으며 남은 3남매 가운데 한서만 아들이었다. 왜송골은 배재학당이 있던 정동 부근으로 당시 미국을 비롯한 각국 외교 공관이 있어 외국인의 출입이 잦았는데, 한서가 서구 문화에 관심을 갖는 계기로도 작용했다.

한서는 21세 때인 1883년 9월 묄렌도르프(P. G. Mollendorff)가 외아문(通商衙門) 부속 기관으로 설립한 동문학(同文學)이라는 영어학교에 입학했다. 이때 학생들은 모두 도포를 입고 갓을 쓴 채 영어를 배웠는데, 가까운 친구들조차 길에서 만나면 부채로 얼굴을 가리고 상대하려고 하지 않을 정도였다.

그러나 한서는 게일(J. S. Gale) 박사를 직접 찾아가 회화를 배우고, 영문법을 알아야 영어를 바르게 말하고 쓸 수 있다는 충고에 따라 영문법을 혼자 공부하는 등 남다른 열성을 보였다. 1884년 6월에 동문학을 우수생으로 졸업한 한서는 묄렌도르프가 맡고 있던 총해관에 추천으로 들어가 견습생이 되었다.

이후 일제 강점 이전까지 한서의 활동은 관료와 계몽 지식인으로 크게 구분된다.

먼저 관료로서는 1886년 10월 처음 내부 부주사가 되었는데, 영어에 능해 통역관으로 고종의 어전에 자주 입시(入侍)했다. 또 다음해 9월에는 전권대신 조민희(趙民熙)의 수행서기관으로 영국, 독일, 러시아, 프랑스 등의 순방길에 올라 유럽으로 가던 중 청의 간섭과 방해로 2년간 홍콩에서 체류하다 소환되어 돌아왔다.

1889년 고종을 최측근에서 호위하는 궁내부 별군직이 되었고,* 다음해 2월에는 고종으로부터 종로 팔판동에 대지 200여 평, 43간이나 되는 기와집을 하사받았다.**

1893년 4월부터 1895년 1월까지 칠곡부사로 재임했는데, 이때 이곳에서 동학농민전쟁을 맞기도 했다. 또 1895년 4월 갑오 내각의 내부 토목국장이 되어 근대 설비를 갖추는데 앞장섰으며, 다음해인 1896년 2월에는 고종의 조칙(詔勅)을 받고 춘천부 관하 인민(당시 춘천에서 일어난 의병)을 효유(曉諭)하기 위해 파견되었으나 간신히 살아 돌아와 관직에서 물러났다.*** 그후에도 일제의 침탈이 가속되는 상황에서 성주목사(1905년 3월~9월), 양양군수(1906년 1월~1907년 9월) 등을 역임했다.

계몽 지식인으로서의 활동은 1896년 2월 아관파천 이후에 관직에서 물러난 뒤부터 본격화됐다. 1896년 7월 독립협회 창립에 참가해 수석 총무와 사법위원을 겸했고, 한때는 관민공동회 회장 대리도 맡았다. 또 『대조선독립협회회보』와 『독립신문』의 영문판 발행에 참가했고, 1898년 9월 5일 나수연(羅壽淵), 류근(柳瑾) 등과 함께 국한문 혼용체로 된 일간신문인 『황성신문』을 창간하고 초대 사장에 취임해 1903년 3월까지 경영했다.

또한 양양군수로 재임하던 1907년 7월에는 동헌 뒷산에 현산학교를 설립했고, 같은 해에 창립된 대한협회의 회장으로도 선출되었다. 1908년에는 강원도 출신 인사들로 이루어진 관동학회의 창립에 참가해 회장으로 활동했다. 아울러 이 무렵 그는 『교육월보』라는 잡지도 손수 발행했다.

(2) 일제 강점기

한서는 이미 독립협회 때부터 알고 지내던 남감리교 신자 윤치호(尹致昊)의 권면을 계기로 일제 강점 무렵 기독교에 입교하게 된다. 그리고 그의 둘째 딸이 윤씨 집안으로 시집을 가 서로 사돈을 맺으면서 그와는 더욱 돈독한 관계가 되었다.

1910년 10월부터 1918년 12월 건강이 악화되어 선조의 고향인 강원도 홍천군 서면 보리울(모곡)로 낙향할 때까지 배화학교 교사로 재임했으며, 1912년부터는 상동청년학원 원장을 겸임했다.

한서는 민족적 신념을 견지하면서도 나름대로 철두철미하게 교회 생활을 했고, 술과 담배를 금하는 것만을 신앙으로 삼는 형식론에 사로잡히지 않았다. 신경통 때문에 약주를 하루 한 잔씩 복용한 그는 어쩌다 신자들이 이단시하더라도 전혀 거리끼거나 동요하지 않았다.

보리울로 낙향하여 1919년 9월 모곡학교(현 한서초등학교)를 설립한 후 1933년 11월 일제 경찰에 체포될 때까지 교육 활동에 전념했다. 모곡학교는 처음에 열 칸 정도의 크기로 기와집 예배당(현 한서교회)을 건축하고 그 안에 학교를 세워 학교와 교회를 병용했다. 그리고 근방의 아이들을 모아 공책과 연필을 나누어주면서 소학교 정도의 과정을 가르쳤고 4년 후인 1923년 3월에 제1회 졸업생을 배출했다. 학생이 날로 늘어나 그들을 수용할 만한 학교 건물이 시급해지게 되자 선교부의 보조금 3천 원과 홍천군의 일반민에게 2천 원을 기부받아 1923년 9월 약 100여 평의 새 교사(校舍)와 기숙사를 준공했다. 뿐만 아니라 1925년 3월에는 6년제 사립학교로 인가를 신청하는 한편, 한서 자신이 각지의 유지를 방문해 기부금을 모아 교실을 확장하고 교사도 더 채용했다. 그러나 모곡학교는 1933년 11월 치안유지법 위반 사건으로 탄압을 겪은 다음해에 제12회 졸업생을 낸 후, 일제에 의해 학교의 모든 재산은 몰수되고 공립으로 강제 전환되었다.

이 사건으로 구속된 한서는 노쇠한 몸으로 8개월간 서대문 감옥에 갇혔다가 옥중에서 병들어 보석으로 출옥한 후, 1939년 4월 사망했다.

* 남궁억은 別軍職에 대하여 "임금에 대하여 대신들이 조례할 때에 임금 앞 좌우에 6명 내지 12명이 군복을 입고 임금을 호위하는 사람"이라고 회고했다. 「독립운동가신문조서─남궁억 신문조서(제1회)」, 1934년 1월 15일 경성지방법원에서.
** 『승정원일기』, 고종 27년 2월 15일.
*** 당시 내부대신은 朴泳孝, 내부협관은 이명선이었다. 『승정원일기』, 고종 32년 4월 1일.

2. 업적과 일화로 본 특성

(1) 교육을 향한 끝없는 열정

한서는 교육에 남다른 열정을 보이며 늘 새로운 생각을 구상하고 실천하였다. 일찍이 토목국장으로 근무하면서도 밤이면 민영환(閔泳煥)이 1895년 7월에 설립한 흥화학교 교사로 영문법과 동국사를 가르치기도 했다. 또 양양군수 재임중에는 청년회와 유지들의 평의회를 조직케 해 분위기를 조성한 후, 문중 재산과 기부금 모집으로 상당액의 자금을 만들어 현산학교를 설립했다. 현산학교에는 모두 4명의 교사가 있었는데 군수였던 한서도 영어와 음악을 담당했다.

또 그는 1908년 6월 25일 제1호가 발간된 『교육월보』의 편집과 발행을 도맡기도 했는데, 이 책은 제호를 비롯해 모든 내용을 한글로 작성하여 학교에 다니지 못하는 학생들이 보통과 수준의 독학용 강의록(통신 강의록)으로 이용할 수 있도록 하였으며 문답식으로 매월 1회씩 발행했다. 과목은 동국역사, 대한지지(大韓地誌), 만국역사, 만국지지, 산술, 물리학, 위생론, 가정요결, 한문초학, 담설 등이었다.

한서는 또 일제 강점 직후인 1910년 11월부터 남감리교 계통의 배화학교 교사로 8년 동안, 영문법, 대한역사, 궁체국문서법(붓글씨), 가정교육, 웅변법, 국문법을 가르쳤다. 뿐만 아니라 1912년부터는 야간에 상동청년학원원장도 맡았다.

배화학교 교사 때는 삼천리 금수강산의 지도 위에 각 도별로 무궁화 한송이씩을 수놓는 자수본을 고안해 학생들에게 수놓게 했고, 태극기도 누런 명주 삼동주(三同紬)로 수놓아 미국으로 보내기도 했다. 후에 소문이 나자 이를 없앴으나 차츰 소리 없이 퍼져 많은 가정의 방안에 장식품으로 걸리게 되었다.

(2) 가늘어 보이지만 오래가는 운신

한서는 여러 사람들한테서 많은 도움과 후원을 받았으며, 여러 번의 위기도 잘 넘겼다. 그는 돈을 들여 배운 적 없이 어깨 너머 동냥 글 공부로, 또 국비로 영어 통역 실력을 익혀서 가장 뛰어난 근대 지식인이 되었다. 관민공동회와 관련해서는 60여 명의 관련자들이 체포되는 긴박한 상황에서 산속으로 피신해 위기를 벗어나기도 했다.

양양군수로 부임한 후 주민들의 세태를 떠보면서 분위기를 잡은 다음 객사 하례법을 폐지하고 신식을 시행했다. 그런데 단발과 신식 복장 장려 등 개화풍을 적극 보급해 나가자 유림들이 크게 반발했다. 이때 한서는 정현동이라는 중심 인물을 잡아 묶어놓고 볼기를 치면서, "너 같은 놈들이 많아서 우리 나라가 이 꼴이 된 줄 모르느냐. 너의 악몽이 깨도록 태형을 가하겠다"고 위협했다. 이에 정현동이 목숨만 살려 달라고 애원하면서 다시는 그러지 않겠노라 했고, 한서는 옛것을 청산하자며 함께 술잔을 나눈 후 풀어주었다. 이후 유림들의 반발은 무마되었고 둘은 매우 친해졌으며, 한서가 군수를 떠날 땐 정현동에게 현산학교 교장직을 물려주기까지 했다.

한서가 처음 현산학교를 설립했을 때는 자진 입학하는 학생이 한 명도 없었고 호별 방문 등 갖은 방법으로 모집에 나서도 성과가 없었다. 가정마다 한 명씩 의무적으로 학교에 보낼 것을 명령해도 여전히 서당에만 보낼 뿐이었다. 이에 한서는 반대하는 사람들을 감옥에 넣거나 태형을 가하는 등 강제로 학생들을 붙잡아와 200여 명을 모은 후 개학식을 거행했다. 당시 학생들의 나이는 11세부터 23세까지였고 상투를 튼 학생들이 많았다.

한편, 한서는 일본 제품은 모두 멀리했는데 심지어 일본인이 경영하는 버스나 택시도 타지 않고 꼭 걸어다녔다. 일본인과 마주하기 싫어함은 물론 털끝만큼도 관련을 맺지 않으려 했으며 모든 생활 필수품을 자력으로 해결했다. 나이가 들어서는 1년 내내 매일 10전짜리 '맥고모자'를 쓰고, 겨울엔 무명 옷, 봄·가을은 광목 옷, 여름엔 베옷을 입었으며, 양복은 입지 않았다.

신은 짚신을 삼아 신거나 미투리를 신고 먼 여행에는 고무신을 신었다. 모곡이라는 먼 시골에서 서울을 내왕할 때조차 칠순의 나이에도 불구하고 걸어다녔다.

이와 관련해 1931년 2월 초순 연희전문학교 졸업식에 축사를 해달라는 청을 받고, 놀미재 설령(雪嶺)을 넘어 걸어서 상경한 일화는 유명하다. 졸업식장에 무명 바지저고리에 무명 두루마기를 입고 맥고모자에 미투리를 신은 채 도착한 한서는 "내가 우리 집에서 여러분을 보려고 놀미재라는 높은 고개를 넘을 때 무릎까지 묻히는 눈길을 걷게 되어 앞서간 사람의 발자국만 따라오다가 개울길에 들어서게 되었습니다. 아무리 생각해보아도 길이 아닌 곳으로 발자국이 났으므로 나는 그 자국을 따라가지 않고 내가 잘 아는 산길이기 때문에 원 길을 찾아서 생눈을 뚫어가며 발자국을 내어놓아 내 뒤에 오는 사람은 내 자국을 따라서 오도록 한 일이 있었습니다"라고 한 후, "교문을 나서는 여러분들이 옮기려는 발길의 방향이 어디입니까? 교육의 혜택도 문화의 혜택도 없으며, 대부분이 결식 상태에서 빼빼 마르고 핏기가 없는 창백한 얼굴을 한 그들이 목자 없이 방황하고 있는데, 이들을 구하러 내 고장 농촌으로 달려가지 않으렵니까? 오히려 우리는 강자를 도와서 부스러기 권세에 만족해할 것이 아니라 약자를 살려주어 같이 강해지는 것이 우리의 할 일이라고 생각합니다. 여러분 졸업생들에게 간절한 부탁은 내가 산속의 눈길을 걸을 때 생눈을 뚫고 원 길을 찾아서 걸은 것처럼 여러분이 바로 걸어야 뒤에 따르는 사람도 바른 길을 걸을 것이니 본래의 갈 길을 갈 수 있는 사람이 되기를 바라는 것입니다"라고 당부했다.*

한서는 평소에 필요 없는 말은 절대 하지 않았고, 세수도 우물물을 손수 길어서 했으며, 세상 떠나기 3년 전까지 겨울이면 눈으로 피부 마찰을 하고, 아무리 혹한일지라도 목도리나 장갑을 사용하지 않았다. 또 길을 갈 때도 사시나무나 위험한 유리 조각은 물론 돌이 놓여 있으면 꼭 치워놓고 갔다. 이웃집에 김 매러 갈 때도 꼭 점심을 가지고 갔으며, 지위나 명예와 상관없이 백발의 나이에도 불구하고 지게를 직접 지고 나무와 돌을 날랐다. 그리고 매일 새벽 일찍 일어나 산에 올랐으며, 여름·겨울 가릴 것 없이 밀짚모자를 쓰고 아침마다 동리를 한 바퀴 돌면서 청년들을 깨우고, 헌 짚신짝을 모아서 오줌에 담갔다가 무궁화나무에 밑거름으로 주었다. 그는 또 혼자 시흥(詩興)에 취해 뜰을 거닐다가 아이들을 만나면 모아놓고 함께 노래를 불렀으며, 겨울과 여름 방학이면 경향(京鄕)으로 돌아다니며 비밀리에 우리 역사를 강의했다.

(3) 기민한 처세

한서가 칠곡부사로 있을 때였다. 동학농민전쟁이 터진 다급한 상황에서 그는 칼(형틀)이 씌워져 있던 포리(捕吏) 60여 명을 풀어놓고 돼지를 잡고 술을 내어 큰 잔치를 베풀어주고는 "너희들의 죄를 면해줄 테니 동학농민군을 물리쳐주겠느냐"고 물었다. 이에 포리들은 풀어주기만 한다면 목숨을 내놓고 싸우겠다고 맹세했고, 한서는 이들에게 동헌에 감춰두었던 무기를 내주며 포위 작전을 벌이게 하였다. 이들은 동학농민군 40여 명을 잡아들이는 결과를 냈는데, 잡힌 사람들 중 우두머리는 총살하고 나머지 일반 농민들은 엄히 견책하여 돌려보냈다. 이때 한서는 동학농민군이 서울까지 진격한다는 소식을 접하고는 급히 사람을 보내 어머니를 선향인 모곡으로 피난시키려고도 했다.

을미의병이 춘천에서 크게 일어났을 때는 선유사(宣諭使)로 임명되어 춘천에 이르렀는데, 그때 홍천으로 넘어간 300여 명의 의병들은 권대형을 대장으로 서울로 진격하려고 했다. 한서는 급히 의병진에 들어가 조정의 명령을 전달하고 정세가 바뀌었음을 선유(宣諭)했으나, 의병들은 오히려 왕명(王命)을 거짓으로 전한다며 죽이려 했다. 다행히 집 일꾼 뭉이가 교묘하게

---

* 김세한, 『不屈의 얼―한서 남궁억 선생의 생애』, 한서 남궁억 선생 기념사업회, 1960, 282~283쪽 참조.

밤을 틈타서 울담을 넘어 그를 업고 거우 빠져나와, 그날 밤 바로 서울로 달아나기도 했다. 그러나 함께 잡혔던 강원도 관찰사 조인승은 의병에게 처단되었다.

또 한서는 위축되는 애국심을 격려하기 위해 모곡학교에서 무궁화 묘포(苗圃)를 경영하면서 겉으로는 학교 경비의 보충을 구실로 내세웠다. 전국 각지에 무궁화를 보급하기 위해 묘목을 해마다 수십만 주씩 길러서 각 지방의 학교와 교회, 사회단체에 팔거나 기증했는데, 묘포 작업은 학생들이 실습 시간을 이용해 직접 김매고 거름을 주면서 무궁화에 대한 애착심, 즉 애국심과 국화(國花) 관념을 갖도록 했다. 그런데 일제의 단속으로 무궁화 묘목을 팔기가 곤란해졌을 때는 뽕나무 묘포를 겸했다. 즉 무궁화 묘목이 어릴 때는 뽕나무 묘목과 비슷했기 때문에 지방에서 뽕나무 묘목의 주문이 들어오면 뽕나무 묘목 속에 무궁화 묘목을 끼워넣어 보내는 식으로 무궁화 번식에 온갖 노력을 다했다. 뽕나무로 알고 심은 것이 나중에 자라서 무궁화 꽃으로 아름답게 핀 것을 본 사람들은 꽃을 화단으로 옮겨 심고 잘 가꾸었기에 방방곡곡에 무궁화꽃이 퍼지게 되었던 것이다.

(4) 여유로운 삶, 감성 어린 동참

한서는 다양한 취미와 넘치는 감성을 지니고 있었는데, 그의 이런 재능은 모두 나라 사랑으로 결집되었다. 일례로 1899년부터 10년간 옛날 돈과 우표에 관심을 갖고 자금을 들이고 정성을 기울여 고려 숙종 때의 해동통보(海東通寶)부터 융희 시대(1907~1910년)의 화폐까지 71점의 화폐와, 1895년부터 1904년까지의 우표 20매를 수집해 모곡의 산기슭에 깊이 숨겨두었다가 1931년 6월 연희전문학교 도서관에 기증했다.

한서는 또 시와 음악에 능통해 1906년 국왕이 평산군수로 부임하라고 했을 때, 건강을 위한 휴양도 겸하고 싶다면서 산수가 좋은 양양을 원하며 다음과 같은 시를 짓기도 했다.

설악산 돌을 날라 독립 기초 다져놓고
청초호 자유수를 영(嶺) 너머로 실어넘겨
민주의 자유 강산을 이뤄놓고 보리라.

또 옛 음악에 능통하고 가야금도 잘 탔던 그는 우울할 때면 학생들에게
책을 덮으라 하고 자주 함께 노래했으며, 늘 허허 웃는 모습으로 명랑하게
생활하려고 노력했다. 배화학교에서는 기독교 정신에 바탕을 둔 학교 이념
과 아울러 현모양처를 지향하는 교육 목표를 담으면서 애교심을 강조한 교
가를 짓기도 했다. 그리고 1918년에는 낙향하는 우울한 심회를 담은 「기러
기 노래」를 다음과 같이 지었는데, 곡은 미국 민요를 이용했다.

원산 석양 넘어가고 찬이슬 올 때
구름 사이 호젓한 길 짝을 잃고 멀리 가
벽공에 높이 한 소리 처량한데
저 포수의 뭇 총대는 너를 둘러 견양해
산남 산북 네집 어디 그 정처 없나
명사 십리 강변인가 청초 우근 호순가
너 종일 훨훨 애써서 찾되
네 눈앞에 태산 준령 희미한 길 만리라
곡간 없이 나는 새도 기를 자 넌가
하늘 위에 한 분 계셔 네 길 인도하신다
너 낙심말고 목적지 가라
엄동 후는 양춘이요 고생 후는 낙이라
만리 장천 먼 지방에 뭇 고난 지나
난일 화풍 편한 곳에 기쁜 생활 끝없다
여기서 먹고 저기서 자며

좌중을 지배할 만한 성음의 억양을 지녔던 한서는 담화술에도 능했다. 수업 중 유머로 마음을 기쁘게 하고 적절한 기회에 일부러 예민한 풍자를 넣어 좋은 감정을 유발하는가 하면, 비분을 느낄 때는 지사(志士)처럼 눈물을 흘리고 유쾌할 때는 호걸처럼 웃어 격려하면서 자신의 기막힌 심회도 풀었다. 또 노래를 불러 감성을 불러일으켰고, 집단 행진이나 작업 중이라도 애국가를 불러 용기를 고무했다. 때로는 호주머니에서 하모니카를 꺼내 독주를 들려주며 피로를 덜어주고 수업의 지루함을 없애기도 했다.

한서는 이처럼 자신의 재능과 정감을 모두 활용해 나라와 민족에 대한 사랑이 자연스럽게 일어나도록 북돋웠는데, 그가 "민족의 운명을 생각하고 이야기할 때마다 저절로 분개해서 눈물을 흘리며 우는 일이 잦았고, 우울할 때면 무궁화 묘포로 나가 민족을 북돋는 심경으로 잡초 뽑고 벌레 잡고 거름 주면서 한을 달랬다"고 회고한 데서도 그러한 면모가 잘 드러나고 있다.

한서가 지은 노래 가사에는 대개 나라와 민족을 향한 집념이 짙게 담겨 있다. 다음의 「조선의 노래」에는 특히 우리 민족에 대한 자부심이 잘 드러나 있다.

> 금수의 강산에서 우리 자라고 / 무궁화 화원에서 꽃 피려 하는 / 배달의 어린
> 동무 노래부른다 / 세상의 부러울 것 무엇이냐 (후렴)
> 동천(東天)에 둥근 홍일(紅日) 그 빛 찬란코 / 바다의 어별(魚鱉)들의 양떼들
> 같이 / 태극기는 창공에 펄펄 날리고 / 빛나게 잘 살아라 우리의 조선

또 다음의 「조선지리가」는 우리 나라의 찬란함과 자랑스러움을 한껏 드러내고 있다.

북편에 백두산과 두만강으로 / 남편에 제주도 한라산까지 / 동편에 강원도 울릉도로 / 서편에 황해도 장산곶까지 / 우리 우리 조선에 아름다움을 / 맹호(猛虎)로 표시하니 십삼도로다

사천년 역사로 이어온 배달 / 거룩한 단군이 비로소시사 / 삼천리 반도로 우리 집 삼고 / 이천만 동포로 한집안 이뤄 / 우리 우리 조선의 광채로움을 / 문화와 도덕으로 빛내었도다

산 높고 물 맑은 무궁화 동산 / 아름다운 경개(景槪)로 장식하였고 / 기후 좋고 기름지며 교통이 편해 / 세계에 자랑이 조선 반도라 / 우리 우리 조선의 유명하옴을 / 경개와 산물로 자랑합니다

우리를 낳고 기른 반도 강산아 / 네 길이 복받고 무궁하여라 / 삼각산의 암석이 다 부서지고 / 양양한 한강물이 다 마르도록 / 우리 우리 조선의 아름다움을 / 일월(日月)로 한가지로 짝하리로다

이외에도 한서는 「일하러 가세 삼천리 강산 위해」, 「삼천리 반도 금수강산」, 「금수강산 내 동포여」, 「웬일인가 내 형제여」 등 많은 노래 가사를 지었다.

한서는 작사에 능했을 뿐 아니라 음악에도 소양이 있었다. 현대 음악을 비롯해 시조도 청아한 목소리로 잘 읊었다. 청소년들과 함께 노는 것을 좋아했으며, 교회 찬양대 대원으로 늘 젊은이들과 함께했다. 백발의 65세가 되어서도 한서는 소년처럼 언제나 호주머니에 하모니카를 넣고 다녔는데, 유쾌하게 노는 곳에 가면 흰 수염을 휘날리면서 이 조그만 악기를 불어 한껏 흥취를 돋우며 춤도 멋지게 추어 모두를 놀라게 했다.

3. 사상과 실천 활동

(1) 사상 경향

한서가 평생에 걸쳐 하나의 사상을 견지하며 실천 활동에 나섰다고 하기는 곤란하지만, 일제 강점을 전후한 무렵에 민족주의를 확고히 한 것은 분명하다. 그 자신도 "민족주의 사상을 가진 것은 일제 강점에 대한 불만이 계기가 되었다"고 회고했다.* 또 자신은 "소위 망국대부라 할 만한 자리에 있었으니 일제 강점에 처해 당연히 자살이라도 하지 않으면 안 되는데도 불구하고 살았으니 민족적 사상이나 조선 독립에 대해서는 한순간도 생각하지 않은 때가 없는 것은 당연하다"고 회고했다.** 이런 그의 민족주의적 경향은 일제 강점 이후 현저해지고, 다양한 실천으로 이어졌다.

그의 사상을 살피기 위해서는 교유 관계와 저작들을 검토할 필요가 있다.

한서는 스스로 1933년 현재 생존한 친구로 목포에 있는 김성규(金星圭) 등 세 명뿐이라고 말했다.*** 여기서 주목되는 인물은 초정(草亭) 김성규다.**** 그는 한서와 동갑으로 1887년에 함께 영국, 독일, 러시아, 프랑스 순방길에 올랐으나 2년간 홍콩에만 체류했다가 돌아온 적이 있는데,***** 두 사람을 보면 여러 면에서 유사한 면모를 살필 수 있다.

신·구학에 정통해 광무개혁기(光武改革期)의 이념과 실무에 적임자라고 일컬어지는 초정은 1887년 광무주사를 시작으로 고창현감, 장성군수, 전라남도 양무감리, 무안항 감리, 강원도 순찰사 등의 관직을 역임했다. 그런데 그는 한서와 함께 했던 2년간의 홍콩 체류를 통해 제국주의 열강이 세계 도처의 약소 국가를 침략하고 식민지로 수탈하는 과정을 생생하게 목격했고, 이런 경험을 계기로 자신의 사회 개혁 방법을 재검토하게 되었다. 즉 외세의 침략 앞에서 우선 급한 것은 국가 그 자체를 유지하는 것이며, 사회 개혁은 합법적인 테두리 안에서 온건하고도 점진적으로 이루어져야 용납

될 수 있다는 사실을 깨닫게 되었던 것이다.

결국 초정의 사회 개혁론은 제국주의 침략이라는 위기에서 탈출하기 위해 실학적인 유학을 주체로 서구의 신학문을 참작하여 도입한다는 정신적 자세의 확립에 사상적 기반을 두고 있다. 이는 서구 사상을 무조건 직수입하려고 할 것이 아니라 주체적 입장에서 점진적으로 외국 문화를 수용하자는 주장이었다.

한서 역시 초정의 이런 생각과 별 차이가 없었을 것으로 추정된다. 그것은 두 사람이 모두 일찍부터 엇비슷한 경험을 함께했던 점, 한말 그의 저술에 나타난 논지, 그리고 기독교 신앙을 가졌으면서도 나라와 민족을 무엇보다 우선하며 신·구학을 절충하려는 모습을 보였던 점 등에서 확인할 수 있다.

두 사람의 유사성은 다음의 일화를 통해서도 확인할 수 있다. 즉 한서는 을미의병 때 선유사로 파견되었으나 의병들에게 잡혀 죽음을 당하기 직전에 집 일꾼이 업고 도망쳐서 겨우 살아난 적이 있다. 김성규 역시 동학농민전쟁 중 고창현감으로서, 농민군의 지도자였던 김개남(金開男)이 순천부사와 고부군수 등을 붙잡아 매질하고 돈을 빼앗는 등 과격한 행동을 일삼자 그에게 달려가 힐책하고 말리려 했으나 김개남이 거부하며 오히려 그를 타박 감금하자 탈출했던 일이 있었다. 그후 김성규는 전라도 위무사 종사관이 되어 김개남의 토벌에 나섰고, 결국 김개남을 체포해 처형하는 데 공을 세

* 「독립운동가신문조서─남궁억 신문조서(제4회)」, 1933년 12월 13일 홍천경찰서에서.

** 「남궁억 신문조서(제1회)」, 1933년 11월 7일 홍천경찰서에서.

*** 다른 두 명은 경성부 사직동에 살던 남궁훈과 송병휘인데, 이 중 남궁훈은 평안북도 관찰부주사 등 관료를 거쳐 황성신문 기자와 사장을 역임하고, 일제 강점기에는 조선일보의 사장도 했던 인물이다. 「독립운동가신문조서─남궁억 신문조서(제2회)」, 1934년 5월 29일 경성지방법원에서.

**** 초정 김성규에 대한 내용은 다음 연구를 참조하였다. 金容燮, 「光武改革期의 量務監理 金星圭의 社會經濟論」, 『增補版 韓國 近代農業史 硏究 下』, 일조각, 1984.

***** 『승정원일기』, 고종 24년 9월 28일.

웠다.

한서는 대한협회와 대한자강회 등 계몽 운동 단체에 참가하면서 자신의 사상을 글로 표명했는데, 무엇보다 사상의 중요성을 강조했다. 즉 "사상은 사실의 어머니며 사상이 있고 난 다음에 사실이 있는 것이니 어떤 사실이든 반드시 그 사상을 먼저 갈무리해야 하는데, 사상이 있다고 바로 사실이 나타나는 것이 아니라 능력이 있어야 하므로, 사실을 구하는 것은 사상이고 사실을 만드는 것은 능력이다"라고 했다. 그런데 그는 "지금 유신당과 수구파, 유지자(有志者)와 하등인 등 우리 국민 모두는 이 시기를 맞닥뜨려 독립을 구가한다. 단지 국민 사상에 대해 평가를 내릴 때 우리 대한이 얼만큼 있다 할지는 알 수 없다. 이런 큰 소원을 받들 능력이 있는가 없는가. 능력이 있으면 부패한 습관을 하루아침에 개량하며 비열한 정치를 하루저녁에 혁신해 4천 년 우리 나라의 문명의 꽃이 활짝 피며 삼천리 구역에 자유의 등불이 환하게 비추어 한 번의 손짓 발짓에 대비약 대진취를 즐거이 얻으려니와 만일 능력이 부족하면 그 마음과 혀만 헛수고 헛고생을 하리니 어찌 두려워할 바가 아니며 어찌 경계할 바가 아니겠는가. 슬프다. 우리 오늘날에 잠을 잊고 식사를 폐하고 이 능력을 기를 것이며 지혜를 짜내고 생각을 다하여 이 능력을 만들지어다"라고 하면서, 이 능력을 기르고 만들 방법으로 사상의 실천을 강조했다. 즉 상업을 진흥할 사상이 있으면 이를 곧 실천하며, 공예를 창조할 사상이 있으면 이를 곧 실천하고, 기타 만반의 사업에 각각 그 사상이 미치는 바대로 바로 실천해 항상 전진하고 용분하면 능력이 갑자기 나타나게 될 것이라면서 천부의 능력을 가진 우리 민족의 흥기(興起)를 고취했다.*

또한 그는 "국수(國粹)를 완전히 갖추고 국풍(國風)을 갖는 것"을 목표로 내세우면서, 이를 달성하기 위해서는 '만중(萬衆) 조화의 원리'가 무엇보다 중요함을 강조했다. 즉 "이런 조화의 이치는 일체 인간사에 적용되는 것으로 서로 허물고 책망하기에 끝이 없이 하고 비웃고 욕하기에 서로 높이

할 것이 아니라 노성자의 지려, 소장자의 기개, 부녀자의 숙덕이 조화를 이루어야 하며, 이를 바탕으로 앞길에 그득히 넘쳐 가로놓인 황금의 국토를 채찍질해 발길을 자꾸 나아가며 정해진 길을 향해 돌아가노라면 반드시 목적에 도달하는 한 날이 있을 것이다"라고 했다. 나아가 "그러니 사회의 사람들 모두가 편벽됨을 지적하면서 덕성을 닦고 쌓아 사회의 광채를 빛내고 원기를 살리기에 앞장서, 하나에 치우침이 없이 정치를 향하고, 상공업 등 실업을 꾀하고, 종교나 철학 등 각 부문에 종사할 것을 진실로 마음에 새겨야 한다"고 호소했다. 또 "작은 바늘도 귀와 뾰족함 둘 다 있어야 쓸모가 있는 것처럼 거대한 사회는 한 사람의 지혜로 구제할 수 없으며, 우리들 모두는 심고 가꾸면서 각자가 한 사업의 완성을 구하는 것이 옳다"고 주장했다.

이런 인식에 따라 그는 구체적으로 선진(先進)과 청년으로 나누어, 선진의 직분은 원근의 견문을 구해 경영의 기초를 세우는 일이고, 청년의 책임은 전도(前途)의 험이(險夷)를 예상해 각자의 위치를 굳건히 하는 일이라고 했다. 이렇게 "구안(苟安)·투한(妬悍)·심허(心虛)·추영(追榮)함이 없이 각자가 자기의 직분을 다하고 자기의 본업을 부지런히 하는 것이 온갖 생각이 하나가 되는 것이고, 서로 다른 길을 가더라도 결국 하나로 귀일(歸一)되는 최선의 길"이라고 강조했다.**

또한 그는 언론·교육을 통한 계몽의 중요성을 깊이 인식했다. 특히 "보관(報館), 즉 신문과 잡지는 현 세기의 문명의 기관이요, 경쟁의 열쇠로 그 성질이 각각이고 지위가 달라 정회보·교육보·학회보·농회보·공회보·상회보 등 일마다 또 회마다 반드시 각기 발행하는 바, 한결같이 단체의 취지를 분명히 밝히고 공중의 지식을 개도함으로써 사회의 복리를 증진하고 있다"고 평가했다. 이런 인식은 대한협회와 회보의 관계에도 적용되어 "본보

---

* 남궁억, 「論說―思想과 能力의 相須」, 『大韓協會會報』 제2호, 1908년 5월 25일 발행, 1~2쪽.
** 남궁억, 「論說―社會 調和」, 『大韓協會會報』 제3호, 1908년 6월 25일 발행, 1~2쪽.

는 곧 본회의 고탁이오 추관이다. 만약 본회의 정신을 찾으려면 마땅히 본보에서 구하는 것이 옳으니 이로 말미암아 교육이 보급하며 산업이 개발하고 근면의 저축을 실행하며 생명과 재산을 보호하여 우리 고유의 권리 의무적 사상을 고취하면 관민의 폐습과 행정의 제도도 차제에 교정·개선될 날이 있을 것이니 어찌 우리 대한의 행복이 아니겠는가. 원컨대 이 『대한회보』는 우설과 같이 분분하여 전국의 서안에 충만하며 봄날의 우레와 같이 굉굉하여 동포의 몽계에 진탕하고 이렇게 대한 만세의 전도에 영원하기를 바라는 바이다"라고 주장했다.*

그의 이런 인식은 여러 활동으로 이어져, 대한협회 교육부 규칙 기초 위원, 회보 편찬 위원으로 참가했고 회장으로 선출되었으며, 통상총회의 연설원으로서 '단체의 효력'이란 주제로 연설하기도 했다.**

또 그는 남녀노소 유무식한 사람 누구든 사정과 연령에 구애되어 학교에 입학하지 못한 일반 동포들에게 보통과의 학술을 보급하기에 주력했다. 우선 그를 위한 교재로서 각종 긴요한 문제를 순한글로 쉽고 간략하게 번역한 『교육월보』를 발행했는데, 그 취지서에서 "나라가 흥하고 망하는 근본 원인은 그 나라 인민의 지식이 있고 없는 데 있으며 인민의 지식이 있고 없는 것은 교육이 발달되고 못 되는 데 있은즉 교육은 나라를 문명하게 하고 부강하게 하는 큰 기관"이라며 자신의 교육관을 간명하게 제시했다. 아울러 "구식으로 하늘천 따지로부터 『동몽선습』(童蒙先習)과 『통감』(通鑑)과 『사략』(史略)이며 「오언당음」(五言唐音), 「칠언당음」(七言唐音) 같은 글이나 배워서 성명이나 쓰든지 귀글(흔히 한시, 시조를 말함)이나 줄글(장문) 짓기를 공부해 과거나 보던" 종전의 교육을 비판하면서 어려서부터 지식을 넓혀 세상 모든 일을 다 알게 하고 또 각자가 지식을 다해 농사나 장사, 공업 같은 일을 학문으로 명확히 공부해야 한다고 주장했다.***

한서는 배화학교 재직중에는 손수 교과서를 저술해 사용하기도 했다. 특히 『가정교육』은 영문으로 된 원본을 우리 실정에 맞게 번역한 것인데, 그

63인의 역사학자가 쓴 한국사 인물 열전

목록을 보면 육아와 음식품의 이해와 분간법을 중시하고, 시부모 섬기는 법, 남편 섬기는 법, 하인 부리는 법, 가정의 법을 세우는 것(가법을 세움), 친구 사귀는 법 등이 포함되었다.

또한 한서는 일찍이 궁중의 나인들 사이에 성행하던 한글 궁체를 봉서방 (封書房) 나인들에게서 익혔는데, 이를 토대로 1914년 12월 순한글로 된 『신편 언문체법』이라는 우리 서예 교과서를 발간하기도 했다.

(2) 모곡학교 교육의 특징

모곡학교에서 잘 드러나는 한서가 시행한 교육의 특징을 정리하면 다음과 같다.

첫째, 2·3·4학년 과정에 들어 있던 역사와 지리 시간에는 주로 우리 나라와 관련된 내용을 가르쳤다. 역사의 경우 2학년은 상고 시대를, 3학년은 중고·근세 시대를, 4학년은 복습으로 되어 있었다. 지리의 경우 2학년은 우리 나라 전체 지도, 3학년은 산물·도서·명승지, 4학년은 도별 풍습과 건물 등으로 되어 있었다. 또 일제가 역사 시간에 조선사를 가르치지 못하게 한 후로는 국어 보충 교재를 활용해 가르쳤다.

둘째, 항시 쉬운 한자와 한글을 혼용하면서 우리 민족과 관련된 내용을 중심으로 교재를 작성해 가르치려고 애썼다.

셋째, 당시 유행하던 창가는 모곡학교에서 시작됐다는 이야기를 들을 정도로 음악 교육에 충실했다. 특히 양악에 대해서는 한서 자신이 정확하게 듣는 능력과 음감을 갖고 있었으며 구악에도 소양이 깊었다. 음악 교재를 만들 때 가사는 직접 작사하고 곡은 빌려오거나 작곡도 했다.

---

* 남궁억,「祝辭」,『大韓協會會報』제1호, 1908년 4월 25일 발행, 7쪽.
** 「本會歷史及決議案(隆熙元年)」,『大韓協會會報』제1호, 1908년 4월 25일 발행.
*** 『교육월보』취지서.

넷째, 붓글씨 가운데 특히 한글 궁체에 능했던 한서는 취미로 서도를 지도했다. 한 주에 한 번 있는 서도 시간 외에 과외를 희망하는 학생은 누구든 언제나 즐겁게 가르쳐주었다. 최현배가 저술한 『우리말본』과 『중등조선말본』의 제자(題字)도 한서가 쓴 것이다.

다섯째, 단체 훈련에 특히 관심을 가졌다. 체조 시간은 대개 마지막 시간에 넣어 주로 등산을 했는데 오르기 어려운 골짜기 계곡도 산봉우리까지 기어이 함께 올라 강산을 굽어보도록 함으로써 심신을 단련하고 인내심을 갖도록 했다. 또 여름에는 수영을 시켜 체위의 향상을 도모했다.

여섯째, 실습 시간에는 의례 무궁화와 뽕나무 묘포 작업을 했다. 철에 따라 봄이면 빈터에 나무를 심게 하고, 큰비로 다리가 무너지면 '내 마을은 내 손으로' 라는 표어를 앞세워 봉사에 나서게 했고, 눈이 올 때는 실내에서 새끼꼬기, 짚신삼기, 마부시틀기, 가마니짜기 등의 근로 활동을 시켰다.

일곱째, 농촌 실정에 맞는 교육을 실행했다. 아침 일찍 일어나 풀을 베어 학교에 올 때 거름풀 한 짐씩 지고 오도록 하고, 집으로 돌아갈 때는 산에 가서 나무 한 짐씩 해가도록 하여 학생들에게 일찍 일어나는 습관과 부지런히 일하는 정신을 길러주었다. 그 결과 아침에 학교 마당으로 꾸역꾸역 몰려드는 풀 짐에는 책보와 도시락이 달려 있었고, 마당 한쪽에는 지게 100여 개가 나란히 몇 줄로 질서 정연하게 놓이고, 수업이 끝나면 학년별로 한 줄씩 없어지기 시작해 다 없어지면 학교 마당이 고요해졌다.

여덟째, 그의 사랑방에는 자리틀·가마니틀을 갖추고 멍석·새끼·방석·짚신을 삼을 수 있는 재료도 항상 준비해두어 틈나는 대로 여름, 겨울 언제나 손수 자리를 매거나 방석을 틀면서 잠시도 한가하게 놀지 않았다. 학생이나 마을 사람들이 오면 가만히 앉아 있으니 함께 하자고 권했으며, 더불어 야화나 역사 이야기, 시사 등을 들려주면서 누구든 재미있는 벗이 되어주었다. 따라서 청소년을 비롯해 마을 사람들 모두 저녁밥을 먹고 나면 으레 사랑방으로 몰려들어 옛 이야기를 들으면서 방석을 틀거나 새끼를 꼬는

63인의 역사학자가 쓴 한국사 인물 열전

일을 무엇보다 즐겁게 여겼다.

아홉째, 독서회나 토론회, 웅변회 등 특별 지도에도 주력했다. 독서회는 "좋은 책 읽기는 좋은 음식 먹기와 같아서 배탈이 나지 않는다"는 말을 금 언으로 삼고 서울에서 출판되는 서적을 구입해 돌려 읽게 하고, 때로 모여 앉아 읽은 내용이나 감상을 이야기하도록 하는 방법으로 지도했다. 또 민족 의식의 개선, 생활 개선 도모 등을 주제로 정기적으로 토론회나 웅변회를 열어 학도들의 변증·변박·변호 등의 변론술을 연마시켰다.

4. 역사 저술과 의의

한서는 일찍부터 우리 역사에 관심을 가지고 직접 교육과 저술에 나서, "조 선의 역사를 그대로 말할 수 있는 귀중한 분"이라는 평을 듣기도 했다.* 그 는 일찍이 홍화학교 교사로 '동국사'를 가르친 적이 있고, 배화학교 교사 때도 '대한역사'를 가르치면서 교재를 직접 저술해 묵지로 복사해 사용했 다. 평소 그의 서재에는 『동국사기』, 『영어자전』, 『삼국사기』, 영문 잡지 몇 권과 영문 신문, 『동아일보』, 『황성신문』이 놓여 있었으며, 매일 새벽 일찍 일어나면 으레 성서를 한 장씩 읽은 다음 빨간 점을 찍어가면서 역사책을 정독하고 글을 썼다고 한다.**

한서는 이런 경험을 바탕으로 통사체의 『동사략』과 이 책에 등장하는 위 인의 일화나 전설 등을 포함한 『조선이야기』를 저술했다. 같은 시기에 나온 『신편조선역사』(황의돈, 1923년), 『조선역사요령』(장도빈, 1923년), 『조선문 명사』(안확, 1923년), 『조선유기략』(권덕규, 1929년), 『조선역사강화』(최남선, 1930년) 등과 비교하면 한서의 저술은 뚜렷이 구별된다.

---

* 『동아일보』, 1939년 4월 29일.
** 1933년에 일제 경찰에게 체포되기 전 1~2년 동안은 주로 『國朝名臣錄』을 읽었다고 한다. 「독립운동 가신문조서―남궁억 신문조서(제3회)」, 1934년 5월 30일 경성지방법원에서.

우선 그가 늦은 나이에도 방대한 분량의 역사서를 저술한 이유는, "중심 사상이 조국의 독립에 있었던 만큼 국사 교육에 무관심할 수 없었던" 때문 이었으며,* "나라 없는 민족, 특히 청소년들의 가슴속에 민족혼을 심고 가꾸 어 민족 광복의 터전을 만들고자 하는 데" 그 목적이 있었던 것이다.**

1924년 겨울에 저술한 『동사략』은 모두 4권(부기는 별도)이고, 인찰지(印 札紙)로 836쪽이다. 그 편제를 보면 제1권은 단군조선~신라 말, 제2권은 고려 초~공양왕, 제3권은 조선 초~철종, 제4권은 고종~융희, 그리고 부 기로 3·1운동의 참상을 포함하고 있다. 「범례 초」에 따르면 "이 책의 집필 의도는 신라 중엽 이래 팽배한 모화주의(慕華主義)를 바로잡아 민족의 대 의정도(大義正道)를 확립하고, 권선징악의 윤리적 인간상을 정립하며, 고 유의 왕호를 사용해 자주적 국가 권위를 확립하며, 국사 교육의 대중화를 통해 민족 정기를 고양하고자 함에 있다"고 되어 있다.

또 1929년에 저술된 『조선이야기』는 『동사략』을 국한문으로 쉽게 풀어 쓴 것으로 내용과 편제도 거의 같다. 한서 스스로 『조선이야기』를 쓴 목적 에 대해 "조선인이 너무도 조선의 사정에 어두운데 순수하게 역사적으로 쓰면 학문을 한 사람이 아니면 모를 것이므로 조선말로 써서 일반 조선인에 게 읽게 하려는 생각에 따른 것으로, 물론 민족사상을 강조하기 위한 의도 도 담겨 있다"고 했다.***

이 책은 모두 5권으로 인찰지 1,550여 쪽에 필사되었다. 제1권은 단군조 선~신라 말, 제2권은 고려 시대, 제3권은 조선 태조~연산군, 제4권은 조 선 중종~철종, 그리고 제5권은 고종~3·1운동까지 다루고 있다. 제1~제4 권은 인물을 군왕부, 정치부, 문예부, 절의부로 구분하고 각 인물을 중심으 로 서술했다. 제5권은 군왕부만 있고 정치부, 문예부 절의부는 없으며 대군 주와 3·1운동기라는 두 제목으로 나눠지는데, 대군주 편은 편년체로 구성 되었다. 이 책의 가장 큰 특징은 인물 중심의 전기 형식을 취하고 있다는 점 인데, 청소년들에게 민족의식과 역사의식을 심어주려는 의도에 따른 결과

이다. 특히 절의부를 따로 두고 충신·열사들의 행적을 서술함으로써 외세에 저항해 난국에 처한 국가를 보전하자는 의지를 고취하려고 했다.

이 책의 중요한 내용을 각 권별로 들면 다음과 같다.

제1권은 단군조선을 취급해 민족적 긍지를 심어주려 했고, 임나설(任那說)을 부인해 식민사관을 극복하려 했다. 또 삼국통일과 통일신라라는 명칭을 부인하고 민족을 전체적으로 이해하려 했으며, 국난 극복의 역사적 사실들을 중시했다. 비록 발해를 민족사에서 제외하는 등 문제가 있지만 전체적으로 꽤 실증적 자세를 견지했으며, 고대 우리 문화의 일본 전파도 기술해 문화적 우월성을 표현했다.

제2권은 국난 극복의 역사를 중시하고 풍속을 비롯한 문화면에 깊은 관심을 기울인 반면, 모화주의나 근친혼, 불교계의 폐단 등에 대해서는 신랄하게 비판했다. 또 금나라 태조 아골타를 우리 민족으로 끌어들인 반면, 여진족은 말갈의 일족으로 취급했다. 다만 묘청의 난이나 삼별초의 항쟁 등은 내란으로 취급하고, 내란 진압의 필요에서 외세를 끌어들인 사태를 묵인하는 부분에서 한계를 보이고 있다.

제3권은 조선 시대의 역대 임금들을 모두 다루고, 한글·화폐·조선술·언어 등 문화에도 관심을 보였으며, 모화주의의 폐단이나 사회의 지도급 인물들에 대해서는 도덕적 비판을 엄중히 가했다. 특이한 사실은 절의부에서 세조 즉위에 관련된 인물들만 다루고, 대마도를 우리 영토로 취급한 점이다.

제4권은 절의부가 없다. 임진왜란을 극복한 사실을 중시하고, 우리 영토에 대해 깊은 관심을 기울이고 있으며, 선진 문물의 수용을 긍정적으로 평가했다. 또 기계 등을 중시한 반면, 문치주의와 소극주의에 대해서는 신랄

---

* 李萬烈, 「民族史學」, 『한국사』 22, 국사편찬위원회, 1981, 143쪽.
** 柳達永, 「著作을 통해 본 翰西先生」, 『나라사랑』 11, 81쪽.
*** 「독립운동가신문조서―남궁억 신문조서(제3회)」, 1934년 5월 30일 경성지방법원에서.

하게 비판했다.

제5권은 개화 노력에 큰 비중을 두고 있는 반면에, 동학농민전쟁과 의병 항쟁에 대해서는 부정적으로 평가하는 한계를 보이고 있다. 또 3·1운동에서는 일제의 침략을 규탄하면서 민족 정신을 강조하고 있다.

이렇듯 한서의 역사 인식과 서술은 큰 의의와 함께 일정한 한계도 보이고 있다. 특히 그가 강한 목적 의식에 따라 인물사 위주로 전기 형식의 역사 서술 방식을 택했기 때문에, 각 시대사가 종합적으로 파악되지 못하고 민족사의 맥락에서 체계적으로 이해되기 곤란하다는 문제가 부각된다.

그렇지만 한서의 역사 저술은 첫째 국내에서 비밀리에 저술·배포된 점, 둘째 실증적 자세도 돋보여 당시로는 상당한 수준의 통사를 구성한 점, 셋째 주체적 역사의식과 역사적 사실의 고증이라는 양면을 고루 배려한 점, 넷째 읽을 대상을 나누어 그에 적합한 역사서를 따로 저술하면서 문체도 고문과 동화체를 절충하는 방식을 취한 점, 다섯째 다수의 민중을 중심으로 역사를 파악하려는 자세를 취한 점 등에서 사학사적 의미가 크다. 특히 강한 주체의식과 바른 역사 인식을 뚜렷이 지향한 점, 결코 굽히지 않고 민족 독립을 갈망하면서 민족사에 대한 연구와 교육에 매진한 점, 시의 적절하게 역사서를 저술하고 혼을 담아 역사 교육을 실천한 점 등은 누구에게서도 볼 수 없는 뜻 깊은 일이었다.

5. 강렬한 민족주의

일제 강점을 계기로 민족주의를 굳힌 한서는 일제의 강압적 통치에 대해 매우 강한 불만을 가지고 부정적으로 평가했다. 그는 『조선이야기』의 제5권에서 3·1운동이 일어난 것은 우리 민족의 강한 독립사상과 일제의 가혹한 무단 통치, 그리고 일제가 우리 민족을 일본 국적에서 축출하고 입법·행정상 참정권을 부여하지 않으면서 심한 차별 대우를 하는 등에 근본 원인이 있음을 상세하게 설명했다.

나아가 한서는 일제가 지극히 편협하게 통치한 결과 우리 민족은 심한 압박을 받고 있으며, 일제 강점 이후 조선 문화의 수준이 현저히 나아졌다고 주장하는 것은 터무니없는 짓이라고 공박했다. 나아가 그는 일제가 온갖 명목을 붙여서 인민으로부터 착취하는 세금이 매년 불어가는 형편이므로 조선인은 경제적 파멸을 당할 수밖에 없을 뿐만 아니라 토지나 산림은 거의 일본인의 소유로 되어버리고, 결국 일본인이 조선인을 몰아내고 조선 내에 세력을 뻗쳐서 끝내 이렇듯이 전부를 빼앗는 지경에 달한 것으로 파악했다.* 일제 침탈의 결과로 도래한 농촌 경제의 파멸적 정경을 통절히 느낀 그가 지은 다음의 「시절 잃은 나비」에는 당시의 비참한 정황이 잘 묘사되어 있다.

일락(日落)은 서산에 황혼이 되고 / 바다와 온 우주는 캄캄하는데 / 옥토를 떠나서 어데를 향해 / 정처없이 어데를 향해 가느냐 / 애닯다 이천만의 고려 민족아 / 너희 살 길 바이 없어 떠나가느냐

젖과 꿀이 흐르는 기름진 땅을 / 누구를 주고 자꾸만 떠나가느냐 / 정든 산천 고국을 등에다 지고 / 애닯은 눈물 방울만 연해 뿌리며 / 두만강 푸른 물결 건너서 가는 / 백의의 단군 민족 내말 들어라

무궁화의 화려한 금수강산은 / 우리들의 소유인 줄 너도 알건만 / 의식주의 핍박을 바이 못 잊어 / 주린 배 훔켜쥐고서 떠나가느냐 / 너희의 정경이야 차마 가긍하다 / 그러나 낙심 말아라 고려 민족아

사정이 이랬기에 그는 공산주의의 도래 가능성도 배제하지 않았다. 즉 "나는 조선 민족이므로 어디까지나 애국주의이며 영구 불변의 민족적 사상

* 「남궁억 신문조서(제3회)」, 1933년 12월 10일 홍천경찰서에서.

을 가지고 공산주의에는 절대 반대지만 머지않아 공산주의 사회가 실현될 수 있으나 수명은 길지 않을 것"이라고 단언했다. 그 이유로 "유산자는 소수이고 무산자가 다수를 점하고 있으므로 유산자가 지고 무산자가 이길 때는 당연히 공산주의 사회가 될 것이다. 그러나 천지만물 중에 우승열패라는 것은 원칙이다. 그래서 비록 공산주의 사회가 건설된다 하더라도 불의를 가지고 정의를 타파한 것이기 때문에 인과응보라는 원칙이기도 하지만 무산자가 우승해도 그것은 진리에서의 우승이 아니므로 수명이 짧은 것은 틀림없을 것"이라고 했다.*

이런 한서의 인식이 강렬한 민족주의를 반영한 것임은 물론이다. 그는 늘 "나는 죽더라도 민족 운동이라든지 그 사상을 버릴 수 없다"고 생각하고, 조선인으로서 조선의 사정을 알고 조선 민족의 고유한 정신을 발휘하게 하기 위하여 교재를 제작하고 직접 가르쳤다.**

그는 일본인은 불온하다고 여길지 모르나 우리 민족으로서는 너무나 당연한 일이라면서 "항상 조선 민족을 내세우고 민족적 사상을 환기했는데, 조선인으로서의 정신적 자각이 없으면 이미 죽은 사람"으로 우리 민족이 될 수 없다고 판단했기 때문이다. 우리 민족에 대한 생각이 이렇듯이 애절했기에 그는 우리 민족의 비참한 처지에 대해 생각하거나 이야기하는 도중에 어디서나 잘 울곤 했으며, "조선 민족으로서 민족애 정신을 가지고 민족주의를 주장하는 것이 무엇이 나쁜가. 하여튼 나의 죄로 벌을 받더라도 죽어도 조금도 아까울 것은 없으나 무엇보다도 조선 민족을 그대로 두고 내가 죽는다는 것만이 무엇보다도 안타깝다. 지금이라도 조선 민족의 비참한 실정을 말한다면 온몸이 전율하여 견딜 수가 없으니 그 점만은 생각해주기 바란다. 조선 민족을 위한 것이라면 지금 죽어도 좋으니 불쌍한 민족만 구해준다면 그것으로 만족한다"고 절규하기도 했던 것이다.***

한서는 "무궁화가 대한제국 시대의 국화이며 그 꽃은 3개월 동안 피므로 그것을 많이 재배해 전 조선의 관청, 학교, 개인 등에 팔아서 도로, 정원 등

63인의 역사학자가 쓴 한국사 인물 열전

에 심게 해 조선의 옛날을 추억하고 민족의식을 고양시키자"****는 무궁화 광고 전단을 만들어 배포하였다. 이와 아울러 학교에서 많은 무궁화를 재배해 마을 청년들이나 학교 생도들에게 나누어주면서 "이 나무를 반드시 길 옆이나 정원에 심어서 민족사상을 환기하도록 하라"고 당부했다.***** 그는 무궁화를 많이 재배하여 배포함으로써 민족의 정신과 사상을 환기시키고 민족의 존재가 없어지는 것을 막으려 했기 때문에, "무궁화는 조선 민족을 상징하는 국화이므로 자국의 국화를 장려해 민족사상을 일으키는 것이 무엇이 나쁜지 나는 그 이유를 모르겠다"고 주장하는 것은 너무 당연한 일이었다.******

한서의 무궁화에 대한 깊은 애착은 1923년에 지은 다음의 「무궁화 노래」에 잘 나타나고 있다.

금수강산 삼천리에 각색 초목 번성하다 / 춘하추동 우로상설 성장 성숙 차례로다 / 초목 중에 각기 자랑 여러 말로 지껄인다 / 복사 오얏 번화해도 편시춘이 네 아닌가 / 더군다나 버찌꽃은 산과 길에 번화해도 / 열흘 안에 다 지고서 열매조차 희소하다 / 울 밑 황국 자랑소리 서리 속에 꽃핀다고 / 그러나 열매 있나 뿌리로만 싹이 난다 / 특별하다 무궁화는 자랑할 말 하도 많다 / 여름 가을 지나도록 무궁 무진 꽃이 핀다 / 그 씨 번식하는 것 씨 심어서 될 뿐더러 / 접붙여도 살 수 있고 꺾꽂지도 성하도다 / 오늘 조선 삼천리에 이 꽃 희소 탄식 말세 / 영원 번창 우리 꽃은 삼천리에 무궁하라

---

* 「남궁억 신문조서(제2회)」, 1933년 11월 25일 홍천경찰서에서.
** 「남궁억 신문조서(제1회)」, 1933년 11월 7일 홍천경찰서에서.
*** 「남궁억 신문조서(제3회)」, 1933년 12월 10일 홍천경찰서에서.
**** 「독립운동가신문조서─공판조서(남궁억 관련)」, 1935년 1월 18일 경성지방법원의 공개된 법정에서 (일반 방청인을 퇴정시킨 상태에서).
***** 「남궁억 신문조서(제1회)」, 1933년 11월 7일 홍천경찰서에서.
****** 「남궁억 신문조서(제3회)」, 1933년 12월 10일 홍천경찰서에서.

한서는 자신이 조선 역사와 창가를 가르친 목적은 자신의 주의(主義)가 어디까지나 민족주의이므로 민족주의의 고취에 뜻이 있으며, 아무리 어린이라도 조선 민족인 이상 조선의 정신을 잊어서는 안 되기 때문에 잊지 않도록 하기 위해 가르쳤으므로 나쁘다고도 생각하지 않을 뿐 아니라 도리어 조선 민족으로서는 당연한 일이라고 주장했다.*

그가 가르친 창가로 「무궁화 동산」은 "무궁화는 조선 민족을 대표하는 꽃이고, 꽃 자체가 꽃 중에서 가장 고운 것처럼 조선 민족도 번창하라는 것을 노래 부른 것"이며, 「무궁화 삼천리」도 "「무궁화 동산」과 마찬가지 의미인데 「무궁화 동산」은 무궁화만을 찬미한 것이지만 「무궁화 삼천리」는 조선 민족과 조선의 산야를 찬미하고 그것을 자랑으로 한 노래"라고 했다. 또 「철 잃은 나비」는 "조선 민족이 조선 안에서 생활난에 쫓겨서 북간도로 가는데 그곳에서도 생활이 어려워 비참한 생활을 하고 있다는 것을 노래한 것"으로, 이들 창가는 모두 우리 나라 사람들의 민족의식을 고취하기 위해 만들어 가르친 것이라고 하였다.**

맺음말

한서 남궁억이 선각자이자 계몽 지식인이었다는 사실에 대해서는 지금까지 많은 이들이 주목한 바 있다. 그런데 그가 강렬한 민족주의를 바탕으로 역사를 연구·저술하고 실천한 역사 교육자였다는 사실은 덜 부각된 듯하다.

일제 강점 이후 그는 민족의식과 민족 정신을 고취하는 활동에 앞장섰으며, 우리 역사를 인식하고 가르치는 일의 중요성을 누구보다 깊이 깨닫고 실천한 선구적 역사 교육자였다. 더욱이 그는 민족 정신의 함양을 극대화하기 위해 새롭고 다양한 방법을 고안·적용하고 실천함으로써 역사 교육의 지평을 크게 넓혔다. 즉 그는 국어·가정·예능 등 각 방면에 걸쳐서 무궁화와 태극기 사랑, 나라 사랑을 고취하는 데 열의를 보였으며 특히 노래 보급을 비롯한 갖가지 수단을 구사하면서 누구든 민족 정신을 스스로 체득하도록 온갖 정열을 바친 민족 교육의 실천가였다.

한서는 당시의 다른 민족주의 사학자들과 마찬가지로 민족사의 주체성과 자주성을 밝히고 민족의식을 고취했는데, 이들과 다른 점은 학생과 일반 민중을 위한 역사책을 직접 써서 가르친 실천적 역사 교육자였다는 사실이다. 특히 일제의 혹독한 감시와 탄압 속에서 혼자 우리 역사를 저술·필사해 비밀리에 보급하고 직접 교육한 데서 나라와 민족을 향한 그의 열정이 잘 드러나고 있다. 이런 한서의 역사관·교육관은 역사 교육뿐만 아니라 국화로서의 무궁화 사랑을 통한 민족 정신 함양, 무궁화 묘목의 보급, 13도(道) 자수본의 제작, 나라 사랑을 고취하는 노래 작사 등 가능한 모든 지적·정서적 영역에까지 이어졌다.

이렇듯 한서가 강한 민족주의를 바탕으로 온몸을 바쳐 교육에 매진했기에, 일제는 1933년 11월, 민족의식을 고취하는 불온한 역사와 불온한 창가를 가르치며, 조선의 독립을 선동하는 언동을 통해 무고한 아동에게 독립 사상을 주입하고, 일반민에 대해서도 무궁화 재배를 장려하거나 불온한 역사책을 만들어 발매하면서 전적으로 민족의식의 주입·고취에 전념했다는 이유를 들어 그를 보안법·치안유지법 위반으로 구속했던 것이다.

한편 한서를 감시하기 위해 특별히 설치되었던 홍천경찰서 서면 경찰관 주재소에서 작성한 소행 조서를 보면 한서에 대해 "전적으로 민족 사상에 굳어 항상 그 보급 선전에 힘쓰고 있어 개전의 가망이 전혀 없다"고 적고 있다.*** 또 일제 경찰은 그들이 작성한 조서의 결론에서 한서를 "비분의 눈물을 흘려 사람들에게 많은 충동을 주었고, 또 기회 있을 때마다 총독 정치는

---

* 「독립운동가신문조서―남궁억 신문조서(제4회)」, 1933년 12월 13일 홍천경찰서에서.
** 「독립운동가신문조서―남궁억 신문조서(제2회)」, 1934년 5월 29일 경성지방법원에서.
*** 「독립운동가신문조서―남궁억 소행조서」, 1933년 11월 13일 홍천경찰서 서면 경찰관주재소에서, 순찰 때 찰지한 것 및 평판을 종합하여 작성.

조선 민족의 고혈을 다 착취하고 경제에 압박을 가해 조선인을 조선 밖으로 내쫓고 일본인으로 하여금 조선 안에 세력을 부식하고 한반도의 부동산 소유권 등도 모두 자기들의 손바닥 안에 넣는 정책이니 이것을 타도하고 조선의 왕정 복고를 꾀하지 않으면 조선 민족은 자멸할 것이라고 하면서 조선 독립의 실행과 정치에 관한 불온한 선동을 한 자"라고 규정했다.*

이상에서 살핀 내용을 총괄하면서 말한다면 한서 남궁억은 일제의 "총독 정치가 좋든 나쁘든 찬성할 수가 없으며, 조선은 조선 민족에 의하여 당연히 독립하지 않으면 안 된다"는 굳은 신념을 가지고, 독립 후 어떤 국가가 건설되든 '단순히 조선이 독립하는 것'을 최고의 목표로 삼으면서 민족 중심의 역사 교육을 실천한 투철한 민족주의자였다.**

---

* 「독립운동가신문조서―의견서」, 1933년 12월 14일 홍천 경찰서장이 사건을 송치하면서 붙인 의견서.
** 「독립운동가신문조서―남궁억 신문조서(제3회)」, 1934년 5월 30일 경성지방법원.

참고문헌

南宮檍, 『朝鮮이야기』, 1929.

김세한, 『不屈의 얼―한서 남궁억 선생의 생애』, 한서 남궁억 선생 기념사업회, 1960.

尹錫煥, 「翰西 南宮檍의 生涯와 敎育思想」, 연세대학교 교육대학원 석사학위 논문, 1969.

외솔회, 『나라사랑』 11, 1973.

南宮勇權, 「翰西 南宮檍의 敎育思想」, 『關東大論文集』 4, 1978.

康禎敏, 「南宮檍의 敎育思想에 關한 硏究」, 고려대학교 교육대학원 석사학위 논문, 1980.

金淇周, 「翰西 南宮檍 硏究」, 전남대학교 대학원 석사학위 논문, 1982.

姜弘善, 「翰西 南宮檍의 歷史認識」, 동국대학교 교육대학원 석사학위 논문, 1982.

呂海龍, 「翰西 南宮檍의 啓蒙思想 硏究」, 연세대학교 교육대학원 석사학위 논문, 1983.

金東冕, 「翰西 南宮檍의 歷史觀」, 『한국사연구』 46, 1984.

金容燮, 「光武改革期의 量務監理 金星圭의 社會經濟論」, 『增補版 韓國 近代農業史 硏究』 下, 일조각, 1984.

李斗燮, 「南宮檍의 歷史敍述과 歷史認識」, 강원대학교 교육대학원 석사학위 논문, 1988.

서재필 徐載弼

개혁 정신의 실천과 기독교 신앙

김승태 한국기독교역사연구소 연구실장

서재필(徐載弼, 1864~1951)은 한국 근대사의 대표적인 개화사상가, 혁명
가, 언론인, 의사, 독립운동가로 일찍부터 주목을 받아 그에 관한 저서와 논
문만도 200여 편에 이르며, 연구 또한 비교적 활발한 편이다. 그에 관한
1990년대 중반까지의 논저 목록과 해제는 정진석이 펴낸, 『독립신문·서재
필 문헌 해제』(나남출판, 1996)에 잘 정리되어 있고, 최근에는 서재필기념회
에서 『서재필과 그 시대』(서재필기념회, 2003)라는 논문 모음집을 발간하여
그의 생애와 개화운동, 독립운동과 해방 정국에서의 활동 등을 새롭게 정리
했다.

역사적인 인물을 평가할 때는 정확한 사실 자료에 근거해야 함은 물론,
평가 대상자 자신의 주관적인 측면과 그가 살았을 당시의 객관적인 측면을
모두 고려해야 한다. 그가 아무리 선한 의도를 가졌더라도 어떤 상황에서는
그 의도에 역행하는 결과를 초래할 수도 있기 때문이다. 그런데도 우리는
어떤 인물에 대해 지엽적인 자료나 자신의 주관적인 판단으로 감정적인 평
가를 하기가 쉽다. 1994년 4월, 서재필의 유해 봉환을 둘러싸고 일어났던

그에 대한 엇갈린 평가도 그런 점들이 원인이었을 거라 생각된다.

필자는 1986년 독립기념관 연구원으로 재직할 때, 기념관 관장님을 모시고 미국에 가서 서재필의 유품을 인수해온 적이 있다. 그 인연으로 서재필에게 관심을 가졌고, 그의 생애를 알아갈수록 다른 독립운동가들에게서 느끼는 것과는 다른 감동을 받았다. 그 이유 중 첫째는 그가 끊임없는 변혁을 추구한 실천적 개혁사상가였다는 점이다. 갑신정변·독립협회·3·1운동 직후의 독립 외교 활동에 참여했으며, 해방 후 말년에 미군정 고문으로 활동한 것은 그가 일생을 실천적 개혁사상가로 살았다는 사실을 잘 나타내준다. 둘째로는 조국과 민족에 대한 그의 뜨거운 사랑이다. 비록 미국인으로 귀화하기는 했지만, 그는 한시도 조국과 민족을 버리거나 잊은 적이 없었다. 물론 협소한 민족주의적 시각에서 꼬투리를 잡는다면 미국인으로 귀화한 것이라든가, 조국에서 미국인 행세를 한 것, 말년에 모국어를 많이 잊어버려 유창하게 말하지 못했던 점 등을 비판하는 견해도 어떤 면에서는 타당성을 갖는 것처럼 보인다. 그러나 이는 피상적인 관찰일 뿐이다. 그가 그렇게 처신하고 그렇게 된 정황을 조금만 조심스럽게 살펴본다면, 모두 쉽게 이해하고 설명할 수 있는 것들이다. 더 중요한 것은 조국에 대한 그의 열정과 사랑이 없었거나 변질되었느냐 아니냐 하는 것이다. 필자가 알기로는 그의 조국에 대한 열정과 사랑은 한평생 변함이 없었다. 조국이, 더 정확히 말해 올바른 개혁을 꺼리고 자신들의 권익만을 추구하던 세력들이 그를 배신했지, 서재필이 조국을 등지거나 배신한 적은 한 번도 없었다고 단언할 수 있다.

그는 1951년 1월 5일 제2의 모국이 된 미국의 필라델피아 근교에서 88세를 일기로 생을 마쳤다. 장례식날 그 지역 신문에 실린 그에 대한 사설은 운명적으로 가진 두 조국에 대한 그의 충실한 일생을 다음과 같이 평가했다.

메디아 시의 의사이며, 세계적으로 유명한 한국 독립운동가 서재필 씨가 오늘

안장되었다. 한국 태생인 서씨는 소년 시절부터 자신과 한국 민족의 자유와 독립을 되찾기 위한 불타는 정열을 가져왔고, 그 갈망을 행동에 옮긴 분이다. 불행히도 그의 작은 고국은 열강의 세력이 교차하던 곳이라 침략국들에 대한 그의 투쟁은 거의 끝이 없었고, 더욱이 승리할 수도 없었다. …… 그러나 그는 미국 시민이 되고 난 뒤에도 한국 독립운동을 포기하지 않았다. …… 서재필 씨의 생애는 그의 고국과 귀화한 나라의 자유와 정의를 구현하기 위한 정열로 점철되어왔다. 그와 같은 의미에서 그는, 여러 나라의 역사에서 요란했으나 이기적인 권력욕을 위해 행동했던 인물들과 달랐으며, 국민들을 억압하는 정부 제도에 반대했다. 서재필 씨는 역사상 진정한 위인들과 같이, 생존했을 때보다 서거시에 귀화한 이 지방 주민들에게 더욱 존경을 받을 것이다.

물론 지면이 짧기 때문에 이것으로 그의 생애를 모두 살피거나 그에 대한 부정적인 견해들을 자료와 정황을 들어가며 일일이 반박할 수는 없다. 그러나 앞서 서술한 대로 서재필에 대해서는 이미 많은 양의 전기물과 논문들이 나와 있어 독자들이 쉽게 참고할 수 있을 것이다.

따라서 여기서는 그의 약력과 함께 그가 실천한 개혁 정신 및 기독교 신앙에 대해 간략하게 정리해보기로 하겠다. 왜냐하면 한 인간의 실제 삶은 그가 가진 신념체계 또는 신앙이 많은 영향을 미치며, 그의 삶을 평가하는 중요한 기준 가운데 하나도 그의 정신과 행동(실천)이 얼마나 일치하고 일관되었는가 하는 것이라고 믿기 때문이다.

1. 무력과 국왕을 이용한 위로부터의 개혁 시도
   —갑신정변 참여와 미국 망명

서재필은 1864년 1월 7일 대구 서(徐)씨 서광효(徐光孝)의 둘째 아들로 외가가 있는 전남 보성에서 태어나 고향인 충남 논산에서 자랐다. 어려서 재

당숙(칠촌 아저씨)인 서광하(徐光夏)에게 입양되었고, 그의 양어머니는 한때 세도가 당당했던 안동 김씨 집안의 사람으로 판서를 지낸 김성근(金聲根)의 누이였다. 따라서 그는 7세 무렵 서울에 사는 외숙인 김성근의 집에 보내졌고, 그곳에서 한학을 공부했다. 그뒤 1882년 별시(別試) 문과(文科)에 합격해 교서관(校書館) 부정자(副正字)에 임명되었다. 이때 그는 김옥균(金玉均)을 비롯한 개화파(開化派) 인사들과 사귀어 국제 정세에 대한 감각을 갖게 되었으며, 김옥균의 권고를 받아 이듬해 5월 일본에 군사 유학(軍事留學)을 떠났다. 그가 문관으로서 입신 출세하기를 포기하고 김옥균의 권유를 받아들여 일본 도야마 육군학교(戶山陸軍學校)에 유학한 것은 신식 군사 지식과 기술을 도입하여 국권을 강화하려는 포부가 있었기 때문이다.

그러나 그의 유학 기간은 그리 길지 못했다. 국내 정치 사정과 정부의 재정 문제로 1884년 7월 소환 명령을 받았기 때문이다. 국왕은 그를 사관장(士官長)으로 임명하여 사관학교에 해당하는 조련국(操鍊局)을 설치하려 했으나, 임오군란 이후 조선에 대한 실질적인 종주권을 주장하며 내정에 간섭하던 청(淸)나라의 원세개(袁世凱)와 청의 세력을 업은 수구파(守舊派)들의 반대로 무산되고 말았다. 청의 세력과 수구파들을 몰아내지 않고는 개혁할 수 없다고 판단한 개화파들은 그해 12월 갑신정변을 일으켜 수구파들을 제거하고 국왕을 이용해 위로부터의 개혁을 시도했다. 이때 서재필은 개화파에 가담해 병사를 지휘하고 국왕을 호위하는 일을 맡았다. 이런 이유로 그는 신정부 내각의 병조참판 겸 정령관에 임명되었으나, 청군의 간섭으로 정변은 3일 만에 실패로 돌아가고 김옥균·박영효(朴永孝) 등과 함께 일본으로 망명하지 않을 수 없었다. 또한 정변이 실패하자 그는 역적으로 낙인이 찍혔으며, 그의 부모와 아내, 형은 음독 자살을 했고, 두 살 된 아들은 굶어 죽었으며, 동생은 체포되어 처형되는 멸족(滅族)의 화를 입었다. 일본에서도 한국과의 외교 문제 때문에 그들을 냉대하자, 그는 1885년 4월 박영효·서광범(徐光範)과 함께 미국으로 망명했다.

2. 기독교 신앙의 수용

서재필 일행이 미국으로 망명하는 데는 일본에 와 있던 선교사들의 도움이 컸다. 그는 일본에 있을 때 미국 성서공회 일본과 한국 지역 담당 총무였던 루미스(Henry Loomis) 목사 집에서 미국으로 떠나기 전까지 4개월을 머물렀다. 그곳에서 루미스에게 한국어를 가르치고, 자신은 그에게서 영어를 배웠다. 그는 미국에 가서 공부를 더 하기로 결심하고 박영효와 서광범에게 자신의 결심을 알렸다. 그러자 그들도 적극적으로 동조했다.

그들은 일본에 있던 미국 선교사들이 써준 몇 장의 소개장을 가지고 1885년 4월 일본을 떠나 미국으로 향했다. 그뒤 1885년 5월 25일 미국 샌프란시스코에 도착해 하숙집을 정하고 소개장을 받은 사람들을 찾아다녔다. 그들은 모두 친절했지만 별다른 도움을 주지는 못했다. 오히려 그들 가운데 제임스 로빌스라는 사람에게 "먼저 하나님의 나라와 그 의를 찾으라"는 권유를 들었을 뿐이다. 하숙집에 돌아온 박영효와 서광범은 하나님의 나라와 그 의를 찾는 것도 좋지만, 우선 먹고살 수는 있어야 할 것 아니냐고 불평을 했다. 서광범은 견미사절단으로 왔을 때 안면이 있던 선교사 언더우드의 형의 도움을 받아 뉴욕으로 가서 루저스 대학에 들어갔으나, 박영효는 미국 생활에 적응하지 못하고 일본으로 돌아갔다.

홀로 남은 서재필은 이 무렵 "이 자연 세계에서 초탈하는 그 무엇인가에 도달해보고 싶은 강력한 충동을 받고" 절망 속에서 교회를 찾아갔다. 취직을 하려고 여러 곳을 찾아다녔지만 영어가 서툴러 직장을 찾기가 어려웠다. 겨우 어떤 가구 상회에서 광고지 돌리는 일을 해서 생계를 꾸릴 수 있게 되자, 그는 그 지역 기독청년회에서 운영하는 야간 학교에 등록했다. 그리고 일요일에는 성경 공부, 예배, 기도회 할 것 없이 집회마다 쫓아다녔다. 처음에는 신앙보다는 영어를 배울 욕심에서였지만, 곧 성경과 친해져 많은 성경 구절들도 암송하게 되었다. 결국 그는 이런 과정을 통해 기독교를 받아들였다. 서재필을 가까이에서 모셨던 임창영(林昌榮)은 그가 기독교를 믿게 된 사실을 이렇게 이야기한다.

서재필은 얼마 안 가서 영어 이상의 것을 배웠으니, 그것은 그 자신이 기독교를 받아들였던 것이다. 그에게는 예수 그리스도가 선지자들 말대로 하느님의 아들이기 때문이라는 이유보다는, 하느님이 이 세상에 육신으로 오셨다면 그렇게 사셨을 것과 똑같은 방식으로 예수가 사셨기 때문에 그를 신적인 존재로 생각했다. 또한 서재필이 예수를 존경한 것은 성경의 가르침 때문이 아니라, 여러 가지 애매한 점과 모순들이 있는데도 그 자신의 체험을 통해, 예수가 길이라는 사실을 확인했기 때문이다. 다시 말해서 하느님에 대한 그의 관념은 그의 인애사상, 그 자신은 물론 인간의 안녕과 복지를 도모하려는 그의 열망, 그리고 자기 힘만으로는 그 의무를 다 수행할 수 없다는 인식 등에서 생겨난 것이었다. 그런 의미에서 그는 언젠가 자신이 "이 자연 세계를 초탈하고 그 무엇인가에 도달해보고 싶은 강력한 충동을 받고" 교회로 나간 것이 바로 이런 이유였다는 사실을 분명히 깨닫는다. 그리고 그가 죽느냐 사느냐의 갈림길에서 싸울 때, 자기 생명은 자기 이상의 것이라는 믿음으로 말미암아 자살을 단념했고, "나는 포도나무요 너희는 가지니, 저가 내 안에 내가 저 안에 있으면 이 사람은 과실을 많이 맺나니……"라고 한 예수의 가르침을 발견하고 기독교인으로서 새 생명을 맞이했던 것이다.

그의 신앙은 한말에 그가 조국에 다시 돌아와 1천여 명이 모인 정동교회의 집회에서 증거한 대로 "구세주 은택을 감사"하는 신앙이었으며, 하나님께 희망을 두는 신앙이었다. 그는 여기서 "잠시 있는 육신을 도와주는 부모 형제도 고맙다 하거늘 무궁한 영혼을 영생하는 길로 인도하시는 우리 구세주 은택을 감사할 줄 모르는 사람이야 어찌 불쌍치 아니하랴"라고 역설하고 있다.

그가 샌프란시스코에서 교회에 열심히 출석하자, 도움의 손길도 그곳을 통해서 왔다. 서재필이 일본에서 만났던 바라 목사의 소개로, 자신이 출석하던 장로교회의 제임스 로버트 장로를 알게 되었다. 그는 서재필을 식사에 초대했고, 펜실베이니아 주의 탄광 부호로 그곳에서 휴가를 즐기던 호렌백을 소개해주었다. 호렌백은 로버트 장로에게서 서재필의 이야기를 듣고, 그를 공부시켜 선교사로 조선에 내보낼 생각으로 그를 만나보기를 원했다. 서재필은 호렌백의 도움으로 1886년 9월 펜실베이니아 주 월크스 베어에 있는 해리 힐맨 학교(Harry Hillman Academy)에 들어가서 공부했다. 그는 4년제 학교의 학과를 2년 만에 모두 마치고, 1888년 6월 우수한 성적으로 졸업했다.

그는 학교에 입학할 때부터 호렌백과 학교 교장에게서 미국에 귀화하라는 권유를 받았으나, 그것이 조선을 배신하는 행위처럼 느껴져 결정을 미루었었다. 그러나 공부를 마치고 언젠가 조국에 돌아가 봉사하려면 미국 시민권을 가지고 활동하는 편이 안전하고 효과적일 것이라는 판단에 따라 1888년 6월 19일 미국 시민권을 얻어 귀화했다. 그해 서재필은 대학 입학 시험에 합격해 라파예트(Lafayette) 대학에서 입학 허가 통지를 받았다. 그런데 학비를 보조해주던 호렌백이 서재필에게 대학을 졸업하고 신학을 공부해 목사가 되어 조선에 선교사로 가겠다는 서약서를 쓰라고 요구했고, 그러지 않으면 더 이상 그를 도울 수 없다고 했다. 서재필은 "예수를 전적으로 신봉했지만 목사가 되라는 부름을 받았다고는 생각해본 일이 없었으며, 설사 호렌백 씨의 제의에 동의하더라도 7년 뒤에 자신이 선교사가 되기를 원할지, 또 조선으로 귀국할 수 있을지"가 의문이었다. 그는 양심상 도저히 서면 약속을 할 수 없어 거절했다.

결국 그는 미 육군 의학도서관에서 일하면서 컬럼비아 의과대학(Columbia Medical College)에 들어가 3년 만에 의사 학위(M.D.)를 받고, 1892년에 졸업했다. 그리고 이듬해 의사 면허를 취득한 뒤, 1894년 미국 여성 뮤리엘 암스트롱과 재혼해 가정을 꾸렸다. 이로써 그의 미국 생활도 안정을 찾았다.

3. 계몽시킨 민중을 통한 아래로부터의 개혁 시도
   ─독립협회 지도기

서재필이 다시 조국의 개혁에 관심을 가진 것은 망명 후 10년이 지난 1894
년, 국내에서 갑오개혁을 단행하고 갑신정변을 일으켜 역적죄로 몰렸던 이
들에게 국왕이 사면령을 내린 뒤부터였다. 이듬해 5월 박정양(朴定陽) 내각
은 그를 외무 협판으로 임명하고 귀국을 종용했으며, 미국에 들렀던 옛 혁
명 동지 박영효도 귀국하자고 설득했으므로 그는 1895년 12월 미국 생활을
정리하고 귀국했다. 귀국한 뒤 바로 중추원 고문직을 맡았으나, 그의 관심
은 관직이 아니라 대중 계몽에 있었다. 그는 이번에는 민중들을 계몽 자각
시켜, 이들을 통한 아래로부터의 개혁을 이루고자 했다. 그래서 정부의 지
원을 받아 1896년 4월 7일 『독립신문』을 창간하고, 같은 해 7월 2일에는 관
민(官民)이 동참하는 독립협회를 창설했다. 그리고 독립협회의 상징적인
사업으로, 모금을 해서 중국 사신을 맞이하던 영은문(迎恩門)과 모화관(慕
華館) 자리에 독립문(獨立門)과 독립관(獨立館)을 세웠다. 또 배재학당 강
의와 토론회를 통해 자유 평등한 민권(民權)을 자각하고 자주 독립 정신을
북돋우면서, 『독립신문』의 기사와 만민공동회 등을 통해 정부의 각종 폐정
(弊政)을 비판하고 시정토록 했다. 물론 이런 모든 일을 서재필 혼자 한 것
은 아니었다. 하지만 그의 지도력과 영향력이 없었다면 이 모든 일은 불가
능했을 것이다.

이처럼 그의 지도력 아래 민중들의 자의식과 정치의식이 계발되고 정부
의 비정(秕政)에 대한 비판과 개혁 요구가 점점 많아지자, 정부 안의 보수적
인 관료들은 점차 이탈하여 적대적인 입장에 서서 그의 활동을 탄압하고 모
함했다. 더욱이 자신들이 이권(利權)을 빼앗는 데 방해가 된다고 느낀 열강

의 공사(公使)들도 그의 개혁 활동에 대한 지지를 철회하고 미국으로 귀환하라고 종용했다. 그는 조선 정부가 중추원 고문직에서 해임하더라도 미국인 광업회사의 공의로 남아 계속 활동하려고 했으나, 조선 정부에서 이것마저 꺼려 결국 남은 계약 기간에 대한 봉급을 받고 1898년 5월 마지못해 다시 미국으로 건너갔다. 그뒤 그의 개혁운동은 결실을 보지 못한 채 독립협회의 해산과 함께 실패로 끝나고 말았다. 하지만 그가 뿌려놓은 개혁의 씨앗은 결코 사라지지 않았다. 그후에 전개된 국권회복운동이나 애국계몽운동과 그 지도자들은 모두 그의 영향을 받았다고 할 수 있다. 그가 미국에 돌아가서 조국에 보낸 1898년 9월 17일자 편지는 조국에 대한 그의 바람이 무엇이었는지를 분명하게 보여준다.

> 나는 몇만 리 밖에 있어 주야로 축수하는 것이 어서 바삐 대한 대소 인민이 어둡고 더러운 옛길을 버리고 밝은 대로를 찾아 나라가 세상에서 대접받으며 인민의 지식과 재산이 늘어 행동거지와 의복, 음식, 거처가 세계 개화국 인민들과 동등해지기를 축수하며, 대한이 이렇게 되도록 인도할 선생들은 독립협회 회원들인 줄 믿고 바라노라. (『독립신문』, 1898년 11월 17일자)

4. 사재(私財)를 바친 독립 외교 활동 참여
―한국 통신부 운영과 한국 친우회 결성기

서재필은 미국에서 3·1운동에 관한 소식을 듣고, 즉시 호응하여 독립 외교 활동을 펴 일제의 만행을 규탄하고 국내 독립운동을 지원하며, 국제 사회가 한국 독립운동에 관심을 갖기를 요구했다. 그는 훗날 독립운동에 다시 투신한 심정을 이렇게 회고했다.

"그때 나의 심정은 말로 표현키 어려웠다. 조신 백성이 죽음에도 불구하고 일

63인의 역사학자가 쓴 한국사 인물 열전

제에 반항한 것은 기쁨을 억제할 수 없게 한 일이었다. 동포에 대한 자부심이 불 일 듯하는 동시에 내가 1896~1898년 사이에 귀국하여 독립신문을 통해 국민 앞에 뿌린 자유애(自由愛)의 씨앗이 싹튼 것이 아닌가 생각할 때, 그렇다면 나는 최선을 다해 열매를 맺도록 해야겠다고 결심했다." (김도태, 『서재필 박사 자서전』, 1948년)

그는 한말에 자신이 뿌린 자유애는 물론 독립 정신과 동포들이 죽음을 불사하고 일으킨 독립운동이 열매를 맺게 하기 위해 다시 독립운동에 투신했던 것이다.

서재필은 즉시 재미 조선인 지도자들과 미국인 유력 인사들을 동원해 1919년 4월 14일~16일까지 필라델피아에서 한인 연합 대회를 열어 일제의 한국 강점을 규탄하고 독립 시위를 벌였다. 그리고 이 대회의 결정에 따라 한국 홍보국을 설치하고 시사 외교 선전지로 『한국평론』(Korea Review)을 창간했다. 또한 미국 각지에 한국에 동정적인 인사들로 한국 친우회를 조직해 임시정부의 외교 활동을 비롯한 한국 독립운동을 조직적으로 후원하게 했다. 또 기회 있을 때마다 언론과 강연회를 통해 한국의 독립을 지지해줄 것을 호소하고, 1922년 워싱턴에서 열린 태평양 군축회의와 1925년 호놀룰루에서 열린 범태평양회의 등에서도 한국 문제를 제기하도록 외교 활동을 벌였다. 물론 이러한 활동들이 모두 만족할 만한 성과를 가져온 것은 아니었지만, 그는 자신이 할 수 있는 모든 일에 최선을 다했다. 그는 자신의 시간과 재산을 모두 이 일에 바쳐 파산 지경에 이르렀다고 이 시절을 회고했다.

그는 전업적인 독립운동가는 아니었다. 그러나 기회가 있을 때마다, 그리고 자신이 그 운동에 도움이 된다고 판단했을 때마다 뛰어들어 적극적으로 행동했다. 이러한 일에 자신이 필요하다는 양심의 부름, 일종의 소명을 느끼면 언제든지 그 부름에 응했다. 그는 "사람이 어떤 한 분야에 관심이 있고, 그것이 인류 동포에게 이익이 되는 일이라면 그것을 직업으로 선택해야 하는 것과 마찬가지로 우리 마음속의 작은 목소리가 '네가 속한 단체나 나라에 기여하라'고 부르는 소리를 들을 때면 누구나 그 부름에 응해야 한다"고 말하고, 그 자신도 이와 같은 말처럼 살았다. 비록 그 일이 실패한 것처럼 보일지라도, 결코 그 일에 대해 후회하지 않았다.

그는 1930년대에 자신의 과거를 회고하면서 과거 두 차례에 걸쳐 병든 조선을 치료하는 데 부름을 느낀 바 있었으며, 그 일을 하는 데 적지 않은 재산과 건강을 잃었다고 했다. 그러나 자신이 조금도 후회하지 않는 것은 훌륭한 목적을 위해 노력했기 때문이라고 덧붙였다.

이런 그에 대해 장감 연합 기관지였던 『기독신보』는 1923년 4월 18일부터 5회에 걸쳐 "고국 조선을 위해 필생 노력하는 서재필 박사를 기억하는가"라는 기사를 실어 그의 생애를 소개하고, 마지막 회에서 이렇게 글을 맺었다.

(서재필) 씨는 비록 그와 같이 미국에 있으나 항상 자신의 고국인 조선을 잊지 아니하며 조선 민족을 위해 정신적으로나 무엇으로든지 노심(勞心)하며, 더욱이 조선 민족이 구주 예수 그리스도를 참으로 신앙하면 반드시 하나님의 권능으로 완전한 구원을 얻을 희망이 있다고 하여 우리 민족에 대해서는 항상 낙관하며, 전 민족적으로 그리스도를 신앙해 참으로 그리스도화하여 하나님의 구원이 온전히 이르리라는 신념을 굳게 가지고 항상 이것으로써 말한다 하더라.

여기서 하나님의 권능으로 이루어질 "완전한 구원"은 무엇을 의미할까? 그것은 조선의 자유와 독립이었을 것이다. 그에게 조선의 자유와 독립은 일종의 신앙이었다. 나중에 그의 비서가 된 임창영은 1932년 미국에서 처음으로 그를 찾았을 때의 이야기를 다음과 같이 전한다.

(임창영이) 조선의 독립운동은 이제 희망이 없느냐고 묻자, 그는 절대로 그렇지 않다고 대답하면서 조선의 자유는 정치적인 문제만이 아니라고 주장했다. 그것은 도의적으로 불가피한 임무라고 했다. 일본이 조선에서 저지른 바와 같이 한 국가를 겁탈한다는 사실은 하느님에 대한 선전포고라고 하면서 지상의 어떤 세력도 하느님을 굴복시킬 수 없다고 역설했다. 민중이 하느님을 저버리기를 거부하고 하느님의 편에 서서 힘을 합친다면 조선이 해방될 것임을 그는 확신했다. (임창영, 『위대한 선각자 서재필 박사 전기』, 1987)

1931년 9월 일제가 다시 대륙을 침략해 조선의 독립이 더 멀어진 상황이었지만, 그에게 조선의 해방과 독립은 이런 상황과 상관없이 정치적인 문제일 뿐만 아니라 도덕적인 당위 문제였다. 그래서 그것에 대한 방해와 거부는 하나님에 대한 선전포고요, 하나님은 분명히 이런 세력을 멸망시키고 억눌린 민족을 해방시킬 것이라고 그는 확신했다.

그는 우리 민족에 대한 희망을 결코 포기한 적이 없었다. 1924년 6월 11일과 18일자 『기독신보』에 기고한 「용기와 협력」이라는 글에서도 그는 이렇게 말했다.

나의 이 글 쓰는 목적은 저들(조선 사람)이 어찌하여 낙망하거나 환란과 굴욕에 그 몸들을 방임치 아니할 이유를 가르쳐내려 합니다. 하나님이 저들에게 광물이 풍부한 화려한 땅 삼천리를 주셨음에 비옥한 연안과 평원에서 많이 산출하는 식료품과 연료는 저들의 자산이며, 불한불열(不寒不熱)한 온화한 기후는 위생에 적당합니다. 저들은 그 고유한 언어와 문화와 역사와 더욱 공공의 관계가 있는 한 민족임을 서로 즐겨 하리니, 이 점에 대하여 조선같이 행복스럽지 못한 나라가 세계에 많습니다. 비록 다른 강자가 조선을 어떻게 하려 할지라도 그것은 관계가 없나니 사람은 하나님의 일을 거절치 못하리로다. 조선은 언제까지든지 조선이요, 또 지금 있는 사람들의 자손은 다 이 땅에서 영원히 살 것입니다. 저들은 자조하기를 배울 것이요, 작업은 여러 가지 고난을 다스리는 유일한 묘약입니다. 할 수 있는 대로 자기들 및 다른 나라 사람에게 수요(需要)되는 여러 물품을 생산하며 제조하고, 또 그 자손들에게 지식 얻을 기회를 주어 저들로 하여금 새 사업을 일으키기에 능력이 있게 할지니 동족(同族)을 사랑하는 마음을 양성하며 협력하는 정신을 부어넣을 것입니다.

그는 여기서 조선 민족이 여러 장점들을 많이 가지고 있으나 용기와 협력 정신이 부족하니, 어떠한 상황에서도 낙심하지 말고 용기를 갖고 새로운 일에 도전하며 동족을 사랑하는 마음과 협력 정신을 기르라고 당부한다. 그는 자신이 이렇게 말할 뿐만 아니라, 그 말대로 살아가는 사람이었다.

5. 조국의 인민을 위해서라면 ―미군정 고문 활동기

조국의 부름은 한 차례 더 있었다. 해방된 조국이 분단되고, 게다가 미군정이 성립된 것 자체가 모순이요 불행이었다. 그렇기 때문에 서재필의 미군정 고문 활동도 그에 대한 비판의 주요 부분이다. 그러나 여기서는 그의 주관적인 태도와 활동의 실상을 주의 깊게 살펴보고 고려해야 한다.

그는 사실 진정한 의미에서 한국과 미국의 국익은 배치되지 않는다고 생각했던 것 같다. 그의 생각에는 미국은 한국의 자주 독립을 도와주어야 하며, 그러기 위해서는 한국인을 위해 한국의 사정을 잘 조언할 수 있는 자신과 같은 고문이 필요하다고 생각해 하지의 미군정 고문직 요청을 수락하고 1947년 7월 다시 귀국했다. 고문직을 수락한 것은 자신의 명리(名利)나 미군의 효과적인 한국 통치를 돕기 위해서가 아니라, 한국인을 위해 진정으로 올바른 자문을 하려는 것이라고 할 수 있다. 그리고 그는 아직도 한국인에게는 계몽 개혁해야 할 점이 많다고 보고, 방송과 강연을 통해 끊임없이 이런 점을 강조했다. 그는 애초부터 권력욕이나 명예욕이 없었기 때문에 연명

(連名)까지 하여 그를 대통령으로 출마시키려는 주위의 권유도 한결같이 물리쳤다. 그래도 권유가 끊이지 않자 1948년 7월 4일 기자들을 불러 다음과 같이 자신은 미국 시민권을 포기할 의사가 없다고 공언함으로써 이러한 논의를 잠재우고자 했다.

> 나는 조선 각지로부터 나에게 조선 대통령 입후보를 요청하는 동시에, 내가 출마하는 경우 나를 지지하겠다는 허다한 서신을 받았다. 나는 그들의 후의에 깊이 감사하는 한편, 나는 과거에 있어 그 관직에 입후보한 일이 없으며, 지금도 그리고 장래에도 그리하지 않을 것이라는 뜻을 그들에게 전달해야 할 것이다. 설혹 나에게 그 지위가 제공된다 하더라도 나는 그것을 수락하지 않을 터이다. 나는 미국 시민이며, 또한 미국 시민으로 머무를 생각이다. (『동아일보』 1948년 7월 1일자)

그러나 이 발언은 그를 비판하는 빌미가 되기도 했다. 이것은 그가 미국인으로 행세하려는 의도가 아니라, 자신에 대한 헛된 기대와 정국의 혼선을 막기 위한 발언이었을 뿐이다. 그런 점에서 오히려 그가 미국인으로 행세한 것은 사실 한국을 위한 것이었다고도 해석할 수 있다. 그는 이승만이 제헌 국회에서 초대 대통령에 당선되었을 때도 이런 말로 그의 우려와 기대를 나타냈다.

> 권리와 책임은 국민에게 있는 것이며 어떤 독재자의 수중에 있는 것이 아니니, 국민은 감정 싸움을 포기하고 합심하여 신정부를 육성해가기를 바란다. 내가 진심으로 원하는 것은 조선 민족이 참으로 자성하여 진정한 독립 정부로 발전하는 것이며, 그렇다면 나는 죽어서도 만족하겠다. (『서울신문』, 1948년 8월 15일자)

이러한 발언들에도 불구하고 그가 마지막까지 한국을 얼마나 사랑했는가는 그가 조국을 떠나기 직전 기자와 가진 인터뷰에서도 확인할 수 있다.

> 문: 귀미(歸美) 만류를 청하면 중지할 의사는 없는가?
>
> 답: 나를 낳고 내가 가장 사랑하는 조국과 민족을 내 어찌 떠나고 싶겠는가. 그러나 나는 군정 최고의 정관으로서 나의 직책이 완료되었으니 귀미하는 것이다. 그러나 국민이 나의 귀미 중지를 원한다면, 나는 국민의 의사를 배신하는 것을 원치 않는다. (중략)
>
> 문: 끝으로 조선 인민에게 부탁하고 싶은 말은?
>
> 답: 우리 역사상 처음 얻은 인민의 권리를 남에게 약탈당하지 말라. 정부에 맹종만 하지 말고, 정부는 인민이 주인이라는 것을 잊어서는 안 된다. 그러므로 이 권리를 외국인이나 타인이 빼앗으려 하거든 생명을 바쳐 싸워라. 이것만이 나의 평생 소원이다. (『한성일보』, 1948년 8월 29일자)

이것은 하나님이 준 인민의 권리, 국가의 주인은 바로 국민이라는 것, 정부는 국민의 종복에 불과하다는 것으로, 앞에서 인용한 바 있는, 한말 그가 두번째로 조국을 떠나 미국에 돌아가서 독립신문사에 보낸 편지(1889년 9월 17일자)에서도 강조했던 내용이다. 그리고 이것은 남과 북의 정권 어디에나 해당하는 말로, 실로 그의 파란만장한 일생은 바로 이 조선 인민의 권리를 위한 투쟁이었다. 그는 기회가 있을 때마다 민족의 자주와 단결을 강조했다. 그리고 그가 주장한 단결은 이승만과 같이 자기를 중심으로 뭉치라는 말이 아니었다. 남과 북이 한 민족으로 살아남기 위해서는 사상과 이념을 초월하여 자주적으로 단결하라는 말이었다.

물론 그에게도 그 시대인으로서 갖는 한계가 전혀 없었던 것은 아니다. 그가 이상으로 추구했던 개혁사상이 전적으로 미국을 모델로 한 서구 자본주의적인 것이었다든가, 제2의 모국으로 삼은 미국이 한말이나 해방 후에 드러내는 제국주의적 본성을 철저하게 꿰뚫어보지 못했다든가, 한국 민중에 대한 희망을 끝까지 포기하지 않았지만 그들을 개혁의 동반자로보다는 단지 계몽해야 할 대상으로만 파악했다든가 하는 점 등이 그것이다. 그렇다고 하더라도 이 점이 그의 조국에 대한 사랑과 열정을 의심해야 하는 근거는 아니다. 그의 굳센 믿음과 뜨거운 조국애와 희생은 이 모든 한계와 허물을 덮고도 남는다고 해야 할 것이다.

참고문헌

· 원자료
『독립신문』
『기독신보』

· 논저
김도태, 『서재필 박사 자서전』, 수선사, 1948.
임창영(유기홍 역), 『위대한 선각자 서재필 박사 전기』, 공병우글자판연구소, 1987.
정진석 편저, 『독립신문·서재필 문헌 해제』, 나남출판, 1996.
서재필기념회 편, 『서재필과 그 시대』, 서재필기념회, 2003.

김백선 金伯先

명성왕후 지지, 개화파 반대 활동을 했던 평민 의병장

이상찬 서울대학교 국사학과 조교수

머리말

김백선(金伯先, 1873~1896)은 널리 알려진 인물은 아니다. 중앙 정계의 거물 정치인도, 고위 관리도, 식견 있는 학자나 사상가도 아니다. 그는 지평(지평군은 양근군과 합쳐 양평군이 됐기 때문에 지평이라는 지명을 알고 있는 사람이 많지 않다)이라는 산골에서 포수를 직업으로 살다가, 단발령 이후 최초로 봉기한 의병부대의 핵심 간부가 되면서 그에 관한 기록이 비로소 남게 되었을 정도로 미미한 존재다.

그러나 김백선은 평민층의 반일 의병 참여의 증거가 되었던 동시에, 사람들로 하여금 반일 의병의 참신성, 평민적 지향을 기대하도록 만들었다. 그는 평민으로 의병부대의 간부(장군)를 맡는 경우가 흔치 않은데다 탁월한 지도력으로 병사들을 지휘해 단양 장회촌(長淮村) 전투에서 승리를 끌어냈고, 충주성 함락에 결정적인 공을 세웠을 뿐만 아니라, 이후 여러 차례의 전투에서 전과를 올렸기 때문이다.

그러한 인물임에도 불구하고 김백선은 유인석(柳麟錫)에 의해 처형당했다. 함께 의병을 일으켰던 안승우(安承愚)와 오랫동안 대립·갈등한 결과였다. 이후 유인석은 평민적 지향(志向)을 가진 김백선을 처형했다는 이유로 반일 의병의 평민적 지향을 꺾어버린 인물, 또는 양반 중심의 계급적인 한계를 벗어나지 못한 인물로 평가되어왔다.

이런 평가는 김백선에 대한 실증적인 연구를 바탕으로 한 것은 아니었다. 김백선이 자신에 관한 글이나 자료를 남기지 않았기 때문에 지금까지 그에 대해 전혀 연구할 수가 없었고, 앞으로도 연구가 진전될 것이라 기대하기 어렵다.

단편적인 자료지만, 그동안 주목하지 않았던 김백선에 관한 자료들은 김백선이 농민군 토벌대 출신으로 여흥 민씨 세력을 지지한 인물이었다는 사실을 알려주고 있다. 다시 말해 그가 평민이긴 하지만, 평민이라는 사실에서 기대되는 지향의 참신성(혁신성)에는 의문의 여지가 매우 많았다는 것이다.

이런 사실들은 어떤 인물에 대한 우리들의 이해(유인석의 한계, 김백선이 평민적 지향을 가지고 있었을 것이라는 기대)가 아주 평면적이고 막연한 것이었음을 알게 해준다. 남아 있는 자료가 얼마 안 되어 김백선의 생애를 재구성하는 것조차 기대할 수 없겠지만, 그를 더 객관적으로 이해할 수 있다면 1896년에 일어난 의병의 성격을 다른 차원에서 이해할 수 있을 것이다. 그렇게 된다면 근대 사회로의 전환 과정에서 외래 침략으로 자주적 근대화를 저지당했던 19세기 말의 상황을 조금 더 객관적으로 이해하는 것도 가능해질 것으로 기대된다.

1. 생애

김백선은 지평군 상북면 하갈리(下葛理), 현재의 양평군 청운면 갈운리 사람이다. 본관은 경주, 본명은 도제(道濟)이고 백선은 한자로 '伯先'·'百

善'·'伯善' 등으로 쓴다. 부인 파평 윤씨와의 사이에 동봉(東鳳), 동학(東鶴), 동린(東麟) 등 아들 셋을 두었다. 딸도 있었다고 하는데 그의 묘비에는 딸에 대한 기록이 없다. 1873년 3월(음력)에 태어나 1896년 3월에 죽었다. 1992년에 세운 비석에 1873년(癸酉) 3월 10일생으로 되어 있는데, 아무래도 착오인 것 같다. 1873년생이라면 1896년 그가 처형당할 당시 우리 나이로 24세라는 얘기인데, 아들 셋과 딸까지 두고 있고, 그 아들들이 의병을 일으키려 했다는 기록으로 미루어 1896년에는 아들들이 꽤 성장해 있었다고 보이기 때문이다.

용문산 일대에서 사냥을 하던 포수였는데, 포수로서의 능력이 탁월해 1890년대에는 지평 포군(砲軍)들의 지도자로 부상해 맹영재(孟英在)와 함께 지평 포군을 지휘했다(이 시기의 포군은 사냥과 농업—대체로 소작농—을 병행하는 사람들로서 유사시에는 관군으로 동원되었다). 1894년에는 용문산 일대의 포수를 조직해 농민군을 토벌했고, 1896년 1월 12일에는 이춘영(李春永)과 함께 의병을 일으켜 선봉장으로서 상당한 전과를 거두었으나, 1896년 3월 27일 유인석에 의해 처형당했다.

김백선이 살던 마을과 무덤이 있는 곳은 정확하게 알려지지 않았었다. 2003년 5월 3일 현지 조사를 갔다가 양평군 청운면 갈운리에서 70대의 윤병찬 선생을 만나, 김백선에 대해 자세한 이야기를 들을 수 있었다. 김백선의 딸이 윤씨 가문의 며느리였기 때문에 집안의 어른들로부터 들은 얘기가 많은 듯했다. '김백선 장군'이라고 표현하는 윤병찬 선생에게 들은 내용 중 중요한 것은 다음과 같다.

김백선은 하갈리에서 살았고, 지금도 그의 후손이 근거지를 두고 있으며, 그의 직손이 일산에 사는데 살림이 그다지 넉넉지 못하다고 한다. 또 김백선은 체구가 크고 장사였으며, 그의 딸 역시 힘이 장사였다고 한다. 그런가 하면 김백선이 의병 활동 때 사용했던 투구와 철갑옷 등을 후손이 집 안에 보관했는데, 만지기만 하면 집안 사람들이 몸져누워 김백선의 무덤 앞에

묻었으나 얼마 전에 도굴당했다고 한다.

2003년 5월 3일 윤병찬 선생으로부터 김백선의 무덤이 있는 곳을 확인한 것 또한 큰 수확이었다. 김백선이 살던 마을에서 약간 떨어진 '아실 마을'(兒柴里: 행정구역상으로는 양평군 청운면 갈운2리인데, 윤병찬 선생은 '아이를 많이 낳는 동네'라는 의미라고 들려주었다. 서울에서 양평, 횡성을 거쳐 평창군 용평으로 가는 6번 도로 주변에 있다)에 있었는데, 1992년에 후손이 세운 비석이 있어서 김백선의 무덤이라는 것을 쉽게 확인할 수 있었다. 그런데 이춘영과 안승우의 묘는 모두 향토 유적으로 지정되어 있음에 비해 김백선의 묘는 향토 유적으로 지정되어 있지 않았다.

2. 활동

(1) 동학 농민군 토벌

김백선의 활동 가운데 주목할 것은 경기도 지역 농민군 토벌 활동이다. 김백선은 맹영재와 함께 포수 400여 명을 조직한 후, 이들을 지휘해 1894년 9월부터 11월 사이에 홍천, 안성 등지에서 농민군 토벌에 참여했다.

『고종실록』에 의하면, 지평의 농민군 수백 명이 홍천에 소굴을 두고 활동했는데, 맹영재가 지평의 관포군과 사포군 100여 명을 이끌고 이들을 토벌했다고 한다. 농민군 지도자 고석주(高錫柱)·이희일(李熙一)·신창희(申昌熙) 등을 사로잡아 목을 베었고, 그 부하 5명을 살해했으며, 창 58자루를 거두어 무기고에 바침으로써 지평군 농민군을 해산시켰다. 맹영재는 이때의 군공으로 양호도순무영(兩湖都巡撫營)으로부터 소모관(召募官: 조선 시대 의병을 모집하던 임시 관직)에 임명되었고, 다시 9월 29일 지평현감에 임명되었다. 또 포수들에게는 각각 포상을 주었고, 부상당한 포수에게는 치료비를 지급했다. 이때 김백선은 부상을 당했지만, 포상 이외 별도의 조치는 없었다. 오히려 김백선의 공이 더 많았는데도 맹영재에게만 관직이 주어졌다고 한다.

9월 26일, 정기봉·정두석 등과 함께 소모관에 임명된 맹영재는 다시 안성으로 가서 이두황·성하영 등과 함께 농민군 진압에 참여했다. 이후 죽산 등지의 농민군 지도자 박성익 등 4명을 잡아서 효수(梟首)했다. 10월 21일 맹영재는 다시 홍천 장야촌으로 행군해 농민군 30여 명을 쏘아죽이고, 10월 22일 서석면에 이르러 흰 기를 세우고 진을 치고 모여 있던 비적(匪賊) 수천여 명과 접전해 수많은 사상자를 낸 뒤 해산시켰다.

맹영재는 이 싸움에서 공을 세운 최태헌 등 7명에게 당하관의 품계를 주어 재능에 따라 등용할 것과, 고치백 등 7명에 대해 표창할 것을 건의했다. 또한 그는 지평, 양구, 여주 등지의 의병이 잡아 바친 농민군 괴수 신재규·정사원(이상 지평, 지평현 진사 서병승과 선비 유덕준이 잡아 바침), 이풍구·윤창구·윤복성(이상 양구), 한석룡(여주) 등의 목을 베었다. 이외에도 맹영재는 이천접주 이정오(李正五)와 함께 경기도 지역에서 활동하던 원주 지역 농민군 지도자 김화보(金化甫)를 잡아죽였다(맹영재를 비롯한 소모관들의 농민군 토벌 활동에 대해서는 『고종실록』에 자세하게 실려 있다).

9월 26일 이후에도 김백선이 맹영재와 함께 농민군 토벌에 참여했는지는 확실하지 않다. 그는 부상 치료 때문에 집에서 쉬었을 수도 있다. 다만, 지평 포군은 맹영재의 지휘 아래 농민군 토벌에 계속 참여했던 것으로 보인다.

(2) 1896년 의병 선봉장

1896년 1월 12일, 김백선은 이춘영·안승우와 함께 원주 안창역(安昌驛: 현재 원주시 지정면 안창리)에서 의병을 일으켰다. 단발령 공포 이후 가장 먼저 일어난 의병이었다.

안승우 부친의 소개로 이춘영과 결합한 김백선은, 지평 포군 400여 명을 이끌고 안창역에 집결했다. 이들은 1894년 홍천과 안성 등지에서 농민군 진압에 동원됐던 바로 그 포군이었다.

이춘영 의병이 원주 안창역에서 봉기하게 된 데는 몇 가지 이유가 있었다. 원주 안창역은 지평군 상동면과 바로 이웃했지만, 김백선이 살던 상북면 하갈리에서는 꽤 멀리 떨어져 있어서 지평군수 맹영재의 영향력이 덜 미쳤기 때문에 맹영재의 지휘를 받는 지평 포군을 동원하기가 수월했다. 당시 포군에 대한 맹영재의 영향력이 그만큼 컸고, 김백선은 이를 인식하지 않을 수 없었던 것이다. 또한 인목대비의 친정아버지 김제남(金悌男)의 사당인 의민사(懿愍祠)가 있는 것으로 보아 안창역 일대가 김제남 후손의 근거지라고 생각되는데, 이 의병에 연안 김씨인 김사정(金思鼎)이 원주 지역 소모관으로 참여했고, 안승우의 처가가 안창역에 있었다는 것도 고려한 것으로 보인다.

김백선은 이춘영 의병부대에서 선봉장을 맡았고, 1월 22일 단양의 장회촌 전투에서 관군과 싸워 승리로 이끌었다. 단발령 공포 이후 가장 먼저 봉기한 이춘영 의병부대를 진압하기 위해 개화파 정권이 파견한 관군과의 최초의 전투에서 승리한 것이다.

장회촌 전투에서 승리했음에도 불구하고 이춘영은 의병 활동을 중단해야 했다. 선유위원 내부협판 유세남(劉世南)과 지평군수 맹영재의 반의병 활동 결과, 지평 포군의 반 이상이 돌아가 전투력을 상실했기 때문이다. 이필희(李弼熙)가 대장에서 물러나고, 서상열(徐相烈)은 재를 넘어 풍기로 갔으며, 이춘영은 나머지 포군을 이끌고 제천으로 들어가 며칠 뒤 유인석 부대에서 중군(中軍)을 맡았다. 이춘영은 중군을 맡은 지 20여 일 만인 2월 23일 가흥전투에서 전사했다.

김백선은 유인석 의병부대에서도 계속 선봉장을 맡아, 유인석 부대가 전개한 전투에서 여러 차례 승리하여 많은 전과를 올렸다. 그 중에서도 1896년 2월 4일 유인석 의병부대가 충주성을 공격, 점령하는 데 결정적인 공을 세웠다. 『기려수필』(騎驢隨筆)은 충주성 전투 당시 김백선의 활약상을 다음과 같이 전한다.

충주 싸움에서 대군이 성 밑에 이르러 성문이 닫혀 들어갈 수 없자, 백선은 밤에 동문을 넘어 성 안으로 들어갔다. 문지기를 죽이고 성문을 열어 대군이 성 안으로 들어가니 적병은 북문을 통해 도망갔다. 의병은 곧바로 가짜 관찰사의 목을 베었다. 이어 성 중에 주둔하니 의병의 소문이 널리 퍼졌다. 이는 모두 백선의 공력이었다. 적병은 충주에서 퇴각해 가흥에 주둔했는데, 백선이 군사 300명을 이끌고 추격해 연전연승했다.

그러나 김백선은 안승우와 갈등이 매우 심했다. 두 사람은 자주 부딪쳤고, 심한 불화 끝에 1896년 2월 14일 유인석에 의해 처형당했다. 유인석 의병부대에서 김백선의 비중이 매우 컸다. 김백선이 처형당한 이후, 유인석 부대는 여러 차례의 전투에서 별다른 전과를 거두지 못하고 패배하기 일쑤였다.

(3) 명성왕후 복수 의병

그렇다면 이춘영과 김백선은 어떤 사람들이기에, 이름조차 잘 알려지지 않은 지평이라는 산골에 살면서 단발령 이후 제일 먼저 거의(擧義)했을까?

유인석과 그의 문인이 모여 '처의삼사'(處義三事: 거의, 자결, 망명)를 논의할 때, 이춘영은 그 자리에 있지 않았다. 유인석을 비롯한 대부분의 참석자들이 세 가지 방안 중 '망명'을 결정하고 실제로 짐을 꾸려 요동(遼東)을 향해 길을 떠났을 때, 이춘영은 반대로 '거의'를 선택했다. 이 두 가지 사실로 미루어 보아, 이춘영의 '거의'는 그가 유인석의 문인이라든지, 같은 화서학통(華西學統)이라는 이유만으로 설명할 수 없다.

여기서 이춘영이 여흥 민씨의 외손이었다는 점에 주목할 필요가 있다. 이춘영의 할머니는 민치문(閔致文)의 딸이고 이재신(李載信)과 결혼해 아들 이민화(李敏和)를 낳았다. 그리고 민화의 아들이 춘영이다. 또한 민치문은 갑신정변 때 죽은 민영목(閔泳穆)의 할아버지이고, 민치문의 아들 달용의 둘째 아들이 바로 민영목이다. 다시 말해 이춘영의 할머니가 민영목의 고모이고, 이춘영의 아버지 민화와 민영목은 내외종 사촌 사이다.

그런데 민영목은 명성왕후(明成王后) 친정 집안 방계(傍系)의 양자로 갔다. 명성왕후의 친정아버지 민치록(閔致祿)은 민유중의 종손인데 아들이 없어서 민승호가 양자로 이었고, 민유중의 방계 집안 역시 양자로 이어갔다. 민영목은 태용(泰鏞)의 양자로 갔지만 역시 아들이 없어서 다시 친조카(넷째 동생인 泳弼의 둘째 아들) 형식(亨植)을 입양했다. 이춘영과 민형식은 외가 쪽이긴 하지만 촌수로는 6촌 사이다.

1896년 당시 민유중의 후손은 모두 3명(영익, 종식, 형식)뿐이었는데 민승호와 민영목이 아들이 없어서 각각 민영익과 민형식을 양자로 들였고, 민종식 집안은 그 증조 민치병(閔致秉)이 양자였다. 양자의 경우 목숨이 왔다갔다하는 의병 같은 위험한 일에 나서지 않는 것이 보통이었는데, 가뜩이나 명성왕후 집안은 후손이 귀했으니 민영익·민종식·민형식 등이 의병에 나서기는 쉽지 않았다.

그러나 당시 사람들은 이들이 명성왕후의 복수를 위해 당연히 일정한 역할을 한다고 생각했다. 이춘영과 함께 거의한 이범직은 1894년 여름에 강원감사 민형식을 찾아가 "나라에 보답하는 일을 마땅히 생각해야 한다"고 제의했다가 거절당한 적이 있었다. 일본군의 경복궁 침입으로 민씨 정권이 몰락한 것과 관련해 당연히 민형식이 모종의 조치를 취해야 할 것으로 기대했음을 보여주고 있다.

1896년에 이르자 이들은 이런 기대에 부응하지 않을 수 없었다. 민영익은 홍콩에 나가 있었기 때문에 어쩔 수 없었지만, 민종식은 홍주 의병을, 민형식은 이춘영 의병을 배후 조종했던 것으로 보인다. 민형식 등 여흥 민씨들은 서자인 민의식과 외손인 이춘영을 내세우고, 전투력으로 김백선이 지휘하는 지평 포군을 동원했던 것이다. 지평 포군 지도자 김백선과 여흥 민씨와의 관계에 대해『종의록』(從義錄)은 다음과 같이 전한다.

민(민의식)은 장교가 되기를 원하다가 뜻대로 이루어지지 않자, 선봉(김백선)의 종사가 되려고 막하(幕下)로서의 예를 심히 공손히 지키니 김(백선)은 본시 농촌의 상민이라, 평일에 삼전(三田) 민씨를 우러러보기를 하늘과 같이 하다가, 지금 민이 문득 이렇게 하니 마음에 기뻐하며 감사하고 또 아첨하는 태도에 혹하여 정신을 다 빼앗겨, 마침내 그의 모함하는 말을 듣고 하사(안승우)를 미워하기를 오히려 다른 사람보다 더하고……. 〔( )는 필자〕

삼전 민씨는 '삼전동에 사는 민씨'를 뜻하고, '삼전'은 여주군 주내면(현재 여주읍) 삼전동을 가리키는 것으로 보인다. 『여흥민씨족보』(驪興閔氏族譜)에 보면, 민의식의 아버지 영류의 묘가 삼전동에 있다는 것으로 보아 '삼전 민씨'는 민치문의 집안, 더 구체적으로 치문·달용·영목과 그의 양자 등을 가리키는 것이 아닐까 생각된다. 이 집안은 앞에서 살펴보았듯이 이춘영의 아버지 이민화의 외가 쪽이다.

위의 자료는 또한 민의식과 김백선이 매우 밀접한 관계를 맺고 있던 사실도 말해준다. 민의식이라는 이름은 『여흥민씨족보』에 여러 명 나오지만, 민용호가 민의식을 삼종손(三從孫)으로 부르기 때문에 이를 충족시키는 출계 관계는 달용의 서자 영류의 아들 의식(1869년 4월 12일생)뿐이다. 적파와 서파의 차이는 있지만 민영목과 민의식은 삼촌, 형식과 의식은 사촌 사이다.

이렇게 본다면 이춘영·김백선·민의식 세 사람은 '삼전 민씨'를 고리로 해서 결합했고, 그 배후에 민형식이 있었음을 알 수 있다. 민형식 역시 양자로 집안 사정상 직접 의병에 나설 수 없는 처지였기 때문에, 그 대신 이춘영과 민의식을 내세우고 있는 것으로 보인다. 이춘영과 민의식은 인척, 김백선과 민의식은 선봉장과 종사의 관계였다.

이춘영 의병부대에서 또 하나 주목할 것은, 심상훈·홍계훈·민승호 등 명성왕후 지지 세력 중 핵심인물이 관계되었다는 사실이다. 심리섭(沈理燮)·홍병진(洪秉眞)·이근영(李根榮) 등 세 사람이 이춘영 부대에 참여했는

63인의 역사학자가 쓴 한국사 인물 열전

데, 심리섭은 심상훈의 아들, 홍병진은 홍계훈의 종손, 이근영은 민승호의 처남이다. 심상훈은 고종과 이종사촌이지만, 고종보다는 명성왕후 계열의 인물로 대원군과는 사이가 좋지 않았다. 홍계훈은 알려진 대로 임오군란 이후 왕후의 총애를 받았고, 을미사변 때 광화문을 지키다 피살된 대표적인 명성왕후 세력이다. 민승호는 고종의 외삼촌이기도 하지만, 민치록의 양자로 입양되어 명성왕후의 양오빠가 되었다. 여흥 민씨 세력의 핵심 인물이며, 1874년 피살되었다. 그의 세번째 부인이 이민성(李敏星)의 딸(1851년생)이고, 아들 중에 이근영이 있다.

이춘영과 유인석 의병부대에는 덕수 이씨가 몇 명 참여했다. 이춘영, 거의 당시 대장을 맡았던 이필희, 안승우의 장인 이민정(李敏政), 민승호의 처남 이근영 등이 모두 덕수 이씨다. 이춘영은 택당(澤堂) 이식(李植)의 9대손으로, 그의 후손이 아직도 양평군 양동면 쌍학리 안골 마을(당시 지명으로는 지평군 상동면 內谷里)에 살고 있다. 이렇듯 덕수 이씨 가운데 여흥 민씨와 관련된 인물들이 의병에 참여했던 것으로 보인다.

결론적으로, 이춘영 의병은 명성왕후의 복수를 위해 명성왕후 집안의 민형식을 중심으로 민승호의 처가, 심상훈, 홍계훈 등 네 집안에서 각각 이춘영, 이근영, 심리섭, 홍병진 등을 보내 성립한 것이 아닌가 추측된다. 명성왕후 친가 쪽에서는 민형식이 '양자'였기 때문에 서자였던 민의식과 여흥 민씨의 외손인 이춘영이, 민승호의 처가에서는 민승호의 처남 이민성의 둘째 아들 이근영이, 심상훈 집안에서는 그의 둘째 아들 심리섭이, 홍계훈 집안에서는 종손 홍병진이 의병부대에 보내졌고, 그 의병부대의 병사는 평소 민형식 집안과 돈독한 관계를 맺고 있던 김백선이 지휘하는 지평 지역의 포군이었다.

3. 역사적 평가

(1) 『기려수필』의 긍정적 평가

김백선은 안승우와 갈등을 일으켜 처형당했기 때문에, 의병과 관련한 양반 유생들의 기록에는 매우 부정적으로 씌었다. 이는 평민 출신인 김백선을 양반의 시각에서 평가했기 때문이다. 그러나 일제 때 현지 답사를 통해 애국지사들의 행적을 수집·기록한 송상도(宋相燾)의 『기려수필』은, 양반 유생들의 기록과는 정반대로 김백선을 아주 적극적으로 평가했다.

1915년 지평을 직접 찾아가서 김백선에 관한 기록을 수집·정리한 송상도는, 이정규(李正奎)의 『종의록』이 김백선의 공적을 제대로 기록하지 않았다는 점을 지적했다.

지난 을묘년(1915년) 가을 내가 지평 상석리(현재 양동면 석곡리와 매월리 일대)에 가서 이정규가 편찬한 창의록(倡義錄)을 본즉 유인석, 이춘영, 안승우, 서상렬, 나시운 등 여러 사람의 사적은 대개 소상히 기재했다. 그러나 김백선에 이르러서는 사실을 기재하지 않았을 뿐만 아니라, 이름 석 자마저도 빠뜨리거나 기록하지 않았다. 이것은 한탄스럽고 애석할 만한 까닭이 아니겠는가?

그래서 송상도는 김백선에 관해 다른 기록에서는 전혀 찾아볼 수 없는 여러 사실을 적었다.

가장 먼저 주목할 것은, 앞에서 소개한 것처럼 충주성 함락과 그 이후의 전투에서 김백선의 활약상을 자세히 기록한 점이다. 특히 충주성 함락은 전적으로 김백선의 힘이었다고 했다.

그 다음, 김백선이 안승우와 갈등을 일으킨 후 처형당할 때 스스로 잘못을 뉘우치고 스스로 묶였던 사실을 적었다.

63인의 역사학자가 쓴 한국사 인물 열전

백선은 본진에 돌아와 승우를 보고 크게 화를 냈고, 칼을 뽑아 그를 죽이려 하였다. 승우는 겁을 먹고 도망하였다. 대장 유인석이 말하기를, 군중에 이런 법은 없으니 그만두라고 하였다. 이에 백선은 불가능하다는 것을 알고 스스로 허리띠를 풀어주면서 말하기를, "이것으로 나를 묶어 죄를 다스리기를 바랍니다"라고 하여 묶이게 되었다.

당시 주력 전투병을 지휘하는 지휘관으로서 스스로 무장했을 뿐만 아니라, 주위에 많은 병사를 거느렸던 김백선이 체포되어 처형당했다는 사실은 아무리 해도 납득할 수 없었는데, 『기려수필』의 기록을 통해 비로소 그 의문을 해소할 수 있게 되었다. 스스로 허리띠를 풀어 죄를 청한 것은 뉘우치고 있다는 증거이며, 용서를 전제로 한 것임에도 불구하고 김백선은 용서받지 못하고 실제로 결박당해 목이 베어졌던 것이다.

『기려수필』은 특히 김백선 처형의 부당(억울)함을 자세히 기록하였다.

첫째, "유인석이 법을 집행하려 하자, 백선은 원컨대 한 가닥 실오라기를 주신다면 작은 정성을 다하겠다고 했다. 유인석은 듣지 않았다. 형에 임해서 백선은 말하기를, '나는 노모가 있으니 원컨대 한 번 뵙고 나서 죽게 해주십시오'라고 했으나 유인석은 또 듣지 않고 그를 죽였다. 원근에서 들은 사람들은 억울하다고 하지 않는 사람들이 없었다."

둘째, "이 일이 있고 난 뒤부터 물정이 참담해 군대는 위용을 다시 떨치지 못했고, 후에 승우가 참령 장기렴과 제천읍에서 전투를 함에 군사가 패했고 승우는 죽었다."

실제로 유인석 부대에서는 김백선을 처형한 이후 포군 병사들이 점차 부대를 이탈했고, 남은 포군 병사들조차 사기가 떨어져 전투마다 패해, 제천읍 전투를 마지막으로 더 이상 싸울 수 없는 처지가 되었다. 김백선의 처형은 포군을 주력으로 하는 의병부대의 병사들, 특히 지평 포군의 사기를 크게 떨어뜨렸던 것이다. 떨어진 사기를 북돋우기 위해 김백선 처형 후 약 보름 만인 1896년 2월 말, "지평 고을 포군의 집에 땔감과 양곡을 계속 대주며 병난 이를 구원하고, (소작인들의) 전답을 바꾸지 말아서 각기 마음 놓고 살게 하라"고 유인석이 지시했지만, 이미 사태는 돌이킬 수 없었다.

셋째, "생각건대 김백선이 천한 하인으로서 상인을 범한 것은 그 죄를 논한즉, 분명히 죄이다. 그러나 안승우는 죽이지 않았고, 또 백선은 스스로 불가하다는 것을 알고 이어서 허리띠를 풀어 죄를 청했는데, 이것은 허물을 고친 것으로 허물이 없는 것과 같은 것이 아니겠는가?"

"거의의 본질은 적을 토벌하기 위한 것이다. 가흥 싸움에서 백선이 원병을 요청했는데도 안승우가 보내주지 않아서 백선이 패배했고, 의병으로 하여금 예봉을 꺾이게 했으니 그의 분노는 괴이함이 없다."

김백선의 분노는 오히려 당연하고 안승우에게 더 큰 잘못이 있는데, 그를 함께 처벌하지 않은 것은 형평에 맞지 않는다고 보는 것이다.

넷째, "이는 그 안에 반드시 까닭이 있을 것이다. 아마도 병권을 빼앗길까 두려워한 것이다. 부하가 공을 세운 것을 시기한 것인가? 그렇지 않다면 평민에게 욕보인 것을 분하게 여긴 것인가? ……대의를 쥐고서 복수를 하려는 사람이, 적을 토벌하지는 않고 먼저 장수를 죽였으니, 이는 방패를 버리고 성을 무너뜨린 것이니 제천 싸움의 패배 또한 당연하지 않은가?"

1915년 지평을 직접 찾아갔던 송상도는 "유인석이 백선을 죽인 것은 나라 사람 모두가 억울하게 여긴다"고 결론짓고, "매일 밤 하늘이 깜깜해지면 그 동리 가운뎃길에서 백선이 원망하며 말을 타고 질풍처럼 달려간다"는 전설을 지평 삼산동(三山洞)의 진사 이종만(李鍾萬)의 증언을 통해 소개했다.

이러한 『기려수필』의 기록과 평가는, 유인석의 잘못에 대한 지적과 김백선의 억울한 죽음에 대해 타당한 면을 보이기도 한다.

(2) 반농민군적 지향

김백선은 과연 평민적 지향을 가진 인물이었을까? 즉, 왜 의병을 일으켰을까? 이 점에 대해서는 『기려수필』이나 의병 연구자들이 모두 관심을 갖지 않았던 부분이다. 유인석의 잘못과 김백선의 억울함을 그대로 인정하더라도, 김백선에 대해 정당하게 평가하기 위해서는 평민이었던 그가 과연 평민적 지향을 가졌는가 하는 점을 밝혀내야만 비로소 가능해질 것이다.

앞에서 김백선이 명성왕후 지지 세력으로서 농민군 토벌에 참여했던 사실을 살펴보았다. 김백선이 평민인 것은 분명하지만, 농민군 토벌대 출신 또한 분명하다. 따라서 그가 평민이라는 사실에서 기대되는 지향의 참신성(혁신성)에는 의문의 여지가 매우 많다. 평민이었음에도 불구하고 그는 '평민적 지향'과 반대 입장에 있었다고 보아야 할 것이다.

(3) 반개화적 지향

김백선을 정확하게 이해하는 데 또한 필요한 것이 맹영재와의 관계다. 맹영재는 지평 포군 지휘자로 김백선과 함께 농민군 토벌에 나섰던 인물이지만, 지평현감에 임명된 후 개화 정책을 지지했고(어윤중의 심복), 이춘영 의병과 춘천 의병 등에 대해 반의병 활동을 했으며, 관군을 동원해 의병 토벌에 나서 김백선과 적대관계가 되었다. 끝내는 양근 지역 포군 박정식(김백선의 부하로 추정됨)에 의해 피살되었다. 맹영재가 최태현의 홍천 의병에 참여하여 전투중 사망했다는 설도 있지만 당시 정부의 공식 기록에는 박정식이 죽인 것으로 되어 있다.

지금까지 1896년 의병을 반일 의병으로만 보아왔기 때문에 김백선은 긍정적으로, 맹영재는 부정적으로 생각하기 쉬웠다. 그러나 두 사람은 농민군 토벌대 지휘자였다는 공통점을 갖고 있으면서, 다만 정치적 성향이나 상황에 따라 개화파 정권 지지(반의병)와 반대(의병)로 나뉘어 훗날 적대 관계로 발전하게 된 것이다.

김백선이 거의하자 맹영재는 이민오(李敏五: 안승우의 외종숙)를 돈으로 매수해 의병부대 안에 첩자로 들여보내 의병부대를 와해시키려 했고, 결국 김백선이 거느린 포군을 흩어지게 했다.

맹영재는 춘천 의병에 대해서도 반의병 활동을 했다. 춘천의 이소응이 관군의 공격으로 곤경에 처해 구원을 요청했지만, 그는 도움은커녕 오히려 이소응을 감옥에 가두어버렸다.

맹영재의 아들 맹일호(孟日鎬) 역시 반의병 활동을 했다. 아버지 맹영재를 의병에 강제로 끌어들여 전사하게 했다 하여 홍천의 최태헌을 원망했고, 결국 군사를 일으켜 최태헌을 죽였다. 이후 맹일호는 유인석 의병에 대해서도 반의병 활동을 했다. 지평 수성장 안종엽을 위협해 군량을 공급하지 못하게 했고, 출전한 포수들 집에 가서 중앙 관군이 그 가족을 무참하게 죽일 것이라는 거짓말을 해서 포수들이 의병을 배반하게 했다. 또 의병부대 이탈자와 개화 편에 붙는 자들을 모아 반의병 활동을 벌였다. 이에 유인석 부대에서는 이필희에게 맹일호를 공격하게 했으나, 끝내 실패했다.

맹영재가 반의병 활동을 하게 된 결정적인 계기는 지평현감 임명이었다고 생각된다. 어윤중의 심복으로 어윤중의 명령에 따라 움직였다고 한 것으로 보아, 맹영재가 지평현감으로 임명되는 과정에서 어윤중이 상당한 작용을 했고, 이후 맹영재는 개화파의 영향력 아래 있는 지방관이 되었던 것으로 보인다. 이렇듯 김백선과 맹영재는 같은 농민군 토벌대 출신이었지만 개화파 정권에 의해 관직을 받았는지의 여부에 따라 정치적 입장이 달라졌고, 1896년 의병 봉기 이후에는 반개화 의병과 반의병으로 나뉘어 적대관계로까지 발전했음을 알 수 있다.

지평 포수 역시 같은 평가가 가능하다. 지평 포수들은 농민 또는 소작인 계층으로 1894년에는 농민군 토벌에 참여했고, 1896년 의병운동 단계에서는 이춘영·유인석·민용호의 의병부대에 참여했다. 이들은 대개 소작권 보장, 생필품 보조나 금전적 대가를 받고 동원되었던 것이지, 혁명적 이념이나 사회 개혁 의지를 갖고 의병에 참여했던 것은 아니라고 생각한다.

(4) 고종 지지 세력과의 갈등

아관파천 이후 시간이 지나면서 유인석 의병부대에 일어난 변화 중 특이한 점은, 이춘영과 함께 거의한 명성왕후 지지 세력 6명 모두 의병부대에 남지 않았다는 것이다. 이춘영은 2월 말경 전사했고, 이춘영과 김백선이 거의할 때 의병부대에 들어왔던 이근영·심리섭·홍병진 등은 아관파천이 있고 한 달이 지난 3월 중순 의병부대를 떠났다가 한 달 후쯤 다시 의병 해산을 권유하러 내려왔다. 김백선은 이들 3명이 서울로 떠나고 며칠 뒤에 처형당했고, 김백선이 처형당하자 민의식은 유인석 의병부대를 떠났다.

이춘영·김백선·민의식·이근영·심리섭·홍병진 등은 명성왕후 지지 세력으로서 아관파천에 긍정적인 입장을 가졌던 것으로 보인다. 3명이 떠난 후 남은 3명은 의병부대에 머물러 있긴 했지만, 김백선이 지평 포군을 빼내서 돌아가려고 했다는 사실이 1896년 의병관계 기록에 나타난 것으로 보아, 아관파천 이후 의병 활동을 중지해야 한다고 보았던 것 같다.

이에 비해 유인석은 명성왕후 복수를 목표로 이춘영 의병이 봉기할 때 거의하지 않았고, 망명을 주장했다. 그리고 아관파천을 매우 부정적으로 보았기 때문에 집권 친러파 명성왕후 지지 세력 또한 타도의 대상으로 보았고 친러파 정권에 대항해서 의병 활동을 계속해야 한다고 보았다. 이것은 유인석이 기본적으로 고종 지지자로서, 국왕 고종이 러시아 공사관에 가 있는 것은 바람직하지 않다고 보았기 때문이다.

결국 유인석 의병부대 내부에서 아관파천에 대한 평가(이 문제는 의병부대의 해산 여부와 관련된다)를 둘러싸고 의견 대립이 심각했던 것으로 보인다. 이근영·심리섭·홍병진 등이 부대를 떠나 서울로 가버린 것으로 끝나지 않고, 이들이 다시 의병부대 해산을 권유하러 내려왔다는 것은 아관파천 지지 세력과 반대 세력이 서서히 적대관계로 발전하고 있었음을 알 수 있게 해준다. 4월 말경 심상훈이 친러파 이범진 정권에서 탁지부 대신으로 임명되자 심상훈이 유인석을 찾아가 하룻밤 묵으면서까지 변명해야 했고, 둘째 아들을 인질로 맡겨야 했다.

그런가 하면, 김백선이 처형당한 뒤 민의식도 견딜 수 없어 유인석 의병부대에서 도망쳤다. 민의식은 김백선의 처형 이전부터 안승우와 사이가 좋지 않았다. 안승우는 1896년 음력 정월 초, 민의식의 행동이 방자하다는 이유를 들어 목을 베려다가 뜻을 이루지 못했다. 뿐만 아니라, 민의식이 김백선을 뒤에서 조종해 불순한 일을 꾸미고 있거나, 지평 포군을 빼내려 한다고 생각했다.

김백선이 처형당한 후, 민의식은 김백선의 부하였던 서석화(徐石華, 徐學淳으로도 나옴)와 함께 유인석 부대를 떠나 지평 김백선의 집으로 갔고, 김백선의 아들들과 함께 군사를 모집해 거사하려고 했다. 이에 대해 안승우는 이필희로 하여금 김백선의 아들들과 민의식을 잡아들이도록 했으나, 민의식이 서석화와 함께 강릉의 민용호(閔龍鎬) 부대로 가는 바람에 실패하고 말았다. 민의식이 찾아간 민용호도 안승우와 심각한 갈등관계에 있었다. 민용호 의병 역시 명성왕후 복수를 목표로 봉기했다는 것을 생각하면, 민용호와 안승우의 갈등은 김백선과 안승우의 갈등과 같은 맥락이었을 것으로 추측된다.

맺음말

1896년 의병부대에서 양반 유생이 아닌 계층이 간부를 맡았던 경우가 간혹 있었다. 김백선을 비롯해 최문환, 성익현, 김순성 등 포군 대장과 나주 의병부대의 이교층(吏校層)이 그들이다. 이서(吏胥: 아전)층이 의병을 일으킨 경우도 있다. 양반이 아닌 평민층이 '반일 운동'의 참여 세력 중 하나로, 이때의 의병은 평민적 지향을 갖고 있었다고 해석되기가 쉽다.

그러나 당시의 의병은 일본 침략의 저지 외에도 단발령 반대, 위기에서 국왕 구출, 명성왕후 피살에 대한 복수, 갑오개혁 저지, 아관파천 반대(러시아 공사관에서 경복궁으로의 환궁) 등의 목표를 가지고 있었다. 이런 목표들은 '구지배체제의 회복'이라는 한 가지 공통점을 가지고 있었다. 다시 말해, 1896년 의병운동 과정에는 평민적 지향이 끼여들 여지가 전혀 없다는 뜻이다.

1894년 농민군의 궁극적인 목표 가운데 하나가 민씨 정권 타도였다는 점을 고려하면, 1894년 농민군을 토벌하는 목표는 그 반대, 즉 민씨 정권 유지였다고 할 수 있다. 명성왕후 지지 세력이 의병을 일으키는 궁극적인 목표는, 명성왕후의 억울함을 복수하고 민씨 정권을 다시 세우는 데 있다. 1894년의 농민군 토벌 활동과 1896년 명성왕후의 복수를 위한 의병 활동은 궁극적인 목표가 서로 같은 것이었다. 따라서 1894년 농민군 토벌 참여 세력이 거의 그대로 1896년 의병 참여 세력으로 이어지는 것은 지극히 당연했다.

김백선은 1894년 지평 포군을 지휘해 농민군 토벌에 참여했고, 1896년에는 1894년의 포군을 그대로 데리고 의병 활동에 나섰다. 이런 사실은 그가 비록 평민이지만 그의 의병 활동이 '평민적 지향'을 가졌다고 보기에는 분명한 한계가 있었음을 알 수 있게 해준다. 즉, 그는 구지배체제를 유지·회복하기 위해 1894년에는 농민군 토벌에, 1896년에는 개화파 정권과 싸우는 데 적극적으로 참여했던 평민이다.

의병 연구자들은 지금까지 김백선이 평민이라는 이유만으로 1896년 의병운동에서 평민적 지향을 가지고 있었다고 보아왔고, 안승우와 김백선의 갈등, 유인석과 김백선의 갈등을 신분적 갈등으로 단정해왔다. 그러나 이런 이해와 평가가 실증적 근거가 없는 추측에 불과하다는 사실을 알 수 있게 되었다.

1896년 의병운동에서 또 하나 고려해야 할 점이 아관파천 이후 의병 활동의 변화 양상이다.

1896년 2월 11일의 아관파천으로 친러 개화파가 집권했다. 이들 친러 개화파는, 한편으로는 명성왕후 지지 세력이기도 했다. 따라서 명성왕후 지지 세력은 아관파천 이후 의병을 해산하는 경향이 강했다. 의병 참여 세력 중에도 친러 개화파 정권에 참여해 관직을 받은 사람들이 많았는데, 이들은 의병부대를 떠날 수밖에 없었다.

그러나 아관파천과 동시에 고종이 즉각 경복궁으로 돌아와야 한다는 여론이 일어나면서 친러 개화파에 대해 의병 활동을 전개하게 되었다. 아관파천 이후 의병을 진압하는 주체는 친러 개화파 정권으로, 이들은 아관파천 이전에는 의병들과 한편이었다. 함께 의병 활동을 전개하다가 아관파천 이후 적대관계에서 치열하게 대립하게 되었던 것이다.

이런 변화(분화)는 유인석 부대도 예외가 아니었다. 유인석을 비롯한 고종 지지 세력과 심상훈 등 명성왕후 지지 세력 간에 의병 활동의 계속 여부를 둘러싸고 치열하게 대립했고, 결국은 이 두 세력이 적대관계로까지 발전하면서 김백선이 희생당했다고 보아야 할 것이다. 따라서 유인석을 양반 중심의 계급적 한계를 가진 인물이라 비난할 수만은 없다고 생각된다.

참고문헌

· 원자료

『從義錄』『下沙安公乙未倡義事實』『騎驢隨筆』

『驪興閔氏族譜』(奎 169) 『司法稟報』(奎 17278) 『高宗實錄』

· 논저

김의환,『의병운동사』, 박영사, 1974.

조동걸,『한말의병전쟁』, 독립기념관, 1989.

박준성,「1894년 강원도 농민군의 활동과 반농민군의 대응」,『동학농민혁명의 지역적 전개
　　와 사회 변동』새길신서 43, 동학농민혁명기념사업회, 1995.

오영섭,「을미의병의 정치 사회적 배경」,『국사관논총』65, 국사편찬위원회, 1995.

이상찬,「乙未義兵 지도부의 1894년 反東學軍 활동」,『奎章閣』18집, 서울대학교 규장각,
　　1995.

＿＿＿,「1896年 義兵運動의 政治的 性格」, 서울대학교 박사학위 논문, 1996.

＿＿＿,「1896년 의병운동 통설에 대한 비판적 검토」,『역사비평』1998년 겨울호, 역사비평
　　사, 1998.

＿＿＿,「1896년 還宮 의병운동의 전개 양상」,『韓國文化 30』, 서울대학교 한국문화연구소,
　　2002.

이승만 李承晚

반공 건국과 분단 독재의 카리스마

정병준 목포대학교 역사문화학부 교수

1. 개관

우남(雩南) 이승만(李承晚, 1875~1965)은 1875년(고종 12) 3월 26일(음력 2월 19일) 황해도 평산군 마산면 대경리 능내면에서 이경선(李敬善)과 김해 김씨 사이의 5대 독자로 태어났다. 손위로 누이 2명이 있었다. 태몽이 용꿈이었기에 아명은 승룡(承龍)이었다. 전주 이씨로 양녕대군의 16대손이었으나, 7대조 이후로 몰락하여 이승만 이전 4대 내에 생진시(生進試) 합격자가 없는 상태였다. 부친은 평생 가족의 생계를 돌보지 않고 양녕대군의 후손 가운데 유력자의 집을 찾아다니는 등 방랑 생활을 했다.

몰락한 가문이었지만, 이승만은 왕족의 후예라는 사실에 큰 자부심을 가졌다. 미국 유학 시절 자신을 이씨 왕가의 왕자로 소개했고, 대통령 시절 자신을 '과인'(寡人)이라고 부르는 등 왕족의식 혹은 군주의식을 내비쳤다. 반면 대통령 재임 기간 내내 고종의 마지막 혈족인 이은(李垠) 일가의 귀국을 허락하지 않았다. 대외적으로는 평민의식을 내세우며 조선 왕조의 직계를 비판했으나, 자신의 양자를 조선왕조의 왕손 중에서 물색하는 등 이중적인 왕족의식을 지니고 있었다.

1891년 박승선(朴承善)과 결혼하여 봉수(鳳秀, 1898~1906 : 일명 泰山)를 낳았다. 박승선과는 1904년 도미 이후 사실상 결별했다. 박승선은 이승만이 고종 폐위 음모 사건에 연루되어 투옥되자 여러 날을 대궐 앞에서 호소할 정도로 소문난 열녀였다. 이후 양자 이은수(李恩秀)를 들여 수절했으나 해방 후 버림받았고, 1949년 서울지방법원의 '처의 관계 부존재확인 판결'에 따라 호적에서 지워졌다. 박씨는 한국전쟁에서 북한군에게 희생되었다. 이승만은 1934년 뉴욕에서 오스트리아 출신의 이혼녀 프란체스카 도너(1900~1992)와 재혼했다. 미국에 데려간 아들이 사망(1906년)한 이후로 소생은 얻지 못했다. 대통령 재임 시절 이기붕의 큰아들 이강석(李康石)을 양자로 입적했으나 4·19 후 자살했고, 망명지 하와이에서 이인수(李恩秀)를 양자로 재입적(1961년)했다.

어린 이승만은 1877년에 서울로 이주했다. 서울의 여러 곳을 이사한 끝에 남산 서쪽 도동에서 유년기를 보냈다. 당시 살았던 '우수현(雩守峴) 남쪽'을 기념해 '우남'(雩南)을 자신의 호로 정할 정도로 이때 생활을 그리워했다. 이승만은 90년간의 생애 가운데 청·장년기와 말년에 해당하는 44년간(1904~1910년, 1912~1945년, 1960~1965년)을 미국(하와이·본토)에서 보냈으며, 그 나머지 유소년기와 노년기를 국내에서 보냈다.

이승만의 생애를 크게 구분하면 여섯 단계로 나누어볼 수 있다. 첫 단계는 1875년 평산군에서 태어나 19세까지 전통적 교육을 받은 시기이다. 이승만은 한학을 공부한 뒤 과거에 응시했지만 번번이 낙방했다. 첫 과거 시험을 보기 위해 나이를 한 살 올리고 이름을 승룡에서 승만으로 바꿨다.

두번째 단계는 1894년 배재학당에 입학, 영어와 근대 신학문을 배우는 동시에 개화의 물결을 접한 시기이다. 과거 낙방으로 구체제를 혐오하게 된 이승만은 결단력 있게 전통 사회와 단절했고, 자진해서 단발(斷髮)했다. 어학에 재능을 보여 곧 영어 구사에 어려움이 없게 되었는데 배재학당 시절 미국 선교사들과의 교유는 이후 수감·미국 유학 등에서 큰 자산이 되었다. 이때 이승만은 독립협회에 참가해 활동하며 『제국신문』의 논설위원으로, 만민공동회(1898년)의 투사로 이름을 얻었다. 고종 폐위 음모에 휘말려 투옥(1899년)된 후 탈옥을 시도하다 잡혀 6년간(1899~1904년) 옥고를 치렀다. 옥중에서 미국 선교사들의 도움으로 도서관을 차리고 본격적으로 영어 공부와 신학문을 연마했다. 기독교로 개종한 이때에 미국을 중심으로 한 서양 기독교 문명·근대화를 지향하는 이승만의 '서향주의'(西向主義) 노선이 본격적으로 형성되었다.

세번째 단계는 1904년 일본의 도움으로 출옥한 뒤 한규설(韓圭卨)·민영환(閔泳煥)의 밀사로 미국에 건너가 루스벨트 대통령·헤이 국무장관 등에게 한국 독립을 호소하고 조지 워싱턴·하버드·프린스턴 대학 등에서 수학한 미국 유학 시기이다. 이승만은 5년 만에 박사 학위(1910년)를 받았는데, 이는 한국 선교사로 예정된 그를 위한 특별한 배려의 결과였다. 이승만은 한일강제병합이 이루어진 1910년에 귀국해서 1911년까지 기독교청년회(YMCA)의 청년학교 학감으로 종교 활동을 벌였다.

네번째 단계는 1912년 하와이 망명 이후 1945년에 귀국할 때까지의 시기이다. 이 시기를 더 구분하면 1912~1918년까지 하와이에서 교육·언론·종교 지도자로 활동한 시기, 1919~1925년까지 상해임시정부 대통령·구미위원부 위원장으로 활동하는 한편 임정에서 탄핵·면직되는 등 외교 독립 활동을 한 시기, 1926~1938년까지 하와이에서 교육·실업 활동과 간헐적인 외교 활동을 한 시기, 1939~1945년까지 워싱턴에서 벌인 임정 승인 외교 활동과 반소·반공운동 시기 등으로 나뉜다.

다섯번째 단계는 8·15해방과 함께 해외 인사 가운데 제일 먼저 귀국(1945년 10월 16일)한 뒤 주한미군사령관 하지의 전폭적인 지지로 권력 기반을 장악하고, 남한 단독정부 수립을 추진하여 1948년 초대 대통령에 취임하는 시기이다.

마지막 단계는 한국전쟁 이후 독재체제를 강화하며 의회 민주주의를 농단하다 1960년 4·19혁명으로 실각한 후 하와이로 망명해 사망(1965년)하기까지의 시기이다.

이승만은 여러 편의 저작을 남겼다. 최초의 저작은 『청일전긔』(1900년)라는 번역서로 미국 선교사 알렌(Young J. Allen)과 중국인 채이강(蔡爾康)이 쓴 『중동전기본말』(中東戰紀本末)(上海 廣學會, 1897)의 국내 출간본(柳槿·玄采, 『中東戰紀』, 皇城新聞社, 1899년)을 순 한글로 번역한 것이다. 이 책은 하와이 태평양 잡지사에서 같은 제목으로 출간(1917년)되었다. 두번째 저작은 『독립졍신』(獨立精神, 1904)으로 러일전쟁 발발을 계기로 옥중에서 집필한 52편의 논설을 엮은 것인데, 그의 외교 노선과 세계관을 잘 보여준다. 1910년 샌프란시스코 대동신서관에서 간행되었고, 여러 차례 재출판되었다. 이승만은 프린스턴대학에서 「미국의 영향을 받은 중립」(Neutrality as Influenced by the United States)이라는 제목으로 철학박사 학위를 취득(1910년)했는데, 이는 1776~1872년까지 국제법상의 전시 중립을 다룬 것이었다. 1912년 동 대학 출판부에서 출간되었고, 최근 한글로 번역되었다. 네번째 저작은 하와이 망명 직후인 1913년 간행된, 105인사건을 비판하는 『한국교회핍박』이었다(하와이 新韓國報社). 마지막 저작은 일본의 미국 공격 가능성을 주장한 『일본내막기』(Japan Inside Out)로 1941년에 간행(Flemang H. Revell)되었고, 이후 여러 판본이 나왔다.

한편 그의 한시를 묶은 『체역집』(替役集 乾·坤, 동서출판사, 1961)이 있으며, 출간되지 않은 『신영한사전』(1904년)·『옥중잡기』(獄中雜記)와 기독교 청년회 교재를 번역한 『학싱청년회의종교샹회합』·『학싱청년회회장』·『신입학생인도』(이상 1911년) 등의 저작이 있다〔『이화장소장우남이승만문서(동문편)』, 중앙일보사·연세대학교 현대한국학연구소, 1998〕.

2. 해방 이전: 외교 독립 노선

이승만의 해방 이전의 주요 활동은 (1) 개화기 독립협회 활동과 언론 활동 (2) 미주 망명시 외교 독립 노선에 의한 외교 활동 (3) 교육·실업·종교 활동 (4) 반소·반공운동 등으로 구분할 수 있다.

개화기에 이승만은 독립협회가 주도한 만민공동회의 청년 지도자로 이름을 얻었고,『협성회회보』·『미일신문』·『뎨국신문』 등의 논설위원으로 활약했다. 투옥 기간 동안 이승만은 기호 양반 출신 개화파로서 기독교로 개종한 이상재(李商在), 신흥우(申興雨), 유성준(兪星濬) 등 일련의 동지들을 얻었다. 1925년 이들이 조직한 흥업구락부(1925년에 결성된 기호파 중심의 기독계 민족주의 단체)는 식민지 시대~해방 이후 이승만의 국내 지지 기반의 핵심이 되었다.

이승만의 해방 전 활동 가운데 가장 중요한 것은 외교 독립 노선과 외교 활동이었다. 이승만은 1904년 대미청원외교를 시작한 이래 1945년 해방까지 초지일관했다. 시기와 청원 내용에 따라 그의 외교 노선은 다양한 변화 양상을 보였다. 이승만 외교는 대내적으로는 독립운동가로서 미주 한인 지배를 정당화하고, 대외적으로는 한국 문제에 대한 점진주의적 관심과 온정을 불러일으키는 것이 목표였다. 그의 외교 활동은 크게 네 시기, 네 차례에 걸쳐 시도되었다.

이승만의 첫 외교는 러일전쟁 직후인 1904~1905년의 대미청원외교였다. 이승만은 고종이나 대한제국 정부가 아닌 민영환·한규설의 개인 사절이었고, 한미우호조약의 상호방위조문을 실행하라고 청원했다. 포츠머스 조약을 눈앞에 둔 미국은 카스라―태프트조약으로 이미 일본의 조선 지배권을 인정한 상태였기에, 대한제국의 연명을 위한 이승만의 첫 대미청원외교는 실패로 돌아갔다. 당시 이승만은 미국 대통령 루스벨트(Theodore Roosevelt)와 국무장관 헤이(John Hay)를 만났는데, 접촉한 인물의 지위로 판단하면 그의 외교 활동 가운데 최대의 성과였다. 특히 중국 문호 개방을 추진했던 헤이와의 만남을 통해 이승만은 미국의 선의에 기초한 '한반도 중립화'를 외교 노선의 핵심으로 설정하게 되었다.

이후 1919년 3·1운동 발발 이전까지 이승만은 적극적 독립운동과는 무관했으며 어떠한 '외교'나 '외교 독립 노선'도 시도하지 않았다. 이 시기 이승만을 묘사할 수 있는 단어는 온건한 종교 교육자, 친미·반러주의자, 교육우선주의자, 기독교 전도사 등이었다. 이승만은 특정 교파에 소속되지 않은 한인기독교회의 창설자(종교 지도자), 주간지 『태평양잡지』의 발행인(언론인), 교민 단체 국민회(國民會)·교민단의 실질적 지배자(재미한인사회 지도자), 한인기독학원의 교장(교육자)으로 활동했다. 그의 일생을 지배한 기독교 교육운동, 개량주의(改良主義), 실력 양성 노선 등이 이때에 분명해졌다. 이승만은 1910년대 하와이에서 대일 무력투쟁을 주장하는 박용만(朴容萬)과의 대결에서 승리했다. 당시 일본 경찰 자료의 분류에 따르면 이승만은 박용만 등 무단파(武斷派)에 대비되는 문치파(文治派)였다. 이승만은 기독교와 교육을 통해 점진적으로 실력을 양성할 것을 주장하며, 1차대전의 승전국인 일본을 향한 무력투쟁은 불가하다고 주장했다. 박용만은 구한말 옥중에서 이승만·정순만(鄭淳萬)과 '3만 결의'를 맺은 의형제였고, 1905년에 이승만의 아들을 미주로 데려오는 한편 1913년에 이승만을 하와이로 초청한 장본인이기도 했다. 두 사람은 노선의 대립뿐만 아니라 하와이 한인 사회의 재정·조직 장악을 둘러싸고도 대립했다. 1915년의 대결에서는 이승만이 승리했으나 이후 1918·1921·1930년에 걸쳐 하와이 한인 사회에서는 재정과 조직을 둘러싼 '사회 풍파'가 빚어졌다.

이후 이승만이 외교를 시도한 시점은 제1차 세계대전이 종료된 직후인 1918~1919년이었고, 공교롭게도 당시 하와이에서 이승만은 정치적 위기에 처해 있었다.

이승만의 두번째 외교는 위임통치 청원이었고, 이를 둘러싸고 논란이 벌어졌다. 이승만은 정한경(鄭翰景), 민찬호(閔燦鎬)와 함께 파리강화회의에 파견될 대한인국민회 대표로 선출되었다. 그는 파리강화회의 참석이 불가능하게 되자, 정한경과 함께 윌슨(Thomas Woodrow Wilson) 미국 대통령에게 한국에 대한 국제연맹의 위임통치를 청원했다. 위임통치를 청원한 이승만의 의도가 선의에서 출발한 것이란 평가도 있지만, 이것이 과연 독립운동의 범주에 속하는 것인지의 여부는 당대부터 논란이 분분했다. 특히 위임통치 청원을 제출한 이승만이 상해임시정부의 대통령이 되었고, 그가 단 한 번도 위임통치 문제에 대해 공개적인 사과나 철회를 하지 않았기에 논란이 가열되었다. 이승만은 평범한 지식인이나 교육자가 아니라 독립운동의 최고 지도부인 임시정부 대통령이었기 때문이다. 위임통치 청원을 비롯한 이승만 외교 노선의 가장 큰 핵심은 한반도의 중립국화를 통해 일본의 중국 대륙 진출을 저지함으로써 중국에 대한 미국의 이익을 확보·실현한다는 것이었다. 즉 이승만의 외교 노선은 한국의 독립운동 방략(方略)이라기보다는 미국인들의 입장에서 한국을 중립화 내지 국제연맹의 위임통치 아래에 둠으로써 갖게 되는 미국의 이익을 계산케 하는 것이 핵심이었다.

이승만은 3·1운동 이후 선포된 여러 임시정부에서 대부분 국무총리급으로 추대되었다. 미국, 기독교, 민족자결주의, 외교론, 만국공법 등에 대한 국내의 기대감과 청년 독립운동가, 전주 이씨, 미국 박사, 기독교 전도사, 윌슨과의 친분 등 이승만의 개인적 자질이 복합되어 나타난 결과였다. 이승만은 그 가운데 자신을 최고의 직책인 집정관 총재로 추대한 국내의 한성정부(3·1운동 뒤 국내의 독립 지사들이 주동이 되어 선포한 임시정부)에 집중했는데 집정관 총재를 대통령으로 자의적으로 바꾸는 한편 지상(紙上) 정부였던 한성정부 법통론을 주장했다. 상해(上海)에서는 논란 끝에 초기 상해임시정부, 한성정부, 노령국민의회를 통합해 대통령제의 통합 상해임시정부를 조직했다. 이승만은 대통령으로 추대되었다. 그러나 북경(北京)의 신채호(申采浩)와 박용만 등은 국제연맹 위임통치 청원 사실을 폭로하며 대통령

이승만을 공격했고, 상해임시정부는 출발부터 곤경에 처했다. 이승만이 상해에 머문 것은 1921년에 5개월 가량이었다. 그를 둘러싸고 상해임시정부는 수많은 논쟁에 휩싸였다.

이승만은 1921년 10월부터 1922년 2월까지 개최된 워싱턴군축회의를 계기로 다시 한번 외교를 시도했다. 임시정부의 대표단장이자 구미위원부(歐美委員部: 1919년 이승만이 설립한 한국위원회를 기초로 대한민국임시정부가 유럽·미주의 외교를 수행하기 위해 설치한 기관) 위원장이던 이승만은 이 회의에서 한국 문제의 상정이나 대표단의 발언 기회를 청원했지만, 묵살되었다. 파리강화회의와 워싱턴군축회의 등 강대국에 대한 청원 외교가 실패하자 독립운동에서 외교 노선에 대한 기대는 종막을 고했다. 극동에서는 소련이 주도한 극동피압박민족대회가 개최되고, 중국에서는 임정의 방향을 둘러싼 국민대표대회가 전개되었다. 이승만 외교의 중심 기관은 구미위원부(1919~1928년)였다. 3·1운동 이후 독립 자금 청재권(請財權) 획득을 목표로 설립된 구미위원부는 임정의 법적 승인을 받지 않은 사설 조직이었다. 재미한인의 막대한 재정을 동원한 구미위원부의 외교적 최대 성과는 워싱턴회의 참가 시도였으며, 그 최후는 임정의 해체 지시(1925년)에 반발하며 반임정운동을 펼친 것이었다. 이승만은 1925년 임정 대통령에서 면직되었고, 이에 맞서 강력한 반임정 선전 활동을 펼쳤다. 이승만은 한때 임정 내에서 쿠데타를 일으키는 한편 임정의 하와이 이전 계획을 구상하기도 했다.

이후 2차대전까지의 막간에 이승만의 외교는 침묵을 지켜야 했다. 이 시기에 이승만은 하와이 일본 영사관과 접촉해 '하와이 한인학생 모국 방문단'(1923년)을 국내에 보내는 한편 국내의 자치론자들과 접촉하기도 했다. 그는 민립대학건립운동·물산장려운동 등 국내에서 벌어진 실력양성운동과 보조를 맞추는 한편 자신의 사조직인 동지회(同志會)의 국내 자매단체로 흥업구락부(1925년)를 조직하는 데 성공했다. 그가 돌출적으로 세번째 외교를 시도한 것은 1931년 만주사변을 계기로 국제연맹이 리턴조사단(Lytton

Commission)을 만주에 파견한 후였다. 이승만은 급한 외교적 임무를 내세워 1931년 11월에 하와이를 떠났는데, 이때는 그가 몇 해 동안 공들였던 동지식산회사(1925~1929년 하와이에서 동지회가 실업 부흥을 목적으로 설립한 회사)가 파산하고 한인사회의 분쟁으로 여러 건의 소송에 휩싸인 직후였다. 임시정부 전권대사 이승만은 1933년 스위스 제네바로 건너가 국제연맹에 한국의 독립을 탄원하고, 소련의 도움을 얻고자 모스크바를 방문하기도 했다. 이승만은 프란체스카와 재혼(1934년)한 후 1935년 1월에야 하와이로 귀환했고, 1939년에 다시 구미위원부 부활을 위해 워싱턴으로 향했다.

그의 네번째 외교는 태평양전쟁의 발발과 함께 본격화했다. 임시정부 주미외교위원부 위원장이 된 이승만은 1942~1945년까지 임시정부 승인과 무기대여법(Lend Lease: 제2차 세계대전중인 1941년, 미국이 연합국에 군사원조를 하기 위해 제정한 법률)에 따른 무기 대여 청원 외교를 벌였다. 그러나 1943년에 이르면 미국이나 연합국이 임정 승인이나 무기대여법에 따른 지원을 하지 않는다는 점이 분명해졌다. 당시 이승만 외교를 둘러싼 비판은 세 가지였다. 첫째, 미국이나 연합국이 임정 승인을 할 가망성이 없는 현실 속에서 외교 노선을 포기하고 모든 힘을 군사투쟁으로 모아야 한다는 주장이었다. 전장이 있는 극동의 독립운동가를 위해 재미한인이 군사투쟁 후원금 모금에 전력을 기울여야 한다는 것이었다. 둘째, 이승만의 외교를 비판하며 그를 대체하려는 목표 아래 적어도 4개 이상의 워싱턴 주재 한인외교기관이 생겨났다. 중한민중동맹단·조선민족혁명당 미주총지부의 한길수, 한국사정사의 김용중, 고려경제사의 유일한, 재미한족연합위원회 워싱턴 사무소의 전경무 등이 이승만과 각축을 벌였다. 이는 이승만의 외교를 둘러싼 논란으로 재미한인사회가 분열되었음을 반증했다. 셋째, 가장 큰 논란은 이승만의 반소·반공선전을 둘러싼 갈등이었다. 해방 직전 이승만의 마지막 외교 무대는 유엔 조직을 위한 1945년 4~5월의 샌프란시스코회담이었다. 임시정부 대표단장으로 연합국의 승인을 청원하러 온 이승만은 얄타회담(1945년 2월)에서 미국이 소련에게 전후 한국의 지배권을 양도했다는 소위 '얄타밀약설'을 주장하면서 반소·반공선전을 했다. 미·소 정부 당국의 공식 부인에도 불구하고 얄타밀약설을 끈질기게 주장한 이승만의 근거는 소련 당국과 친밀하다고 자칭하는 신원 미상의 신문기자가 작성했다는 신문 보도뿐이었다. 이승만은 미국무부 관리들과 중국국민당의 외교 정책을 비난하기까지 했다. 결국 연합국의 임정 승인을 요청하기 위해 이승만이 한 외교는 허위 보도에 근거한 소련·미국·중국에 대한 비판과 반소·반공선전이었다.

이상과 같은 이승만 외교의 특징을 정리하면 다음과 같다. 첫째, 국가별로는 대미 외교가 중심이었고, 지역적으로 워싱턴 중심의 외교를 시도했다. 이승만은 1921년과 1933년 돌출적으로 대소 외교를 시도했지만, 1945년 샌프란시스코회담을 계기로 소련과 적대적 관계가 되었다. 또한 1~2차대전 때 모두 식민지·피압박 민족과의 동맹·연대 외교는 시도하지 않았다. 워싱턴 중심의 대미 외교에서도 이승만은 가장 핵심인 대한정책(對韓政策) 입안과 결정 기관인 국무부와 대립적 관계를 형성했다.

둘째, 임정 승인 청원 외교와 호소 외교였다. 강대국의 동정과 온정에 대한 호소가 주종을 이루었고 때로는 폭로와 위협을 수반했다. 또한 1919년의 외교 노선이 1940년대까지 지속되었다. 미국 정부만을 향한 청원, 자금·주도권을 둘러싼 미주한인단체와의 갈등, 한인대회 등을 통한 개인의 위상 제고 등이 반복되었다.

셋째, 외교의 주된 핵심이 반일 독립과 임정 승인이었지만, 그는 지속적으로 상해임정이나 중경임정이 아니라 자신을 집정관 총재로 추대한 한성정부가 법통성이 있다는 '한성정부 법통론'을 주장했다. 이승만은 자신의 정치적 지반이 약화되었을 때는 상해·중경 임정 추대를 내세웠지만, 임정과 불편한 관계가 되거나 자신이 유리한 입장에 섰을 때는 한성정부 법통론을 내세우며 임정을 압박했다.

넷째, 이승만 외교론은 교육 우선주의와 준비론·실력양성론과 긴밀하게 연결된 것이었다. 그러나 정세와 시점 그리고 지역에 따라 그 외교 노선과 무장투쟁의 우선 순위는 바뀌었다. 이승만이 언제나 무장투쟁론을 반대하고 외교 노선만을 주장한 것은 아니었다. 태평양전쟁 이후 이승만은 미군부 및 COI-OSS와 연대해 한인게릴라부대 양성을 추진하기도 했으며, 미국의 소리(VOA) 방송을 통해 국내 한인들의 무장 폭동과 방화를 선동하기도 했다. 이 단파방송을 통해 이승만은 국내의 좌우파 지도자들에게 실제 이상의 선전 효과를 거둘 수 있었다. 이를 배경으로 해방 후 이승만의 명성은 '전국적' 차원에서 조성될 수 있었다.

다섯째, 이승만 외교론은 구한말 외교의 체험, 미국 유학의 경험, 헤이·윌슨 등 미국 외교가의 영향과 그들과의 개인적 인연, 무장투쟁이 불가능한 미주의 지역적 조건, 미주 한인사회의 지지를 창출하고 생존하기 위한 목적 속에서 복합적으로 형성되었다.

마지막으로, 이승만은 외교 활동 과정에서 점차 반소·반공 노선과 선전을 강화시켰고, 이것이 태평양전쟁기 이래 그의 대표적 정치 노선으로 확정되었다. 이 과정에서 이승만은 반소·반공적인 미군부와 연계를 맺고, 이들의 후원을 얻게 되었다. 또한 미군 정보부대에 핵심 측근들을 배치함으로써 전시에는 전쟁 상황·중경임정 등에 대한 고급 정보를 얻었고, 해방 후에는 군정 요원 겸 사설 고문단으로 활용할 수 있는 인적 자원을 얻었다.

외교의 동기·과정·결과에 대한 많은 논쟁이 있었음에도 불구하고, 이승만은 동일한 방식의 외교를 40년간 지속했다. 그가 외교에 나선 1919년과 1942년을 계기로 재미한인사회는 분열되고 임시정부는 어려움을 겪었다. 물론 그 책임이 모두 이승만의 몫으로 돌려질 수는 없지만 개인적 명망을 제고시켰던 외교의 긍정적 결과는 여전히 논쟁의 대상이다.

3. 해방 이후: 반공·단독정부 수립 활동

해방 이후 이승만의 주요 활동은 (1) 반탁운동 (2) 반소·반공운동 (3) 단독정부 수립 활동으로 요약된다. 이 세 가지 활동은 상호 긴밀하게 연관되었고 미군정의 노선과도 밀접한 관계를 가진 것이었다.

해방 직후 이승만은 연합군 최고 사령관 맥아더(Douglas McArthur), 주한 미군 사령관 하지(John R. Hodge) 등 미군부의 아시아 반공주의자들과 사설 로비스트였던 OSS 부책임자 굿펠로우(Preston M. Goodfellow)의 도움으로 조기 귀국(1945년 10월 16일)했다. 그는 임정보다 한 달 이상 일찍 입국했는데, 이는 해방 정국에서 우익 진영을 장악하는 데 큰 도움이 되었다.

귀국 직후 이승만은 한때 좌우를 망라한 민족 지도자로 거론되었는데 이는 미군정의 절대적 지지, 인민공화국 주석 추대를 비롯한 좌익의 지지, 우익의 지지가 복합되었기 때문이었다. 이승만은 미군정의 적극적 후원 아래 '독립촉성중앙협의회' (獨立促成中央協議會: 약칭 독촉중협)를 결성(1945년 11월)했다. 표면적으로 좌우 정당의 통일전선체를 지향한 독촉중협은 미국의 공식 대한정책이던 다자간 신탁통치 계획을 무산시키기 위해 미군정이 추진한 정책 대안이었다. 하지 중장을 비롯한 미군정 수뇌부는 미군 진주 직후부터 국무부의 신탁통치 계획을 폐기하는 대신 미군정 통제 아래 이승만·임정 중심의 임시 한국 행정부 혹은 정무위원회의 조직을 추진했다. 독촉중협은 그 결과물이었다. 모스크바삼상회의(1945년 12월 17~26일)를 염두에 두고 추진된 이 조직은 임정의 불참과 좌익의 보이콧으로 실패했다.

이승만은 미군정의 지지를 받으며 1946년 2월 반탁 시위를 주도하던 임정을 끌어들여 남조선국민대표민주의원(미군정청의 자문기관, 약칭 민주의원)을 조직함으로써 재기에 성공했다. 이승만은 제1차 미소공동위원회에서 미군정의 입장을 대변하기 위해 급조된 민주의원의 의장이 되었으나, 광산스캔들이 터진 이후 사임해야 했다. 이승만은 1946년 중반 남한 전역을 순회하며 좌익 타도와 우익 대중 조직 건설에 나섰다. 이를 위해 미군정과 지방 경찰·한인 관리·우익 진영이 총동원되었고, 그 결과는 대성공이었다. 이승만은 남한 우익 진영의 가장 큰 대중 조직인 독립촉성국민회를 장악했다 (1946년 8월). 이 시기에 이승만은 미군정이 불법적으로 조성한 정치 자금 1천만 원을 수중에 넣음으로써 조직과 자금 면에서 남한 우익 진영의 명실상부한 제1인자의 위치를 확보했다.

이승만은 독촉중협을 조직한 다음 미국 주도로 남한에 우익 중심의 '임시 행정부'를 조직한 후 이를 북한 지역까지 확장한다는 구상을 갖고 있었다. 지금까지 이승만은 1946년 6월 3일 정읍발언부터 단정노선을 추진했다고 알려졌으나, 실제로는 1946년 1월부터 우익 진영 내부에서 단정노선을 주장했으며, 대중적으로는 1946년 목포유세(1946년 5월)부터 단정노선을 본격화했다. 이는 북진통일 노선으로 이어지는 것이기도 했다.

이승만은 하지 중장의 권유로 1946년 말 도미 외교에 올랐다. 하지는 이승만의 불법 도미 자금 확보와 환전을 묵인했고, 그가 미국에서 한국인들의 반탁 열기를 호소해주길 바랐다. 그러나 이승만은 도미 외교에서 하지를 공산주의자로 무고했고, 두 사람의 관계는 돌이킬 수 없는 지경에 이르렀다. 하지는 이승만의 입국과 정계 입문, 정치 조직·자금 확보에 결정적인 기여를 했으나, 1946년 말 이승만의 공격으로 보답받았다. 이후에 두 사람의 관계는 적대적인 것이 되었고, 하지는 이승만을 대체할 우익 정치 세력으로 김규식(金奎植)·서재필(徐載弼) 등을 고려했다. 그러나 미군정이 이승만에게 기울인 시간과 노력의 결과 남한 우익 진영 대부분의 중앙·지방 조직과 정치 자금이 이승만의 수중에 들어간 상태였다. 1947년 초반 미국은 '트루먼독트린'으로 대표되는 대소 봉쇄 정책과 냉전 전략을 채택했고, 그 영향으로 미소 협력의 최후 보루였던 제2차 미소공동위가 결렬되었다. 미국은 한국 문제를 유엔으로 이관했고, 표면적으로 이는 이승만이 1년 전부터 주장해오던 단정안의 실현이었다. 총선거가 치러지기 전에 이미 이승만은 정치적 승자였으며, 남은 것은 김구(金九)와의 동맹을 해체하는 것이었다.

1948년 5·10총선거와 대한민국 정부 수립(1948년 8월 15일)은 이승만의 정치적 승리였다. 이후 이승만은 내부의 도전과 외부의 위협에 직면했으나 이는 찻잔 속의 태풍에 불과했다. 원외(院外)에서는 강력한 우익 지도자 김구·김규식이 북한과의 협상을 통한 통일·독립 노선을 주장했고, 원내(院內)에서는 한민당과 소장파들이 도전했다. 정부가 수립되기 이전부터 제주도에서는 4·3사건이 발생했고, 그 여파로 1948년 10월 여수에 주둔하고 있던 국군 14연대가 제주도 출동을 거부하며 군사 반란을 일으켰다. 이에 1948년 11월부터 이듬해 3월까지 대대적인 게릴라 소탕작전이 벌어졌다. 반란과 게릴라들이 거의 소탕된 1949년 초반에 이르자 더 이상의 도전은 용납되지 않았다. 1949년 5~6월을 기점으로 반민특위에 대한 경찰의 습격 사건, 국회 소장파를 겨냥한 국회프락치사건, 김구 암살, 38선상의 무장 충돌이 연이었다.

1950년 5·30 제2대 국회의원 선거는 무소속을 비롯한 신진 세력의 등장으로 이승만 정권의 위기를 불러왔으나 한국전쟁의 발발로 상황은 역전되었다. 이승만은 서울 사수를 주장하는 주한미대사 무초(John J. Muccio)의 권유를 뿌리치고 가장 먼저 피난길에 올랐다. 국군이 북진하고 있다는 그의 목소리가 방송되고, 한강다리가 폭파되어 서울 시민들의 피난길이 차단되었을 때 그는 이미 대전에 도착해 있었다. 평택 이남의 전국 각지에서는 수십만으로 추정되는 국민보도연맹원들에 대한 불법 처형이 자행되었다. 서울이 수복되었을 때 이승만은 한강을 건너지 못한 비도강파(非渡江派)를 가혹하게 처벌했으나 자신의 잘못에 대해 사과하지 않았다. 거창·함평 등지에서 대규모 민간인 학살 사건이 벌어졌지만 학살의 원흉들은 경미한 처벌을 받고 출세가도를 달렸다. 국민방위군사건(6·25전쟁 중 1·4후퇴 때 국민방위군의 일부 고급 장교 사이에 일어난 부정 사건)으로 수만 명의 인명 피해가 속출하고 횡령·부정부패가 발생했으나 전시라는 이유로 사건은 미봉(彌

縫)되었다. 국가와 국민의 관계에 심각한 균열이 발생했다.

반면 한국전쟁은 이승만의 권력 강화를 위한 최상의 기회였다. 피난 수도 부산에서 이승만은 부산정치파동을 통해 대통령 간선제를 직선제로 바꾸었다. 반(反)이승만 세력이 국회를 장악했고, 더 이상 국회에서 간선제로 대통령에 선출될 가능성이 전무하던 상황이었다. 자유당이 제출한 직선제 개헌안이 부결되자 계엄령을 선포하고, 헌병들을 동원했다. 반대파 국회의원들을 국제공산당이라 하여 검거하였고, 관제 시위가 계속되는 가운데 의회 정치는 실종되었다. 전쟁 이전 이승만은 귀천(貴賤) 계급·지역적 관념·남녀 차별·빈부 격차의 타파를 4대 강령으로 한 '일민주의'(一民主義: 하나의 국민으로 대동단결하여 민주주의 토대를 마련하고 공산주의에 대항한다는 통치 이념)를 자신의 정치 이념으로 내세웠다. 국가·민족 중심의 파시즘 논리였던 일민주의는 전쟁 이후 반공주의로 대체되었다. 이승만 통치 아래서 선거·정당·국회로 대표되는 의회민주주의는 요식 행위에 불과했다. 한국에서 의회민주주의는 반공주의를 표방한 독재와 힘겹게 싸우며 명맥을 유지해야 했다.

자신을 특정 계급·계층의 지도자가 아닌 전국민적 지도자인 국부(國父)로 자임했던 이승만은 한국전쟁을 겪으면서 강력한 원내 지지 정당의 필요성을 절감했고, 그 결과 자유당이 창당(1951년 11월)되었다. 자유당 창당과 이승만의 2인자 이기붕(李起鵬)의 등장, 테크노크라트들의 등장으로 원내 기반을 점유하기 전까지, 이승만의 통치 도구는 경찰과 군 특무대, 헌병이었으며 대한국민회(國民會)·대한청년단·대한노동조합총연합회·농민조합총연맹·대한부인회 등 이른바 5대 핵심 사회 단체가 정치적 지지 기반이었다.

전선에서 수많은 한국·미국 군인들이 공산군에 대항해 피흘리던 때 이승만이 안전한 피난 수도에서 반공주의를 명목으로 의회민주주의를 파괴하고 권력 강화에 몰두하자 한·미동맹은 위기를 맞았다. 1952년 부산정치

파동 당시 미8군 사령관을 주축으로 이승만 제거 계획이 구상되었고, 작전명 '상비계획'(Everready Plan)이 실행 직전까지 진전되었다. 또한 1953년 휴전협정 반대와 반공포로 석방을 전후해서도 미국은 이승만 대체 계획을 검토했다. 그러나 미국은 한국의 민주주의 발전보다는 반공과 안정을 최종 선택했다.

휴전 이후 이승만의 독재노선은 더욱 강화되었다. 이승만은 1대(1948~1952년: 간선제), 2대(1952~1956년: 직선제), 3대(1956~1960년: 초대 대통령중임제 철폐) 대통령을 역임했는데, 선출 과정마다 파란의 연속이었다. 대통령의 중임 제한으로 3선이 어려워진 이승만은 1954년 11월 초대 대통령의 중임 제한 철폐를 골자로 한 개헌안을 제출했으나 재적 의원수 2/3 이상에 미달되어 부결되었다. 그러나 곧바로 이승만은 개헌안 부결을 번복시켰고, 소위 '사사오입'(四捨五入) 개헌안이 통과되기에 이르렀다.

이승만의 공포정치와 의회민주주의 파괴는 국민과 야당의 분노를 자아냈다. 분열되었던 야당은 1955년 민주당으로 결집했다. 1956년 제3대 대통령 선거를 앞두고 민주당 후보 신익희(申翼熙)가 유세 도중 서거하자, 선거는 이승만 대 진보당 당수 조봉암(曺奉岩)의 대결로 치러졌다. 조직적인 관권·금권 부정선거 결과 이승만은 504만표를 얻어 210만표를 획득한 조봉암을 누르고 대통령에 선출되었으나 부통령에는 민주당의 장면(張勉)이 당선되었다. 이승만은 멸공·북진 통일이 아닌 평화통일을 주장했다는 이유로 대통령 선거 차점자 조봉암을 북한의 간첩으로 몰아 사형(1959년)시키고 진보당을 해산시켰다. 유일한 증거는 한국군 대북첩보기관 HID의 이중간첩 양명산의 증언뿐이었고, 본인이 재판정에서 증언 내용을 번복했지만 묵살되었다. 부통령 장면에 대해서도 암살 시도(1956년)가 있었다. 가톨릭계 신문으로 야당지로 분류된 『경향신문』은 필화 사건을 계기로 미군정 법령에 따라 폐간(1959년)되었다.

1960년 제4대 대통령을 뽑기 위한 3·15선거는 이러한 독재·반민주 통치의 최정점이었다. 선거는 선거운동·투표·개표 과정에서 상상할 수 있는 모든 부정의 총집합이었다. 민주당 대통령 후보 조병옥(趙炳玉)이 병사(1960년 2월)하자 선거의 초점은 부통령 선출이 되었다. 이승만·이기붕의 조직적 부정은 마침내 국민들의 심판을 받게 되었다. 부정선거로 이승만·이기붕이 제4대 정·부통령으로 선출되자 민주당과 국민들은 선거 무효를 선언했다. 마산에서 시위 도중 살해된 고교생의 시체가 인양되자 사태는 걷잡을 수 없게 되었다. 이승만은 선거 부정을 규탄하는 '마산사건'의 배후에 공산당 개입 혐의가 있다며 난동자를 엄벌하라고 발표했지만 전국에서 벌어진 부정선거를 규탄하는 반독재운동을 막을 수 없었다. 4월 19일 수천 명의 학생·시민이 대통령 관저까지 진출해 이승만 하야를 요구했다. 민심은 완전히 등을 돌렸지만, 이승만은 비상계엄을 선포했고, 경찰의 발포로 184명의 사망자와 6천여 명의 부상자가 발생했다. 급기야 학생·시민의 시위와 미국의 종용으로 이승만은 하야를 결정(1960년 4월 26일)했고, 곧이어 하와이로 망명(1960년 5월 29일)했다. 12년간의 독재는 이렇게 끝났다. 이승만은 1965년 하와이 호놀룰루 시 마우나라니 요양원에서 운명했고, 향년 90세였다.

4. 연구 성과와 평가

이승만의 공과(功過)를 둘러싼 평가는 이미 그가 살아 있을 때부터 대립적이었고, 사후에도 극단적 평가가 양립했다. 이승만에 대한 전기적 접근이나 서술은 이미 대통령 재임 시절부터 시작되었는데, 1950년대의 전기들은 이승만을 찬양하는 홍보물의 성격이 강했다. 반면 1960년대 이후 간행된 평전들은 정반대로 비판적 내용이 주류였다. 전기·평전 이외의 연구에서 이승만에 대한 평가는 1960~1980년대에는 분단과 독재의 책임자로 비판하는 평가가 주류를 이루었고 1990년대 들어서는 '건국의 아버지'로 긍정적으로 평가하는 입장이 대두되었다.

이승만에 대한 연구가 본격화된 1980년대 이후의 성과는 (1) 개화기의 활동, (2) 일제 시대 외교 활동, (3) 해방 이후 활동에 대한 연구로 나누어볼 수 있다. 개화기 이승만의 활동에 대한 연구는 외교독립론을 비롯한 정치사상 형성의 배경, 기독교를 수용하는 과정, 언론 활동, 한글운동 등에 주목하고 있다. 개화기 이승만에 대한 연구는 모두 그의 외교론·기독교 수용·국가관 등이 일제시대와 해방 이후 노선에 어떤 영향을 주었는지를 검토하기 위한 사전 분석적 측면을 지닌다.

일제시대 이승만 활동에 대한 연구에서는 그의 독립운동과 외교 노선, 미주 한인 사회에서의 역할, 구미위원부·주미외교위원부, 정통성의 기반인 '한성정부' 등이 검토되었다. 그 외에도 1933년 국제연맹 외교, 박용만·한길수 등 정적과의 관계도 연구되었다.

일제시대 이승만의 활동에 대한 연구는 두 가지 차원에서 쟁점을 형성하고 있다. 첫째는 독립운동 방략에 대한 평가이다. 그 중에서도 위임통치론으로 대표되는 외교 노선을 독립운동의 방략으로 인정할 것인가, 인정한다면 전체 독립운동의 방략 가운데 어떤 위치를 차지한다고 평가할 것인가 하는 점이다. 둘째는 미주 한인 사회 내에서 이승만의 위상과 역할 문제이다. 이승만의 역할에 대해 통일에 기여했다는 긍정적 평가와, 파벌 조성·분열을 초래했다는 부정적 평가가 엇갈리고 있다.

해방 직후 이승만에 대한 연구의 대부분은 1945~1948년 시기의 단정노선을 다루는 데 집중되어 있다. 이승만의 단정노선에 관한 가장 큰 쟁점은 이 노선을 어떤 기준으로 평가할 것인가 하는 점과 그 승리의 배경이 무엇인가 하는 점이다. 이승만의 단정노선에 대해서는 (1) 선택이 아니라 외교론과 지지 기반에 기초한 필연적 귀결이었다, (2) 북진통일론과 함께 분단유지에 만족하는 분단 정책이었다, (3) 미국의 단정안 채택을 유도하는 역할을 했다, (4) 소련의 한반도 적화를 막기 위한 자율정부수립운동이었다는 등 다양한 설명 방식이 있다. 지금까지 단정노선을 평가하는 기준은, 첫째 통일·민족주의, 둘째 자유민주주의 국가 수립이라는 두 가지이며, 어느 것을 중시하느냐에 따라 단정에 대한 평가가 갈라졌다고 할 수 있다.

이승만의 단정노선이 승리하게 된 배경에 대해서도 견해가 대립적이다. 먼저 '이승만 신화'에 입각한 해석이다. 즉 이승만은 이미 개화기 때부터 애국자였고, 미국 프린스턴대학 박사라는 당대 최고 학력과 임시정부 대통령이라는 최고 경력을 지녔으며, 해방 후에는 국내 지지 기반이 없는 상태에서 미군정 사령관 하지 중장과 대립하면서도 건국의 대업을 이루어낸 '위인'이라는 평가이다. 이러한 논리는 이승만이 소련의 대한 적화 정책을 유일하고 정확하게 인식하여 미군정·국내 좌파·남북협상파의 반대를 극복하고 건국을 했다는 이승만 '국부론'으로 이어지는 것이다.

다음으로 이승만은 미국의 냉전 전략과 봉쇄 정책의 수혜자였으며, 결국 미국이 이승만을 세웠다는 해석이다. 이러한 입장은 이승만이 일제시대 독립운동 진영의 분열과 대립을 조장한 장본인이며, 해방 후에는 민족 분단의 첨병 역할을 했고, 정권 수립 이후에는 독재자였다고 강조한다. 그런데 이상의 설명 방식에는 몇 가지 문제점이 있다. 먼저 해방 후 이승만이 정치적 승리를 거둘 수 있었던 원인을 개인적 탁월함이나 미국의 역할로 돌리고 있다는 점이다. 물론 개인의 탁월함과 미국의 의도가 중요한 역할을 했지만, 이러한 해석은 영웅주의사관이나 강대국 결정론과 다를 바 없는 비역사적인 관점이다. 또한 이런 해석은 공통적으로 이승만이 해방 이전 시기에는 국내 지지 기반이 없었다고 전제하고 있다. 이러한 전제가 당연시됨에 따라 이승만의 승리는 그의 개인적 탁월성이나 미국의 대한 정책 의도가 주된 요인으로 설명될 수밖에 없었다. 해방 전후사를 단절시키며, 이승만의 미국 체류 시기 활동과 국내 활동을 구분하는 이러한 단선적 설명 방식으로는 해방 이후 현대사의 전체상을 해명하는 데는 한계를 지닌다.

최근에는 이러한 해석에서 한 걸음 나아가 일제시대 이승만의 국내 지지

63인의 역사학자가 쓴 한국사 인물 열전

기반에 대한 분석과 함께 개화기 이래 이승만의 국내 지지 기반의 형성 과정을 주목하는 연구가 제출되었다. 이 견해에 따르면 일제 시기 이승만의 국내 지지 기반이 전무했다는 지금까지의 일반적 견해와는 다르게 이승만의 지지 기반은 개화기 이래 형성된 부르주아민족주의 세력이며, 이들은 개화기와 식민지 시기를 거치면서 변법개화론·외교독립론·실력양성론을 정치 노선으로 삼았다는 것이다. 즉 이승만은 전통사회에서 현대로, 전근대에서 근대로, 식민에서 해방으로 전환하는 과정에서 형성된 부르주아민족주의 계열의 대표성을 지녔다는 평가이다.

이승만의 업적으로는 식민지 시기의 독립운동, 해방 이후 대한민국의 건국, 한국전쟁 이후 한미상호방위조약 체결, 농지 개혁 등이 거론되고 있다. 특히 이승만이 '건국 노선'을 통해 대한민국을 수립하고, 한국전쟁 시기 한미상호방위조약을 체결함으로써 미국의 안전보장 위에서 이후 경제개발을 이룩할 수 있는 토대를 구축했다는 논리가 강조되고 있다. 대미 외교에서 이승만의 독자성과 능수능란함 역시 이후 다른 지도자들과 비교해 장점으로 부각되고 있다. 또한 이승만은 2차대전 이후 동북아시아에서 장개석(蔣介石)과 쌍벽을 이루는 반공 지도자로 분명한 카리스마를 지니고 있었다. 반공주의는 이승만의 장점이자 최대의 약점이기도 했다.

한편 이승만의 과오로 꼽히는 점은 다음과 같다. 이승만은 권력 장악을 위해 분단 정부 수립을 주도했고, 한국 사회에 반공주의를 전면화하고 반민주 독재 활동을 통해 민주주의의 진전을 막았다. 또한 한미상호방위조약으로 한국의 안보가 확고해졌다는 찬사에도 불구하고, 한국군의 지휘권을 휴전 후에도 미국에 이양함으로써 종속적인 한미관계를 고착시켰다는 비판이 가능하다. 특히 이승만은 임시정부와 대한민국에서 모두 초대 대통령을 지내는 영예를 안았으나, 두 번 모두 국민에게 축출당하는 비운의 지도자가 되었다.

참고문헌

· 자료

國家報勳處, 『大韓民國臨時政府 承認 關聯文書』(1994), 『북미시보』(1998), 『美洲韓人民族運動資料』(1998), The Korean Student Bulletin(2000).

國史編纂委員會, 『資料大韓民國史』 1~12(1968~1999), 『韓國獨立運動史』 臨政篇 I ~ II(1970~1971), 『大韓民國史資料集』 1~44(1987~1999), 『한민족독립운동사자료집』 12(3·1운동 II)(1990), 『韓國獨立運動史』 자료 21~28(임정편)(1992~1995). 『韓國現代史資料集成』 45~50(1999~2000).

國會圖書館, 『韓國民族運動史料(中國編)』(1976), 『韓國民族運動史料(三·一運動編)』 1~3(1977~1979).

雩南李承晩文書編纂委員會, 『梨花莊所藏 雩南李承晩文書(東文篇)』 1~18, 中央日報社 現代韓國學硏究所, 1998.

Headquarter USAFIK, G-2 Weekly Summary; G-2 Periodic Report.

USAFIK, History of the United States Armed Forces in Korea; Summation of U.S. Military Government Activities in Korea.

United States Army Intelligence Center, History of the Counter Intelligence Corps Volume XXX: CIC During the Occupation of Korea, March 1959. United States Army Intelligence Center, Fort Holabird, Baltimore 19, Maryland.

日本外務省 外交史料館 소장 자료:「不逞團關係雜件: 朝鮮人ノ部: 在歐米ノ1~8」(1910~1925),「不逞團關係雜件 ―上海假政府篇」,「不逞團關係雜件: 朝鮮人ノ部 鮮人ト太平洋會議」.

京城地方法院 檢事局 思想係, 『延禧專門學校·同志會·興業俱樂部關係報告』(自昭和十二年三月三十日至昭和十三年十二月十日).

회고록·전기·평전

金鉉九, 『金鉉九自傳』·『雩南略傳』·『又醒遺傳』·『儉隱略傳』, 하와이대학 한국학연구소 소장.

로버트 T. 올리버, 박일영 역, 『李承晩秘錄』, 국제문화협회, 1982.

로버트 T. 올리버, 박마리아 역, 『리승만박사전』, 합동도서주식회사, 1956.

유영익, 『이승만의 삶과 꿈』, 중앙일보사, 1996.

박용만, 『景武臺秘話』, 삼국문화사, 1965.

63인의 역사학자가 쓴 한국사 인물 열전

徐廷柱, 『李承晚博士傳』, 三八社, 1949(『雩南李承晚傳』으로 재출간, 華山, 1995).

孫世一, 『李承晚과 金九』, 一潮閣, 1970.

雩南實錄編纂委員會, 『雩南實錄』, 열화당, 1976.

李元淳, 『人間 李承晚』, 신태양사, 1965.

한승인, 『독재자 이승만』, 일월서각, 1984.

Richard C. Allen, *Korea's Syngman Rhee: An Unauthorized Portrait*, Charles E. Tuttle Company: Publishers Rutland, Vermont & Tokyo, Japan, 1960(리차드 알렌, 尹大均 역, 『韓國과 李承晚』, 合同通信社, 1961).

· 연구 성과

1. 단행본

(1) 개화기~일제 시대

方善柱, 『在美韓人의 獨立運動』, 한림대학교 아시아문화연구소, 1989.

放友會, 『短波放送海外連絡事件』, 방송토론회 종합보고서, 1988.

유영익 편, 『이승만연구』, 연세대학교 출판부, 2000.

이승만·정인섭, 『이승만의 전시중립론』, 나남출판사, 2000.

(2) 해방 이후

도진순, 『한국민족주의와 남북관계』, 서울대학교 출판부, 1997.

리차드 로빈슨, 『미국의 배반』, 과학과사상사, 1988.

브루스 커밍스, 김주환, 『한국전쟁의 기원』 상·하, 靑史, 1986.

서중석, 『한국현대민족운동연구』, 역사비평사, 1991.

韓永愚, 『다시 찾는 우리 역사』, 경세원, 1997.

Bruce Cumings, *The Origins of the Korean War*, vol. II, Princeton University Press, 1990.

2. 논문

(1) 개화기~일제 시대

高珽烋, 「開化期 李承晚의 思想形成과 活動」(1875~1904), 『歷史學報』 109호, 1986.

_____, 「제2차 세계대전기 재미한인사회의 동향과 주미외교위원부의 활동」, 『국사관논총』 49집, 1993.

_____, 「독립운동기 이승만의 외교 노선과 제국주의」, 『역사비평』 겨울호, 1995.

金度亨, 「1930년대 초반 하와이 한인사회의 동향」, 『한국근현대사연구』 9집, 1998.

方善柱, 「3·1운동과 재미한인」, 『한민족독립운동사 3』, 國史編纂委員會, 1988.

_____, 「1921~1922년의 워싱턴회의와 재미한인의 독립청원운동」, 『한민족독립운동사 6』, 國史編纂委員會, 1989.

_____, 「1930년대 在美韓人 獨立運動」, 『한민족독립운동사 8』, 國史編纂委員會, 1990.

_____, 「아이프러機關과 在美韓人의 復國運動」, 『第二回 韓國學國際學術會議論文集 —解放 50주년, 세계 속의 韓國學』, 仁荷大學校 韓國學硏究所, 1995.

_____, 「이승만과 한길수」, 『이승만의 독립운동과 대한민국 건국』, 연세대학교 현대한국학 연구소 제2차 국제학술회의, 1998.

서정민, 「구한말 이승만의 활동과 기독교」(1875~1904), 연세대학교 교육대학원 석사학위 논문, 1987.

徐仲錫, 「韓末·日帝侵略下 資本主義 近代化論의 性格」, 『한국근현대의 민족문제연구』, 지식 산업사, 1989.

尹大遠, 「大韓民國臨時政府의 組織·運營과 獨立方略의 분화」(1919~1930), 서울대학교 국 사학과 박사학위 논문, 1999.

鄭秉峻, 「이승만의 독립운동론」, 『논쟁으로 본 한국사회 100년』, 역사비평사, 2000.

朱鎭五, 「청년기 이승만의 언론·정치활동 해외활동」, 『역사비평』 여름호, 1996.

(2) 해방 이후

徐仲錫, 「한국전쟁과 이승만정권의 권력강화」, 『역사비평』 9 여름호, 1990.

_____, 「이승만과 북진통일—1950년대 극우반공독재의 해부」, 『역사비평』 29 여름호, 1995.

_____, 「이승만정부 초기의 일민주의」, 『진단학보』 제83호, 1997.

鄭秉峻, 「주한미군정의 '임시한국행정부' 수립 구상과 독립촉성중앙협의회」, 『역사와현실』 19호, 1996a.

_____, 「남한진주를 전후한 주한미군의 對韓정보와 초기점령정책의 수립」, 『史學硏究』 51 호, 1996b.

_____, 「해방직후 李承晩의 귀국과 東京會合」, 『韓國民族運動史硏究』, 于松趙東杰先生停年 紀念論叢刊行委員會, 1997.

_____, 「이승만의 정치고문들」, 『역사비평』 여름호, 1998.

_____, 「大韓經濟輔國會의 결성과 활동」, 『역사와현실』 33호, 1999.

_____, 「1945~1947년 우익진영의 '愛國金'과 李承晩의 정치자금 운용」, 『韓國史硏究』 109 집, 2000.

63인의 역사학자가 쓴 한국사 인물 열전

_____, 「이승만의 독립노선과 정부수립운동」, 서울대학교 국사학과 박사학위 논문, 2001.

鄭容郁, 「미군정기 이승만의 '방미외교'와 미국의 대응」, 『역사비평』 30 가을호, 1995.

_____, 「1942~1947년 美國의 對韓政策과 過渡政府形態 構想」, 서울대학교 국사학과 박사
학위 논문, 1996.

정해구, 「분단과 이승만: 1945~1948」 『역사비평』 32 봄호, 1996.

홍석률, 「이승만정권의 북진통일론과 냉전외교정책」, 『韓國史硏究』 85, 1994.

_____, 「한국전쟁 직후 미국의 이승만 제거계획」, 『역사비평』 26 가을호, 1994.

한상룡 韓相龍

민족을 비월(飛越)한 사이비 근대인

전우용 서울시립대학교 서울학연구소 상임연구원

머리말

한국 사회가 일제의 식민 지배에서 해방된 지 반세기가 넘었지만, 식민 지배가 한국인 일반에 남긴 정신적 외상은 쉽게 치유되지 않고 있다. 세련된 고유문화를 창조하고 전승해온 민족이 외세의, 그것도 자신보다 문화적으로 열등하다고 믿어온 주변국의 지배를 받음으로써 입은 정신적 외상은 특히 심각할 수밖에 없었다. 정신적 외상은 과거를 객관적으로 이해하는 데 장애를 초래하게 마련이다. 이는 과거를 전문적으로 다루는 데 익숙한 역사 연구자들에게도 예외는 아니다. 역사 연구자들이 취급하는 객관적 사실도 이에 의해 굴절되거나 조합된 것일 수 있으며, 설령 과거 사실 자체가 명료하게 객관적일지라도 그를 재구성하는 일이 특정한 역사의식과 무관할 수 없는 이상, 이들 사실은 의식적으로 재분류될 수밖에 없다. 한국 역사학계는 그동안 식민사학의 독소적 잔재를 극복한다는 뚜렷한 목적의식 아래 근대사상(近代史像)을 구성해왔고, 그에 따라 '침략과 저항', '민족과 반민족'이라는 이분법적 단선 구도가 생겨났다. 한국 근대사상을 구성하는 '객관적 사실'들은 모두 이 구도 속에서 재분류되고 재배치되어왔다.

한국 근대사상이 일단 이분법적 단선 구도를 갖추자 많은 역사적 사실들이 스스로 발언할 기회를 잃어버렸다. 현재에서 가깝고 또 그리 길지 않은 시대였건만 식민지 시대는 흑백의 단조로 채색되어왔고, 그에 따라 많은 사실들이 신비의 영역 속에 머물렀다. 예컨대 '침략과 저항', '수탈과 몰락'이라는 이분법적 구도 속에서는 그 시기에 진행된 개발이나 성공 사례가 합당한 관심을 받지 못했고, 종종 개인적인 성공이 발견되더라도 그것은 '신화'의 자격을 얻게 마련이었다. 근래 식민지 근대화론자들에 의한 '내재적 발전론' 비판이나 '식민지 수탈론' 비판 또한 한국 역사학계가 구축해온 근대사상이 지닌 이 같은 취약성을 중요한 비판의 고리로 삼고 있다.

이 문제가 비단 정치사나 민족해방운동사, 사회경제사에 국한되지는 않는다. 인물사나 사상사 역시, 어쩌면 더 심각하게 이분법적 구도에서 다루어져왔고, 그에 따라 식민지 시대를 살았던 인물들에 대한 평가는 연구자들이 의식했건 그렇지 않았건 간에, 일차적으로 민족의 가치에 종속될 수밖에 없었다. 역사 연구자들 사이에서건, 대중적 차원에서건 식민지 시대에 활동한 인물은 일차적으로 '민족─반민족'이라는 기준에 의해 평가받았으며, 그 평가에 기초하여 개별 인물의 사상이나 행적이 재단되었다. 그나마 민족운동과 관련된 인물들에 대해서는 사회주의자에서 민족개량주의자에 이르기까지 그 사상의 여러 측면이 연구 대상이었지만, '친일파'에 대해서는 민족개량주의자의 친일화와 관련된 사례를 제외하면, 대부분 그 '죄상'을 폭로하거나 고발하는 차원에서만 연구가 이루어졌다.

이 같은 경향은 식민 잔재를 청산하는 일이 시대적 과제로 제기되어왔고, 또 현재에도 제기되고 있기 때문에 불가피한 측면이 있다. 그러나 이 같은 이분법에 지나치게 집착하는 한 우리가 활용할 수 있는 역사적 자산의 폭은 그만큼 줄어들 것이다. 당대인들의 다양한 삶의 양태와 궤적을 민족과 반민족이라는 확연히 대립되는 두 축에 인위적으로 결부시켜 재단하기보다는 그 다양성을 가급적 그대로 드러내는 것이 한국 근대사상을 풍요롭게 재구성하는 데 더 도움이 될 것이다.

필자가 이 글에서 다루고자 하는 한상룡(韓相龍, 1880~?)은 그동안 '친일 예속 자본가의 전형' 또는 '식민지 예속 경제화의 첨병'으로 지목되면서 일제 치하 경제계에서 활동한 친일파의 거두로 알려져왔다. 실제로 그보다 더 '친일 예속'이라는 형용구에 어울리는 삶을 산 사람도 찾아보기 어려울 것이며, 필자 또한 그에게서 '친일 예속'이라는 딱지를 떼어버릴 생각은 추호도 없다. 다만 필자는 '친일'을 개인의 도덕성과 결부된 범죄 행위로 취급하기보다는 일종의 사회적 현상이나 경향으로 이해하고, 그 내부에 존재할 수 있는 다양한 스펙트럼을 확인할 필요가 있다고 보아 그 '전형적인 예'로 한상룡을 택했을 뿐이다. 필자가 이 글에서 한상룡이라는 한 인간의 삶을 통해 검토해보고자 하는 것은 다음과 같은 내용들이다.

첫째, 한 개인 또는 집단의 정치적·사회적 태도가 형성되는 배경이나 환경에 관한 문제이다. 한상룡이 성장기를 보낸 19세기 말은 식민지화의 위기가 구체화되던 시기였고, 그에 따라 지배 집단, 지식인 집단의 대응 양식도 여러 갈래로 표출되었다. 당시로서는 대아시아주의적 대응도, 민족주의적 대응도, 복고주의적 대응도 모두 선택 가능한 것이었다. 문제는 그 선택 가능성을 축소시키고, 한 개인을 특정한 태도로 몰아갔던 사회적 관계망이다. 일제 강점기 '친일'을 포함한 정치적 태도 일반을 각 개인들의 계급 귀속 문제와 관련지어 이해하는 방식은 이미 일반화되었다. 이러한 이해 방식에 따르면, '친일 행위와 친일 논리'는 식민지 지주·대자본가의 계급적 이해를 반영하는 것이다. 그러나 근대 이행기였던 19세기 말~20세기 초는 '계급 구도의 새로운 지형'이 만들어지는 시기였고, 그런 만큼 상대적으로 풍부한 자원을 활용할 수 있던 일부 사람들에게는 계급 귀속조차도 선택 가능한—실제로는 그 선택조차 새로운 권력에 의해 통제되었지만—문제로

다가섰다. 이 글에서 한 개인의 정치·사회적 태도 문제를 고려하면서 '계급적 지위'보다 복합적인 '사회적 관계망'에 주목하고자 한 것은 이 때문이다. 구체적으로는 한상룡으로 하여금 '친일 예속 자본가'의 길을 선택하게 만든 각 심급(審級)의 '사회적 관계'를 검토하는 것이 이 글의 첫번째 과제이다.

둘째, 식민지하 조선인 사회의 최상층부에 속해 있던 개인 또는 집단이 보유한 영향력의 성격 및 그 행사 방식과 제국주의 권력이 그를 통제하는 양상과 관련된 문제이다. 이른바 '친일파'라는 표현에는 '일신(一身)의 영달을 위해 민족을 배신한 민족 반역자' 또는 '일제의 주구(走狗)'라는 이미지가 암묵적으로 전제되어 있다. 그러나 일제 권력이 조선 사회를 장악하는 과정에서 이들을 '활용'했다는 것은, 역으로 이들이 일제 권력과 조선 사회 간의 결절점에 위치하여 쌍방간 소통의 통로 구실을 했음을 의미한다. 총독부 권력이 이들에게 권한을 위임한 적은 없었지만, 그들은 사적인 영역에서 상당한 영향력을 행사했고, 총독부의 정책 입안이나 집행에도 영향을 미쳤다. 그런 점에서 이 문제를 검토함으로써 일제의 식민지 지배정책과 그에 따른 조선인 사회의 대응에 대한 이해의 폭을 넓힐 수 있을 것이다. 이 글에서는 일제의 경제정책에 대한 한상룡의 태도와, 그 집행 과정에서 한상룡이 수행한 역할을 확인해봄으로써 이 문제에 접근하고자 한다.

셋째, 이들의 민족적 자의식과 관련된 문제이다. 이들은 조선인 가운데 일제 권력 및 일본인들과 가장 넓은 접촉면을 유지했기 때문에 그 과정에서 대부분 스스로 조선인을 대표한다는 의식을 갖지 않을 수 없었다. 물론 그들의 주관적 '민족의식'은 식민지하 조선인 일반의 의식과는 현격한 차이가 있었겠지만, 일제 권력의 조선관·조선인관에는 더 큰 영향을 미쳤을 수 있다. 또한 이들이 지닌 '영향력'도 일제 권력이 이들의 '민족적 대표성'을 인정하는 범위 또는 정도와 관련되었을 것이다. 이 글에서는 조선 문화에 대한 한상룡의 태도를 검토하고, 그를 민족개량주의자들의 그것과 비교해

봄으로써 그동안 논의조차 되지 않았던 '친일파'의 민족의식 문제에 다가 서고자 한다.

한상룡에 대해서는 한상룡의 회갑을 기념하여 한상룡씨환력기념회에서 펴낸『韓相龍君を語る』(이하『韓相龍』으로 略記 -필자)가 기본 자료로 활용되어왔다. 이 글에서도 이 책의 내용을 중심으로 한상룡의 일생을 재구성하되, 그밖에 한성은행 관련 기록과 경기도회나 각종 자문회의 의사록, 신문기사 등을 활용하여 한상룡의 행적과 생각을 추적해보기로 한다.

1. 가계와 성장 환경

한상룡은 1880년 11월 14일 서울 수표동에서 한관수(韓觀洙)의 3남 4녀 중 셋째 아들로 태어났다. 그의 가문인 청주 한씨 공안공파(恭安公派)는 조선 전기부터 영조 연간에 이르기까지 다수의 재상과 부원군을 낼 정도로 현달(顯達)했으나, 한상룡의 7대조인 한익모(韓翼謩)가 사도세자의 신원(伸寃) 과정에서 삭직(削職), 유배된 후 차츰 영락(零落)하기 시작했다. 한상룡의 조부인 한규석(韓圭錫)은 상주목사를 지냈고, 부친 한관수는 병약하여 일찍 은퇴했으며, 생모 또한 일찍 세상을 떠났다. 더욱이 한상룡이 태어난 1880년대는 임오군인폭동(임오군란), 갑신정변 등의 정치적 혼란이 거듭되던 시기였기 때문에 한상룡 일가도 서울의 집을 떠나 경기도 진위, 광주 등을 전전하면서 한상룡의 외조부 이호준(李鎬俊)의 도움으로 근근이 생활을 이어가야 했다. 한상룡의 모친은 이호준의 딸로 이윤용(李允用)의 친누이였다. 이윤용은 흥선대원군 이하응(李昰應)의 사위였으므로, 한상룡은 왕실과도 인척관계를 맺고 있었던 셈이다. 이호준은 매달 쌀 두 섬, 장작 두 짐씩을 한상룡의 집에 보내주었다고 한다. 한상룡이 경제적 곤궁에서 벗어난 것은 14세 때인 1893년 이신목(李臣穆)의 딸과 혼인하여 처가의 도움을 받으면서부터였다.

유년기의 한상룡은 집에서 한문을 배우는 것 외에는 특별한 사승관계를 맺지 않았다. 외숙 이완용(李完用)이 일찍이 육영공원(育英公院)에 입학하는 등 신학문에 대한 관심이 높았던 가족 환경에서 그가 한학에 몰두할 이유는 없었을 것이다. 한상룡은 17세 때인 1896년, 9품 비서원랑에 임명된 큰형〔長兄〕한상학(韓相鶴)을 따라 다시 서울로 올라와 친척인 한창수(韓昌洙)──당시 외국어학교 교장──의 권유로 한성 영어학교에 입학했다.

영어학교에 재학중이던 1898년 가을, 한상룡은 급우 상호(尙灝)와 함께 미국 유학길에 오르기로 결심하고 일본으로 도항(渡航)했다. 한상룡이 미국행을 결심한 데는 친우의 권유 외에 가문의 분위기가 크게 작용했을 것으로 짐작된다. 친척 한창수가 갑오 개화파의 일원으로 영어에 능통했을 뿐아니라, 외숙 이완용 또한 육영공원을 마치고 주차 미국참찬관, 외부협판, 외부대신을 역임하는 등 구미파의 핵심으로 활동했다. 한상룡은 이 같은 환경에서 큰 고민 없이 미국행을 결심할 수 있었을 것이다.

일본에 도착한 한상룡은 한국 공사관을 찾아갔다가 마침 도쿄에 와 있던 외숙 이윤용(당시 군부대신)을 만나 그의 만류로 미국행을 포기하고 일본에서 유학 생활을 시작했다. 이윤용은 한상룡을 일본 참모본부 제1부장이던 육군 소좌 우츠노미야 타로(宇都宮太郎)에게 맡겼고, 한상룡은 그의 도움으로 약 반년간의 일본어 학습을 마친 뒤 1899년 7월, 일본 육군사관학교 격인 성성학교(成城學校) 3학년에 편입했다. 당시 성성학교에는 많은 조선 젊은이들이 재학중이었지만, 이들은 대부분 조선인만으로 구성된 특별반에 소속되었다. 그러나 한상룡은 우츠노미야의 주선으로 김응선(金應善), 한상기(韓相琦)와 함께 일본인 반에 입학할 수 있었다. 성성학교는 무관학교였기 때문에 총검술과 승마 등을 중심으로 교과가 편성되었고, 역사나 지리 등 근대 학문에 대한 교육도 병행했다. 조선인으로만 구성된 특별반과는 달리 한상룡이 소속된 일본인 반의 경우, 일본 군국주의의 침략적 조선관이 여과 없이 전수되었을 것이다. 이런 상황이 젊은 한상룡을 번뇌케 했을 것으로 보이지만, 어쩌면 다른 '조선인'과 구별되는 특별한 지위에 있다는 사실에 만족함으로써 이 문제를 피해갔을 수도 있다. 뒤에 다시 얘기하겠지만, 한상룡은 평생을 '특별한 조선인'이라는 자의식을 갖고 살았는데, 여기에는 그의 가족 환경뿐 아니라 유학 시절과 그 이후의 '특별한' 경험도 크게 작용했다.

한상룡은 성성학교에 재학하면서 우츠노미야 등 일본 군부 인사들의 지도를 받는 한편, 박영효(朴泳孝)·안경수(安駉壽)·조희연(趙羲淵)·유길준(兪吉濬)·윤치오(尹致晤) 등 망명 정객들과도 교유했다. 당시 일본의 정치 군인들과 망명 정객들은 유학생들을 후일의 정치적 자원으로 활용하기 위해 많은 노력을 기울였으니, 신지식에 목말라 하던 청년 유학생들이 대아시아주의적 실력양성론에 사상적 세례를 받지 않을 도리가 없었다. 한상룡 또한 학교 수업 외에도 수시로 우츠노미야와 유길준을 방문하여 세계와 아시아, 조선과 일본에 관한 그들의 식견을 듣고 수용했다.

한상룡은 1901년 1월 15일, 졸업을 얼마 남기지 않은 시점에서 각기병으로 학업을 중단하고 귀국했다. 귀국 직후 중교의숙(中橋義塾)의 영어 교사가 되었으나, 이 생활은 그리 오래가지 않았다. 그해 여름 한상룡 인생에 또 한 차례의 전기가 찾아왔다. 이때 서울과 부산에서 경부철도 공사가 동시에 착공되었는데, 부산의 기공식에 특명사로 참석한 완순군(完順君) 이재완(李載完)*이 한상룡에게 영어 통역을 맡겼던 것이다. 이를 계기로 한상룡은 이재완이라는 또 한 사람의 유력한 후견인을 얻었다. 그런데 이때 한상룡이 이재완을 수행하게 된 경위에는 조금 석연치 않은 점이 있다. 한상룡이 비록 영어학교를 다니기는 했으나 그 기간은 극히 짧았으며, 실제로 한상룡이 영어를 본격적으로 학습하기 시작한 것은 1931년부터였다. 더구나 이재완은 부산 왕복길에 선물로 받은 물품의 정확히 반을 한상룡에게 나누어줄 정도로 특별한 대우를 해주었다. 누가 한상룡을 이재완에게 추천했는지는 명확하지 않지만, 일본 공사관측에서 이재완측에 한상룡을 심어놓은 것으로

63인의 역사학자가 쓴 한국사 인물 열전

의심되는 정황은 곳곳에서 탐지된다.

한상룡은 성성학교를 중퇴하고 귀국한 후, 우츠노미야의 주선으로 일본 공사관 직원들과 친교를 맺고 자주 왕래했는데, 하기하라 슈이치(萩原守一) 서기관 및 공사관부 무관 노즈 시즈무(野津鎭武)와 특히 밀접한 관계를 유지했다. 하기하라는 한성은행 개조 당시의 일본 대리공사로 은행 개조 전 과정에 관여했고, 노즈는 일본 군부 내에서 상당한 영향력을 지녔던 인물로 당시 조선 내의 정보 수집을 총괄하고 있었다. 또 이 무렵 일본은 이재완을 통해 황실에 접근하려 했기 때문에, 한상룡과 이재완의 접촉은 노즈를 비롯한 일본 공사관측의 주선에 의한 것이었을 가능성이 높다.

한상룡은 이재완의 도움으로 이듬해(1902년) 7월 외부 참서관에 임명되었고, 다음달에는 평식원 총무과장(정3품)으로 전보되었다. 비록 관직에 오르기는 했으나 한상룡의 실제 업무는 이재완의 일을 돕는 것에 불과했다. 외부 참서관은 차함(借啣: 실제로 근무하지 않고 이름만 갖던 벼슬)이었고, 평식원 총무과장은 무급직이었다. 그가 평식원 총무과장으로 한 일도 도량형기 제작 비용을 마련하기 위해 일본 차관을 도입할 때, 이재완을 대신하여 서명한 정도에 불과했다. 실질적인 그의 중심 업무는 일본 공사관측과 이재완 간의 연락 사무였던 것으로 보인다. 일본이 화폐를 발행하기 위해 이용익(李容翊)의 러시아 차관을 무산시킬 목적으로 한성은행 개조를 추진했을 때, 한상룡이 그 핵심 역할을 수행한 것도 이 같은 관계 때문이었을 것이다.

이용익이 러청은행(露淸銀行)과 차관 도입 교섭을 진행하자 일본 공사관측은 이를 저지하기 위해 이재완을 내세워 방해 공작을 추진했다. 그들은 제일은행의 자금으로 새 은행을 설립하게 하고, 표면적으로는 이재완을 대표로 내세워 이용익이 차관을 도입하는 것을 막으려 했다. 새 은행에서 정

---

* 李載完은 흥완군 晸應의 아들로, 高宗과는 사촌간이었다. 1884년 갑신정변 당시부터 친일 개화파 인사들과 지속적으로 기맥을 통하면서 황실 안의 대표적 친일 인사로 활동했다.

부에 자금을 공급함으로써 차관을 막겠다는 것이었다. 그러나 새 은행을 설립하기 위해서는 탁지부의 인가를 받아야 하는 등, 정부 및 황실의 개입을 막을 수 없었기 때문에 편법으로 김종한(金宗漢)이 경영하던 한성은행을 공립(公立)으로 개조하는 방법을 택했다. 이 과정에서 일본 공사관측과 이재완을 연결하던 한상룡이 부상했던 것으로 보인다. 하기하라 대리공사가 고무라 외무대신에게 보낸 기밀 서신에는 "완순군측에서는 본관(本官)에게 …… 폐하에게서 칙명을 받았다면서 필요한 궁중 비용 및 칭경식(稱慶式) 비용에 충당하기 위해 100만 원 이상의 차관을 노즈 소좌 및 시오자와(鹽川) 통역관에게 신청했다"는 내용이 있다. 여기에서 완순군측의 인물은 한상룡이었을 것으로 짐작된다. 한상룡 스스로 노즈, 시오자와 이치타로(鹽川一太郎)와 각별한 친분을 유지했었다고 회고한 바 있을 뿐만 아니라, 이후 한성은행 개조 과정에서 한상룡이 전권을 행사한 것으로 보아 이때 한상룡은 일본 공사관측의 한국인 대리인으로 활동했을 것이다.

한상룡은 일본 공사관과 제일은행을 대리하여 한성은행 개조 작업을 총괄했고, 한성은행이 개조되자 우총무가 되어 경영을 전담했다. 한상룡은 은행 경영에 관한 지식을 얻기 위해 수시로 제일은행을 방문했으며, 그가 평생 동안 우상으로 받든 제일은행 총재 시부자와 에이이치(澁澤榮一)도 만날 수 있었다. 이 과정에서 한상룡은 일본 공사관과 이재완 사이의 연락책, 또는 일본 공사관의 단순 대리인역을 벗어나 독자적인 활동 영역을 가진 '식민지 경제인'으로 자신의 입지를 구축해가기 시작했다.

2. 식민지 경제인으로서의 성공과 좌절

한상룡은 시부자와에게 감화를 받아 그의 '일생일업주의'(一生一業主義)를 자신의 생활 신조로 삼았다고 했지만, 적어도 한성은행 개조 초기에는 관직에 대한 미련을 버리지 못했던 것 같다. 그가 부친상을 당해 평식원 총무과장직을 사임한 것은 1903년 6월로, 한성은행이 공립으로 개조된 직후였다. 그러나 그의 사임은 자의에 의한 것이 아니라 어느 '엽관운동자'의 책동 때문이었다. 사실 양반 관료 위주로 운영되던 사회에서, 그와 같은 명문가 출신이 관직을 포기하고 '돈 버는 일'에 나서기란 쉬운 일이 아니었다. 한창수, 이완용, 이윤용 등 뒷날 일제에게 작위를 받는 고관 대작이 즐비한 가문 출신인 그로서는 관료로서의 출세를 포기할 이유가 없었다. 그가 관직을 '영구히' 포기한 진짜 이유는 시부자와에게 감화를 받았기 때문이 아니라, 부친상을 마친 후 그 앞에 전개된 국내의 정치·경제적 상황 변화에 있었다.

한상룡이 아직 상중(喪中)이던 1904년 초, 러일전쟁이 일어났다. 서울은 곧바로 일본군의 계엄 아래 들어갔고, 일본군 수비대장 노즈와 친분이 있던 한상룡은 그의 각별한 후원을 받을 수 있었다. 노즈는 한상룡에게 "한상룡 외 가족 일동, 위 사람은 일본 시가(市街)는 물론 일본 군대에 자유로 출입을 허(許)한다. 경우에 따라서는 보호의 편의를 제공한다"고 쓴 자유 통행증을 발급해주었다. 노즈는 이어 한상룡에게 의주부윤직을 제의했다. 한상룡이 이를 거절하자 다시 평양부윤, 한성부윤직을 잇따라 제의했지만, 한상룡은 이 또한 거절했다. 거절하는 명분은 시부자와의 '일생일업주의'였지만, 사실은 전황(戰況)이 유동적인 상황에서 섣불리 관직에 나설 수 없다는 판단이 더 크게 작용했던 것으로 보인다. 노즈는 애초에 여순(旅順), 대련(大連)의 일본군 지원 임무를 맡길 생각으로 한상룡에게 의주부윤직을 제의했을 텐데, 한상룡이 위험을 무릅쓰면서까지 그 제의를 받아들일 필요는 없었다.

관직 제의를 거절한 직후 한상룡에게 새로운 일거리가 찾아들었다. 일본 측은 러시아 차관 문제가 소멸한 상황에서 한성은행의 존립 근거도 사라졌다고 보았고, 그에 따라 한상룡에게 은행의 해산을 종용했던 것이다. 한상룡이 이 문제를 처리하기 위해 분주한 동안 사태를 반전시키는 새로운 상황이 전개되었다. 1905년 을사조약이 체결됨으로써 한국은 일제의 보호국이 되었고, 뒤이어 재정고문 메가타 다네타로(目賀田種太郎)가 부임하여 재정 금융 전반에 걸친 '개혁'을 급속도로 추진했다. 한성은행은 이 '개혁'을 보조하는 기구로서 새로운 역할을 부여받았다. 그리하여 한성은행은 다시 주식회사 조직으로 개편되었고, 한상룡은 총무부장이 되었다. 한성은행은 1904년 겨울부터 백동화(白銅貨: 1892년 재정 적자를 타개하기 위해 전환국에서 발행한 액면가 2전 5푼의 동전) 매입에 착수하는 등 메가타 개혁을 충실히 지원했다.

한상룡은 한성은행 총무부장으로 메가타 개혁을 지원하는 한편, 새로운 경제 상황에 대처하는 방안을 찾는 데 부심하던 한인 자본가들과 일제 권력을 연계하는 책임도 맡았다. 이 무렵부터 많은 퇴직·해직 관료들이 기업 활동에 나서기 시작한 것도 한상룡의 입지를 넓혀주는 구실을 했다. 일본측으로서도 한인 자본가들을 적절히 통제, 장악하기 위해서는 그들과의 연계 고리가 필요했다. 한성은행 개조 과정에서 일본 공사관과 제일은행의 국내 대리인 격으로 활동했던 한상룡은 국내의 예비 자본가들과 일제 권력을 연계해줄 수 있는 최적 인물이었다.

1905년 화폐 금융 공황의 피해를 줄이기 위해 한성수형조합(漢城手形組合)이 창립될 때, 한상룡은 26세로 서울 상업계의 양대 원로였던 조진태(趙鎭泰), 백완혁(白完爀)과 함께 평의원으로 선임되었다. 이후 한상룡은 주식회사 한호농공은행 설립위원(1906년), 경성상업회의소 회두(1907년), 한성실업협회 상의원(1908년), 동양척식회사 이사(1908년), 한국은행 설립위원(1909년) 등 메가타가 한국 경제를 식민지로 재편하기 위해 설립한 각종 정책적 회사·조합·단체에 빠짐없이 이름을 올렸다. 한국 경제의 식민지적 재편이 급속도로 진행되던 1905~1910년까지 한상룡은 한국인이 그 재편 과정에 '참여'하고 있음을 상징하는 인물이었다. 그러나 그의 상징성과 영향력은 그가 한인 자본가, 상인들을 대표할 수 있었기 때문에 얻은 것은 아니었다. 사실은 그 반대였다. 그의 영향력은 한국인으로서 '일본'을 대표함으로써 확보된 것이었다. 상업 활동 경험이 거의 없던 20대의 한상룡이 서울 상업계의 거두들을 제치고 경성상업회의소 회두에까지 올랐던 것은 당시 한인 자본가, 상인들이 한상룡을 통해 '일본'을 인식했기 때문이다.

일본의 한국 강점 이후 한상룡의 역할은 더 확대되었다. 한편으로는 조선에서 투기적 이익을 얻고자 한 일본인 자본가의 투자열로 말미암아, 다른 한편으로는 과거였다면 당연히 관직 진출을 희망했을 관료 예비군들과 퇴직 관료들이 '실업'에 진출할 수밖에 없었던 사정으로 말미암아 한·일인 자본가의 기업열이 크게 높아졌지만, 이는 '조선회사령'을 통한 총독부의 기업 통제책 속에서 적절한 돌파구를 찾지 못하고 있었다. 조선인들에게는 총독부에 '줄'을 댈 수 있는 인물이 필요했으며, 일본인들에게는 적당한 투자처를 소개할 안내인이 필요했다. 총독부에서도 일본인들이 모든 경제적 이권을 독점한다는 비난의 소지를 줄일 수 있는 상징이 필요했다. 이 모든 요구가 교차하는 곳에 한상룡이 있었다. 회사령이 제정되었다가 폐지될 때까지 8년간 한상룡이 설립 발기인이나 중역으로 참여한 회사는 14개로, 같은 기간 조선 내에 설립된 회사 중 한인이 관여한 회사 총수의 5%에 달했다.

여러 회사의 설립에 관여했다는 것, 때로는 취체역(理事)이나 감사역(監事) 등 중역이 되었다는 것 등이 모두 한상룡이 일찍부터 일본에 적극적으로 협력한 대가였지만, 가장 큰 대가는 그가 실제로 경영해온 한성은행이 조선인 은행 가운데 수위(首位)에 올라선 것이었다. 증자를 통해 한성은행의 규모를 키우겠다는 한상룡의 의도와 은사공채(恩賜公債) 자금의 현금화를 막고 그를 통제하려 한 총독부의 요구가 맞아떨어져 1911년 1월, 「주식회사 한성은행의 자본 증가 및 업무 감독에 관한 건」이 부령(府令) 제2호로 공포되었다. 이로써 한성은행은 자본금 300만 원의 대규모 은행이 되었고, 한상룡은 명실상부한 조선 재계의 제1인자가 되었다. 이후 1920년대 후반

한성은행의 경영권을 빼앗길 때까지, 한상룡의 지위는 누구도 넘보기 어려울 만큼 탄탄해보였다. 그러나 한상룡의 영향력은 그가 조선 내의 어떤 집단을 '대표' 해서 확보된 것이 아니었다. 그의 대표성은 단지 '주어진' 것이었고, 그런 만큼 언제든지 회수될 수 있는 것이었다. 그 또한 그 사실을 잘 알았고, 그래서 그 끈을 놓지 않으려 무진 애를 썼지만, 일이란 언제나 뜻대로 되지는 않는 법이다.

한상룡은 한성은행 창립 이래 우총무, 총무부장, 지배인, 사장 등을 역임하면서 그 경영을 전담해왔으나, 실제로 한상룡이 독자적으로 내린 결정은 그리 많지 않았다. 은사공채 자금을 통한 300만 원 증자, 친척·친지 등 옛 조선 귀족사회를 대상으로 한 예금 유치 등이 스스로 내세우는 공적이지만, 그밖에 은행 경영에 따른 중요한 결정들은 대부분 총독부에서 내렸다. 한상룡은 충실한 집행자일 뿐이었다. 철저한 관치 경제 아래에서 그 같은 유착은 기업이 성장하는 데 좋은 조건이었다. 1920년대 전반기까지 한성은행과 한상룡은 승승장구하는 듯 보였다. 1918년 한성은행은 총독부의 지시로 도쿄에 지점을 설치했다. 한성은행의 도쿄 지점 설치는 총독부 '신시정' (新施政)의 성과를 과시하는 일종의 이벤트였다. 조선인 은행이 일본의 심장부에 지점을 설치했다는 사실은 한상룡의 자랑이라기보다는 총독부의 자랑이었다. 1920년에는 일본 황실, 도쿠가와 가(德川家), 시부자와를 비롯한 일본 유수의 실업인들이 그 성과를 축하하는 의미에서 한성은행에 상징적인 예금과 투자를 해주었다. 한상룡 개인으로도 이 이벤트 기간 동안 '무상(無上)의 영광' 을 누렸다. 이것이 한상룡 생애의 정점(頂點)이었다.

한상룡은 조선 재계의 일인자가 되었다는 자신감을 바탕으로 1920년 3월 조선인 재계 인사들을 모아 조선 실업구락부를 창립했다. 그가 '실질적으로' 대표하는 기구를 만든 것이다.* 이제 한상룡은 총독부의 '대리인' 일 뿐 아니라 '식민지 자본가' 의 대리인으로서, 둘의 이해를 조정하고 절충하는 일까지 떠맡고자 했다. 그러나 총독부는 '집단적 이해' 를 체현(體現)하

63인의 역사학자가 쓴 한국사 인물 열전

고자 한 한상룡의 뜻을 수용하지 않았다. 총독부는 조선인 자본가의 '독자적 이해 범위'를 인정하려 들지 않았다. 조선인 자본가는 총독부의 하수인이거나 일본인 자본가의 하위 파트너일 때만 존재 가치가 있었기 때문이다. 1914년 조선인 상업회의소가 일본인 상업회의소에 강제 통합된 이후 처음으로 한상룡은 조선인만으로 구성된 실업가 단체를 만들 수 있었지만, 그 대신 한성은행은 조선인 은행으로서의 지위를 잃어버렸다.

식민지 지배체제가 정비되어감에 따라 조선인 자본가들은 새로운 경제 질서에 기민하게 적응해 나갔고, 그 과정에서 제2, 제3의 한상룡이 속출했다. '귀족 자본'에 대한 총독부 권력의 관심도 이윽고 사라져버렸다. 한상룡의 '효용 가치'는 지속적으로 줄어들었다. 1923년 1월 그가 한성은행장이 되어 성공의 정점에 오른 그 순간, 몰락도 시작되었다.

1923년 9월에 일어난 관동대지진(關東大地震)은 일본 경제 전반에 심각한 타격을 주었고, 식민지 조선이라고 해서 예외는 아니었지만 한성은행의 경우에는 그 타격이 더 컸다. 도쿄 지점을 통한 대출이 회수 불능 상태가 됨으로써 한성은행의 피해가 커졌던 것이다. 그 피해를 극복하기 위해 조선은행에서 여러 차례 구제 자금을 받았으나, 1920년대 내내 지속된 장기 불황 속에서 조선은행에 대한 예속도만 높아졌을 뿐이다. 한상룡은 결국 1926년 두취(頭取: 은행장) 취임 3년 만에 조선은행 지점장 출신 츠츠미 나가이치(堤永市)를 전무로 영입, 그에게 경영권 전부를 양도하지 않을 수 없었다. 한상룡은 그 즉시 두취직도 사임하고자 했지만, 총독부는 한성은행의 뒤처리 책임만은 한상룡에게 지우려 했다. 1928년 3월, 한성은행 전무 츠츠미는 총독부의 '정리 안'을 한상룡에게 통보했다. 자본금 반감, 중역 사재 5만 원

---

* 조선 실업구락부는 설립 당시 조진태가 잠시 회장을 맡은 것 외에는 내내 한상룡이 회장직에 있었다. 처음에는 조선인들로만 구성되었으나 1935년부터 회칙을 개정, 일본 경제권 내에서 민족 구성에 관계없이 회원을 모았다. 1940년 현재 회원수는 1,300여 명이었고, 참여하는 회원도 조선·일본·대만·중국 등 '엔블록 경제권' 전 지역에 걸쳐 있었다.

출연(出捐), 도쿄와 오사카 지점 폐쇄, 업무 경영의 식산은행 위탁이 그 내용이었다.

한상룡은 억울하지 않을 수 없었다. 당시 금융 공황은 일본 경제권 전역을 휩쓸었으니 그로 말미암은 은행의 부실 문제는 한성은행에 국한된 것이 아니었다. 총독부는 이 문제를 식산은행 융자와 보통은행 간 흡수·합병을 통해 풀어 나갔다. 이 과정에서 식산은행의 지배권이 강화되는 것은 불가피했지만, 사장 자리를 박탈당하는 경우는 거의 없었다. 더욱이 한상룡은 이미 한성은행의 경영 일선에서 물러난 상태였다. 당시 한성은행 경영의 전권은 츠츠미가 쥐고 있었는데, 츠츠미의 권한은 오히려 강화되었다. 한성은행이 부실해지는 중요한 계기였던 도쿄·오사카 지점 설치도 총독부의 권유에 따른 것이었지 한상룡이 혼자 판단한 것은 아니었다. 중역 사재 5만 원 출연이라는 조건도 실제로는 한상룡 혼자 감당해야 할 몫이었다. 결국 한상룡은 일본인 유력자들과 친분을 다지는 데 활용해왔던 든든한 자산인 집마저 처분해야 했다.* 한상룡은 철저히 버림받은 것이다.

한상룡이 대주주가 아니라 경영자였던 점, 실제로는 총독부의 지시를 이행하는 과정에서 발생한 부실이었지만 그런 만큼 희생양이 필요했던 점, 조선 내 보통 은행 가운데 최대 규모의 은행을 조선인 손에 맡겨두기가 꺼림칙했던 점 등이 모두 이유가 될 만했다. 그러나 그보다도 한상룡이 지닌 영향력이 '허구'임을 입증해둘 필요가 있었기 때문은 아니었을까? 총독부로서는 한상룡이 20년 이상 조선과 일본에 걸쳐 쌓아둔 두터운 인맥을 바탕으로 독자적인 '영향력'을 구축해가는 것이 반가울 이유는 없었을 것이다. 그가 아무리 충성스럽다고 해도 총독부에 필요한 것은 하수인이었지 압력을 가해올 수 있는 인물은 아니었다. 한상룡 스스로가 지나치게 '가혹'하다고 느낄 만큼 총독부의 처사는 몰인정했다.

한성은행 두취 자리에서 쫓겨난 한상룡은 한동안 '다시는 재계의 일인자로 활약할 수 없을 것'이라는 절망감에 빠져 시골에 들어가 은거할 생각까지 했다. 얼마 후 심신을 추스른 그는 자신이 한성은행의 자회사 격으로 설립한 조선생명보험회사의 두취 자리를 사돈인 민병석(閔丙奭)에게서 인계받아 한성은행 한구석의 사무실로 출퇴근하기 시작했다. 그는 몰락을 기정 사실로 받아들일 수 없었다. 20여 년 동안 조선과 일본을 오가며 다져온 '인맥'(人脈)을 활용한다면 반드시 재기할 수 있을 것이라는 믿음이 있었다. 그는 일본식 '와이로'(賄賂: 뇌물을 주고받음)에 능한 사람이었다.** 그렇게 다져놓은 인간관계가 그에게 남은 사실상 유일한 자산이었다.

1929년 겨울부터 한상룡은 다시 신탁회사 설립에 나섰다. 그는 일본인들이 잘 이해할 수 없던 영역, 조선 양반사회의 관례와 깊이 결부된 영역에서 새로운 사업 가능성을 보았다. 그가 생각하기에 문중(門中) 공유지에 대한 부동산 신탁은 충분히 승산이 있는 사업이었다. 그는 총독부 및 일본 재계의 유력자들과 분주히 접촉하면서 신탁회사 창설에 필요한 자본과 원조를 이끌어내는 데 성공했다. 총독부는 보조금까지 지급해주기로 했다. 그러나 거기까지만이었다. 사업 계획을 짜고 자본을 끌어모으고 보조금 지급을 약속받고 전문 경영인을 물색하는 등 모든 일을 했지만, 정작 총독부는 한상룡에게 사장 자리를 주지 않았다. 자본금 1천만 원의 큰 회사를, 그것도 일본인 지분이 압도적인 회사를 조선인에게 맡길 수는 없었던 것이다. 그는 '명예 사장'이라도 좋다는 의향을 밝혔지만, 총독부는 허울뿐인 취체역 회장직을 던져주었다. 한상룡은 그를 거절하려 했지만 그조차도 마음대로 할

---

* 한상룡은 1906년 가회동의 小垈을 구입했고, 이어 수년에 걸쳐 주변 민가 12채를 구입, 그를 한 필지로 합쳐 1909년 대저택을 지었다. 한상룡은 이 저택을 조선을 방문한 일본인과 외국인들에게 공개해, 조선의 양반 문화를 보여주는 재료로 활용하면서 그들과 친분을 다졌다. 역대 조선 총독은 물론 미국의 석유왕 록펠러까지 이 집을 방문한 바 있다. 이 집은 1928년 한성은행 소유로 넘어갔다가 다시 백인제가 소유했고, 현재 '가회동 93번지 백인제가'로서 서울시 민속자료로 지정되어 있다.
** 賂物과 賄賂는 약간 뉘앙스가 다른 말이다. 뇌물이 구체적인 이권이나 자리를 목적으로 건네는 것이라면, '와이로'라는 말로 익숙한 賄賂는 일종의 보험금처럼 일상적으로 건네는 것이다. 한상룡은 일본을 오가면서 유력자들을 만날 때마다 '회뢰'를 쓰는 것을 잊지 않았고, 그는 그것이 자신의 유력한 자산이라는 사실을 잘 알았다.

수 없었다. 실질적인 설립자를 완전히 내치기에는 '내선일체'(內鮮一體)의 너울이 너무 무거웠기 때문일 것이다. 총독부에게 한상룡은 '내선일체'를 상징하는 인물이었지만, 동시에 조선인이기도 했다.

한상룡은 이번에야말로 깊이 좌절했다. 그가 느낀 배신감은 한성은행 두취 자리에서 밀려났을 때보다 더 컸다. 조선에서 버티고 있기가 낯 뜨거웠던지 아니면 아예 온전한 일본인이 되어야겠다는 생각에서였는지, 그는 일본으로 이주할 생각까지 했다. '내선일여'(內鮮一如)는 한상룡에게조차 허구였던 것이다. 그리고 그것으로 끝이었다. 그는 여전히 재계 언저리에 머물렀지만 더 이상 재계의 핵심 인물이 아니었다. 그에게는 김연수(金秊洙) 같은 재력도, 박흥식(朴興植) 같은 수완도, 박승직(朴承稷) 같은 경험도 없었다. 그에게 남은 것이라고는 온갖 정성을 기울여 다져놓았지만 믿고 기대기는 어려운 일본인들과의 사적인 관계뿐이었다.

3. '일생일업주의'의 파탄

한상룡의 꿈은 조선의 시부자와가 되는 것이었다. 한상룡은 시부자와를 아버지처럼 여길 만큼 평생의 사표(師表)로 삼았다. 그런 만큼 한상룡은 여러모로 시부자와를 닮아갔다. 둘 다 명문가 출신이었고, 서구의 생활 태도와 문화를 받아들이고자 애썼으며, 관료 중심 사회에서 관직을 '포기' 했다. 은행을 기반으로 '자민족 경제' 전체에 대한 영향력을 확대하려 했던 점도 같았다. 일본인들 또한 입에 발린 소리로나마 한상룡을 '조선의 시부자와'라고 추켜세웠다. 그러나 한상룡은 결코 조선의 시부자와가 될 수 없었다. 개인적 품성과 능력의 차이도 있었겠지만, 진짜 이유는 다른 곳에 있었다. 시부자와는 국가 권력의 대등한 파트너였지만 한상룡은 그 하수인에 불과했다. 제일은행은 일본 제국주의의 팽창과 더불어 발전했지만, 한성은행은 그럴 수 없었다. 한상룡의 결정적인 착오는 일본 제국주의의 이해를 충실히 따르면 시부자와처럼 될 수 있다고 생각한 데 있었다. 거기에서 방향 설정의 근본적 오류가 발생했다. 시부자와는 일본 권력에 대해 일본 자본의 이해를 대표했지만, 한상룡은 거꾸로 조선인 자본에 대해 일본 권력의 이해를 대표했다. 일본 제국주의가 팽창할수록, 조선 경제의 식민지화가 진전될수록, 그 자신의 입지는 더 좁아들게 마련이었다.

'조선인'이라는 결코 바꿀 수 없는 사실이 한상룡의 가장 큰 자산이자 부채였다. 그는 일본과 친한 조선인이었기 때문에 눈부시게 성장할 수 있었고, 또 조선인이었기 때문에 일본인들이 그어놓은 가이드라인 이상을 넘어설 수 없었다.* '조선인'이라는 울타리 때문에 그는 쫓던 '닭'을 잡을 수 없었다.

신탁회사 사장직을 빼앗긴 뒤, 한상룡은 자신이 결코 조선의 시부자와가 될 수 없다는 사실을 절감했을 것이다. 이제 그에게는 일생을 걸 업(業)이 남아 있지 않았다. 나이 쉰을 넘긴 상태에서, 그의 삶을 지탱한 것은 관성(慣性)이었다. 그는 예전처럼 일본인들의 조선 투자를 상담·알선했고, 각종 신설 회사에 발기인, 설립위원, 상담역, 감사역 등으로 참여했다. 외견상 그의 왕성한 활동력은 변함이 없었다. 그러나 영향력은 현저히 쇠퇴했다. 일본인들에게 그는 일본 통치에 순응하는 충실한 조선인이 올라설 수 있는 극점(極點)을 보여주는 상징일 뿐이었다. 그가 1930년대에 일본의 침략정책과 관련된 영역에서 활발한 활동을 보인 것은 만주에서 재기할 기회를 찾았기 때문이라기보다는, 사실상 그에게 달리 선택할 길이 없었기 때문이다. 1930년대 일본 자본의 조선 진출은 주로 군수공업의 확장과 관련하여 진행되었으며, 그 탓에 이 시기 한상룡의 회사 참여도 이 분야에 집중될 수밖에

---

* 한상룡이 제조업이나 상업에 종사했더라면 살아남을 길은 있었을 것이다. 그러나 은행업은 산업 전체에 미치는 영향이 너무 컸고, 그런 만큼 총독부의 산업정책을 '민족적 이해'에 따라 왜곡시킬 소지가 있었다. 1920년대 금융 공황을 거치면서 한성은행과 조선 상업은행이 사실상 총독부의 직접 경영 아래 놓인 것은 이 같은 사정과도 관련이 있다.

없었다.

한상룡은 '일생일업주의'를 표방했는데도 불구하고 그의 활동 영역을 재계 내부에만 국한시킬 수는 없었다. 그가 조선인의 대표로 '대표성'을 부여받은 이상, 그의 이름은 조선인의 참여를 상징할 수 있는 영역에 두루 내걸려야 했다. 1914년에 부제(府制)가 시행되면서 경성부 협의회원이 된 것을 시발로 1920년에는 경기도 관선 평의원에 임명되었고, 1927년에는 중추원 참의가 되었다. 관선(官選) 공직 외에 각계의 친일파들로 구성된 사회단체에서도 한상룡의 이름은 빠지지 않았다. 1916년 대정친목회(大正親睦會)가 결성되자 그 평의원장이 되었고, 3·1운동이 일어난 1919년에는 풍속개량을 통해 민족운동을 약화시키겠다는 취지로 경성교풍회(京城矯風會)를 조직, 그 부의장이 되었다.

한상룡의 '사회 활동'은 일본 제국주의가 조선인이 '협력'하고 있음을 드러내고 싶은 곳에 두루 걸쳐 있었다. 따라서 일제가 대륙 침략을 본격화한 1930년대부터는 그의 활동 영역도 일본 제국 판도의 팽창에 따라 넓어져갔다. 1931년 일본의 군사정책을 후원하기 위해 총독부 각 국장은 물론 헌병대 사령관과 군참모장을 주요 구성원으로 하는 토요회가 결성되자 그 간사로 참여했고, 1937년에는 칙임(勅任) 대우로 관동군 사령부 촉탁이 되었다. 한상룡이 일본군 관계 기구에 참여한 것은 그가 일찍부터 우츠노미야나 노즈 등 일본군과 밀접한 관계를 유지했기 때문이다. 따라서 일본 군부가 정치의 전면에 등장한 1937년 이후, 그는 전시체제를 구축하는 과정에 적극적으로 참여했다. 1937년 7월에는 애국금차회(愛國金釵會)의 설립을 주도했고, 10월에는 만주로 가서 만주 일대의 군정(軍情)과 민정(民情)을 시찰했다. 1938년부터는 국민정신총동원 조선연맹 이사, 국민총력 조선연맹 이사, 조선방공협회 고문, 군사위원회 조선 본부 평의원 등 조선인을 전쟁에 동원하기 위해 설립된 각종 관변 기구의 주요 간부로 활동하면서 일제의 침략정책을 적극 후원했다.

한상룡은 한성은행 두취로 있던 1930년대까지만 해도 비경제단체에 참여하는 데 주저하는 자세를 보였다. 중추원 참의직을 고사했던 것도 그가 명분으로 내건 '일생일업주의'에 위배된다는 이유에서였다. 그러나 1930년대부터는 어떤 단체건 망설임 없이 참여했다. 그에게는 이미 '일생일업'을 담보할 '업'이 없었다. 그가 할 수 있는 일이라고는 총독부와 일본 군부, 일본인 자본가들이 던져주는 일을 '업'으로 삼는 것뿐이었다. 경제 활동이 아니라 '친일 활동'이 그의 본업이 되었다. 어쩌면 한상룡이 '일생일업'을 자신의 좌우명으로 삼던 그 순간조차, 그의 진정한 본업은 '친일 활동' 그 자체였을 것이다. 다만 그는 조선의 시부자와가 될 수 있다는 착각 속에서 자신의 경제 활동이 조선인의 발전과 문명화에 기여할 수 있으리라고 믿었을 뿐이다. 그 환상이 깨진 순간 그의 본업이 분명하게 드러났고, 그 본업은 재계니 관계(官界)니 하는 통속적인 영역 구분과는 무관한 것이었다. 그 스스로 인정하기는 어려웠겠지만 일제와 총독부는 어디까지나 그를 하수인으로만 취급했던 것이다.

4. '경계인'의 자기 분열

한상룡은 조선 말기에 태어나 대한제국 시기에 청년기를 보냈고, 일제가 실질적으로 한국의 주권을 장악한 이후부터 본격적인 경제·사회 활동을 시작했다. 그가 세상을 보는 안목을 키워갈 무렵 한국 사회에서는 모든 것이 급격하게 변했다. 수백 년간 조선 지식인들의 의식과 사상을 지배하던 성리학의 영향력은 크게 퇴조했고, '신문물'로 표현되는 새로운 물질세계는 그에 둘러싸인 사람들에게 새로운 세계관과 사상을 요구했다. 식민지화 위협 앞에서 많은 사람들이 민족의식의 고양을 경험했던 반면, 그것을 기정 사실로 받아들이고 '처세의 원리'를 확립하기 위해 분주하던 자들도 있었다. 한상룡은 중세에서 근대로, 번방(藩邦)에서 제국으로, 다시 식민지로 급박하게 변화하던 시대에 일찍부터 '신문물', '신지식'에 익숙했던, 그러나 여전히 중세의 가문 중심주의에 젖어 가문의 재흥(再興)을 꾀하던 집안에서 태어나 자라면서 그 속에서 자신의 생각을 키워 나갔다.

한상룡은 중세적인 것과 근대적인 것, 민족적인 것과 인종적인 것이 서로 교차하는 지점, 그 경계선상에 서 있던 '경계인'이었다. 그는 한학(漢學)을 배웠고, 영어학교에서 외국어를 배웠으며, 일본에 유학하여 군사 훈련을 받았다. 그밖에 경제학, 법률학, 세계사, 피아노, 당구, 골프, 바둑 등 그가 개인적으로 돈과 시간을 들여 학습한 분야는 그에게 '근대적 교양인'의 외피(外皮)를 씌워주기에 충분한 것이었다. 일본인들은 그를 조선에서 보기 드문 '근대적 교양인'으로, '일본인 신사에 못지않은' 사람으로 평가했다. 그 스스로도 이 기준에 자신의 삶을 맞추기 위해 많은 노력을 기울였다. 교육적 외피뿐 아니라 실생활에서도 그는 모범적인 근대인의 삶을 살고자 했다. 한상룡은 첩을 두지 않았다. 첩을 두지 않았을 뿐 아니라 조선인으로서는―일본인을 포함해도 마찬가지이겠지만―대단히 드물게 부부 동반 여행 기회를 자주 가졌다. 한상룡은 회갑을 맞아서도 성대한 회갑연을 치르는 대신 자서전과 문집을 겸한 형태의 책―『韓相龍君を語る』―을 출판했다. 이 같은 면모는 동시대 비슷한 지위에 있던 다른 조선인들과는 분명히 구별되는 것이었다.

그러나 한상룡의 의식 저변에는 양반 문화의 지층이 두텁게 자리잡고 있었다. 얼핏 '민족적'인 것과 혼동될 만큼 그는 양반 문화에 나름대로 자부심을 가졌으며, 그를 온존시키는 것이 중요하다고 믿었다. 한상룡은 신임 총독과 정무총감을 비롯해 서울에 처음 오는 일본인과 외국인들을 자신의 집으로 초대해 '조선의 문화'―실은 조금 일본식으로 변형된 양반 문화였지만―를 보여주고자 했다. 한상룡은 이 되풀이되는 '행사'를 통해 자신이 조선 문화를 대표하는 사람임을 입증하고자 했을 테지만, 그가 보여준 것은 이미 박제화된 양반 문화였을 뿐이다. 그가 자부심을 가졌던 것은 조선 문화 전반이 아니라 극히 협소한 조선 특권층의 문화였다. 그가 각종 회의석상에서 일본인들에게 이해시키고자 했던 조선 문화의 요체 또한 이 범위를 벗어나지 않았다. 한상룡이 조선 전래의 문화로 강조하고 그 보존을 요청한 것은 묘제(墓制)나 음력(陰曆)을 이용한 기제사 문화 정도였다. 또 그는 족보 편찬 등의 사업에도 남 못지않은 관심을 기울였다.

한상룡은 개인적 삶에서는 '근대인' 을 지향하면서도 집단적·사회적 가치 지향에서는 중세적 '양반 문화' 의 온존을 중시했다. 이것이 조선의 양반 문화 전반을 적대시했던 이광수(李光洙) 등의 민족개량주의 친일파들과 결정적으로 다른 점이었다. 한상룡은 조선 문제를 '민족 문제' 로 다루는 것을 거부했다. 그는 이 문제를 처음부터 '지역 문제' 로 치부하고 싶어했다. 한상룡은 3·1운동이 일어났던 1919년에 이미 당시 조선군 사령관 우츠노미야에게 창씨개명의 필요성을 건의한 바 있었다. 그는 철저한 '내선일체' 신봉자였지만, 그가 진정 원한 것은 조선의 특권층이 일본의 특권층과 똑같은 대우를 받는 것뿐이었다.

한상룡은 주관적으로는 조선인을 대변하고자 했고, 그 점을 의식하면서 발언했다. 그는 조선, 만주 등 일본의 식민지 지역이 궁극적으로 일본과 같은 경제 발전 수준에 이르러야 하며, 그로써만 내선일체의 실(實)을 거둘 수 있다고 믿었다. 이 점에서 조선의 공업 발전이 일본의 이익을 침해할 것이라고 본 다수의 일본인들과는 견해가 달랐다. 그는 조선의 현상(現狀)을 전제로 한 지역간 분업론에 회의적이었다. 조선 경제도 일본 수준으로까지 발전해야 한다는 것이 그의 지론이었다. 그가 일본인들에게 '내선일체' 의 신념이 투철한 인물로 평가받은 것은 그럴 만한 이유가 있었다. 사실 일본인들에게 내선일체는 구두선(口頭禪)에 불과했지만, 한상룡은 그 기만성조차도 간파할 수 없었다. 그가 조선인이기에 겪어야 했던 불공정한 좌절의 경험도 그 점을 일깨우지 못했다.

한상룡은 분명 특이한 조선인이었다. 그는 일왕(日王)을 비롯한 역대 수상, 총독 등 일본 최고위층과 직접 대면할 수 있었고, 숱한 훈장을 받았으며, 일본 내 유력 귀족 및 자본가들과 교분을 맺을 수 있었다. 그가 맺은 인간관계와 그가 쌓은 경력은 조선 내의 대다수 일본인 자본가들이 꿈조차 꿀 수 없는 것이었다. 개인 한상룡은 모든 면에서 주변에 있는 일본인들보다 우월했다. 그런데도 일본인과 조선인이 함께하는 자리에서 그는 언제나 부의장이었고 부회장이었다. 그것은 '조선인' 한상룡이 결코 넘을 수 없는 타고난 한계였다. 그는 아마도 자신이 '조선인'이 아니었다면 한성은행 두취 자리나 신탁회사 사장 자리를 넘겨주지 않아도 되었을 것이고, 각종 단체의 의장·회장 자리도 당연히 자기 몫이었으리라고 믿었을 것이다. '내선일체'가 실현된다면, 한상룡의 이름 앞에서 '조선인'이라는 딱지가 떨어져 나갈 것이라고 기대했을 것이다. 그러나 한상룡이 일본에 충실한 조선인이 아니었다면, 그가 그토록 우대를 받을 수 있었을까. 그는 일본의 이익을 대변한 조선인이었기에 그 자리에 올라설 수 있었고, 또 조선인이었기에 거기까지만 올라설 수 있었다. 그의 주관적 소망과는 무관하게, 일본인들은 결코 그를 일본인으로 인정하지 않았다. 그는 조선인이되 조선인에 머물지 않으려 했고, 일본인이 되고자 했으나 일본인이 될 수 없었다. 이것이 그를 평생 따라다닌 딜레마였다.

맺음말

19세기 말의 한국에서 '근대'는 그에 이르는 방법이 문제였을 뿐, 거부할 수는 없는 것이었다. 농민 일반의 반봉건적 요구를 별도로 한다면, 당시 한국이 선택할 수 있었던 유일한 방법은 국가 권력이 주도하는 '위로부터의 근대화'였다. 그러나 지배층의 국가 권력에 대한 태도가 동일한 것은 아니었다. 국왕의 전제권을 강화하고 그를 개혁의 실질적 무기로 삼고자 한 세력이 있었던가 하면, 반대로 국왕권을 약화시키고 개명 관료와 신지식인을 중심으로 개혁을 추진하고자 한 세력도 있었다. 전자의 경우 권력의 중세적 속성을 불식하는 데 한계가 있었고, 후자의 경우 군주권을 대신할 새로운 권력 중심에 대한 전망이 불투명했다. 특히 후자는 군민공치(君民共治)를 이념형으로 제시하면서도 민(民) 일반에 대한 신뢰가 없었고, 당연히 민권 사상도 취약했다. 충성의 대상을 갖지 못했던 이들은 새로운 권력―외세―의 근대성에 압도되면서 망국(亡國)을 불가피한 현실로 이해하고, 식민지 아래에서도 근대에 도달하면 그것으로 족하다는 굴종적, 예속적 태도로 기우는 경향이 있었다.

대한제국기 한상룡 가문의 사람들은 대체로 근대화 우선론에 경도되어 있었다. 한상룡 또한 이 같은 집안 분위기의 영향을 크게 받았고, 그 영향 아래에서 영어학교에 입학하고 일본 유학을 결행했다. 일본에서 군부 인물들의 의도적인 후의에 접한 한상룡은 '대아시아주의'의 사상적 세례를 받고 새로운 충성의 대상을 찾았다. 그는 귀국한 직후부터 일본 공사관과 밀접한 관계를 맺었으며, 그들의 지시에 따라 한성은행 개조에 참여했다. 한성은행에 관계하면서 그는 이 일이 그의 일생을 걸 만한 가치가 있다고 믿었다. 아마도 그가 성성학교를 채 마치지 못하고 귀국했던 점, 조선이 일본의 식민지가 될 것이 분명해진 점이 시부자와라는 개인적 우상의 영향보다 더 크게 이 결정에 작용했을 것이다. 성성학교를 졸업한 그의 동창생들이 귀국한 후 일본의 후원을 입어 군수로, 도지사로 나갔던 것과는 달리 그는 일찍부터 재계에서 자기 일을 찾았다. 그는 관직에 나갈 수 있었는데도 그 것을 포기했다는 점을 내내 자랑스러워했지만, 그것이 그의 선각성(先覺性)을 입증하는 것은 아니다. 그는 다만 식민지 아래에서 토착인 관료가 할 수 있는 일은 거의 없으리라는 점을 좀더 일찍 간파했을 뿐이다.

그러나 그가 자신의 일이라고 믿었던 곳에서도 실질적인 그의 일은 거의 없었다. 그는 조선 재계의 청년 수석(首席)으로 자부했고 그런 만큼 조선인을 대표한다고 생각했지만, 그 대표성조차 일본이 부여한 허구적인 것이었다. 일본 제국주의는 조선인들의 실질적인 대표를 인정하지 않았다. 그들은 조선인들이 일본의 신시정(新施政)에 협조하고 참여하고 있음을 드러내는 상징만을 필요로 했을 뿐이고, 한상룡을 그 상징으로 '선택' 했을 뿐이다. 따라서 한상룡 개인의 근대인으로의 성장 여부와는 상관없이, 그가 행사할 수 있는 영향력의 범위는 일제 권력에 의해 원천적으로 규제될 수밖에 없었다. 그리고 일본인들은 어떤 영역에서든지 조선인에게 중추적인 지위를 넘겨주려 하지 않았다. 은행가 한상룡의 꿈은 그래서 좌절되었고, '일생일업' 의 신조도 파탄되었다.

문제는 단순하고 명료했다. 조선인들의 민족주의가 문제가 아니라 일본 제국주의자들의 민족주의가 문제였다. 일본 제국주의자들은 조선인의 '민족의식' 을 말살하고자 했지만, 일본인들의 '민족의식' 은 고양시키고 싶어했다. 아마 한상룡 자신도 신탁회사 사장 자리를 빼앗긴 뒤에는 문제의 핵심에 이를 수 있었을 것이다. 그러나 돌이키기에는 너무 늦었다. 일본 제국주의가 선택할 수 있는 '사람들' 은 크게 늘어났지만, 한상룡에게는 달리 선택할 길이 없었다. 남은 길은 '내선일체' 의 진정한 구현을 외치고 다니는 길밖에 없었다. 그는 내심으로 이 구호를 조선인이 아니라 일본인들을 향해 부르짖고 싶었겠지만, 그것은 불가능했다. 그가 평생을 바쳐 쌓아온 자산—숱한 재산과 정력을 기울여 닦아놓은 일본 유력자들과의 관계—을 배신할 수는 없었을 것이기 때문이다.

참고문헌

반민족문제연구소 편,『친일파 99인』1~3, 돌베개, 1993.

정운현·김삼웅,『친일파』Ⅰ~Ⅲ, 학민사, 1993.

김학민·정운현,『친일파 죄상기』학민사, 1993.

김경일,「韓相龍 ─친일 예속 자본가의 전형」,『한국학보』71, 일지사, 1993.

김명수,「韓末·日帝下 韓相龍의 기업 활동 연구」,『연세경제연구』Ⅶ-2, 연세대학교 경제연
　　구소, 2000.

박찬승,『한국 근대 정치사상사 연구』, 역사비평사, 1993.

오미일,『한국 근대 자본가 연구』, 한울아카데미, 2002.

『淸州韓氏第六校大同族譜』

韓相龍氏還曆紀念會,『韓相龍君を語る』, 1940.

朴榮喆,『50年の回顧』, 1929.

강창일,『근대 일본의 조선 침략과 대아시아주의』, 역사비평사, 2002.

「漢城銀行に於ける第一銀行より借款一件」,『韓日外交未刊行極秘史料叢書』18, 1903.

조흥은행,『조흥은행 백년사』, 조흥은행, 1997.

고승제,『한국 금융사 연구』, 일조각, 1970.

전우용,「19세기말~20세기초 韓人 會社 硏究」, 서울대학교 국사학과 박사학위 논문, 1997.

이배용,「澁澤榮一과 對韓經濟侵略」,『國史館論叢』6, 국사편찬위원회, 1989.

堀和生,「朝鮮における普通銀行の成立と展開」,『社會經濟史學』49-1, 1983.

『第五回 京畿道議會 會議錄』, 1937. 3. 3.

朝鮮總督府,『朝鮮總督府時局對策調査會會議錄』, 1937.

신채호 申采浩

절대적 자유를 꿈꾼 영원한 혁명가

이호룡 덕성여자대학교 연구교수

1. 몰락 양반의 아들로 태어나 계몽운동의 기치를 들다

단재(丹齋) 신채호*(申采浩, 1880~1936)는 1880년 12월 8일(음력 11월 7일) 대전광역시 중구 어남동(於南洞) 도리미〔桃林〕 마을에서 아버지 신광식(申光植)과 어머니 밀양 박씨의 둘째 아들로 태어났다. 할아버지 신성우(申星雨)가 정6품 사간원 정언 벼슬을 그만둔 뒤 고향(충청북도 청원)으로 내려가지 않고 처가가 있던 이 마을에 안착했으므로 신채호 집안은 줄곧 이곳에서 살았다. 그러나 가세가 기울어 안동 권씨촌 외딴 묘막에 기거하면서 산간 밭을 개간해 보리와 콩, 옥수수 농사를 지었고, 춘궁기에는 콩죽이나 쑥죽 등으로 연명했다.

7세 되던 해에 아버지가 돌아가시자 고향인 충북 청원군 낭성면(琅城面) 귀래리(歸來里) 고두미 마을로 이사했다. 당시 낭성, 가덕(加德), 미원(米院) 일대에는 고령 신씨들이 집성촌을 이루어 살고 있었다. 신채호 집안은 몰락한 남인 계통으로 문충공(文忠公) 신숙주(申叔舟: 신채호의 18대조)의 직계손이었으며, 본관은 경상북도 고령이었다.

신채호는 8세 때부터 서당 훈장이신 할아버지 밑에서 교육을 받았으며, 9세 때 『자치통감』(資治通鑑) 전체를 해독했고, 문학적 재능도 뛰어나 한시(漢詩)를 곧잘 짓곤 했다. 12~13세 때는 사서삼경에도 통달하는 등 학문적 성취가 뛰어나 신동이라는 소리를 들었다. 또 이 무렵 『삼국지』나 『수호지』등 중국의 역사 소설을 즐겨 읽었을 정도로 학문에 대한 열정이 대단했으며, 자긍심 또한 매우 강해 자신이 옳다고 믿는 사실에 대해서는 끝까지 주장을 포기하지 않았다.

13세 되던 해에 형 재호마저 저세상으로 보낸 신채호는, 15세 때 사상을 형성하는 데 중요한 계기를 맞는다. 이웃 마을 관정리(官井里)에 갑오농민군이 들이닥쳤고, 당시 이 마을 서당에 다니던 신채호는 봉건적 폭압에 맞선 농민들의 투쟁을 목격했던 것이다. 이 일은 신채호가 자신의 사상을 형성해가는 과정에서 모든 강제 권력이나 억압을 거부하게 되는 실마리가 되었다.

18세 되던 해에는 그동안 많은 책을 빌려주던 신승구(申昇求)의 주선으로 신기선(申箕善)의 서재에 출입할 수 있게 되어 다양한 책들을 읽었다. 신채호는 이곳에서 실학과 근대 신학문을 접했고, 점차 근대의식을 깨우쳐갔다. 그리고 1898년 가을에는 신기선의 추천으로 성균관에 입학했다.

상투를 자른 신채호는 기숙사 남재(南齋)에 머물면서 변영만·김연성·류인식·조소앙 등과 교류했으며, 이들과 함께 독서회를 조직해 사회과학을 공부하기도 했다. 또 수업이 없는 오후에는 종로에 나가 서점가를 돌며 근대 지식을 섭취했고, 그 과정에서 실력을 기르기 위해서는 봉건적 주자학의 울타리에서 벗어나 서구 사상을 연구해야 한다는 사실을 깨달았다. 10월 무렵에는 독립협회에 가입해 이상재·신흥우·김규식·이기현 등과 함께 내

---

* 신채호의 원래 한자명은 '寀浩' 였으나 국외 망명을 전후한 시기부터 '朶浩' 로 바꾸었다.

무부 문서부 서기장 및 과장, 부장으로 활동하다가 1898년 12월 25일 430명의 동지와 함께 체포되기도 했다.

감옥에서 풀려난 뒤에는 고향 농민들에게 새로운 문물과 사상을 깨우쳐 주기 위해 고향으로 내려갔다. 그리고 신규식, 신백우와 함께 신규식의 고향인 낭성면 인차리(仁次里)에 문동학원(文東學院)을 개설했다. 문동학원이 성황을 이루자 관정리 신충식(申忠植)의 집으로 옮겨 산동학원(山東學院)을 설립하여 주민들에게 시대가 변했다는 사실을 강조하면서 세계 정세를 소개하고 신학문을 가르치는 한편, '한문무용론'(漢文無用論)을 제기해 한글을 보급하는 일에 앞장서기도 했다.

신채호는 교육운동에 종사하는 한편, 친일 무리들을 성토하는 데 앞장섰다. 1902년 정부가 일본에 마산항을 조차지로 떼주자 신채호는 정부를 성토하는 글을 발표했다. 또 1904년에는 황무지 개간권이 일본에 넘어가자 성균관으로 다시 올라와 조소앙 등 성균관 학생들과 함께 이하영·현영운 등의 매국 행위를 규탄하는 항일 성토문을 작성해 당국에 전달했다. 이를 계기로 성균관 학생들은 기한부 동맹 휴학에 들어갔다.

1905년에는 을사늑약(乙巳勒約: 일본이 한국의 조정 대신들을 협박하여 강제로 맺은 소위 보호조약)을 전후로 지식인들을 중심으로 실력을 길러 국권을 회복하자는 계몽운동이 전개되었는데, 이때 신채호도 언론 활동을 통해 계몽운동에 참가했다. 1905년 2월 하순 합시(合試)에 입격(入格)함으로서 성균관 박사가 되어 성균관에서 학생들을 가르칠 수 있었지만 그는 계속 고향에서 교육 활동에 종사했다. 그러던 중 장지연의 제의로 황성신문사에 논설위원으로 입사하고, 1904년에 작성했던 항일 성토문을 계기로 언론인으로 활동하기 시작했다. 그러나 「이날을 목놓아 통곡한다」(是日也放聲大哭: 『황성신문』 1905년 11월 20일자)라는 제목의 논설이 문제가 되어 장지연을 비롯한 10여 명이 구속되고, 『황성신문』은 무기 정간되었다. 그러자 신채호는 이듬해에 『대한매일신보』로 자리를 옮겨 언론 활동을 계속했다.

1907년 7월 헤이그 특사 사건으로 말미암아 고종이 물러난 뒤 정미조약이 체결되고 군대가 해산당하는 등 사실상의 망국 사태를 맞이하자 신채호는 국가주의와 민족주의를 제창하며 제국주의의 침략에 맞서 자주 국가를 건설하고자 했다. 「일본의 삼대 충노(三大忠奴)」, 「친구에게 주는 절교서」(與友人絶交書) 등을 통해 친일 매국노들의 반민족 행위를 통렬하게 비판한 뒤, 근대화를 이루기 위해서는 일본 제국주의의 원조를 받을 수도 있다는 근대화 지상주의자들의 주장을 부정하고 스스로의 힘으로 독립을 쟁취할 것을 주장했다. 그는 학교 설립이나 실업 발달, 구습(舊習) 타파 등은 목적지에 이르는 방법일 뿐 목적지 자체는 아니라고 했다. 다시 말해 대한 국민의 목적지는 "국가의 정신을 발휘하고 만유(萬有)의 사업을 국가에 바쳐 신성한 국가를 보유"(「금일 대한 국민의 목적지」) 하는 것이라고 했다. 그리고 국가를 보유하기 위해서는 인민의 국가 정신을 북돋우고 국수(國粹: 나라나 국민이 지닌 고유한 장점)를 보전해야 한다고 역설했으며(「국가는 즉 일가족」), 실력이 독립의 큰 요소는 될 수 있다 할지라도 부강 여부가 독립의 전제는 될 수 없으며, 오히려 독립이 부강의 전제가 된다고 주장했다(「한인(韓人)의 마땅히 지켜야(當守) 할 국가적 주의」). 「제국주의와 민족주의」에서는 민족주의를 '타민족의 간섭을 받지 않는 주의'로 규정한 뒤, 민족을 보전하고자 하는 자는 마땅히 민족주의를 취해야 한다고 역설했다. 또 「보종·보국은 원래 두 개가 아니다」(保種保國의 元非二件)와 「동양주의에 대한 비평」에서는 당시 많은 한국 지식인들이 비판 없이 수용하던 일제의 침략 논리인 동양주의의 허구성을 폭로했다.

　　또한 교육·종교·도덕에 관한 계몽적인 논설을 발표해 신교육·신도덕 수립을 통한 구국운동의 필요성을 역설했다. 먼저 교육의 남녀 불평등, 국적 없는 신교육, 당국의 교육 정책 등을 비판했다. 즉 「덕·지·체 삼육(三育)에 체육이 시급」, 「가정 교육의 전도(前途)」, 「타파 가족적 관념」, 「사상 변천의 계급」, 「애국 두 자[二字]를 구시(仇視)하는 교육가여」, 「국가를 멸망케 하는 학부(學部)」 등을 통해 의도적으로 애국·자유·독립 따위의 문자를 쓰지 못하도록 강요하던 당시 학부와 일부 교육계 인사들의 교육 방침을 맹렬히 공격하면서 국민의 애국심을 길러주는 교육만이 이 시대의 진정한 교육이라는 점을 강조했던 것이다. 1908년 1월에는 『가정잡지』를 속간하여 가정 교육의 중요성을 선전하면서 여성에 대한 계몽에 나서기도 했다.

또 당시의 유교계에 대해서도 비판을 해 「경고(警告) 유림 동포」, 「유교계에 대한 일론(一論)」, 「유교 확장에 대한 논(論)」 등을 통해 유교 자체에 대한 개혁을 촉구하면서 유교계가 과감한 자기 반성과 체질 개선을 통해 국권을 회복하기 위한 애국운동을 실천하는 종교로 변화해줄 것을 촉구했다. 승려들에 대해서도 「편고(遍告) 승려 동포」를 통해 호국 불교의 역할을 강조했다.

신채호는 국어와 문학에도 깊은 관심을 나타냈다. 「근금(近今) 국문 소설 저자의 주의(注意)」에서 국문 소설이 국민을 가르치고 이끄는 데 큰 역할을 한다는 사실을 강조하면서, 「소설가의 추세」를 통해 당시 유행하던 신소설이 가지고 있던 문제점, 즉 문제의식 부재와 선정적인 요소를 비판했다. 나아가 문학 개조에 관한 자신의 입장을 「천희당시화」(天喜堂詩話)에서 밝혔는데, 여기서 그는 문학의 사명은 국민의 정신을 일깨우는 데 있다고 주장했다. 그리고 「국한문의 경중」, 「문법을 마땅히 통일해야 한다〔宜統一〕」, 「국문연구회 위원 제씨에게 권고함」, 「국문의 기원」 등의 논설을 통해 한글의 자주성과 우수성을 널리 알리고자 했다.

신채호는 이외에도 여러 분야에 걸친 논설과 사론(史論)을 발표하여 국민들의 애국심을 북돋웠다. 「허다한 옛사람의 죄악을 심판한다」(許多古人之罪惡審判)에서는 역사가 애국심의 원천이라면서 역사 연구의 중요성을 역설한 뒤, 1908년 「독사신론」(讀史新論)을 발표해 한국 고대사 연구의 방향과 관점을 제시했다. 신채호는 「독사신론」에서 국맥(國脈)을 보유하기 위해서는 민족주의로 전국의 완몽(頑夢)을 환성(喚醒: 깨우침)해야 한다고 역설했다. 그리고 당시 학부에서 펴낸 국사 교과서의 오류와 사대주의 사관을 통렬히 비판하면서, 김부식(金富軾)을 대표적인 사대주의 사가(史家)라며 "조선인을 정신적 노예로 만든 자"로 규정했다. 뿐 아니라 일본의 '신라 침공설'과 '임나부경영설' 등에 대해서도 조목조목 반박했다.

이처럼 신채호는 을사늑약 이후 국민들에게 애국심을 북돋워줌으로써 나라의 자주 독립을 쟁취하고자 했다. 그래서 국민들의 애국심을 북돋우는 내용의 논설을 발표하는 한편, 1907년 10월 하순에는 양계초(梁啓超)의 『이태리 건국 삼걸전(三傑傳)』을 번역해 국가의 운명을 개척하는 데 영웅의 역할이 중요하다는 것을 강조했다. 그는 「영웅과 세계」에서 풍전등화와 같은 나라를 구하기 위해서는 민족의 영웅이 출현해야 한다고 주장하면서, 그가 바라는 영웅상을 「이십 세기 신동국지영웅」(二十世紀新東國之英雄)을 통해 제시했다. 그가 고대한 영웅은 민족의식과 애국사상으로 철저하게 무장한 인물로, 애국우민(愛國憂民)을 천직으로 여기는 자였다. 이런 영웅 사관에 입각해 『을지문덕』, 『수군 제일위인 이순신전』(水軍第一偉人李舜臣傳), 『동국 거걸 최도통전』(東國巨傑崔都統傳), 『한국의 제일 호걸 대왕』, 『유화전』, 『구미호와 오제(五帝)』, 『철마 코를 내리치다』 등을 집필하여 우리 민족의 역사에 나타났던 영웅들과 그 활동상을 소개했다.

신채호는 계몽운동을 조직적으로 전개하기 위해 단체에도 가입했는데, 그 가운데 1907년 11월 대한자강회를 개편한 대한협회에 참가해서는 그 기관지 『대한협회보』에 「대한의 희망」, 「역사와 애국심의 관계」, 「성력(誠力)과 공업(功業)」, 「대아(大我)와 소아」 등의 글을 발표하기도 했다. 특히 「대한의 희망」에서는 국민 각자가 용기와 희망을 가져야만 국권을 수호하고 부국강병할 수 있다고 역설했으며, 「역사와 애국심의 관계」에서는 국민의 애국심을 불러일으키기 위해서는 올바른 역사를 정립해야 한다고 주장했다. 그리고 1907년 9월 서울 상동교회 지하실에서 전덕기·양기탁·이동녕·이회영 등이 신민회(新民會)를 결성하자, 안창호·이갑·김구·여준·이동휘·김진호·김영선·이관직·안태국·조성환 등과 함께 여기에 참가했다. 신채호는 신민회 취지서를 작성했는데, 이 취지서에서 온 국민이 애국하는 마음으로 뭉쳐야만 망해가는 나라의 운명을 살릴 수 있다고 주장했다. 그리고 신민회가 1909년 9월 방계 조직으로 청년학우회를 조직하자, 그 취지서의 초안(草案)을 잡았다.

한편, 1907년 1월 무렵 서상돈·김광제 등에 의해 대구에서 국채보상운동(國債報償運動)이 일어나자 여기에도 적극적으로 참가했고, 논설을 통해 국채보상운동을 장려했을 뿐 아니라 금연으로 모은 돈 2원을 성금으로 내놓기도 했다.

신채호는 문필 활동을 하면서 무애생(無涯生), 일편단생(一片丹生), 단생(丹生), 단재(丹齋), 금협산인(錦頰山人), 연시몽인(燕市夢人), 한놈, 적심(赤心), 열혈생(熱血生), 검심(劍心) 등의 필명을 사용했다. 그리고 중국으로 망명한 뒤 민족해방운동에 참가하면서부터 유병택(劉炳澤), 유맹원(劉孟源), 박철(朴鐵), 옥조숭(玉兆崇), 왕국금(王國錦), 윤인원(尹仁元) 등의 가명을 아울러 사용했다.

2. 민족해방운동에 앞장서다

계몽운동가들이 실력을 키워 근대화를 달성하고자 했지만, 결국 우리 민족이 일제의 식민지 지배 아래 들어가는 것은 기정 사실로 되었다. 이에 신민회 간부들은 날마다 비밀 회의를 거듭하여 국외 독립운동 기지 건설, 무관학교 설립, 서·북간도와 연해주에 한민족의 집단 대이주 계획 등에 관한 문제를 논의했고, 이갑의 사랑방에서 밀담을 거듭한 끝에 신민회의 확대 회의를 중국 청도(青島)에서 열기로 결정했다.

신채호는 이때 망명을 준비하면서, 늦게 얻은 아들 관일이 죽은 뒤 정도 없이 부부의 연만 이어오던 풍양 조(趙)씨에게 논 다섯 마지기를 마련해주

63인의 역사학자가 쓴 한국사 인물 열전

고 친정으로 돌려보내며 사실상 이혼을 했다.

「한일합병론자에게 고함」 등의 논설을 통해 일제 침략의 불법성과 친일파들의 매국 행위를 규탄하던 신채호는 1910년 4월 8일 안정복의 『동사강목』(東史綱目)을 품에 안고 안창호, 김지간 등 신민회원들과 함께 청도로 향했다. 신채호가 해외로 망명한 것은 비록 나라는 망하더라도 민족은 망하지 않는다는 믿음을 가졌기 때문이다. 그는 "한국이 비록 약하나 일본의 노예로 오래 살지는 않을 것이며, 일본의 무력이 아무리 혁혁해도 한인의 마음속에는 일본을 무시해 대항할 마음은 있으되 굴종할 뜻은 없으므로, 하늘이 무너지고 땅이 갈라져도 일본에 대한 감정은 갈아 없어지지 않는다"는 (「한일합병론자에게 고함」) 믿음 아래 해외에서 민족의 독립을 도모하고자 했던 것이다.

정남수의 안내로 행주 나루터를 거쳐 강화도로 향하던 단재 일행은 배가 교동(喬桐)에 닿자 길을 나누었다. 안창호와 정남수는 배를 이용해 중국으로 향하고, 뱃멀미에 시달린 단재는 김지간과 함께 기차로 중국으로 가기로 했다. 배에서 내린 신채호는 정주에 있는 오산학교에 들러 20여 일을 머물렀는데, 그때 꼿꼿이 서서 세수하는 등 유명한 일화를 남기기도 했다.

청도 회의에서는 독립군을 조직해 당장 일본과 독립전쟁을 일으켜야 한다는 주장과, 우리 민족의 실력을 기르면서 독립을 도모하자는 주장으로 나누어졌다. 열띤 토론을 거친 뒤 독립운동 기지를 마련해 독립군을 양성하는 한편, 농토 개간과 산업 진흥을 추진하기로 결정했다. 무관학교 교원으로 임명된 신채호는 청도 회의의 결정에 따라 다른 사람들과 함께 영국 기선을 타고 블라디보스토크로 향했다. 그러나 일제의 강점(强占) 소식이 들려오면서 연해주에서 독립군을 양성한다는 계획은 물거품이 되고 말았다.

단재는 연해주에서 언론 활동을 전개했다. 독립사상을 북돋우고 동지를 규합하기 위해, 『해조신문』(海朝新聞)을 복간하고 『청구신문』(靑丘新聞)을 발행하는 데 참가하는 등 언론 활동을 다시 시작했으며, 이듬해(1911년)에는 이상설 등이 조직한 교민 단체 권업회의 기관지 『권업신문』(勸業新聞)의 주필로 초빙되고, 『대양보』(大洋報)의 주필로도 활동했다. 한편, 민족해방 운동 단체에도 가입해 1912년에는 블라디보스토크에서 윤세복, 이동휘, 이 갑 등과 함께 광복회를 만들어 활동했다. 그러나 1913년 『권업신문』이 폐 간되는 등 연해주에서 벌인 민족해방운동이 질서와 체계를 세우지 못하자 신규식의 초청을 받아 상해(上海)로 갔다.

신채호는 신규식이 마련해준 백이부로(白爾部路)의 이층집에 살면서 정 인보, 문일평, 조소앙, 홍명희, 이광수 등과 교류하는 한편, 동제사(同濟社: 1912년 결성)에 가입해 활동했다. 1914년 6월에는 박달학원을 세워 박은식, 홍명희, 신규식, 문일평, 조소앙 등과 함께 재중 동포 자녀들에게 독립의식 을 북돋워주었다. 그러다가 대종교 교주 윤세복의 초청으로 1914년에 봉천 성(奉天省) 회인현(懷仁縣) 홍도천(興道川)으로 갔는데, 거기서 1년간 동창 학교(東昌學校) 국사 교사로 있었다.

1915년에는 북경(北京)으로 다시 옮겨 신한혁명단에 참가해서 민족의 독립을 위해 노력했다. 그는 국가주의와 국수주의, 영웅주의 등을 테마로 다룬 중편 소설 「꿈하늘」(1916년 3월 탈고)을 통해 "외교를 의뢰하여 국민의 사상을 약하게 하는 놈들은 댕댕이 지옥에 두어야 하며, 의병도 아니요 암 살도 아니요 오직 할 일은 교육이나 실업 같은 것으로 차차 백성을 깨우자 하여 점점 더운 피를 차게 하고 산 넋을 죽게 하는 놈들은 어둥 지옥에 가야 한다"고 하면서 외교독립론과 실력양성론을 비판했다. 1918년 무렵에는 『중화보』(中華報)와 『북경일보』(北京日報) 등에 기고하면서 그 수입으로 생활을 꾸려 나갔다. 그런데 신문사에서 신채호의 논설 중 '의'(矣)라는 글 자 하나를 빠뜨린 일이 일어났다. 그러자 신채호는 『중화보』에 기고하는 일 을 그만두었다. 자존심이 강한 신채호는 자신의 동의 없이 글을 함부로 고 치는 것을 용납할 수 없기도 했지만, 더 근본적인 이유는 생활을 꾸려 나가 기 위해 기고해야 하는 상황 자체를 견딜 수 없었기 때문이다.

신채호는 역사 연구를 민족해방운동의 주요한 길로 삼았다. 그는 과거 자체를 연구하기 위해서가 아니라 현실 문제, 즉 일제의 식민지 지배에서 해방되어야 하는 민족의 과제를 해결하기 위해 역사를 연구했다. 1908년 「독사신론」을 통해 당시 국사 교과서의 잘못과 김부식의 사대주의 사관을 호되게 비판한 적이 있던 신채호는, 1910년대에도 민족해방운동을 북돋우기 위해 역사 연구를 계속했다.

1914년에는 동창학교에서 학생들에게 국사를 가르치면서 이 학교의 국사 교과서로 『조선사』를 집필하는 한편, 우리 민족의 고대사를 재정립하기 위해 고조선·고구려·발해의 옛 땅인 남만주 일대와 백두산을 답사하면서 보고 들은 것을 기반으로 『조선사통론』·『문화론』·『사상변천론』·『강역고』·『인물고』 등을 집필하기 시작했다.

이처럼 신채호의 민족주의는 제국주의의 침략에 대항하고 조국의 독립을 지향하는 이념으로 제창된 것이지만, 그 사상의 기초는 사회진화론이었다. 신채호는 힘이 지배하는 국제 질서를 부정함으로써 한국의 독립을 추구한 것이 아니라, 힘에 의한 독립을 모색했으며 독립을 넘어 강자인 한국을 추구했다. 그래서 「도덕」에서는 "크로포트킨(P. A. Kropotkin)의 상호부조론보다 다윈의 생존경쟁설을 더 수입해야 한다"고 주장했던 것이다. 이런 신채호의 사회진화론적 사고는 1917년 러시아혁명 이후에야 극복되어간다.

3. 자유에 대한 의지를 실천에 옮기다

제1차 세계대전이 일어난 후 한국인들에게 수용되기 시작한 사회개조·세계개조론은 러시아혁명 이후 대동사상(大同思想)을 매개로 한국인들 사이에서 널리 수용되었다. 신채호도 1917년 7월에 발표된 「대동단결의 선언」에 신규식·조소앙·박은식·박용만 등과 함께 서명하는 등 러시아혁명을 계기로 사회개조·세계개조론과 대동사상을 수용하면서 사회진화론을 극복해 나갔다.

1919년 2월에 발표된 「대한독립선언서」(일명 「무오독립선언서」)는 신채호가 사회진화론적 입장에서 벗어났음을 여실히 드러내준다. 신채호가 이동휘·이상룡·이승만·문창범·박은식·신규식·조소앙 등 38명과 함께 서명한 「대한독립선언서」는 사회개조·세계개조론적 입장에서 강자에 의한 약자 지배를 부정하고, 모든 민족과 모든 사람이 평등하게 공존하는 대동사회를 건설해야 한다고 주장하면서 우리 민족의 독립의 당위성을 역설했다. 나아가 신채호는 「신교육(情育)과 애국」에서 " '미국의 부(富)와 독일의 강(强)' 을 본받고자 하는 것은 외국 문명을 숭배하여 수입하게 할 뿐 국가에 대한 애정을 기르지는 못하며, '루소의 민약론(民約論)과 다윈의 물경론(物競論)' 을 따르자고 하는 것은 사회의 불평에 대한 파괴성을 격발케 하는 수단에 불과하다"며 서구 자본주의 국가를 따라갈 것이 아니라 한국 민족의 자주성을 보장해주는 길을 추구하자고 강조하고, 적자생존과 약육강식을 주장하는 힘의 논리를 부정했다.

신채호는 사회개조·세계개조론을 수용하면서 점차 아나키즘(무정부주의)으로 기울어갔다. 그는 1905년에 이미 고토쿠 슈스이(幸德秋水)의 『장광설』(長廣舌)*을 읽고 아나키즘에 깊이 공감하는 등 사회주의에 관한 이해를 진전시켜갔다. 1911년 8월에는 『대양보』의 주필이 되어 배일(排日) 기사를 게재하면서 연해주에 거주하던 한국인들에게 민족의식을 북돋워주었는데, 『대양보』 제13호에 논설 「청년 노동자에게 바란다」를 발표하여 노동의 신성함을 강조했다. 그리고 1912년에는 시 「이날」(是日)을 발표해 일본에서 사회주의자가 생겨난 원인은 귀족 계급이 평민 계급을 착취했기 때문이라고 설명했다. 1913년 상해에 머무는 동안 신채호는 유사복(劉師復)**의 논설을 탐독했으며, 그것을 통해 크로포트킨의 상호부조론을 이해할 정도로 아나키즘에 대한 풍부한 지식을 얻었다.

그러나 신채호는 아직 아나키즘을 자신의 사상으로 받아들이지는 않았다. 다시 말해 아나키즘이 추구하는 이상에는 공감하지만, 아직 우리 민족의 현실에는 맞지 않다고 생각했다. 하지만 1910년대부터 아나키스트들의 주요한 방법론이었던 테러적 직접행동론을 수용해 암살을 민족해방운동의 수단으로 채택했다. 1910년 「철추가」(鐵椎歌)에서, 진시황을 암살하고자 했던 창해 역사(滄海力士)를 본받아 포학무도한 자들을 철추(鐵椎: 쇠몽둥이)로 처단함으로써 한국의 국위 국광(國威國光)을 빛내고 고점리(高漸離)·형가(荊軻) 등을 위로하자고 노래하면서, 암살 행위를 구국의 길로 설정했다. 그리고 1916년에 저술한 「꿈하늘」에서도 "을지문덕도 암살당을 조직했다"며 암살 활동의 가치를 인정하면서 한국 민족이 취해야 할 민족해방운동의 길 가운데 하나로 암살 활동을 설정했다. 이외에 「이날」, 「증별기당안태국」(贈別期堂安泰國), 「독사」(讀史) 등의 시에서도 고토쿠 슈스이와 형가의 암살 행위를 예찬했다.

신채호가 한말부터 아나키즘에서 강한 영향을 받았으면서도 곧바로 아나키즘을 수용하지 않았던 것은 그의 주체적인 사상 수용 태도 때문이다. 그는 주의·사상은 "그 사회의 정황을 따라 또는 성하고 또는 쇠하거늘 우리 사회는 그렇지 안 하여 발이 아프거나 말거나 세상이 외씨버선을 신으면 나도 외씨버선을 신나니 이는 노예의 사상"이라 하여 외래 사상을 그대로 수입하는 것을 경계했다. 「낭객(浪客)의 신년만필(新年漫筆)」에서도 "석가가 들어오면 조선의 석가가 되지 않고 석가의 조선이 되며, 공자가 들어오면 조선의 공자가 되지 않고 공자의 조선이 되고, 무슨 주의가 들어와도 조선의 주의가 되지 않고 주의의 조선이 되려 한다"며 외래 사상을 수용하는 데

* 『장광설』은 고토쿠 슈스이가 1902년에 저술한 사회주의 관계 서적이다. 신채호는 『장광설』의 내용 중에서 '반제국주의론'과 '암살론'의 영향을 많이 받았던 것으로 보인다.
** 유사복은 '파리그룹'의 아나키즘을 계승한 중국 아나키스트로서 晦鳴學舍(1912년 5월)와 心社(1912년 廣州 東堤東園 지방) 등을 조직하여 1910년 중국 아나키스트운동을 이끌었다.

보이는 한국인들의 비주체적인 태도를 비판했다. 이런 주체적인 태도는 신채호로 하여금 전통 사상과 단절하지 않고 이미 가지고 있던 자신의 사상, 즉 유교적 소양을 바탕으로 아나키즘을 수용하게끔 했다.

신채호의 본격적인 아나키즘 수용은 3·1운동 이후에 가서야 이루어졌다. 신채호는 3·1운동 과정에서 민중들의 폭발적인 힘이 드러나자 민중을 민족해방운동의 주체로 인식하기 시작했고, 민중 해방을 표방하던 사회주의에 주목했다. 그는 아나키즘을 민족해방운동의 지도 이념으로 수용하면서 국수주의를 극복해갔다. 「국제연맹에 대한 감상」에서 모든 나라가 자유를 누리는 사회를 건설하는 것이 시대의 흐름임을 강조하면서, 강력자(强力者)에 대한 요구를 버릴 것을 역설했다. 또한 「고고편」(考古篇)에서도 루마니아의 대루마니아주의는 국수적인 강토에 대한 망상에서 발원되었다면서 대외 팽창을 추구하는 국수주의를 비판했다.

신채호의 아나키즘 수용을 더욱 촉발한 것은 1919년에 수립된 대한민국 임시정부에 대한 실망이었다. 1919년 임시정부 창립에 참여했던 신채호는 임시정부가 미국에 위임 통치를 제안했던 이승만을 대통령으로 추대하자 임시의정원 전원위원회 위원장 자리를 사임하고 임시정부를 비판하기 시작했다. 3·1운동이 일어난 후 대동청년단 단장으로 추대되었던 신채호는 1919년 군사 행동을 목적으로 하는 대한독립청년단(일명 학생단)을 결성해 청년 학생들을 조직했으며, 남형우를 단주로 신대한동맹단(부단주 신채호, 단원 약 40명)도 결성했다. 그리고 1919년 10월 17일 김두봉, 한위건 등과 함께 『신대한』(新大韓)을 발행하여, 임시정부의 독립운동 노선을 비판했다. 또한 임시정부의 노선을 분쇄하기 위해 투쟁하는 과정에서 이승만의 외교 노선이나 안창호의 준비론을 대체할 새로운 방법론으로 아나키즘에 입각한 민족해방운동론을 펴기 시작했다. 신채호는 1919년 무렵부터 아나키스트운동을 전개했지만 아나키즘과 공산주의의 본질적인 차이를 인식하지 못하고 한인사회당에도 가입했다. 그러나 1921년 무렵 아나키스트운동을 본격적으로 전개하면서부터는 공산주의를 비판하기 시작했다.

그는 임시정부의 압력에 의해 1920년 1월 중순 이후 『신대한』 발행이 중단되자 북경으로 돌아갔고, 그해 4월 이은숙(이회영의 부인)의 소개로 박자혜와 재혼했다. 그리고 반(反)임시정부 세력을 규합하여 1920년 4월 '대한민국 군정부'를 자칭한 제2보합단을 조직하고, 만주에 있던 독립군 단체를 통합할 목적으로 박용만·류동열 등과 함께 이르쿠츠크·톰스크 등지를 여행했다. 그후 다시 북경으로 돌아온 신채호는 1920년 9월 박용만·신숙 등 14명과 함께 군사통일촉성회('군사통일회의'로 개명)를 발기하고, 기관지 『대동』(大同)의 주필이 되어 반임정 선전 활동을 전개했다. 그리고 1921년 4월 19일에는 이승만의 위임통치 청원을 규탄하는 「성토문」을 작성·공표하는 한편, 군사통일기관 설립을 촉진하기 위해 1921년 5월 21일 김정묵·박봉래 등과 함께 통일책진회(統一策進會)를 발기했다. 그러나 군사통일회의가 군사통일기관 설립보다는 국민대표회 소집에 주력하자 신채호는 무장 투쟁은 자신이 추진할 바가 아니라는 인식 아래 독립군에 의한 무장투쟁 노선을 포기하고 군사통일회의와 일정한 거리를 두었다.

신채호는 1921년 1월에 창간한 잡지 『천고』(天鼓)를 통해 아나키즘을 선전하는 등 아나키스트운동을 본격적으로 전개하기 시작하면서 테러를 통한 폭력 투쟁을 민족해방운동의 수단으로 채택했다. 1921년에는 지식인들을 중심으로 국내에 흑색청년동맹(黑色靑年同盟)을 창설하고, 같은 해에 북경에 지부까지 설치했는데, 이 단체는 의열단(義烈團)과 함께 1920년대 초 아나키스트들의 테러 활동을 이끌었던 것으로 보인다.

1921년 5월 상해에서 이동휘 일파에 의해 고려공산당이 결성된 후 공산주의자들이 코민테른의 방침에 따라 아나키스트들의 테러 활동을 모험주의로 비판하기 시작했다. 이에 재중국 한국인 아나키스트들은 공산주의자들의 비판에 대응하기 위해 자신들의 논리를 체계화할 필요를 느꼈다. 이때 신채호는 의열단의 요청으로 「조선혁명선언」을 작성·발표했는데, 이 선언을 통해 테러적 직접행동론을 민족해방운동 방법론으로, 그리고 아나키스트혁명 방법론으로 체계화했다.

신채호는 「조선혁명선언」에서 일본 제국주의를 "조선 민족 생존의 적"으로 규정하고 내정 독립·자치·참정권 논자와 문화운동자 또한 민족의 적이라고 선언했다. 그리고 민족해방운동 방략으로 외교론과 준비론을 주장하는 임시정부를 비판하면서, 한국혁명은 일제의 식민지 통치, 특권 계급, 경제 약탈제도, 사회적 불평등, 노예적 문화사상 등을 파괴하는 것이어야 한다고 주장했다. 나아가 일본 제국주의를 몰아내고 한국 민족의 생존을 유지하려면 민중직접혁명을 통해 민중의 자유가 보장되고 민중이 주인인 사회를 건설해야 한다고 선언했다. 민중직접혁명은 민중의 직접행동에 의한 사회혁명을 의미한다. 1920년대 이후 신채호에게는 민족해방운동이 곧 민중해방운동이고 아나키스트운동이었다. 그가 민족해방을 주장한 것은 민족주의자였기 때문이 아니라, 민족해방이 곧 민중해방이었기 때문이다.

「조선혁명선언」을 통해 테러적 직접행동론이 체계화되면서 테러 활동은 매국노나 일본 제국주의자들을 오직 복수의 감정에서 처단하는 것이 아닌, 민족해방운동의 주요한 방법론으로 자리잡았다. 신채호의 테러적 직접행동론은 일제 강점기 한국인 아나키스트들의 가장 주요한 투쟁방법론이었고, 이후 의열단의 활동 분자들은 「조선혁명선언」을 항상 지니고 다녔다.

테러적 직접행동론을 사회혁명과 민족해방운동 방법론으로 정립한 신채호는 의열단뿐 아니라 다물단(多勿團)에도 관계했다. 1923년 무렵 이규준, 이규학, 이성춘 등이 류자명과 상의해 다물단을 조직하자 그 선언문을 작성해주었다. 이후 테러 활동을 주로 하던 다물단은 신채호에게서 정신적인 지도를 받았던 것으로 보인다.

그러나 신채호의 생활은 시간이 지날수록 곤란해져갔다. 결국 그는 1924년 3월 10일 승려가 되기 위해 관음사에 들어갔다. 그는 관음사에 거주하는 동안 한국사 연구에 매진했다. 그리고 그때 재중국 한국인 아나키스트들이 재중국조선무정부주의자연맹을 조직했지만, 신채호는 그 조직에는 참가하지 않았다. 그것은 신채호가 재중국조선무정부주의자연맹과는 다른 노선을 걸었기 때문이다. 즉, 테러 활동을 강조하던 신채호는 당시 중국인 아나키스트와 협력하여 이상촌건설운동을 전개하던 재중국조선무정부주의자연맹 관계자들과는 아나키스트운동 방법론을 달리했던 것이다.

신채호는 문필 활동을 통해 아나키즘 선전 활동을 전개했다. 1920년대 초 「가짜 학문(僞學問)의 폐해」를 통해 한국 청년들이 바쿠닌(M.A. Bakunin)이나 크로포트킨의 감화를 받지 못함을 한탄했으며, 1925년 1월에는 「낭객의 신년만필」을 『동아일보』에 발표해 크로포트킨의 「청년에게 고하노라」라는 논문의 세례를 받자고 호소했다. 그는 이 글에서 프롤레타리아 국제주의에 입각해 일본의 프롤레타리아와 연합할 것을 주장하는 공산주의자들의 주장을 반대했다. 그 이유는 조선인 유산 계급이 일본인과 같다는 것은 맞지만, 일본인 무산 계급이 조선인과 같다는 것은 몰상식한 언론이라는 것이다. 그는 "일본인이 아무리 무산자일지라도 그래도 그뒤에 일본 제국이 있어 위험이 있을까 보호하며, 재해에 걸리면 보조하고, 자녀를 낳으면 교육으로 지식을 주도록 하여 조선의 유산자보다 호강스러운 생활을 누릴 뿐더러, 하물며 조선에 이식한 자는 조선인의 생활을 위협하는 식민(植民)의 선봉이니 무산자의 일인(日人)을 환영함이 곧 식민의 선봉을 환영함"이기 때문이라 했다. 일본 민중, 일본 무산자, 가타야마 센(片山潛好道), 사카이 도시히코(堺利彦) 등이 "주의를 부르고 강권을 반대하지만 일본 정부, 집정대신, 통감 이토 히로부미(伊藤博文), 군사령관 하세가와 요시미치(長谷川好道) 등과 명사(名詞)만 바뀌었을 뿐 그 정신은 의구하다"는 것이다.

한편, 신채호는 역사 연구에도 골몰했다. 1921년 무렵 북경도서관 소장 중국측 사서 열람을 통해 부족한 자료 문제를 보완해 『조선상고문화사』와 『조선사』(1948년 『조선상고사』로 개제), 「전후삼한고」(前後三韓考), 「조선 고래(古來)의 문자와 시가(詩歌)의 변천」, 「문제 없는 논문」, 「고사상(古史

上) 이두문 명사 해석법」 등을 집필했다. 그리고 1924~1925년에 걸쳐 「삼국사기 중 동서양자상환고증(東西兩字相換考證)」, 「삼국지 동이열전(東夷列傳) 교정」, 「평양패수고」(平壤浿水考), 「조선 역사상 일천년래 제일대 사건」 등을 신문에 발표했다. 이 논문들은 수정한 뒤에 출판하고자 했던 신채호의 뜻과는 관계없이 1930년에 『조선사연구초』라는 제목으로 간행되었다. 1926년 이후에는 「부(父)를 수(囚)한 차대왕(次大王)」, 「고구려와 신라 건국 연대에 대하여」, 「조선사 정리에 대한 사의(私疑)」, 「연개소문의 사년(死年)」, 「조선 민족의 전성 시대」 등을 발표하거나 집필했으며, 자신이 집필한 저술들을 아나키즘에 입각하여 수정·보완하고자 했다. 이는 인민들의 생활 상태 등을 보충하고자 한 것이다. 그러나 눈이 나빠져 그 작업을 진행하지 못한 채 발표하기도 했다.

1925년 무렵부터는 자신의 이념을 실천할 방법을 찾기 시작했다. "주의(主義)라는 간판을 붙이며 자유·개조·혁명이라는 명사(名詞)만을 외우는 형식적 인물"이 아닌 "주의대로 명사대로 혈전(血戰)하는 정신적 인물"의 존재를 강조하거나(「낭객의 신년만필」), 불만스러운 현실을 피하거나 굴복하지 말고 맞서 싸울 것을 주장했다(「大黑虎의 一夕談」).

신채호는 한국 민족이 일제의 식민지 지배에서 벗어나 자유로운 삶을 영위하기 위해서는 동아시아 피압박 민중들의 힘을 한곳으로 모을 필요성을 느꼈다. 그리하여 1926년 여름 무정부주의동방연맹 결성 준비 모임에 참가했으며, 1927년 9월에는 이필현(李弼鉉)과 함께 한국 아나키스트 대표로 무정부주의 동방연맹창립 대회에 참가했다. 이 창립 대회는 중국인 서건(黍健)의 발의로 한국·일본·중국·대만·베트남·인도 등 6개국 대표자 120여 명이 참석한 가운데 북경에서 개최되었는데, 각각 자국으로 돌아가서로 연락하면서 목적을 이루기 위해 노력할 것과 본부를 상해에 설치할 것 등을 결정했다. 신채호가 무정부주의동방연맹 결성에 참가한 것은 동아시아 국가들의 국체를 변혁하여 모든 사람이 자유롭게 잘사는 사회를 건설할 목적에서였다.

1927년 말쯤에는 재중국조선무정부공산주의자연맹이 결성되었는데, 이 단체는 신채호가 재중국 한국인 아나키스트들을 결집시킬 목적으로 조직한 것으로 보인다. 먼저, 재중국조선무정부공산주의자연맹준비회가 조직되어 각처에 발기문을 보냈으며, 곧이어 재중국조선무정부공산주의자연맹이 창립되었다. 재중국조선무정부공산주의자연맹은 1928년 3월 각 지방대표와 서면으로 온 모든 의견을 토의·종합하여 강령을 약정했다. 신채호는 1927년 국내에서 신간회(新幹會)가 결성될 때 홍명희의 요청으로 마지못해 발기인으로 참가했으나, 신간회에 대해서는 별로 탐탁하게 여기지 않았다. 오히려 재중국조선무정부공산주의자연맹은 신간회에 대해 부정적인 입장을 취했다.

또 신채호는 조직 작업과 함께 문필 활동을 통해 아나키즘 선전 작업도 전개했다. 1928년 1월 1일자 『조선일보』에 「예언가가 본 무진(戊辰)」이라는 제목의 논설을 발표해 예언가의 말을 통해 고통에 찬 현실을 극복하고 희망찬 미래로 나아갈 것을 강조했다. 그리고 소설 「용과 용의 대격전」을 통해 민중들을 억압하는 종교·도덕·정치·법률·학교·교과서·교당·정부·관청·공해(公廨)·은행·회사 등의 지배 계급의 모든 지배 기관이나 수단을 파괴하고, 지배 계급이 제정한 모든 사회제도도 철폐하며, 모든 재화를 공유해 전혀 착취가 없는 사회를 건설할 것을 주장했다.

1928년 4월에는 무정부주의동방연맹 창립 대회의 결정을 실천에 옮기기 위한 방도의 하나로 천진(天津)에서 한국인 아나키스트 대회를 개최했다. 이 대회는 신채호가 작성한 선언문을 채택했는데, 신채호는 이 선언문에서 정부란 지배 계급이 무산 민중에게서 약탈한 "소득을 분배하려는 인육분장소(人肉分臟所)"에 불과하며, 경찰·군대·황실·은행·회사 등과 같은 지배 계급의 지배 도구인 정부를 파괴하고 "민중이 열망하는 자유·평등의 생존을 얻어 무산 계급의 진정한 해방을 이루는 사회"를 건설할 것을 주장했다.

한편, 한국인 아나키스트 대회는 아나키즘을 선전하고 적의 기관을 파괴할 것을 결의했다. 즉, 북경 교외에 폭탄과 총기 공장을 건설하고, 러시아·독일의 폭탄 제조 기사를 초빙해 폭탄과 총기를 만들어 각국으로 보내 대관(大官)을 암살하고 큰 건물을 파괴하는 한편, 선전 기관을 설치하고 선전문을 인쇄하여 세계 각국에 배부·발송하기로 결정했다.

신채호는 기관지를 발행하는 데 드는 자금을 확보하기 위해 외국환을 위조했다. 당시 우체국에 근무하던 대만인 아나키스트 임병문(林炳文)으로 하여금 위조 외국환을 우체국에 저축하도록 한 뒤, 일본 등에서 현금으로 인출한다는 계획을 세웠다. 1928년 5월 8일 무렵 유맹원이라는 가명으로 중국인 행세를 하면서 1만 2천 원을 인출하기 위해 일본 고베(神戶)를 거쳐 모지(門司)에서 대만행 배를 탔다. 그러나 임병문이 체포되는 바람에 계획이 사전에 발각되어 대만의 기륭(基隆) 항에 도착하자마자 일본 수상서원(水上署員)에게 체포되었다. 그뒤 대련(大連)으로 호송되어 네 차례에 걸친 공판에 이어 10년형을 선고받았다. 이 사건으로 체포된 사람은 이필현, 이경원, 임병문, 양길경(揚吉慶) 등 5명이었다. 신채호는 여순(旅順) 감옥에서 복역하던 중 오랜 감옥 생활로 악화된 건강을 회복하지 못하고 1936년 2월 21일 뇌일혈로 생을 마감했다(향년 57세).

4. 영원한 자유인으로 남다

신채호는 1910년대까지는 사회진화론적 사고를 가지고 우리 민족의 자주 독립을 위해 힘을 추구했다. 이때 신채호가 추구한 힘은 다른 민족을 지배하기 위한 것이 아니라 다른 민족의 지배를 받지 않기 위한 것이었다 할지라도, 그것은 또 하나의 제국주의를 추구한 것이었다. 하지만 1910년대 말 사회개조론과 아나키즘을 수용하기 시작하면서부터는 힘에 의한 자주 독립보다 타민족과의 공존을 추구했다. 즉, 한 민족이 다른 민족을 지배하는 것을 부정하는 가운데 자주 독립을 지향했다. 이것은 전세계 모든 민족의 자주 독립, 나아가 모든 민중의 자유로운 삶을 추구하는 것이었다.

민족주의를 제창하던 1910년대까지 조국의 독립을 역설하던 신채호는, 아나키즘을 수용하면서부터는 더 이상 국가에 대해 언급하지 않고 일제의 식민지 지배에서 민족을 해방시켜야 한다고 강조했다. 이후의 신채호에게 민족해방이란 곧 민중해방을 의미했으며, 그것은 모든 사람이 자유로운 삶을 영위하는 세상을 건설하기 위한 것이었다. 그가 민중직접혁명을 통해 일본 제국주의를 구축해야 한다고 주장한 것은 한국의 독립을 위해서가 아니라 한국 민족의 생존을 유지하기 위해서였다. 즉, 그가 일제로부터의 해방을 주장한 것은 민중을 일제의 강압에서 해방시키기 위한 것이었지, 민중을 수탈하는 새로운 정부를 수립하기 위한 것은 아니었다. 한국의 지배 계급 또한 신채호에게는 일본 제국주의와 마찬가지로 파괴해야 할 대상일 뿐이었다. 그것은 한국이 비록 일제의 식민지 지배에서 해방이 되더라도 부르주아 계급이 한국 사회를 지배하면 민중은 여전히 억압과 착취 속에서 아무런 자유도 없이 비참하게 살아가야 하는 것으로 파악했기 때문이다.

그는 정부와 국가를 경찰·군대·황실·은행·회사 등과 마찬가지로 파괴해야 할 지배 계급의 지배 도구에 불과한 것으로 여겼으며, 법률·윤리·도덕·종교·교육 등도 또한 지배 계급이 민중들을 속여 자신들의 지배에 복종하게 하고 혁명을 소멸시키기 위해 이용하는 수단에 불과한 것으로 파악했다.

그는 무산 계급을 착취하는 자본가 계급을 타도하고 착취가 없는 빈부(貧富) 평균적인 평등사회를 건설하고자 했다. 이런 사회에서 모든 민중이 자신의 의지에 따라 자유로운 삶을 영위하기를 꿈꾸었다. 그는 "우리 생활에 불합리한 모든 제도를 개조해 인류로써 인류를 압박지 못하며, 사회로써 사회를 박삭(剝削: 착취)지 못하는 이상적 조선을 건설"할 것을 주장했다(「조선혁명선언」). 그러한 한국 사회는 "민중이 열망하는 자유·평등의 생존을 얻어 무산 계급의 진정한 해방을 이루는" 사회였다(「선언문」). 다시 말해 민중들을 억압하는 지배 계급의 모든 지배 기관이나 수단이 파괴되고, 지배 계급이 제정한 모든 사회제도도 철폐되어 존재하지 않으며, 사유재산제도 부정되고 모든 재화의 공유제가 실시되어 전혀 착취가 없는 사회였다(「용과 용의 대격전」). 결국 신채호가 건설하고자 한 사회는 모든 지배 계급과 지배 기구가 없는 자유롭고 평등한 사회, 그리고 민중의 풍요로운 생활이 보장되는 사회이며, 능력에 따라 일하고 필요에 따라 분배받는 아나코 코뮤니스트 사회였다.

신채호는, 아나키스트 사회는 사회혁명을 통해서만 건설된다고 주장했다. 한국 혁명은 민중직접혁명, 민중들의 직접행동에 의한 사회혁명을 통해 민족해방은 물론 민중해방도 이루어진다는 것이다. 그는 또 정치운동이나 정치혁명은 권력 계급을 교체하는 데 불과하다고 주장했다. 정치는 "우리의 생존을 빼앗는 우리의 적이며, 지배 계급이 약탈 행위를 조직적으로 대낮에 행하는 것에 불과하다"는 것이다(「선언문」). 그리고 "구시대의 혁명으로 말하면 인민은 국가의 노예이고 그 위에 인민을 지배하는 상전, 곧 특수 세력이 있어 이른바 혁명이라는 것은 특수 세력의 명칭을 변경하는 데 불과"할 뿐이라면서 정치혁명을 부정했다(「조선혁명선언」). 그리고 혁명 과정에서 전위 조직이나 지식인이 민중을 지도하는 것을 부정하고 민중의 직접 행동을 강조했다. "민중은 신인(神人)이나 성인이나 어떤 영웅호걸이 있어 '민중을 각오' 하도록 지도하는 데서 각오하는 것도 아니요…… 오직 민중이 민중을 위해 모든 불평·부자연·불합리한 민중을 향상시키는 장애부터 먼저 없애는 것이 곧 민중을 각오케 하는 유일한 방법" 이라는 것이다.

사회혁명을 달성하는 방법론으로는 테러적 직접행동론을 제기하며, "우리는 민중 속에 가서 민중과 제휴하여 부절(不絶)하는 폭력, 암살, 파괴, 폭동으로써 강도 일본의 통치를 타도해야 한다"고 역설했다(「조선혁명선언」). 신채호는 테러적 직접행동론을 민족해방운동의 방략으로 체계화함으로써 아나키즘의 한국적 수용을 가능케 했다. 당시 국제적인 차원에서의 아나키스트운동은 테러리즘의 폐해를 지적하고 '사실에 의한 선전'을 폐기했다. 그러나 한국인 아나키스트들은 1936년 '민족전선론'을 제기하면서 아나키즘 본령에서 일탈하기 전까지 신채호의 민중직접혁명론의 영향 아래에서 테러적 직접행동론을 자신들의 주요한 민족해방운동 방법론으로 채택했다. 이런 점은 한국적 아나키즘의 특성을 이루었다.

신채호는 감옥에 있으면서도 민족의 해방과 아나키스트 사회 건설에 대한 염원을 버리지 않았다. 그는 우리 민족의 역사를 아나키즘적 사관에 입각하여 체계화하고자 했다. 먼저, 1920년대 초까지 민족주의 사관에 입각하여 완성한 저술들을 아나키즘적 사관에 입각해 수정하고자 했다. 당시 『조선일보』가 「조선사」(1931년 6월 10일~10월 14일)와 「조선상고문화사」(10월 15일~12월 3일)를 연재했는데, 이에 대해 신채호는 자신이 석방된 뒤 정정하여 발표할 것이라면서 연재를 중지해 달라고 요구했다.

그리고 1936년 이후 바뀐 정세 아래에서 새로운 민족해방운동론을 제기하는 등 아나키스트운동을 계속했다. 즉, 「민족전선을 위하여」(『남화통신』 1936년 11월호에 게재)라는 시를 통해, 모든 민족해방운동 세력을 결집한 민족전선을 결성해 일제와 전면전을 전개해야 한다는 민족전선론을 제기했던 것이다. 민족전선론은 1936년 후반 이후 아나키스트들에 의해 적극적으로 제기되었으며, 민족전선론에 입각하여 아나키스트와 공산주의자, 그리고 민족주의자 사이에 연합전선이 형성되어 1937년에 조선민족전선연맹이 창립되었다.

이처럼 신채호는 감옥에 있으면서도 아나키스트로서의 삶을 영위했다. 생명이 다하는 그날까지 아나키스트운동과 역사 연구를 통해 모든 인간이 자유로운 삶을 누릴 수 있는 사회를 건설하고자 마지막 한 올의 불꽃까지 다 태웠다. 그럼으로써 영원한 자유인으로 남았다.

참고문헌

권진성, 「丹齋 申采浩의 아나키즘」, 영남대 석사학위 논문, 1997.

김병민, 「申采浩의 문학 유고에 대한 자료적 고찰」, 『申采浩文學遺稿選集』, 연변대학 출판사
    (1995년 한국문화사에서 영인), 1994.

단재신채호선생기념사업회 편, 『단재 신채호와 민족사관』(단재 신채호 선생 탄신 100주년
    기념논집), 형설출판사, 1980.

_____, 『신채호의 사상과 민족독립운동』(단재 신채호 선생 순국 50주년 추모논총), 형설출
    판사, 1987(2쇄).

백동현, 「申采浩와 '국'의 재인식」, 『역사와 현실』 29, 한국역사연구회, 1998.

서중석, 「申采浩의 무정부주의에 대한 小考」, 『한국 민족운동사 연구』(于松 조동걸 선생 정년
    기념논총 2, 于松조동걸 선생 정년기념논총간행위원회 편), 나남출판, 1997.

신연재, 「동아시아 3국의 사회진화론 수용에 관한 연구」, 서울대학교 박사학위 논문, 1991.

신용하, 「신민회의 창건과 그 국권회복운동」 상·하, 『한국학보』 8·9, 일지사, 1977.

_____, 「신채호의 무정부주의 독립사상」, 『동방학지』 38, 연세대학교 국학연구원, 1983.

_____, 「신채호의 민족주의와 무정부주의」, 『성곡논총』 14, 성곡학술문화재단, 1983.

_____, 『신채호의 사회사상 연구』, 한길사, 1991(4판).

신일철, 「申采浩의 무정부주의사상」, 『한국사상』 15, 한국사상연구회, 1977.

_____, 「申采浩의 근대국가관」, 『현대 사회철학과 한국 사상』, 문예출판사, 1997.

_____, 『신채호의 역사사상 연구』, 고려대학교 출판부, 1993(2판).

우실하, 「단재 신채호 애국계몽사상의 전개 과정에 대한 연구(1905~1910)」, 연세대학교 석
    사학위 논문, 1988.

이덕남, 『마지막 고구려인 단재 신채호』, 동현출판사, 1996.

이만열, 『단재 신채호의 역사학 연구』, 문학과지성사, 1995(2쇄).

이호룡, 「신채호의 아나키즘」, 『역사학보』 제177집, 역사학회, 2003.

임중빈, 『단재 신채호 일대기』, 범우사, 1990(3쇄).

최기영, 「일제 강점기 신채호의 언론 활동」, 『한국사학사학보』 3, 한국사학사학회, 2001.

최정수, 「단재 申采浩의 국제관」, 『한국학 논집』 26, 한양대학교 한국학연구소, 1995.

최홍규, 『신채호의 민족주의사상 ─ 생애와 사상』, 단재신채호선생기념사업회, 1993(5쇄).

하기락, 「단재의 아나키즘」, 『丹齋 申采浩와 민족사관』, 단재신채호선생기념사업회, 1980.

한시준, 「신채호의 在中 獨立運動」, 『한국사학사학보』 3, 한국사학사학회, 2001.

한영우, 「1910년대의 申采浩의 역사의식」, 『한우근 박사 정년기념사학논총』, 지식산업사,

1981.

_____, 「丹齋 申采浩의 민족주의 사학」, 『우리 역사와의 대화』, 을유문화사, 1992.

김규식 金奎植

김규식과 항일통일전선·좌우합작운동

서중석 성균관대학교 사학과 교수·역사문제연구소장

1. 이승만·김구와의 차이

우사(尤史) 김규식(金奎植, 1881~1950)은 신한청년당 파견 대표로 1919년 2월 상해를 떠나 파리에 가서 그곳에서 열린 열강의 강화회의에 한국의 독립을 호소하는 활동을 하면서부터 본격적으로 독립운동을 했다. 그뒤 상해임시정부 외무총장 학무총장, 구미위원부 초대 위원장, 극동인민대표회의 한국대표 단장 등으로 활약했고, 중경임시정부 부주석이 되었다(주석은 김구). 해방 후 그는 이승만(李承晩)·김구(金九)와 함께 세칭 우익 3영수였고, 민주의원 의장대리로 미소공동위원회 활동에 적극 협력했다. 미소공위 휴회 후에는 여운형(呂運亨)과 함께 좌우합작운동을 벌였으며, 분단 정부 수립을 코앞에 두고 김구와 함께 남북협상의 길에 올랐다.

짧지 않은 독립·통일민족국가 건설운동에서 김규식은 같은 우익의 김구·이승만과 대단히 다른 길을 걸었다. 좌익에서도 독립운동단체 단결활동과 좌우합작운동에서 그와 비견할 만한 인물은 여운형 정도밖에 없었다.

이승만은 미국에서 항상 자신을 중심으로 한 활동을 고집하여 이승만 하면 분열이 연상될 정도였으므로, 이승만만큼 단결과 합작에 거리가 먼 사람은 없다고 할 만하다. 그 점은 해방 후에도 비슷했다. 김구 또한 민족유일당운동에도, 1930년대 이후 독립운동단체의 통합운동에도 대체로 냉담했다. 그러나 김규식은 1927년에 민족유일당운동에 참가했고, 1932년에는 대일전선통일동맹을, 1935년에는 민족대당(民族大黨)으로 민족혁명당을 조직하는 데 주도적으로 참여했다. 해방 후 민족국가 건설을 위해 그가 좌우·남북합작에 얼마나 노력했는가는 길게 설명할 필요가 없을 것이다. 김구는 1948년 1월에야 방향 전환을 하여 김규식과 행동을 같이하게 되었다.

김규식은 우익 지도자 가운데 드물게 진취적이고 진보적 인사였다는 점에서도 유니크한 존재다. 이승만은 극우적 보수성향을 지녔다. 김구는 위정척사적 면모가 없지 않았고, 일제강점기에는 이승만 비슷하게 반공적이었으며, 해방 후에도 남북협상 이전에는 보수적 반공 성향을 지니고 있었다. 김규식은 이승만처럼 미국에 유학했고 중국에서 영문학교수로 꽤 오랫동안 활동했지만, 일제강점기건 미군정기건 미국에 상당히 비판적이었다. 그가 모스크바에서 열린 극동인민대표대회에 참석했을 무렵에는 공산당 후보당원일 정도였으므로 이 시기에는 급진적이었다고 평가해야 할 것이다. 그는 1943년 초에 조선민족혁명당 주석으로 선임되었는데, 이때부터 귀국할 때까지 중경임시정부에서 좌측의 대표격으로 활동했다. 해방 후에도 김규식은 중도우파로서 토지문제 등에 대해서 개혁성향이 강했고, 친일파 처단을 주장했다.

김규식은 단결과 합작, 진보성에서 동시대 우익 중에서는 보기 드문 존재였는데, 뛰어난 식견과 통찰력을 지닌 인물이었다는 점에서도 존경을 받았다. 그는 '파당짓기'를 몹시 싫어했고, 그 때문에 정당에 대해 강한 기피증이 있었다. 이러한 면모는 그의 무사공정의 정신, 매사에 대한 엄격함, 규칙 또는 원칙의 생활화 등과 일체를 이루고 있는 것으로 보인다. 그는 정신적으로는 민중에 애착이 있었고, 민중의 관점에 서서 단결과 합작, 진보적 활동을 벌였음에도 불구하고 대중적 정치와는 거리가 멀었으며, 대중 조직에 관심이 적었고, 소극적인 면이 종종 보인다는 점에서 여운형과 대조를 이룬다. 바로 이러한 점—식견과 통찰력, 정당 기피증, 비대중성, 무사공정의 엄격성, 소극성—때문에 그는 해방 3년기나 그 이후에 학자형 정치가라는 말을 많이 들었다. 그러나 그는 학자형 정치가라기보다 합리성이 결핍되었고 주정적(主情的)인 대다수 한국 지도자들과는 달리 보기 드물게 이성적 또는 합리적인 정치가로 봐야 할 것이다. 해방 정국에서 정치인들이 미소나 좌우 어느 한쪽에 과도하게 기울어졌으나, 김규식은 그렇지 않았다. 그래서 중도파 민족주의자들의 민족국가 건설운동에서 중심 인물로 받들어졌다.

우사라는 호도 병과 관련이 있지만, 거의 모든 활동 기간에 김규식은 지병 때문에 지장을 받았다. 그는 이미 어렸을 적 중병으로 죽을 뻔했다. 구미위원장 시절에는 두골 대수술을 받았는데, 그 후유증으로 20년 동안 간질을 앓았다고 한다. 또한 두골 절단 부분에서 생겨난 혹은 오랫동안 고통을 주었는데, 그 때문에 혹이 있는 양반이라는 뜻의 우사라는 별명을 얻었고, 또 그것이 호가 되었다. 그는 30세 이전부터 위장병을 앓아 40년 동안 부인이 마련해준 음식만 먹을 수 있었다고 한다. 『김규식의 생애』라는 탁월한 저서를 쓴 이정식은 여러 곳에서 지병이 김규식의 활동에 많은 영향을 주었을 것으로 추측했다. 곧 신경질적 성격이나 냉정함, 소극성 등은 신병과 관련이 있을 것이라는 추측이었다.

이정식은 이미 1974년에 『김규식의 생애』라는 탁월한 저서를 냈다. 그는 또 김규식의 로녹대학 학창시절과 관련해서 실증적 글을 썼다. 해방 후 민족자주연맹 비서실장이었던 송남헌은 좌우합작운동, 남북협상에 관해, 특히 남북협상에 관해 체험을 바탕으로 좋은 글을 썼다. 2000년에는 우사연구회(회장 송남헌, 부회장 김재철, 사무국장 장은기)의 노력으로 김규식의 생

63인의 역사학자가 쓴 한국사 인물 열전

애와 사상이 3권의 책으로 묶여 나왔다. 항일독립투쟁과 좌우합작을 고찰한 1권은 강만길과 심지연이 집필했고, 남북협상을 고찰한 2권은 서중석이 집필했다. 3권에는 송남헌, 김우종 등의 글이 실려 있다.

2. 청년기―로녹에서의 활기찬 활동

김규식은 불행한 어린 시절을 보냈다. 부모의 사랑을 조금밖에 받지 못했고, 고아 생활을 적지 않게 했다.

김규식은 1881년 1월 29일, 음력으로 1880년 12월 28일 경남 동래에서 청풍 김씨 김지성(金智性)의 3남으로 태어났다. 김지성은 한학에 밝았는데 일본에서 얼마간 신식교육을 받아 개화사상에도 감화를 받았다. 그는 15세 때부터 고종의 시종이었는데, 김규식이 태어날 때에는 동래 우후(虞侯)라는 관직에 있었다. 그렇지만 부친이 정치적 이유로 서남지방 섬으로 6년간 유배를 가게 되었고 어머니도 네 살 때 사거하여 장로교 선교사 언더우드 (元杜尤, Horace G. Underwood)가 서울 정동에 세운 최초의 장로교 미션 스쿨에 들어갔다(「자필이력서」).

모친 사망 후 숙부들이 곤경에 처해 있어 언더우드는 자신이 설립한 고아원에 네 살 된 꼬마를 데려왔다. 나이가 어려 다시 친척들에게 보냈으나 곧 중병에 걸려 언더우드가 다시 데리고 와 정성을 다해 살려놓았다. 언더우드는 생명의 은인이었다. 언더우드의 사랑을 받으며 기초영어를 배웠는데, 이때 이미 뛰어난 어학 학습능력을 보여주었다. 1891년 부친이 유배지에서 돌아왔는데 조모상을 당해 부친 고향인 홍천에 가서 함께 살았으나, 그 다음해 부친이 유배중 걸린 결핵으로 사거했다. 그는 홍천에서 부친과 조부한테 한학을 배웠고, 청일전쟁이 일어난 후인 1894년 가을 조부와 큰형이 연달아 사망해 다시 서울로 돌아가 허치슨(Hutchson)이라는 영국인이 교장이었던 관립 영어학교에 입학했다. 1년 반 후에 최상급반에서 수석을 한 후 조선인 경영의 외국인 상대 식품점에서 영어 점원으로 일했다. 그뒤 김규식은 서재필(徐載弼, Philip Jaison)이 1896년 귀국하여 미국 시민으로 발행했던『독립신문』신문사에서 영어 사무원 겸 회계로 근무했다.

1897년 김규식은 미국 동부 버지니아주에 있는 로녹대학(Roanoke College) 예과에 들어가 가을학기부터 수업을 받음으로써 새로운 인생을 시작했다. 로녹대학 유학은 서재필이 도움을 주었을 것이다.

로녹대학은 1892년 학장이 워싱턴 주재 한국대표부를 찾아가면서 한국과 돈독한 관계를 가졌다. 다음해에 서규병(徐圭炳)이 입학한 것을 비롯하여 의친왕(義親王) 이강(李堈) 등 30여 명의 한국인이 이 학교를 다녔다. 의친왕은 1901년 3월에 로녹대학에 와 화제의 인물이 되었는데, 김규식은 1901년 6월 매사추세츠주 노스필드에서 열린 학생대회에 의친왕과 함께 참석하는 등 여러 차례에 걸쳐 의친왕을 위한 활동에 참여했다. 김규식이 입학한 직후인 1897년 겨울에는 서광범(徐光範) 공사가 이 대학을 방문하여 명예석사(M.A.)를 받았고, 1899년 1월에는 이범진(李範晉) 공사가 자기 아들을 입학시키기 위해 이 학교를 방문했다. 김규식이 입학한 1897년에는 연말까지 서규병 등 모두 5명의 한국인 학생(전체 학생은 181명)이 공부했는데, 서규병은 한국인 학사 1호를 기록했다(1898년 6월 졸업).

김규식은 예비과정 1년과 4년간의 정규과정을 다녔는데, 중간에 1년간 휴학하여 이 대학 50주년이 되는 1903년 졸업하여 문학사(B.A.) 학위를 획득했다. 학비와 생활비를 벌기 위해 여름방학 등을 이용하여 신문배달원, 하우스보이, 웨이터, 접시닦기, 요리사 등의 일을 했고, 어느 백만장자 소유 요트의 집사, 극작가 개인 비서 등의 경험도 했다. 그는 1923년 이 대학에서 명예 법학박사(LL.D.) 학위를 받았다.

어렸을 적 고아 생활을 하는 등 어렵게 유년기를 보냈지만, 김규식이 활달하고 적극적인 삶을 사는 사람이라는 것은 로녹대학 학창시절에 잘 나타나 있다. 그는 입학하자마자 웅변클럽인 데모스테니언 문학회(Demosthenean

Literary Society)에 들어가 많은 활동을 했다. 1900년 6월 강연대회에서 1등을 했고, 1902년 2월에는 회장으로 뽑혔다. 또 1901년 5월에는 데모스테니언 문학회 대표로 전교 강연대회에 나가 특별한 찬사를 받았다. 김규식은 학창시절에 이미 정치에 관심이 높았고, 또 진보적 식견을 지니고 있었다.

『로녹대학보』에 김규식은 다른 어느 학생들보다도 많은 글을 썼다. 1900년 5월호에는 한글과 한국말을 소개하는 「한국어」라는 장문의 글을 발표했다. 그는 한국어를 영어·프랑스어·독일어·라틴어·산스크리트어와 비교하며 알기 쉽게 소개했다. 1902년 2월호에 실린 「동방의 서광」(The Dawn in the East)에서 김규식은 조선은 암흑의 밤이지만 곧 쇠사슬이 끊어져 외국의 횡포에서 벗어나게 될 것이라고 전망했다. 졸업을 앞두고 1903년 5월호에 쓴 글 「러시아와 한국문제」, 그리고 졸업식에서 연설한 「극동에서의 러시아」—이 글은 대학보에 실렸을 뿐만 아니라 『뉴욕 선』지 6월 14일자에 전재되었다—에서 그는 러일전쟁을 예견하면서 러시아를 혹평했고, 일본이 전쟁에서 이길 것이고, 그것이 러시아가 이기는 것보다 낫다고 평가했다. 미국·영국에서의 반러시아 분위기에 젖어 있음을 알 수 있다.

김규식은 1903년 6월 로녹대학을 졸업했다. 1898년 6월 예과졸업식에서는 준우등생 중의 한 명이었는데, 본과에서는 3등이었다. 그는 서병규에 이어 미국에서 두번째 학사가 되었다. 로녹대학도 졸업 후 김규식한테 깊은 관심을 보였지만, 그 자신도 사거할 때까지 추억이나 애정이 유난했다. 김규식은 프린스턴대학원 장학금을 얻었으나 러일전쟁이 발발함에 따라 귀국했다.*

1904년 귀국한 김규식은 서울YMCA에서 활동했다. 그는 1903년 10월 여병현(呂炳鉉) 등 한국인 2명, 언더우드 등 미국인 5명, 그밖에 영국인·캐

---

* 로녹대학 관계는 거의 대부분 이정식, 『김규식의 생애』, 新丘文化社, 1974에 따랐고, 일부는 「자필이력서」에 의거했다.

나다인·일본인 등 모두 13명의 이사에 의해 창립된 황성(皇城)기독교청년회(서울YMCA)가 실무진이 질레트 한 사람밖에 없어 일을 제대로 못하다가 1904년 가을 실무조직에 박차를 가할 때 교육부 간사로 임명되었다.* 그뒤 YMCA이사회 이사 겸 서기, YMCA학교—처음에는 명칭이 학관이었다— 교사로 근무했고, 얼마 후부터 1910년까지 YMCA중학교 교장을 맡았다. 그는 1910년 6월 YMCA 훈련집회인 하령회(夏令會)에서 '드물게 보는 웅변' 으로 강화(講話)를 했다고 『서울YMCA운동사 1903~1993』에는 씌어 있다 (170쪽).

김규식은 1905년 국권수호를 위해 잠시 상해로 갔다. 그가 1918년 로녹 대학 동창 그린랜드에게 보낸 편지에도 미 동해안 소도시 포츠머스에서 8 월 5일부터 열리는 러일강화회의에 대처하기 위해 상해에 간 일이 씌어 있 는데, 그의 자필이력서에는 "강화회의에서 조선문제를 변론하기 위해 포츠 머스로 가게 된 자신을 포함한 황제 밀사들의 항행권을 예약할 목적으로 상 해로 갔음"이라고 씌어 있다. 포츠머스에 갈 황제 밀사들에는 황제가 신임 하는 헐버트(Hulbert, 訖法)가 포함되었을 것이다. 김규식이 밀사의 일원이 된 것은 YMCA 중요 간부였던 헐버트의 추천에 의해서가 아니었을까? 김규 식은 상해에서 석 달 동안 허송세월을 보냈다. 자금과 밀서를 가지고 뒤따 라오기로 한 다른 밀사들이 나타나지 않았던 것이다. 포츠머스조약은 9월 5 일 체결되었고, 그는 11월 7일 귀국했다.

김규식이 귀국한 지 열흘 만인 11월 17일 을사조약이 강제체결되었다. 뉴욕대학 대학원에 진학하려고 했지만, 외교권을 빼앗은 통감부가 여권신 청을 거절했다.** 그는 1913년 봄까지 언더우드 개인비서로 일하면서 새문 안교회장이였으며, YMCA교사 외에도 경신중학교 교감을 지냈고, 조선기 독교대학(연희-연세대학교 전신)의 첫 1학년 2개 학급 교수였다. 이때 제 자로 김두봉(金枓奉)·조병옥(趙炳玉) 등이 있다. 김규식에 관한 소식을 종 종 실었던 『로녹대학보』 1909년 7월호에는 그가 한국문법책을 출간했다고 씌어 있다. 그는 영어책을 여러 권 한국어로 번역했다. 26세의 청년 김규식은 1906년 5월 새문안교회 교인으로, 전 군수 조순환의 16세 된 무남독녀 조은수(趙恩受)와 새문안교회에서 결혼식을 올렸다. 교회인데도 신랑은 사모관대차림이었고 신부는 족두리 쓰고 연지 찍어 장안의 화제가 되었다.

3. 파리강화회의 한국대표

김규식은 1913년 4월 2일 오스트레일리아의 중국 화교들에게 조선인삼을 팔러간다는 구실로 여권을 얻어 한국을 떠났다. 일제가 강점하면서 안악사건·105인사건 등이 발생하여 많은 기독교 관계자들이 체포되었다. 이와 같이 갈수록 심해지는 일제의 속박을 피해 중국에 가 독립운동을 벌이기 위해서였다. 조선총독이 1913년 봄 그한테 도쿄외국어대학 영어교수직과 함께 도쿄제국대학 동양학과 장학금을 주겠다고 제의한 것도(「자필이력서」) 망명의 계기가 되었을 것이다. 혁명가의 생애가 시작된 것이다.

　1913년 김규식은 북경·상해·남경 등지에서 먼저 와 있던 여러 애국지사들과 접촉했다. 그는 이때부터 민족운동을 통일통합된 운동으로 만들기 위해 노력했다. 또한 어학실력이나 미국관계 등도 작용했겠지만, 김규식은 손문, 천치메이 장군, 황신 장군, 탕샤오이, 왕쳉팅, 웰링턴 V. 쿠(顧維鈞) 등 중국의 혁명지도자들과 교분을 쌓았고, 혁명파의 제2혁명에도 관여했다. 원세개(袁世凱)가 1913년 3월 송교인(宋敎仁)을 암살한 데 이어 6월 이열균(李烈鈞)·호한민(胡漢民)·백문울(柏文蔚) 등 도독(都督)을 파직시켜 전쟁을 도발하자 강서성도독 이열균 등이 원세개 토벌을 선포하면서 '제2혁명'이 시작되었다. 김규식은 냉휼(冷橘) 장군의 군대에 합류하여 방부(邦

---

* 서울YMCA 편, 『서울YMCA운동사 1903~1993』, 路出版, 1993, 93쪽.
** 이정식, 앞의 책, 32쪽.

阜)까지 올라갔는데, 이 부대는 서주부(徐州府)에서 내려온 복벽과 장훈(張勳)의 군대 앞에서 어지러이 후퇴했다. 9월초 풍국장(馮國璋)·장훈 등이 남경을 점령함으로써 제2혁명은 종지부를 찍었고, 손문·황흥(黃興) 등은 또다시 일본에 망명했다. 32세의 김규식이 중국에 망명하여 곧장 제2혁명에 가담한 것은 그가 대단히 적극적이고 정열적임을 말해준다고 하겠다.

이광수(李光洙)가 1913년말경 상해에 갔을 때 김규식은 신채호(申采浩)한테 영어를 가르치고 있었다. 신채호는 발음은 필요없고 뜻만 가르쳐달라고 하는데 김규식이 까다롭게 구니 이광수한테 배우겠다고 말했다. 1914년 양력설에는 신성(申檉, 申圭植)의 집에서 김규식·신채호·조소앙(趙素昻)·문일평(文一平)·홍명희(洪命憙)·이광수 등이 자리를 같이했다. 이해에 제1차세계대전이 발발하자 김규식은 변장을 하고 안동현까지 가 압록강을 건너 의주에서 자금을 모집하였으나 실패했다. 일중전쟁 또는 일러전쟁이 일어날 가능성이 있다고 보고 대비를 한 것이다. 가을에는 유동열(柳東說)·이태준(李泰俊) 박사 및 두 젊은 학생과 함께 독립군 또는 게릴라부대 장교를 양성하기 위한 초보적인 군사훈련학교 설립을 위해 외몽고의 우르가(庫倫, 울란바토르)로 갔다. 이것 또한 그의 적극적인 성격을 잘 보여준다.

군사훈련학교 설립은 약속된 자금이 오지 않아 실현되지 못했다. 김규식은 우르가에 있는 러시아상업학교에서 가르치면서 러시아인들한테 영어 개인교수를 했다. 우르가에는 미국인과 스칸디나비아인 무역상사인 몽골물산회사가 있었는데, 그곳에서 회계 겸 비서로도 근무했다. 이 무렵 그는 몽골에서 가죽을, 화북에서 성경을, 상해에서 발동기를 팔았다.

1916년 김규식은 북경 서북방의 고도 장가구(張家口)에 머물렀다. 상해 천진 및 홍콩의 미국-스칸디나비아계 큰 회사인 앤더슨 마이어회사(Anderson & Meyer Co., Ltd) 장가구 부지배인이 된 것이다. 이때 부인이 아들 진동(鎭東)과 함께 국내에서 찾아와 합류했으나, 폐병으로 1917년 사거했다. 1918년에 이 회사에서 개설한 우르가지점 지배인으로 활동하다가 천진으로 돌아와 미국계회사인 피어론 다니엘회사(Fearon Daniel Co., Inc.) 수입부에 입사하여 중국 각지에 델코 전구를 다수 판매하고 설치했다. 이 즈음 그는 농장사업을 계획하고 있었다.

1918년 11월 9일 스파르타쿠스단이 이끄는 노동자봉기로 빌헬름 2세가 퇴위했고(독일혁명), 11일 독일과 연합국 사이에 휴전협정이 맺어졌다. 곧 이어 오스트리아와 항가리가 공화제를 선포하면서 제1차세계대전은 종지부를 찍었는데, 종전은 독립투사들에게 공전의 활기를 불어넣었다.

11월 11일 휴전되자 상해에서는 사방에서 종을 난타하며 물끓듯 하는 분위기 속에서 이틀간 행진을 했다. 거기에 여운형이 있었다. 종전과 함께 윌슨 미국 대통령은 특사로 크레인을 중국에 보냈다. 상해에서 크레인의 연설을 들은 후 여운형은 피압박민족해방을 위한 대표를 파리강화회의에 파견하는 문제를 묻자 크레인은 지원하겠다고 답변했다. 독일이 패망할 것 같자 1918년 여름부터 여운형은 조동호(趙東祜)·장덕수(張德秀)·신석우(申錫雨)·김철(金澈)·선우혁(鮮于爀) 등과 전후 활동문제를 논의해오고 있었는데, 여운형은 이들과 회의를 열어 김규식을 한국대표로 파리로 파견할 것을 결정했다. 그리고 대표를 파견하지 못할 것에 대비하여 11월 28일자 여운형 대표의 서명이 들어 있는 독립에 관한 청원서를 작성하여 크레인을 통해 윌슨 대통령에게 보냈고, 그와 함께 상해 『밀라드 리뷰』(Millard Review) 사장 겸 주필 밀라드에게 위탁했다. 또한 이 청원서는 개인이름으로 보낼 수 없었기 때문에 터키청년당을 모방하여 신한청년당을 조직했다(총무간사는 여운형). 김규식은 신한청년당대표로 파견되었다. 신한청년당에서는 독립운동 분위기를 조성하고 시위를 일으키도록 장덕수·선우혁 등 여러 동지를 국내와 일본으로 파견했고, 여운형은 만주와 노령으로 떠났다.

김규식을 파견한 경비는 김규식이 소지한 수천 원(圓)과 장덕수가 국내에서 가져온 2천 원, 상해에서 교포들이 낸 1천 원으로 충당했다. 김규식은 1919년 1월 19일 남경에서 김순애(金淳愛)와 재혼했다. 김순애는 새문안교회 시절부터 알고 있었고, 김규식과 가까운 의사 김필순(金弼淳)의 누이이자 서병호(徐丙浩) 처제였으며, 첫부인과는 정신학교 동창으로 잘 아는 사이였다. 둘도 없는 평생의 반려를 만난 것이다. 2월 1일 김규식은 우편선을 타고 상해를 떠나 3월 13일 파리에 도착했다. 대전 직후라 전신 사정이 좋지 않아 4월 2일에야 3·1운동 소식을 들었다. 그뒤 상해임시정부에서는 김규식을 정위원(正委員), 이관용(李灌鎔)을 부위원으로 한 평화회의 대한민국위원 겸 파리(巴黎)위원 신임장을 보냈고, 미주의 대한국민회에서도 대표로 김규식을 임명하여 그는 파리에서 세 단체를 대표했다.

김규식은 파리에 평화회의 한국민대표관을 설치했다. 초빙한 헐버트가 3월 17일 도착했다. 이어서 김규식은 스위스 튀리히대에 재학중인 이관용을 불렀고, 김복(金復)·황기환(黃玘煥)·조소앙·여운홍(呂運弘) 등이 각지에서 도착하여 대표관에 합류했다. 한국민대표관에서는 4월 10일자로 회보 제1호를 냈고, 곧 이어 한국독립에 관한 탄원서 및 「한국민족의 주장」을 작성해 독립의 필요성을 역설했다. 김규식은 35쪽의 「한국의 독립과 평화」에서 유럽 각국, 일본, 중국 등과 체결한 조약을 분석하여 한국에 대한 국제 열강의 약속을 상기시키고 일제 침략의 부당성을 논박했다. 8월 6일 한국대표관 연회에는 프랑스 중의원 부의장으로 이 연회 사회를 맡은 뢰북, 러시아 전헌법회의장 미노르, 중국의 북경대 교수 이석증(李石曾)과 파리주재 요(寥) 총영사 등이 참석했던바, 그가 저명한 인사들과 교류했음을 알 수 있다.

8월 9일 김규식은 김복·여운홍과 함께 뉴욕으로 향했다. 선실에서 김규식은 활동보고서를 작성하기 위해 쉬지 않고 타이프를 쳤다. 8월 22일 미국에 도착한 김규식은 유럽이 한국문제를 보는 관점에 대해 간단한 글을 발표했다. 그는 이 글에서 동양과 태평양으로의 일본의 팽창 야욕을 지적하고, 한국의 독립만이 이것을 저지할 수 있다고 강조했다.*

김규식이 미국으로 간 것은 이승만이 8월 13일 집정관총재 명의로 포고문을 발표하고 김규식 등 3인으로 구성된 '재무위원부'를 설치한 것과 관계가 있다. 이승만은 김규식이 미국에 온 사흘 뒤인 25일 임시정부행정령 제2호를 발동해 한국위원회—후에 정식 명칭은 구미주차한국위원부인데 이를 줄여 구미위원부라고 부름—를 설립하고 초대위원장에 김규식을 임명했다. 주의할 것은 한국위원회-구미위원부는 한성정부의 집정관총재 직권으로 만든 것으로, 상해임시정부나 한국위원회 설립 직후에 출발한 상해의 통합임시정부와는 아무런 상의나 사후승인을 받은 바가 없다는 점이다.[**]

구미위원부는 공채 등을 발행하여 독립운동 자금을 마련하는 것이 주목적이었는데, 이 문제로 대한국민회와 갈등이 있었고, 마련한 자금의 사용문제를 가지고도 이승만과 임시정부 사이에 논란이 많았다. 1920년 김규식은 신경통으로 오랫동안 고생하던 끝에 뇌종양 의심을 받아 월터 리드병원에서 뇌수술을 받았다. 퇴원 3주 후에 의사의 권고를 무시하고 육로로 미국 서해안을 따라 여행하면서 각지에 흩어져 있는 한인 교민들을 찾아다니며 '독립공채'를 판매했다. 그다운 헌신성의 발로였다. 그리하여 김규식은 「자필이력서」에, 기억을 잘못했을 수도 있지만, 3주 만에 약 5만 2천 달러를 모금하여 당시 상해임시정부 재무부장이던 이시영(李始榮)에게 송금했다고 기록하였다.

김규식의 구미위원부 시절은 성격이나 성향이 다른 이승만과의 갈등의 시기이기도 했다. 그는 1920년 10월 3일 미국을 떠나 하와이와 오스트레일리아를 경유하여 1921년 1월말 상해에 도착했다. 오스트레일리아에서는 수상 휴즈(Hughes)와 즐거운 대화를 나누었다.

김규식이 상해에 도착했을 때 임시정부는 내분에 휩싸여 있었다. 1월 하

* 신한청년당 및 파리에서의 활동은 주로 국회도서관 편, 『한국민족운동사료(중국편)』, 1976, 191~196쪽; 李萬珪, 『여운형투쟁사』, 叢文閣, 1946, 20~23쪽; 이정식, 앞의 책, 愼鏞廈, 1988, 49~65쪽; 「신한청년당의 독립운동」, 『한국근대민족운동사연구』, 一潮閣, 1988, 168~186쪽에 의거했다.
** 高珽烋, 「대한민국임시정부 구미위원부(1919~1923) 연구」, 고려대학교 박사학위 논문, 1991, 103~121쪽 참조.

순 국무총리 이동휘(李東輝) 등이 사임했고, 학무총장 김규식은 상해에 도착한 지 얼마 안 된 4월에 사임했다. 내분은 수습되기 어려웠고 임시정부는 침체일로를 걸었다. 그는 이 시기에 서병호 및 중국 친지 등과 함께 남화학원(南華學院)을 설립하여 한국청년들에게 영어를 가르치기도 했다.

4. 모스크바에서의 열정

김규식은 1921년 늦가을 독립운동의 새 출구를 러시아에서 찾았다. 미국·영국·프랑스·이탈리아·일본 등이 11월 12일부터 다음해 2월 6일까지 워싱턴에서 워싱턴회의─한국에는 태평양회의로 많이 알려졌다─가 열렸던바, 볼셰비키는 이에 대응하여 원동피압박민족대회를 열기로 한 것이다. 처음에는 이르크츠크에서 워싱턴회의와 같은 시기에 열기로 했으나, 1922년 1월 21일 모스크바에서 극동인민대회(極東勞力者大會)가 열리게 되었다. 상해임시정부와 이승만이 전력을 다해 워싱턴회의에서 외교활동을 벌였는데, 김규식이 그것에 대응해서 열린 극동인민대회에 참석했다는 것은 미국과 상해임시정부 또는 독립운동 내 친미세력에 대한 그의 날카로운 비판을 읽게 해준다. 김규식처럼 일제강점기건 해방 이후건 친미적이면서 제국주의국가 미국에 비판적인 인사는 한국에서는 찾아보기 어렵다.

11월에 초청장을 받아 11월 하순 김규식이 여운형·나용균(羅容均)과 함께 장가구·몽골을 거쳐 이르크츠크에, 그곳에서 다시 모스크바에 도착하기까지의 과정은 『중앙』 1936년 4월호에서 6월호에 걸쳐 실린 여운형의 대단히 유려하고 직정적이면서도 사명감으로 사는 사람들의 암울한 페이소스가 짙게 깔린 장문의 글에 잘 나타나 있다.

김규식 일행이 이르크츠크에 도착했을 때 그들은 흑하사변(자유시참변) 배심원으로 민족적 비극을 지켜봐야 했다. 1921년 6월 흑하에 집결한 이동휘의 상해파 고려공산낭에 연결된 내한독립군단과 이르크츠크파 고려공산당계의 군대 사이에 반목이 심했는데, 이르크츠크파가 소련측과 함께 대한 독립군단의 무장해제를 시키면서 많은 사상자를 냈던바, 그때 체포된 독립 군단측 장병들에 대한 재판이 12월에 열렸던 것이다. 재판장은 유명한 독립군 장군 홍범도(洪範圖)였는데, 원동피압박민족대회에 참석하기 위해 이르크츠크에 온 한국인들을 배심원으로 참석케 했다. 이 재판에 대해 여운형은, 말할 수 없이 안타까운 애석한 정과 암담한 우울로 가슴을 몹시 억누른 사건이었다고 회고했다.

김규식 일행은 1922년 1월 7일 모스크바에 도착했다. 조선위원단집행위원회 의장은 김규식, 서기는 채동순(蔡東順, 채알렉산드르)이었고, 조선대표단에서 파견된 대표자자격심사위원회 심사위원은 여운형과 최고려(崔高麗)였다.

한국인은 나중에 온 사람을 포함하여 모두 56명이었는데, 손문의 광동군사정부 대표단이나 일본 대표단보다 훨씬 많았다. 조선인대표자 명단에 들어 있는 김규식 관계 기록은 흥미로운 사실이 많다. 그는 신한청년당 파견으로 되어 있고—여운형은 파견단체가 고려공산당으로 되어 있다—직업은 교육가인데 외국어로 영·불·독·러·중·일어를 말한다고 기록되었다. 뛰어난 어학실력과 함께 이르크츠크파 고려공산당원 후보로 적혀 있는 것도 관심을 끈다.

1월 17일에 열린 각국 대표단 집행부 연석회의에는 김규식과 채동순이 참석했다. 대회는 1월 21일부터 2월 2일에 걸쳐 코민테른집행위원회가 주최한 동아시아 각국 공산당 및 민족혁명단체 대표자 연석회의로 열렸다. 1월 21일 모스크바 크레믈린궁 개회연설에서 조선대표단장 김규식은 미국과 러시아의 과거와 현재를 날카롭게 대비하면서 민주주의의 중심지였던 워싱턴은 세계의 자본주의적 착취와 제국주의적 팽창의 중심이 되었으며, 전제(專制) 압정(壓政) 차르의 모스크바는 세계 프롤레타리아트 혁명운동의 중심지로 극동피압박민족 대표자를 환영하고 있다고 말해 140여 명의 대표자들과 많은 방청객들의 박수를 받았다.* 김규식 일행은 5월 말 모스크바를 떠났다.

극동인민대회에 대한 김규식의 시각과 이 시기 그의 독립운동관을 잘 알 수 있는 두 편의 글이 있다. 하나는 그가 모스크바에서 발간한 『공산평론』 (Communist Review)이라는 영문잡지 1922년 7월호에 기고한 「아시아의 혁명운동과 제국주의」라는 글이다. 이 글에서 그는 또다시 일본과 러시아, 미국과의 전쟁 가능성 문제를 고찰하고, 새 혁명세력이 중국대륙에 나타나 일본과 싸우게 될 것이라고 예견했다. 그리고 국제정세의 변화와 긴밀한 관계가 있는 한국문제는 극동정세의 가장 중요한 요소라고 지적했다. 모스크바에서 김규식·여운형과 자주 만난 에반즈(Ernestine Evans, 가명)가 미국 잡지 『아시아』(Asia) 1922년 12월호에 쓴 글에는 김규식이 왜 공산주의자를 자처했고 모스크바에 왔는가가 간결하게 설명되어 있다. 김규식은 공산주의자들의 세계정세 판단을 보았고, 동방에서는 개혁적인 전술로는 아무 것도 될 수 없다고 믿었다. 더 중요한 것은 만일 한국이 모스크바에서 희망을 갖지 못한다면 갈 곳이 없다는 점 때문에 최후의 희망처로 찾아왔다는 점이다.**

김규식의 진보성 또는 적극성은 국민대표회에서도 드러났다. 중국 관내(산해관 안쪽을 가리킴)의 독립운동자들 가운데도 상해임시정부를 부정적으로 보는 시각이 적지 않았는데, 1921년부터 모든 독립운동단체 대표자들을 규합하여 국민대표회를 열자는 주장이 강하게 대두했고, 이것에 김규식도 동조했다. 이러한 움직임은 1922년에 더욱 구체화되어 1923년 1월 3일에는 독립운동단체 대표 62명이 모여 예비회의를 열었고, 1월 31일에는 90명의 대표가 참석하여 본회의가 시작되었다(의장 김동삼, 부의장 안창호·윤해, 가장 많을 때는 124명까지 참여했음). 국민의 완전한 통일을 견고케 하고, 광복대업의 근본방침을 수립하여 국민적 대단결을 도모하고 독립전도의 대방침을 확립하여 대업을 이룰 통일적 대기관을 조직하려던 국민대표회는 4월

경부터 상해임시정부의 개조를 주장하는 안창호·여운형 등의 개조파와, 새로 통일적 대기관을 창설하자는 창조파로 나뉘어 격론을 벌이다가 6월 2일 결렬되어, 그뒤 창조파 단독으로 국호를 한, 연호를 단군건국 기원으로 정하는 등 전문 18조로 된 한국임시헌법을 제정했다. 이는 독립운동단체 대표들로 구성된 국민위원회와 국민위원회에서 선출된 집행기관인 국무위원회로 이루어진 위원제정부였다. 국무위원은 내무 신숙(申肅), 외무 김규식, 군무 이청천(李靑天) 등이었다.

새 위원제정부는 활동 거점이 불투명했다. 그때 코민테른에서는 사회혁명보다 민족혁명을 촉진하려는 견지에서 김규식 등의 새 정부를 적극 원조하겠다고 알려왔다. 김규식 등 50여 명의 창조파 일행은 8월 30일 블라디보스토크에 도착하여 코민테른 코르뷰로 대표 파인베르크 등과 협의했다. 그리하여 한국독립당 안을 중심으로 선언·강령 등에 합의를 보고 12월경 코민테른에 회의 결과를 보고했다. 그런데 다음해인 1924년 2월 코민테른은 새 정부 국민위원·국무위원 들에게 국경 밖으로 퇴거할 것을 명령했다. 1923년 9월부터 있었던 소·일 국교 교섭이 영향을 미쳤을 것이다. 김규식은 결국 독립운동을 지원받지 못하고 5월 블라디보스토크를 떠나 만주를 경유하여 상해로 돌아왔다.

비록 러시아에 가서는 성공을 거두지 못했지만, 1922년 극동인민대회에서 상정했을 터이고, 다음해 국민대표회에서, 그리고 러시아에 가 구체화하려고 했던 대독립당의 건설 노력은 포기하지 않았다. 1925년 하반기부터 전선통일과 독립운동 역량 규합을 위하여 민족유일당운동이 중국 관내에서 전개되었다. 김규식은 이 운동에 참여했다. 일제의 한 자료에는 유력한 사회주의자 분파인 서울청년회파가 1926년 3월 블라디보스토크에서 민족

---

* 임경석, 「극동민족대회와 조선대표단」, 『역사와 현실』 32, 1999, 31~55쪽.
** 이정식, 『김규식의 생애』, 84~86쪽.

당주비회(籌備會)를 결성했던바, 이에 김규식·김경천(金擎天) 등이 동의한 것으로 나와 있다. 4월경 제2차 조선공산당에서 작성한 「조선혁명운동의 국민당 결성을 위한 전술」에는 조선민족운동최고협의회를 조직하기 위해 국내 주요 종교·사회 단체와 해외독립운동단체 대표들을 규합하기로 했던바, 개인적 초빙 인물로는 안창호와 김규식이 들어 있다. 1927년 4월 상해에서 결성된 한국유일독립당상해촉성회는 집행위원으로 홍진(洪鎭)·이동녕(李東寧)·조완구(趙琬九)·홍남표(洪南杓)·조봉암(曺奉岩)·정백(鄭栢) 김규식 등을 선임했다.*

김규식은 중국에 망명할 때부터 중국인 혁명가들과 교분을 쌓았다. 1927년 2월에는 한국인으로 유자명(柳子明)·이광제(李光濟) 등이, 중국인으로 목광록(睦光錄) 등이, 인도인으로 간타싱 등이 남경에서 회합하여 조직한 동방피압박민족연합회 회장으로 추대되었다. 이 단체에서는 『동방민족』을 중·일·한 삼국어로 발간했다.

1913년 국민당의 제2혁명에 참가한 바 있던 김규식은 1927년 중국국민혁명군의 북벌전쟁에 뛰어들었다. 혁명군이 광주에서 출발하여 1926년 9, 10월에 신해혁명으로 유서깊은 무한삼진을 함락해 그해 12월에 무한국민정부가 들어서게 되었던바, 한구(漢口)의회광장에서 열린 승첩(勝捷)축하식장에서 여운형은 열변을 토했고, 김규식은 무창·한구에서 혁명군에 합류했다. 그는 나중에 유진화(劉振華)부대 일원으로 북경 근처 통주(通州)까지 올라갔다. 북벌군은 1928년 6월 천진을 점령하고 북경에 들어갔다.

김규식은 상해에 있을 때 복단(復旦)대학(1923~1924년, 1925~1927년)에서 영문학을 강의했고, 월리엄즈대학의 학장 겸 교수(나중에 총장이 됨, 1925~1927)로 활동했다. 프랑스 조계(租界)에 살고 있었지만, 복단대 등은 프랑스 조계를 벗어나 있어 일경이 알 것 같으면 그곳을 떠나야 했다. 일경의 손에서 아슬아슬하게 벗어난 적도 몇 번 있었다. 부인 김순애는 삯바느질도 하고 세탁이나 하숙일도 하고 가르치는 일도 했다. 그 중에서도 와이셔츠

제조업은 수입도 상당했다. 북경 부근까지 북벌군을 따라온 뒤 김규식은 동서 서병호가 사는 천진에 가 북양대학에서 4년간(1929~1933년) 영어교수로 재직했다. 이 시기가 그와 가족한테는 비교적 안정된 시기였다.

5. 항일통일전선을 위해

1932년부터 김규식은 적극적으로 항일통일전선운동에 나서 이해에 주요 독립운동단체들로 한국대일전선통일동맹과 중한민중대동맹을 조직하는 데 성공했다. 이 시기에 이러한 조직이 가능했던 데에는 몇 가지 요인이 있다. 1931년 일제가 도발한 9·18사변과 만주침략은 김규식 등이 기다리고 기다렸던 중국과 일본의 전쟁이 시작되었다는 것을 의미했다. 또한 일본 관동군이 만주를 장악해 조선혁명당 등 만주의 독립운동세력 일부가 중국 관내로 들어온 것도, 윤봉길(尹奉吉)의 홍구(虹口)공원 폭탄투척도 민족해방운동세력한테 자극을 주었다. 특히 후자는 중국 관민한테 영향을 주어 장개석정부가 독립운동을 지원하게 했고, 중한 양국 결속의 필요성을 높였다.

혁명의 방법으로써 독립을 완성하고, 혁명적 역량의 집중과 지도의 통일로써 대일전선의 확대강화를 기하고, 우군과 연결을 도모할 것을 강령으로 내세운 대일전선통일동맹은 1932년 11월 김규식·최동오(崔東旿)·김두봉 등의 주창으로 한국독립당·조선의열단·조선혁명당·신한독립당 및 광복동지회 등의 간부들이 참여했다. 일제 자료에 이 동맹의 수령으로 씌어 있는 김규식과 최동오·김두봉·신익희(申翼熙) 등이 상무위원이었다. 비슷한 시기에 이 동맹을 주축으로 항일단체인 중국 동북의용군후원회 위원 오산(吳山) 등과 제휴하여 중한민중대동맹이 결성되었던바, 김규식은 이 단체의 외교부장이었다. 김규식은 또한 양기탁(梁起鐸) 등의 요청으로 1932년

* 姜萬吉·沈之淵, 『우사 김규식 1 -항일독립투쟁과 좌우합작』, 한울, 2000, 94~96쪽.

11월부터 1935년 10월까지 대한임시정부의 국무위원을 맡았다.

1933년 1월 대일전선통일동맹·중한민중대동맹 두 단체의 특별대표로 김규식은 세번째로 미국에 건너가 5개월 동안 순회여행을 했다. 자금을 마련하는 것 못지 않게 그곳 한국인들을 격려하고 자극해 통일된 민족해방투쟁노선에 끌어들이기 위해서였다. 『동아일보』 1932년 11월 5일자에는 국제연맹 임시총회를 앞두고 중국측에서 세계 여론을 일으키려고 미국 사정에 능통한 김규식 박사를 수석전권으로 미국에 파견했다고 보도되었는데, 이것은 잘못된 보도로 보인다. 김규식은 미국으로 떠나기 전 중한민중대동맹의 이름으로 53쪽에 달하는 『극동정세』라는 등사물을 만들었다. 이 글에서 김규식은 일본은 대륙 침략으로부터 세계로 뻗어가려는 야심을 가지고 있다고 지적하고, 일본이 만주와 열하를 강점한 것은 23년 전에 일본의 한국 강점을 세계 각국이 허용했기 때문이라고 분석하고, 일본의 야욕을 하루속히 저지하지 않는다면 세계 각국에도 화가 미칠 것이라고 역설했다. 그리고 미국이 중국과 한국의 항일투쟁을 어떻게 물심양면으로 도와야 하는가를 논파했다.*

김규식은 1933년 4월 구루노루유대학에서 연설하는 등 초대장이 끊이질 않아 4월 말까지 로스앤젤레스에 체재했다. 6월에는 뉴욕에 도착하여 재미유학생총회 동부지방대회 주최로 열린 연회에서 연설하고, 이어 중화공소(中華公所) 주최로 중국공립소학교에서 화교들한테 연설하고 중한민중대동맹지부를 뉴욕에 설치했다. 그밖에 한인예배당에서 열린 한인 각 단체 연합환영회에서 연설하는 등(7월 18일) 5개월간 미국 전역에서 수많은 대학단체, 민간협회, 공사(公私)모임, 클럽과 숙소에서 미·중·한국인들을 상대로 연설했다. 일제 정보문서에는 미국에서 김규식이 5천 원을 모금해 대일전선통일동맹에서 상당한 활동을 했다고 씌어 있다.**

김규식은 중국에 돌아와서도 바빴다. 김원봉(金元鳳)이 이끈 의열단에서 세운 남경 부근의 조선혁명간부학교 제2기생 입학식이 1933년 9월 16일

거행되었을 때, 교관 10여 명, 중국국민당군사위원회 요원 2명, 학생 45명(후에 55명)과 함께 참여해 '세계정세와 민족혁명의 전도'에 대해 연설했다.

　김규식과 그의 동지들은 대일전선통일동맹의 활동에 만족할 수 없었다. 그들은 1923년 국민대표회 소집 이래 숙원이었던 독립·혁명운동을 일사불란하게 지휘할 사령탑으로서의 민족대당을 조직할 필요성을 절감했다. 그리하여 1934년 3월 1일 남경에서 열린 통일동맹 제2차 대표자회의에서는 현재와 같은 연휴(聯携)의 차원을 넘어서서, 가맹단체는 물론이고 기타 단체도 전부 해소하여 단일대동맹을 조직하고, 그 경우 대한임시정부도 폐지할 것을 결의했다. 기성단체를 해산하는 데 가장 힘들었던 곳이 한국독립당이었다. 완고파가 빠져나간 한독당은 1935년 5월 신당 참여를 결정했다. 신당 창당에서는 강령 통일도 큰 문제였는데, 당의(黨義)는 한독당·조소앙의 삼균주의(三均主義)를 따랐고, 당강(黨綱)은 의열단의 강령을 따라 절충했다. 6월 20일 금릉대학에서 조선혁명당·의열단·한국독립당·신한독립당·재미대한독립당·뉴욕대한민단·미주국민회·하와이국민회·하와이국민동지회 등 9개 단체 18명에 의해 예비회담이 열렸고, 7월 4일에는 마침내 신당 창립 대표대회가 열렸다. 다음날 민족대당으로 민족혁명당이 드디어 결성되었다. 중국 관내의 주요세력 가운데서는 김구의 한인애국단만이 들어오지 않았다. 중앙집행위원은 의열단에서 김원봉 등 3명, 한독당에서 김두봉 등 3명, 신한독립당에서 이청천 등 3명, 조선혁명당에서 최동오 등 3명, 대한독립당에서 김규식 등 3명 등 총 15명이었다. 당무위원회는 서기부·조직부·선전부·군사부·국민부·훈련부·조사부의 부장과 부원으로 구성되었다.

　민족혁명당은 중국 관내의 주요 지역에 지부를, 주요 도시에 구(區)를 두

* 이정식, 『김규식의 생애』, 98~101쪽.
** 강만길 · 심지연, 앞의 책, 101~104쪽.

고 군사부와 특무대를 설치하여 적지 않은 요원을 양성했으며, 기관지를 발행하여 선전 홍보와 이론학습에도 힘을 기울였다. 그렇지만 성향이 크게 다른 단체들을 하나로 묶었기 때문에 내분은 피하기 어려웠다. 당 서기부장인 김원봉이 조직과 자금면에서 우세했기 때문에 영향력이 클 수밖에 없었는데, 이에 대한 타분파의 반발이 컸다. 김규식은 1935년 10월을 전후하여 민족혁명당 중앙상무위원과 훈련부장직을 사임하고 성도에 있는 사천대학으로 떠났다. 그가 민족혁명당 간부직을 사임한 것은 「자필이력서」에 "김원봉과 그의 의열단이 헤게모니를 휘두르려 했기 때문에 새로 가담했던 많은 인사들이 떨어져 나갔음"이라고 씌어 있는 것으로 보아, 김원봉의 당운영에 대한 불만이 작용한 것 같다. 그렇지만 국민당정부 당국에서 일제의 위협을 고려하여 김규식을 남경중앙정치학원(영어강사로 있었음, 1933~1935년)해서 국립사천대학으로 옮기게 해준 것도 한 요인이었다.

김규식은 1935년부터 1942년까지 사천대학 영문학 교수, 외국어문학과 과장 등을 역임하면서 편안한 생활을 했다. 이 시기에 『엘리자베드 시대의 연극 입문서 An Introduction to Elizabethan Drama』(1938년)를 저술했고, 그 뒤에도 『상용영어』 1·2, 『실용 영어작법』 등을 출판했다. 해방이 되어 중국을 떠날 때에는 중국에 대한 감사의 마음을 담은 『양자유경』(揚子幽境, The Lure of the Yangtze)라는 장편 영문 시를 썼다.

김규식은 1943년 1월 중경에 와 다시 민족해방운동을 전개했다. 1940년 9월 중경으로 옮긴 대한임시정부는 좌우합작을 요구하는 민족해방운동 내부의 움직임, 중국 국민당정부의 압력에 의해 좌익 쪽에 개방을 하지 않을 수 없었다. 그러나 김원봉이 이끈 조선민족혁명당의 참가문제를 둘러싸고 1941년 10월 임시의정원에서 파란이 일어나 김구 등 보수세력에 의해 임시의정원의장 김붕준(金朋濬)이 의장직을 박탈당하기에 이르렀다. 다음해 1942년 10월 임시의정원회의에서는 김원봉 등 민족혁명당에서 6명, 조선혁명자동맹·조선민족해방동맹 등에서 5명을 의정원의원으로 받아들이고,

김규식과 장건상을 각각 임시정부 국무위원 겸 선전부장, 교육부장으로 선임했다. 1943년 1월 중경에 온 김규식은 임정 선전부장으로 여러 차례에 걸쳐 중국 국제방송을 통해 미주 동포들에게 독립운동단체의 활동상과 함께 민족해방투쟁이 열렬히 전개되고 있음을 알렸다. 1943년 11월 카이로선언에서 '적당한 절차를 밟아' 독립시켜준다고 한 것에 대해 김규식은 그 문구가 문제가 있음을 지적했지만, 자유와 독립의 시기는 조선사람 자신들에게 달려 있음을 강조하면서 연합국에 임시정부 승인을 요구했다. 해방정국에서 태풍의 눈이었던 신탁문제를 이미 이때에도 김규식은 신중하고 현명하게 자주적으로 풀어야 한다고 역설하고 있음을 주목할 필요가 있다.

김규식은 1943년 2월에 열린 조선민족혁명당 제7차 대표대회에서 주석으로 추대되었으며, 김원봉은 총서기로 선임되었다. 이때 한국독립당통일협회 등 세 단체가 민혁당으로 통합되었다.* 민혁당 등 중경임정 내 좌파는 연령면에서나 성향면에서 한독당측과 갈등이 있었고 한때는 상호불신으로 파탄을 맞을 뻔도 했는데, 정책면에서도 대립이 많았다. 좌파는 1941년에 발표된 '건국강령'의 수개(修改)를 강력히 요구했고, 광복군 행동준승(行動準繩) 9조에 대해서 비판했다. 그들은 임정 약헌의 개정을 강력히 요구했다. 그리하여 1944년 4월 임시의정원 제36차 회의에서 임시약헌을 임시헌장으로 고치고 부주석직을 신설했다. 이때 김규식은 부주석이 되었다(주석은 김구).

1945년 8월 15일 한국은 꿈에도 그리던 해방을 맞았다. 중경임정 요인들의 기쁨은 대단했을 것이다. 그렇지만 김구 등 한독당 간부들 또는 임정 요인들은 두 가지 점에서 대단히 어려운 상황에 직면했다. 해방이 되자 이미 1943년 민혁당 제7차대회에서 국내외 혁명단체와 혁명군중의 기초 위에 임시정부를 확립해야 한다고 결의한 바와 같은 주장이 계속 야당측에서

* 강만길·심지연, 『우사 김규식 1 ─ 항일독립투쟁과 좌우합작』, 124∼136쪽; 염인호, 『김원봉 연구』, 창작과비평사, 1993, 254∼255쪽.

제기되어, 김구측의 중경임정이 국내에 가서 과도정부의 임무를 맡아야 한다는 한독당의 주장과 대립되었다. 해방을 맞아 민혁당 등 야당측은 국무위원회 총사직, 간수내각 구성 등을 1945년 8월 17일부터 열린 제39차 임시의정원회의에서 제기했던바, 합의를 보지 못하고 의정원은 파회(罷會)되어 더이상 활동하지 못했다. 이러한 사태를 맞아 중경임정국무위원회는 한독당측과 민혁당 등 야당측 입장을 절충해 임정을 새로 폭넓게 개편하기 위해 귀국 즉시 비상국민대표대회를 열 것을 결의했다. 상해에서 열린 국무위원회를 주재한 김규식은 김성숙이 제시한 1. 어느 파에 편향됨이 없이 활동, 2. 비상국민대표대회를 열어 명실상부한 민주정부의 재조직, 3. 미소 평등 외교관계 수립 등의 3원칙을 통과시켰다.

다른 하나는 연합국의 승인문제였다. 태평양전쟁 발발로 일본의 패배가 예상됨에 따라 임정은 중국·미국 등 연합국한테 정부 승인을 여러 차례 요청했다. 그러나 관건을 쥐고 있는 미국은 임정이 국내와 연결되어 있지 못하고, 여러 독립운동단체 중 하나라는 이유로 거부했다. 전후 한국문제는 러시아와 협의해야 한다는 점도 작용했을 터지만, 미국이 임정을 승인하지 않은 것은 신탁통치를 실시하려고 했던 것과도 관계가 있다. 일제가 항복하자 김구는 즉시 국민당정부한테 승인을 요청했고, 8월 30일에는 중경 미대사관을 방문해 조속히 입국시켜줄 것을 요청했다. 조선독립동맹 간부들도 12월이 되어서야 북한에 들어갈 수 있었지만, 중경임정 요인들은 미국무부의 정책 때문에 11월 5일에야 중국정부가 마련한 두 대의 낡은 전용기에 타고 중경을 떠나 상해에 도착했다. 그곳에서도 꽤 지체한 뒤 11월 23일 김구·김규식 등 제1진이 귀국했다.

6. 임시정부 수립 위해 좌우합작운동 전개

미군 수송기를 타고 개인자격으로 중경임시정부 요인들은 서울에 도착했다. 김규식은 32년 만이었는데, 이제 64세의 노인이었고, 지병으로 고생하고 있었다. 김구·김규식 일행이 서울에 왔을 때 좌우 분열이 심하지는 않았지만 어느 정도 노정되고 있었다. 이미 미군은 한민당의 조언을 받으며 역시 미국무부의 제동으로 서울에 오지 못했던 이승만을 특별대우하여 10월 16일 서울에 오게 한 바 있었다. 많은 사람들이 미국이 중경임정을 홀대한 것으로 보고 있지만, 주한미군사령부는 이해 12월 말까지는 이승만과 중경임정을 중시했다. 송진우(宋鎭禹) 등은 한민당이 결성되기 전에 이미 여운형의 건국준비위원회 및 인민공화국을 반대하면서 중경임정봉대운동을 벌였고, 미군 또한 좌익을 약화시키고 우익을 키우기 위해 한민당의 의견을 참작하면서 초기에는 중경임정측을 예우했다. 분단 시나리오로 읽히는, 임정요인의 귀국을 앞둔 11월 20일 미군정 정치고문대리 랭던이 미국무장관에 보낸 장문의 대한정책 전문에는, 김구로 하여금 각 정치그룹을 대표하는 위원회를 구성하고 나아가 정무위원회를 조직해 군정에 통합했다가 그것으로 과도정부를 맡게 해 군정을 계승하도록 되어 있다. 이 제안은 미국무부에 의해 거부되었다. 한편 좌익은 인민공화국 부서에서 주석 이승만, 부주석 여운형, 국무총리 허헌(許憲), 내정부장 김구, 외교부장 김규식 등의 지상인선(紙上人選)을 해놓은 바 있었는데, 김구 등은 이것에 분개했다.

귀국한 이후 김구와는 대조적으로 김규식은 중요사안에 대해 거의 말을 하지 않았고 몹시 신중한 태도를 보였다. 11월 23일에도, 정치적인 이야기는 나로서는 새삼스럽게 할 말이 없고 또 아직은 말할 수도 없다고 말하고, "나는 우리 민중을 믿는다는 것만 말한다"고 피력했다. 해방정국이 대단히 미묘해서 신중해야 한다는 자세를 보여준 것이지만, 뉴스메이커가 될 수 있었음에도 불구하고 대중의 시선을 끄는 행위를 하지 않았다는 것은 정치적 야심이 없음을 말해주는 것이기도 했다. 그렇지만 인민공화국 입각설에 대해서는 단호히 부인했다. 그는 조선기독교 남부대회 겸 미군 및 임정요인 환영식에서 우리 나라 건설은 "하느님이 허락하셔야만" 할 수 있을 것이라고 말해 민족국가 건설이 지난한 대업임을 시사했다. 그것 못지 않게 이 연설에서 주목을 끄는 것은 지도자건 단체건 자신을 정복해야 한다는 점을 역설한 대목이다. 그는 김구건 이승만이건 자신을 정복해야 한다고 대단히 의미심장한 발언을 했다.

해방된 해 연말부터 불어닥친 이른바 탁치정국에서 김규식은 김구와도, 이승만·한민당과도 크게 다른 방안을 제시했다. 반탁투쟁은 12월 27일 모스크바삼상회의에서 소련이 신탁통치를 주장하고 미국은 즉시 독립을 주장했다는 터무니없는 오보에 격발되어 시작되었는데, 28일 중경임정측의 주도하에 만들어진 신탁통치반대국민총동원위원회, 29일 열린 각 정당 사회단체대표자회의에서는 중경임시정부추대운동의 일환이자 반소반공운동의 일환으로 반탁투쟁을 벌였다. 김규식도 초기에는 반탁투쟁에 나섰지만, 모스크바삼상회의 결정을 정확히 안 이후 연합국의 결정을 이행하지 않으면 한국은 분단이 될 수밖에 없고, 미·영·소 세 나라 외상 결정은 잘 처리하면 꼭 불리하지는 않다는 판단을 내렸다. 세 나라 외상 결정은 먼저 조선임시정부를 세우고 미소공동위원회가 임시정부와 협의를 거쳐 신탁통치 방안을 마련하게 되어 있기 때문에, 임시정부를 먼저 구성하도록 미소공위를 적극 돕고, 그 이후 임시정부를 중심으로 신탁통치 실시를 반대해야 한다는 논리였다. 그렇지 않고 반탁투쟁을 하면 모스크바결정은 이행될 수 없고, 좌우, 남북 대립은 첨예화돼 해결이 어려울 수밖에 없다는 판단이었다. 우익에서도 민족대단결을 중시해온 합리적 지도자였던 김병로(金炳魯)나 안재홍(安在鴻) 등은 김규식과 비슷하게 판단했고, 여운형·백남운 등 중도좌파의 지도자들도 그러했다.

한국문제에 대한 연합국의 유일한 합의인 모스크바삼상결정과 관련하여 반탁투쟁이 벌어지면서 좌우 간의 대립은 극단으로 치달아 1946년 2월에는 좌우 분립 현상이 일어났다. 이 달 우익은 비상국민회의와 남조선대한국민대표민주의원으로, 좌익은 민주주의민족전선으로 집결했다. 하지 사령관 자문기구인 민주의원의 의장은 이승만, 부의장은 김규식, 총리는 김구였다. 김규식은 미소공동위원회 개막을 앞두고 인민당·공산당·신민당 등 좌파에서 민주의원에 참여하는 것을 모색했으나, 곧 벽에 부닥쳤다.

미소공위 개막 전날 이승만이 돌연 민주의원의장직을 '휴직상태'로 떠나고 김규식이 의장대리가 되었다. 이것은 미국이 통일국가를 수립하려고 할 경우에는 김규식을 내세우고, 반소반공 분단국가에는 이승만을 선택할 것임을 시사한다고 볼 수 있다. 김규식은 민주의원의장대리로서 미소공위가 실패로 돌아가면 전민족의 낭패가 될 것이라고 경고했다.

미소공위는 지지부진했다. 가장 큰 쟁점은 반탁투쟁단체 문제였다. 이 문제는 4월 18일 발표된 공동성명 5호로 돌파구가 열리는 듯했다. 그러나 김구 등이 모스크바삼상결의를 지지한다는 공동성명 5호의 서명에 주저하자, 그에 따라 하지가 서명하고도 반탁의사를 표명할 수 있다는 특별성명을 냈던바, 소련측이 반발하면서 5월 초 미소공위는 휴회에 들어갔다.

미소공위가 결렬되어 분단 위기의식이 고조되면서 좌우합작운동이 전개되었다. 미소공위 속개 촉구가 1차적 목적인 좌우합작운동은 미국·미군정이 지원했다. 이는 이승만·김구 등의 극우세력을 견제하고 중도적인 개혁세력을 친미세력으로 키워 임시정부 구성 등에서 유리한 위치를 차지하고자 함이었는데, 좌익을 분열시키려는 의도도 강했다. 여운형은 좌우합작운동에 처음부터 적극적이었으나, 김규식은 미군정·이승만 등이 권하는 데도 주저했다. 공산당에 대한 강한 불신이 주요요인이었지만, 이승만·한민당이나 김구측에서 합작운동을 흔들어댈지 모른다는 우려도 있었다. 그렇지만 대외적으로는 친미친소정책을 쓰면서 좌우·남북 합작을 하는 길만이 민족의 지상과제인 민족국가를 건설하는 유일한 길이라는 것을 누구보다도 강조해왔던 터이므로 병든 노구를 이끌고 여운형과 함께 지난한 과제에 매달렸다.

좌우합작운동은 초기에는 순조롭게 진행되는 듯했다. 그러나 1946년 7

월 25일 김규식과 여운형을 각각 좌우 수석대표로 하여 1차 회합을 가진 직후인 7월 27일, 민전에서 사실상 합작을 거부하기 위해 토지의 무상몰수·분배 등을 주장한 5원칙을 제시함으로써 좌우합작은 난항을 맞았다. 이후 좌우합작 좌측대표에는 공산당이 빠졌고 중도좌파만이 참여했다.

민전 5원칙이 제시된 것은 공산당이 미군정과 투쟁을 불사하는 신전술을 새로이 채택했기 때문이다. 8월 초부터 시작된 공산당·인민당·신민당 등 좌익 3당 합당은 박헌영계와 여운형계로의 대분열을 초래했다. 이어 박헌영측은 9월총파업을 일으켰고 그것이 10월항쟁으로 비화되면서 좌익 내부의 균열은 더욱 커졌고, 좌우 대립도 더 격화되었다. 이러한 상황에서도 좌우합작운동은 계속되어 김규식 등 우측대표와 북에 다녀온 여운형 등 좌측대표는 10월 7일 토지의 유상몰수·무상분배 등을 주장한 좌우합작 7원칙을 발표하기에 이르렀다. 7원칙은 좌익 주류의 맹렬한 공박을 받았고, 한민당도 반대했다. 한편 7원칙 발표와 함께 미국은 다시 소련과 미소공위를 여는 문제를 긴밀히 협의했다. 또한 이 시기부터 중도우파들은 김규식 중심의 정치단체를 만들고자 하여 12월에 민중동맹이 결성되었으나, 김규식이 소극적 반응을 보였고 중도우파 내부도 복잡해 일부 세력만 남게 되었다. 이 시기 이후 남한 정국은 이승만·한민당, 김구의 극우세력과 남로당의 극좌세력, 김규식·여운형의 중도파세력 등으로 재편성되었고, 합작운동도 중도파의 민족국가 건설운동으로 축소되었다.

미군정의 구도에 따라 1946년 12월 남조선과도입법의원이 출범했다. 입법의원은 관선과 민선으로 나누어 의원을 선출했는데, 극우 중심의 간접선거로 민선의원 대다수는 이승만·한민당계가 선출되었고, 관선의원은 다수가 좌우합작위원회에서 추천한 인사들이었다. 김규식은 미군정의 권유로 의장이 되었고, 부의장도 합작파인 윤기섭(尹琦燮)과 최동오가 되었다. 1947년 2월에는 합작파인 안재홍이 민정장관이 되었다. 그렇지만 입법의원이든 미군정—남조선과도정부든 주류는 한민당·이승만계여서 합작파의 발언은 강하지 못했다. 김규식 등 중도파는 입법의원 내에서 친일파 처단, 토지개혁, 보통선거법 제정 등을 둘러싸고 극우세력과 사사건건 충돌했다. 김규식·여운형·안재홍 등은 조병옥·장택상(張澤相) 등 경찰총수를 경질하려고 했으나 실패했다.

미소공위는 1947년 5월 재개되었다. 처음에는 순조롭게 진행되는 듯했고, 김규식이 임시정부수반이 될 것이라는 설도 나돌았다. 그러나 7월에 들어와 미소공위는 공전(空轉)되기 시작했다. 반탁투쟁단체 문제가 또다시 쟁점이 되었는데, 이때쯤에는 미국의 마샬플랜, 대소봉쇄정책 등으로 냉전이 뚜렷해지고 있어 한반도에서 두 나라가 협의하여 임시정부를 수립한다는 것은 어려울 수밖에 없었다. 7월 19일 여운형이 암살되었다.

7. 남북협상의 설계사

1947년 9월 미국은 국제연합에 한국문제를 다루어주기를 요구했다. 분단정부 수립 수순을 밟기 시작한 것이다. 소련은 미소 양군 철수 주장으로 맞섰으나, 11월 14일 유엔총회는 총선거안을 통과시켰다.

임시정부 수립이 사실상 불가능해지자 중도파 민족주의자들은 김규식을 정점으로 한 정당을 조직하여 결집하고자 했다. 그러나 정당 기피증이 있는 김규식이 당수를 고사하여 10월 19, 20일에 걸쳐 홍명희를 당대표로 한 민주독립당이 결성되었다. 그리고 민독당을 구심점으로 하여 12월 20, 21일에 민족자주연맹을 조직했다. 김규식을 주석으로 추대한 민련은 정당 15, 사회단체 25 및 개인 등이 참여한 것으로 발표되었는데, 정당이나 단체는 대부분 규모가 크지 않았다.

한국문제가 유엔에 넘어가 분단정부 수립 수순을 밟자, 통일정부를 수립하기 위한 마지막 노력으로 남북지도자회의 소집이 10월경부터 제기되었다. 김규식은 이 회의 소집에 적극적인 의사를 표명했다. 11월에는 한독당의 초청으로 각정당협의회가 열렸던바, 이 협의회에서는 남북정당대표회의 구성을 제안했다. 민련은 발족하면서부터 남북정치단체대표자회의의 개최를 주장했다.

남북지도자회의는 1948년 1월 유엔조선임시위원단이 내한하여 주요 지도자들을 만나면서 구체적으로 추진되었다. 1월 26일 김구는 김규식과 임시위원단을 만나고 난 후 미소 양군 철퇴와 남북요인회담을 제의하여 단정세력을 깜짝 놀라게 했다. 김구가 방향 전환을 하여 김규식 등 중도파 민족주의자들과 함께 남북지도자회의를 주창한 것은 통일국가 건설운동에 큰 힘이 되었다.

2월 4일 민련은 남의 김구·김규식, 북의 김일성·김두봉이 4김회담을 가질 것을 제안하는 서한을 김규식과 김구의 이름으로 보낼 것을 결의했다. 유엔임시위원단도 남북요인회담에 관심을 표명했다. 두 통의 서한은 2월 16일 서울주재 소련군대표부에 전달되었다. 김규식과 김구는 유엔소총회에서 한국문제가 결의되기 이전에 북과 소련이 반응을 보여줄 것을 기대했고, 유엔소총회에서도 통일국가 수립 지향의 결의가 있기를 바랐다. 그러나 북은 김구 등의 요인회담 제의를 일찍부터 알고 있었을 터인데 전혀 반응을 보이지 않았고, 유엔소총회에서는 2월 26일 남한만의 선거를 결의했다. 김구와 김규식은 침통한 마음을 감추지 못했다. 그런데 이때 김규식은 자신은 남한만의 선거에는 참여하지 않겠으나 그것을 반대하지도 않겠다는 '불참가 불반대'를 표명하여 관심을 끌었다. 민련 내부에서도 선거에 참여해야 한다는 주장이 있었지만, 김규식의 견해는 참여할 사람은 참여하여 통일운동 등을 벌여야 한다는 현실론적 입장을 반영한 것이었다. 그렇지만 후에 한독당·민련 등은 참여 불가를 표명했다. 3월 1일 하지 주한미군사령관은 5월 9일—곧 5월 10일로 바뀌었다—선거를 실시한다고 발표했고, 이승만·한민당은 그것을 열렬히 환영했다.

유엔소총회 셜의에도 불구하고 김구·김규식·홍명희 등은 통일운동을 중지하지 않았다. 3월 12일 김구·김규식 등 7인 지도자 공동성명이 발표되었는데, 이 성명에서는 분단이 되면 전쟁이 일어날 것이라는 점을 특히 강조했다. 당시 남북지도자회의를 지지하는 성명이나 글에서 '동족상잔의 전쟁'은 각별히 중시되었다. 3월 23일 민련은 통일세력의 결집과 남북정치협상공작의 추진에 노력할 것임을 천명했다.

3월 25일 평양방송은 북조선민주주의민족통일전선에서 전조선정당사회단체대표자연석회의를 4월 14일부터 평양에서 열 것을 결의했음을 보도했다. 곧 이어 북의 김일성·김두봉이 남의 김구·김규식한테 서한을 보내 4월 초에 평양에서 소범위의 남북조선지도자연석회의를 열 것을 제안했다. 김규식과 김구 등은 북의 제의에 큰 고민에 빠졌다. 북의 두 김이 서한에서 남의 두 김을 질책한 것도 무례한 짓이었지만, 요인회의를 경시하고 있고, 또 장소와 날짜, 참가 범위 등을 정해서 내려보낸 것도 남북지도자회의가 요식행위가 될지도 모른다는 우려를 낳았다. 그럼에도 불구하고 김규식과 김구는 3월 31일 「감상」이라는 제목의 글에서, 준비된 잔치에 참례만 하라는 것이 아닌가 하는 의아심이 들지만, 자신들이 일찍부터 남북회담을 요구했으므로 여하간 가는 것이 옳다고 생각한다고 피력하고, 여러 문제를 구체적으로 논의하기 위해 연락원을 보내겠다고 밝혔다. 4월 3일에는 한독당·민독당 등 백여 정당 사회단체가 참여한 통일독립운동자협의회가 예정대로 결성되었다. 결성대회에서 김규식은 전례없는 열변으로 초보공작으로 남북회담이 개최되게 되었으나, 통일을 위해 한 번 해서 안 되면 열 번 백 번이라도 생명 있을 때까지 계속해야 한다고 비장한 각오를 토로했다.

김구·김규식은 북에 안경근(安敬根)과 권태양(權泰陽)을 연락원으로 보냈던바, 두 사람은 4월 10일 서울에 와 북이 남의 제안을 수락했음을 알렸다. 4월 13일 김구는 북행을 결정했으나, 김규식은 행동을 보류하고 추후로 떠나겠다고 표명했다. 남북회담이 북에 이용당하고 남의 극우세력한테 공격당하는 문제도 있지만, 무엇보다도 통일에 이르는 방안을 마련해야 했기 때문에 김규식은 숙고를 거듭했다. 문화인 108명의 「남북협상을 성원함」이란 성명서가 발표된 4월 14일, 김규식과 민련은 전국적 총선거 등 남북협상 5원칙을 마련했다. 그리고 권태양과 배성룡(裵成龍)을 다시 연락원으로 4월 14일 직후가 아니라 18일에야 보냈다. 이는 연석회의를 무시하기 위해서였고 북이 요인회담에 응하지 않을 수 없게 하기 위해서였다. 김구가 19일에야 북행한 것도 김규식의 의도와 관련이 있을 것이다.*

남북조선제정당사회단체대표자연석회의는 4월 19일에서 23일까지 열렸다. 북·좌익의 의도대로 남의 단선단정을 남과 북의 수많은 단체가 강력히 반대한다는 것을 보여주기 위한 회의였다. 이 회의에 김구는 22일 참석하여 잠깐 인사말만 했고, 김규식은 참석하지 않았다.

김구와 김규식의 강력한 요청으로 4월 26일부터 4월 30일 사이에 4김회담, 15인회담 등이 열렸는데, 두 차례에 걸쳐 열린 4김회담과 김규식·김일성의 2자회담에서 김규식의 5원칙을 중심으로 주요문제가 논의되었다. 남북협상이라고 부를 수 있는 것은 이 회담뿐이라고 볼 수 있다. 4월 30일 발표된 전조선정당사회단체지도자협의회 명의의 공동성명서는 제1항에서 외군 즉시 철거를 주장했고, 제2항에서 북이 전쟁을 일으키지 않겠다는 것을 완곡하게 천명했다. 제3항에서는 전조선정치회의 소집에 의한 임시정부 수립, 임시정부에 의한 입법기관 선거를 실시해 헌법을 제정하여 통일정부를 수립할 것을 제시했다. 제4항에서는 남조선 단독선거 반대를 명백히 했다. 이 공동성명서는 민중의 통일 염원을 담은 것으로, 통일정부 수립 방법을 구체적으로 제시했으며 전쟁을 방지하려고 했다는 점에서 의의가 있다. 남과 북의 문제를 대화로 풀려고 한 점도 평가되어야 할 것이다. 남북협상은 해방 후 처음으로 남북의 지도자가 모여 통일문제를 숙의했다는 점에서도 의의가 있다. 남북협상은 김규식이 4월 3일 지적한 대로 통일을 위한 1차 작업이었는데, 당시는 분단정부가 들어서더라도 통일이 조만간에 이루어질 수 있을 것이라고 생각했던 점도 상기할 필요가 있다.

63인의 역사학자가 쓴 한국사 인물 열전

서울에 돌아온 김구·김규식은 5·10선거 이후 통일운동을 이끌어갈 단체를 조직했던바, 7월 21일 통일독립촉진회 발기회 및 결성대회가 민련 가담단체와 한독당 관계인사들이 참여한 가운데 열렸다. 김규식은 이날 치사에서 대한민국정부 수립에 부정적이었던 김구와는 다르게 정부 수립에 '불반대 불참가' 뜻을 밝혔다. 김구와 김규식은 북의 정부 수립을 위해 열린 남북조선제정당사회단체지도자협의회, 곧 제2차 연석회의에 참가하기를 거부하고 7월 19일 북이 정부를 수립하는 것에 대하여 신랄히 비난하는 공동성명을 발표했다.

1949년 4월 22일 김규식은 북행 1주년을 맞아 유엔한국위원단과 대화를 가졌다. 그리고 양국 정부의 옵서버 참여하에 남북정당사회단체대표회의를 열 것을 제안했고, 그와 함께 유엔한국위원단은 고문단이나 자문단 같은 기구를 구성해서 한국인의 의견을 경청할 것도 제안했다. 이승만정권이 통일운동을 억압하면서 통일세력과 한위의 접촉을 철저히 차단하는 것에 대한 대응책이었다. 김구도 한위에 고문단 같은 기구를 두는 것을 환영했다. 그렇지만 6월 26일 김구가 살해된 것은 통일운동을 더이상 진전시키기 어렵게 했다.

흉탄에 김구가 쓰러졌지만, 통일운동세력의 정치적 입지를 넓히려는 노력은 계속되었다. 1948년 12월, 1949년 1월에도 3영수합작설 등이 나돌면서 김규식이 이승만을 예방하는 등 모종의 움직임이 있는 것처럼 보도되었고, 5월에도 또다시 민족진영대동단결론 또는 3영수합작설이 대두되었는데, 7월부터 민련 등에서 적극적으로 나와 8월 20일 민족진영강화위원회 창립총회를 가졌다. 민련·사회당·민국당 등 13개 정당·단체 대표가 참석한 이 회의에서는 의장에 김규식을, 상무위원에 김규식·조소앙·김성수 등을 선출했다. 하지만 민강위는 이승만이 반대하고 민국당에서도 이탈한데

* 서중석, 『우사 김규식 2 -남북협상』, 한울, 2000, 186~202쪽 참조.

다 김규식이 자신이 의장직을 맡는 것은 적절하지 않다고 하여 점차 무력해졌다. 그러나 1950년 5·30선거에서 민련계의 안재홍·장건상·윤기섭·원세훈·오하영(吳夏英) 등이, 사회당의 조소앙·조시원(趙時元) 등이 전국 최다득표(조소앙), 옥중당선(장건상) 등 바람을 일으키며 당선되어 지명도가 높은 독립투사들이 영향력을 발휘할 수 있게 되었다.

1950년 6월 25일 발발한 전쟁은 남에서 중도파 민족주의자들을 다수 거세하여 극우반공세력에 의한 장기 지배를 가능하게 했다. 초전 패배로 미처 피신하지 못한 김규식 등 중도파 민족주의자들은 감시상태에 놓였다가 인천상륙작전 직후인 9월 18일경 한 군데로 끌려갔다. 9월 24일 밤 김규식·조소앙·조완구 등은 여러 차례 공습을 받으며 평양으로 가게 되었고, 그곳에서 다시 북쪽으로 갔다. 식사도 제대로 못하는 김규식 등 환자들은 업혀가기도 했다. 10월 하순 이들은 압록강 옆에 있는 만포 별오동에 머물렀다. 11월 말경 군병원에 입원한 김규식은 12월 10일 사거했다. 12일 혹독한 추위 속에서 영결식이 간소하게 치러졌다. 군인들이 불을 피워 간신히 파놓은 양지바른 자리에 고인의 시신이 묻혔다. 1881년 1월생이니까 향년 69세였다.

8. 평가

김규식은 일반적으로 학자형 정치인으로 소극적이었다고 평가받고 있다. 그러나 로녹대학 시절을 얘기하지 않더라도 그는 소극적이거나 비행동적인 사람이 결코 아니었다. 1913년 중국에 망명하자마자 중국 혁명파의 '제2혁명'에 가담했고, 그 다음해에 외몽골의 우르가에 간 것도 군사훈련학교를 세우기 위해서였다. 그는 1927년경 무한정부의 북벌혁명군에 참여했다. 1922년 극동인민대회에서 보인 급진적 열정이나 국민대표회에서 창조파를 이끈 것도 대담한 개척자의 면모를 보여준다. 파리강화회의에서의 활동, 구미위원부 위원장으로서의 활동, 대일전선통일동맹·중한민중대동맹 결성에서의 리더십, 그리고 이 두 단체의 특별대표로 미국에 가서 한 활동 등을 보더라도, 김규식만큼 적극적인 활동가도 찾아보기 쉽지 않을 것이다. 그 점은 남북협상 설계사로 활약할 때에도 드러난다. 그의 열정은 조국과 인민에 대한 열정이었고, 그것에는 사명의식이 강하게 깃들여 있었다.

김규식이 소극적으로 보이는 경우가 있는 것은 몇 가지 이유 때문으로 이해된다. 이정식은 거의 평생을 따라다닌 몹쓸 병을 그의 활동이나 성격과 연결시켰는데, 이 점도 경시해서는 안 되겠지만, 독립운동에 따라다닌 파벌 싸움이나 해방 후 각 정파의 세력 쟁탈전에 혐오증을 가진 것도 중요요인이었다. 지나칠 정도로 심한 그의 정당 기피증은 단적으로 이러한 혐오증의 산물이었다. 또한 통찰력, 식견을 지닌 이성적 지도자로서 국내외 상황을 볼 때 도저히 성공하기 어려운 일인데도 김규식한테 중책이 떠맡겨질 때 자신의 성격대로 최선을 다했지만, 그 일을 시작할 때, 또는 중간에 소극적으로 보이는 행동을 할 때가 있었다. 그런데 이러한 행위에는 1946년 5, 6월이나 1948년 4월 13일 전후에서처럼 그 나름대로 치밀한 계산이 숨어 있는 경우도 있었다.

김규식은 이성, 당위와 현실 사이에서 큰 어려움을 느낄 때가 적지 않았고 때로는 절망적인 생각을 할 때도 있었다. 특히 해방 후 민족국가를 반드시 건설해야 하는 절대적인 책무감 속에서 그러한 생각을 갖게 될 때가 많았다. 민족국가는 친미친소와 좌우·남북 합작에 의해서만 가능하게 되어 있는데, 그는 소련과 좌익에 대해 강하게 불신하고 있었다. 또 합작을 반대하는 우익 지도자들이 자신의 입지나 활동을 제약하고 반대하는 행위들을 볼 때 그러한 생각을 가지지 않을 수 없었다. 독립운동에서 쓰라린 경험을 한 김규식은 1945년 11월 귀국 직후 이승만·김구와는 대조적으로 거의 침묵으로 일관했다. 왜 그랬는가는 귀국 닷새 후인 11월 28일 정동교회에서 조선기독교 남부대회 겸 미군 및 임시정부 요인 환영회—이 자리에는 이승만과 임정요인들도 자리를 같이했다—에서 한 답사에서 읽어낼 수 있다고 생각한다.

> 우리 나라 건설은 '하느님이 허락하셔야만' 할 수 있을 것입니다. 인간의 힘
> 으로 이 대업을 성취하려는 것은 잘못된 일일 것입니다.…… 우리는 지금부터
> 내가 나를 정복합시다.…… 김주석이 김주석 자신을 정복해야 할 것이며 이승
> 만 박사는 이승만 박사 자신을 정복할 것입니다.*

인간의 힘으로 민족국가 건설이라는 대업을 성취할 수 없다는 것은 그러
한 인간들이 존재하기 때문이었다. 김규식만큼 이승만과 김구를 꿰뚫어보
는 사람도 없었을 것이다. 김규식과 이승만·김구는 노선면에서만 큰 차이
가 있었던 것이 아니고, 우선 성격이나 사고하는 방식에 큰 차이가 있었다.
그것은 김구식의 반탁투쟁, 이승만식의 반탁투쟁으로 나타났고, 그것은 때
로는 김규식한테 절망적으로 보일 수 있었다.

한국 근현대사처럼 가치관이나 정신의 혼탁이 심하게 나타나는 곳에서
는 무사공정함이나 객관성은 식견이나 혜안이 없으면 현실화될 수 없었다.
김규식이 신탁통치 문제와 미소공동위원회 활동, 좌우합작운동, 남북협상
에서 보인 통찰력과 식견은―로녹대학 시절, 극동인민대회 등에서 일찍이
국제적 안목을 드러내보였지만―그의 무사공정함과 연결되어 있다. 당시
의 분위기로 볼 때 남북협상은 감정에 지배되기 쉬웠고, 압도적으로 위세를
지닌 것처럼 보였던 북의 주장과 논리에 매몰될 수도 있었다. 북의 일방적
잔치에 참례하지 않고, 전쟁을 회피하고 남과 북의 갈등을 완화하고 통일의
길에 이를 수 있는 길을 모색한 남북협상, 그것이 산출한 4·30남북공동성
명서는 남북협상의 설계사 김규식이 있었기에 가능했다.

---

* 이정식, 『김규식의 생애』, 127~128쪽 참조.

63인의 역사학자가 쓴 한국사 인물 열전

참고문헌

강만길·심지연,『우사 김규식 생애와 사상 1 —항일독립투쟁과 좌우합작』, 한울, 2000.

江原道·洪川郡·강원대학교 사단법인 강원향토문화연구회 편,『尤史 김규식 선생 학술조사
　　　　보고서』, 2001.

서중석,『우사 김규식의 생애와 사상 2 —남북협상 김규식의 길 김구의 길』, 한울, 2000.

송남헌 외,『우사 김규식의 생애와 사상 3 —몸으로 쓴 통일독립운동사』, 한울, 2000.

李庭植,『金奎植의 生涯』, 新丘文化社, 1974.

홍명희 洪命熹

혁명적이며 민족적이고자 했던 '중간 길' 지식인의 문학과 정치적 선택

홍순권 동아대학교 사학과 교수

1. 생애와 활동

(1) 성장기(1888~1910)

홍명희(洪命熹, 1888~1968)는 1888년 충청북도 괴산군(槐山郡) 인산리(仁山里)에서 홍범식(洪範植)과 은진(恩津) 송(宋)씨의 아들로 태어나 1968년 북한에서 숨졌다. 그의 본관은 풍산(豊山), 자는 순유(舜兪)이며, 호는 가인(假人, 可人) 또는 벽초(碧初)라고 했는데, '벽초'로 널리 알려졌다. 풍산홍씨는 조선 시대의 대표적인 벌열(閥閱) 가문 가운데 하나였으며, 홍명희가 태어날 때 그의 집안은 여러 대에 걸쳐 벼슬이 끊이지 않은 명문가에 속했다. 그의 증조부인 홍우길(洪祐吉)은 문과에 장원급제한 뒤 경상도와 평안도 관찰사, 이조판서 등의 요직을 두루 역임했다. 조부 홍승목(洪承穆)은 원래 감역(監役: 건축에 관한 일을 맡아보던 종9품 벼슬)을 지낸 홍우필(洪祐弼)의 차남이었으나, 같은 집안인 홍우길의 양자로 들어갔다. 홍승목은 1875년 별시(別試) 문과에 급제한 뒤 형조와 병조의 참판을 지냈으며, 1906

년에는 중추원(中樞院) 찬의(贊議)에 임명되었다. 또 부친 홍범식은 1888년 소과 성균시(成均試)에 급제한 뒤 내부 주사(主事) 등을 거쳐 1907년 태인군수에 임명되었다가, 1909년 금산군수에 임명되었다.

홍명희의 직계 조상들은 대대로 서울의 북촌에 살다가 증조부 홍우길 때인 1860년경부터 충북 괴산 인산리에 자리잡은 것으로 추정된다. 홍명희는 13세 때인 1900년에 참판 민영만(閔泳晚)의 딸과 혼인하였다. 그는 슬하에 3남 2녀를 두었는데, 특히 장남 기문(起文)은 신간회(新幹會) 활동, 민주독립당 창당 등 홍명희와 정치 활동을 함께하였으며, 국문학자로도 널리 알려졌다.

홍명희는 어린 시절 천자문으로 시작하여 전통적인 한학과 유학의 지식을 익혔다. 14세 때 서울로 가서 15세 때인 1902년 사립학교 중교의숙(中橋義塾)에 입학해 1905년에 졸업했다. 그는 이곳에서 처음으로 신학문을 접하였다. 한말의 대신(大臣) 민영기(閔泳綺)가 세운 것으로 알려진 중교의숙은 영어 등 외국어를 집중적으로 가르치면서 국어, 역사, 지리 같은 과목도 가르쳤다. 홍명희는 여기서 특히 일어를 배우는 한편, 『동주열국지』(東周列國誌), 『서한연의』(西漢演義) 등 대중적인 역사서와 『삼국지』, 『수호지』, 『서유기』, 『금병매』 같은 소설을 탐독하였다. 이때부터 읽기 시작한 중국의 고전 소설이 뒤에 『임꺽정』(林巨正)을 창작하는 데도 영향을 미친 것으로 알려졌다.

1906년 홍명희는 부친의 도움을 받아 일본 유학 길에 올랐다. 그는 도쿄(東京)로 건너가 동양상업학교 예과 2학년에 편입했다. 이때 먼저 도쿄에 온 유학생 문일평(文一平)과 이광수(李光洙) 등을 만났다. 이듬해에는 대성중학교 3학년에 편입했는데, 그때 20세였다. 그는 대성중학교에 다니면서 서양과 일본의 근대문학을 비롯한 다양한 분야의 독서에 열중했다. 또한 일본에 유학중이던 1909년 '대한흥학회'(大韓興學會: 도쿄에 설립된 재 일본 한국 유학생들의 독립운동 단체)에 가입하여 『대한흥학보』에 논설문 「일괴열혈」(一塊熱血), 한시 「우제」(偶題), 애도문 「조배공문」(弔裵公文) 등의 글을 기고했다. 그러나 이듬해 2월 졸업시험을 앞두고 학업을 중도에 포기한 채 귀국했다. 그는 후에 이 일에 대하여 문예에 탐닉한 나머지 교과서는 경멸하여 관심을 갖지 못한 원인이 컸다고 술회했다. 조국에 돌아온 홍명희는 『소년』(少年)지에 『크릴로프의 우화』를 소개한 「쿠루이로프 비유담」(2월호), 안드레이 니에모예프스키의 시를 번역한 「사랑」(8월호) 등을 발표하는 등 문예 활동에 관심을 보였다.

그런데 이즈음 그의 일생에 커다란 전기가 되는 불의의 사건이 일어났다. 홍명희가 일본에서 돌아온 1910년 8월 29일 그의 부친이 순절(殉節)했던 것이다. 통감부의 관리로서 금산군수로 재직중이던 그의 부친은 1910년 8월 22일 일본이 대한제국의 '합방'을 강행하고 8월 29일 이 사실을 공포하자, 그날로 유서를 쓰고 나무에 목을 매어 자결했다. 그의 죽음은 병합 이후 최초의 순절이었다.

아버지의 순절은 홍명희에게 커다란 충격을 주었다. 홍범식은 유언에서 자식들에게 죽을지언정 친일을 하지 말 것을 당부했다. 실제로 홍명희는 부친의 이러한 유지(遺志)를 평생 잊지 않았으며, 이후 그의 행적에 지대한 영향을 끼쳤다. 23세에 아버지의 자결로 정신적 충격을 받은 홍명희는 부친상을 마칠 때까지 대외 활동을 거의 중단한 채 향리인 괴산과 서울만 왕래하다가 갑자기 중국으로 떠났다.

(2) 일제하의 항일 민족운동과 『임꺽정』의 집필(1910~1945)

홍명희는 1912년 겨울 한때 만주에 머물다가 이듬해에 위당(爲堂) 정인보(鄭寅普)와 함께 상해(上海)로 갔다. 그뒤 상해에서 독립운동 조직인 동제사(同濟社)에 가입했다. 그는 여기서 박은식(朴殷植), 신규식(申圭植), 신채호(申采浩), 김규식(金奎植), 문일평, 조소앙(趙素昻) 등과 만난다. 또 1914년 7월에는 독립운동 자금을 모집하기 위해 정원택(鄭元澤), 김진용(金晉鏞), 김덕진(金德鎭)과 함께 남양(싱가포르) 일대를 순방했다. 남양에서는 뚜렷한 성과를 얻지 못한 채 1917년 12월 싱가포르를 떠나, 이듬해에 중국으로 돌아왔다. 중국으로 돌아와서는 상해와 북경(北京)에 머물렀는데, 특히 북경에서 신채호를 만나 평생 지기(知己)의 인연을 맺었다. 그후 1918년 7월에 귀국하여 괴산에 거주했다.

홍명희는 해외에서 돌아온 지 얼마 안 되어 1919년에 일어난 3·1운동에 뛰어들었다. 그는 고종(高宗)의 서거 소식을 듣고 서울로 올라갔다가 3·1 독립선언식에 참가했다. 그뒤 다시 괴산으로 돌아온 그는 각 면의 유지들을 찾아가 의거(義擧)를 모의하고, 이재성(李載誠)과 홍용식(洪用植), 윤명구(尹明求) 등 동지를 규합한 뒤 만세 시위를 계획했다. 홍명희는 3월 19일 괴산 장날을 이용해 장터에 모인 수천 명의 군중 앞에 나가 독립 만세를 선창하며 시위를 이끌어 나갔다. 홍명희는 이 일로 출동한 경찰에 체포되어 징역 1년 6월을 선고받고 청주형무소에서 복역했다. 그리고 1920년 4월에 감형으로 청주형무소에서 출감했다. 이때 함께 시위에 참여했던 동생 홍성희(洪性憙) 또한 1년의 옥고를 치렀다.

출옥한 이듬해 홍명희는 가족을 이끌고 서울로 이주했다. 서울에 올라와서는 교육계와 언론계에서 활동했다. 1922년 그는 한때 휘문고보(徽文高普)와 경신고보(儆新高普) 교사를 지냈으며, 중앙 불교전문학교와 연희전문학교에 출강하기도 했다. 1923년경에는 조선도서주식회사 전무로 근무했다. 이때 에스페란토협회 회원으로서 이 협회의 에스페란토 강습 강사로 활동하기도 했다.

홍명희는 1920년대 중반부터 주로 언론계에 몸담고, 언론을 통한 창작 활동에 열중했다. 먼저, 그는 1924년 5월 『동아일보』 취체역(取締役: 이사) 주필 겸 편집국장으로 취임했다가 1925년 4월에 물러났다. 재직 당시 그는 『동아일보』에 '월요만화'(月曜漫畵), '학예란'(學藝欄), '학창산화'(學窓散話)라는 제목 아래 칼럼을 연재했다. 이때 우리 나라 신문사상 최초로 '신춘문예'(新春文藝)를 공모했으며, 『동아일보』에 「낭객의 신년만필」 등을 기고하여 민족해방운동에 부정적인 기능을 하는 신문예의 해독을 비판하기도 했다. 또 신채호의 각별한 부탁을 받고 「평양 패수고(浿水考)」 등 신채호의 고대사 관계 논문을 『동아일보』에 게재하도록 주선하기도 했다.

1925년 4월 홍명희는 『동아일보』 주필을 사임하고 『시대일보』로 자리를 옮겼다. 1924년 3월 31일자로 육당(六堂) 최남선(崔南善)이 창간호를 발간한 『시대일보』는 짧은 기간에 민중의 지지를 얻어 민족지의 면모를 갖추었으나, 곧 경영난에 부딪쳐 같은 해 7월 자진 휴간했다. 이때 홍명희는 앞장서서 진정한 민족지를 만들어보겠다는 의욕을 갖고 절친한 친구였던 이승복(李昇馥) 등과 『시대일보』의 새 진용에 가담했다. 그는 『시대일보』에서 편집국장에 이어 부사장으로 승진했다가, 이듬해 3월 시대일보사가 합자회사 체제로 바뀌면서 사장이 되었다. 그러나 『시대일보』는 1926년 8월부터 자금난으로 휴간한 뒤, 결국 발행권이 취소되어 폐간되었다. 『시대일보』가 폐간된 뒤 그해 10월경 홍명희는 정주의 오산학교(五山學校) 교장으로 부임했다. 그러나 당시 '신간회' 의 창립과 활동에 더 몰두하던 그는 1년이 못 되어 교장직을 사임하고 말았다.

1920년대 들어 홍명희는 교육계와 언론계에서 활동하는 한편, '신사상연구회' (新思想硏究會) · '화요회' (火曜會) · '정우회' (正友會) 등 사회주의 청년들이 중심이 된 진보적 사상 단체에 참여해 사회주의 사상을 연구하는 데 관심을 쏟았다. 그의 아들 홍기문의 회고에 따르면, 이 즈음 홍명희는 마르크스주의에 관한 원서를 얻어다 읽고, 또 가와카미 하지메(河上肇) · 야마카와 히토시(山川均) 같은 일본 마르크스주의 이론가들의 책을 접하는 등 마르크스주의에 매우 심취했던 것으로 보인다.

이 무렵 홍명희는 '화요회' 등에 관여했으나 핵심적인 역할을 맡지는 않았다. 그러나 1920년대 초반 사상 단체를 중심으로 한 그의 다양한 사회 활동은 결국 1927년 신간회 창립으로 이어진다. 특히 그가 참여했던 '정우회' 는 1926년 11월 '정우회 선언' 을 발표하여 신간회를 창립하는 중요한 전기를 만들었다. 또한 그는 신간회를 창립하기에 앞서 1925년 9월 15일 한위건(韓偉健), 백관수(白寬洙), 백남운(白南雲), 김준연(金俊淵), 안재홍(安在鴻), 조병옥(趙炳玉) 등과 함께 '조선사정연구회'를 결성했다. 정치적인 성향으로 보아 민족주의자와 사회주의자가 함께 참여한 이 단체는 당시 사회 일각에서 일던 극단적인 계급주의의 좌익 편향을 경계하면서, 조선의 역사와 민족성에 관한 연구를 통해 민족 정신을 유지하기 위해 노력할 것을 표방했다.

이때 홍명희는 '화요회' 출신인 이승복과 함께 신간회를 이끌어갔다. 그는 1927년 2월 신간회가 창립되기 전에 창립 과정에서부터 핵심적인 역할을 맡았다. 많은 사람들이 증언하듯이, '신간'(新幹)이라는 명칭도 그가 제안한 '신간출고목'(新幹出枯木)에서 유래했다. 창립 당시 월남(月南) 이상재(李商在)와 홍명희가 초대 정부회장으로 선출되었으나, 홍명희가 굳이 사양하여 권동진(權東鎭)이 부회장을 맡았다. 그리고 홍명희는 조직부의 총무간사를 맡았다.

신간회 창립에 즈음하여 홍명희는 『현대평론』(現代評論) 창간호(1927년 1월)에 「신간회의 사명」이라는 글을 발표했다. 그는 이 글에서 민중의 정치적인 각성과 과학적인 조직행동의 필요성을 강조했다. 특히 신간회의 노선에 대해서는 "신간회의 나아갈 길은 민족운동만으로 보면 가장 왼편 길이나 사회주의운동까지 겹쳐 생각하면 중간 길이 될 것"이라 하여, 이른바 '중간 길 노선'을 제창했다. 이는 곧 신간회가 협동 전선의 성격을 띤 조직임을 밝힌 것으로, 그의 이러한 구상은 신간회를 창립할 당시의 기본 방침과도 정확히 일치한다. 특히 그는 기회주의자들에 대한 경계도 늦추지 않았는데, 이 점도 신간회의 강령에 그대로 반영되었다.

홍명희는 신간회 중앙의 활동뿐만 아니라 지방 지회에도 큰 관심을 가졌다. 그래서 그는 신간회의 지회 설립과 지원 활동에 깊이 관여했다. 당시 신간회 지회에서는 중앙에 특파원을 요구하는 경우가 많았고, 경우에 따라서는 특별히 인물을 지정해서 파견을 요구하기도 했다. 이 경우 가장 많은 특파 요청을 받은 인물이 홍명희였다. 지회 설립과 관련해서는 그의 고향인 괴산 지회가 홍명희의 영향을 받아 설립되었으며, 영동 지회도 홍명희와 안재홍의 권유로 설립되었다. 경남·경북 지역에 지회를 설립하는 일은 안재홍과 함께 홍명희가 거의 도맡았다고 한다. 그러나 신간회를 통해 보여준 홍명희의 이 같은 열정적인 활동은 1929년 12월 민중대회 사건에 관련되어 투옥되는 바람에 끝을 맺고 말았다. 신간회는 홍명희가 감옥에 있을 때인 1931년 5월, 결국 해소(解消)되었다. 이후 그가 생애에서 가장 심혈을 기울여 활동했다고도 볼 수 있는 신간회와 같은 민족 협동 전선체는 해방될 때까지 국내에는 더 이상 존재할 수 없었다.

일제 시기 홍명희의 활동 가운데 빼놓을 수 없는 것이 문예 활동과 대하 장편소설인 『임꺽정』의 집필이다. 그의 문학에 대한 관심은 유학 시절부터 싹터 서구의 근대 문학을 국내에 소개하는 등 한말 일제 초기의 신문학운동에도 적잖은 공헌을 한 것으로 평가된다. 또 신문과 잡지에 문학과 역사 등을 소재로 한 여러 편의 글을 발표했으며, 그 가운데 동아일보사 재직 시절 지상에 발표한 칼럼 형태의 글들은 1926년 조선도서주식회사에서 『학창산화』라는 제목으로 간행했다. 이밖에 해방 전후로 그가 지상에 발표한 글들은 최근 발간된 『벽초 홍명희와 임꺽정의 연구 자료』(임형택·강영주 편, 사계절, 1996)에 수록되어 있다.

홍명희의 『임꺽정』은 1928년 11월 21일 『조선일보』에 연재하기 시작하면서 세상에 모습을 드러냈다. 그것은 그해 10월 그가 '제4차 조선공산당 사건'(고려공산청년회가 서울의 각 중학교 학생들을 규합하여 동맹 휴학, 시위 행진 등을 감행한 사건) 관련 혐의로 검거되었다가 불기소로 풀려난 직후의 일이었다. 그러나 『임꺽정』의 연재는 그의 잦은 투옥과 건강을 이유로 자주 중단되었다. 결국 1940년 『조광』 10월호에 「화적편」 '자모산성' 장의 일부가 실린 이후로 중단되어 미완성 작품이 되고 말았다. 이 작품은 비록 미완성으로 끝났지만 작품을 연재하는 동안 수많은 독자에게서 전례 없는 호평을 받았을 뿐만 아니라, 그뒤 한국 문단에서 한국 문학사의 금자탑으로 높이 평가되었다.

홍명희가 『임꺽정』을 집필한 것은 집필을 시작할 당시의 경제적 어려움 때문이기도 했지만, 이 문제와는 별개로 봉건사회에서 가장 학대받던 백정계급에 속한 임꺽정을 통해 그 자신의 역사의식을 드러내려는 의도가 있었다. 동시에 『임꺽정』을 통해 조선 시대의 '민족 정조(情調)'를 총체적으로 그려냄으로써, 당시 식민화하는 문화적 현실에 대응해서 민족문화의 연속성과 민족의 동질성을 창출하려고 했다.

홍명희의 문학과 예술에 대한 관심은 『임꺽정』 외에도 다양한 방식으로 표출되었다. 그는 카프(조선프롤레타리아 예술가 동맹)의 기관지에 해당하는 『문예운동』 창간호(1926년 1월)에 「신흥 문예의 운동」을 발표하는 등 각종 신문과 잡지를 통해 문학과 관련된 글을 많이 발표함으로써 문인으로서뿐만 아니라 문예운동가로서도 활발한 활동을 했다. 다만, 소설 창작과 관련해서는 『임꺽정』이 최초의 작품이자 최후의 것이라고 할 수 있다. 그러면서도 그는 일제 시기 동안 조선 문예계의 원로 문인으로서 또는 문단의 중요한 일원으로서 인정받았을 만큼 일제하 조선 문단에서 적지 않은 비중을 차지했다.

홍명희는 점차 노골화되는 일제의 회유와 탄압을 피해 1939년부터 서울근교 경기도 양주군 노해면(蘆海面) 창동(倉洞)으로 이주하여 1945년 광복때까지 은거했다. 그는 이 기간에 정인보와 사돈을 맺었으며, 많은 시간을 책을 읽으며 보냈다. 그러면서 전시체제 아래에서 일제의 협박을 피해 피신생활을 했다.

(3) 해방정국 시기와 북한에서의 정치 활동(1945~1968)
해방이 되자 홍명희는 한때 고향인 괴산으로 내려가 괴산군 치안유지회 회장을 역임했다. 그러나 곧 서울로 올라와 정치·사회·문화 등 각 방면에서 본격적인 사회 활동을 시작했다. 그는 여전히 문학에 관심을 가졌으며, 또 잠시 언론계에 몸담기도 했지만, 무엇보다 해방 직후의 국내 정치 상황에 큰 관심을 가졌다. 그는 1945년 11월 서울신문사 고문에 취임했으며, 12월 에는 조선문학가동맹 중앙집행위원장, 조소문화협회(朝蘇文化協會) 회장에 추대되었다. 홍명희는 아들 기문과 함께 『서울신문』에 깊이 관여했다. 그러나 자신은 이듬해 3월 서울신문사 고문직을 사임했다.

이후 홍명희는 본격적으로 정치 활동에 주력했다. 1946년 8월에는 민주통일당 제1회 발기회 개최를 주도했으며, 그해 12월에는 '남조선 과도 입법 의원'(해방 후 미군정이 설립한 과도적 입법기관) 선거에서 관선의원으로 선임되었다. 그러나 그는 입법의원이 애국자와 혁명자로 구성된 것이 아니라는 사실을 이유로 참여하기를 거부했다. 또 1947년 10월에는 민주통일당 등 5개 정당을 통합하여 민주독립당을 창당하고, 당 대표에 취임했다. 이어서 그해 12월 김규식을 주석으로 하는 민족자주연맹을 결성하는 데 참가하여 정치위원으로 선임되었다.

민주통일당에서 민주독립당으로, 그리고 민족자주연맹으로 이어지는 그의 정치 행적은 이른바 '좌우 합작'을 지향하는 중도 통합 노선으로, 1920년대에 그가 이끌었던 신간회의 정신과도 맞아떨어지는 것이었다. 그는 해방공간의 정치 활동 속에서 공산당과 극우 세력의 정치 노선에 반대했다. 또 대외적으로도 미국의 한반도 정책뿐만 아니라 소련의 책임에 대해서도 비판적인 태도를 취했다. 그러나 통일 문제에 대해서만큼은 무엇보다도 우선시하는 정치 태도를 취했기 때문에 미국과 당시 대표적 우익 정치 세력인 한민당(韓國民主黨)을 중심으로 추진되는 남한의 단독정부 수립에는 단호히 반대했다. 그의 이러한 정치 태도는 1948년 3월 12일 김구(金九)·김규식 등과 함께 남한 단독선거 반대를 천명하는, 이른바 '7거두 성명' 발표로 나타났다. 그러나 이때 이미 대세는 기울어 단독선거와 단독정부 수립은 돌이킬 수 없는 상황이었다. 그래서 홍명희는 김구 등과 함께 4월 18일~30일 평양에서 열린 '남북조선 제정당 사회단체 대표자 연석회의'와 '남북조선 제정당 사회단체 지도자협의회'에 마지막 기대를 걸고 참가했다. 그뒤 그는 북에 잔류했다. 북에 남아서 6월 29일~7월 5일 평양에서 열린 '남북조선 제정당 사회단체 지도자협의회'에 참가했으며, 그해 8월에는 38선을 넘어 평양에 도착한 가족들과 합류했다.

　홍명희는 북한 정권의 수립과 함께 1945년 9월 '조선민주주의 인민공화국' 제1차 내각(수상 金日成)에서 박헌영(朴憲永), 김책(金策)과 함께 부수상으로 임명되었다. 그는 이후에도 사망할 때까지 북한 정권의 요직을 두루 거쳤다. 홍명희는 북한에서 많은 주요 인사들이 김일성의 정적(政敵)으로 간주되어 숙청되거나 부침(浮沈)을 거듭했던 것과는 달리, 시종일관 일정한 예우와 그에 걸맞은 직책을 수행한 것으로 보인다. 그러나 자세한 행적에 대해서는 아직 연구된 바 없다. 홍명희의 북한에서의 주요 정치적 행적은 다음과 같다.

홍명희의 북한 정권에서의 주요 정치 활동

1950년	6월 29일	군사위원회(위원장 김일성)가 설치되자 6인의 군사위원 가운데 한 사람으로 임명됨.
1952년		과학원 초대 원장에 임명됨.
1957년	8월	제2기 최고인민회의 대의원으로 선출됨.
	9월	제2차 내각에서 6인의 부수상 가운데 한 사람으로 임명됨.
1962년	10월	제3기 최고인민회의 대의원으로 선출됨.
1967년	11월	제4기 최고인민회의 대의원으로 선출됨.
1968년	3월	81세로 사망. 평양 교외 애국열사릉에 안장됨.

2. 정치 노선과 문예관

한학과 유학에 조예가 깊었던 홍명희는 일찍부터 민족의 현실에 대해 비판적이면서 진보적인 사회의식을 형성해갔다. 그가 이처럼 비판적으로 현실을 인식한 바탕에는 일제의 침략에 무기력하게 무너지고 만 조선 왕조와 지배층의 일원이었던 자신의 가문에 대한 비판적·역사적 성찰이 자리잡고 있었다. 그는 조선 왕조의 양반 사상에 대해 그 핵심은 관벌주의(官閥主義)에 있다고 파악하고, 그 때문에 양반 정치는 "진취적이 아니라 퇴영(退嬰)적이요, 행동적이 아니라 형식적이며, 이용후생적(利用厚生的)이 아니라 번문욕례적(繁文縟禮的)인" 특성을 지닌다고 비판했다. 또 이와 함께 사대주의(事大主義)와 숭문천무(崇文賤武)의 정신을 양반 정치가 지닌 가장 큰 결함이라고 인식했다. 홍명희는 조선 시대의 양반 정치에 대해서는 이처럼 비판적이었지만, 그렇다고 조선의 정신이나 민족성을 부정한 것은 아니었다. 오히려 이를 적극적으로 옹호하고, 그로부터의 일탈을 경계했다. 이러한 점은 그가 존경하였던 민족주의 사학자인 신채호의 조선 유교 정치에 대한 비판과도 상통하는 바 있었다.

양반 정치에 대한 홍명희의 비판은 결국 민족 내의 분열 극복과 통합을 지향하는 사상으로 발전하는데, 그러한 사상의 바탕은 일찍이 그가 일본 유학중에 쓴 「일괴열혈」이라는 글에서부터 형성되었다. 그는 이 글에서 당시 조선이 위기에 처한 현실의 원인을 조선 후기의 당쟁(黨爭) 가운데서 찾고, 결국 동포들의 단합만이 이 위기를 극복할 수 있다고 강조했다. 그의 이러한 생각은 결국 신간회 활동과 해방 이후 중간파 정치운동에서 보이는 것처럼 '좌우 통합사상'으로 발전했다.

홍명희는 양반 출신인데도 양반에 대해 비판적이고 투철한 반봉건의식을 가졌을 뿐만 아니라, 여성의 지위에 대해서도 매우 진보적인 생각을 갖고 있었다. 따라서 그는 개방적이면서 현실적이었던 인물로 평가된다. 홍명희는 매우 개방적이고 남녀 평등을 지향하는 여성관을 지녔으면서도, 청춘 남녀들이 연애 자체를 진보적으로 인식하여 이에 몰두하는 것에 대해서는 매우 부정적인 견해를 나타냈다. 그는 민족해방운동에 헌신해야 할 청춘 남녀들이 연애 문제로 시간과 정력을 낭비하는 것을 비판했는데, 이는 일제하의 여성운동을 민족운동의 일부로 인식했기 때문이다. 홍명희는 역사와 현실 문제에 대한 인식에서 진보적인 견해를 유지했던 만큼, 일제의 식민지 지배에 대해서 철저히 비타협적인 태도로 일관했다는 점은 앞에서 살펴본 바와 같다.

홍명희의 정신세계와 세계관을 형성하는 데 무엇보다 중요한 역할을 한 것은 일제 식민 지배의 현실과 민족사에 대한 자기 성찰이라고 할 수 있다. 그리고 그 정신세계의 내면에는 젊은 시절 아버지의 순절로 받은 충격이 있었으며, 또 다른 한편으로는 3·1운동 참가를 전후해 사회주의에서 받은 영향도 매우 컸음이 사실이다. 이러한 점들은 그의 문예 활동과 예술세계에도 다양한 형태로 반영되고 있다.

홍명희는 앞서 언급한 「신흥 문예의 운동」이라는 글에서 실재(實在)를 떠난 생활이 없고 생활을 떠난 인생이 없으며, 인생을 떠난 예술이라는 것은 존재할 이유가 없다고 지적했다. 그는 또 그 글에서 "금일의 시대 사조는 사회 변혁·계급 타파·대항·해방 등의 사상이니, 이 시대의 문예가 이것을 중심 사상으로 하고 새로이 출발할 것은 당연한 일이다. 사회 변혁, 계급 타파 사상은 한 입으로 말하면 경제사상의 발현이니, 이것을 중심 사상으로 한 문예가 마르크스와 엥겔스에게서 계통받은 사회주의 경제사상을 다분히 가질 것은 물론이다. 그리고 이것은 구계급보다도 신흥 계급에서만 볼 수 있는 현상이라 함이 옳겠다"라고 했다. 이처럼 홍명희는 문학의 효용과 실재성을 강조하는 사회주의적 문학관을 피력했다. 이러한 측면에서 그는 당시 문단에서 리얼리스트라는 평가를 받았는데, 이는 그의 문학관이 사회주의적 리얼리즘에 바탕을 두었기 때문으로 보인다. 그의 진보적 예술관은 해방 이후에도 변함없었는데, 그는 『새한민보』 1권 8호(1947년 9월)에 수록된 문학 좌담에서 "조선 작가의 당면 과제는 봉건 잔재를 제거하는 새로운 아동문학과 농민문학을 수립하는 것"이라고 주장하기도 했다.

그러나 홍명희가 지닌 예술관의 또 다른 중요한 특징은 '민족의 정조(情調) 지향'에 있었다. 그는 당시 문학이 구미 문학의 영향을 많이 받아 양취(洋臭)를 벗지 못한 것을 비판하면서 '조선 정조에 일관된 작품'을 쓰는 것이 『임꺽정』의 목표라고 고백했다. 홍명희가 말한 '조선 정조'는 신채호나 문일평, 정인보 등 당시 민족주의사가들이 집요하게 추구했던 '조선 정신'과도 일맥 상통한다고 할 수 있다. 때문에 그는 자신이 깊은 관심을 가졌던 프로 문학에 대해서도 그것이 외부의 사상 척도에 의해 재단되는 것을 경계했다. 그렇다고 민족 문학을 일종의 배타사상으로 보는 데는 반대했으며, 무엇보다 현실 속에서 '순진하게 참되고 죽지 않는' 정열로 번민하고 생산하는 문학에 '조선 문학'의 길이 있다고 보았다.

홍명희의 '민족적인 것'에 대한 관심은 역사에 대한 통찰과 관심으로 나타나기도 했다. 그는 당대에 '조선의 삼재(三才)'라는 소리를 들을 만큼 한학은 물론 역사에 대해서도 해박했던 것으로 평가된다. 비록 단편적이지만 지면을 통해 역사에 관한 여러 편의 글을 발표했으며, 한때는 '역사적 사실에서 테마를 잡아 단편을 쓰되 역사소설이라기보다는 소설 형식의 역사'를 꾸며보려는 생각도 가졌다. 또 당대에 손꼽히는 작가였던 이기영(李箕永)은 홍명희가 쓴 『임꺽정』의 문학적 가치에 대해 다른 무엇보다도 역사적 의미에 치중하고 싶다며, 『임꺽정』이야말로 사학적 지식과 작가적 역량이 있었기 때문에 가능한 작품이라고 평가했다.

또한 1930년대와 1940년대 전반기 많은 문인들이 일제의 회유와 강요에 의해 친일과 변절의 길을 걷는 데 반해, 홍명희는 자신의 지조를 굳게 지키며 흔들림 없는 모습을 보여주었다. 그것은 그가 일관되게 유지했던 비타협적인 민족운동 노선과도 일치하는 것으로, 그의 문학 정신도 이러한 현실운동에 뿌리를 두었음을 알 수 있다. 또 그는 이광수의 현실 순응적인 문예관과는 달리 특유의 반전(反戰) 문학관을 지녔는데, 이 점에 대해서는 근래 들어 일제의 침략주의에 대한 저항의식의 소산이라는 평가도 나온다.

이처럼 홍명희는 진보적인 인물로 평가받으면서도 훌륭한 성품의 소유자로 세상 사람들의 존경을 받았으나, 한계도 지적되었다. 특히 1930년대 이후 적극적인 혁명운동가로 민족운동 전면에 나서지 않아 실천적인 면모를 보이지 못한 점, 즉 소극적인 태도와 우유부단함 등이 지적되었다. 또 민중을 의식하기는 했으나 그들을 역사의 주인공, 원동력으로 여기지는 않았다고 보는 견해도 있다.

3. 연구 현황과 문제점

홍명희는 일제 시기의 문인으로서뿐만 아니라 사회운동가로서의 활동도 활발했다. 월북하기 전 해방 직후의 정치 활동 또한 우리 나라 현대 정치사에 미친 영향이 적지 않다. 그런데도 그가 월북 작가 또는 월북 정치인이라는 이유로, 1980년대 중엽까지만 해도 남한 학계에서 그에 대한 연구는 물론 관심조차 거의 찾아보기 힘들었다. 물론 일제 시기의 신간회에 관한 연구나 해방 직후 정치 세력에 관한 연구를 하면서, 홍명희의 활동에 관해 언급한 예가 없었던 것은 아니다. 그러나 그러한 언급은 지극히 단편적인 데 머물렀고, 홍명희나 그의 작품에 대한 본격적인 탐구는 찾아보기 힘든 형편이었다. 이것은 일제 시기나 해방 직후에 홍명희의 작품과 인물에 대한 글이 비평을 비롯해 여러 편 발표되었던 사실과는 매우 대조적이며, 또 그의 업적이나 그가 끼친 영향으로 보아도 매우 이례적이라고 할 만하다.

홍명희에 관한 본격적인 연구가 이루어진 것은 최근의 일이다. 본격적인 연구 논문으로는 강영주가 1986년에 서울대학교 박사학위 논문으로 「한국 근대소설 연구」를 발표하고, 이어 1988년에 「홍명희와 역사소설 임꺽정」이라는 제목의 글을『한국 근대 리얼리즘 작가 연구』(김윤식·정호웅 편, 문학과 지성사, 1988)에 실은 것을 지적할 수 있다. 이후 홍명희의 문학에 대한 연구뿐만 아니라, 홍명희라는 인물 개인에 대한 연구도 본격적으로 시작되었다. 특히 강영주의『벽초 홍명희 연구』는 처음으로 시도한 홍명희에 대한 체계적이고 종합적인 인물 연구이다. 이밖에 채진홍·홍기삼 등의 연구서가 출간되었고, 역사학계에서는 장세윤의 논문인「벽초 홍명희의 현실 인식과 민족운동」이 근래 발표되었지만, 아직 본격적인 접근이 이루어지는 편은 아니다. 또 신문이나 잡지에 평론과 잡문 형식으로 발표한 글도 여러 편 있다. 그러나 이러한 글들은 대부분『임꺽정』을 중심으로 홍명희의 문학에 대한 논평과 작품을 소개하는 형식의 글로, 정작 홍명희 개인의 행적을 깊이 있게 추적한 글은 강영주 등의 연구 성과를 제외하면 주목할 만한 것이 드물다고 하겠다. 다만, 강영주와 임영택이 펴낸 자료집『벽초 홍명희와 임꺽정의 연구 자료』는 앞으로 홍명희에 관해 연구하기 위한 좋은 길잡이가 될 것으로 보인다.

홍명희는 장편 역사소설『임꺽정』의 저자로 널리 알려진 만큼, 소설가로서 또는 문인으로서 그에 대한 평가는 일제 시기부터 널리 이루어졌다. 그의 작품에 대해서는 당대에 이미 '천재 조선의 위대한 거보'라든가 '동양 최초의 대작이며 우리의 생활 사전' 또는 '약동하는 조선어의 대수해(大樹海)' 등등의 수많은 찬사가 쏟아져 나왔다. 그만큼『임꺽정』은 당시 문단과 한국 문학사에 미친 영향이 컸다. 물론 당대에도 임화(林和)처럼『임꺽정』을 세태소설의 한 유형으로 조금 폄하한 경우가 없었던 것은 아니지만,『임꺽정』이나 홍명희의 명성에 흠을 낼 정도는 아니었다. 1980년대 이후의 한국 문단에서도『임꺽정』에 대한 이러한 평가는 대체로 계승되었다. 다만,『임꺽정』이 사실주의 역사소설이라는 평가에 대해서는 일치하면서도, 작품의 한계와 성격, 작가의식 등에 대해서는 얼마간의 다른 의견이 있는 것으로 보인다.

63인의 역사학자가 쓴 한국사 인물 열전

『임꺽정』을 쓴 작가로서의 홍명희에 대한 연구가 상대적으로 풍부한 반면, 언론인이나 정치인으로서의 그의 활동에 관한 연구는 매우 빈약한 편이다. 사실 홍명희 개인으로 볼 때는 문인으로서 못지않게 사회운동가로나 정치인으로서 더 많은 삶을 살았다고도 할 수 있다. 그러한 측면에서 그가 우리 나라 현대사에 끼친 영향도 적지 않다. 바로 이 점과 관련하여 그를 어떻게 평가해야 하느냐가 앞으로의 중요한 과제가 아닐 수 없다. 이에 대한 본격적인 연구는 아직 일천한 단계지만, 지금까지의 학계 견해를 종합해보면 월북 전의 홍명희는 '좌파적 성향을 보이기는 했으나, 공산주의자는 결코 아니다' 라는 점에 일치한다.

물론 일설에는 그가 조선공산당의 신간회 '신간 프락치' 였다거나 해방 직후에는 조선공산당의 비밀당원이었다는 주장도 있으나, 다수가 주장하는 일반적인 견해라고는 할 수 없다. 국내 학계에서는 대체로 홍명희를 비타협적 민족주의 또는 민족주의 좌파로 분류한다. 물론 이러한 견해는 그가 정치 활동에 주력했던 해방 직후에도 일반적으로 받아들여졌다. 그러나 그가 공산당원이 아니었다는 사실만 가지고 그를 민족주의자로 분류한다면, 이는 너무나 단순한 평가 방법일 것이다. 홍명희는 자신의 정치적 입장을 분명히 드러내는 데는 항상 소극적인 태도를 취했으나, 자신의 정치적 판단 기준에 대해서는 "혁명적 양심과 민족적 양심을 가졌는가 안 가졌는가" 라고 술회했다. 공산당원 또는 공산주의자가 아니면 모두 민족주의자로 구분하는 것 자체가 문제지만, 그의 정치 노선을 단순히 민족주의 좌파로 분리할 경우 일제 시기 사회주의 단체와의 관계나 그가 자주 피력한 바 있는 사회주의적 예술관(문학관)은 어떻게 평가해야 할 것인가 하는 문제가 남는다. 이러한 점과 관련하여 해방 직후 박학보(朴學甫) 같은 이는 "민세(民世) 안재홍(安在鴻) 씨를 민족주의의 좌익 속에 우익이라 하면, 홍씨는 좌익인 것이다" 라고 하였고, 또 최근 강영주의 연구에서는 홍명희를 '진보적 민족주의' 로 규정하였다. 그러나 어느 경우든 홍명희의 '민족주의적 정치 노선' 을 구체적으로 어떻게 규정할 것인가에 대해서는 아직 더 많은 논의가 필요하다. 특히 일제 시기 그의 활동과 관련하여 더욱 그러하다.

홍명희의 사회 활동에 대해서는 상당한 부분이 밝혀져 이미 소개되었지만, 아버지의 순절 이후 해외 망명, 특히 남양으로의 외유와 관련해서는 많은 부분이 여전히 베일에 싸여 있다. 독립운동 자금을 마련하기 위한 외유로 알려져 있기는 하지만, 구체적으로 어떤 활동을 했는지, 다른 목적은 없었는지 등 여전히 풀리지 않는 문제가 있다. 신간회의 창립과 활동에서 보여준 홍명희의 역할에 대해서도 여러 사람이 언급했으나, 구체적이고 체계적인 내용 정리는 아직 미흡한 편이다. 또 월북 이후 북한 정권에서 보인 그의 정치 활동에 대해서는 부분적인 사실만 알려져 있어 구체적인 활동 내용과 역할에 대한 평가는 앞으로의 연구 과제이다.

참고문헌

홍명희, 『學窓散話』, 조선도서주식회사, 1926.

_____, 『임꺽정』 전10권, 사계절, 1991.

임형택·강영주 편, 『벽초 홍명희와 임꺽정의 재조명』, 사계절, 1988.

_____, 『벽초 홍명희와 임꺽정의 연구 자료』, 사계절, 1996.

홍기삼, 『홍명희 ─어느 민족주의자의 생애』, 건국대학교 출판부, 1996.

채진홍, 『홍명희의 林巨正 연구』, 새미, 1996.

강영주, 『벽초 홍명희 연구』, 창작과비평사, 1999.

장세윤, 「벽초 홍명희의 현실 인식과 민족운동」, 『한국 독립운동사 연구』 제15집, 독립운동사
　　　　연구소, 2002.

李昇馥 선생 望九 송수기념회 편, 『三千百日紅』, 인물연구소, 1974.

정원택, 『志山 外遊 日誌』, 탐구당, 1983.

서중석, 『한국 현대 민족운동 연구 ─해방후 민족국가 건설운동과 통일 전선』, 역사비평사,
　　　　1991.

이균영, 『신간회 연구』, 역사비평사, 1993.

안재홍 安在鴻

민족운동과 신민족주의의 이론가

박찬승 충남대학교 국사학과 교수

1. 신민족주의자 안재홍

안재홍(安在鴻, 1891~1965)은 20세기 전반, 즉 식민지 시기부터 한국전쟁이 일어나기 직전까지 민족운동가, 정치인, 언론인, 역사가, 사상가로 다양한 삶을 살았던 지식인이다. 그는 민족주의와 사회주의라는 사상의 분열과 대립, 그것이 민족 분단으로 이어지는 상황에서 '좌우 협동을 통한 민족의 독립과 통일'을 한결같이 주장한 민족주의자였다. 또한 그는 더욱 세련된 민족주의 이론을 창안해 이를 '신민족주의'라고 이름 붙였고, 이는 당시 역사학자들을 비롯한 지식인들에게 일정한 영향을 미쳤다. 민족의 분단이 여전히 지속되는 상황에서 안재홍의 삶과 사상을 되돌아보는 것은 현재적 의의가 있는 일일 것이다.

이 글에서는 안재홍의 식민지 시기 민족운동과 언론 활동, 해방 직후의 정치 활동, 그리고 그의 정치사상인 신간회운동론, 민세주의론, 신민족주의론에 대해 살펴보려고 한다. 이 같은 주제에 대해서는 역사학계와 정치학계에서 이미 많은 연구가 축적되어 있다(천관우, 한영우, 정윤재, 유병용, 이지원, 박찬승, 김인식 등). 특히 그의 신민족주의 정치사상에 대한 연구가 활발했는데, 이는 그의 글 가운데 일부가 『민세 안재홍 선집』 4권으로 편집, 출판되었기 때문이다. 하지만 해방 이후의 정치 활동에 대해서는 최근에야 김인식에 의해 연구되기 시작했다고 할 수 있다. 따라서 이 부분에 대한 더 심층적인 연구가 필요하다고 여겨진다. 또 『선집』에 포함되지 않은 나머지 글들에 대한 검토도 이루어져야 할 것으로 보인다.

이 글에서는 지면 관계상 그의 역사학에 대해서는 언급하지 못했다. 안재홍의 역사학은 주로 고대사 연구에 집중되었고, 역사관 측면에서는 단재(丹齋) 신채호(申采浩)를 잇는 민족주의 사관에 서 있었다. 안재홍의 역사학에 대해서는 그의 신민족주의 사관에 대한 검토가 주를 이룰 뿐(김용섭, 이기백), 고대사 연구에 대해서는 단 한 편의 글만이 전해진다(한영우). 앞으로 그의 고대사 연구와 관련된 검토가 더욱 세밀하게 진행되기를 바란다.

2. 일제하 안재홍의 민족운동과 언론 활동*

안재홍은 1891년 경기도 진위군(현재의 평택군) 고덕면 두릉리에서 순흥 안(安)씨 윤섭(允燮)과 남양 홍(洪)씨의 8남매 중 2남으로 태어났다. 그는 중소 지주 정도의 집안에서 태어나 경제적으로 큰 어려움은 없었다. 그의 부친은 유생이었으나 『황성신문』의 독자였다고 하니 개명(開明) 유학자(儒學者)였던 것으로 보이며, 안재홍은 어려서부터 부친에게 글을 배웠다. 1905년에 화성의 경주 이씨와 결혼했으며, 1907년에는 신학문을 배우기 위해 한문 수학을 중단하고 평택의 사립 진흥의숙에 입학했다. 이어서 수원의 기

---

* 이 장은 주로 다음 글을 참고해서 서술했다. 천관우, 「민세 안재홍 연보」, 『창작과비평』 겨울호, 1978; 이지원, 「일제하 안재홍의 현실 인식과 민족해방운동」, 『역사와 현실』 6호, 1991; 박찬승, 「일제하 안재홍의 신간회운동론」, 『근대 국민국가와 민족 문제』, 지식산업사, 1995.

독교계 사립학교로 전학했으며, 이때 단발을 했다. 그는 다시 서울의 황성기독교청년회 중학부에 입학했는데, 당시 이상재(李商在), 남궁억(南宮檍), 윤치호(尹致昊) 등에게 많은 영향을 받았다.

1910년에는 일본 도쿄(東京)로 건너가 청산학원에서 일본어를 공부한 뒤 1911년 와세다 대학 정경학부에 입학했으며, 당시 도쿄에서 조직된 조선인 유학생 학우회에 참여했다. 1913년에는 상해(上海)·북경(北京)·심양(瀋陽) 등지를 여행했으며, 이때 상해에서 신규식 등이 만든 동제사(同濟社)*에 입회하기도 했다. 그는 이때 동제사의 선배들을 보면서 물적 토대가 없는 해외 운동보다는 국내에서 투쟁하는 것이 낫다고 생각해, 1914년 대학 졸업과 동시에 귀국했다. 이듬해에는 김성수가 운영하던 중앙학교 학감으로 재직하다가 1916~1917년경 사직하고, 1917년 중앙기독교청년회 교육부 간사로 나갔다.

1919년 3·1운동이 일어났을 때, 그는 사전에 이를 연락받지 못한 것으로 보인다. 훗날 남긴 글에서 그는, 3·1운동이 일어났을 때 자신은 직장에서 쫓겨나 실의에 빠져 있었으므로, 나서서 징역살이를 하기에는 자신이 너무 가엾어 일선에 나서지 않았다고 회고했다. 3·1운동의 파고가 한 차례 지나간 후인 그해 5월에는 대한민국 청년외교단에 참여했는데, 이는 상해에서 만들어진 대한민국 임시정부를 지원하기 위해 국내에서 가장 먼저 조직한 단체로, 상해에서 온 송세호와 연병호, 국내에 있던 이병철이 협의해서 만든 것이었다. 안재홍은 이병철과 함께 총무가 되어 「국치 기념 경고문」과 「외교시보」 등을 인쇄해 비밀리에 각계에 배포했다. 하지만 곧 경찰에 적발되었고, 1919년 11월 경북 경무국에 체포되어 심한 고문을 받았다. 그는 이때 등뼈를 심하게 다쳐 이후 허리를 제대로 쓰지 못했다고 한다. 결국 그는 1921년 5월 결심 공판에서 징역 3년을 언도받고 복역한 뒤, 1922년 대구에서 출옥했다.

그후 약 1년여의 요양 기간을 거친 뒤 1924년 1월 동아일보계의 김성수

63인의 역사학자가 쓴 한국사 인물 열전

(金性洙)·송진우(宋鎭禹), 천도교 신파의 최린(崔麟), 조선일보계의 신석우(申錫雨), 기독교계의 이승훈(李承薰), 대구의 서상일 등이 민족 단체를 추진하기 위해 마련한 '연정회'(研政會)라는 이름의 모임에 참석했다. 당시 동아일보는 그해 1월 초 사설 「민족적 경륜」에서 "조선 안에서 허용하는 범위 내"의 민족운동을 주창해 민족주의자, 사회주의자들에게서 독립운동에서 후퇴한 자치운동을 추진하려는 것이라는 비판을 받았었다. 이 모임은 곧 자치운동 단체를 결성하기 위한 모임이 아니냐는 비판에 부딪쳤고, 결국 민족주의자들의 민족 단체를 결성하겠다는 구상은 깨지고 말았다. 이후 민족주의자들은 자치운동 문제를 둘러싸고 이를 추진하려는 동아일보, 천도교 신파 계열의 우파와, 이를 반대하는 조선일보, 천도교 구파 계열의 좌파로 분화하기 시작했다.

1924년 5월, 안재홍은 당시 최남선(崔南善)이 창간한 『시대일보』에 논설기자로 입사했다. 이 신문의 사장 겸 주간은 최남선이었고, 편집국장은 진학문이었으며, 논설진으로는 주종건·변영만·안재홍 등이 참여했다. 하지만 시대일보사는 재정이 빈약했고, 이를 노린 보천교(普天敎)**는 경영권과 인사권을 장악해왔으므로, 마침내 발행인의 명의도 보천교측의 이성영으로 바뀌었다. 이에 시대일보사 직원들은 사우회를 조직해 대항했고 결국 신문 발행은 중지되기에 이르렀다. 그러자 보천교측과 사우회측이 협상을 해

---

* 1912년 7월 중국 상해에서 조직된 독립운동 단체로, 별칭은 在上海韓人共濟會이다. 1911년 중국으로 망명한 신규식이 한국에서 상해로 망명한 독립운동가와 일본에서 건너온 한국인 유학생들을 모아 조직한 것이다. 동제사는 표면적으로는 상해 한인의 상조기관처럼 활동했으나 실제 목적은 독립운동이었다. 동제사의 이사장은 신규식, 총재는 박은식이었다. 그밖의 중견 간부로는 김규식, 신채호, 홍명희, 조소앙, 문일평, 박찬익, 조성환 등이 있었다.

** 보천교는 차경석이 창립한 신흥 종교이다. 차경석은 동학혁명 당시 동학 接主 중의 한 명으로 官軍에 의해 처형당한 車致久의 장남으로, 일찍부터 동학운동에 가담하여 전라북도 巡廻官을 지내기도 했다. 그는 증산교를 창교한 姜一淳의 제자가 되었는데, 강일순의 사망에 따라 흩어졌던 그의 제자들이 1911년 재집결하여 仙道敎(뒤에 太乙敎라 함)라는 신종교를 세울 때, 차경석은 중심적 구실을 했다. 1921년 차경석은 일본 경찰의 체포령과 비상망 속에서 경상남도 덕유산 기슭의 황석산에서 대규모 天祭를 올리고 국호를 時國, 교명을 普化(뒤에 보천교라 함)로 선포했다.

발행인은 그대로 이성영으로 하되 최남선을 비롯한 사우회 위원들이 모든 사무를 맡기로 하고, 휴간된 지 두 달 만에 복간되었다. 안재홍은 보천교가 시대일보를 장악해오던 시점인 7월경 퇴사하고, 그해 9월 혁신을 단행한 조선일보사의 주필 겸 이사로 입사했다. 본래 조선일보는 친일파 송병준(宋秉畯)이 인가를 받아 발간하기 시작한 신문이었으나, 경영난에 처하자 신석우가 그 판권을 사들여 이상재를 사장으로 추대한 가운데 새 출발을 하려 했다. 당시 조선일보사는 사장 이상재, 부사장 신석우, 발행인 겸 편집인 김동성, 주필 안재홍 등의 진용을 갖추었다. 이로써 조선일보는 민족 진영의 신문으로 새 출발을 했다. 안재홍은 1932년 퇴사할 때까지 조선일보의 주필로 조간의 사설 약 980편, 석간의 시평 약 470편 정도를 집필했다. 이 가운데 일부는 현재 『민세 안재홍 선집』 1권에 실려 있다.

안재홍은 언론인이자 지식인으로서 각종 사회 단체 활동에도 참여했다. 1925년 4월에는 조선 기자 대회에서 부의장으로 피선되었으며, 9월에는 조선사정연구회에 참여했다. 조선사정연구회는 "오늘날 조선의 사회 사정을 과학적으로 조사 연구해 널리 사회에 소개하며, 때로는 그 필요한 재료를 수요자에게 제공코자 한다"는 목적을 가지고 있었다. 이에 따라 이 단체는 법제·재정·금융·교육·상업·교통·공업·농업 등 여러 분야에 대한 학술 연구를 진행했고, 조사보고회 등을 통해 그 성과를 발표하기도 했다. 또한 이 단체는 1923~1924년경 사회주의운동 세력이 크게 확장되는 것을 본 부르주아 민족주의자들이 이에 대응해 나름대로 세력을 결집할 필요가 있다는 생각에서 생겨난 것이었다고 여겨진다. 이 단체에 참여한 인물들을 보면, 조선일보에서 안재홍·백관수·김준연, 동아일보에서 국기열·한위건·최원순, 시대일보에서 홍명희, 개벽지에서 김기전, 연희전문에서 이춘호·백남운·유억겸·이관용·이순탁·조병옥·조정환, 보성전문에서 선우전·홍성하, 경성법학전문에서 이긍종, 고등보통학교에서 박승철·백남훈·최두선 등이었다. 총독부 경찰측이 파악한 바에 따르면, 이 단체에 모인 이들 가운데는 "극단적인 공산주의를 주장하고 외국의 제도, 문물, 학설 같은 것을 채택해 바로 조선에 통용·실시하려는 과격한 주장을 하는 사람들이 있다. 그러나 조선에는 조선의 역사가 있고, 독특한 민족성이 있다. 따라서 앞서와 같은 과격한 주장은 조선 민족을 자멸로 이끄는 것이므로 능히 그 가부를 연구해 장점을 취함으로써 민족 정신을 보존하려는 노력을 하지 않으면 안 된다"는 데 의견을 같이했다고 한다.

또한 안재홍은 그해 11월에 조직된 태평양문제연구회 조선 지회에도 참여했다. 이 단체는 1925년 7월 1일에서 14일까지 하와이에서 열린 태평양회의(미국이 주도한 태평양문제연구회 주관)에 참석했던 신흥우(기독교청년회), 송진우(동아일보), 김양수(조선일보), 유억겸(연희전문), 김종철(보성전문) 등이 귀국해서 조직한 것이었다. 하와이 회의에는 이승만(李承晚)·서재필(徐載弼)도 참석했으므로 신흥우·송진우 등은 이들과 접촉해 민족운동의 방향에 대해 논의한 적이 있었다. 따라서 태평양문제연구회 조선 지회는 미국의 이승만 세력과 기독교·동아일보계의 실력 양성론자들의 연계를 꾀하는 표면 단체였다고 생각된다. 이 단체를 주도한 신흥우는 이미 1925년 4월 비밀 결사인 흥업구락부(興業俱樂部)를 국내에 조직했는데, 이는 이승만의 친위 조직인 동지회(同志會)의 국내 지부 성격을 띠고 있었다. 1925년 11월 28일 기독교청년회관에서 창립된 태평양문제연구회 조선 지회에 참여한 이들은 기독교청년회측의 신흥우·윤치호·구자옥, 연희전문의 노정일·백남운·백상규·유억겸·이관용·이순탁·조병옥, 이화여자전문의 김활란·안동원·조정환, 세브란스 의학전문의 구영숙·최동, 개벽사의 김기전, 조선일보의 안재홍·백관수, 동아일보의 송진우·최원순 등이었다.

하지만 이처럼 하나의 세력 결집을 노리던 부르주아 민족주의 세력은 '자치운동'에 대한 찬반 문제로 말미암아 그해 말부터 우파와 좌파로 갈라지기 시작했다. 1925년 11월 말 총독부의 기관지 격인 『경성일보』에 사장 소에지마 미치마사(副島道正)가 「총독 정치의 근본의」라는 글을 썼는데, 그는 그 글을 통해 조선에서 자치제를 실시할 것을 주장하면서, "그동안 수면 아래 잠겨 있던 자치운동이 다시 수면 위로 떠오르기 시작했다. 동아일보의 송진우, 천도교 신파의 최린은 여러 번 회합을 갖고 자치운동을 전개하는 것에 관해 협의했다"고 했다. 그런 가운데 1926년 초 조선공산당측은 민족주의자들과 일시적으로 협동 전선을 펴야 할 필요성을 인정해 민족주의자들과 접촉하기 시작했다. 그해 3월 조선공산당의 강달영과 자치운동을 반대하는 비타협적 민족주의자라고 할 유억겸·안재홍·박동완·이종린·신석우·오상준·권동진 등 8명이 회합을 갖고 중국 국민당 형태의 조직을 결성하자는 데 합의했다. 그런데 곧바로 순종의 국상과 6·10만세 사건이 일어났고, 2차 조선공산당에 대한 검거 선풍이 불어 자치운동이나 국민당 결성 움직임은 모두 중단되었다.

6·10만세 사건의 여진이 물러간 뒤 그해 9월경 최린 등 자치운동론자들은 다시 활동을 시작해 10월 초순 민족주의자들에게 시사 간담회라는 모임을 갖자고 제의했다. 이에 안재홍과 김준연은 이 모임이 자치운동 단체를 조직하기 위한 것이라고 여기고 민흥회*에 알려, 민흥회와 전진회** 회원들이 사전에 모임 장소에 진을 침으로써 모임은 좌절되었다. 하지만 최린은 그해 10월 말 자치운동을 위해 일본으로 건너가는 등 자치운동의 물밑 움직임은 여전히 계속되었다. 그런 가운데 그해 11월 정우회(正友會)는 사회주의자와 비타협 민족주의자들의 공동 전선을 제의하는, 이른바 '정우회 선언'을 발표했다. 이에 홍명희, 안재홍, 신석우 등은 회합을 갖고 대책을 협의한 끝에 "빠른 시일 안에 참다운 민족당을 결성"하기로 결론을 내렸다. 이에 따라 민족주의자들과 사회주의자들의 '민족당' 결성 움직임이 본격화되었고, 1927년 2월 드디어 신간회를 창립했다.

안재홍 등 조선일보계는 신간회 창립 과정에서 중요한 역할을 했는데, 신간회 창립시 총무 간사진 7명 중 신석우·안재홍·최선익·이승복 등 조선일보계가 4명이나 있었다. 그리고 『조선일보』는 이후 사실상의 신간회 기관지 구실을 했다. '신간회 각지 소식'이라는 난(欄)을 만들어 각지에서 생겨나는 지회 창립과 활동 소식을 자세히 전했다. 이때 안재홍은 1927년 6월에 창립된 신간회 경성 지회에도 참여했다. 또 1927년 12월에는 재만 동포 옹호동맹 위원장에 피선되기도 했다.

한편, 일제 경찰의 기록에 따르면 안재홍은 1928년 5월 민족주의자들의 이른바 '신간 그룹' 결성 모임에 참석했다고 한다. '신간 그룹'은 신석우·홍명희·권동진·박동완·박래홍·최익환·이관용·이옥 그리고 안재홍 등이 회합을 갖고, 자치운동파의 신간회 탈취 움직임과 사회주의자들의 신간회 헤게모니 쟁취 움직임에 대응하기 위해 순민족적 전위분자의 결속이 필요하다는 생각에서 결성한 것이었다. 하지만 이 모임에 안재홍이 직접 참여했는지는 확실치 않다. 뒤에 밝히듯이 그는 그해 5월 필화 사건으로 투옥되었기 때문이다.

1927~1928년경 안재홍은 언론인으로서 큰 수난을 겪는다. 1927년 8월 그가 집필한 조선일보 사설 「제왕의 조락」이 경찰에게 압수되었고, 그해 9월부터 조선일보 주필로 발행인을 겸했지만 1928년 1월에 쓴 「보석(保釋) 지연의 희생」이라는 사설로 말미암아 편집인 백관수와 함께 구속되어 금고 4월을 선고받고 두번째 옥고를 치렀다. 또 그해 5월에는 다시 일본군의 산동(山東) 반도 침략을 비난한 사설 「제남(濟南) 사건의 벽상관(壁上觀)」으로 말미암아 발행인에서 물러나는 한편, 금고 8월을 선고받아 세번째 옥고를 치른다. 조선일보는 이 사건으로 말미암아 4개월여 동안 정간당했을 뿐만 아니라, 총독부측은 정간을 해제하는 조건으로 조선일보 전 사원의 신간

---

* 조선민흥회는 1926년 7월 8일 발기된 민족협동 전선의 성격을 띤 단체였다. 민흥회는 서울청년회계의 사회주의자들(최익환, 권태석, 송내호, 이경호 등)과 조선물산장려회계의 민족주의자들(명제세, 김종협, 정춘수, 오화영 등)이 제휴하여 조직되었다. 1927년 2월 창립총회에서 신간회와 합동할 것을 결의해 신간회에 사실상 흡수되었다.

** 서울청년회 계열에서 1925년 10월 10일 설립한 사상 단체로, 1926년 11월 정우회 선언에 반대하고, 조선사회단체 중앙협의회를 창립하려 했으나 좌절되었다.

회 본부직 사퇴를 요구했다. 이는 조선일보가 신간회를 지원하는 것을 봉쇄하기 위한 조치였다. 조선일보는 이 조건을 받아들일 수밖에 없었다. 결국 안재홍은 1929년 1월에 출옥한 뒤 신간회 간부직을 사임한 것으로 보이며, 경성 지회의 평회원 자격만 유지했다. 하지만 이후 신간회에 대한 안재홍의 영향력은 거의 없어졌다. 특히 그해 6월 신간회에 허헌 집행부가 새로 들어서서 본부 간부진에 사회주의자들과 진보적 민족주의자들의 세력이 크게 강화되면서 안재홍 같은 부르주아 민족주의 좌파의 힘은 크게 약화되었다.

그렇다고 안재홍이 신간회에 무관심했던 것은 아니다. 그는 출옥한 뒤 조선일보의 부사장을 맡으면서 사설을 계속 집필했는데, 사설을 통해 신간회의 활동에 깊은 관심을 나타냈다.

1931년 초에는 일부 사회주의자들에 의해 신간회 해소론이 제기되었는데, 대부분의 민족주의자들이 마음으로는 반대의 뜻을 갖고 있으면서도 이를 잘 드러내지 않았을 때, 그는 신간회 해소 반대론을 강력히 주장하면서 해소론자들과 논전을 벌였다. 그리고 1931년 4월 14일에 열린 신간회 경성 지회 대회에서 어떻게든 신간회 해소론을 막아보려 했다. 총독부 경무국의 기록에 따르면, 당시 경성 지회는 해소파인 정희찬·김혁·어귀선 등의 세력과 경성 지회의 세력을 장악하려는 홍기문·이관구·강상희 등의 세력, 그리고 연장 간부로 순연한 민족주의적 입장에서 신간회의 존속을 주장하던 이종린·안재홍 등의 세력이 3파 정립 양상을 띠었다고 한다. 4월 14일에 열린 경성 지회 임시 대회에는 모두 215명에 달하는 회원이 참석하는 등 성황을 이루었다. 이종린의 사회로 안재홍이 의장, 이관구가 부의장으로 선출되었다.

그런데 의장단을 선출한 직후 해소론자들을 대표해 정희찬이 긴급 동의 형식으로 해소 문제를 제의했고, 다수결에 따라 이 문제를 토의해 나가면서 정희찬에게서 해소 제안 이유를 듣던 중 임석 경관의 제지를 받아 토의를 중단하고 곧 해소안에 관한 찬반 투표에 들어갔다. 표결 결과 62 대 37로 해소안이 가결되었고, 안재홍 등 비해소파는 이에 상하게 반대했으나 역부족임을 알고 대회장에서 퇴장하고 말았다. 이로써 안재홍이 신간회 내부에서 회원으로서 해소를 막을 수 있는 기회는 사라져버렸다. 1931년 5월 16일 해소 문제를 논의하기 위해 열린 신간회 본부의 전체 대회에 안재홍은 참석하지 못했다. 경성 지회는 4월 14일에 열린 임시 대회에서 해소가 가결된 뒤 해소위원을 선출했고 그들이 본부의 전체 대회에 참석했기 때문이다. 이로써 신간회를 통한 안재홍의 민족운동은 종지부를 찍는다.

신간회가 해소된 후 안재홍은 생활개신운동, 문자보급운동 같은 사회운동에 심혈을 기울였다. 그는 1929년 3월 조선일보를 발판으로 생활개신운동을 추진하기 시작했다. 생활개신운동이란 색의 단발(色衣斷髮), 건강 증진, 상식 보급, 소비 절약, 허례 폐지 등 다섯 가지 운동을 주요 내용으로 했다. 또 조선일보는 그해 7월 방학을 맞아 귀향하는 학생들에게 '문자보급운동'을 펴게 했다. 이 운동은 1934년까지 전개되었는데, 동아일보도 이에 호응해 1931년부터 1934년까지 '브 나로드(V narod)운동' *을 전개했다.

또한 안재홍은 1930년대 이후 조선학운동과 같은 문화운동에도 힘을 기울였다. 1930년대 초 사회주의 세력은 계급주의적으로 치우치고 민족주의 우파는 점차 친일하는 방향으로 기우는 가운데, 안재홍은 민족주의 세력의 정치운동이 사실상 불가능한 상황이라고 판단하고 차선책으로 '문화운동'을 생각했다. 문화운동의 구체적인 방법으로는 조선학운동을 전개하고 문화건설협회를 조직하는 쪽을 택했다. 그는 조선학에 대해 "(조선이라는) 일개 동일 문화체계의 단일한 집단에서 그 집단만의 특수한 역사와 사회의 문화적 경향에 대해 탐색하고 구명하려는 학문"이라고 정의했다. 그에게 조선학은 문화적 특수 과정론에 입각해 세계적 자아관을 조선의 현실에 접합시키는 것이었으므로, 조선의 과거 역사에 대한 새로운 해석과 연구로 출발했다. 그는 이로부터 조선 역사에 대한 연구를 시작했고, 1934년에는 정인

* '브 나로드'는 본래 '인민 속으로'라는 말로, 1930년대 전반 동아일보는 이 용어를 도입하여 농촌계몽운동을 전개했는데, 그 핵심은 역시 한글보급운동이었다.

보와 함께 정약용(丁若鏞)의 『여유당전서』(與猶堂全書)를 교열·간행하면서 정약용에 대한 글과 한국 고대사에 관련한 논문을 발표했다.

1930년대 이후 안재홍은 언론인 활동도 계속했다. 1931년 5월 조선일보 사장으로 취임했고, 중국의 여순(旅順) 감옥에서 복역중이던 신채호(申采浩)의 한국사 관련 글들(『조선상고사』, 『조선상고문화사』)을 『조선일보』에 연재했다. 그해 9월에는 일본군이 만주를 침략했고, 이후 재만 동포들이 어려움에 처하자 국내에서 만주동포조난문제협의회를 조직했는데, 안재홍은 이 단체의 조사선전부 총무로 참여했다. 하지만 1932년 3월 만주 동포 구호 의연금을 유용했다는 혐의로 조선일보 영업국장 이승복과 함께 구속되어 다섯번째 옥고를 치렀다. 그해 4월 안재홍은 옥중에서 조선일보 사장직을 사임했다. 그리고 6월에는 조선일보의 발행권이 채권자인 임경래에게 넘어가지만, 조병옥(趙炳玉)·주요한(朱耀翰) 등이 임경래에게서 다시 판권을 인수해 조만식(曺晩植)을 사장으로 추대했다. 하지만 조선일보는 여전히 재정난을 겪었고, 이듬해인 1933년 1월 방응모가 다시 판권을 인수한다. 안재홍은 징역 8월을 복역하고 1932년 11월에 출옥, 1년 이상 요양 생활을 한 뒤 정약용의 『여유당전서』 교열 작업을 이끌었다. 1935년 5월 이후에는 조선일보사의 객원으로 「민세 필담」, 「조선신문소사」 등을 연재했다.

1936년 안재홍은 또다시 옥고를 치렀는데, 이번에는 정필성이라는 청년을 남경(南京)에 있던 민족혁명당 간부 김두봉에게 추천했다는 혐의였다. '군관학교 학생 사건'이라고 불리는 이 사건으로 그는 징역 2년을 선고받고 복역하다가 1937년에 보석으로 풀려났다. 이후 고향 평택에서 요양하면서 한국 상고사와 관련된 책을 쓰기 시작했다. 해방 이후에 출판된 『조선상고사감』에 실린 「부여조선고」, 「부루신도와 불함문화론」 등이 이때 쓴 것이다.

1938년 안재홍은 이른바 홍업구락부 사건으로 일곱번째 옥고를 치른다. 홍업구락부 사건은 이승만 세력의 국내 지부 같은 것이었는데, 윤치영·구자옥·장택상·유억겸·최두선·변영로 등이 조직한 단체로 독립운동을 직접 편 적은 없었다. 결국 일본 경찰의 무리한 수사는 일본 국내 정치 세력의 견제를 받았고, 피검자들은 3개월 만에 모두 석방되었다. 그러나 안재홍은 1936년에 있었던 군관학교 학생 사건으로 징역 2년형이 확정되어 다시 투옥되었다. 남은 형을 복역한 뒤 출옥한 안재홍은 1940년 이후 고향에서 한국 상고사에 관한 저술을 서둘렀고, 뒤에 출판된 『조선상고사감』의 원고가 완성되자 또다시 조선 통사에 관한 집필을 시작했다. 당시 그는 "정치로 투쟁함은 거의 절망스러운 일이요, 국사를 연찬해 민족 정기를 불후에 남겨놓음이 지고의 사명"이라고 생각했다. 하지만 1942년 12월 조선어학회 사건으로 피검되어 함경남도 홍원경찰서에 수감되었다가, 이듬해 3월에 석방되었다. 그러나 투옥중에 위장의 냉상(冷傷)을 얻어 건강이 크게 나빠졌다. 안재홍은 식민지 시기 전후 9차에 걸쳐 모두 7년 3개월 동안 옥중 생활을 했고, 그 고통으로 말미암아 건강을 해쳤던 것이다. 출옥 후에는 대화숙에서 수시로 시국 강연을 하라고 했으나, 이를 거절하고 자택에서 요양했다. 이후 1944년에는 대종교의 경전인 『삼일신고』(三一神誥)에 주를 단 『삼일신고주』를 완성하기도 했다. 안재홍은 일제 말기에 대종교의 교리에서 우리 민족의 고유한 사상체계를 찾으면서 해방 이후 본격적으로 펼치는 신민족주의의 기본 구상을 가다듬었다.

3. 해방 이후 안재홍의 정치 활동*

안재홍은 일제 말기에 여운형(呂運亨)에게서 지하 조직(건국동맹)에 참여할 것을 권유받았으나 참여하지 않았다. 하지만 1945년 8월 15일 해방이 되자 여운형이 조직한 조선건국준비위원회(이하 건준)의 부위원장을 맡았다. 다

---

* 이 장은 다음의 글을 주로 참고하여 서술했다. 천관우, 「민세 안재홍 연보」, 『창작과비평』 겨울호, 1978; 김인식, 『안재홍의 신민족주의 사상과 운동』, 중앙대 사학과 박사학위 논문, 1997.

음날인 16일에는 건준 부위원장 자격으로 서울중앙방송을 통해 '해내·해외의 3천만 동포에 고함'을 방송했다. 그러나 9월 4일 건준을 탈퇴하고 말았다. 건준에 참여할 당시 안재홍은, 건준은 민족주의자들이 앞장서 사회주의자들이 협동적으로 참가하는 형태가 되어야 한다고 생각했다. 이것은 신간회 때의 생각과 같은 것이었다. 이에 따라 그는 김병로, 백관수, 이인, 김용무 등과 같은 민족주의자들과 접촉해 이들을 건준에 끌어들임으로써 건준을 확대 개편하고자 했다. 그러나 이는 좌익측과 여운형측의 반대로 이루어지지 않았고, 안재홍은 결국 건준 탈퇴를 선언했다.

결국 9월 6일 건준은 인민공화국으로 탈바꿈했고, 9월 8일에는 미군이 인천에 들어와 그 다음날부터 미군정이 시작되었다. 그러자 안재홍은 사회주의자들이 이끄는 인민공화국에 맞서기 위해서는 민족주의자들이 중경(重慶) 임시정부(이하 중경 임정)를 지지하는 길밖에 없다고 생각해 9월 10일 '중경 임정 봉대론'을 공식적으로 표명했다. 그리고는 9월 20일 자신의 신민족주의 건국 구상을 담은 『신민족주의와 신민주주의』라는 책을 펴냈다.

안재홍은 건준을 탈퇴하기로 결심한 9월 1일 조선국민당을 창당했다. 조선국민당은 정강(政綱)을 통해 '신생 민주주의' 이념을 내세우고, '민족 전선의 순화귀일'을 주창해 당을 결성한 목적이 민족 전선을 통일하는 데 있다는 사실을 밝혔다. 그는 아직도 민족주의자들과 사회주의자들의 협동을 포기하지 않았던 것이다. 안재홍은 이후 다른 민족주의 정당과 먼저 통합을 해야 한다고 생각해 조선국민당, 사회민주당(기독교계의 박용희), 민중공화당(물산장려운동을 전개한 명제세 등), 자유당, 협찬동지회, 근우동맹 등 6개 정당 사회 단체의 합동을 교섭해 '국민당'(國民黨)을 창당했다. 국민당은 앞으로도 민족주의 정당을 계속 통합해 중경 임정이 과도 정권으로서 환국(還國)할 수 있는 기초를 마련하는 데 당의 목적이 있으며, 이를 바탕으로 쓸데없는 계급적 대립을 지양하고 전체 민족의 결집을 성취하려 한다고 선언했다. 당시 국민당은 중경 임정이 환국하면 이를 중심으로 민족 세력이 총집결해야 한다고 생각했다. 즉, "대한민국 임시정부를 영립(迎立), 보강" 하여 과도 정권의 역할을 하도록 해야 한다고 보았다. 한편, 국민당은 강령에서 ① 민족 국가의 건전한 발전과 국제 협력, ② 국민 개로(國民皆勞)와 대중 공생, ③ 민족 문화 앙양과 인류 대동 등을 내세웠다. 이는 신민족주의의 이념을 반영한 것이었다.

또한 국내 정치 지형은 10월 16일 이승만의 귀국과 함께 또 한번 전기를 맞았다. 이승만은 10월 23일 각 정당 사회 단체 대표 2명씩을 초대해(조선 공산당도 포함) 여러 정치 세력이 하나로 뭉칠 것을 제안함으로써 '독립촉성 중앙협의회'(이하 독촉중협) 결성을 이끌어냈다. 안재홍은 이승만이 이런 독촉중협을 결성하는 데 꽤 중요한 역할을 했다. 그것은 중경 임정이 귀국하기에 앞서 이승만의 명망을 이용해 그를 중심으로 국내 정치 세력의 통일 전선을 형성할 필요가 있다는 생각에서였다. 안재홍은 여운형과도 접촉해 그를 독촉중협에 끌어들였다. 그리고 11월 23일 중경 임정 요인 1진이 환국하자 독촉중협을 중심으로 중경 임정을 지지 강화하겠다는 의도를 밝혔다. 하지만 이는 이승만의 생각과는 달랐다.

이승만은 12월 초 중협 전형위원을 선출하면서 송진우가 이끄는 한국민주당에 치우친 입장을 보였다. 조선공산당측은 여기에 반발했고, 이승만도 12월 17일 조선공산당과 결별하겠다고 선언했다. 그리고 23일 중경 임정의 세력 또한 중협 불참을 선언했으며, 안재홍도 결국 중협을 탈퇴했다. 독촉 중협을 통일 전선의 과도적인 중심으로 삼으려 했던 안재홍의 구상이 다시 한번 좌절되고 만 것이다. 이후 안재홍은 중협이 아닌 중경 임정을 중심으로 통일 전선을 결성할 방법을 찾았다. 그는 중경 임정이 계획하던 특별정치위원회를 중심으로 한 협동 통일을 주창했으며, 김구(金九)와 가진 회담에서 좌익과의 협동을 권유하고, 임정이 인민공화국과도 극단적으로 대립하지 말 것을 건의했다.

1945년 12월 말, 정계는 모스크바 삼상회의에서 우리 나라의 신탁통치를 결정했다는 소식으로 큰 소용돌이에 휘말렸다. 임정은 적극적으로 반탁 운동을 펼치면서 이를 계기로 정국의 주도권을 장악하려 했고, 이 운동을 계기로 미군정의 권력을 접수해 미군정에게 과도 정부로 인정받으려 했다. 즉, 임정은 반탁운동을 이끌어 모든 반탁운동 역량을 임정에 통일시켜 민족 통일 전선을 완성하고 중경 임정의 지도권을 미군정에 확인시킴으로써 과도 정권으로 인정받고자 한 것이다. 안재홍 또한 같은 생각이었으므로 12월 28일 중경 임정을 중심으로 '신탁통치반대 국민총동원위원회'가 결성되었을 때 이 단체의 부위원장을 맡았다. 이 단체는 12월 30일 '행동 강령'을 통해 미군정을 부정하고 철폐하자는 주장을 했으며, 다음날 임정 내무부장 신익희(申翼熙)가 포고문 국자 1, 2호를 통해 정부로 자처하고 미군정을 접수하려고 했다. 총동원위원회는 국민들에게 전국적인 총파업과 반탁 시위를 하라고 지시했고, 임정은 이 시기부터 법통을 강력하게 내세우기 시작했다. 미군정을 상대로 한 임정측의 쿠데타 기도는 미군정측의 강력한 제지로 무위로 돌아갔으며, 반탁운동은 그 기세가 한풀 꺾였다.

임정측은 정권을 장악하려는 계획이 수포로 돌아가자 비상 정치회의의 소집, 임정의 확대 강화를 제창했다. 이는 비상 정치회의를 통해 임정의 세력을 확대 강화하여 과도 정권을 수립해 나아가자는 주장이었다. 이는 모스크바 삼상회의에서 결정한 내용 가운데 신탁통치 전에 '조선 임시정부 수립'이 들어 있음을 의식한 것이었다. 하지만 비상 정치회의를 소집하기 위한 1월 9일의 5당 회의는 결렬되고 말았다. 결국 1월 20일 조선공산당, 인민당, 독립동맹 등이 불참한 가운데 국민당, 한독당 등 18개 단체 대표들이 참석한 비상 정치회의 준비회가 열렸다. 임정측은 이 자리에서 "비상 정치회의는 임정의 임시 의정원을 계승한다"고 선언했다. 그리고 비상 정치회의는 독촉중협을 참여시켜 비상 국민회의로 이름을 바꿨다. 2월 1일에 열린 비상 국민회의 때 안재홍이 사회를 보았는데, 이날 회의에서는 과도 정권을 수립하기 위한 최고정무위원회를 설치하기로 하고 이승만과 김구에게 위원 선정을 일임했다. 안재홍은 임정을 중심으로 한 좌우 협동을 포기하고 비상 국민회의를 먼저 우익 세력이 총집결하는 중심체로 만든 뒤에 다시 좌우 협동을 모색한다는 구상 아래 비상 국민회의에 적극 참여했다. 2월 13일 최고정무위원 28명이 발표되었는데, 안재홍도 그 안에 포함되었다.

그런데 비상 국민회의의 최고정무위원회는 미군정에 의해 미군정 자문기관인 '남조선 대한국민대표 민주의원' (이하 민주의원)으로 전락하고 말았다. 미군정은 미소 공동위원회에 앞서 '민주의원'을 설치해 한국의 우익 세력이 미군정을 적극 지지한다는 점을 소련측에 과시하고자 했던 것이다. 그러나 이승만은 이 같은 미군정의 의도에 충실히 응했고, 임정 계열은 크게 반발했다. 안재홍은 이런 상황에서도 본래의 의도를 충분히 관철시키려고 노력했다. 그는 북한에서 먼저 '북조선인민위원회'를 만들었고 남한에서도 '민주주의 민족 전선' 같은 좌익 세력 결집체가 나왔기 때문에 이에 대응하기 위해 '민주의원'과 '비상 국민회의'가 나온 것이라고 해명했다. 그는 '민주의원'은 단순한 미군정의 자문기관이 아니라, 자주적인 통일 정권을 수립하는 과정에서 미군정의 동의를 얻기 위해 만든 것이라고 주장했다. 이런 상황에서도 민주의원은 '임시 정책 대강'을 발표했고, 그 내용은 대체로 임정의 삼균주의와 비슷했다. 즉, 정치·경제·교육에서의 균등, 토지 개혁, 중요 산업의 국유화, 노동자·농민의 복리 등을 담고 있었다. 안재홍은 이 '대강'을 지지하는 방송을 했으며, 방송을 통해 민주의원이 중경 임정의 이념을 계승한 건국 주체라는 사실을 부각시켰다.

미소 공동위원회(이하 미소공위)가 개막되자 미군정은 반소적 성격이 강한 이승만을 민주의원 의장직에서 퇴진시키고, 대신 김규식을 내세웠다. 김규식은 민주의원이 미소공위에 협력해 과도 정권을 수립하는 데 기여할 것이라고 말했다. 하지만 안재홍은 탁치든 후견이든 이는 자주 독립과 대립되는 것이며, 이를 강행할 경우 극심한 저항이 있을 것이라고 경고했다. 안재홍은 모스크바 삼상회의에서 결정한 사항 가운데 특히 신탁통치 부분을 강력히 부정하면서, 미소 두 나라는 민족자결의 원칙에 따라 한국인이 주체가 되어 과도 정권을 수립하도록 지원해야 할 것이라고 주장했다.

한편, 국민당과 임정측의 한독당은 이념적·정치적 지향점이 비슷했기 때문에 일찍부터 두 당의 합당이 논의되었다. 안재홍은 1946년 3월 미소공위가 열리는 시점을 맞이해 두 당의 무조건 합동을 선언했다. 또한 두 당의 합동 선언 이후 한국민주당과 신한민족당도 합동시키기 위해 노력했다. 그러나 한민당과의 합동은 결렬되고, 신한민족당의 일부만이 합류했다. 그 결과 4월 18일 한독당·국민당·신한민족당의 합동이 이루어졌고, 당명은 한국독립당이 되었다.

1946년 5월 제1차 미소공위가 휴회에 들어가자 미군정은 국내 정치 세력을 재편성해 활용하려는 의도에서 김규식과 여운형으로 하여 좌우합작운동을 펴도록 지원했다. 김규식, 여운형 또한 좌우 합작을 통해 통일민족국가를 수립하려는 의도에서 이를 받아들였다. 한결같이 좌우 협동을 추구해온 안재홍이 좌우합작운동에 찬성해 여기에 참여한 것은 당연한 일이었다.

1946년 2월 안재홍은 『한성일보』(漢城日報)를 창간해 사장이 되었으며, 한성일보는 6월 중순부터 좌우 합작을 지지하는 기사를 싣기 시작했다. 이 신문은 '자주자율적 좌우 합작'을 주창했다. 그것은 미소공위의 재개를 촉구하는 한편, 우익이 주체가 되어 좌익 일부를 포괄함으로써 남조선의 자주 행정권을 획득한다는 것이었다. 즉, 안재홍이 생각하는 좌우 합작은 좌익을 포섭한 우익의 주도 세력이 미군정을 상대로 남조선의 자주 행정권을 획득하는 것을 의미했다. 한독당도 7월 들어 좌우 합작을 지지하는 담화를 발표했는데, 안재홍도 이를 적극 지지하는 담화를 발표했다.

7월 7일 좌우 합작 위원이 선정됐을 때, 안재홍은 김규식·원세훈·김붕준·최동오와 함께 우익측 대표로 선임되었다. 이 시기에 안재홍은 좌우 합작이 필요한 이유를 "건국 사업을 수행하기 위해서는 시급히 임시정부를 만들어야 하기 때문이며, 이것이 좌우합작운동의 목표"라고 말했다. 그때 좌우 합작에 참여하는 세력에 극좌, 극우 세력은 배제되었다. 그는 좌우 합작이 "극좌 편향이나 극우 편향을 아울러 배격하고 가장 온건 중정한 중앙 당적 임무"를 수행하는 데 목적이 있으며, 결국 이는 그가 말하는 신민족주의의 건국 노선이라는 점을 강조했다. 그리고 탁치 문제와 관련해서는 임시 정부를 수립한 후에 제기될 문제라고 하여 사실상 반탁 노선을 철회했다.

그러나 좌우 합작은 7월 하순 박헌영의 비난 발언, 민전의 강경한 5원칙 표명 등으로 어려움에 처했다. 이는 박헌영이 이른바 '신전술'을 채택해 기존의 미군정에 대한 온건 노선에서 강경 노선으로 선회했기 때문이다. 당시 미군정이 한편으로는 좌우 합작을 추진하고, 다른 한편에서는 조선공산당 세력을 탄압하기 시작한 데 대한 대응이었다고 볼 수 있다. 결국 좌우 합작에서 박헌영 계열은 떨어져 나가고, 이후 좌우 합작은 중도 좌파와 중도 우파의 합작 추진으로 진행되었다. 좌우 합작 추진위는 10월 들어 우익측의 8원칙과 좌익측의 5원칙을 절충해 합작 7원칙을 내놓았다. 안재홍은 7원칙을 적극 옹호했다. 그는 토지개혁에서 몰수, 유조건 몰수, 그리고 체감매상(遞減買上), 무상 분여 방식에 대해 자세히 설명했다. 또한 친일파·민족 반역자 문제를 입법기구를 통해 처리하는 방안을 옹호했다.

좌우합작운동의 결과는 '입법의원'의 출현으로 매듭지어졌다. 이는 미군정의 요구에 의한 것이기도 했지만, 좌우합작운동 추진 세력 가운데 특히 중도 우파의 의도와도 일치했다. 이들은 입법의원과 같은 권력기구를 설립해 남한 안에서 행정권을 이양받으려는 의도를 지녔기 때문이다. 안재홍은 입법의원을 북한의 임시 인민위원회에 견줄 만한 기구로 발전시켜 두 기구가 합작하는 길을 통해 남북 통일 정권을 수립한다는 구상을 했다. 그러나 10월 입법의원 선거를 한 결과, 한민당과 독촉의 우익 계열이 다수 당선되었다. 중도 우파와 중도 좌파는 주로 관선의원으로 여기에 참여했지만, 한민당과 독촉 계열은 입법의원 안에서 과반수를 차지했다. 이로써 좌우 합작 추진 세력의 구상은 벽에 부딪쳤다.

안재홍은 1947년 2월 미군정의 요청을 받아들여 민정장관에 취임했다. 그가 민정장관에 취임한 것은 궁극적으로 미군정에서 행정권을 완전히 이양받아, 행정과 경찰 부문에서 인사 쇄신을 단행해 새 정부 수립의 기틀을 마련하겠다는 생각에서였다. 그러나 이 같은 안재홍의 의도는 취임 초기부터 미군정과, 미군정에 적극 참여하던 한민당의 강력한 견제에 부딪쳤다. 2차 미소공위가 재개되기 직전 안재홍·김규식·여운형·원세훈 등 좌우합작 운동 세력은 미군정의 하지 사령관을 만나 조병옥·장택상(張澤相)을 경찰 책임자의 자리에서 해임시키고 경찰권 남용을 줄이기 위한 조치를 취하며, 미군정 내 한국인 관리의 비리를 철저히 조사해줄 것을 요청했다. 그러나 하지는 이를 받아들이지 않았다.

1947년 봄 제2차 미소공위가 재개되었다. 그런 가운데 안재홍이 속했던 한독당 내에는 미소공위에 참가하자는 국내파와 보류하자는 해외파의 양론이 있었다. 안재홍은 당연히 참가하자고 주장했다. 결국 6월 19일 해외파가 중심이 된 중앙당부는 참가하자고 주장한 국내파 중앙위원들을 제명 처분했다. 안재홍도 그 안에 포함되었다. 이에 제명 처분당한 국민당계와 신한민족당계의 혁신파는 6월 21일 신한국민당을 발족하겠다고 선언했다. 안재홍은 신한국민당 창당과 함께 시국대책협의회의 구성에도 적극 관여했다. 시협은 김규식·안재홍·여운형·홍명희 등 각 정당·단체 대표 80여 명이 참여하여 7월 3일 결성되었으며, 이렇게 결성된 시협은 중도 우파와 중도 좌파 세력의 결집체였다. 7월 10일 2차 미소공위는 사실상 결렬되었고, 9월 들어 신한국민당 준비회는 민주통일당(홍명희), 민중동맹(김병로), 신진당(김원용), 건민회(이극로) 등과 통합 작업을 진행해 10월 19일 민주독립당(이하 민독당)을 결성했다. 민독당을 결성하던 시기에 안재홍은 민정장관직에 있었기 때문에 앞에 나서지는 못했지만, 「민주독립당에 기(寄)함」을 통해 민독당은 극좌·극우 세력과는 구별되는 진보적 민족주의의 역량을 총결집한 정당이 되어야 한다고 주장했다. 민독당이 창당된 시기를 전후해 정당은 아니지만 중도파 세력의 총결집체인 민족자주연맹의 결성이 추진되었다. 이는 김규식이 주도했는데, 그는 7월 19일 여운형이 암살되자 시국대책협의회를 해산하고 10월 8일 중도파 세력을 결집해 한국민족자주연맹(이하 민자련)을 결성했다. 민자련은 '중간파'를 결집해 소련과 미국에 편향적인 극좌·극우 노선을 배격하고 민족 자주 노선으로 나갈 것임을 천명했다. 안재홍은 준비위원 명단에는 들어갔으나 결성된 뒤 중앙위원에는 참여하지 않았다. 이는 그가 아직 민정장관직에 머물러 있었기 때문이다.

1947년 9월 16일 미국은 한국 문제를 유엔에 상정하겠다고 소련에 통보하고, 다음날 유엔 사무총장에 의제 상정을 요청했다. 이제 미소공위를 통해 한국 문제를 해결하는 일은 완전히 가망이 없어 보였다. 그동안 이승만과 한민당측이 주장해온 남한 단독 정부 수립이 점차 현실화되어 갔다. 안재홍은 이미 1947년 8월 트루먼(H. S. Truman) 대통령의 특사 웨드마이어(Albert C. Wedemeyer)가 내한한 시점을 전후하여 미국의 정책이 단정 수립으로 기운다고 판단하고 이에 대한 대응책을 마련하기 시작했다. 그는 민정장관 명의로 웨드마이어에게 보낸 공한에서 새로이 수립될 남한 정부에서 보수 극우 세력이 권력을 장악한다면 큰 위험을 초래할 것이라고 지적했다. 그는 중간파 세력을 중심으로 대중들을 모이게 함으로써 대중들에 대한 좌익의 유혹을 막을 수 있다고 주장했다. 안재홍은 또 9월 23일 민정장관 명의로 '미소공위의 불성공과 시국대책'이라는 성명을 발표했는데, 여기서도 남한만의 단독 선거로 단독 정부를 수립할 가능성이 있다고 지적하고, 이때는 남한의 진보적 민족주의 세력이 정치 세력화해 훗날 남북 통일을 주도할 준비를 해나가야 한다고 주장했다.

1948년 초 안재홍은 소련측의 거부로 남북 총선거를 낙관하기 어려워 '남조선 단독 조치', 즉 남한 단독 선거는 불가피한 사태가 되었다고 보았다. 그는 "우리는 선거를 할 수 있는 지역에서라도 중앙 정부 설립을 목적으로 한 총선거를 실시하는 데 전적으로 찬성하는 바이다"라고 하여, 남한 단독 정부를 '중앙정부'라는 이름으로 합리화해 이를 받아들일 준비를 했다. 하지만 그가 속했던 민주독립당(위원장 홍명희)은 남한 단독 선거에 불참할 것을 선언했다. 또 김구와 김규식은 4월 들어 남북협상을 위한 북행을 선언했다. 안재홍은 남북협상은 노선의 차이를 떠나 좌우 양익의 정치 지도자가 회합하여 조국의 독립을 위해 격의 없는 의견을 교환할 기회를 갖는 것에는 의미를 부여했지만, 회담의 성과에 대해서는 낙관하지 않았다. 결국 남북협상은 실패로 돌아갔다. 그런 가운데 5·10선거가 다가왔고, 안재홍은 민족주의 세력 내부에서 여기에 참여해야 한다고 주장했지만, 민족자주연맹이나 민주독립당은 이를 받아들이지 않았다. 선거가 끝난 뒤 안재홍은 국회 개원을 앞두고 미군정 민정장관직을 사임했다. 그리고 다시 한성일보 사장으로 돌아갔다.

그는 한성일보 사장으로 있으면서 1949년 5월 대종교의 정교 및 원로원 참의에 피선되기도 했고, 『한민족의 기본 진로 —신민주주의 건국 이념』이라는 책을 펴내기도 했다. 또 1950년 5월 30일에 있었던 2대 국회의원 선거에서는 고향인 평택에서 무소속으로 출마해 당선되기도 했다. 그는 김구와는 달리 대한민국 체제에 참여하는 길을 택했던 것이다. 2대 국회는 6월 19일에 개원했다. 그러나 불과 엿새 뒤 6·25전쟁이 일어났고, 안재홍은 6월 27일 서울을 탈출하려다 실패하고 돈암동 친척 집에 숨어 있었다. 그러나 결국 정치보위대에 발각되어 연행돼 수일간 조사를 받고 풀려 나왔다. 9월 중순에는 국군의 서울 수복을 앞두고 정치보위부원에게 연행되어 김용무·조소앙과 함께 돈암동 자택에 연금되었다가, 9월 26일 평양으로 납치되었다. 1956년 북한은 납치된 인사들로 조직된 이른바 '평화통일추진협의회'의 최고위원에 안재홍이 포함되어 있다는 사실을 밝혔다. 그뒤 1965년 3월 1일, 평양방송은 안재홍이 평양시내 모 병원에서 별세했다고 발표했다.

63인의 역사학자가 쓴 한국사 인물 열전

4. 안재홍의 정치사상 ─신간회운동론, 민세주의론, 신민족주의론

(1) 1920년대 중반에서 1930년대 초 신간회운동론*

안재홍의 민족운동론은 크게 3단계로 나뉘어 변화하는 모습을 보인다.

첫번째 단계는 1923~1924년경으로, 부르주아 민족주의와 사회주의 진영이 분화되기 시작하고 부르주아 민족주의 진영이 자치운동 문제를 둘러싸고 아직 분화되기 전으로, 그는 이 시기의 부르주아 민족주의자들을 결집한 '민족주의운동 단체'를 독자적으로 결성하고 그 위에서 사회주의자들과 협동 전선을 형성하겠다는 구상을 했다. 그러나 이는 1924년 초 부르주아 민족주의자 가운데 일부가 자치운동론을 가지고 있다는 사실이 확인되어 무산되었다.

두번째 단계는 1926년 이후로, 총독부 당국과 타협적인 민족주의자들에 의해 자치운동이 다시 수면 위로 떠오르자 이에 대항하기 위해 비타협적인 민족주의자들과 사회주의자들의 세력을 결집한 '민족주의 좌익 전선'을 결성하자고 제창하면서 신간회 결성에 적극적으로 참여한 시기이다. 그는 또 신간회를 결성한 직후 사회주의자들의 일부(전진회측)가 신간회 외에 사회주의자들의 독자적인 운동 조직이 필요하다는 '양당론'을 제기하고 나서자, 이는 민족운동의 역량을 분산시킬 것이라고 우려하여 '민족 단일당의 매개 형태'인 신간회로 모든 역량을 집중할 것을 주장했다.

세번째 단계는 1930년 말 사회주의자들에 의해 신간회 해소론이 제기되고 이듬해 5월 신간회 전체 대회에서 해소가 가결되어 신간회가 사실상 해체 상태에 들어간 시기이다. 신간회 해소론이 제기되었을 때 안재홍은 민족주의자와 사회주의자가 각각의 진영을 재정비하고 그 위에서 둘이 '다시

---

* 다음 논문을 주로 참고해서 서술했다. 박찬승, 「일제하 안재홍의 신간회운동론」, 『근대 국민국가와 민족 문제』, 지식산업사, 1995.

협동' 할 것을 제창했다. 이는 신간회 해소에 찬성한다는 뜻은 아니었다. 그는 신간회를 해소하자는 데 적극 반대하면서 사회주의자들이 '계급운동' 진영을 강화하고자 한다면 '민족운동 단체'로서의 신간회는 그대로 두고 노동조합, 농민조합으로 운동의 무게중심을 옮겨가면 될 것이라고 주장했다. 즉, 신간회는 부르주아 민족주의자들의 주도 아래 놓아두고 사회주의자들은 계급운동 진영을 강화해 이 둘이 '새롭게 협동'하는 형식을 취하면 될 것이라고 생각했다. 그러나 신간회는 결국 해소되었고, 사회주의자들은 타협, 비타협을 막론하고 부르주아 민족주의자들과의 협동 전선을 거부했다. 그런 가운데서도 안재홍은 계속 '전 민족적 표현 단체'를 다시 건설하자고 주장했다. 하지만 사회주의자들이 이를 거부하는 현실 속에서 그의 노력은 끝내 실패로 돌아갔다.

한편, 안재홍은 신간회를 창립하는 과정에서 이를 '민족주의 좌익 전선'이라고 규정했고, 결성한 뒤에는 '민족단일당의 매개 형태'라고 규정했다. 따라서 아직 조직 과정의 초기 단계에 있는 신간회는 장래의 민족적 정치 투쟁을 위해 '정치적 전위분자'를 규합하는 일에 온힘을 기울여야 하는 반면, 노동자·농민·자본가 등을 조직하고 그들을 동원하는 일은 훗날로 미뤄두어야 한다고 생각했다. 안재홍의 민족단일당운동에 대한 구상은 ① 정치적 전위분자의 규합, ② 대중의 조직화, ③ 전위분자의 지도와 조직화된 대중 동원을 통한 민족적 정치 투쟁이라는 3단계로 설정되어 있었다.

또한 그는 신간회는 어디까지나 '민족운동'을 위한 '민족주의 단체'가 되어야 한다고 생각했다. 따라서 신간회의 주도권은 비타협적인 부르주아 민족주의자가 장악해야 하며, 사회주의자들은 후위를 이루어야 한다고 생각했다. 그리고 신간회운동의 당면 과제로 ① 대중 교양(주로 농민 대상), ② 경작권 확보와 외래 이민 방지, ③ 조선인 본위의 교육 확보, ④ 언론·집회·출판·결사의 자유 확보, ⑤ 소비조합을 중심으로 한 협동조합운동 지도, ⑥ 흑의(黑衣) 착용 등 생활개신운동 시도 등을 들었는데, 이는 모두 부르주아 민족주의자로서 평소에 자신이 주장해오던 운동 방침들이었다. 따라서 그에게는 사회주의자들과의 협동 전선인 신간회를 통해 어떠한 운동을 새롭게 전개해 나갈지에 대한 뚜렷한 구상이 없었다고 할 수 있다. 또 그에게 식민지 조선의 노동자나 농민은 아직 계몽 대상으로만 인식되었을 뿐, 반제 반봉건 투쟁의 주체로는 인식되지 않았다.

안재홍은 식민지 조선의 현실에서 '민족 해방'은 부르주아 민족주의 진영과 사회주의운동 진영의 공통 목표이며, 따라서 두 진영은 마땅히 민족해방의 그날까지 협동 전선을 결성해 운동을 전개해야 한다고 생각했다. 그리고 그러한 민족운동 단체의 구체적인 운동은 일단 민족주의자들의 주도 아래 부르주아 민족주의운동의 방침을 위주로 전개해야 한다고 생각했다. 또한 국제 정세가 급변하는 가운데 조선의 지위가 반드시 변동될 것이기 때문에 여기에 대비하는 전민족적 의사 결집기구, 의사 표현기구로 신간회와 같은 민족운동 조직을 유지하는 것이 매우 중요하다고 생각했다. 이는 당시 사회주의자들의 생각과 상당한 거리가 있었고, 특히 1920년대 말~1930년대 초 사회주의자들의 노선 변화는 그 거리를 더욱 멀게 만들어 그의 민족운동론은 현실 속에서 좌절하지 않을 수 없었다.

(2) 1930년대 민세주의론*

안재홍은 신간회 해소 이후 자신의 민족주의사상을 다듬어 이른바 '민세주의론'(民世主義論)을 제기했다. 먼저 민족을 생활 공동체, 역사·문화 공동체로 인식했다. 민족주의에 대해서는 동일 민족이 본능과 동포의식, 공동의 이해관계에 기초하여 국제 사회에서 어느 정도 독립된 영역을 갖고 생활하고자 하는 것이라고 해석했다. 따라서 그는 민족주의가 침략적인 제국주의

---

* 다음 논문을 주로 참고해서 서술했다. 박찬승, 「일제하 안재홍의 민세주의론」, 『한국 근현대사 연구』 20, 한국근현대사학회, 2002.

가 되지 않는 한 결코 부정하거나 말살할 이유가 없는 정당한 것이라고 변호했다. 또 당시 세계주의 또는 사해동포주의를 부르짖는 이들이 있으나 이는 너무 추상적이며, 각 민족은 저마다 자기 민족과 국가를 사랑하면서 상호 공존하는 태도를 취해야 한다고 주장했다. 그것은 아무리 국제주의를 지향하는 사람일지라도 결국은 자기가 함께 살고 있는 소속 국민을 통해 세계에 책무를 다할 수 있기 때문이라고 했다.

1930년대에 안재홍은 당시 세계 각국에서 민족주의와 국민주의가 강화된다고 보았다. 그는 제국주의 국가들의 경우에는 국가주의 또는 국민주의가 강화되고, 식민지 민족의 경우에는 민족주의가 강화된다고 표현했다. 그는 제국주의 국가의 국가주의·국민주의는 비판적으로 보았지만, 식민지 민족의 민족주의는 불가피하게 거치지 않으면 안 될 한 단계라고 파악했다. 또한 안재홍은 당시 세계에는 이처럼 국가주의적인 움직임도 있지만, 다른 한편에서는 국제주의적인 움직임도 있다고 보았다. 따라서 온건한 국민들은 민족과 세계가 교호(交互)하는 '민족적 국제주의'·'국제적 민족주의'를 좋아한다고 말하고, 이를 '민세주의'라고 이름 붙였다. 즉, 세계사의 대세는 '민세주의'에 있다고 보았다.

그는 민세주의의 입장에서 국제주의와 민족주의는 중층적으로 공존할 수 있다고 파악했다. 따라서 국제주의를 준봉하는 경우에도 각 민족의 언어, 풍속, 습관의 특수성은 존중되어야 한다고 보았다. 여기서 그는 각 나라의 역사 발전 과정은 일원적이지만, 각각의 나라에서 그것이 발현되는 형태는 다양할 수밖에 없다면서, 이를 '일원 다양성'이라고 표현했다. 또한 후진 사회에서는 그 특수성이 선진 문화와 후진 문화가 중층적으로 공존하는 것으로 나타난다고 보았다. 그는 당시 조선 사회는 문화적으로 후진 단계에 있으며, 따라서 흔히 19세기의 낡은 유물로 일컬어지는 민족주의의 세련 과정이라는 하나의 단계를 거치지 않으면 안 된다고 보았다.

1930년대에 안재홍은 정치운동이 사실상 불가능해지자 민족문화운동론을 제창하고 문자보급운동, 생활개신운동, 충무공 현창운동, 조선학운동 등을 이끌거나 이에 관여했다. 하지만 이 가운데 그가 가장 심혈을 기울인 것은 조선학운동이었다. 그는 낙후한 조선은 배타적이고 고립적인 자세에서 벗어나 외래의 선진 문화를 적극적으로 받아들이지 않으면 안 된다고 보았다. 그는 각 민족과 나라는 서로 문화를 주고받으면서 성장하기 때문에, 이같은 문화 교호를 위해 우리는 조선의 문화를 더 깊이 인식해야 한다고 보았다. 즉, 세계 문화를 채취하고 적용하는 과정에서 조선 문화를 어떻게 세계 문화에 짜넣을까를 고민해야 한다는 것이었다. 여기서 그는 조선 문화를 확립하기 위해 우선적으로 필요한 것이 '조선학' 이라는 주장을 폈던 것이다.

(3) 해방 이후 신민족주의론

해방 이후 안재홍은 민세주의를 한 단계 더 발전시켜 신민족주의 이론을 전개한다. 이는 새로운 국가를 건설하기 위한 이론을 정립하려는 것이었다. 따라서 이는 '신민족주의 국가건설론' 이라고 부를 수 있었다.

먼저, 1945년 가을에 펴낸 『신민족주의와 신민주주의』를 통해 이를 살펴보자.

그는 먼저 민족은 그 유래가 오래된 것으로, 근대 자본주의의 산물이 아니라고 주장했다. 그는 민족이 성립되는 요소로 ① 동일 혈연체, ② 일정한 지역, 일정한 공간에서의 협동체, ③ 운명공동체 등을 들었다. 그는 각 민족은 그 자체가 고유한 문화를 갖는다는 '문화적 전통' 을 중시하는 입장에서 정체와 국체를 선택해야 한다고 생각했다. 또한 각 민족의 문화 전통을 무시하는 국제 추수주의는 '공식주의' 에 지나지 않는 것이라고 비판했다. 또 민족애 · 조국애는 본능적이기 때문에 결코 인위적으로 부정할 수 없는 것이라고 주장했다. 그리고 앞서 본 민세주의 단계와 마찬가지로 민족주의는 인류 대동, 세계 일가를 지향하지만, 그것이 하나의 국가, 하나의 체제를 지향하는 것이어서는 안 된다고 주장했다. 결국 그는 각 민족은 그 자체가 고유한 문화와 역사 발전 단계를 가지고 있고, 따라서 각각의 민족은 그에 적합한 체제의 나라를 가져야 한다고 보았다.

한편, 그는 문화적 측면에서의 민족주의였다고 할 민세주의 단계에서 벗어나, 이제 정치·경제적 측면에서의 신민족주의론을 펼쳤다. 지배와 피지배, 압박과 피압박, 착취와 피착취가 존재하는 시대의 국가주의 또는 민족주의는 온전한 민족주의라고 볼 수 없다고 주장하고, 이제는 균등 사회·공영국가를 지향·완성하는 신민족주의, 즉 진정한 민주주의의 토대 위에 존립하는 전 민족 동일 운명의 민족주의가 되어야 한다고 주장했다. 또한 한국인은 일제 치하에서 전 민족이 굴욕과 수탈을 받았고, 이제 전 민족이 초계급적으로 해방되었으므로 계급을 뛰어넘어 통합된 민족국가를 건설해야 한다고 주장했다. 그는 진보적·반제국주의적인 지주(地主), 자본가, 농민, 노동자 등 모든 계층을 통합해 만민 공생을 이념으로 하고 계급 독재를 지양하는 신민주주의 국가를 세워야 한다고 주장했다.

그는 1949년 봄 「한민족의 기본 진로 ―신민족주의 건국 이념」이라는 글에서, 남북 분단 정부 수립 이후 한민족이 나아갈 길에 대해 신민족주의 입장에서 자신의 의견을 밝혔다. 자신이 신간회 때부터 해방 이후까지 일관된 좌우 협동론자였음을 확인하면서도, 그 협동은 진보적 민족주의 노선에서 협동하자는 것이지 공산주의를 추수(追隨)하는 협동은 될 수 없다고 명확히 말했다. 그는 자신이 공산주의를 반대하는 이유로 ① 공산주의는 전체주의로서 개인의 자유를 인정하지 않는다는 점, ② 공산주의는 궁극적으로 무산 계급 독재를 지향한다는 점, ③ 공산주의를 받아들이면 소련과 한국의 관계가 지배·피지배 관계가 될 것이라는 점 등을 들었다. 그는 한국은 사회 혁명이 불필요한 단계이기 때문에 공산주의를 받아들일 필요가 없다고 주장했다. 또한 조선 시대 이후의 양반 귀족 계급도 식민지 시대로 들어오면서 모든 특권을 상실해 더 이상 지배 계급으로 존재하지 않고, 대지주도 그 숫자는 극소수에 불과하며, 해방 후 토지 개혁을 주장해 자연 소멸하는 과정을 밟고 있다고 했다. 따라서 경제적인 토대에 의한 계급 대립, 분열 투쟁은 그 기본 조건이 거의 소멸되었다고 보았다. 그는 이제 "남은 것은 38선 남북으로 대립한 국제 세력의 연장 형태로서의 양대 이데올로기에 분열된 파당적 정권 쟁탈인 민족과 국제의 세력, 민주와 공산의 승패의 각축"일 뿐이라고 보았다. 그는 이것은 민족 자주적·독자적 운동이 아니고, 분열된 민족의 국제 의존적 대립이므로 민족의 운명을 더 크게 위협한다고 보았다. 결론적으로 그는 임진왜란 때 모든 국민이 협동 투쟁한 것처럼, 삼천만이 한마음으로 민족적 단결을 완성해 하루빨리 민족 통일, 자주 독립의 새 조국을 성취하자고 주창했다.

참고문헌

고정휴, 「태평양문제연구회 조선 지회와 조선사정연구회」, 『역사와 현실』 6호, 1991.
김인식, 「안재홍의 신민족주의 사상과 운동」, 중앙대학교 사학과 박사학위 논문, 1997.
_____, 「안재홍의 신민족주의 국가건설론」, 『중앙사론』 9집, 중앙대학교, 1997.
_____, 「해방 후 안재홍의 중경 임정 영립보강운동」, 『한국 독립운동사 연구』 12, 독립기념
          관 독립운동사연구소, 1998.
_____, 「안재홍의 신민족주의 이념의 형성 과정과 조선 정치철학」, 『한국학보』 93집, 일지
          사, 1998.
_____, 「안재홍의 신국가 건설의 이념 ―신민족주의의 이념 정향」, 『한국민족운동사연구』
          20, 국학자료원, 1998.
_____, 「좌우 합작운동에 참여한 우익 주체의 현실 인식 변화」, 『근현대사 강좌』 11호, 한국
          현대사연구회, 2002.
_____, 「안재홍의 만민공화의 국가상」, 『민족에서 세계로 ―민세 안재홍의 신민족주의론』,
          봉명, 2002.
박찬승, 「일제하 안재홍의 신간회운동론」, 『근대 국민국가와 민족 문제』, 지식산업사, 1995.

_____, 「일제하 안재홍의 민세주의론」, 『한국 근현대사 연구』 20, 한국근현대사학회, 2002.

박한용, 「안재홍의 민족주의론 ―근대를 넘어선 근대」, 『민족에서 세계로 ―민세 안재홍의 신민족주의론』, 봉명, 2002.

안재홍, 『신민족주의와 신민주주의』, 민우사, 1945.

_____, 『조선상고사감(상·하)』, 민우사, 1947.

_____, 『한민족의 기본 진로』, 민우사, 1949.

_____, 『민세 안재홍 선집』, 지식산업사, 1981·1983.

유병용, 「안재홍의 정치사상에 대한 재검토」, 『한국민족운동사연구』 1, 국학자료원, 1986.

이지원, 「일제하 안재홍의 현실 인식과 민족해방운동」, 『역사와 현실』 6호, 역사비평사, 1991.

정윤재, 「안재홍의 신민주주의 연구」, 『한국 현대사회사상』, 지식산업사, 1984.

_____, 「안재홍의 해방 전후사 인식과 조선 정치철학적 처방」, 『한국정치사상』, 박영사, 1991.

_____, 「안재홍의 조선 정치철학과 다사리 이념」, 『민족에서 세계로 ―민세 안재홍의 신민족주의론』, 봉명, 2002.

조맹기, 「안재홍의 신민족주의 언론사상」, 『민족에서 세계로 ―민세 안재홍의 신민족주의론』, 봉명, 2002.

천관우, 「민세 안재홍 연보」, 『창작과비평』 겨울호, 1978.

한영우, 「안재홍의 신민족주의와 사학」, 『한국독립운동사연구』 1, 독립기념관 한국독립운동사연구소, 1987.

우장춘 禹長春

'국적(國賊)의 아들'에서 '흥농(興農)의 아버지'가 된
세계적인 육종학자(育種學者)

정재정 서울시립대학교 국사학과 교수

왜 우장춘인가?

전일본지물협동조합연합(全日本漬物協同組合連合)이 발표한 조사 통계자
료에 따르면 2000년에 일본인의 식탁에 가장 많이 오른 쓰케모노(漬物: 절
인 채소류, 한국의 각종 '김치'와 장아찌류에 해당함)는 일본식 시오츠케(鹽漬)
나 다쿠앙츠케(たくあん漬) 등이 아니고 한국식 '김치'였다.* 또 2002년 겨
울부터 늦봄까지 신형폐렴(新型肺炎: 사스)이 맹위를 떨친 중국에서는 '김
치'가 이를 예방하는 데 효과가 있다고 하여 평소보다 훨씬 비싼 값으로 불
티나게 팔리는 기현상(奇現象)이 일어났다. 이처럼 한국의 '김치'는 이제
국내는 물론이고 외국에서도 한국의 음식 문화를 대표하는 브랜드로 자리
잡아가고 있다. 불과 20여 년 전만 하더라도 '김치'의 독특한 냄새 때문에

---

* 國際交流基金日韓文化交流連絡室, 『日韓文化交流』, 2003. 3, 13쪽. 일본인의 식탁에 오른 쓰케모노는
한국식의 '김치' 32만 톤, 일본식의 아사츠케 22만 5천 톤, 시오츠케 12만 3천 톤, 다쿠앙츠케 9만 6천 톤
등이었다.

'김치'가 '야만 식품'의 상징처럼 배척받았던 사정을 생각하면 격세지감을 금할 수 없다.

그런데 한국인이 오늘날처럼 무와 배추에 갖은 양념과 채소를 버무려넣어 맛과 영양을 고루 갖춘 '김치'를 실컷 담가 먹게 된 것은 언제부터일까? 아마도 우장춘(禹長春, 1896~1958)이 말년에 한국에 돌아와 육종학(育種學)을 본격적으로 가르친 1950년대, 아니 제자들이 그의 가르침을 계승해서 배추·무·파·고추·마늘 등의 품질을 개량하고 이것을 전국에 대량으로 보급하여 김장채소의 자급자족을 실현하게 된 1960년대 후일 것이다.

1950년대까지만 해도 한국은 채소 종자 대부분을 일본 등 외국에서 수입했기 때문에 '김치'를 마음껏 먹지 못했다. 한국인은 채소를 제대로 먹지 못해 비타민 등이 결핍된 데다가 설상가상으로 식량마저 많이 모자라 배를 곯다보니 영양실조는 물론이고 각기병 등의 질병에 시달려야만 했다. 더구나 채소 종자를 수입하기 위해 막대한 외화를 지출했기 때문에 가뜩이나 핍박했던 국가 재정은 더욱 어려워졌다.

이런 절박한 상황에서 우장춘은 육종학의 진흥을 통해 국민 식탁과 국가 살림의 주름살을 펴주었다. 따라서 그의 공로는 나라를 위기에서 구한 정치가나 군인 못지않게 크다고 할 수 있다. 실제로 한국인이 한창 배고픔의 설움에서 벗어나려고 발버둥치기 시작했던 1961년과 1962년의 국민학교 『도덕』 교과서는 우장춘의 공적을 「농장의 마술사」라는 제목 아래 두 쪽 정도나 할애하여 기리고 있다. 이 교과서들이 최무선·이상재·이순신 등의 역사적 인물들을 소개하고 있음을 고려하면 당시의 한국인이 불과 3~4년 전에 세상을 뜬 우장춘을 얼마나 높이 평가하고 있었는가를 짐작할 수 있을 것이다.

당연히 한국의 농학계(農學界)는 지금도 우장춘을 '한국 근대농업의 아버지'로 칭송하고 있다. 그리고 그가 인생의 대부분을 보냈던 일본에서도 식물의 유전학과 육종학을 세계적 수준으로 발전시킨 인물로서 그를 존경하고 있다.

한일 간의 불행의 '씨앗'을 선린의 '씨앗'으로 바꾼 역사의 육종학자

우장춘의 아버지 우범선(禹範善, 1857~1903)은 조선 군대의 훈련대 제2대 대장으로서, 1895년 10월 일본이 명성황후를 살해하는 만행에 가담한 후 일본으로 도망쳤다. 우범선은 일본 생활중에 일본인 여성 사카이 나카(酒井ナカ, 1872~1953)와 결혼해서 2남 4녀를 낳았는데, 그 가운데 첫째 아들 이 우장춘이다. 우장춘은 어머니의 자애로운 교육을 받고 자라나 일본뿐만 아니라 세계에서 인정받는 육종학자가 되었다. 그가 발견한 '종(種)의 합성 원리'를 응용하여 만들어낸 페츄니아 등의 화훼와 양배추 등의 채소는 일 본의 종묘회사 사카타노타네(舊 坂田商會, 現 サカタのタネ)와 다키이종묘 (タキイ種苗) 등을 세계적으로 유명하게 만들었을 뿐만 아니라 돈방석에 올 라앉도록 이끌어주었다.

우장춘은 한국과 일본의 근대사가 착종(錯綜)하여 빚어낸 '기구한 운명 의 씨앗'이었다. 그는 뭇 사람에게 짓밟히면서도 끈질기게 살아남아 봄의 산야에 꽃씨를 퍼트리는 길가의 민들레처럼, '역적의 아들'이라는 업보와 원망, '조센진'이라는 차별과 멸시 등의 역경을 극복하고 유전공학의 세계 적 석학으로 성장하여 아버지 나라 한국과 어머니 나라 일본 모두에게 이익 을 가져다준 특이한 인물이었다고 할 수 있다. 그는 한일 관계에서 잉태한 불행의 씨앗을 선린(善隣)의 씨앗으로 변종(變種)시킨 역사의 육종학자(育 種學者)였던 것이다.

그럼에도 불구하고 오늘날 한국과 일본의 젊은이들은 우장춘에 대해 거 의 알지 못하는 듯 하다. 설령 뭔가 조금 안다 하더라도, 그의 가계에 대한 호사가적 호기심이나 '씨 없는 수박'을 만들었다는 흥미 위주의 에피소드 에 치우쳐 있는 것 같다. 우장춘의 생애와 업적은 이렇게 믿거나 말거나 식 의 이야기로 지나쳐 버릴 성질의 것이 아니다. 그의 생애와 업적은 한일 관 계의 불행한 심연(深淵)에 선린의 다리를 놓았다고 평가할 수 있을 만큼 크고 높은 것이다.

청일전쟁, 한·중·일 근대사의 갈림길

1890년대 중반, 제국주의 열강이 동아시아에 세력을 뻗치는 가운데, 청과 일본은 한반도에서 패권을 장악하기 위해 격돌했다. 청일전쟁(1894~1895)이 그것이다. 이 전쟁에서 일본이 승리하고 청이 패함으로써 수백 년 간 지속되어온 동아시아의 국제 질서가 근본적으로 바뀌었다. 청과 조선 사이의 조공책봉(朝貢册封) 관계는 사라지고, 일본이 동아시아의 새로운 패자(覇者)로 떠올라 조선을 강하게 압박했다.

그러나 일본이 조선에서 일거(一擧)에 세력을 확장한 것은 아니었다. 러시아 등의 견제와 조선의 반발로 일본은 청일전쟁에서 승리한 직후임에도 불구하고 세력의 후퇴를 맛보지 않으면 안 되었다. 일본은 청에서 요동반도를 전리품으로 얻었으나, 러시아·프랑스·독일 등이 합세해 압박을 가함으로써(삼국 간섭), 울며 겨자 먹기로 이를 청에게 돌려줄 수밖에 없었다. 명성황후는 국제 정세의 이러한 변화를 재빨리 파악하고, 러시아의 힘을 빌려 일본의 간섭에서 벗어나려 했다. 조선 정부도 이에 호응하여 박영효(朴泳孝)·김가진(金嘉鎭)·서광범(徐光範) 등의 친일 인사를 조정에서 추방하고, 이범진(李範晉)·이완용(李完用)·이윤용(李允用) 등의 친러 인사를 등용했다. 그리고 일본 군인이 지도해온 훈련대(訓練隊)를 약화시키고, 미국 군인이 지도하는 시위대(侍衛隊)를 설치하는 등 일본의 색깔을 지워나갔다.

일본 정부는 조선의 이러한 움직임을 불안한 눈초리로 바라보았다. 그러면서도 일본 안에서는 조선에 대해 압력을 강화하려는 군부와 신중하게 접근하려는 외무성이 대립하고 있었기 때문에 확고한 조선 정책을 펼치지 못하고 있었다. 이런 가운데 일본의 조야(朝野)는 조선에서 일본의 위신이 떨어진 것에 대해 대단히 분노하고, 그 탓을 명성황후의 이이제이(以夷制夷)

의 외교 정책에 돌렸다. 그리고 명성황후에 대한 반감을 급속히 부추겼다.

국면의 타개에 골몰하던 일본 정부는 마침내 조선공사 이노우에 가오루(井上馨)를 소환하고, 그 후임으로 외교 경험이 전혀 없는 육군 중장 미우라 고로(三浦梧樓)를 임명했다. 그의 부임은 일본의 조선 정책이 강경책으로 선회했다는 것을 의미했다. 그렇지만 조선 정부는 이에 대한 대비책을 제대로 마련하지 못했다. 이런 와중에, 당시 서울에 거주하던 일본인 사이에서는 명성황후를 제거해야 한다는 여론이 넓고 깊게 퍼져갔다.

명성황후 시해 사건과 아버지 우범선

미우라 고로 공사는 공관에 틀어박혀, 궁내부 고문관 오카모토 류노스케(岡本柳之助), 한성신보사 사장 아다치 겐조(安達謙藏), 공사관 일등서기관 스기무라 후카시(杉村濬) 등과 비밀회합을 거듭한 끝에, 명성황후를 살해하고 쿠데타를 일으켜 친일 정권을 수립하기로 결의했다. 서울의 일본인들은 명성황후 시해 작전을 '여우 사냥'이라고 지칭했다. 일본은 조선의 국모를 살해했을 경우에 쏟아질 국내외의 비난을 막기 위해 명성황후의 정적(政敵)이던 흥선대원군과 일본인 장교의 지도를 받고 있던 훈련대를 가담시키는 작전을 짰다. 때마침 흥선대원군은 명성황후의 영향 아래 있던 조선 정부에 의해 공덕동 별저(別邸)에 유폐된 상태였고, 훈련대는 명성황후의 압력으로 해산당할 운명에 처해 있었다. 미우라 고로 등은 이러한 상황을 교묘하게 이용하여 대원군과 훈련대가 쿠데타를 일으켜 명성황후를 살해했다고 뒤집어씌우려는 음모를 꾸몄다.

1895년 10월 8일 새벽, 오카모토 류노스케 등은 일본군 수비대를 동원해 대원군을 별저에서 끌어내 광화문 앞으로 이송했다. 그리고 훈련대와 일본인을 합세시켜 시위대를 격파하고 경복궁에 난입했다. 훈련대의 제2대대장이었던 우범선은 현장에서 조선군 훈련대를 지휘했다. 그렇지만 실제로 경복궁에 난입해 명성황후를 살해한 것은 어디까지나 일본의 군인, 장사, 검객, 순사 등이었다. 이들은 건청궁(乾淸宮)의 곤령각(坤寧閣)을 유린하며 고종을 협박하고 명성황후를 칼로 베어 시해했다. 그리고 시체를 연못에 던졌다가 건져내 불태우는 만행을 저질렀다. 이것이 이른바 을미사변(乙未事變)이다.

명성황후 시해 사건을 보고받은 일본 정부의 이토 히로부미(伊藤博文) 수상은 내심으로 기뻐했지만, 이것이 국제 여론의 비난과 열강의 간섭을 초래해 일본의 입지를 오히려 약화시키지 않을까 염려했다. 실제로 러시아인 기사와 미국인 교관이 경복궁에서 이 사건을 지켜보았기 때문에 일본의 만행은 곧 다른 나라에도 알려졌다. 그리고 조선에 주재하던 각 나라 공사는 미우라 고로 공사에게 이 흉악한 사건의 책임을 추궁했다. 하지만 그는 이미 만들어놓은 각본대로, 이 사건은 어디까지나 훈련대와 대원군이 정권을 장악하기 위해 일으킨 정변일 뿐이고, 일본 공사관원을 비롯해 일본인은 이 사건과 아무 관련이 없다고 오리발을 내밀었다.

그렇지만 일본 정부는 사태가 악화되는 것을 막기 위해 10여 일 뒤에 미우라 고로 공사를 소환하고, 오카모토 류노스케를 비롯한 낭인(浪人)과 검객, 기자, 고문관, 경관, 군인 등 48명을 조선에서 일본으로 불러들였다. 일단 일본 정부는 그들을 히로시마(廣島) 감옥에 수용하고, 신분에 따라 민간 재판과 군법회의에 회부했다. 그러나 1896년 1월, 일본 정부는 증거가 불충분하다는 이유를 내세워 이들을 모두 무죄 방면했다. 당시 일본의 여론은 이들을 애국 인사라고 칭송했다. 그후 이들의 대다수는 출세가도를 달렸다.

한편 일본 정부는 고무라 주타로(小村壽太郎)를 조선공사로 임명하고, 위무사(慰撫使)로서 이노우에 가오루를 조선에 파견했다. 이노우에는 명성황후 시해 책임을 덮어씌워 홍선대원군을 정계에서 은퇴시키고, 훈련대를 해산하도록 조선 정부에 압력을 가했다. 설상가상으로 1895년 12월 30일, 조선 정부가 일본의 배후 조종을 받고 단발령을 반포하자, 끓어오르던 민중의 반일감정은 마침내 의병항쟁으로 폭발했다. 이때의 의병은 국모(國母)의 원수를 갚겠다는 취지를 선명하게 내걸었다.

일본 정부와 조선 정부의 틈바구니에서 살길을 모색하던 우범선은 일본의 세력이 밀려나고 의병이 봉기하는 등 사태가 자신에게 불리하게 돌아가자 부산을 거쳐 일본으로 망명했다. 1895년 12월 말경의 일로 보인다. 이제 우범선은 일본인의 앞잡이로서 '국모'를 시해하는 데 가담한 '국적'(國賊)이라 해도 변명의 여지가 없게 되었다.

우범선과 사카이 나카(酒井ナカ)의 국제 결혼

일본으로 도망온 우범선은 일본 정부의 보살핌을 받기도 하면서 꽤 유복하게 살았다. 그는 망명 직후에는 도쿄의 홍고(本鄕)에서 살면서, 기타노 이치헤이(北野一平)라는 일본 이름을 썼다. 당시 사진에 찍힌 겉모습만 보면, 우범선은 콧수염을 기른데다가 양복을 단정하게 갖춰 입은 멋쟁이 신사였다. 주변의 일본인 사이에서는 그가 '국사(國事)로 분주한 인국(隣國)의 지사(志士)'라는 소문이 나돌았다. 우범선은 조선에 처자가 있는 몸이었지만, 망명한 지 얼마 안 되어 근처의 화족(華族) 집에서 일하고 있던 사카이 나카와 다시 결혼했다. 사카이의 아버지는 한방의(漢方醫)였다. 이때 우범선은 39세, 사카이 나카는 24세였다.

당시 일본인 여성이 조선인 남성과 결혼하는 것은 아주 드문 일이었다. 이 점으로 보건대, 사카이는 꽤 대가 센 여인이었던 것으로 추측할 수 있다. 더구나 우범선은 보통의 조선 남자가 아니라, 자객이 뒤를 쫓고 있는 '국사범'(國事犯)이었다. 일설에 따르면 중매쟁이가 미우라 고로를 찾아가 우범선이 어떤 사람이냐고 묻자, 그는 "좋은 놈이지만 언제 살해당할지 알 수 없는 남자다. 이것을 받아들인다면 중매를 해도 좋다"라고 대답했다고 한다. 나카는 이 말을 전해 듣고도, "인간의 목숨은 운명이기 때문에 살해당하는 일이 있더라도 그것은 할 수 없는 일이다"라고 말하고, 우범선과 결혼할 것을 승낙했다고 한다. 나중에 우범선이 정말로 살해당한 뒤에 그녀는 평생 동안 곤란한 처지임에도 남에게 의지하지 않고 자력으로 극복해 나가는 독립독보(獨立獨步)의 자세를 관철했다. 이것을 보면 나카의 언행이 보통 사람의 경지를 뛰어넘었음을 다시 한 번 확인할 수 있다.

그런데 우범선과 사카이 나카는 결혼을 해도 관청에 혼인신고를 할 수 없는 처지였다. 우범선이 일본 국적을 갖고 있지 않았기 때문이다. 우범선은 하는 수 없이 앞으로 태어날 아이들을 위해 사노지방(佐野地方)의 호농(豪農)·호상(豪商)의 장남 스에나가 하지메(須永元)에게 부부양자(夫婦養子)로 입적하여 스에나가라는 씨명(氏名)을 받았다. 스에나가 하지메는 후쿠자와 유키치(福澤諭吉)의 영향을 받아 김옥균(金玉均)과 박영효(朴泳孝)를 비롯하여 조선에서 온 망명객을 지원해온 사람이었다.

우장춘의 탄생과 호적

우범선과 나카 사이에서 첫아들이 태어난 것은 1898년 4월 8일이었다. 그들은 이 아이의 이름을 '장춘'(長春)이라 지었다. 우장춘이 탄생한 지 2년 뒤(1900년 8월 29일)에 우범선은 히로시마현 아키군(安藝郡) 와쇼정(和庄町)에 '사생아인지계'(私生兒認知届)를 제출했다. 소학교에 입학하기 위해서였다. 이때 이미 그들은 도쿄에서 히로시마로 이사해서 살고 있었음을 알 수 있다.

그런데 흥미로운 것은 우범선이 자신의 본적지인 경기도 경성부 훈도방(薰陶坊) 냉정동(冷井洞) 4통 1호에도 우장춘의 출생을 신고했다는 점이다. 이 출생신고에는 '광무(光武) 2년 4월 9일 메이지(明治) 31년 생남(生男)'이라고 되어 있고, 이름은 장춘이 아니라 '명전'(命傳)으로 쓰여 있었다. 아명(兒名)일 것이다. 그후 1911년 3월 8일부로, 이 명진 위에 두 줄을 긋고

'우장춘'이라고 고쳐 쓴 것을 확인할 수 있다. 그해 우장춘은 히로시마현립 구레(吳) 중학교에 입학했다.

훗날의 일이지만 우범선이 자식들을 위해 부부양자라는 고육지계(苦肉之計)의 행동을 감행했음에도 불구하고, 우장춘은 국제학회에 제출하는 논문에 한사코 'NAGAHARU U'(長春 禹)라는 이름을 썼다. '스에나가'라는 일본 씨명을 결코 사용하지 않았던 것이다. 따라서 일본인들도 그를 '나가하루상'이라고 부를 수밖에 없었다. 이점을 통해서 보면 우장춘은 조선인으로서의 민족의식을 아버지보다 더 강하게 품고 있었음을 짐작할 수 있다.

우범선의 피살과 고영근

우범선은 명성황후의 시해 사건에 직접적으로 관여한 것은 아니지만, 그는 조선 정부로부터 어느덧 국모 시해에 가담한 매국노로 낙인찍혀 주살(誅殺)의 표적이 되어 있었다. 1903년 11월 24일, 우범선은 마침내 구레의 술집에서 고영근(高永根)의 단도에 목이 찔리고, 노윤명(魯允明)의 망치에 머리를 세게 얻어맞고 절명했다. 고영근과 그의 추종자였던 노윤명은 독립협회와 만민공동회에 참가해 정치운동을 벌이다가 고종의 탄압으로 실패하자 1899년 7월경에 일본으로 망명했다. 그들은 '국사범'인 우범선을 처단함으로써 고종에게 '충군애국(忠君愛國)의 지사'로서 인정받고 싶어했다.

그뒤 일본에서 열린 재판에서 고영근은 무기징역, 노윤명은 12년을 선고받았다. 대한제국 정부는 '역적 우범선을 살해한 공적'을 높게 평가하여 그들의 귀환을 일본에 요구했다. 우여곡절을 거쳐 고영근은 1909년에 귀국했다. 그는 고종에게서 연금(年金) 등의 따뜻한 대접을 받고, 나중에는 고종황제와 명성황후의 무덤을 지키는 참봉(參奉)으로서 생을 마쳤다.

우장춘의 성장과 어머니의 '민들레' 교훈

우장춘은 6세 때 아버지를 잃었다. 당시 어머니 나카는 임신중이었는데, 다음해에 남동생을 낳았다. 우장춘의 남동생도 수재였다. 그는 제일고등학교와 동경제국대학 법학과를 졸업하고, 일류회사에 입사해서 중역으로 퇴임했다.

한편 두 어린애를 거느린 나카는 생활이 어려웠지만, 누구의 원조도 받지 않고 자력으로 애들을 키웠다. 남의 집 바느질을 해주거나 행상을 하며 살림을 꾸려 나갔다. 한때 갓난애를 등에 업고 일을 하며 우장춘을 보살피기가 어려워, 자신을 중매해준 사람이 운영하는 도쿄의 키운지(喜運寺)에 우장춘을 맡긴 적이 있었다. 그곳에서 우장춘은 매일 감자만 먹었다. 우장춘이 나중에 딸에게, "음식을 가리지 않는 내가 끝내 감자만큼은 아주 싫어하게 된 것은 키운지에서 평생 동안 먹을 만큼의 감자를 다 먹었기 때문"이라고 술회한 것을 보면, 그때의 생활이 무척 힘들었던 모양이다. 어머니 곁에 돌아온 우장춘의 모습은 말라비틀어진데다가 얼굴색은 창백하고, 배는 툭 튀어나와 전형적인 영양실조의 체형이었다. 어머니는 소고기와 달걀 등 영양이 풍부한 먹거리를 구해 우장춘을 보양했다.

아무튼 우장춘은 가난에 굴하지 않고 생활력이 강한 어머니의 애정을 듬뿍 받으며 자라났다. 히로시마 현립중학을 거쳐 동경제국대학 농학부 농학실과(현 도쿄농공대학)에 진학했다. 그는 1919년 이 학교를 졸업함과 동시에 농림성 사이가하라(西ヶ原) 농사시험장에 들어가 본격적으로 연구자의 길을 걷기 시작했다. 어머니는 우장춘의 학자금을 대기 위해 남편의 묏자리를 팔기도 했다.

우장춘이 역경을 이겨내고 농학자로 성장한 뒷면에는 어머니의 엄격하고 자상한 가르침이 있었다. 그 단면을 엿볼 수 있는 일화가 있다. 우장춘은 학교에서 '죠센징'이라 하여 멸시받고 이지메(집단 따돌림)를 당하곤 했다.

어느 날 길에 서서 울고 있는 우장춘에게 어머니는 길가에 핀 민들레꽃을 가리키며 이렇게 말했다. "민들레는 아무리 짓밟혀도 틀림없이 꽃을 피운다. 너도 괴로운 일이 많겠지만, 그것에 지지 말고 훌륭한 사람이 되어야 한다." 우장춘은 어머니가 들려준 '민들레의 교훈'을 가슴에 새기고 마침내 세계적 농학자가 되어 만방에 그 '꽃씨'를 퍼뜨렸던 것이다.

우장춘의 결혼과 가족관계

우장춘은 보통 사람보다 총기가 있는데다가 연구에 매진함으로써 1922년 나팔꽃에 관해 주목할 만한 논문을 발표한다. 그 다음해 9월에 발생한 관동대지진 때 6천여 명의 재일 한국인들이 일본의 관헌과 민중에게 살해당했으나, 다행히 그는 어떤 피해도 입지 않았다. 그는 26세 되던 1924년에 와타나베 고하루(渡辺小春, コハル)와 결혼했다.

고하루는 우장춘이 가정교사를 하던 집의 아가씨였는데, 당시 나가오카(長岡) 소학교 교사였다. 우장춘과 고하루의 결혼은 처가의 반대에 부딪쳐 순탄하지 않았다. 고하루의 부모와 오빠가 우장춘이 일본인이 아니라고 반대했기 때문이다. 고하루는 집안의 반대를 무릅쓰고 우장춘과 결혼했다. 그리고 시어머니 나카가 죽을 때까지 29년 동안 친정과 인연을 끊고 지냈다. 이로 미루어보아 고하루도 독립심과 자존심이 대단히 강했음을 알 수 있다.

참고로, 우장춘과 고하루 사이에 태어난 자손과 그들의 가족관계를 간단히 소개하면 다음과 같다. 큰아들 스에나가 모토하루(元春)는 쿄세라주식회사(京セラ株式會社)에 근무, 둘째 아들 스에나가 스에하루(須永季春)는 신슈대학(信州大學) 임학과(林學科) 출신으로 규슈에서 만두·라면집을 경영했다. 그리고 큰딸 토모코(智子), 토모코의 큰아들 다무라 마사야(田村昌也)는 치과의사, 둘째 딸 마사코(昌子), 마사코의 남편 니이제키 히로오(新關宏夫)는 농학박사, 셋째 딸 요코(葉子), 요코의 남편 가네다 타다키치(金

田忠吉)는 농학박사, 막내딸 아사코(朝子), 아사코의 남편은 이나모리 가즈오(稻盛和夫)다. 2남 4녀 모두 다복한 가정을 꾸리고 있으며, 사위 가운데 우장춘의 농학을 계승한 사람도 있다.*

아무튼 우장춘은 결혼 2년 뒤 사이타마현(埼玉縣)에 신설된 농림성 고스(鴻巢)농사시험지로 옮기고 많은 논문을 발표하며 연구자의 길을 다져 나갔다.**

세계를 놀라게 한 페츄니아 겹꽃이론

우장춘은 1930년 일본에서 발행된 『遺傳學雜誌』(유전학잡지) 제6권 제3호와 제4호에 나팔꽃의 유전에 관한 3편의 논문을 발표했다. 그리고 이에 덧붙여 「페츄니아 겹꽃(重弁花)의 유전」이란 제목의 불과 1쪽짜리 논문을 게재했다. 이것은 일본유전학회 제3회 대회에서 강연한 내용의 요지였다.

이 논문에는, "본 연구의 실험 기록은 불의의 화재로 불타버렸기 때문에 정확한 숫자를 제시할 수 없지만, 같은 재료로 실험을 되풀이할 수 있다"라는 부기(附記)가 달려 있다. 이 논문이 바로 당시 세계 원예계(園藝界)에 일대 선풍을 일으킨 '사카타의 올 더블 페츄니아' 이론인 것이다.***

당시 서양인들이 좋아하던 페츄니아 가운데 겹꽃이 있었는데, 그 종자를 뿌려 기른 다음 세대의 꽃은, 색은 비록 똑같이 나타나지만 절반은 홑꽃이 되어 품질이 떨어졌다. 우량품종을 취급하는 것으로 유명한 독일의 페나리사(社)의 1904년 종묘 카탈로그에는 큰 꽃잎의 겹꽃 5품종의 종자가 일반종의 15배나 되는 비싼 값으로 소개되어 있었다. 그렇지만 이 종자를 심어도 겹꽃이 되는 것은 발아(發芽)한 것 가운데 30~35%에 불과하다는 주의서(注意書)가 첨부되어 있었다.

그런데 우장춘의 이론대로 육성한 사카다상회(현 사카다노타네)의 겹꽃 페츄니아 종자는 모두 겹꽃이었다. 뿐만 아니라, 믿기 어려울 만큼 품질도 좋아서, 수국처럼 물결 모양의 보기 좋은 겹꽃이 80%, 카네이션 모양의 꽃이 20%나 되었다. 이 이론은 발표되자마자 엄청난 평판을 얻게 되었다. 우장춘이 개발한 전대미문의 고품질 페츄니아는 '사카다매직'이라 불리며, 10배의 값으로 거래되었다.****

이 정도로 안정된 형태의 페츄니아 겹꽃 유전이론을 연구해낸 사람이 바로 우장춘이다. 그리고 그것을 실험 기록도 빠뜨린 채 게재한 것이 바로 앞의 『유전학잡지』의 논문이었다.

박사 학위에 얽힌 기막힌 사연

우장춘은 사실 이 논문을 몇 개월 전에 동경제국대학에 제출할 생각이었다. 그러나 당시 우장춘의 연구 장소였던 고스농사시험장에서 누전으로 화재가 발생하여 발표를 얼마 앞둔 실험 기록이 불타버리는 불행한 사고가 일어났다.

만일 우장춘의 발표가 완벽한 숫자를 갖춘 것이었다면, 이 논문은 곧 세계로 유포되어 공지(公知)의 사실로 인정받았을 것이다. 그렇게 되었다면 사카다상회도 그뒤 10여 년에 걸쳐 '사카다매직'이라 불리는 겹꽃 페츄니아를 독점 판매할 수 없었을 것이다. 따라서 이 화재는 사카다상회에게는 행운이었다.

그러나 우장춘에게는 비극이었다. 이 논문은 그가 꿈속에서까지 그리던 박사 학위를 취득하기 위해 쓴 것이었기 때문이다. 당시 박사 학위는 "마지

* 우장춘의 가족관계에 대해서는 角田房子, 『わが祖國 —禹博士の運命の種』, 株式會社 新潮社, 1990을 참조할 것.
** 우장춘의 경력과 연구 업적에 대해서는 부록 1의 연보와 주요 논문을 참조할 것.
*** 우장춘이 발표한 페츄니아 겹꽃의 유전이론에 대해서는 부록 3을 참조할 것.
**** 須田畯一郞, 「特集 日韓に生きた偉大なる植物學者 禹長春博士のおおいなる足跡」, 『園藝通信』 11, 2001. 11, 8쪽.

막에는 박사냐 대신(大臣)이냐"라고 할 정도로 가치가 높았고, 취득하기가 대단히 어려웠다.

이 화재가 발생한 것은 1930년 가을이었고, 페츄니아의 겹꽃이론을 발표한 것은 같은 해 12월이었다. 불과 한두 달 만에 우장춘이 낙담에서 재빨리 재기한 것을 보면, 그는 어머니의 가르침과 같이 들에 피는 민들레처럼 강인한 사람이었음을 알 수 있다.

우장춘은 그뒤에도 열의를 가지고 연구와 씨름했다. 그 결과 1936년에 「종의 합성」이라는 논문으로 바라고 바라던 박사 학위를 취득했다. 화재로 실험 기록이 모두 소실된 지 5~6년 뒤의 일이었다. 우장춘의 박사 학위 논문은 세계적으로 높은 평가를 받았다. 이것은 지금도 '우장춘의 트라이앵글이론'이라고 불리고 있다.

우장춘과 사카다상회, 페츄니아 겹꽃의 상품화

우장춘이 발견한 페츄니아의 겹꽃 유전은 이론에만 그친 것이 아니라 사카다상회를 통해 페츄니아를 세계적인 상품으로 만드는 데 기여했다.*

그때까지 우장춘은 에도시대(江戶時代) 이래 많은 지식이 축적되어 있던 나팔꽃 유전에 대해, 당시로서는 최첨단 기술이었던 멘델의 법칙을 가지고 설명하는 작업에 몰두했다. 그는 그 연구대상을 당시 쯔쿠바네나팔꽃(衝羽根朝顔安)이라 불리던 페츄니아로 확대하려고 생각했다. 이때 시험 재료로 쓸 페츄니아 종자 입수를, 채소 종자를 수출하고 있던 사카다 다케오(坂田武雄)에게 의뢰했다. 1925년의 일이다.

사카다 다케오는 우장춘보다 10년 앞서 1909년에 동경제국대학 농학부 농학실과를 졸업한 사람이다. 그는 해외실습생으로 2년간 구미(歐美) 연수를 마친 1913년에 수출 관련 회사인 사카다상회를 설립했다. 종묘를 수출하던 이 회사는 미국 시카고에 지점을 낼 정도로 크게 성장했다. 그러나 관동대지진 때 타격을 입었다. 우장춘이 페츄니아 종자를 의뢰한 것은 사카다가 사업 재건에 힘을 쏟고 있던 때였다.

1927년경, 우장춘은 날카로운 직감력으로 페츄니아의 겹꽃 성질은 홑꽃 성질에 대해 완전 우성이고, 멘델의 법칙과 일치한다는 것을 발견했다. 당시 우장춘이 근무하던 농장의 농장장이었던 테라오(寺尾)는 이 속보를 사카다에게 보고하고 사업화를 권했다.

꽃 사업에 손을 대기 시작하던 사카다는 큰 꽃잎 겹꽃 페츄니아의 시장 가치가 상당히 크다는 것을 인식하고, 곧바로 이 이론에 입각해 완전 겹꽃 페츄니아를 육성해 상품화할 것을 검토했다. 그리고 상품화 가능성에 자신을 가진 사카다는 1930년 5월에 재빨리 쯔바나가사키시(茅ヶ崎市)에 4정보의 온실을 건설하고, 완전 겹꽃 페츄니아의 채종(採種)에 들어갔던 것이다.

'종(種)의 이론', 게놈을 토대로 한 새 식물의 창조

오늘날 생명공학(바이오테크놀로지)의 기초가 되는 게놈 분석에 대해서는 세계의 생물학자가 피를 말리는 경쟁을 하고 있다. 그리고 이에 대한 기사가 연일 신문에 오르내리고 있다.**

그런데 1930년대에 이미 우장춘은 유채과(科) 식물의 게놈을 분석했다. "우장춘의 트라이앵글이론"이라고 불리는 종의 합성이론을 확립한 것이다.

유채과에 속하는 식물에는 유채, 무, 배추, 양배추, 꽃양배추(花野菜: 브로콜리), 순무(蕪) 등의 주요 작물이 많이 포함되어 있다. 우장춘은 당시 고스농사시험장에서 특히 기름을 짜는 데 알맞는 유채의 신품종 육성에 몰두

---

* 우장춘과 사카다상회와의 관계에 대해서는 須田晙一郎의 앞의 글을 참조할 것.
** 『조선일보』 2003년 4월 22일자, 『중앙일보』 2003년 4월 24일자. 올해는 마침 DNA 발견 50주년이고, 인간게놈지도를 100% 완성했다. 생명과학은 하루가 다르게 발전하고, 생물학자들의 경쟁도 피를 말리는 상태다.

하고 있었다.

우장춘은 다수확성과 조생성(早生性)을 지닌 서양 품종 유채와 일본 품종 유채의 교배를 시도했다. 그렇지만 가장 중요한 종자를 채취하는 건 매우 어려웠다. 일본종과 서양종의 게놈 수가 다르기 때문에 발생한 것이다. 그는 같은 브라시카속(brassica屬: 배추 등을 말함)의 양배추, 방울다다기양배추의 게놈 수에 주목했다. 그리고 일본종 유채에 방울다다기양배추를 교배하여 서양 유채를 합성해본 것이다. 이것은 보기 좋게 성공해 그뒤 수확기가 빨라지고 유량(油量)도 많은 우수한 품종을 속속 만들어낼 수 있게 되었다.

우장춘의 연구는 게놈설을 토대로 기존의 식물을 만들어낸 세계 최초의 사례였다. 그리고 그때까지 지구상에 없었던 새로운 식물을 창조할 수 있는 가능성을 열어보였다. 이를 통해 우장춘은 그뒤 세계의 농업연구에 크게 공헌했다. 사실 스웨덴에서는 이 이론을 이용해 양배추와 유채류를 교배해서 신품종을 만들어냈고, 캐나다에서도 내한성(耐寒性)이 강한 신품종을 육성하는 데 성공했다.

다키이종묘 농장장(農場長)으로서의 활약

우장춘은 많은 학술적 성과를 올리고 국립의 시험장에서 크나큰 공헌을 했음에도 불구하고 일본의 관료조직에 존재하는 민족 차별 때문에 제대로 승진할 수 없었다. 그의 직함은 농장장은커녕 정식 농장기사(農場技師)도 아닌, 아직도 그 조수라고 볼 수 있는 처지의 기수(技手)에 불과했다.

직장의 상사나 종묘회사의 지인(知人)들은 이것을 걱정했다. 교토(京都)에 있는 다키이종묘(龍井種苗: 현 タキイ種苗) 회사는 우장춘에게 전직할 것을 열렬히 권유했다. 그리하여 그는 1937년 다키이연구농장의 초대 농장장에 취임하게 되었다.*

63인의 역사학자가 쓴 한국사 인물 열전

이 소식을 접한 농림 관료는 그에게 같은 해 8월 25일, 하루 동안만 고스 농사시험장의 기사로 임명한다는 사령장을 교부했다. 그리고 다음날 의원 면직(依願免職)을 수락했다. 서면상으로 눈가림을 한 것이다. 우장춘은 이렇게 고스농사시험장을 뒤로 하고 교토의 나가오카(長岡)에 있는 다키이연구농장으로 연구의 장을 옮기게 되었다. 동시에 가족도 교토로 이사했다.

다키이는 우장춘에게 충분한 대우를 해주었다. 우장춘도 이에 보답하려는 듯이 자신의 특기인 브라시카류 채소(양배추, 무, 배추 등)의 F 1종(교배종)의 육성에 전력을 다했다. 특히 자신의 꽃가루 자체로는 종자를 맺을 수 없는 자가불화합성(自家不和合性)을 이용해 우량 교배종의 대량 종자 생산 체계를 확립했다. 이렇게 해서 우장춘이 '브라시카의 다키이'를 세계에 알린 공적은 이루 헤아릴 수 없을 정도로 크다.

현재도 다키이의 채소는 일본에서는 말할 것도 없이 해외에서도 지명도가 상당히 높다. 이것은 우장춘을 알아본 다키이 지사부로(龍井治三郞)의 선견지명과 전시하의 곤궁한 여건에서 8년이나 지속된 우장춘의 노력이 가져다준 선물이었다.

일본이 패전을 맛본 1945년 8월 이후 불과 1개월 만에 우장춘은 다키이를 퇴사했다. 우장춘이 다키이를 그만둔 이유에 대해서는 정확히 알 수 없다. 일설에 따르면, 다키이종묘 사장이 조선에 있는 다키이의 토지가 몰수당하지 않도록 현지에 가서 운동해 달라고 부탁했는데 우장춘이 이를 거절했기 때문에 사장과 불편한 관계가 되어 회사를 그만두었다고 한다.

어머니 나라에서 아버지 나라로의 귀환

우장춘은 다키이종묘회사를 퇴사한 뒤 4년여 동안 연구와 실험을 모두 중

---

* 우장춘과 다키이종묘회사의 관계에 대해서는 須田畯一郞의 앞의 글을 참조할 것.

단한 채 아무 일도 하지 않았다. 가족의 생활은 엉망이었다. 일본의 지인들은 우장춘의 재능을 아까워하며 도움을 주려 했지만 그는 받아들이지 않았다. 조국에 도항할 생각을 하고 한반도의 정세를 지켜보며 호기를 노리고 있었는지도 모른다.

일본의 패전으로 식민 지배에서 벗어난 한국은 1948년에 새 국가를 수립했지만, 피폐한 농촌을 일으켜 세워 식량 부족을 해결해야만 하는 급박한 상황이었다. 일제 시대에는 일본에서 다량의 종자가 공급되었기 때문에, 한국 내의 농사연구는 전혀 이루어지지 않았다. 해방 후 종자를 생산할 수 없던 한국은 밀수 등을 통해 일본에서 종자를 가져왔다. 따라서 금싸라기 같은 외화가 많이 유출되었다.

한국에서는 이 난국을 타개할 사람은 우장춘밖에 없다는 여론이 높아졌다. 그래서 이승만 대통령을 필두로 한 환국추진위원회(회장 김병규)가 조직되고 민간에서도 비슷한 운동이 일어나자, 우장춘은 그 열기에 밀려 결국 도한(渡韓)을 결심한다. 자신은 한국어를 할 수 없었음에도 불구하고, 그는 아이들의 교육 문제를 심사숙고하여 단신으로 도한하기로 마음먹었다.

1950년 3월 8일, 부산항 부두에 구름같이 몰려든 많은 관중은 우장춘을 열렬히 환호하며 맞이했다. 거리에는 '환영 우장춘 박사 환국'(歡迎禹長春博士還國)이라는 현수막이 걸렸다. 평소에는 옷 따위엔 아무런 관심도 없었던 그였지만 이날만은 모닝코트에 몸을 감쌈으로써 자신의 결의를 보였다.

열흘 후에 동래 원예고등학교에서 우장춘의 환영회가 열렸다. 이승만 대통령은 "돌아와주어 감사합니다"라는 전보를 보냈다. 한복 차림의 우장춘은 환영회 석상에서, "나는 지금까지 어머니의 나라 일본을 위해 일본인에 지지 않을 정도로 노력해왔습니다. 그러나 이제부터는 아버지의 나라 한국을 위해 일할 각오입니다. 나는 이 나라에 뼈를 묻을 것을 여러분께 약속합니다"라고 말했다. 한국어를 모르는 우장춘이 일본어로 말했는데도 열렬한 박수가 그칠 줄 몰랐다.*

63인의 역사학자가 쓴 한국사 인물 열전

우장춘은 나중에 서울에 올라가 이승만 대통령을 만났다. 그때 이승만은 "당신이 우범선의 아들인가? 잘 돌아와주었다"라고 말했다고 한다. 항일 독립운동가와 국적(國賊)의 아들이 처음 만난 기묘한 장면이었다. 이승만은 한국전쟁중에도 동래의 연구소를 방문해 우장춘을 격려한 바 있다.

아버지 나라에 뿌린 홍농(興農)의 씨앗

우장춘은 1950년 5월 10일 농업과학연구소 소장에 취임했다. 그는 자신의 말대로 밤낮없이 일했다. 연구소 조직을 정비하고 직원을 배치했다. 그리고 곧 무와 배추의 품종을 선정하고, 원종(原種)을 채종하기에 적합한 지역을 찾아 나섰다. 그런 와중에 한국전쟁이 발발했다. 부산은 직접 전화(戰禍)를 입지는 않았지만, 피난민이 대거 몰려들어 주거와 식량 등의 사정이 급속히 악화되었다. 우장춘은 이에 굴하지 않고 우량 채소 종자의 생산과 보급을 위한 연구와 실험에 몰두했다. 작업복을 입고 고무신을 신은 채 농장에서 일하는 그는 영락없이 농부의 모습 그 자체였다. 그래서 방문자들은 그에게 곧잘 "우박사는 어디에 계십니까?"라고 묻곤 했다. 제자들은 이런 스승의 지도에 열과 성을 다해 따랐다.

1951년 10월 우장춘은 제주도를 방문했다. 채소의 원종 생산과 대량 보급의 적지(適地)로 제주도를 생각한 것이다. 그렇지만 제주도는 지형이 평탄하고 곤충에 의한 교잡(交雜)이 많아 다품종을 소량씩 격리하여 생산하는 데는 부적절하다는 것을 알았다. 대신에 기후 조건이 밀감을 재배하는데 적절하다는 것을 발견하고, 관계 당국자에게 품질이 뛰어난 묘목과 재배기술의 도입, 방풍림과 방풍담의 설치 등을 요청했다. 오늘날 제주도가 밀감 생산의 본거지가 된 것은 우장춘의 선견지명 덕택이라고 할 수 있다.

---

* 우장춘의 한국에서의 활동에 대해서는 園友會, 『禹長春과 園友會』, 1984를 참조할 것.

1952년 6월 우장춘은 채소종자의 생산 적지로서 전남의 진도를 택했다. 그곳은 토질이 비옥하고 물이 풍부하며 골짜기가 많아 곤충에 의한 교잡도 방지하기 쉬웠다.

우장춘은 1953년에 국립중앙원예기술원(한국농업과학연구소의 개칭) 원장에 취임했다. 다음해에는 진도에서 상당량의 원종을 확보하는 데 성공, 종자의 생산과 공급의 길을 열었다. 또한 F1종 육성 연구도 진척시키는 한편, 농학의 폭넓은 식견을 살려 제주도를 밀감의 대생산지로 키움으로써, 그때까지 한국인이 거의 먹을 수 없었던 밀감을 대중화했다. 그는 여러 사람의 몫을 한꺼번에 해낸 것이다.

1953년 8월 18일, 일본에 남겨두고 온 우장춘의 어머니 나카가 타계했다. 향년 81세였다. 그렇지만 이승만 대통령은 그가 한번 일본에 가면 한국으로 다시 돌아오지 않을 것이라고 걱정한 나머지 출국을 허락하지 않았다. 한국의 농업 사정이 그만큼 절박했다는 것을 의미하는 에피소드이다(그런데 우장춘은 1950년 말에 둘째 딸 마사코의 결혼식에 참석하기 위해 잠깐 도일했다가 곧 귀국한 적이 있었다. 따라서 이승만이 우장춘의 도일을 허락하지 않았다는 이야기가 정말인지 어떤지는 불확실한 측면도 없지 않다). 우장춘은 존경하는 어머니의 임종을 지키지 못한 불효에 울음소리조차 낼 수 없었다.

그렇지만 한국인의 마음은 따뜻했다. 바로 농장의 강당에서 거행된 한국식 위령제에는 전국에서 참배객이 운집하고 많은 조의금이 들어왔던 것이다. 우장춘은 부의금을 모두 물이 부족해 곤란을 겪던 농장을 구하기 위해 우물을 파는 데 사용했다. 그리고 돌아가신 어머니를 생각하며 이 우물에 '자유천'(慈乳泉)이라는 이름을 붙였다. '자비로운 어머니의 젖과 같은 샘'이라는 뜻이었다. 그뒤 우장춘은 매일 이 우물의 주위를 청소하는 것으로 일과를 시작했다고 한다. 지금도 부산 동래의 '우장춘 박사 유적지'에는 이 뜻을 전하는 간판이 서 있다.

우장춘의 죽음, 조국은 그를 알아주었다

1953년 우장춘은 농림부장관의 승인을 얻어 사단법인 한국농업과학협회를 창립했다. 진도에서의 원종 대량생산 사업을 지원하고 이를 전국에 보급하기 위한 조치였다. 1954년 진도에서는 38만 석의 원종이 생산되어 협회에 건네져 전국으로 팔려나갔다. 그뒤 원종 생산은 해마다 증가했다. 1957년, 한국은 드디어 김장채소에 적당한 무, 배추 종자의 자급을 실현하게 되었다. 그리고 우장춘의 뒤를 이을 젊은 연구자들이 속속 성장했다.

이렇게 우장춘의 불굴의 노력이 일단 열매를 맺기 시작할 즈음, 병마(病魔)가 돌연히 그를 습격했다. 거국적인 정성이 담긴 의료시술의 보람도 없이, 1959년 8월 10일 우장춘은 세상을 떠났다. 신품종의 성공적인 결실을 무엇보다 기다리던 우장춘은 제자들이 병실로 가져온 생육 도중의 벼이삭을 지그시 바라보다가 조용히 숨을 거두었다. 가슴에는 대통령이 하사한 대한민국문화포상의 메달이 안겨 있었다. 한국에서 우장춘이 두번째 수상자가 된 이 메달은 그가 죽기 4일 전에 도착한 것이었다. 우장춘은 온몸을 깨끗이 씻은 후 정장을 하고 그것을 받으면서, "고맙습니다, 조국은 마침내 알아주었다……" 하며 눈물을 흘렸다고 한다. 지난날 조국을 배신했다고 일컬어지던 아버지의 행위와, 그 자식으로서 드디어 은혜를 갚을 수 있었다고 하는 생각으로, 깊은 감격을 맛보았을 것이다.

우장춘의 처 고하루는 남편이 위독하다는 연락을 받고 처음으로 한국을 방문해서 남편의 병상을 지켰다. 남편을 한국에 떠나보내고 홀로 2남 4녀의 자녀를 훌륭하게 키워낸 부인답게 그녀는 슬픔과 고통을 안으로 삼키며 우장춘과의 파란만장한 인연을 정리했다.

우장춘은 1956년경 농장을 견학하러온 여자고등학생들에게 이런 내용의 이야기를 했다고 한다. "나의 오늘이 있는 것은 두 사람의 여성 덕택이다. 한 사람은 어머니, 다른 한 사람은 나의 아내다. 어머니는 아버지가 돌아가신 뒤 어려운 생활을 혼자 꾸려 나가며, 나에게 나라를 위해 도움이 되는 훌륭한 사람이 되라고 격려해주셨다. 아내는 집안일을 책임져 내가 연구에 전념하도록 도와주었다. 인간의 능력은 한계가 있다. 나는 아내의 덕분으로 가정에 대해 걱정하지 않고 연구에만 몰두할 수 있었다. 여러분들도 나라를 위해 도움이 되는 훌륭한 어머니와 아내가 되세요."

우장춘이 사망한 뒤, 한국에서는 1960년에 대망의 배추 2품종, 양파(다마네기) 2품종, 1965년에 양배추 F1품종이 개발되었다. 그것들은 곧 각 종묘회사에 분양되어 전국으로 보급되었다. 그뒤에도 한국의 채소 육종 수준은 급속히 향상되었다. 마침내 우장춘의 꿈은 모두 달성되었다. 오늘날 한국의 김장채소 품종은 일본을 웃돌 정도의 품질을 자랑하고 있다.

우장춘의 품안에서 발전하는 한국 농학, 계승되는 흥농 정신

우장춘의 묘와 묘비 및 흉상은 한국 근대 농업의 산실이자 역사의 냄새가 물씬 풍기는 수원시 농사시험장 근처 언덕의 중턱에 자리잡고 있다. 이 묘소를 관리하는 사람들은 모두 우장춘의 후계자들이다. 모두 한국 농학의 대들보이자 우장춘의 학덕과 인덕에 심취한 사람들이다. 매년 그의 기일(忌日)에는 묘 앞에서 기념행사가 열린다. 참석자들은 묵념을 올린 뒤 그의 공적을 존경어린 어조로 기린다. 자세를 가다듬고 조용한 목소리로 대화를 나누는 참석자들의 자세에서는 우장춘에 대한 마음속부터의 사랑과 그의 업적을 계승하고 있다는 긍지가 넘쳐난다. 문외한까지도 경건한 감동을 느끼게 만드는 풍경이다. 한국의 과학기술계에서 드물게 보는 미덕이다. 아마도 한국의 농업이 존재하는 한, 그리고 한국인들이 '김치'를 즐겨 먹는 한, 이러한 풍경은 매년 계속될 것이다.

근대 한일관계사의 격랑에서 태어난 우장춘은 어머니의 '민들레 가르침'을 가슴에 새기고 세계적 육종학자가 되었다. 그리고 그는 조국에 돌아와 육종의 씨앗뿐만 아니라 육종학의 씨앗을 전국에 뿌렸다. 그리하여 우장춘이 뿌린 흥농 정신(興農精神)은 오늘날에도 민들레처럼 농학자의 가슴에서 계속 피어나고 있다.

부록

1. 연보

1898. 4. 8. 일본 東京에서 출생.

1916. 3. 19. 일본 廣島縣立 吳中學校 졸업.

1916. 4. 1. 일본 東京帝國大學 農學實科 1학년 입학.

1919. 7. 2. 同대학 同科 3학년 졸업.

1919. 8. 9. 일본 農林省 農事試驗場 雇員.

1920. 6. 7. 일본 농림성 농사시험장 技手.

1930. 12. 페츄니아 겹꽃이론 발표.

1936. 5. 4. 일본 동경제국대학에서 農學博士 학위 수여.

1937. 8. 25. 일본 농림성 농사시험장 技師.

1937. 8. 26. 일본 농림성 농사시험장 기사 사임.

1937. 9. 11. 일본 京都府 瀧井研究農場長 취임.

1945. 9. 2. 일본 京都府 瀧井研究農場長 사임.

1945. 10. 1. 일본 京都府 乙訓郡 長法寺에서 농장을 自營.

1950. 3. 8. 귀국.

1950. 5. 10. 한국농업과학연구소 소장.

1952. 8. 4. 농업재건임시위원회 위원 위촉.

1953. 1. 8. 임시 농업지도요원 양성소 부소장.

1953. 8. 1. 중앙원예기술원장.

1954. 4. 20. 학술원 추천회원 당선.

1956. 4. 20. 농림기술공무원 표창 수여.

1957. 8. 2. 고등고시 제3회 技術科위원.

1957. 12. 23. 제1회 부산시 문화상(과학상) 수여.

1958. 1. 23. 園藝試驗場長 취임.

1959. 8. 10. 서울에서 사망.

2. 주요 논문

우장춘, 「種子로서 鑑別할 수 있는 나팔꽃 품종에 특성에 대하여」, 일본 『遺傳學雜誌』, 1926.

우장춘·射尾博, 「페츄니아에 있어서의 白綠綠心型斑葉의 芽條變異 및 母親遺傳」, 일본 『遺傳學雜誌』 4-2, 1929.

우장춘, 「페츄니아에 있어서의 自家不稔性의 遺傳現象」, 일본 『遺傳學雜誌』 4-3, 1929.

_____, 「나팔꽃에 있어서 突然變異의 發現에 關한 硏究」, 일본 『遺傳學雜誌』 6-3, 1930.

_____, 「나팔꽃 松葉型의 常變性 突然變異에 對하여」, 일본 『遺傳學雜誌』 6-3, 1930.

_____, 「나팔꽃에 있어서의 Haploid 植物의 發生」, 일본 『遺傳學雜誌』 6-4, 1930.

_____, 「페츄니아에 있어서의 重瓣花의 遺傳」, 일본 『遺傳學雜誌』 6-4, 1930.

_____, 「油菜品種의 特性調査」, 일본 『農事試驗場彙報』 1-4, 1931.

우장춘·永松土己, 「油菜의 캄페스트리스品種과 나프스品種과의 結實性 및 自然交雜에 關한 差異에 對하여」, 일본 『農事試驗場彙報』 2-1, 1932.

_____, 「On the reappearance of haploid in the Japanese Morning Glory」, 일본 『植物學雜誌』 6-2.

_____, 「*Brassica campestris L.*과 *B. oleracea L.*과의 雜種에 있어서의 細胞遺傳學的 硏究」, 일본 『遺傳學雜誌』 9-3, 1934.

_____, 「Genome-analysis in *Brassica* with special reference to the experimental formation of *B.napus* and peculiar mode of fertilization」, 일본 『植物學雜誌』 7-3, 1935.

우장춘·赤藤克己, 「油菜苗의 節間伸長과 그 解剖的 特徵」, 일본 『農業及園藝』 10-12, 1935.

우장춘·永松土己·水島宇三郎, 「A Report on M iosis in the two Hybrids, *Brassica alba Rabh.* ♀×*B. oleracea L.* ♂ and Eruca sativa Lam. ♀×*B. oleracea L.* ♂」, 일본 『國際細胞學雜誌』 藤井博士記念號, 1937.

우장춘·水島宇三郎·齊藤淸, 「On Diploid and Triploid Brassica-Raphanus Hybirds」, 일본 『國際細胞學雜誌』 8-2, 1937.

_____, 「菜蔬의 育種技術」, 일본 『農業及園藝』 20-7·8, 1945.

우장춘·藤原弘俊, 「프리무라(姬櫻草) *Primura malacoidis* Franch.의 二倍體×四倍體 F1에 있어서의 核學的 觀察」, 일본 『遺傳學雜誌』 25-3·4, 1950.

3. 「페튜니아에서의 겹꽃의 유전」(『遺傳學會雜誌』 6-3·4, 1930)

페튜니아(Petunia hybrida, Hort.)에 대해, 홑꽃식물과 겹꽃식물과의 사이 및 겹꽃식물과 겹꽃식물과의 사이에 교배를 했다. 그리하여 전자에서는 다수의 교배종을 얻었어도, 후자에서는 성공보합이 매우 낮아서 결실한 것은 단 2종뿐이었다.

홑꽃(우)×겹꽃(우)에서는 홑꽃과 겹꽃으로 분열하고 양자의 비율은 약 1:1이었다. 그 겹꽃을 임의의 홑꽃에 교배한 결과는 다시 1:1의 벼율로써 홑꽃과 겹꽃으로 분열했다.

겹꽃(우)×겹꽃(우)의 교배는 홑꽃과 겹꽃이 약 1:3의 비율로 생겼다. 그 겹꽃을 임의의 홑꽃으로 교배하니 겹꽃식물 중에는 성질을 달리하는 2종의 것이 존재함을 알았다. 즉 하나는 겹꽃과 홑꽃을 1:1로 분리한 것이고, 다른 하나는 겹꽃만이 생긴 것이다. 그리하여 양자의 비율은 1:1이었다.

이 실험에서 처리한 개체 수는 비교적 소수이기 때문에 더 한층 정확한 실험을 행할 필요가 있지만, 위의 사실에서 다음과 같이 추정할 수 있다. 즉 이 경우에 겹꽃성은 홑꽃성에 대해 우성으로서, 單因子性의 유전행동을 취하는 것이 된다.

4. 우장춘 관계 자료

(1) 단행본

· 角田房子, 『わが祖國 ─禹博士の運命の種』, 株式會社新潮社, 1990〔오상현 역, 『(우장춘 박사 일대기) 조국은 나를 인정했다』, 교문사, 1992〕.
· 김교식, 『한국의 인물 11 ─우장춘』, 계성출판사, 1984.
· 김태욱, 『인간 우장춘』, 신원출판사, 1985.
· 백시억, 『푸른들녘 2 ─육종학자 우장춘』, 대교출판, 1988.
· 우장춘 박사 회갑기념논문집 편찬위원회, 『우장춘 박사 회갑기념논문집』, 1958.
· 원우회, 『4월의 문화인물 '禹長春 博士' 기념논문집 ─UR 對應作物育種에 관한 심포지엄』, 원우회(한국원예학회), 1992.
· 이정식 등, 『禹長春과 園友會』, 원우회, 1984.

(2) 논문·설림·기사

· 김영진, 「解放 40년 한국 인물 40選 ─禹長春」, 『政經文化』, 1985.
· 김진국, 「세계에 떨친 育種의 權威=禹長春」, 『歷史의 人物 9』, 일신각, 1979.
· 김태욱, 「禹長春 博士의 歷史的 比重과 그 位置」, 『農村經濟』, 제8권 제1호, 1985.
· 김현권, 「禹長春 博士의 生涯와 그 業績」, 『教育評論』, 1964.
· 박성래·신동원·오동훈, 「겨레의 농학자 우장춘」, 『우리과학 100년』, 현암사, 2001.
· 한겨레신문사, 「헐벗은 식탁을 기름지게 하다 ─우장춘」, 『발굴 한국현대사 인물 1』, 한겨

레신문사, 1991.

· 홍영표, 「원예계의 큰별 고 우장춘 박사」, 『화훼협회보』, 1983.

· 須田暎一郞, 「特集 日韓に生きた偉大なる植物學者 禹長春博士のおおいなる足跡」, 『園藝
通信』 11, 2001.

· 문교부, 『도덕 6-1』, 138~139쪽, 단기 4294년

· 문교부, 『도덕 6-1』, 130~131쪽, 1962.

· 『조선일보』 1958.1.12., 1959.7.19., 1959.8.11., 1959.8.13., 1959.8.10., 1959.8.09.,
1959.8.08., 1959.8.11., 1959.8.13., 1960.4.9.

· 『동아일보』 1950.1.22., 1950.1.21., 1950.2.25., 1950.3.20., 1950.3.22., 1950.3.10.,
1959.8.8., 1959.8.11., 1959.8.12., 1959.8.13., 1959.8.10., 1959.8.11., 1959.8.14.

· 『영남일보』 1955.7.30.

· 『한국일보』 1959.8.8., 1959.8.11.

(3) 시청각 자료

· KBS, 『한국 근대농업의 개척자 우장춘』(비디오), 한국방송사업단, 1989.

· NHK Special, 『我が祖國、ある日本人、禹長春』, 1991.2.22.

윤보선 尹潽善

꺾이지 않는, 그러나 시류에 흔들린 야당의 지도자

박태균 서울대학교 국제대학원 교수

1. 명문가인가, 친일파 가문인가

임시정부의 최연소 의정원 의원이자 민주당 정부에서 대통령을 역임했던
윤보선(尹潽善, 1897~1990)은 1897년 8월 26일 충남 아산에서 태어났다.
그의 아버지 윤치소(尹致昭)는 개화파의 거두(巨頭)이자 친일 행위로 유명
한 윤치호(尹致昊)의 사촌동생으로, 아산의 만석꾼이었다. 어머니 이범숙
(李範淑) 또한 만석꾼의 딸이었으며, 윤보선은 6남 3녀 가운데 맏아들로 태
어났다. 본관은 해평(海平)이다.

    윤보선의 가문은 장수한 것뿐만 아니라 한 가문에서 많은 유명 인사가
배출된 점으로도 유명하다. 윤보선의 사촌만 보더라도 윤일선(尹日善)은
서울대 총장과 원자력병원장을, 윤유선(尹裕善)은 동경제대를 나와 보건사
회부 의정국장과 국립보건원장을 지냈다. 윤보선의 당숙 윤치호의 아들인
윤영선(尹永善)은 농림부장관과 민의원을 역임했고, 윤기선(尹琦善)은 미
국에서 유명한 피아니스트로 활약했다. 그의 숙부인 윤치영(尹致暎)은 이

승만의 비서실장과 내무부장관, 국회부의장, 공화당 의장, 서울시장, 전두환의 국정자문의원 등으로 활약했다.

반면에 윤보선의 가문은 친일파 가문으로도 유명하다. 그의 큰조부 윤웅렬(尹雄烈)은 임오군란 때부터 친일파로 명성을 날렸다. 그는 1856년 무과에 합격한 이래 개화파와 가까이 지내면서 출세일로를 달렸고, 갑신정변이 실패하자 귀향을 살다가 친일 내각인 김홍집(金弘集) 내각에서 경무사와 군부대신을 지냈다. 춘생문 사건*으로 잠시 정치적인 좌절을 겪지만, 한일합방 이후 합방 은사금 2만 5천 엔과 남작의 작위를 받았다. 윤웅렬의 동생이자 윤보선의 조부인 윤영렬(尹英烈)은 구한말 육군참장을 지냈으며, 박영효(朴永孝)가 내부대신일 때 안성군수 겸 삼남 도포사를 지냈다.

윤보선의 당숙인 윤치호는 개화사상의 개척자 가운데 한 사람이면서도, 친일 행위로 유명하다. 구한말 중추원 부의장과 독립협회 부회장, 독립신문 사장을 지낸 그는 105인사건 이후 정치적인 전향을 경험하고, 그뒤 적극적인 친일을 하기 시작했다. 그는 3·1운동을 반대하며 교풍회, 국민협회, 대동동지회 등의 친일 단체를 이끌었다. 1940년 이후에는 중추원 고문, 일본 귀족원 의원 등을 지냈다.

윤보선의 백부인 윤치오(尹致旿)는 한일합방 후에 중추원 찬의(贊議: 3·1운동 전의 중추원 명예직으로, 3·1운동 후에는 참의로 바뀜)를 지냈으며, 아버지 윤치소는 조선상업은행 감사역, 중추원 참의, 군용기 헌납기성회 집행위

윤보선 가문 가계도

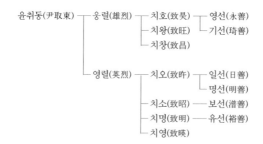

63인의 역사학자가 쓴 한국사 인물 열전

원을 역임했다.

　이와 같이 윤보선의 가문에 대한 평가는 빛과 그림자가 교차한다. 한편에서는 한국 근현대사에서 중요한 구실을 한 인물들이었다는 평가를 하는 반면, 다른 한편에서는 친일파 가문이라고 비판한다. 이러한 평가는 물론 윤보선의 가문에만 해당하는 것은 아니다. 한국 근현대사의 격동기를 거치면서 이렇게 빛과 그림자가 교차하는 가문이 적지 않다. 미군정에서 수도경찰청장을 지냈으며 이승만 정부에서는 국무총리를 역임했던 장택상(張澤相), 식민지 시기 동아일보를 창간하고 8·15광복 후에는 한국민주당의 산파역을 맡았던 김성수(金性洙) 등의 가문도 예외 없이 상반된 평가를 받는다.

　이러한 가문의 영향 때문일까? 비록 친일 논란은 없지만, 윤보선에 대한 평가 또한 엇갈린다. 한편에서는 정통 야당을 고수하며 독재 정권에 반대하는 민주화운동을 주도했던 인사로, 다른 한편에서는 한국의 민주주의를 지켜내지 못하고 군부에 정권을 넘겨주었던 나약한 정치인으로 그려진다. 이 글에서는 이처럼 상반된 평가를 받는 윤보선의 생애를 먼저 살펴보고, 그의 정치 활동 가운데 논란이 되는 5·16쿠데타와 관련된 부분을 살펴보도록 하겠다. 이 글에서 5·16쿠데타와 관련된 부분을 한 장으로 따로 다룬 것은, 이 사건으로 그의 전체를 평가할 수는 없지만 그가 펼친 정치 활동의 특징을 가장 잘 보여주는 사건이라고 판단했기 때문이다.

2. 대통령이 된 부잣집 아들

10세 때 서울로 이사한 윤보선은 교동보통학교를 졸업하고, 일본인 거류민

---

* 춘생문 사건은 1895년 을미사변으로 민비가 시해된 이래 계속 궁궐을 장악하고 있던 친일 세력에 연금 당하다시피 억눌려 있던 고종이 친미파 계열 인사들에게 밀지를 내려 왕궁 밖으로 탈출하려 했던 사건이다. 왕의 밀지를 받은 사람들은 800명의 병력을 동원하여 경복궁의 춘생문으로 갔지만 결국 실패했고, 관련자들은 왕의 관련 사실을 누설하지 않은 채 처형당했다.

이 설립한 일출(日出)소학교에 5학년으로 편입해 2년 뒤에 졸업했다. 그뒤 도쿄(東京)로 건너가 게이오(慶應)의숙 의학부와 쇼츠쿠(正則)학원에 입학했으나 졸업장을 받지는 못했다. 그의 회고에 따르면, 1911년 중국에서 일어났던 신해혁명에 자극을 받아 학업을 마칠 수 없었다고 한다.

귀국해서 집에 머물던 그는 20세가 되던 1917년 여운형(呂運亨)과 함께 상해(上海)로 갔다. 윤보선은 회고록에서 상해로 간 것과 관련하여 독립운동을 위해서였다고 썼지만, 당시 여운형 또한 미국으로 유학가기 위해 중간 기착지로 상해를 선택했던 만큼, 뒤에 미국으로 건너가 학업을 계속할 생각이었던 것으로 보인다. 그곳에 머물던 그는 일본에 있던 동생을 통해 임시정부의 정치 자금을 조달했고, 임시정부의 최연소 의정원 의원에 선출되었다.

임시정부에서 시작된 그의 독립운동은 22세였던 1921년부터 시작된 유학 생활로 말미암아 오래 지속되지는 않았다. 윤보선은 당숙인 윤치왕(尹致旺)이 공부하던 영국으로 건너가 우드블록 대학에서 약 1년 동안 영문학을 공부하고, 다시 에든버러 대학에 입학해서 고고학을 공부했다. 본인의 회고에 따르면 "인간으로서 내용을 충실히 하고 인간의 도리를 깨우쳐주는 학문"으로 순수과학을 할 생각이었으며, 그 가운데 고고학을 택했다고 한다.

6년간의 대학 생활을 마치고 유럽을 여행하며 지내던 그는, 생활비가 떨어지자 1932년에 귀국했다. 그뒤 자신이 귀국할 때 품었던 포부, 즉 가산의 일부를 양도받아 다시 해외로 나가서 독립운동을 하겠다던 포부를 펴지 못하고 은둔 생활에 들어갔다. 그는 귀국한 뒤 23년 동안 서울과 아산에 있는 집에 머물면서 시간을 보냈다. 그런 와중에 폐렴을 앓기도 했는데, 당시 그의 생활은 대부분 조부모에게 문안 인사하러 찾아오는 친구들과 이야기를 나누는 것이었다. 때로는 함경남도 안변군에 있는 별장에 내려가서 지내기도 했다. 미니 골프장을 갖추고 석왕사(釋王寺)에서 가까운 곳에 있던 이 별장은 은둔하기에 너무나 좋은, 당시로서는 어마어마한 곳이었다.

부유한 가정에서 태어나 그 환경에서 귀족적인 취미를 잃지 않았던 윤보선의 식민지 시기 생활은 광복과 함께 다른 환경을 맞이한다. 해방이 되자 곧 정치 활동에 뛰어들었던 것이다. 당시 우익 정치 세력의 중심 역할을 하면서 미군정의 '여당'으로 평가받았던 한국민주당(1945년 8·15광복 후 자유 민주주의를 지향하는 민족주의 보수 세력이 결집해서 창당한 정당)에 적극적으로 참여했다. 광복 직후 백남훈·허정·김도연·장덕수·윤치영 등과 한국국민당을 결성하고, 미군이 진주(進駐)하자 곧 다른 우익 세력과 손을 잡고 한국민주당을 창당한 것이다. 그는 곧 미 군정청 농상국 고문으로 임명되어 처음으로 정부의 중앙 행정과 관련된 일을 맡았다. 농업 문제에 관한 전문 지식도 없고 지주의 아들이었던 그가 농상국에 관계한 것은 유학 생활에서 익힌 그의 뛰어난 영어 실력 덕분이었을 것으로 추측된다.

윤보선의 초기 정치 활동에서 눈에 띄는 것은 한국민주당 소속인데도 이승만과 가깝게 지냈다는 점이다. 그가 운영했던 『민중일보』가 친이승만적인 논조를 띠었다는 사실도 이를 잘 보여준다. 그러나 한국민주당과 이승만이 그리 편한 관계는 아니었다. 한국민주당은 이승만과 같은 우익의 중심 세력이었으며 이승만을 총재로 추대하려 했지만, 실제 두 세력의 관계는 그렇게 좋지 않았다. 1946년 좌우합작위원회가 활동하면서 이승만과 한국민주당의 관계는 악화되었고, 1948년 총선을 앞두고는 정국의 주도권을 장악하기 위해 경쟁자가 되었다. 결국 한국민주당은 1948년 5·10선거에 참여한 유일한 정당이면서도 선거 후에 수립된 대한민국에서는 이승만에게 버림받은 야당으로 활동할 수밖에 없었다. 이처럼 이승만과 한국민주당의 불편한 관계 속에서도 그는 이승만과 긴밀한 관계를 유지했던 한국민주당의 몇 안 되는 사람 가운데 하나였다.

윤보선은 제헌의원 선거 때 충청남도 아산에서 한국민주당 후보로 출마했지만, 7명의 후보 중 4등으로 낙선했다. 선거 이후 이승만이 제헌국회 의장에 당선되자 잠시 비서로 활동했던 윤보선은, 1948년 12월 서울시장에 취임했다. 서울시장을 맡고 그가 처음 했던 활동은 "청소를 깨끗이" 하자는 것이며, 신생활운동을 추진하고자 했다.

그가 맡은 서울시장직은 눈에 보이는 활동일 뿐, 그의 진정한 활동은 집에서 이루어졌다. 종로구 안국동 88번지에 있던 그의 집 번지수를 따서 만든 이른바 '8·8구락부' 활동이 그것이다. 허정(이승만 정부에서 교통부장관, 외무부장관, 4·19 시기 과도 정부 수반 역임), 김효석(내무부장관 역임, 납북), 이기붕, 오위영(원내 자유당의 핵심 인사), 신성모(이승만 정부에서 국방부장관 역임), 장기영(한국일보 사장, 한국은행 총재, 경제기획원 장관 역임) 등이 그의 집 사랑방에 모여 정국의 주요한 현안들을 논의했고, 그것을 정부의 정책으로 반영했다. 일설에는 8·8구락부에 당시 우익 청년단 관련자들도 관계했다고 하지만, 명확하지는 않다.

이 시절 윤보선은 부친이 설립한 안동교회에서 인연을 맺은 공덕귀 씨와 결혼했다. 19세 때 치른 첫 결혼에 실패했던 그는 30여 년을 독신으로 지내다가 50세에 다시 새신랑이 되었다. 결혼 직후인 1949년 6월, 그는 상공부장관에 임명되었다. 윤보선은 여러 가지 문제를 일으켰던 초대 장관 임영신이 사임한 뒤에 장관에 임명되었지만, 당시 한국의 경제 재건과 관련된 재정문제를 장악하고 있던 미국 대사관의 경제협조처(Economic Cooperation Administration)와 한국 정부 사이의 갈등으로 말미암아 경제 재건을 위한 정책을 실행할 수 없었다. 그는 이 시기에 초대 한영(韓英)협회 회장을 지내기도 했다.

그는 상공부장관 시절 이승만과 갈등을 겪으면서 또 다른 정치적 전환을 했다. 그 가운데 하나는 경성전기주식회사 사장직을 둘러싼 갈등이었다. 윤보선은 경성전기주식회사의 사장을 바꾸라는 이승만의 지시를 따르지 않았다. 미국의 원조로 들여온 생고무 배급권을 주무 장관인 윤보선과 상의 없이 이승만이 직접 금융조합연합회로 옮긴 것도 이러한 갈등 중에 하나였다. 이기붕(李起鵬)의 부인이자 프란체스카의 친우였던 박마리아가 경무대에 출입할 당시, 대통령 책상 위에서 "윤보선은 내 말 안 듣는 사람이다"라고 빨간색 잉크로 적은 내용을 보았던 것도 이 시기다.

1950년 5월 상공부장관에서 사임한 뒤 잠시 대한적십자사 총재로 재직했던 그는, 1954년에 실시된 제3대 총선에서 국회의원에 출마했다(종로 갑구). 그는 이때 다른 후보자들을 두 배 이상의 득표수로 따돌리며 당선했다. 그러나 이 선거로 말미암아 같은 지역구에서 출마했으며 후에 민주당에서 함께 활동한 주요한·박순천(朴順天)과는 앙숙이 되었다. 한국민주당의 후신인 민주국민당의 후보로 출마해서 당선된 그는 곧이어 진행된 민주당 창당 과정에 참여했다. 그리고 새로 창당된 보수 야당 민주당에서 새롭게 합류한 신파에 맞서는 한국민주당 출신 구파 지도자의 한 사람으로 떠올랐다.

윤보선은 이때부터 독재 정권에 맞서는 이른바 '민주화 투쟁의 지도자 가운데 한 사람이요, 정통 보수 야당의 지도자로 활동했다. 초기에 그의 국회 활동은 눈에 띄지 않았지만, 구파의 지도자였던 신익희(申翼熙)와 조병옥(趙炳玉)이 각각 1956년과 1960년 대통령 선거 직전에 사망하자 그가 지도자로 떠올랐던 것이다. 이미 일제 식민지 시기부터 신익희와 친분을 맺었고, 한국민주당의 창당 멤버로 참여한 그가 구파의 일원이 된 것은 어쩌면 당연한 일이었다. 구파는 신파와는 달리 친일 활동을 했던 인사들이 많지는 않았지만, 식민지 시기에 지방 유지였거나 만석꾼의 후손들이 많이 참여했다. 그러나 그가 구파의 지도자가 되는 바로 그 순간, 그는 곧 민주당 내부 신구파 간에 일어나는 진흙탕 싸움의 중심에서 활약하는 정치꾼이 되었다.

1958년 민주당 중앙위원회 의장, 1959년 민주당 최고위원에 선출된 그는, 4·19혁명이 일어나고 이승만 정권이 무너지자 곧 정치 지도자로 급부상했다. 부통령인 장면(張勉)을 중심으로 이승만 정부에 정면으로 도전하던 신파에 비해 구파는 자유당의 온건파와 함께 3·15부정선거 직전에 내각책임제 개헌을 추진했기 때문에, 4·19혁명 때 적극적으로 나설 처지가 아니었다. 따라서 윤보선의 구파는 대통령중심제보다는 내각책임제로 개헌할 것을 적극 추진했다.

4·19혁명 직후에 실시된 7·29총선에서 민주당이 압승을 거두자, 그는 곧 구파의 지도자로서 내각책임제의 대통령으로 선출되었다. 윤보선이 그 당시 신파와 구파 양쪽의 지지를 받으면서 대통령이 된 사실은 한편으로는 그의 지도력을 보여주는 일이었지만, 다른 한편으로는 대통령직과 총리직을 모두 장악하려는 구파와 대통령직을 양보하고 실권을 갖는 총리직을 장악하려는 신파 사이의 보이지 않는 타협이 성립했기 때문이다.

3. 야당 지도자에서 민주 투사로

우여곡절 끝에 신파의 장면이 국무총리에 당선되자 구파와 신파 사이의 갈등은 첨예화되었고, 결국 윤보선을 중심으로 하는 구파는 1961년 2월 민주당과는 별도로 신민당을 결성했다. 신민당은 일당(一黨)의 독선적인 행위를 막는 건전한 야당으로 활동하겠다고 선언했지만, 사실은 신파 정권을 교체하기 위한 정치적 노력의 하나였다. 뒤에 밝히겠지만, 이것이 결국은 5·16쿠데타와 관련된 윤보선을 둘러싼 논쟁의 시발점이었다.

쿠데타 이후에 수립된 군정(軍政)의 민정 이양(民政移讓)을 둘러싸고 논란이 계속되던 1963년 여름, 구 민주당 세력은 민정 이양을 위한 선거 준비에 들어갔다. 선거 결과에 따라 한국 정부가 다시 군인들의 손에 들어가느냐, 아니면 민간인들에게 돌아오느냐를 가늠할 수 있는 중요한 선거였다. 그러나 구 민주당 세력은 다시 사분오열되었고, 제대로 선거 유세를 할 시간조차 없었다. 이 과정에서 민정당(民政黨) 후보로 출마한 윤보선이 단일 후보가 되었지만, 선거 결과는 15만 표 차이의 패배였다.

15만 표는 역대 선거 가운데 가장 적은 차이였지만, 윤보선 진영에서 일으킨 색깔 논쟁을 감안하면 두말 할 것도 없는 패배라고 볼 수 있다. 윤보선 진영은 박정희(朴正熙)를 만나기 위해 북한에서 내려온 황태성*의 존재를 두고 시비를 걸었고, 박정희가 여순 사건(여수·순천 사건. 1948년 10월 20일

전남 여수에 주둔해 있던 국군 제14연대 일부가 일으킨 반란 사건)으로 말미암아 숙군(肅軍: 군의 기강을 바로잡음) 대상이었던 사실까지 폭로했다. 박정희의 좌익 전력은 반공 이데올로기에 젖어 있던 당시의 한국 사회에서 치명적인 약점이었다. 그러나 국민들은 집안 싸움을 하기에 바빴던 구 민주당 세력보다는 박정희의 손을 들어주었다.

대통령 선거에서 패배한 구 민주당 세력은 다시 분열되어 집안 싸움을 계속했다. 그뒤 1965년에 이르러서야 한일협정 반대 투쟁으로 통합의 기틀을 마련하여 신민당을 결성하고, 윤보선이 다시 한번 대통령 후보로 입후보했다. 그러나 이번에는 1963년 선거보다 더 큰 차이(100만 표)로 낙선했다. 박정희의 경제개발 계획을 내세운 선거 전략이 성공했을 뿐만 아니라, 윤보선은 그에 대한 대안을 제시하지도 못했기 때문이다. 그뒤 윤보선은 정치 일선에서 한 걸음씩 물러나기 시작했다. 이미 70에 가까운 나이였고, 더 이상 국민에게 다가갈 수 있는 지도자의 위치를 유지할 수 없었다.

그런데도 그는 정치 지도자의 꿈을 버리지 않고, 신민당에서 탈당한 뒤 1970년 국민당을 조직했다. 당시 여론은 윤보선의 신민당 탈당을 이해할 수 없다고 했지만, 일부에서는 윤보선의 정치적인 '감'을 감안하면 국민당이 새로운 선명 야당의 바람을 몰고올 것이라고 기대했다. 그의 신민당 탈당은 당시 당을 장악했던 유진산(柳珍山) 총재와의 갈등이 주요 원인이었다. 유진산은 당시 '사쿠라' 논쟁**에 휘말렸으며, 신민당의 당권을 장악한 뒤 대통령 후보 선출을 좌우하고 있었다. 유진산과 윤보선의 갈등은 이미

* 黃泰成은 박정희의 친형이었던 박상희와 함께 대구 지역에서 공산주의운동을 하다가 월북하여 북한의 무역성 부상을 지낸 인물로, 5 · 16쿠데타 이후 밀사로 내려왔다가 잡혀서 처형당했다. 대통령 선거시에 그의 존재가 알려지면서 급하게 사형이 집행된 것으로 알려지고 있다.
** 다른 목적을 가지고 한 정당에 속해 있는 정치인을 '사쿠라'라고 하는데, 야당 지도자로서 정치적인 술수에 능했던 유진산은 '사쿠라'라는 비난을 받았다. 이에 유진산은 다른 정치인들 모두가 사쿠라라고 비난하며, "내가 죽은 후에 사쿠라로 판명되면 내 무덤에 침을 뱉어라"라고 했다. 이것을 소위 '사쿠라 논쟁'이라고 한다.

1960년대 중반부터 계속되어온 뿌리 깊은 것이었다.

국민당은 "민주운동, 민족운동, 양심운동"이라는 기치 아래 신민당을 사이비 야당으로 규정하고, 박기출(朴己出)을 대통령 후보로 내세웠다. 1950년대에 혁신 정당으로 활동했던 진보당의 부통령 후보 박기출을 영입하여 대통령 후보로 내세운다는 것은 가히 획기적인 일이었다. 비록 1971년의 대통령 선거가 박정희와 김대중 사이의 전투로 막을 내려 국민당의 박기출 후보가 군소 정당의 대통령 후보로 전락하고 말았지만, 새로운 시대에 새로운 인물을 내세우겠다는 윤보선의 주장을 뒷받침하는 일이었다.

국민당은 이범석을 대통령 후보로 추대하려고 했지만, 당내 진통으로 혁신운동을 했던 박기출을 영입, 대통령 후보로 내세웠다. 박기출의 영입은 곧이어 장기영 등 보수적인 인사들의 탈당을 불러왔고, 급기야는 정치 투쟁 사이에서 대통령 후보가 국민당을 탈당하는 사태까지 불러왔다. 이러한 과정에 염증을 느낀 윤보선은 스스로 국민당에서 탈당했고, 유신(10월유신, 1972년 10월 17일 박정희가 장기집권을 목적으로 단행한 초헌법적 비상조치) 직후인 1973년 6월 국민당이 해체되었으며, 그해 7월 등록이 취소되었다.

국민당에서 쓰라린 경험을 한 윤보선은 또 한 차례 인생을 바꿀 기회를 맞는다. 곧 유신독재에 저항하는 민주화 투쟁에 전격 뛰어든 것이다. 흥미로운 점은 1970년 국민당을 창당하면서 김대중 신민당 후보가 대통령 선거에서 제휴를 주장했을 때 이를 단호히 거절했던 윤보선이, 이 시기에는 김대중과 함께 반유신 민주화운동에 적극 나섰다는 점이다. 그 출발점은 민청학련(民青學聯) 사건이었다.

1974년 민청학련 사건이 유신 정권에 의해 조작되는 과정에서 윤보선은 민청학련을 지원했다는 이유로 기소되었고, 학생들을 배후에서 조정해 내란을 선동했다는 혐의로 징역 15년이 구형되었다. 그는 결국 집행유예로 풀려났지만, 곧이은 유신헌법 찬반 투표에 대해 투표 거부권운동을 전개했고, 1975년 3월 1일 3·1운동 정신을 되살려 민주 회복을 이루어야 한다는 성명을 발표했다. 그의 성명은 유신체제에서 어둠을 밝히는 하나의 촛불이었다.

이후 그는 1975년 4월 김영삼·김대중과 함께 야당 통합회의를 이끌었고, 같은 해 11월에는 함석헌·김대중과 함께 민주회복 국민협의회를 설립하여 공동 의장이 되었다. 1975년 3월에는 민주회복 국민협의회에서 헌장을 선포하여, 첫째 폭력을 사용하지 않는 비폭력 저항, 둘째 시민 불복종운동, 셋째 민주 세력간의 총단결 등을 주장했다. 그리고 이듬해 3월 1일에는 김대중, 함석헌, 안병무, 이문영, 이태영, 이우정 등과 함께 역사적인 '3·1 구국선언'을 발표했다. 3·1구국선언은 긴급조치 9호 아래에서 나온 것으로 유신체제의 종말을 알리는 신호탄이었다. 이 사건은 유신체제에 반대하는 인사들이 정치적인 노선과 견해에 상관없이 하나가 되는 중요한 계기였다.

이후 일본의 후쿠다 수상에게 유신체제를 비난하며 협조하지 말 것을 부탁하는 서신을 보내 화제가 되었던 윤보선은 1979년 3월 함석헌·김대중과 함께 민주통일 전국연합회를 조직했다. 민주통일 전국연합회 성명서에는 남북간의 평화 통일은 민족의 최고 지상 과제이며, 이러한 통일은 국민의 주권 행사를 바탕으로 한 민주적인 정부에 의해 이루어져야 한다는 획기적인 내용을 담고 있었다. 이러한 활동은 결국 YH 사건, 김영삼 총재 제명, 부마항쟁, 그리고 10·26사건으로 이어지면서 유신체제의 종말을 가져왔다.

유신체제가 무너진 뒤 또다시 통일주체국민회의에서 대통령을 선출하려고 하자, 윤보선과 함석헌을 중심으로 하는 재야 세력들은 1979년 11월 24일 명동 YWCA 강당에서 위장 결혼식을 통해 이에 반대하는 운동을 전개했고, 이들은 이 사건으로 기소되었다. 당시 그는 벌써 80이 넘었다. 주목되는 점은 유신체제에서 민주화 투쟁과 관련된 윤보선의 활동에 많은 관심을 기울였던 미국의 국무부가 이 사건과 관련해서는 어떠한 논평도 내지 않았다는 점이다.

4. 5·16쿠데타와 윤보선

윤보선의 생애에서 가장 극적인 순간은 5·16쿠데타가 일어난 직후였다. 쿠데타가 일어난 순간, 그는 국가의 최고 지위에 올랐다. 물론 당시 상황에서 헌법상의 국정 통솔권은 국무총리인 장면에게 있었다. 그러나 장면은 쿠데타가 일어난 직후 수녀원에 숨어버렸다. 이제 그의 손에는 두 가지 중요한 선택권이 쥐어졌다. 하나는 그가 쿠데타 진압을 명령하고 헌정 질서를 회복하는 것이었고, 다른 하나는 지도력을 상실한 장면 정부를 포기하고 쿠데타를 인정하는 것이었다.

쿠데타가 일어난 직후 유엔군 사령관 매그루더와 주한 미국 대리대사 그린은 윤보선을 찾아갔다. 1961년 5월 17일 아침 11시에 일어난 일이다. 두 사람은 쿠데타에 대한 대통령의 견해를 듣고자 했다. 이 자리에서 두 사람은 윤보선에게서 충격적인 말을 들었다.

> 대통령은 그의 견해가 매그루더 장군과 나의 견해와는 다르다고 말했다. 현정부에 대한 불만과 환멸은 광범위하게 퍼졌으며, 국민들은 더 이상 장면 내각의 약속을 믿지 않는다고 주장했다. 헌법은 고통을 충분히 줄이지 못했고, 약속한 실업 문제를 해결하는 데 실패했다. 그는 매우 심각하게 부패했으며, 중석 스캔들*에서 증명된 바와 같이 정부 고위직 사이에 확산되었다고 느꼈다. 대통령은 한국은 강한 정부를 원하며, 장면은 스스로 그러한 지도력을 제공하기에는 부족하다는 점을 증명했다고 말했다.
>
> 대통령은 장도영과 박정희가 국방부장관 현석호, 그리고 다른 한국군 참모들과 함께 그들의 입장과 그의 지지를 요청하기 위해 오늘 아침 일찍 그를 방문했다고 말했다. 박정희와 한 중령(유원식: 필자 주)은 적극적인 쿠데타 지도자들이고, 다른 사람들은 어느 정도 애매한 입장을 갖고 쿠데타를 수동적으로 지지한다는 인상을 받았다. 그는 이 그룹들에게 어떠한 약속도 하지 않았시

만, 자신이 직위에서 물러나야 할 어떠한 조치도 있어서는 안 된다는 말도 하지 않았다고 했다. 대통령은 이 문제를 해결하기 위하여 국회 안팎에 있는 지도자들을 포함하는 초당적인 거국 내각을 구성해야 한다고 말했다.

당시 매그루더 유엔군 사령관은 쿠데타가 한국민들의 지지를 받지 못한다면, 이를 진압할 수도 있다는 입장이었다. 물론 여기에는 미국 행정부의 허가가 필요하지만, 유엔군 없이 한국군만을 동원하더라도 3,000여 명이 동원된 쿠데타군을 진압하기는 어렵지 않은 상황이었다.

그러나 헌법에 의해 선출된 대통령이 헌법에 의해 구성된 정부가 무너지는 상황에 대해 그럴 수도 있고, 오히려 새로운 정부를 구성하는 쪽이 더 바람직하다고 주장하는 것은 적지 않은 충격이었다. 이러한 상황에서 합법적인 정부를 지키기 위해 쿠데타군을 진압하는 방향을 찾는다는 것은 결코 바람직한 상황이 아닐 수밖에 없었다. 한국민들은 방관적인 자세를 보였고, 무너진 정부의 대통령이 무너질 만한 정부가 무너진 것으로 평가하는 상황에서 유엔군 사령관이 취할 수 있는 행동은 앉아서 지켜보는 것 외에는 다른 방법이 없었다.

5·16쿠데타가 일어난 지 1년이 되는 시점에서 당시의 한 신문은, 쿠데타 주체의 한 사람이었던 유원식의 말을 인용해 윤보선은 이미 쿠데타가 일어나기 전에 군인들과 교감하고 있었으며, 그렇기 때문에 쿠데타를 승인하는 태도를 보였다고 폭로했다. 이러한 폭로는 "올 것이 왔구나"라는 해석을 둘러싼 논쟁을 일으켰다. 즉, 쿠데타가 일어난 날 아침 윤보선이 박정희와 유원식을 만났을 때 "올 것이 왔구나"라고 말했다는 것이다. 이 발언에 대해

---

* 중석은 당시 한국의 가장 중요한 수출 품목이었다. 따라서 중석 수출을 둘러싸고 달러를 싼값에 불하하는 것과 관련된 부정부패가 많았다. 한국전쟁 시기에 있었던 중석불 사건이 그 시초였으며, 민주당 정부 하에서도 중석 수출을 둘러싼 커미션 문제로 사회적 물의를 일으켰다. 이 사건은 5·16쿠데타로 제대로 조사가 이루어지지 않은 채 마무리되었다.

서는 윤보선도 부인하지 않았다. 그러나 그것을 어떻게 해석할까에 대해서는 논쟁이 있었다.

유원식은 쿠데타가 일어나기 전부터 자신이 윤보선을 만났으며, 이러한 만남을 통해 윤보선에게 쿠데타에 대한 정보를 전했다고 주장했다. 그리고 윤보선은 이러한 쿠데타에 대해 긍정적인 견해를 표명했다고 한다. 이것이 곧 "올 것이 왔구나"라는 이야기로 이어졌다는 것이다.

그러나 윤보선의 견해는 다르다. 그는 "올 것이 왔구나"라고 말했던 것은 "온다는 것이 왔구나"라는 뜻으로, 그가 쿠데타에 동조하는 입장은 아니라는 것을 밝혔다.

이 사건과 관련해 윤보선이 진정 어떤 생각을 가지고 있었는가를 정확하게 가리는 것은 쉽지 않은 일이다. 본인이 아니고는 정확한 내막을 알 수가 없다. 그러나 앞의 인용문들을 통해 추측하건대, 윤보선이 장면 내각에 대해 부정적인 인식을 했으며, 쿠데타 세력에 대한 긍정부정을 떠나 장면 내각이 붕괴하는 것은 당연한 사건, 또는 그렇게 되었어야 할 사건으로 생각했다는 점을 알 수 있다. 그렇기 때문에 그는 '초당적 거국 내각'에 대한 구상을 제기했고, 그의 이러한 거국 내각안은 1961년 한 해가 다 가도록 그의 정치 활동의 중심 내용이었다. 당시 일부 증언에 따르면, 주당 구파 계열의 인사들 가운데에는 쿠데타가 일어나고 신파로 구성된 장면 내각이 무너졌다는 소식을 들었을 때 만세를 부른 사람도 있었다고 한다.

"올 것이 왔구나"를 둘러싼 논쟁은 1980년대까지 계속되었고, 윤보선이 죽을 때까지 그의 활동과 관련하여 가장 중요한 쟁점이었다. 과연 윤보선의 정치사상과 정치 활동을 어떻게 이해할 것인가? 만일 이 사건을 중심으로 그를 이해한다면, 그는 한국민주당에서 민주국민당, 그리고 민주당과 신민당으로 이어지는 한국의 보수 야당에서 구파 계열을 대표하는, 한 파벌의 정치인일 뿐이다. 군인들이 정권을 불법으로 빼앗고, 합법적인 절차에 의해 구성된 정부를 무너뜨리는 과정에서, 그리고 이것이 그에 내한 부정적인 평

63인의 역사학자가 쓴 한국사 인물 열전

가를 가져오게 하는 대표적인 예다.

5. 글을 마치며 —바닷가의 갈대〔海葦〕

윤보선의 호는 독립운동가 신규식(申奎植)이 만들어주었다. 신규식이 그에게 해위(海葦)라는 호를 준 것은 '바닷가에 선 갈대처럼 연약해보이면서도 억센 파도에도 꺾일 줄 모르는' 지조를 갖고 살라는 뜻이었다. 그러나 일반적으로 '갈대'라고 할 때는 시류에 따라 흔들리는 사람을 일컫기도 한다.

이 글에서 살펴본 윤보선의 생애는 '해위'라는 호가 보여주는 두 가지 뜻을 모두 함축적으로 담고 있다. 그가 유신 정권에 맞서 민주화 투쟁에 나서는 모습은 '억센 파도에도 꺾일 줄 모르는' 지조를 보여준다. 그는 70이 넘은 고령인데도 유신체제의 억압성을 보고는 뜻을 굽히지 않고 반유신 민주화운동의 최선봉에 서 있었다. 유신체제 반대운동이 일어날 때마다 그의 이름은 맨 앞에 있었고, 그에 대한 소식은 외신을 타고 전세계에 전송되었다.

"한국의 전 대통령이 유신체제에 반대하는 운동으로 말미암아 경찰에 체포되다."

1960년대 한일협정 반대 투쟁 때도 윤보선은 그의 뜻을 쉽게 굽히지 않았다. 그는 주한 미국 대사를 만나면서까지 한일협정을 반대하는 강경한 뜻을 밝혔다. 심지어는 야당을 깨뜨리고, 국회의원직을 사퇴하며, 새로운 당을 만들면서까지 한일협정을 반대하는 뜻을 보였다. 이와 같은 일을 두고 일부에서는 과연 그가 진실로 한일협정을 반대한 것인가, 아니면 정치적인 의도를 가지고 반대한 것인가 하는 의문을 제기하지만, 민족주의적인 입장에서 한일협정 반대 투쟁의 선봉에 서 있었던 것은 분명한 사실이다. 그리고 그가 반대한 것은 한일협정 자체가 아니라, '굴욕적'인 한일협정이다.

그러나 이러한 두 사건이 '꺾일 줄 모르는' 해위의 한 측면을 보여주었다면, 그의 인생 전체는 '시류에 흔들리는' 해위를 보여주었다. 독립운동을 하겠다는 뜻을 품었던 해위는 결국 그것을 포기하고 유학을 떠났으며, 이후에는 집에서 은거하면서 해방을 맞이했다. '그러나' 해방정국에서는 이승만과 가까이 지냈으며, 대한민국 정부 수립에도 적극적으로 나섰다. '그러나' 결국 이승만과 결별하고 야당에 참여했으며, 구파의 지도자로 제2공화국의 대통령이 되었다. '그러나' 5·16쿠데타 직후에는 여러 논란 속에서 쿠데타 세력의 지원 아래 대통령직을 유임했다. '그러나' 대통령직에서 사임한 후에는 군정 세력에 반대하는 활동을 했고, 이후 야당의 지도자로, 그리고 재야의 지도자로서 박정희 정부의 유신체제에 반대하는 민주화운동의 선봉에 섰다.

이처럼 수많은 '그러나' 중에서 마지막 '그러나'는 1980년 신군부가 등장한 이후 "정권을 무너뜨리는 것이 민주 투쟁은 아니다"라는 뜻을 밝히면서 신군부와 타협하는 것으로 마감되었다. 1985년 사회복지협회 명예회장, 1988년 윤관장군기념사업회 명예회장 등을 역임한 윤보선은 1990년 생을 마감할 때까지 신군부와 어떠한 마찰도 일으키지 않았다. 이러한 그의 마지막 변신이 1982년에 있었던 유럽과 미국 순방 이후의 심경 변화였는지, 아니면 80을 넘은 많은 나이 때문이었는지는 분명하지 않다.

윤보선의 생애가 보여준, 이처럼 정반대의 평가가 나올 수 있는 사건들은 윤보선에 대한 평가를 어렵게 한다. 대부분의 평자들은 '해위'의 활동 중 후자의 활동에 초점을 맞추어 그에 대해 부정적인 평가를 한다. 그러나 필자는 전자의 활동에 더 초점을 맞추고 싶다. 이 글에서도 '후자'와 관련된 부분을 많이 논의했지만, 한국 근현대사의 풍랑 속에서 중요한 한 시기에 그나마 자신의 지조를 지키면서 중요한 활동을 한 것은 이 시대에 크게 평가해야 할 부분이라고 생각한다. 그를 포함한 수많은 '그러나'의 활동을 한 사람들이 있었지만, 그와 같이 '지조'를 지키면서 한 시기를 살았던 사람은 많지 않다. 그런 의미에서 본다면 윤보선의 생애와 활동에 관한 연구는 이제 새로운 관점에서 다시 시작되어야 할 것이다.

참고문헌

김교식, 『제삼공화국 13 ─ 야당 수난』, 한국교육출판공사, 1986.

_____, 『제삼공화국 6 ─ 한일 국교』, 한국교육출판공사, 1986.

박태균, 「한국민주당 구성원의 성격과 조직 개편」, 『국사관논총』 58, 국사편찬위원회, 1994.

_____, 「군사 정부 시기 미국의 개입과 정치 변동, 1961~1963」, 『한국 현대사의 재인식』 22, 백산서당, 2002.

서병조, 『그때 그 사람들』, 신조사, 1986.

심지연, 「민주당 결성과 윤보선의 리더십 연구」, 『한국 현대사의 재인식』 21, 백산서당, 2001.

유원식, 「유원식, 혁명 정부와 결별하다」, 『정경문화』 10월호, 1983.

_____, 『혁명은 어디로 갔나』, 인물연구소, 1987.

윤보선, 「유원식 회고록에 할 말 있다」, 『정경문화』 10월호, 1983.

이기택, 『한국 야당사』, 백산서당, 1987.

이상우, 「윤보선, 유원식 논쟁의 진위」, 『정경문화』 11월호, 1983.

이영석, 『야당 30년』, 도서출판 인간, 1981.

_____, 『야당, 한 시대의 종말』, 서울 성정출판사, 1990.

이영진, 「윤보선과 함석헌(상)」, 『정경문화』 11월호, 1985.

이영훈, 『파벌로 보는 한국 야당사』, 에디터, 2000.

임종국, 『실록 친일파』, 돌베개, 1991.

장도영, 「나는 역사의 죄인이다」, 『신동아』 9월호, 1984.

정운현, 「윤보선가의 빛과 그림자」, 『친일파 II』, 학민사, 1992.

채문식, 「채문식 회고③ ─ 윤보선·유진오·류진산과 나」, 『신동아』 11월호, 1992.

현석호, 「5월 16일 10시의 윤보선 씨」, 『월간중앙』 7월호, 1970.

홍규선, 「윤보선 대통령의 24시」, 『월간조선』 6월호, 1991.

홍우출판사 편집부, 『정계 야화(후편)』, 홍우출판사, 1966.

김진구 金振九

김옥균 숭배자의 혼미와 허망

김태웅 군산대학교 사학과 조교수

머리말

1919년 3·1운동 이후 이 땅에는 근대 문명의 세례를 받은 신지식층이 빠른
속도로 증가했다. 이들 신지식층은 1910년 국망(國亡)을 전후해 국내 또는
일본에서 신학문을 접했던 인사들로, 문명 개화와 국가의 독립을 당면 과제
로 인식했다. 그리고 3·1운동의 실패에도 불구하고 문명 개화를 독립으로
나아가는 방편으로 여기고 여러 계몽운동을 전개했다. 또한 이들은 언론·
교육·학술·출판 활동을 통해 계몽의 주체임을 자처하고 민족운동의 선봉
에 섰다.

　물론 신지식층의 일부는 '독립불능론'에 파묻힌 나머지 민족운동에서
이탈하여 일제의 이데올로그(특정 계급적 입장이나 당파의 대표적인 이론 지도
자)가 되었다. 1920년대의 문화운동이 이러했다. 이는 일제의 '문화정치'
아래 마련된 공간을 활용하면서 독립협회운동, 계몽운동의 전통을 계승한
셈이다.

1920～1930년대에 문화운동을 전개했던 김진구(金振九, 1897?～?)도 이러한 지식인층의 한 사람이었다. 그는 김옥균(金玉均, 1851～1894)의 열렬한 숭배자임을 자처했고, 야담운동(野談運動)을 통해 민족운동에 기여한다고 여겼다. 그러나 1930년대 중반 열렬한 '내선일체론자'(內鮮一體論者)가 되었다. 이는 그 자신의 이념 기반이었던 문명개화론이 자연스럽게 내선일체론으로 발전한 결과였다. 또한 이는 당시 지식인들이 붓을 꺾고 은둔하거나 혁명운동에 가담하지 않는 한 맞이할 수밖에 없는 내면 논리의 필연적 귀결이었다. 즉, 계몽운동은 자기 전통에 대한 인식과 민중에 대한 신뢰가 보잘것없고 그 앞길을 발견하지 못할 때 외부의 지원을 필요로 하며, 결국 외부를 내면화함으로써 목표를 실현하려 했던 것이다. 여기서 민족 해방의 논리는 사라지고 문명화만이 지고지선(至高至善)의 목표가 되었다. 더 나아가 내선일체론이 조선 민족이 문명화로 나아가는 물질적·정신적 기반으로 보였다.

이 글은 김진구의 활동과 저술을 집중 검토함으로써 1920～1930년대 지식인의 내면 논리가 내선일체론으로 귀결되는 사례를 다룬다. 물론 김진구는 당시의 윤치호(尹致昊)나 이광수(李光洙)에 견줄 만큼 영향력이 큰 지식인은 아니다. 그러나 그는 신문과 잡지에 자주 거론될 정도로 지식인계와 대중에게 주목받아왔을 뿐더러, 직접 대중과 접한 명사(名士)이며, 자신의 논리를 간결하고 명쾌하게 정리해 대중을 끊임없이 계몽하려 했다. 따라서 김진구의 활동과 이념은 이 시기 지식인들의 동향을 엿볼 수 있는 실마리가 되리라고 본다.

1. 김옥균 추숭(追崇)과 야담운동

김진구는 1897년경 충청북도 괴산군(槐山郡) 청안면(淸安面)의 빈곤한 평민 집안에서 태어났다. 그의 생몰 연도는 관련 기록이 없어 확인할 수 없다.

다만, 김진구가 1936년에 쓴 『국암절개』(國癌切開)에 불혹을 맞이한다는 표현이 있어 1897년으로 추정된다. 이후 성장하여 청주농학교에 입학했지만 가난 때문에 졸업 두 달을 남기고 자퇴했다. 그리고 1910년대 후반에 일본 도쿄(東京)로 건너가 고학(苦學)한 뒤 1925년 국내에 돌아와 야담가(野談家)로 활동하면서 일반 대중이나 학생을 대상으로 강연을 하거나 잡지에 글을 발표했다. 1930년대에는 전주(全州) 이씨 종약소(宗約所: 서울시 종로구 와룡동 소재) 안에 있는 창명여학교(昌明女學校) 학감(學監)을 지냈다. 호는 학보(鶴步)이다.

그는 규슈(九州)·오사카(大阪)·도쿄 등지에서 노동판을 전전했으며, 도쿄에서 고학했다. 이때 그는 전봉준(全琫準), 손병희(孫秉熙), 김옥균에게 많은 관심을 가졌던 것 같다. 이들 가운데에도 일본의 우익 국회의원이나 낭인(浪人)들이 김옥균 전집을 출간하라고 권유했으므로, 김옥균에게 가장 관심을 기울였다. 김진구는 아시아주의자의 원로라고 할 도야마 미츠루(頭山滿)를 직접 만나 김옥균에 관한 찬사를 듣고는 규슈, 간사이(關西), 도호쿠(東北) 지방에도 가보았으며, 심지어 홋카이도(北海道), 오가사와라시마(小笠原島)까지 가면서 김옥균 관련 인물을 방문하고 김옥균의 행적을 샅샅이 뒤지면서 자료를 수집했다.

김진구는 1925년 김철호(金喆鎬)와 함께 김옥균의 전기를 출판할 계획을 가지고 국내로 들어왔다. 그러나 민태원(閔泰瑗)이 김옥균의 전기를 출간할 즈음이어서 전기 간행 계획을 포기하고 민태원의 작업을 도왔다.

한편, 그는 '김옥균 전집 간행회'를 조직하고 각종 잡지에 김옥균과 관련된 글을 발표함으로써 김옥균 추앙 분위기를 고조시키는 데 중요한 구실을 했다. 그리고 갑신정변(甲申政變)을 한국 근대사의 '획시기적(劃時期的) 일대 혁명'으로 묘사하면서 삼일천하(三日天下)로 끝난 김옥균의 갑신정변 실패를 아쉬워했다. 그는 특히 갑신정변은 민중 본위의 혁명이라고 하면서 민(民)의 열렬한 희망이었다고 강변했으며, '배청독립'(排淸獨立)·

'개화진취'(開化進取)가 갑신정변의 성격이라고 규정했다. 심지어 갑신정변 정령을 왜곡하여 "대군주 전하를 대황제 폐하로 개칭할 일"이라 소개하면서, 갑신정변을 "정정당당한 독립 제국을 건설했던 것인즉, 말하자면 이것이 최근 조선 독립사의 제1항이었다"라고까지 했다.

김진구는 시대극(時代劇)의 필요성을 강조하면서 김옥균을 소재로 희곡을 집필했다. 즉, 역사적인 인물을 중심으로 그가 벌인 위대한 사업을 극(劇)이나 영화(映畵)로 만들어 역사 상식을 얻으려는 욕구에 목마른 학생과 민중 앞에 정신적인 양식을 제공해야 한다며, 『학생』(學生)지에 김옥균의 최후를 장렬하게 극화한 희곡 「대무대(大舞臺)의 붕괴(崩壞)」를 연재했다. 또한 직접 '조선시대극연구회'(朝鮮時代劇研究會)를 창립하여 처녀작으로 「대무대의 붕괴」를 순회 공연했다. 그에게 시대극은 민인(民人)을 계몽하는 수단이며, 위인은 대중 역사 교육의 주된 소재였다. 따라서 그가 무대에 올린 김옥균은 매우 주체적인 인간으로 행동했으며, 도량이 넓고 성격이 활달하며 결단력이 강한 혁명적인 거인으로, 동지와 이웃을 아끼고 여인을 사랑하는 마음을 감추지 못하는 따뜻한 정감의 소유자였다. 심지어 갑신정변에 참여한 이규완(李圭完) 같은 대표적인 친일파 인물도 영웅화하기에 이르렀다.

그는 1927년 11월 13일 천도교기념관에서 「김옥균 씨의 최후(最後)」라는 강제(講題)로 독연(獨演)했다. 이는 우리 나라 야담운동의 시작을 알리는 강설(講說)이었다. 같은 해 11월 23일 이종원(李鍾遠)·민효식(閔孝植)·김익환(金翊煥)·신중현(申仲鉉)과 함께 발기하여 '조선야담사'(朝鮮野談社)를 창립하고 이사장에 취임했으며, 최남선(崔南善)·민태원·양건식(梁建植)·신상찬(申相瓚)·이윤재(李允宰)·방정환(方定煥) 등을 고문으로 삼았다. 그리고 기관지 『야담』(野談)을 창간하고자 했다. 김진구는 여기서도 주간과 편집을 겸임했다. 그러나 이 잡지를 창간하려던 계획은 재정 문제로 불발로 끝나고 말았다. 그런데 그와 쌍벽을 이루던 윤백남(尹白南)이 1934

년 10월에 『월간 야담』(月刊野談)을 창간함으로써 야담운동은 한 단계 앞으로 나아갔다. 아울러 김진구는 조선야담사를 창립한 후 1928년까지 약 1년 동안 조선야담사가 주최한 야담 공개 대회만 다섯 차례를 마쳤다. 그 결과 윤백남과 함께 최고의 야담가로 불렸다.

이러한 야담운동은 일본의 신강담운동(新講談運動)에서 영향을 받았다. 일본의 신강담운동은 메이지·다이쇼 시기에 일본 전래의 구연(口演) 강담(講談: 강의나 강연하는 말투로 하는 이야기)을 문자로 바꾸어 잡지에 게재함으로써 일어난 운동으로, 조선 신지식층에도 영향을 끼쳤다. 따라서 이 과정에서 김진구가 구연하거나 신문이나 잡지에 게재한 야담은 조선에서 전해 내려온 야담과는 달랐다. 조선의 전래 야담이 대중의 기호에 맞추어 당시의 세태를 보여주려고 했던 반면, 김진구의 야담은 대중을 계몽할 목적으로 역사적 사실에 바탕을 두고 재현되었다. 그리고 표기의 경우, 전자가 대부분 현토체 아니면 현토(縣吐: 한문에 토를 다는 일)에 가까운 국한문체를 쓰는 데 반해, 후자는 국문을 쓰고 있다. 그 자신의 말대로 역사를 민중을 교화하는 수단으로 삼는 '역사적 민중교화운동(民衆教化運動)'인 셈이다. 따라서 신지식층이 1920년대에 벌였던 문화운동이 '교화'를 위한 운동이었듯이, 이러한 야담운동도 신지식층이 벌였던 문화운동의 하나였다.

김진구의 이런 야담관은 그 자신의 사론(史論)에 기반을 두었다. 그는 역사를 "국민 정신의 양식이며, 따라서 생활의 근거"라고 파악했다. 심지어 역사를 무시한 민족에게는 반드시 멸망이 짝하는 것도 만세불변(萬世不變)의 철칙이라고 단언했다. 정사(正史)는 봉건 특권 계급의 추악을 엄폐하고 그들의 역사를 미화한 것인 데 반해, 야사는 모든 억압과 기휘(忌諱: 말하기를 꺼림)에 대항하여 민중의 의사와 그들의 실적을 적어놓은 것이라고 보았다. 따라서 야담은 민중의 역사를 전달하는 유효한 수단이었다. 즉, 야담이 되는 역사는 왕조사나 궁정 비사가 아니라, 민중사(民衆史)인 셈이다. 더 나아가 그는 야담운동이 조선의 객관적 정세에서 비롯되었다고 역설했다. 즉,

우리 사회와 우리 민중이 야담이 출현하기를 바란다는 것이다.

김진구는 이런 활동을 김옥균 추숭 사업과 마찬가지로 민족운동으로 여겼다. 그것은 야담운동을 조선의 정사(正史)를 골(骨)로 하고 야사(野史)를 육(肉)으로 하는 일종의 '고유정신발양운동'(固有精神發揚運動)으로 보았기 때문이다. 이 점에서 동향(同鄕)의 벽초(碧初) 홍명희(洪命熹)가 역사소설을 통해 대중을 계몽하려고 했던 시도와 비슷했다. 즉, 홍명희도 김진구와 마찬가지로 독자 대중에게 야사의 기록을 바탕으로 조선사, 특히 조선의 민중사에 관한 흥미로운 읽을거리를 제공함으로써 계몽적인 효과를 얻고자 했다.

그러나 김진구의 야담에는 홍명희가 말하는 조선의 정조(情調)가 들어 있지 않았다. 이것이 홍명희와 다른 점이다. 홍명희의 경우 『조선일보』에서 그의 장편소설 『임꺽정』(林巨正)을 '신강담'(新講談)이라고 했지만 본인 스스로 말했듯이 "조선 정조에 일관된 작품"을 목표로 한 반면, 김진구의 경우는 문명개화론을 설파하기 위한 수단으로 야담운동을 전개했다. 그의 대표 강담이라고 할 '김옥균의 최후'에서 그는 조선의 문화와 민중의 의식 및 생활을 전혀 담지 않고, 오히려 김옥균의 위대함과 문명개화론을 설파하고자 했기 때문이다. 그밖에도 김진구가 구연하거나 게재한 야담은 대부분 한국 근대사를 배경으로 김옥균 같은 문명개화론자들을 주인공으로 삼아 갑신정변을 일으킨 인물을 미화하거나 일본 낭인들의 활동을 소개하는 데 중점을 두었다.

그의 이 같은 야담운동은 『동아일보』와 『조선일보』의 지원을 받았다. 1928년 1월 2일부터 2월 5일 사이에 17회에 걸쳐 야담 「계월향」(桂月香)이 연재되었고, 1928년 2월 6일에는 동아일보사 후원으로 '신춘야담대회'를 치르면서 야담운동이 본격화되었다. 이후 각지에서 야담대회를 치렀다.

2. 조선 문화 인식과 내선일체론(內鮮一體論)

김진구는 문명개화론자로서 다른 신지식인들과 마찬가지로 사회진화론(社會進化論) 신봉자였다. 따라서 그의 조선 문화에 대한 인식은 이러한 이론을 바탕으로 했다. 그는 조선 시대의 역사와 문화를 비판하면서 조선 문화의 특징을 존주주의(尊周主義)와 사대사상(事大思想)으로 집약하고, 조선 시대의 역사를 이런 특징이 드러나는 과정으로 보았다. 따라서 조선이라는 나라는 원래 국가 이념이라든가 민족의식이 미약할 수밖에 없다고 했다. 그는 단적인 예로 송시열(宋時烈)이 만동묘(萬東廟: 임진왜란 때 조선을 도와준 데 대한 보답으로 명나라 신종을 제사지내기 위해 지은 사당)를 만들어 명나라 황제의 혼을 맞는 행위를 들며, 이를 신랄하게 비난했다. 그래서 조선 시대 500년은 거의 자아(自我)을 잃거나 스스로를 비하(卑下)하고, 다만 한길로 중국의 노예가 되고 '이가'(李家)의 충복이 되는 것을 타고난 운명같이 여기고 만족했다는 것이다. 따라서 조선 민중은 자기 조상을 '이적'(夷狄)이라 하고, 중국을 가리켜 '대중화국'(大中華國)이라고 불렀으며, 중국인을 '대국인'(大國人)이라고 칭하는 존대숭배(尊大崇拜)의 열기가 각인되었다는 주장이다. 또한 이조 500년은 백공기예(百工技藝)를 비하하고, 상인 계급을 학대하며, 농민 대중을 이중 삼중으로 탄압했다고 비판하면서 동서고금을 통한 악정(惡政) 시대라고 일컬었다.

한학(漢學)의 경우도 마찬가지였다. 김진구에게 한학은 단지 한학 자체가 아니라 중국의 유교 문화로, 조선인을 사대주의와 존주주의로 몰아간 원흉이었다. 그래서 무단통치기(武斷統治期)에 조선총독부가 향교 재산을 몰수한 것을 대영단(大英斷)이라고 평가한 반면, 문화정치기(文化政治期)에 공자묘(문묘)의 재산을 환급하고 석존제(釋尊祭)를 거행한 것을 노골적으로 비판했다.

이와 같은 조선 문화 인식은 그의 성장 과정과 매우 밀접한 관련이 있다.

그는 가난한 환경에서 포악한 아버지에게 매질을 당하며 성장함으로써 자기 문화에 대한 냉정한 시각을 지니지 못하고 극도의 혐오감으로 가득 차 있었다. 김진구에게 전통은 부정과 단절의 대상이었다. 더욱이 그가 도쿄에서 고학하던 시절에 접했던 근대 문명과 일본 문화에 압도되면서 자기 문화에 대한 인식은 자괴와 열등으로 발전했다. 그의 이런 조선 문화 인식은 양반의 경우에도 그대로 나타났다. 즉, 김진구는 양반을 고유 정신을 파괴하고 민중을 착취하는 사대 근성의 대표적인 무리로 보았다.

그러나 그의 이러한 조선 문화 인식이 바로 내선일체론으로 연결되지는 않았다. 그는 일본의 메이지 유신(明治維新)을 개화 문명의 표본으로 삼으면서도 갑신정변이 성공했더라면 조선이 자주적으로 문명국을 건설하면서 동양 평화의 주체가 될 수 있었다고 보았다. 그리고 김옥균을 문명 개화의 선구자로 보며, 절대적 친일파라는 세간의 평가를 비판했다. 특히 조선인의 민족성에 대한 평가는 호의적이었다.

김진구의 이와 같은 논리는 1930년대 후반에 들어서면서 내선일체론으로 표면화되었다. 1936년에 출간된 『국암절개』는 이런 면을 단적으로 보여준다. 자기 문화에 대한 예리한 비판과 함께 정감 어린 신뢰가 전제되지 않았기 때문에 스스로가 말하듯이 민족운동을 포기하고 '중도 전환'을 선언하기에 이르렀다.

그러나 이러한 행동은 중도 전환이라기보다는 예고된 귀착점이었다. 그는 1920년대에도 민족운동에 대한 뚜렷한 확신을 가지고 있기보다는 늘 회의하고 동요했다. 이는 그가 몸담았던 민족운동에 대한 평가에서 단적으로 드러난다. 즉, 1920~1930년대 문화운동도, 민족운동도, 사회운동도 그 근원은 일본이며, 도쿄가 끌어 나가는 것으로 보았다. 그의 표현에 따르면, 이 시기의 민족운동은 '일본 문화의 직역(直譯)'인 셈이었다. 따라서 그에게는 민족운동의 대부분이 일본을 모방한 중국 배격운동인 동시에, 일본 반대를 암시하고 과거를 매도하여 현재를 풍자하는 운동으로 보였다. 심지어 그는 민족주의자 가운데 다수가 미온적이고 불완전하며 기회주의자라고까지 했다. 또한 친일파 가운데 최고 학부를 나온 자를 충성스럽고 선량한 일본 신민이며 총독정치에 순종한다고 보는 것은 경솔한 생각이라고 주장했다. 조선총독부의 조선인 관리들 가운데 일부가 민족주의자가 되기도 하고 사회주의자가 되기도 한다는 것이다. 반면에 배일파(排日派)도 소수의 적극적인 인물을 빼놓고는 대부분이 매우 소극적이며, 명예 유지와 일종의 처세술에 따른 것이라고 말했다. 따라서 친일파냐 배일파냐 하는 구분 자체가 그에게는 매우 부질없는 짓이었다.

그의 이러한 인식 변화는 1931년 일본 관동군이 만주를 침략함으로써 일어난 만주사변(滿洲事變)으로 일본의 대륙 침략이 본격화한 시점과 같이 한다. 그는 일본이 생명선을 확보하기 위해 대륙에 진출하듯이, 조선도 생명선을 확보하기 위해서는 일본과 운명을 같이해야 한다고 주장했다. 그 이유는 두 가지였다. 하나는 조선의 국내 인구가 증가하는 가운데 자력으로 토지 부족 문제를 해결할 수 없을 바에야 일본과 협력하여 만주와 몽골 등지에서 토지를 확보함으로써 자손의 번영을 기할 수 있다고 판단한 점이다. 다른 하나는 조선의 문맹률이 85%인 상황에서 강한 이웃 또는 구미(歐美)와 대항하며 각축할 수 없다고 판단한 점이다. 이는 민족 부르주아지(식민지 국가에서 외국 자본, 관료 매판 자본, 봉건 세력과 관련이 없거나 관련이 적은 중산층 자본가 계급)의 노력에도 불구하고 실력양성운동이 자력으로는 불가능하다는 점을 인정한 셈이다. 따라서 김진구에게 내선일체는 조선이 살아가기 위해 반드시 이루어야 할 목표였다. 게다가 일본이 국제연맹을 탈퇴하고 군축회담에서 빠지면서 국제적 고립을 초래하자, 김진구는 동양의 파국적 위기라고 파악하고 일제에 적극 협력할 것을 강조했다.

그의 이러한 전환은 무엇보다 젊은 시절에 일본 낭인들과 교류하면서 그의 내면에 자리잡은 아시아주의가 크게 영향을 끼쳤기 때문이다. 또 그 자신이 일본 낭인의 물질적 지원과 정신적 지도 아래 성장했고, 그의 영웅 김옥균이 일본 낭인의 아시아주의와 밀접하게 연계되었다고 보았기 때문이다. 이제 민족운동의 앞날이 불투명한 가운데 아시아주의는 김진구의 내면에서 떠올라 행동으로 나타났다. 이 점에서 김진구가 부르주아 문화운동에서 벗어나 내선일체론에 누구보다도 먼저 심취한 것은 당연했다.

정세관의 이러한 변화는 조선인의 민족성을 부정적으로 평가하기에 이르렀다. 조선의 민족성으로는 스스로 문명 개화로 나아갈 수 없다고 판단한 것이다. 또한 그는 조선 시대의 양반이 위약 무저항의 민족성을 싹틔운 근본 원인이라고 규정했다.

> 문화도 역사도 종교도 예술도 어쨌든 좋든 나쁘든 오랫동안 쌓아온 조선의 독특한 문물(文物)을 큰 500년 사이에 파괴·절멸(絶滅)하여 강대(强大)에 의뢰하고 노예 생활을 감수(甘受)하는 위약(脆弱) 무저항의 민족성으로 변해갔습니다.

김진구는 이처럼 기존의 양반론을 조선인 전체의 민족성론으로 비약시켰다. 그래서 프랑스인의 말을 빌려 조선인의 민족성을 비겁, 음험, 위신, 허식, 시기, 질투 덩어리로 특징지었다. 이는 민중을 계몽의 대상이자 수동적인 존재로 여기는 것이고, 사대주의 근성이 양반의 악정으로 말미암아 일반 민중에게까지 확산되었다는 주장인 셈이다.

이에 반해 김진구에게 비친 일본은 조선의 경우와 매우 달랐다. 일본은 한학을 받아들였어도 일본의 한학, 불교도 일본의 불교로 만들었고 지금도 구미학(歐美學)에서 독립해 있다고 지적하는 한편, 메이지 유신이 일본이 팽창할 수 있는 계기가 되었다고 주장했다. 그리고 조선인과 달리 일본인은 천생적으로 자주독립사상을 열광한다고 하며, 그 예로 일본인의 '자주독립적 고유 정신'과 '자아창조적 사회 조직'을 들었다. 또한 조선인 나무꾼과 부녀자는 중국의 인물과 지명을 읊는 데 반해 일본인은 일본의 인물을 읊으며 국산을 애용하고, 인명이나 지명이 일본어이며 자주적 정신이 일본의 독특한 미점(美點)이라고 극찬했다. 또한 조선은 중엽 이래 무책임하고 극한 악정을 행사한 데 반해, 일본은 사회 조직, 문화제도, 고적 유물의 보존, 영웅·위걸(偉傑)의 숭배, 음악·연극의 발달, 무용의 발달, 취미·문예의 일본화, 강담·시음(詩吟)·무도(武道)·좌선·정원·탕욕 등의 민중화, 도검, 갑주(甲冑: 갑옷과 투구) 등이 세계에 자랑할 만한 것이라고 했다. 그래서 김진구는 일본의 도쿠가와 시대(도쿠가와 이에야스가 막부를 개설한 1603년부터 15대 쇼군 도쿠가와 요시노부가 정권을 반환한 1867년까지의 봉건 시대)를 '수련 시대'이고 '준비 시대'이며 '실력 양성의 시대'라고 보고, 일본 문화를 높이 평가했다. 그에게는 일본이 문명 개화의 조건을 갖춘 국가로 보였다. 따라서 김진구에게 일본은 조선이 반드시 본받아야 할 모델이었던 셈이다.

또한 김진구는 이른바 '동양 평화'와 '일선 융화'를 강조했다. 먼저 1919년 3·1운동의 원인으로 하급 일본인, 고리대금업자, 파락호 등 악질적인 일본인들이 통치 일선에서 활동한 점을 들고 있다. 따라서 조선의 문화를 더 좋게 일으키고, 쌍방의 결함과 오랜 세월의 고질을 단연 잘라내며, 지식 계급을 맨 앞에 서게 하여 대중의 생활 향상을 꾀하고, 두 민족 문화를 조화 병행하면 조선의 통치는 영원하리라고 주장했다. 그래서 『국암절개』의 결론에 해당하는 '근치구체안'(根治具體案)을 제시했다. 모두 10책(策)이다.

첫째, 조선의 지식 계급을 우대하라고 요구했다. 그래야만 속마음을 크게 열고 진정으로 포용하고 밝은 길로 인도하는 도량이 나올 수 있다는 것이다. 둘째, 색깔 있는 옷을 입고 단발을 즉시 시행하라고 했다. 1910~1920년대 신지식인들이 주장했던 구관습 개량의 연장인 셈이다. 셋째, 감격 생활을 장려하라고 했다. 즉, 사원·교회·학교 등을 이용해 좌식(坐食) 고행(苦行)과 상무교련(尙武敎鍊)을 민중화하고, 성현과 위걸 숭배의 열을 북돋우며, 성원·꽃·차〔茶〕·책·그림·음악·무용을 보급해야 한다는 것이다. 넷째, 의무 교육을 실시하라고 요구했다. 그럼으로써 진실하고 충성스러우며 선량한 2세 국민을 기를 수 있다는 것이다. 다섯째, 징병제도를 실시해야 한다고 주장했다. 교육의 의무, 선거권과 함께 병역의 의무을 부여해야 한다는 것이다. 이런 주장은 1930년대 전반의 징병제 논의에 비추어 보았을 때 매우 이례적인 주장이다. 여섯째, 조선 위인의 신화(神化)운동, 즉 숭배운동을 벌이라고 했다. 김진구 자신이 벌인 김옥균 추숭운동과 맥락을 같이한다. 일곱째, 일본 역사 교육을 강화하기 위해서는 일본의 강담을 조선어로 번역하여 조선 대중에게 읽혀야 한다고 주장했다. 일본과 함께 근왕 지사(勤王志士)의 충절, 고행 등을 언문 소설로 만들어 농한기인 겨울 동안에 조선인에게 주입하면 반세기만 지나면 조선을 일본화할 수 있다는 것이다. 김진구가 이전까지 추진했던 야담운동의 필요성을 다시 한번 강조했을 뿐더러, 민족운동이 아닌 내선일체를 위한 방편으로 여겼던 셈이다. 여덟째, 청년 학교와 가정 학교의 설립을 요구했다. 지식에만 치우친 교육에서 벗어나 덕육 교육(德育敎育)을 함으로써 황국 신민에 걸맞는 청년과 여성을 기르고자 했던 것이다. 아홉째, 풍습 의례의 개폐·통일을 주장했다. 축첩(蓄妾) 폐지, 양자법(養子法)의 개혁, 끽다(喫茶)의 장려, 관혼상제의 간이화 등을 제안했다. 이 또한 구관습 개량운동의 하나이다. 열째, 일본인 가정과 조선인 가정이 자주 밀접하게 교유해 일선 융화를 좀더 촉진할 것을 주장했다.

김진구는 이처럼 10대 방책을 제시하면서, 결론에서는 일본인과 조선인에게 다음과 같이 주문했다. 먼저, 지조를 지키는 백이정신(伯夷精神)을 소극주의, 자멸주의라고 비난하면서 지도 계급인 지식인이 내선일체운동에 앞장설 것을 역설했다. 또한 비합법운동(非合法運動)은 무책임하고 맹목적이며 죄 없는 대중을 몰아 미혹(迷惑)의 소굴에 빠뜨리며, 더 나아가 일본인과 조선인의 공도동망(共倒同亡)를 가져온다고 비난했다. 아울러 일본인과 조선인에게 민족적 편견을 버릴 것을 주문했다. 즉, 일본인에게는 야비·경박·자존·우월에서 빠져 나올 것을 요구하는 반면, 조선인에게는 음울·불만·협량(狹量: 좁은 도량)·퇴영(退嬰: 뒤로 물러나 움직이지 않음)에서 나올 것을 주장했다. 일본인이 포용하고 조선인이 노력을 기울이면 학계, 정계, 문예계, 기술계, 경제계, 사회운동계 각 방면에서 실력양성운동을 할 수 있다는 것이다.

따라서 그는 일본인과 조선인 두 민족이 애증을 모두 초월하고 한계를 열어 일가단락(一家團樂), 혼연일체(渾然一體)가 되어야 한다고 강조했다. 즉, 조선인은 동화운동에 적극 가담함으로써 자손이 번영하는 길을 개척하는 한편, 조선인이 동양의 선각자 김옥균이 되어 두 민족을 끌어안아 대일본 민족으로서 타고난 사명을 완수하자고 제창했다.

김진구의 이런 제창은 1937년 중일전쟁(中日戰爭)을 거치면서 대동아공영권론(大東亞共榮圈論: 제2차 세계대전 당시 일본이 아시아의 여러 나라들을 침략하며 내세운 정치 슬로건)을 유감없이 설파하는 단계로 발전했다. 이는 김진구가 김옥균의 일본 이름인 이와다 미와(岩田三和)를 본떠 이와다 와쥬(岩田和成)로 창씨 개명하고 김옥균을 재평가한 데서 드러난다. 즉 그는 조선, 일본, 청나라가 하나가 되어 동양 민족의 화합과 협동을 꾀하고 복지를 증진하자는 이른바 김옥균의 '삼화주의'(三和主義)를 적극 선전했다. 더 나아가 삼화주의가 대동아전쟁(태평양전쟁)의 큰 사명인 동아시아의 신질서 건설과 매우 일치한다고 하여 대동아공영권론의 원형(原形)으로까지 치켜세웠다.

맺음말

김진구는 1897년경 충북 괴산군 청안면의 가난한 평민 집안에서 태어나 순탄치 않은 성장 과정을 거쳤다. 결국 그는 아버지의 폭압과 가난 때문에 청주농학교를 자퇴했다. 그의 이런 성장 내력은 기존의 양반사회와 유교사상을 질시하고 비판하는 배경이 되었다.

그는 1910년대 후반 일본으로 건너가 도쿄에서 고학했다. 여기서 도야마 미츠루를 비롯한 아시아주의자들과 교류하면서 그들의 지도와 물질적 지원에 힘입었다. 그가 김옥균 전집을 간행하겠다고 결심한 것도 이 때문이었다.

그러나 1925년 그가 국내에 들어왔을 때는 이미 민태원이 김옥균의 전기 출간을 앞둔 터여서 그는 계획을 수정해야 했다. 이후 김진구는 각종 강연과 집필을 통해 김옥균을 추숭하는 운동을 벌였다. 김옥균을 주인공으로 삼아 「대무대의 붕괴」라는 희곡을 발표할 정도였다. 그의 김옥균에 대한 존경과 애정은 매우 광적이었던 것으로 보인다. 세간에서도 그를 '김옥균 숭배자'라고 불렀다.

그는 1927년 일본에서 일어난 신강담운동의 영향을 받아 야담운동을 적극 전개했다. 그는 야담을 민중을 교화하는 수단으로 여기고, 이를 통해 문명개화론을 전파하고자 했던 것이다. 또한 이를 조직적으로 추진하기 위해 1927년 11월 23일 조선야담사를 창립하고, 곧이어 『야담』을 창간하고자 했다. 이런 시도는 비록 불발로 끝났지만, 그의 야담운동은 윤백남이 『월간 야담』을 창간하고 홍명희가 『임꺽정』을 연재하는 데 기폭제가 되었다. 그리하여 그는 윤백남과 함께 대표 야담가로 명성을 날렸다. 『동아일보』와 『조선일보』의 지원도 야담운동을 전국으로 확산하는 큰 계기가 되었다. 이런 점에서 그가 전개한 야담운동은 이 시기 신지식인의 문화운동과 맥락을 같이했다. 그러나 그의 야담은 대부분 김옥균을 주요 소재로 그의 위대함과 문명개화론의 당위성에 초점을 맞추었을 뿐, 그의 공언(公言)과 달리 민중의식과 생활을 담아내지는 못했다. 특히 홍명희가 『임꺽정』에서 표현하고자 했던 조선의 정조(情調)와는 거리가 멀었다.

그의 이런 야담 기조(基調)는 그 자신이 문명개화론에 파묻힌 나머지 양반사회와 유교사상을 객관적으로 인식하기보다는 극도로 혐오하고 멸시하는 태도와 밀접한 관련이 있다. 조선 문화는 그에게 존주주의와 사대주의 그 자체였다. 하지만 그는 야담운동을 민족운동에 기여하는 실력양성운동의 하나로 여기고 이 운동에 매달렸다. 그는 이때까지만 해도 조선 민족이 스스로 문명 개화를 이룰 수 있다고 판단했기 때문이다.

그러나 그의 이런 정세관과 민족운동에 대한 인식은 1931년 만주사변이 일어나고 부르주아지 문화운동이 자기 한계를 드러내면서 흔들리기 시작했다. 그에게 비친 민족운동은 진로를 찾지 못했을 뿐더러 일본의 만주·몽골 점령, 이른바 생명선 확보는 조선의 생명선과 직결된다고 여겼기 때문이다. 이제 그는 문명개화론자에서 내선일체론자로 변신했다. 그런데 이런 변신은 예고된 귀착점이었다. 그 자신이 근대 문명에 압도된 나머지 자기 전통 문화에서 사상적 지주를 찾지 못한데다가, 젊은 시절부터 일본 아시아주의자들의 세례를 받았기 때문이다.

따라서 그는 1936년 그의 저서 『국암절개』에서 조선 민족이 문명화하기 위해서는 일본과 깊이 결합해야 한다는 내선일체론을 주장하면서 10대 '근치구체안'을 제시하기에 이르렀다. 여기에는 징병제 실시, 구관습 개량, 일본 문화의 보급을 비롯한 각종 방책이 들어 있다. 내선일체를 위한 구체적 방안이라고 하겠다. 아울러 조선 지식인들이 내선일체운동에 적극 나설 것을 권유하는 한편, 비합법운동을 신랄하게 비난했다. 그리고 일본인들의 포용과 조선인들의 실력 양성 노력을 주문했다.

그의 이런 내선일체론은 1941년 일제가 대동아공영권 구상을 공식화하자 대동아공영권론으로 발전했다. 이는 그가 김옥균을 문명개화론자에서 아시아주의자로, 대동아공영권론의 선구자로 부각시킨 데서 잘 드러난다. 이제 김진구는 일제의 열렬한 이데올로그가 되었다. 그의 이러한 주장과 처신은 자기 문화와 역사에서 동력(動力)을 찾지 않고, 오로지 외부세계에 의존하여 민족의 진로를 찾으려고 한 근대 지식인의 혼돈 그 자체였다.

63인의 역사학자가 쓴 한국사 인물 열전

참고문헌

· 김진구의 논저

김진구, 「金玉均 先生의 배노리」, 『別乾坤』 총1호, 1926.

_____, 「六년 만에 본 나의 故國, 東京 金墨 君에게」, 『開闢』 총72호, 1926.

_____, 「黃興의 처음 握手, 中國의 一代 風雲兒」, 『別乾坤』 총2호, 1926.

_____, 「金玉均 先生의 三日天下가 成功햇드면」, 『別乾坤』 총7호, 1927.

_____, 「野談 出現의 必然性 ―우리 朝鮮의 客觀的 情勢로 보아서 (1)~(5)」, 『동아일보』, 1928.

_____, 「時代劇과 朝鮮」, 『동아일보』, 1928.

_____, 「野談運動 一年 回顧 (1)~(6)」, 『조선일보』, 1928.

_____, 「大舞臺의 崩壞」, 『學生』 총3호~총5호, 1929.

_____, 「渾身膽勇의 二十靑年으로 甲申變亂의 急先鋒 ―當年 熱血兒 李圭完 氏의 初冒險」, 『別乾坤』 총21호, 1929.

_____, 「暴風雨 前夜」, 『學生』 총5호, 1929.

_____, 「錦山七百義士塚」, 『學生』 총6호, 1929.

_____, 「印象 깁흔 鷄林莊, 굴머본 이약이」, 『別乾坤』 총26호, 1930.

_____, 「開闢社의 첫 印象」, 『別乾坤』 총30호, 1930.

_____, 『國癌切開』, 名古屋出版社, 1936.

金震龜(김진구의 異名으로 보임), 「金玉均의 再認識」, 『朝鮮中央日報』, 1934.

岩田和成(舊 金振九), 「古筠 先生의 一生」, 『朝光』 제73호, 1941.

鶴步口演, 「野談 桂月香」(全17回), 『조선일보』, 1928.

鶴步, 「驚天蹴地의 八壯士頭領 ―天下壯士 李秀暎 老人의 弱冠 時代」, 『別乾坤』 총21호, 1929.

· 김진구에 관한 글

彗星 編輯部, 「街頭에서 본 人物(其三) ―金振九 氏」, 『彗星』 총12호, 1932.

觀相者, 「京城名流, 人物白話集」, 『別乾坤』 총27호, 1930.

손진태 孫晉泰

민속학자에서 역사학자로

권태억 서울대학교 국사학과 교수

1. 생애와 수학 과정

손진태(孫晉泰, 1900~1960년대 중반)는 1900년 12월 28일 경남 동래군의 하단(下端: 현재의 부산시 하단동) 남창(南滄)이라는 낙동강 하구의 한촌에서 태어났다. 그의 남창(南滄)이라는 아호(雅號)는 여기에서 연유하는 것이다. 그는 5세 때 해일(海溢)로 어머니를 잃는 슬픔을 겪었고, 그뒤 가난에 쫓겨 생활 근거지를 옮겨다니다가 최규동(崔奎東)의 도움으로 중동학교에 입학하여 2년 동안 다닌 뒤 1921년 졸업했다(15회). 이 시절 그는 민족주의 역사학을 비롯하여 이른바 '감상주의적 민족해방운동'의 영향을 짙게 받으면서 민족의식과 역사의식을 깨쳐, 중2 때 한국사 편저를 기도했다고 한다. 그후 경북 성주 이부자의 후원으로 도쿄에 건너가 1924년 3월 와세다 제1고등학원을 졸업하고, 4월에는 와세다대학 사학과에 입학하여 1927년에 졸업했다.*

와세다대학에 다니던 1925년부터 일본의 유명한 동양학 도서관 겸 연구

기관인 동양문고(東洋文庫)에 드나들던 그는, 대학을 졸업하고 1930년부터 그곳 직원으로 근무했다. 여기에서 중국, 만주, 시베리아 등 우리와 이웃한 지역에 관한 인류학 및 민속학 관계 문헌을 섭렵하고 관계 학자들과 교유를 계속함으로써 한국 문화를 보는 시야와 안목을 넓혀 나갔다. 일본 동양학의 대가로 평가받던 시라토리 구라키치(白鳥庫吉)를 만나는 것도 이 무렵이다. 이 시절 그는 몇 차례 국내 민속 자료 수집 및 조사를 위해 연례적인 여행을 했다.

손진태가 유학해 있을 무렵 일본 역사학계의 사정을 보면, 일찍이 독일의 문헌 고증적인 방법을 도입하여 근대사학을 성립시켰지만 마르크시즘이 점차 확산되어가자 자신들의 실증적인 방법론이 지닌 이론의 빈곤성을 타파하기 위해 문화사학을 주장하는 중이었다. 이러한 문화사학의 주도자는 시라토리 구라키치, 쓰다 소키치(津田左右吉), 나이토 고난(內藤湖南) 등이었다. 일본의 국사학파가 주로 일본 사서를 중심으로 일본사를 연구한데 반해, 이들은 일본은 물론 중국, 한국, 만주 등을 주된 연구 대상으로 삼았기 때문에 동양사학파로도 불렸다. 또한 이들의 문화사학은 마르크스주의와 대결하면서 등장한 신칸트주의에 철학적 근거를 둔 독일의 문화사학과 밀접한 관련을 맺었다.**

쓰다와 더불어 와세다대학 사학과 교수로서 손진태에게 큰 영향을 미친 사람은 니시무라 신지(西村眞次)였다. 그는 사학자이면서도 인류학에 깊은 관심을 가져 독일, 영국 등의 인류학을 일본에 소개하는 한편, 자신도 인류학적 연구를 수행하여 일본에서는 인류학자로 통하는 사람이었다. 그는 진정한 역사학, 특히 고대사학의 기반은 인류학에 있다는 신념을 가졌다고 한다.

---

* 최광식, 「손진태의 생애와 학문 활동 ―새로운 자료를 중심으로」, 『역사민속학』 11집, 2000, 21쪽 참조. 이하 손진태의 생애에 대해서는 이 논문에 많이 의거했다.
** 류기선, 「1930년대 민속학 연구의 한 단면 ―손진태의 '민속학' 연구의 성격을 중심으로」, 『민속학 연구』 2, 1995, 60쪽 참조.

손진태는 쓰다에게서 엄밀한 문헌 비판 방법과 인간 집단의 시대적 정신 세계를 규명하고자 하는 시각 및 문화사적 방법 등을 배웠던 것 같다. 손진태가 조선의 고유 사상, 즉 민간신앙에 대한 탐구를 평생의 과제로 삼은 데는 그의 영향이 컸을 것으로 추측된다. 동시에 그는 니시무라 밑에서 인류학적인 훈련을 받았으며, 여름방학 때마다 귀국하여 전국 각지를 돌아다니며 민속과 설화를 채집하는 데 몰두했다. 이때 니시무라 교수를 동행하기도 했다.

한편 동양문고에 근무하던 시절, 동경제대를 정년 퇴직하고 동양문고의 연구부장으로 근무하던 시라토리 구라키치와의 만남은 무엇보다도 중요했다. 손진태가 일본 학사원의 학술 연구 지원비로 1932~1933년에 한국의 무속에 관한 현지 조사를 수행하여 논문을 발표할 수 있었던 데는 당시 일본 학사원 회원이던 시라토리의 후원이 컸을 것으로 추측된다.*

1932년에는 정인섭(鄭寅燮)·송석하(宋錫夏) 등과 국내 최초의 민속 연구 학술단체인 조선민속학회(朝鮮民俗學會)를 조직했고, 1933년에는 학회지 『조선민속』을 간행했다. 또 1933년에는 이병도(李丙燾)·조윤제(趙潤濟) 등과 함께 진단학회를 창립했다.

손진태는 1934년 귀국하여 연희전문학교에 강사로 출강하여 동양사(東洋史)를 강의했다. 같은 해 9월에는 보성전문학교로 옮겨 도서관 사서로 근무하면서 문명사(文明史)를 강의했다. 또한 1937년 도서관 건물이 완공되자 문명사를 강의하는 전임강사가 되어 도서관장을 맡았다. 이후 손진태는 해방을 맞을 때까지 보성전문학교에서 문명사를 강의하는 교수로서 도서관장을 겸했다. 이때 가깝게 지내던 사람들 가운데 하나가 같은 보성전문에 근무하던 안호상(安浩相)이었다. 두 사람은 집도 가까워 종종 술자리를 같이했다고 한다. 이때 손진태는 조윤제와 이인영에게 도서관의 연구실을 제공했다고 하는데, 뒤에서도 언급할, 이들이 신민족주의라는 새로운 학풍을 고민한 것도 바로 이때였던 것으로 추측된다. 한편, 손진태는 도서관장으로 있으면서 사회 각층의 복식, 장신구, 무속품, 생활도구 등등 진귀한 민속 자

63인의 역사학자가 쓴 한국사 인물 열전

료와 고고학 자료를 열심히 수집하여, 현재 고려대학교 박물관을 만든 장본인이다.

손진태는 해방 직후 경성대학 사학과로 옮겼다가 서울대학교 사학과 교수가 되었는데, 지금까지의 한국사 연구 성과를 저서로 출판했다. 그러나 위장병과 학생들의 동맹 휴학으로 어려움을 겪기도 했다.

한편, 정부가 수립되고 안호상이 초대 문교부 장관이 되자 그의 요청으로 문교부 차관 겸 편수국장이 되었다. 그러다가 1949년 2월 18일 아무도 맡지 않으려 했다는 사범대학장이 되어 학도호국단을 창설했는바, 1949년 3월 5일 이를 반대하는 학생들에 의해 테러를 당했다. 1949년 9월 7일 사범대학장을 그만두었다가, 1950년 5월 18일 문리과대학장을 맡았다. 이때 6·25전쟁이 일어났는데 시간을 놓쳐 한강을 건너지 못하고 숨어 지내다가, 결국 납북되었다고 한다.

손진태는 납북 이후 북한에서 연금 생활을 하며 독서도 하고 토론도 했으나 북한 당국의 회유에 넘어가지 않자 이마저도 못하게 되었으며, 1958년 8월 종파투쟁 이후 1~2년간 사상 교육을 받고 하방되어 국영 농장에서 육체노동을 하다 1960년대 중반 지병으로 세상을 떠났다고 한다.

2. 손진태의 민속학

손진태는 민속학에서는 역사민속학자로, 역사학계에서는 신민족주의 사학자로 알려진 인물이다. 또 그의 업적은 두 분야에서 모두 학술사적으로 중요한 위치를 점한 것으로 평가받아, 그의 학문적 업적이 범상치 않았음을 보여준다.

먼저, 그는 당대의 민속학과 관련된 연구자들 가운데 방법론상으로, 그

* 류기선, 앞의 논문, 60~61쪽 참조.

리고 이론상으로 가장 탁월한 위치에 있었으며, 정통적인 민속학자로서 학업과 연구의 길을 걸은 사람으로 평가받는다. 또는 전통적인 한학 교육을 거쳐 근대적 대학 교육을 받은 첫 세대이자 인류학에 관한 체계적 훈련을 받은 첫번째 인물로, 현지 조사 작업과 함께 문헌사적 작업을 병행한 최초의 한국 인류학자, 한국 인류학의 본격적인 시작을 가져온 사람으로 평가받기도 한다.

그의 연구 방법론에서 특징적인 면 가운데 하나는 현지 조사 연구를 자주 했다는 점이다. 이미 1920년에 고향에서 설화를 수집한 바 있으며, 1926년에는 이러한 현지 조사를 바탕으로 본격적인 첫번째 논문을 발표했다. 이후 그는 1933년까지 거의 매년 여름방학을 이용해 현지 조사를 했다. 지역적으로는 대체로 부산 동래군 사하면 하단리를 중심으로 한 부산·진해·마산·여수의 경남 해안 지역, 경북의 안동·왜관·대구 지역, 전북에서는 전부, 충북에서는 괴산·진천, 경기에서는 강화·개성 지역, 그리고 서울이 부분적이면 단기간 조사되었고, 황해도와 평안도는 장기 여행을 계획하여 내륙 깊숙이까지 수차례에 걸쳐 제대로 격식을 갖춘 민속 채방 여행을 했다. 그리고 황해도와 평안도를 장기 여행할 때는 시간이 허락되는 대로 함남의 홍원·함흥·정평을 조사했다. 함북·강원·충청·제주 지역은 조사한 바 없었다.

조사 대상은 무당이나 설화, 고인돌, 민가 등과 같이 미리 특정 목적에 따라 대상을 선정하여 현지 정보 제공자나 마을 사람들에게 물어서 조사할 때도 있었지만, 때로는 마을이나 산간, 들판에서 무엇이든 흥미를 끄는 민속 자료가 있으면 아울러 조사하기도 했다. 예컨대 산신당, 삼신(三神), 묘, 기자석(祈子石: 아들 낳기를 빌 때 그 대상이 되는 돌), 박, 까마귀 밥, 창포, 쑥, 뒷간, 온천, 냉천, 토기, 성기 신앙 등이 그러한 것이다. 그러나 그는 이러한 현지 조사를 문헌적인 방법으로 보완했다. 특히 민속을 전개하는 과정에 대한 연구는 주로 문헌 연구를 통해 수행했다.*

이러한 현지 조사를 바탕으로 그는 왕성한 저작 활동을 했는데, 특히

1926년에서 1936년에 이르는 11년간 72편의 저작물들을 발표했다. 이들은 모두는 아니지만 대부분이 민속학에 관련된 것이었고, 그 가운데 주요한 것은 후에 『조선 민족설화의 연구』(을유문화사, 1947), 『조선 민족문화의 연구』(을유문화사, 1948)로 편집해서 간행했다. 여기에서 다룬 소재를 보면 검줄(인줄), 소도(蘇塗: 삼한 시대에 천신을 제사 지내던 지역), 적석단, 입석, 온돌, 맹인, 처용 전설, 무(巫), 민담, 욕설, 생(栍: 장승), 솔서혼(率胥婚), 돌멘(고인돌), 지게 감자 등 민속 전반에 걸친 것이었다. 이 시기에 문헌에서 민속과 관련된 자료를 뽑아놓은 공책이 13권이나 된다는데, 주요 내용은 역시 무(巫), 제사, 귀신, 혼, 소도, 온돌, 생(栍), 석전(石戰), 누석단(累石壇) 등에 관한 것이었다. 이렇게 동양문고에 소장된 많은 자료를 섭렵하면서 수집한 자료를 바탕으로 하고, 여기에 현지 조사 결과를 보태 글을 썼던 것으로 보인다.

손진태는 이러한 글들을 일본의 학술지는 물론 국내의 잡지 등에도 발표했고, 민속학과 관련은 없지만 다양한 주제에 대한 학술적인 글들은 물론 여담적이고 대중적인 글들도 다수 발표했다. 1937년 이후에는 민속학 관련 글은 별로 발표하지 않았다. 이는 일제가 중일전쟁을 일으킨 이후 경직된 사회 분위기와도 관계가 있겠지만, 그보다는 그의 학문 생활에 큰 변화가 왔던 것이 아닌가 추측된다.

그러면 그의 민속학은 어떤 성격을 지녔을까? 앞서 말했듯이 그는 현지 조사 여행을 여러 번 했지만, 어떤 한 마을에 대한 장기적이며 집중적인 현지 조사는 하지 않았다. 이런 점에서 그의 현지 조사는 비록 자국 내의 민속 조사였지만 참여 관찰의 성격이 결여되었으며, 오히려 그는 단순한 민속 채방 여행을 통해 우연히 만나는 흥미를 끄는 민속 자료나, 아니면 그가 조사

---

* 이필영, 「南滄 孫晉泰의 역사민속학의 성격」, 『한국학보』 41, 일지사, 1985 참조. 이하 손진태의 민속학에 대한 서술은 이 논문에 많이 의존했다.

하고 싶었던 특정 민속 자료를 수집하고, 어느 정도 자료가 집적되면 그것에 문헌 연구나 비교 연구를 곁들여 개별 주제의 논문을 발표했을 뿐이다.

또 그는 현지 조사를 하면서도 민중의 생활 내용과 형태 자체에 관심을 가졌다기보다는 민속을 고대의 잔존물로 보고, 그것에 대한 역사학적 연구를 통해 민중생활사나 민족과 문화의 기초 구성을 밝히는 데 관심을 나타냈다. 이러한 점 때문에 그의 연구 업적은 민속학적이라기보다는 문화사적인 것으로 평가되기도 한다. 따라서 그의 현지 조사 성격에 대해서도 현지 중심이라기보다는 문헌 연구의 보조 수단으로 삼는 인상이 강하다는 지적까지 받는다. 그렇다면 그의 민속학은 엄밀한 의미에서 '민속에 대한 과학' 이 아니라, 오히려 '역사민속학' 이나 '민족문화학' 으로 바꿔 불러도 좋을 만한 것이었다.

이러한 손진태 민속학의 성격은 그가 처음부터 가지고 있던 학문적인 관심에서 연유한 것이 아닌가 추측된다. 즉, 그는 이미 중학교 시절 한국사에 대한 서술을 시도해본 바 있었다고 했는데, 이후에도 새로운 방향의 한국사를 서술하려는 생각을 버리지 않았다. 그는 이제까지의 정치사에서 벗어나 민족의 사회적 생활과 역사로, 그리고 문헌 위주의 역사학에서 벗어나 넓은 의미의 사회사와 민속학 수용이라는 새로운 방향을 모색했던 것이다. 그에게 가장 중요한 것은 "한국 민족은 어떻게 성립되었으며, 한국 문화의 기초는 어떻게 구성되었는가?" 하는 문제를 규명하는 일이었는데, 이 민족과 문화의 기원 문제를 해명하려 할 때 문헌만 가지고는 어렵기 때문에 넓은 의미의 인류학적 연구가 필요했던 것이다. 당시 민속학은 '세계의 학계에 유행' 하는 학문 분야였다.

민속을 고대 문화의 잔존이라고 생각한 그는 민속학의 방법론을 빌려 그 원형을 추리하고, 그것의 이동 경로를 밝힘으로써 민족의 형성 및 민족 문화의 형성 과정을 밝힐 수 있으리라고 믿었다. 왜냐하면 "…… 유사 이전의 한국 문화 …… 한국 문화의 기초와 연원을 연구하는 데는 한국 민족을 구성한 인종적 요소를 연구할 필요가 생기며, 그와 반대로 한국 민족을 구성한 인종적 요소를 연구하는 데는 그 유력한 증적(證跡)으로 한국 민족이 지닌 원시 문화의 직접 기원이 어디에 있는가를 고구(考究)할 필요"가 있었기 때문이다. 인종을 알기 위해서는 문화 연구가, 문화를 알기 위해서는 인종 연구가 필요했다.

한편, 민속학이 '민족 문화를 연구하는 과학'이라고 할 때, 그에게 민족은 그 대부분을 구성하는 농민과 상공 어민 및 노예 등 피지배 계급을 의미했다. 따라서 민족 문화란 곧 귀족 문화에 대한 일반 민중의 문화를 이르는 것이다. 때문에 결국 민속학은 민중 일반의 경제적·사회적·종교적·예술적 생활의 모든 형태와 내용을 탐구하고 비판하는 학문이 되는 셈이다. 곧 민속학의 대상은 민중 일반의 모든 생활 형태와 내용이다.

이에 따라 그의 연구는 현지 조사를 통해 민속을 직접 수집하는 한편, 문헌을 통해 이웃 민족의 민속과 비교하고, 그 전파 경로를 찾아서 민족(문화)의 형성 과정과 이동 과정을 밝히는 형식을 취했다. 그의 「조선 돌멘에 관한 조사 연구」는 돌멘 문화의 분포를 통해서 고대사의 영역과 주민을 찾으려는 것이었다. 그는 돌멘 연구로 신석기 시대에 만주와 조선 반도에 거주했던 여러 씨족은 동일한 종족으로서 이른바 동이족이었다는 사실을 밝히고, 따라서 우리 고대사의 영역이 만주와 반도를 포괄했다고 주장했다. 이 학설은 일제 관학자들이 만주를 조선의 역사 무대에서 제외시키고, 또한 만주와 한반도 북부에 걸쳐 존재했던 고구려 주민을 퉁구스족이라 하여 조선 민족과 분리시켰던 것을 바로잡는 데 큰 몫을 했다.

3. 손진태의 역사학

(1) 신민족주의

대략 1930년대 전반까지 활발한 저술 활동을 벌였던 손진태는 1937년 이후

10년간 거의 글을 발표하지 않았다. 이는 아마도 귀국한 후 국내 학계의 움직임에 영향을 받았기 때문인 것으로 보인다. 이 시기 국내 학계에서는 경성제대의 일본인 어용학자들을 중심으로 한 정체성 이론과 타율성 이론이 판을 치고 있었고, 이에 맞서 안재홍(安在鴻)·문일평(文一平) 등 신민족주의 계열 학자들이 적극 참여한 조선학운동이 전개되고 있었다. 마르크스주의 역사학을 대표하는 백남운(白南雲)은 식민사학·민족사학 모두를 특수사관이라고 비판하면서 한국 사회도 보편적인 발전 과정을 거쳐 발전해왔다고 주장하는 등, 한국사 해석에 대한 주도권을 싸고 대립을 벌이고 있었다. 손진태는 이러한 분위기에 자극받아 새로운 학문 방향을 모색하기 시작했던 것으로 보인다. 최근 발견된 자료에 따르면, 그는 1920~1930년대에 발표한 신채호(申采浩)와 정인보(鄭寅普)의 논설, 사회경제사학자인 백남운과 전석담(全錫淡)의 논설, 실증사학자인 이병도(李丙燾)와 이상백(李相佰)의 논설을 빠짐없이 스크랩해 놓았다고 한다.* 즉, 진작부터 한국 사학계에 관심을 가졌던 그는 귀국한 뒤 국내의 학문 활동에 자극을 받으면서 그때까지 일본인 학자의 절대적인 영향 아래서 벌여왔던 자신의 학문 활동에 변화를 모색했던 것이다. 그 결과 문화사학적이고 현지 조사 중심인 민속학에서 문헌 중심의 역사학으로, 그의 학문 분야랄까 연구 경향을 바꾸었다. 이는 실증사학, 민족사학, 사회경제사학에 대한 그 나름의 대응이었던 것으로 보인다. 동시에 그의 학문이 더 현실 대응적인 성격을 띠게 되었음을 의미한다.

이 과정에서 그의 학문적 고민의 동반자였던 사람은 바로 조윤제·이인영 등이었는데, 이들은 보성전문 도서관에서 밀회를 하면서 새로운 역사학에 대해 의논했던 것으로 보인다. 일제의 침략이 막바지에 달해가면서 민족의 존립이 더욱 위협받자 민족 생존을 위한 역사학을 정립해야 한다는 자각이 그로 하여금 새로운 역사학을 모색하게 만들었던 것이다. 그러던 중 맞이한 해방과 그후의 사회적 혼란, 외세의 개입에 따른 남북 분단, 좌우의 이

넘적 갈등 등은 그에게 새로운 사관을 제시할 필요성을 느끼게 했을 것이다. 그의 이러한 학문적 고뇌의 결과로 탄생한 것이 신민족주의였으며, 그에 입각하여 서술한 역사 관련 저술이 바로 『우리 민족이 걸어온 길』(국제문화사, 1948), 『조선민족사 개론』(을유문화사, 1948), 『국사 대요』(을유문화사, 1949), 『이웃 나라의 생활』(탐구당, 1950) 등이다. 모두 1945년 해방 이후 급박하게 돌아가던 내외 정세 속에서 쓴 것임을 알 수 있다. 결국 1930년대 말부터 그의 학문적 고뇌에서 출발한 온축(蘊蓄: 오랜 연구로 학식을 많이 쌓음)이 해방 후에 결실을 맺었던 것이다. 이 가운데 학술적 가치가 있는 것은 『조선민족사 개론』과 『국사 대요』인데, 여기서는 그 중에서도 전자를 중심으로 그의 신민족주의사학의 내용을 살펴보기로 한다.

그는 『개론』 첫머리에 나오는 자서(自序)를 "나는 신민족주의 입지에서 이 민족사를 썼다"는 말로 시작했다. 어찌 보면 당돌하게 느껴지기도 하는 구절이지만, 그만큼 그가 이에 대해 자부심을 가졌음을 알게 하는 대목이다. 그에 따르면, 진정한 민족사는 "결국 우리 민족이 과거에 민족으로서 어떻게 생활했느냐 하는 사실을 민족적 입지에서 엄정하게 비판하여 앞으로 우리 민족이 나아갈 진정한 노선을 발견하는 데 그 연구 가치와 의의가 있는 것"이므로, 과거 사실의 나열이나 어떤 계급 또는 한 나라 국민이나 한 민족만의 이해나 복리를 위해 고구될 것은 아니라고 했다. 반대로 "모든 사실(史實)을 사실(史實) 그대로 공정하게 파악하여, 또 그 복잡한 사실을 종합 비판하여, 거기서 민족의 참된 행복의 길을 발견하고, 겸하여 인류 사회의 발전 향상과 평화를 재래(齎來: 초래)할 수 있는 이론과 방법을 터득"할 수 있는 것이어야 했다. 손진태는 기왕의 역사학은 왕실 중심적·귀족 중심적이었는데, 그 구각(舊殼: 옛 제도나 관습)을 용감하게 깨뜨린 선구자는 오직 백남운 한 사람뿐이었다고 하면서, 백남운의 『조선 사회경제사』와 『조

---

* 최광식, 앞의 논문(2000), 29쪽 주 51 참조.

선 봉건사회경제사』에 대해 경의를 품는다고 했다. 그렇지만 이어서 다음과 같이 말하였다.

― 씨는 '우리 자신'의 일부분만을 발견했고 '우리 자신'의 전체를 발견하지는 못했다. 그것이 씨의 의식적 결과인지 아닌지는 모르되, 씨는 피지배 계급을 발견하는 데 너무 열중한 나머지 '민족의 발견'에 극히 소홀했다.

즉, 백남운이 이제까지의 왕실 중심적·귀족 중심적 역사학이라는 구각을 깨뜨린 점은 존경할 만하나, 민족 전체를 발견하지는 못했다는 것이다. 이에 대신하여 자신은 '민족의 입지'에서 한국사의 새로운 체계를 잡았다고 했다. 그의 신민족주의는 이와 같이 민족을 중심에 두지만 동시에 국제적으로 모든 민족의 평등과 친화와 자주 독립을 요청하고, 국내적으로는 모든 국민의 정치적·경제적·교육적 균등과 그에 따른 약소민족의 단결과 발전을 요청하는 것이라고 하면서, 다음과 같이 주장했다.

…… 그러므로 신민족주의는 국제적으로 전쟁을 부인하는 것과 마찬가지로 국내의 계급투쟁을 거부한다. 인류의 이상은 투쟁과 파괴에 있지 않고 친선과 건설에 있어야 할 것이니, 민족의 이상도 그러하다. 국제적인 투쟁도 악이지만 민족 내부의 투쟁은 더욱 악이다. 그러므로 신민족주의 사관은 그러한 동족 상잔의 원인인 계급적 불평등을 발본색원(拔本塞源)하자는 것이니, 계급주의 사관처럼 계급투쟁을 도발하는 것도 아니요, 또 자유주의 사관처럼 방관·방임하는 것도 아니다. 봉건주의 사관은 말할 나위도 없다. 그러므로 신민족주의 사관은 민족의 입장에서 사실을 다시 비판하여 선과 악을 명백하게 한다. 민족의 과오를 은폐하려 하지 않고, 그것을 반성 시정하려고 하며, 민족의 우수성을 선양하려고 한다. 그리하여 자주 독립한 민족으로서 민족의 특수성을 충분히 발양(發揚)하여 민족으로서의 행복을 누림과 함께 인류의 평화와

행복에 소임을 다하려고 하는 것이다.*

즉, 무엇보다도 배척해야 할 민족 내부의 계급투쟁, 그 원인인 계급적 불평등을 부정하고, 모든 국민의 정치적·경제적·교육적 균등을 바탕으로 한 민족의 발전을 지향한다는 입장에서 과거 우리 역사를 정리해보겠다는 것이었다. 왜냐하면 "민족 전체가 정치적으로 경제적으로 사회적으로 문화적으로 균등한 의무와 권리와 지위와 생활의 행복을 가질 수 있을 때 비로소 완전한 민족국가의 이상이 실현될 것이요, 민족의 친화와 단결이 비로소 완성될 것"이기 때문이다.

그러면 이러한 생각은 역사 서술에서 어떻게 구체화되었는가? 손진태는 『조선민족사 개설』에서 한민족은 태초부터 완성된 형태로 출현된 것이 아니라 일정한 사회 발전 단계를 거치면서 확립된, 여러 계급으로 구성된 역사적 실체라고 보고, 민족의 형성 과정과 그 성쇠(盛衰)를 지표로 하며, 아울러 정치·경제 형태에 의한 시대 구분을 병행했다. 그는 이러한 입장에서 한국사를 시대 구분했는데, 그 가장 큰 특징은 크게 보아 우리 역사를 계급이 없었던 씨족 공동 사회와 귀족국가로 나눈 점일 것이다.** 즉, 그는 조선 북부에서는 BC 2세기경부터, 남부는 3세기경부터 이미 귀족국가를 형성하여 조선 왕조까지 지속되는 것으로 보았다. 이 귀족국가의 정치 형태는 "왕자 전제정치, 권력 귀족 지배 형태의 정치"로 민족의 생존에 '큰 악영향'을 미쳤다.

무제한적인 사유 재산의 기초 위에 전개된 귀족정치는 필연적으로 내부에서 계급 알력의 불행을 일으켰다. 이것은 비록 세계 공통의 필연적인 사실이지

---

* 손진태, 「국사 교육 건설에 대한 구상 ─신민주주의 국사 교육의 제창」, 『새교육』 1권 2호(1948. 9), 49
~50쪽.
** 이기백, 「신민족주의 사관」, 『한국 사학의 방향』, 일조각, 1978, 99쪽 참조.

만, 또한 인류의 역사가 범한 최대의 죄과임에 틀림없다. 동시에 이것은 중대한 역사적 사실의 하나이다. 이 죄과적 사실이 조선 민족의 역사에서는 어떻게 전개되었으며, 또 그것이 민족의 생활과 민족의 생존에 얼마나 큰 악영향을 미쳤는가 하는 것을 나는 또 이 저술에서 검토할 것이다.*

즉, 이미 BC 2~3세기 이후에 성립되어 조선 왕조까지 지속되는 귀족정치의 '죄과'(罪過)를 민족적 입지에서 비판 구명하고자 한다는 것이다. 그렇다면 이 귀족정치는 민족사 발달에 악영향만 미쳤는가? 손진태는 그렇게만 보지는 않았다. 귀족정치이기는 하나 우리 민족을 형성하는 데는 일정한 공헌을 했다. 그는 우리 역사를 크게 계급이 없던 씨족 공동 사회와 귀족 사회로 나눈 뒤, 이를 다시 민족 형성이라는 관점에서 다음과 같이 나누었다.

민족형성배태기(씨족 공동 사회) / 민족형성초기(부족국가) / 민족통일추진기(삼국) / 민족결정기(통일신라) / 민족의식왕성기(고려) / 민족의식침체기(조선) / 민족운동전개기(일제)

즉, 그는 신라의 삼국 통일을 한민족이 결정된 시기로 중요시했다. 다시 말해, 민족의 입지에서 볼 때 비판받을 귀족정치이기는 하나 민족을 형성하는 과정에서는 어느 정도 공헌을 했다는 말이 되겠다. 그러나 위의 시대 구분에서도 엿보이듯이, 일단 민족이 형성된 후 한국사는 역동성을 잃는다. 고려와 조선 왕조의 역사가 '민족의식'의 왕성과 침체로 구별될 뿐이다. 민족의 관점이 아니라도 귀족정치가 성립된 후 한국사는 거의 변화를 겪지 않는다. 다음의 인용문은 그의 시각을 잘 보여준다.

…… (통일신라 시기) 농민들은 풍년이 되어야 겨우 기아를 면하다가 한번 흉년이 들면 유리걸식하거나 굶어 죽지 아니할 수 없는 정도로 무도(無道)한 착

63인의 역사학자가 쓴 한국사 인물 열전

취와 압박을 당했다. …… 이 상태는 강약의 차는 있을망정 고려 때도 이조 때도 계속되고 지금도 오히려 다른 형태로 존속된다. 우리는 흔히 이조 5백 년의 학정을 말하되 나의 관찰로는 신라나 고려나 이조나 모두 동일한 귀족 지배적 착취 악정을 행했으나 신라와 고려의 그것은 무단적·노골적임에 대하여 이조의 그것은 문신적·음험적임에 차이가 있었을 뿐이다. (『조선민족사 개론』, 204~205쪽)

이런 면 때문에 그의 역사학은 정체 사관을 헤어나지 못했다든가, 발전 개념이 결여되었다는 평가를 듣는다.[**]

그러면 그의 역사 서술에서 핵심 요소였던 민족 대중의 구체적 존재 양태는 어떠한 것이었는가? 안타깝게도 이들의 생활 모습을 전해주는 기록은 극히 부족한 형편이다. 여기에 그가 민속학자로서 쌓아온 연구가 빛을 발한다. 그는 곳곳에서 그가 수집한 민속 관련 사실들과 그에 입각한 연구 결과를 인용하여 당시 민중들의 삶의 모습을 보여주고자 했다. 그러나 그의 민속학이 민중사의 한 단면이나 민족과 문화 기원의 한 부분만을 주로 규명코자 했던 것과 마찬가지로, 거기에서 전해지는 민중의 삶의 모습은 파편적인 것일 수밖에 없다. 즉, 그러한 피지배층의 일상생활을 지배하는 사회·경제적 관계망에 대한 고찰은 결여되어 있다. 이는 당시 학계의 연구 성과가 부족했던 탓도 없지 않겠지만, 그때 이미 유물사관에 입각한 연구 성과가 나왔던 것을 생각하면, 역시 그의 사학이 지닌 성격을 반영하는 것으로 보아야 할 것이다. 그 결과 그의 역사 서술의 큰 줄기는 역시 정치사·대외관계

---

[*] 『조선민족사 개론』緖論, 4~5쪽.
[**] 한영우, 「孫晉泰의 新民族主義史學」, 『한국 독립운동사 연구』 제3집, 한국독립운동사연구소, 1989; 이기백, 「한국사 연구의 방법론적 반성 ─신민족주의 사관을 중심으로」, 『한국 사상의 재구성』, 일조각, 1991; 노태돈, 「해방 후 민족주의사학론의 전개」, 『한국사를 통해 본 우리와 세계사에 대한 인식』, 풀빛, 1998 참조.

사일 수밖에 없었다. 오히려 그의 역사학의 특징은 '민족'의 입장에서 행한 도덕적 평가가 큰 줄기를 이루었다.

(2) 교훈적 역사학과 현실 인식

크로체(B. Croce)가 "모든 역사는 현대사"라고 했듯이, 손진태의 신민족주의 역사학은 당시 한국이 처했던 현실과 떼어놓고 생각할 수 없다. 자신이 밝혔듯이 손진태가 후에 신민족주의라고 이름 붙인 새로운 역사학을 구상하기 시작한 것은, 바로 일제가 침략 전쟁을 확대하면서 민족의 존재 자체를 위협하던 시기였다. 이러한 상황에서 그가 민족의 중요성을 더욱 절감했을 것으로 짐작하지만, 그 기간 동안의 온축이 글로 정착된 것은 해방 후였다. 잘 알다시피 이 시기에는 갑자기 찾아온 해방과 그에 따른 사회적 혼란, 남북 분단 및 미·소군의 진주, 좌우의 대립, 그에 따른 남북 분단의 고착화 등 중요한 역사적 사건들이 줄을 이었다. 이 기간 동안 역사학자로서 느껴야 했던 고민이 그의 글에 그대로 드러난 것이다.

그 고민은 '과거 사실에 대한 민족적 입장에서의 비판'이라는 형식을 통해 당시 사람들에 대한 훈계로 나타났다. 그는 이를 "민족사는 민족 생활의 감계(鑑戒)를 위해 존재한다는 것이 신민주주의 사관의 정신"*이라는 간결한 말로 정당화했다. 그의 『조선민족사 개론』 자체도 "대학생 및 일반 지식 계급"을 대상으로 한 국사 교과서였다.** 민족사가 감계를 위한 것임을 지적한 『개론』과 거의 같은 시기에 발표된 「국사 교육 건설에 대한 구상 ─신민족주의 국사 교육의 제창」이라는 글에서 그는 '신민족주의 국사 교육'의 목표로 신민족주의라는 국사 교육의 이상 확립과 함께 ① 봉건사상의 타파와 민주주의의 선양, ② 국수주의의 파기와 세계주의의 강조, ③ 민족성의 장·단에 대한 정확한 인식, ④ 민족의 성쇠에 대한 원인 인식, ⑤ 애국자와 민족 반역자의 구명 등을 제시했다. 이를 위해서는 역사적 사실에 대한 비판과 반성, 시정, 선양과 배격이 필요하다고 밝혔다.

그 결과 『조선민족사 개설』의 특징은 고대사에 대한 서술 자체보다는 오히려 그러한 사실들에 대한 비판에서 잘 나타나는 것이 아닌가 하는 느낌이 든다. 그는 과거의 역사적 사실을 서술한 뒤 곳곳에서 그 역사적 맥락과 전혀 관계없는 일화를 끌어오거나 잣대를 가지고 평가한다. 그 잣대는 "현재의 민족적·현실적 이상"인 "민족 전체의 균등한 행복과 이에 바탕을 둔 민족적 단합"이었다. 이는 충효라는 기준을 내세우지 않았을 따름이지 "『삼국사기』 이래로 유교사가들에 의해 저술된 사서에 나타나는 사론들을 읽는 기분"이 들 정도로 도덕적이다.*** 이러한 평가나 비판을 통해 해방 후 혼란스러운 정국을 살아가던 국민들을 각성시키고자 했던 것이 그의 기본적인 저술 의도였다는 사실을 엿볼 수 있다. 한 예를 들면 신라 김제상(金堤上)의 일화를 소개한 뒤 그를 한말의 매국노 이완용과 비교하여 칭송한다던가, 고구려가 "동족상투와 골육상쟁과 정권 쟁탈과 이기적 사치를 일삼는 귀족국가의 본질" 때문에 멸망했다고 서술한 뒤,

> 고구려의 패망은 조선 민족사상 누천년의 통한사를 남겼으니, 그 결과로서 우리는 광대한 영토 만주와 거기에 거주하던 3백여 만의 동족을 상실했다. 정치의 선악과 정치가의 행동이 이토록 큰 영향을 민족사상에 남기는 것을 우리는 깊이 명심해야 할 것이다. 더욱이 지금 북위 38도로서 남북이 분할된 우리는 이에 심각한 각성을 해야 할 것이다. (『조선민족사 개설』, 176쪽)

라고 하여, 고구려 멸망에 대해 말한 뒤 남북 분단 아래에서 바람직한 정치를 해줄 것을 요구하고, 신라가 그 "계급적인 소수 지배의 귀족정치"가 원인이 되어 쇠망하게 되었다고 서술하고는

* 손진태, 「국사 교육 건설에 대한 구상 ―신민주의 국사 교육의 제창」, 『새교육』 1권 2호(1948. 9), 53쪽.
** 손진태, 위의 논문(1948. 9), 48쪽 및 최광식, 앞의 논문(2000), 32쪽 참조.
*** 411쪽 이기백·한영우·노태돈의 논문 참조.

…… 우리는 앞으로 우리가 건설하고자 하는 민족국가에서는 소수 특권 계급의 지배로 말미암아 일어나는 민족 내부의 정치적·경제적·사회적 불평등이 있어서는 안 되겠다는 것과, 또 비록 평화시에라도 민족 내부의 정치 세력이 분열되거나 내홍(內訌: 내분)이 있어서는 안 되겠다는 것을 깊이 인식해야 할 것이다. 정권의 교대는 민족의 총의에 의해 결정될 것이어늘 만일 그것이 정당의 폭력투쟁에 의해 좌우될 때는 민족의 내쟁과 멸망이 있을 뿐이다. (『개설』, 227~228쪽)

라는 식이다. 그의 역사 서술이 귀족정치의 폐해를 지적하는 데 급급한 나머지 그 역사적 역할을 무시했다던가, 역사 발전의 모습을 놓쳤다는 평가를 듣는 것은 바로 그의 이러한 현실에 대한 관심, 현실에 대한 교훈을 역사에서 끌어오고자 했던 데서 연유하는 것일지도 모른다.

이렇게 신민족주의 사관의 입장에서 역사에서 교훈을 이끌어내고자 했던 점, 그를 통해 일반 대중을 교화하고자 했던 점은 사실 그의 역사학의 큰 특징이기도 하다. 그러면 이제 그의 신민족주의 사관이 어떠한 현실 인식에 바탕을 두었던가를 더 자세히 살펴보기로 하자.

그는 남북이 분단되고 좌우가 극심한 대립을 보이며, 미·소라는 둘 다 믿을 수 없는 강국 틈에 끼어 있는 당시 한국의 현실에서 완전한 독립을 찾는 길은 오직 전 민족이 일치 단결하는 데 있을 뿐이라고 파악했다. 남의 나라 때문에 남북이 갈라진 이 불행한 시기에 폭력 행동으로 계급 싸움을 한다는 것은 민족의 분열과 피를 부를 뿐이라는 것이었다.*

그는 또 소련의 민주주의나 영미의 민주주의는 모두 우리의 현실에 맞지 않는다고 파악했다. 소련의 경우는 민주주의라고는 하나 계급주의·통제주의·폐쇄주의를 벗어나지 못하고, 미국의 민주주의는 개인─국가─인류라고 하여 자유로운 개인에 중점을 두는데, 우리 현실에는 맞지 않았다. 왜냐하면 "눌 모두 다수의 이민족을 포섭한 국가이고, 세계 지배를 꿈꾸는 강자

63인의 역사학자가 쓴 한국사 인물 열전

들"**이며, 그 방법에서는 차이가 있지만 모두 민족을 부정하고 약화시키려는 데서는 공통이라는 것이었다. 한국은 이들과 달리 약자이므로 그 철학도 달라야 했다. 한마디로 "자기를 강화하려면 민족으로서 단결하는 것이 제일보"였던 것이다.*** 그는 해방 이후 미국과 소련의 한반도 내정 개입을 겪으면서 얻은 인식을 바탕으로 조선 민족에게 적절하고 유리한 민주주의, 즉 민주주의적 민족주의, 바로 신민족주의를 제창했다.

한편 민족은 "혈액의 공통, 문화의 공통, 지역의 공통, 역사의 공통 등으로 형성된 윤리적·사회적 공동운명체"인데,**** 우리 민족이 형성한 이 공동체는 4, 5천 년의 장구한 역사를 가진 것이었다. 따라서 우리는 누구보다도 강한 민족의식을 가지고 있는데, 오직 계급의 존재가 이를 좀먹는다고 보았다. 그러나 이 계급 문제는 민족 내부의 문제이며, 이를 세계적인 문제로 만들려는 것은 한 나라의 세계 지배를 위한 음모라고 보았다.***** 동시에 완전한 민족의 단결은 민족 내부의 '현수(顯殊)한 불평등'을 없이 하는 데서 얻을 수 있다고 했다.

이와 같이 절실한 민족 단결의 전제로 계급 문제의 부정, 이를 위한 민족 내부의 평등을 주장한 데서 당시 상황에 대한 그의 역사학자로서의 요구를 읽을 수 있다. 그러나 문제는 그러한 불평등을 제거할 구체적 방안이 제시되지 않았다는 점이다. 신민족주의의 이상으로서 '계급의 부정'을 내세우지만, 그것을 현실적으로 어떠한 사회·경제적 관계망 속에서 이룰 것인가에 대한 구상이 보이지 않는다. 즉, 공산주의와 함께 자본주의도 공격하지만, 그에 대체할 사회의 구체상을 제시하지 못하고 있다. 그러한 조건에서

---

* 손진태, 『우리 민족의 걸어온 길』, 1948, 73쪽.
** 손진태, 「국사 교육 건설에 대한 구상 ─신민주주의 국사 교육의 제창」, 『새교육』 1권 2호(1948.9), 49쪽.
*** 손진태, 「민주주의 민족 교육의 이념」, 『새교육』 4호(2권 1호, 1949. 2), 9쪽.
**** 손진태, 위의 논문(1949), 10쪽.
***** 손진태, 위의 논문(1948. 9), 54쪽 참조.

무조건 뭉치자는 말은 기묘하게도 당시 이승만의 "뭉치면 살고 헤어지면 죽는다"는 구호와 구별이 모호해진다. 이 지점에서 우리는 그의 신민족주의 역사학과 일민주의(一民主義)의 연관성을 살펴보지 않을 수 없다.

일민주의는 정부 수립 직후 이승만이 제시한 정치 이념이었는데, 그 핵심은 일민주의로써 민족단일체를 만들고, 한 백성(一民)인 국민을 만들어 민주주의의 토대를 마련하고 공산주의에 대항하자는 것이었다. 일민주의의 목표는 "우리 민족은 동일 혈통, 동일 운명을 지닌 공동체로서 남녀 상하·지방 파당·빈부 귀천을 없애고, 균일 정치(민주정치)·동일 교육(민족 교육)·통일 경제(민생 경제)를 달성하여 자유·진리·공정을 실현한다는 것이었다.* 이승만이나 그 옹호론자들이 노린 것은 민족의 혈연성을 내세워 국민의 통합을 이루고자 한 것이었는데, 그것은 이승만의 "우리 민족은 하나다. 국토도 하나요, 정신도 하나요, 생활에도 하나요, 대우에도 하나요, 정치상 문화상 무엇에고 하나다"라는 말에 잘 나타난다.

이 일민주의사상을 체계화하고 발전시켜 나간 사람은 문교부 장관이자 일민주의보급회(1949년 9월 창립)의 부회장이었던 안호상이다. 그는 민주주의와 공산주의의 사상 전쟁이 본격화하는 당시의 현실에서 외래 관념을 맹목적으로 받아들일 것이 아니라 이를 비판적으로 소화하여 고유한 민족사상에 맞게 함으로써 '우리의 주의와 사상'으로 만들어야 한다고 했다. 그는 당시 유행하던 미국식 민주주의가 반드시 우리의 참된 주의가 될 수 없으며, 삼국을 통일한 화랑정신도 부족하므로 새로운 주의가 필요한데, 일민주의가 바로 그것이라고 했다. 말하자면 온 국민을 일민으로 만들어 이로써 공산주의에 대항한다는 것이었다.

한편, 안호상은 일민주의의 뜻을 풀이하면서 이는 '한겨레', 곧 '단일 민족'을 강조하는 '한겨레주의'라고 설명했다. 여기서 그는 우리 민족이 동일 혈통, 동일 운명을 가진 민족임을 특히 강조했다. 또한 "가정이 가족의 집이라면 국가는 민족의 집이다. 민족은 어떠한 개인과 계급보다 더 귀중하며, 국가는 어떤 단체나 정당보다 더 크다. 민족과 국가를 가장 높게 또 귀중히 여김은 인생의 본성이요, 한 백성 일민의 본무(本務)이다"라고 했다.

손진태도 '민족의 단결, 그 전제로서 불평등의 제거'라는 자신의 도식에서 중점을 앞에 두었던 것은 그가 문교부 차관이 되어서 쓴 '민주주의의 민족 교육의 이념'을 설명하는 글에서 "개인은 존중하지만 민족으로서의 개성을 존중하는 것이므로 민족이 주요, 개인은 민족에 속하는 제2의적 가치"를 갖는다고 한 말에 잘 나타난다.**

이 일민주의는 1949년 하반기부터 문교부 등 정부 각 부처와 국민회, 대한청년단, 학도호국단 등 이승만을 영도자로 모신 단체 등을 중심으로 활발히 보급되었는데, 같은 시기 좌익에 대한 탄압은 강화되고, 반민특위가 무력화되었으며, 민주적 개혁운동은 좌절되었다. 이와 함께 언론 통제가 강화되고, 북진 통일이 이승만 등에 의해 여러 차례 고창되었다.***

이승만 정부는 수립 직후 교육 방침으로 '민주적 민족 교육 또는 일민 교육'을 표방했는데, 안호상은 초대 문교부 장관으로 취임하면서 "우리 교육을 구미식 개인, 자본주의적 민주 교육과 소련식 계급, 공산주의적 민주 교육(사실 독재 교육임)과 구별하기 위해 민주적 민족 교육 또는 일민 교육"이라고 한다고 말했다.****

손진태가 1949년 2월에 쓴 「민주주의 민족 교육의 이념」이라는 글은 바로 안호상 문교부 장관 밑에서 차관을 맡았을 당시 문교부가 새로운 교육 이념으로 제시한 '민주주의 민족 교육'의 방침을 해설하기 위해 쓴 것이었는데, 그 내용은 그가 주장하던 신민족주의의 골자를 반복하는 것이었다.

이렇게 볼 때 우리는 손진태의 신민족주의 사학이 일민주의와 밀접한 관

---

* 박찬승, 「20세기 한국 국가주의의 기원」, 『한국사 연구』 117호, 2002, 238쪽 참조.
** 손진태, 앞의 논문(1949. 2), 11쪽.
*** 서중석, 「이승만 정부 초기의 일민주의」, 『진단학보』 83집, 진단학회, 1997, 161쪽 참조.
**** 이광호, 「미군정의 교육정책」, 『분단 시대의 학교 교육』, 1989, 60쪽.

련을 맺었던 사실을 부정할 수 없다. 손진태는 이후에도 아무도 맡으려 하지 않았던 서울대학교 사범대학 학장이 되었고, 누구보다도 먼저 학도호국단을 설치했다고 한다. 당시 사범대학은 국립화되었고, 서울 사범대학에는 학도호국단 간부 수련소가 설치되어 있었다. 손진태가 테러를 당한 것도 바로 학도호국단 설립과 관련이 있었던 것으로 밝혀졌다. 이밖에도 손진태는 『우리 민족이 걸어온 길』의 끝 부분에서 다음과 같이 말했다.

> 지금 우리는 불행하게도 또 두 강국 틈에 끼었다. 우리는 미국을 믿을 수도 없고, 소련을 믿어서도 안 된다. 우리가 우리 민족의 완전한 독립을 찾는 길은 오직 전 민족의 일치 단결이 있을 뿐이다. 그러나 우리는 지금 갈가리 당파로 찢어져서 제각기 제 말이 옳다 하고, 그 가운데 정권 싸움이 들어 있다. 누구의 말이 옳으냐 하는 것은 우리 민족이 판단할 것이며, 특히 민족의 대부분을 이루는 우리 농민과 노동자가 판단할 것이요, 그 판단하는 길은 총선거뿐이다.

그는 이와 같이 남한만의 단독 정부 수립을 위한 총선거 참여를 권유하는 등* 해방 이후 우익의 입장을 지지하는 길을 갔다. 결국 그 의도가 어떻든 역사성·현실성을 결여한 채** 단일 혈통을 강조하며, 그에 기초한 민족의 무조건 단결을 주장하는 그의 입장은 해방 후의 혼란 속에서 결국 그를 자연스럽게 극우파와 연결시켰던 것으로 보인다.

이상에서 살핀 바와 같이, 손진태는 일제 식민지 치하에서 청소년기를 보내며 우리 역사에 대해 남다른 관심을 가졌다. 일본의 와세다대학에서 수학한 그는 일본인 은사들의 영향 아래 민속학에 관심을 가졌는데, 이를 통해 민족을 발견할 수 있으리라고 믿었던 것으로 보인다. 그는 현지 조사와 문헌 조사를 결합한 과학적 방법을 동원하여 한국에서 본격적인 민속학을 개척한 사람으로 평가받는다. 그러나 민속학의 성격상 현실에서 전개되는

63인의 역사학자가 쓴 한국사 인물 열전

정치와는 일정한 거리를 유지했다.

일제가 민족의 존립마저 위협하는 일제 말기에 가까워지면서 그는 자신의 연구 영역을 역사학으로 바꾸었는데, 그 결과로 나온 것이 신민족주의 사관이었다. 신민족주의 사관은 '모든 국민의 정치적·경제적·교육적 균등을 바탕으로 한 민족의 발전' 을 지향한다는 입장인데, 그는 이에 입각하여 우리의 과거 역사를 정리, 비판했다. 그는 한반도에서 이미 BC 2~3세기경에 귀족국가가 성립된 것으로 파악하고, 그 기본적인 특징이 조선 왕조까지 지속되는 것으로 보았다. 그는 귀족국가가 민족을 형성하는 데 끼친 공헌은 인정하면서도, 귀족층의 이기성과 반민족성은 강렬히 비판했다. 이것은 해방 후의 혼란 속에서 현실 정치에 대한 그의 요구이기도 했다. 그 결과 그의 역사학은 발전 개념이 결여되었으며, 교훈적 역사학이라는 성격을 강하게 띠었다.

한편, 그는 심각한 좌우 대립, 외세의 개입 속에서 가장 필요한 것은 민족의 단결이며, 이를 저해하는 계급적 불평등을 발본색원하자고 주장했다. 그러나 불평등을 제거할 구체적인 방안은 제시하지 못했다. 결국에는 개인보다 민족이 앞선 것이라고 주장하기도 했다. 그의 민족 개념은 혈연적 단일성을 주장하며, 초역사성을 띤다는 특징을 지닌다. 그는 해방 이후의 정국에서 우익과 연결되었으며, 그의 신민족주의 사학도 이승만·안창호(安昌浩)의 일민주의와 연관을 맺었다.

역사 발전이라는 관념의 결여, 단일 혈통 강조, 초역사적인 민족 개념이라는 그의 학문적 입장이, 민족의 생존을 최우선으로 생각하던 그를 결국 극우적 입장에 빠져들게 했던 사실은 우리들로 하여금 역사 연구의 어려움을 다시 한번 생각하게 한다.

---

* 이 책은 1948년 7월에 간행되었으나, 손진태가 쓴 서문은 1948년 5월 1일에 쓴 것으로 되어 있다. 그가 여기서 말하는 총선거란 며칠 뒤인 5월 10일에 있을 초대 국회의원 선거를 가리키는 것으로 보인다.
** 손진태 민족 개념의 초역사성에 대해서는 정창렬, 「손진태」, 『한국의 역사가와 역사학(하)』, 창작과비평사, 1994, 245쪽 참조.

참고문헌

손진태, 「국사 교육 건설에 대한 구상 ─신민주주의 국사 교육의 제창」, 『새교육』 1권 2호
    (1948. 9).
손진태, 「민주주의 민족 교육의 이념」, 『새교육』 4호(2권 1호, 1949. 2).
손진태, 『우리 민족의 걸어온 길』, 1948.
손진태, 『조선민족사 개론』, 을유문화사, 1948.

노태돈, 「해방 후 민족주의사학론의 전개」, 『한국사를 통해 본 우리와 세계사에 대한 인식』,
    풀빛, 1998.
류기선, 「1930년대 민속학 연구의 한 단면 ─손진태의 '민속학' 연구의 성격을 중심으로」,
    『민속학 연구』 2, 1995.
박찬승, 「20세기 한국 국가주의의 기원」, 『한국사 연구』 117호, 2002.
서중석, 「이승만 정부 초기의 일민주의」, 『진단학보』 83집, 진단학회, 1997.
이광호, 「미군정의 교육정책」, 『분단 시대의 학교 교육』, 1989.
이기백, 「신민족주의 사관」, 『한국 사학의 방향』, 일조각, 1978.
이기백, 「한국사 연구의 방법론적 반성 ─신민족주의 사관을 중심으로」, 『한국 사상의 재구
    성』, 일조각, 1991.
이필영, 「南滄 孫晉泰의 역사민속학의 성격」, 『한국학보』 41, 1985 참조.
전호태, 「문헌과 현장의 만남: 『朝鮮民族文化의 硏究』, 孫晉泰 著〈書評〉」, 『역사와 현실』 16,
    역사비평사, 1995.
정창렬, 「손진태」, 『한국의 역사가와 역사학(하)』, 창작과비평사, 1994.
최광식, 「손진태의 생애와 학문 활동 ─새로운 자료를 중심으로」, 『역사민속학』 11집, 2000.
한영우, 「孫晉泰의 新民族主義史學」, 『한국 독립운동사 연구』 제3집, 한국독립운동사연구소,
    1989.

이종률 李鍾律

민족혁명운동에 일생을 바친 정치학도

장동표 밀양대학교 교양과정부 교수

1. 성장과 학업

산수(山水) 이종률(李鍾律, 1902~1989)은 1902년 6월 6일 경북 영일군 북면 동대산 밑 산촌 농가에서 아버지 퇴하(退下) 이규환(李圭煥)과 어머니 벽진 이씨 이점실의 세 아들 가운데 둘째 아들로 태어났다. 집안 형편은 중농보다는 낮았으며 빈농보다는 나은 정도였다. 경주를 관향(貫鄕)으로 하여 선대는 경주 안강 일대에서 세거(世居)했으며, 조부 때부터 동대산 밑으로 이주하여 향반(鄕班)의 지위로 살아왔다.

이종률은 자신의 집안을 빈궁한 양반으로서 가통을 유지해온 것으로 인식하면서, '가통' 이라는 것에 대해 부정적 소멸과 긍정적 발전으로서 계승의식을 가지려 했다. 그는 가통론에 입각한 가족제도를 부인하려 했고, 선대가 전해준 충군애국적 봉사사상도 그 내용을 민주애족적 사상으로 변경하려는 노력을 기울였다. 이러한 가운데 그는 자신이 고결하다는 명절론(名節論)에 사로잡힌 개인주의를 경계했다.

이종률은 아버지가 지어준 자 도성(度聲), 호 정약당(靜若堂)을 기존의 가통이 주는 의식을 극복한다는 의미에서 모두 버리고, 자신의 실천적 삶과 철학과 연관지어 필명 또는 호를 스스로 지어 사용했다. '이일구'(李一九)와 '이균'(李鈞) 등의 필명이 그 예다. '이균'이라는 이름은 1945년 조선학술원 창립 당시에 사용한 필명이며,『현순간정치문제소사전』과『기미를 알자』에는 '이일구'라는 필명을 사용했다. '이균'은 재래의 봉건제 타파라는 실천적 의미에서 조선 시대 이래 임금의 이름이라고 해서 이씨 성을 가진 사람은 아무도 쓰지 않던 선조의 이름 '균'(鈞)을 일부러 쓴 것이었다.

이종률은 성장 시절 아버지에게서 강한 영향을 받은 것으로 술회했다. 자신의 아버지가 초기에 '충군애국'에서 3·1운동 이후 '충군'을 빼버린 '애국'의 사상으로 발전한 것이라든지, '대한제국 임시정부'에서 '대한민국 임시정부'로 바뀐 역사적 변천상에 대해 충분히 이해를 한 것으로 보았다. 또한 세계 사정에는 어두웠어도 한학과 국내 및 중국 사정 등에 대해서는 상당한 식견을 갖고 있었던 것으로 생각했다. 그는 언제나 '위천하자불고가사'(爲天下者 不顧家事)라는 말로 나라의 일꾼이 되라는 것과, 성삼문처럼 벌겋게 달군 쇠로 고문하는 세조를 향해 "이 쇠 차다. 다시 구워 오라"(此鐵冷 更煮來)고 항거할 정도의 기개가 있어야 한다는 아버지의 가르침이 일생을 두고 계속된 투옥 과정의 모진 고문을 이겨내는 힘의 원천이 되었다고 회상했다. 그러나 성리학 유교의 사물관에 바탕을 둔 관계로 자신을 민주애족적 정치학도 방향으로 지도하지 못한 것을 아버지의 한계로 지적했다.

이종률이 본격적으로 신식 교육을 받게 된 계기는 1918년 경북 의성에 이사해 살면서 소년 애국지사 박명진(朴明璡)을 만나 그가 조직한 유년독립군 예비단체의 하나인 '호경체육회'(虎驚體育會)에 가담하면서부터였다. 여기서 그는 중국 상해에 임시정부가 있다는 사실을 알게 되며, 1921년에는 점곡 공립 보통학교 2학년에 편입하여 처음으로 신교육을 받는다. 그

리고 얼마 뒤에 석주(石州) 이상룡(李相龍)의 아들 도목 이형국과 박곡 유
동붕, 도산 이지호 등 민족운동가들이 운영하던 안동의 사립 동명학교로 옮
겨 민족독립투쟁의 학문을 배우게 된다. 소학교 4학년 때는 서울로 와서
'임시정부 대통령' 이승만 박사의 모교인 배재중학 2학년 보결시험에 합격
한 후 학업과 항일운동을 함께 시작한다.

　이종률은 그의 유저(遺著)의 하나로 편집·발간된 『민족혁명론』(1989
년)에서, 아버지 이규환, 류동붕, 이형국, 이지호, 박진, 미야케 시카노스케
(三宅鹿之助), 이관용, 박영덕, 야구치 다쓰 등 9명을 자신의 스승으로 모신
다고 했다. 그러나 무엇보다 이종률에게는 "사람은 능히 '이 쇠 차다'라고
말할 수 있는 강기(剛氣)를 가지고서야 비로소 나라 일에 임할 수 있다"라
고 말한 아버지가 사실상 가장 큰 스승으로 자리잡고 있었다.

2. 민족운동의 실천

(1) 일제하 항일민족운동

이종률은 1924년 배재중학에 편입한 뒤 공학회(共學會) 활동에 참여하면서
본격적인 항일민족운동을 전개한다. 3학년 때 공학회 활동을 하다가 경찰
서 유치장에 연행되기도 했다. 그는 공학회를 식민지 지배자들이 공산혁명
론 세력보다 더욱 경계하는 조직으로 인식했다. 공학회는 1925년 9월 합법
적인 단체가 되면서 조선학생과학연구회로 이름을 바꾸고, 1926년 6·10만
세운동을 선두에 서서 진행하는 조직이 된다.

　이종률은 6·10만세운동의 참여로 경기도 경찰부에 투옥되는데, 이때 만
해 한용운을 만나 크게 감화를 받는다. 한용운이 그에게 "애국자가 되려면
사형을 당하는 의기(義氣)보다도 고문을 견디는 각오를 다져야만 된다"고
한 말을 일생 동안 민족혁명투쟁의 교훈으로 삼았으며, 이는 뒷날까지 적어
도 고문에서 실패하지 않은 힘의 일부가 되었다고 했다. 본격적으로 형무소

생활을 시작한 것은 이때부터였으며, 그 기간은 8·15 후에서 1960년대까지를 포함해 대략 10년 남짓이 된다.

6·10만세운동 이후 이종률은 일본 와세다대학에 진학한다. 1927년에는 신간회(新幹會) 동경지회 결성에 참여하는 등 항일투쟁에 활발하게 참여하면서 국내에 수시로 드나들며 항일운동을 전개하기도 했다. 동시에 민족협동전선 조직인 재일본 조선인단체협의회 부인부 부장을 맡았다. 1928년에는 '재일본 조선학생스트라이크옹호동맹'을 만들고, 서울의 휘문고보 김운선, 보성고보 이태우, 경신고보 유추운, 중앙고보 곽용칠 등과 함께 동맹휴학을 주도하는 등 조선과 일본을 넘나드는 항일투쟁을 전개하면서 많은 민족혁명운동가들을 만났다. 의열단(義烈團)의 비밀 단원이자 민족주의 방향의 활동가인 박건(朴建)도 이때 만났다. 박건은 국내 신간회 본부 서기장이었던 밀양 출신 백민(白民) 황상규(黃尙奎)를 밀양에서 만날 수 있게 주선했다. 이종률은 황상규에게서 중국의 황포군관학교(黃浦軍官學校)에 입교할 것을 권유받으나, 당시 국내외에 벌여놓은 여러 가지 상황 때문에 따를 수 없었다고 한다. 1928년 와세다대학에서 '우리말연구회' 사건으로 출학(黜學)을 당한다.

1929년에는 학생운동조직으로 성진회(醒進會) 활동을 전개하면서 광주학생운동을 배후에서 지도했다. 이때 격문 살포와 맹휴지도 혐의로 치안유지법과 출판법에 걸려 구속당했다. 성진회는 1926년 9월 창립된 학생 지하단체이다.

이종률은 민족혁명운동사에서 신간회운동의 역사적 의미를 매우 높게 평가했다. 특히 민족 단일당으로 본 신간회는 '해소' 된 것이 아니라, 여러 내외적 요인 때문에 '해체' 된 것으로 보았다. 그는 실제로 신간회 해체의 전후 속사정을 잘 알 수 있는 위치에 있었다. 무엇보다 자신이 직접 신간회 회원으로 활동을 했거니와, 1931년에는 신간회 해체 장면을 직접 목격했으며, 그 전말을 자신이 발행인 겸 편집인으로 간행하던 월간 잡지 『이러타』

에 보도 형식으로 상세하게 전하고 있다.

산수 이종률은 신간회 해체를 총독부의 사회주의 세력들에 대한 회유공작에 사회주의자들이 놀아난 결과로 인식했다. 그는 "조선총독부 경무국에서 이 신간회를 없애려는 흉계로 그들이 가진 매수 자금과 폭압적 권력을 움직여 신간회대회에 대의원으로 출석할 수 있는 '사회주의자' 세력들과 악수를 한다"라고 하여 신간회 해체를 극력 반대했다. 이 같은 반혁명적인 신간회 해체는 이미 이관용(李灌鎔), 홍명희(洪命憙), 최익한(崔益翰) 등 민족혁명론 방향의 세력들이 적극 반대했으며, 그 다음으로 경성제대의 미야케 시카노스케 교수를 중심으로 한 마르크스주의자들도 해체를 반대하였다고 했다. 특히 독일에 유학한 철학박사 이관용 교수는 당시 신간회운동의 최고 이론가라 하며 자신의 시원적 은사의 한 분으로 직접 모셨다.

1930년에는 충남 예산농고 독서회 사건의 배후 인물로 연루되어 구속된다. 1936년에는 천민들의 신분해방투쟁인 형평사운동을 열렬히 지지했고, 이로 말미암아 역시 치안유지법으로 2년 6개월의 옥고를 치렀다. 출감 뒤 약 3년 동안 서울 지역 민족무산자 자녀들의 배움터인 고학당(苦學堂)에서 강의를 했다. 신간회 해체 무렵인 1931년에는 경성제대 미야케 교수의 경제학 교실에서 조선사회경제사 등을 학습하면서 세계 정세를 비롯한 많은 정보를 더 체계적으로 접할 수 있었고, 동시에 신간회 해체가 민족혁명운동의 이론적·실천적 방향에서 명백한 오류라는 사실도 미야케에게서 다시 확인하게 된다. 1938년에는 출판법과 치안유지법 위반이라는 명목으로 공주형무소에 한 달간 복역하면서 모진 고문을 받고 석방되지만, 조선총독부의 보호관찰을 받는 처지가 된다.

1940년 이후에는 일제 말기의 발악적인 탄압으로 경기도 가평군 설악면 가일리에서 숯을 구워 판매하는 '가평 숯구이' 생활을 한다. 그러면서 1944년 8월 10일에 조직된 조선건국동맹과 협력하며 항일지하운동을 전개했다. 그러나 조선건국동맹에 가입해 활동하지는 않았다.

한편, 이종률은 이 무렵 국외 독립운동 단체인 조선민족혁명당 계열의 사람과 관계를 갖고 있었다. 앞에서 언급한 1927년 여름에 의열단의 중요 인물인 황상규를 동경에서 밀양까지 찾아가 만난 것과, 신간회 동경지회의 박건과의 관계 등이 이를 말한다. 의열단은 1935년 7월 조선민족혁명당이 창립되면서 해소되었다.

(2) 8·15 이후의 민족건양회운동

이종률은 일제가 물러난 이후에도 민족혁명운동의 실천이라는 시대적 과제가 계속되어야 하는 것으로 보고, 1946년 1월부터 민족건양회(民族建揚會)를 조직하여 혁명운동을 전개하였다. 그는 1945년 8월 15일을 '광복절'이 아니라 '8·15'라 불렀다. 이와 관련하여 이 무렵의 다양한 정치 세력에 대한 그의 정세 인식을 간략히 살펴볼 필요가 있다.

먼저, 조선건국동맹은 민족전선 정치조직으로 강령은 비타협 민족론의 방향이나, 구체적 정치 노선에 대한 천명은 없었다. 8월 16일 발족된 조선공산당(책임비서 이영)은 프롤레타리아 혁명론을 주장했고, 9월 8일 창립된 조선공산당(책임비서 박헌영)은 박헌영의 「옳은 노선을 위하여」를 통해 '부르주아 민주주의 혁명론'을 주장하면서, 혁명의 영도자 세력은 노동자계급이라는 것을 밝혔다. 박헌영은 이때 외세의 지배가 해결된 것으로 인식했다. 백남운은 「조선 민족의 진로」라는 논문을 통해 '연합성 민주주의 과정'을 말했다. 물론 가능하지 않은 방법론이었으나, 기구하고 특수한 역사적·국제적인 사정에 의해 일반론이 아닌 구체론으로서 '자아성'을 강조하려 했다. 이승만은 무노선의 주장인 '덮어놓고 단결' 론을 주장했다. 12월 23일 중국에서 귀국한 한국독립당(위원장 김구)은 '삼균주의' (三均主義) 정치 노선을 표방하나, '삼균'은 경제 균등과 정치 균등, 교육 균등을 말하는 것으로 단순한 정책의 일부와 같은 것이었다. 이는 정치 노선의 철학적 보장물인 '주의'로 성립되기에는 방법론적으로 불가능했다. 1946년 2월에 창립된 사회민주당(위원장 여운홍)은 당명 그대로 사회민주주의(또는 민주사회주의) 정치 노선을 이 땅에서는 최초로 표방했다.

이러한 가운데 이종률은 '민족혁명'이라는 용어를 사용한 조선민족혁명당(朝鮮民族革命黨)에 대한 관심이 각별했다. 그는 여러 각도에서 가장 가치성 있는 정치조직을 1945년 12월 이후의 신한민족당(新韓民族黨)과 임시정부와 동시에 환국한 조선민족혁명당으로 보았다. 그 가운데서도 비록 조직 세력은 약했지만 가장 역사적·정치적 가치성을 지닌 것은 바로 조선민족혁명당이라고 생각했다. 조선민족혁명당이야말로 역사 흐름의 과학적 분석을 통해 정립한 민족혁명 노선의 구체적이고 실천적인 책임자로서, 그 전위 당의 명칭이라 했다. 1945년 12월에는 도봉 박진, 조윤제 등과 함께 민족 전위 당으로서 사책당(史責黨)을 조직하기 위한 방법의 하나로, 조선민족혁명당을 조직적·이론적으로 개편하여 확대하려 하나 이루지 못했다. 이에 대해 그는, 좌우 세력의 협공으로 조선민족혁명당이 단순한 중간 당 성격의 조선인민공화당으로 전락하고 말았다고 했다.

이처럼 다양한 정파가 등장하는 가운데, 이종률은 민족통일 건국투쟁과 민족자주 국가건설을 시대적 과제로 하는 민족혁명운동을 전개한다. 그는 이 운동의 핵심은 한 마디로, 자신이 주축이 된 민족건양회 결성과 민족혁명론의 실질적인 확립으로 압축된다.

이종률은 8·15 이후 전체적인 정당 인식을 "조선공산당의 좌익 기회주의적 정치 무모와 한국민주당의 우익 무원칙주의적 정치 무모"라고 표현하면서, 학문인으로서도 매우 힘들 수밖에 없었던 것으로 전망했다. 그는 자신의 정치학을, 좌우 어느 노선도 과학적 정치노선이 될 수 없다고 생각하고, 좌파도 우파도 될 수 없는 '비좌비우'(非左非右) 정치학이라는 말로 압축했다. 이른바 해방 정국의 정치 세력을 분석하는 데 학계에서는 대부분 좌우의 이분법적 시각으로 논의하고 있는 현실에서, 이 같은 입장을 끝까지 견지하고 실천한 그의 역사적 경험은 많은 것을 시사해준다. 당시는 조선공산당이나 이승만 방향의 노선에 가입하지 않으면 안 되는 이념 갈등이 계속되었다. 그는 개인적으로 잘 알고 있는 '좌·우' 정치 세력으로부터 정치 활동에 참여할 것을 권유받는 상황에 많은 논쟁을 벌이기도 했다.

먼저 중간 당의 당명으로 인식하고 있던 조선인민당의 일주(一洲) 금강산인(金剛山人) 김진우(金振宇)와 걸소(傑笑) 이기석(李基錫) 선배 지인 등이 입당을 권유했다. 조선공산당에서는 조두원(趙斗元)을 통해 집요하게 입당을 권유했지만 입당하지 않았다. 뿐만 아니라, 그와 가까운 윤행중(尹行重)과 임화(林和)도 집요하게 입당을 권유했다. 사실 조선공산당 당수 박헌영(朴憲永)의 심복 비서였던 조두원은 이종률과 매우 가까운 사이였다. 조두원은 1924년 연희전문 재학 중에 박헌영 등의 추천으로 모스크바로 가서 세칭 공대(共大)를 마쳤으며, 유학 후에는 4년 동안 형무소 생활을 하고 나온 인물이었다. 이종률은 박헌영이 역사적 정치 행위로서 구체적 사실을 무시하면서까지 1943년에 이미 조직적으로 해체한 국제공산당의 권위에 기대어 함부로 칼을 휘둘렀던 사실도 지적했다. 즉, 박헌영이 경성고보와 경성제대를 나온 보성전문 교수이자 공산주의 성향의 학도이며, 전북 익산의 대지주인 김해균(金海均)에게서 '공산당 기금'의 명목으로 받은 현금 2백만 환을 국제공산당에서 보내온 것처럼 꾸며 당세 확장의 기틀을 만들었다는 것을 말한다.

한국민주당에서는 대학 선배였던 장덕수(張德秀)와 조헌영(趙憲泳) 등이 입당을 권고했지만, '비좌비우' 정치학의 소신을 이유로 거절했다. 그들은 조선공산당보다는 덜 집요했다. 이종률은 무엇보다도 1945년 9월 16일 송진우가 당수인 한국민주당이 김구·김규식·이시영 등의 임정을 배제하고, 이승만 중심의 단독 정권을 준비하면서 미군정의 여당 노릇을 함으로써 그 언저리에 모여든 우익 세력에 대해 특히 협력할 수 없다고 했다.

이종률은 8·15 직후 진보적·민족적 입장을 뚜렷이 내걸었던 조선학술원(朝鮮學術院) 창립 과정에도 깊숙이 참여했다. 학술원 위원장은 백남운보다 홍명회가 되어야 한다고 주장하며, 정치 실천 노선의 방향과 관련해 치열한 논전을 벌였다. 민족협동전선의 일환으로 창립된 학술원에서는 그 방향의 정치투쟁 단체였던 신간회 중앙조직부 총간사를 역임한 홍명회가 적임자라고 주장했다. 그러나 '비좌비우'의 정치학은 패배하고, 역시 그와 가까운 관계였던 백남운이 위원장으로 선임되고 말았다.

이종률은 학술원 창립을 주도하고 이후 학술원 활동의 중추를 이룬 서기국위원(위원장 김양하)과 상임위원의 한 사람으로 역할을 했다. 그는 서울대를 비롯한 여러 대학에서 정치학을 강의하고, 밤에는 백남운이 소장이었던 민족문화연구소에서 근로 대중과 일반 시민을 대상으로 정치학과 노동문제를 강의했다.

이종률은 이와 같은 역사적 상황에서 1946년 1월 5일, 서울 가회동 도봉(島峰) 박진(朴震)의 집에서 과학적 정치 노선의 확립과 그 실천을 위한 조직으로 민족건양회를 창립한다. 민족건양회 조직은 수석의장 김창숙, 의장 이시영, 부의장 안경근, 총책임간사 박진, 사학연구부 책임간사 조윤제, 총무간사 문한영 등으로 구성되었으며, 사학 연구와 정당 창립을 준비하기 한 민족정치 소집결 단체의 성격을 표방했다. 민족건양회는 사실상 이종률의 사론이 집약된 조직이었다.

민족건양회는 '민족의 혁명적 건설과 이를 더 높은 역사의 차원으로 지양(止揚)하는 과정인 서민성 자본민주주의 민족혁명(庶民性資本民主主義民族革命)과 민족자주를 기본으로 하는 외세 영어(外勢領御)를 통한 통일건국으로 가는 것이 당면한 역사적 과제'라 하고, 그 다음 단계는 '사로(史路) 대로 전진'이라는 노선을 제시했다. 민족혁명은 구체적으로 민족삼반(民族三反), 즉 반매판·반외세·반봉건을 실천해가는 과정으로 '민족화 민주주의'를 지향했다. 민족건양회의 외세에 대한 기본 입장은 1945년 12월 말 모스크바 삼상회의 결과에 대한 대응에서 잘 드러난다.

당시 여러 정파들이 삼상회의 결과로 잘못 알려진 '신탁통치'를 결사 반대 또는 '절대지지' 한다며 격렬히 논란을 벌이는 가운데 민족건양회에서는 '민족자주 강화에서의 외세 영어, 그 통일 건국과 전진'이라는 제3론을 제기했다. 이종률은 삼상회의에서 결정된 전문의 뜻이 잘못 전해진 것을 지적하면서, '신탁'이란 영어로는 'trustship'이고, 러시아어로는 'оπeka'(오페카)라고 발표하고, 그 뜻은 '후견'이라는 것을 이미 그 시점에서 정확하게 설명했다. 그리고 우익의 한민당 당수 송진우가 삼상회의 결정을 지지한다고 발언한 뒤 암살된 것과, 미군정의 하지 중장조차도 이 결정을 지지한다고 했던 사실들을 상기시켰다. 이종률은 민족 자주는 결코 국제 우호와 대립된 개념이 아니며, 국제 우호에 대한 무시야말로 민족 자주가 아닌 민족 고립이라고 했다.

1947년에는 민족건양회 노선을 바탕으로 이극로, 정이형 등과 함께 '이균'이라는 이름으로 민주주의 독립 전선을 결성했고, 조선 독립을 미·소 공동위원회의 조속한 성공과 동시에 자주적 입장을 견지하는 것이 중요하다고 보았다. 이 무렵, 김규식이 명예사장이며 신익희 등이 고문으로 있던 『민주일보』(1946년 6월 1일 창간) 편집국장과 주필 등을 역임하며 언론활동도 전개했다.

민족건양회는 1956년 신익희를 대통령 후보로 밀면서 통일논책을 제시했다. 1960년 3·4월 항쟁 이후에는 민족 자주 강화의 외세 영어와 통일 건국과 전진이라는 민족 노선에 바탕을 둔 민족자주통일중앙협의회(이하 '민자통'으로 약칭)을 조직하고 발전시키는 데 중요한 역할을 했다.

1950년대의 이종률은 6·25전쟁의 민족 참화를 겪으면서 민족자주통일 운동을 전개한다. 이종률은 6·25전쟁을 민족혁명운동 노선 위에서 인식했다. 그는 자신의 『동경통일론』(同慶統一論)을 집필하면서 '6·25동란'으로 표현한 이 전쟁을 "……나는 나의 눈으로서 겨레의 총알이 겨레의 가슴속으로 들어가 그 총알 맞은 겨레가 피를 뿜으며 엎어지는 광경을 보았다. 나는 나의 눈으로 겨레의 총알에 의해 또는 겨레의 고발 내지 무고에 의해 죽어 넘어지게 된 시체가 눈을 감지 못하고 누워 있는 광경을 여기저기서 보았다. 화려해야 할 조국 삼천리 강산이 전운과 전풍(戰風)의 전율(戰慄) 속에 싸여 있는 광경을 나는 나의 오관으로 체험했다"라고 적었다. 민족의 참화로 겪은 체험은 그의 생의 마지막 순간까지 민족혁명운동으로서 통일운동에 모든 노력을 기울이게 된 또 하나의 출발점이 되었다.

이종률은 1950년대 상황을 이승만의 무노선 방향의 '정치'와 일부의 '혁신정치'가 전개된 것으로 보았다. 특히 1956년 대통령 선거 국면을 무조건 북진통일론을 바탕으로 한 무력북진 단정통일화를 주장하는 이승만이냐, 민족건양회의 화평통일론을 바탕으로 한 비무력 정치협상 민족통일을 주장하는 신익희냐의 대립으로 이해했다. 그는 후자의 입장에서 신익희 후보 진영에 참여하여 그의 통일논책을 관철하기 위해 노력을 기울였다. 그러나 신익희가 선거 유세 도중 갑자기 사망하는 바람에 무산되고 말았다. 신익희를 대신한 진보당의 조봉암에 대해서는 민주사회주의 방향의 혁신계로 전향한 인물로 평가했다.

대구 청구대학 재직중에 6·25전쟁을 맞이했던 이종률은 이듬해 봄, 와세다대학 동창인 하기락이 이사장으로 있던 경남 안의중학교 교감으로 잠시 봉직했다. 1951년에 임시 수도 부산에 있던 부통령 성재(省齋) 이시영(李始榮)의 부름을 받고 부산대 정치학과 교수로 부임하여 1961년 초까지 정치사상사, 한국정치사, 정당론 등을 강의했다. 1956년 대통령 선거에서는 부산대 강의를 잠시 그만두고 숙명여대에 강의를 나가기도 했다. 이해 연말에는 당시 풍미하던 케인스 경제학 현상에 관해 「Keynes경의 인식을 위한 일 시론」이라는 논문을 발표하는데, 이는 학설사에서도 중요한 의미를 지닌 논문이었다. 그는 1950년대 중반의 후진성 지역인 우리 나라에서는 케인스 경제학은 결코 과학이 될 수 없다면서, 케인스를 식민주의자 및 과두 민족매판자본인의 어용학자로서 상학자(商學者)이며 재정학자밖에 되지 못하므로, 그의 이론이 우리 현실에 맞을 수 없다는 점을 지적했다.

1954년 무렵부터 부산대와 동아대의 제자들을 모아 민족건양회 방향의 민족문화협회를 결성하여 강연회 등의 활동을 하였고, 1957년에는 백산(白山) 안희제(安熙濟) 선생 14주기 추모 행사 등 반외세 민족자주사상을 고취하는 운동을 부산·경남 일원의 뜻 있는 많은 사람들과 함께 전개해 나갔다. 여기에 참여한 그의 젊은 제자들은 이후 민자통운동의 근간이 되었던 민주민족청년동맹(民主民族靑年同盟) 결성의 중심 인물이 된다.

부산에서 전개한 활동 중 또 하나 주목해야 할 것은, 언론을 통한 민족혁명운동이다. 그는 1950년대 후반에 들어 『부산일보』와 『국제신보』의 논설 고문을 역임하는 가운데, 여러 신문에 사설과 정치·경제·사회·문화 전반에 걸쳐 정력적인 논설을 펼쳤다. 그 가운데 1958년 말부터 『국제신보』에 41회에 걸쳐 연재한 「백만 독자의 정치학」란은 자신의 민족혁명론을 대중들에게 알기 쉽게 제시하려 한 대표적인 글이다.

1958년 무렵에는 자신의 집으로 찾아온 남파 간첩 김창주를 신고하지 않아 불고지죄로 연행되어 모진 고문을 받는다. 사실 이종률의 관심은, 신고 전에 오히려 그의 사상을 민족혁명론 방향으로 지양시키는 데 있을 뿐이었다. 물론 처음에는 그가 간첩인 줄도 몰랐거니와 자신을 믿고 찾아온 친구를 신고하지 않았던 것은, 그의 민족론 철학의 바탕이 된 인간론의 넓은 포용성과 무관하지 않은 민족과 인간의 윤리의식에서 출발한 행위였다.

(3) 1960년대 민자통운동

1960년 이후 이종률의 민족혁명운동은, 3·4월 민족 항쟁을 겪는 가운데 민자통 결성, 『민족일보』 창간과 사직, 5·16쿠데타 후 5년간의 투옥, 출옥 이후의 민족교육 사업, 엄청난 양의 원고 집필 등으로 정리된다.

먼저, 이른바 4월혁명 등 다양하게 불리는 1960년의 3·4월 민족 항쟁은 그에게 본격적인 민주민족운동의 공간을 마련해주었다. 그는 맨 먼저 4월 21일 서울에서 민족건양회 주최로 개최된 '4월목요회'에서 이 항쟁이 '민족 항쟁'의 성격을 갖는 것으로 규정짓는다. 그리고 역사의 효능적(效能的) 전진을 위한 일원적인 당세 성립을 위해 무엇보다 '민족자주통일 중앙 및 각 지역 협의회'라는 전선체와 같은 각급 대중운동 조직이 건립되면, 이를 민족건양회의 확대·강화된 민족당 안으로 해소시킨다는 전략을 세우고, 우선 빠른'시일에 서울의 교수단 데모를 조직한다는 것을 결의했다.

이종률은 1960년 5월, 민족론에 자감하고 자부하는 자신의 젊은 제자들을 중심으로 '민주민족청년동맹'(民主民族靑年同盟)을 창립하고, 이를 바탕으로 이해 10월에 동지인 박진, 박래원(朴來源), 문한영(文漢榮) 등으로 하여금 1961년 2월 25일 정식 출범한 전국적인 민족전선체인 민자통 조직을 발기하게 하는 과정에 결정적 역할을 했다. 민자통 노선의 정립 방향을 제시했던 그는 민자통 중앙위원회 통일논책심의위원회 위원의 한 사람으로 활동하면서 사실상 핵심 사업의 하나였던 통일논책을 마련하는 데 핵심역할을 한다.

그가 5·16쿠데타 이후 투옥된 것은 통일방안심의위원회 활동 때문이었다. 이종률은 민족혁명운동 차원에서 민자통을 민족 전위 당이라는 의미에서 당세의 일부로 인식하고, 그 결성 과정에 깊숙이 참여하면서 6·25전쟁 이후 최초로 광범위한 통일전선운동을 전개하게 된 것이다. 이종률의 통일론은 남북이 함께 승리하는 방향의 '대아민족승리(大我民族勝利)의 남북동경통일론(南北同慶統一論)'으로 압축된다. '통일'은 다원적 존재물의 성격 또는 세력 교류에 따른 지양적 귀일이라는 의미로 인식했다.

이종률은 민자통운동의 전개와 함께 1961년 2월 12일 창간호를 낸 『민족일보』 창간을 주도했다. 1960년 겨울 방학 때 이영근(李英根)과 함께 그를 찾아온 조용수(趙鏞秀)에게서 새로 창간될 신문 『민족일보』의 지면 조직과 인사 선정 등 신문사 경영에 관한 일체를 부탁받고, 혁신계 방향의 신문이 아닌 민족적인 신문을 전제로 창간을 주도했다.

그는 제대로 된 신문 창간에 전념하기 위해 부산대학교 교수직을 사임한 뒤, 본격적으로 명실상부한 민족적인 『민족일보』를 만들기 위해 최선의 노력을 기울인다. 그리하여 당시 경향신문사 주필로 있던 팔봉 김기진을 편집의장으로 영입하는 등 다양한 노력을 한다. 그러나 그의 이 같은 노력을 조용수가 점차 수용하지 않는 방향으로 흐르게 된다. 즉, 처음에 구상했던 성격의 신문으로 가지 않게 된 것이다.

『민족일보』의 창간이 임박해지면서, 조용수는 이종률이 천거한 편집국원을 전부 부인하는 단계까지 나아갔다. 특히 기자 선발 과정에서 5·16쿠데타가 발생할 무렵에는 아예 통일사회당 중심 세력이 편집국 진영이 되는, 그야말로 편집국의 통사당화가 되고 말았다. 이는 조용수가 혁신계로 기울게 된 탓도 있지만, 무엇보다 사찰 당국의 모략과 조종에 의한 착오의 결과였다. 특히 조용수가 이종률과 전혀 상의 없이 정경부 차장으로 데려온 이명구라는 사람은 정보기관에서 보낸 프락치로 밝혀지기도 했다. 조용수는 감옥에서 자신의 오류를 이종률에게 시인했지만, 결국 터무니없이 사형에 처해지고 말았다.

5·16쿠데타는 민족혁명운동의 흐름을 결정적으로 좌절시키면서, 이종률 개인은 민족일보와 민자통 사건으로 투옥당하게 한다. 반공을 제1의 국시로 내세운 5·16쿠데타 세력이 평화통일을 주장하는 세력들을 대대적으로 탄압하면서 민자통운동과 민족일보 창간에 깊숙이 관여했던 이종률은 무사할 수 없었다.

이종률은 5·16쿠데타 이후 민족일보 사건으로 구속되어 일심에서 5년이 구형되지만 무죄로 석방된다. 그러나 무죄 석방에 승복할 수 없던 검찰은 처음부터 그가 민자통 조직상 특별한 직책을 맡고 있지 않음으로써 민자통 사건에는 빠져 있었으나, 민자통의 핵심 이론을 제공했다는 것을 뒤늦게 인지하면서 '민족자주통일방안심의위원회건'으로 다시 구속하여 군사재판에서 사형을 구형한다. 결국 재판부는 10년형을 선고하여 그는 서대문형무소에 투옥된다. 그는 이때의 심정을 "8·15 전 다니던 곳 8·15 뒤 계속

오니 / 번지도 101번지 쇠창도 그대론데 / 다른 건 나카무라 간수 이름이 김간수로 되었더라"는 시조 한 수로 남기는데, 8·15 전과 후의 역사가 본질적으로 변하지 않았음을 상징적으로 표현했다.

이종률은 감옥에서 방대한 분량의 원고를 집필한다. 자신이 일생을 두고 실천해온 민족혁명론의 이론 정립과 자신이 살아온 역사적 체험기, 옥중일기 등 정치·경제·문화·사회 등 전 분야에 걸친 것이었다. 감옥에서의 집필은 청구대학 제자였던 안양교도소 소장 서기석의 특별한 배려로 가능했다. 그러나 원고 집필은 말 그대로 난고(亂稿) 이상의 것이 될 수 없었다.

그는 1965년 12월 25일 안양교도소에서 출옥했다. 출옥 이후 1969년에 경남 양산에 있는 개운중학교를 인수하여 민족사(民族史)와 인간사(人間史)의 대도(大道)에 입각한 생산자적 인지용(仁智勇)의 영재 육성을 목적으로 한 민족교육 사업을 펼쳤다.

1971년에는 『조국사(祖國史)의 분열과 통일(統一)의 주조(主潮)』를 출간해 '성리학은 반민특권의 철학'이라는 점을 주장하여 밝힌다. 1973년에는 이를 연장한 집필물로서 최종 교정과 함께 조판까지 마친 「옳은 사학(史學)과 그 영남(嶺南) 및 그 조국(祖國)의 인식(認識)을 위하여」(『山水李鍾律著作資料集』 제1집에 수록됨)를 발표했다. 그러나 인쇄 직전에 수사기관에 압수당한다.

1974년에는 생전에 존경하던 경남 의령의 독립운동가 백산 안희제의 사적을 답사하고, 당시 인혁당 관련 사건으로 사형당한 같은 마을의 이수병 본가를 방문하고 돌아오던 중 뇌졸중으로 쓰러진다. 그는 세상을 떠나기까지 16년간의 오랜 투병 생활 가운데서도 민족혁명운동을 전개하기 위해 노력하고, 여러 젊은 학도들을 교육함과 아울러 『己未를 알자』(1979년)를 비롯한 많은 미발표 원고를 직접 집필 또는 대필로써 남긴다. 특히 이 시기에 자신을 찾아오는 많은 젊은 학도들에게 우리 역사가 나아가야 할 방향과 진정한 인간의 길이 무엇인지에 대한 역사인식을 심어주는 데 많은 노력을 기울었다.

이종률은 1989년 3월 13일, 민족혁명과 인간혁명을 지향하는 역사 발전 노선이라는 '민족건양사로'(民族建揚史路)와 이를 실천하기 위한 전위당인 '사책당'(史責黨)이라는 말을 마지막으로 남기고, 부산 동래 명륜동 수곡(秀谷)의 자택 수일원(秀一苑)에서 향년 87세의 일기로 운명했다.

3. 민족혁명론의 정립

이종률의 민족혁명론은 민족론 철학에 기반을 두고 있다. 그는 후진성 지역 최고 가치의 정치철학은 민족론에 바탕을 둔 민족주의혁명, 민족독립혁명, 민족혁명이라고 했다. 마르크스가 인류 역사를 계급투쟁의 역사라고 한 것에 대해 이종률의 생각은 달랐다. 그는 인류 역사는 무정부주의자이자 크로포트킨의 상호부조론(相互扶助論)도, 마르크스의 계급투쟁설(階級鬪爭說)도 아니고, 역시 민족혁명이 인간혁명으로 상호 연결되는 민족건양사론(民族建揚史論)이라 했다. 그리고 우리 나라는 후진성 지역의 특성을 갖고 있으므로 특히 민족혁명이 필요하다고 했다.

이종률은 정치학에서 역사적 정치 노선을 혁명적으로 세력화하는 기본 조직은 바로 정당이라 했다. 그러므로 정당은 과학적 정치 노선을 가져야 하고, 역사의 혁명적 전진에 이로움이 있어야 한다고 했다. 옳은 의미의 정당은 개인적 자유와 이익을 추구하기보다 '내가' 희생하여 '우리'를 살리려는 희생자적·영도자적 집결이라는 것이다. 또한 동일한 역사 지역에서 정당은 오직 하나여야 하면서 동시에 역사의 전진을 책임지는, 말 그대로 '사책당'이어야 한다고 했다.

이종률은 민족혁명에는 두 가지 종류가 있다고 말한다. 하나는 1920년 7월 코민테른 2차대회에서 보고된 레닌의 민족혁명과, 다른 하나는 바로 자신이 말하는 민족혁명이라는 것이다. 레닌의 민족혁명은 그 자체가 목적이 아니라, 민족혁명에 성공하여 바로 사회주의 혁명 단계로 이행한다는 2단계 혁명론의 한 구성 부분이며, 자신이 말하는 후진성 지역의 민족혁명은 시초 단계의 것이면서도 인간혁명의 서막에 해당하는 개념의 것이라 했다.

이종률의 민족혁명 노선에서는 체질적으로 사회주의를 그 속성의 한 부분으로 내포하고 있다고 했다. 그러면서 주요 속성 부분은 인간사혁명임을 강조한다. 우리 지역 민족혁명 안의 몇 부분은 사회주의적 기조성을 내포하고 있음과 동시에, 인간혁명 안에도 몇 부분은 사회주의적 성능을 내포하고 있다고 했다.

민족혁명의 내용은 한마디로 반제(反帝), 반매판(反買辦), 반봉건(反封建)의 민족삼반(民族三反)이다. 민족혁명은 구체적으로 집중성 자본민주주의가 아닌 '서민성 자본민주주의 민족혁명'이라는 말로 표현된다. 민족혁명의 일차적 도달점은 "민족혁명은 자주 자력의 강화로 외세 영어 통일 건국이고, 그 다음의 논책은 사로(史路)대로 전진"이라는 그의 언급에서처럼 민족자주통일로 인식했으며, 사로대로의 전진 방향은 물론 인간혁명이다.

민족혁명과 인간혁명의 관계는 각기 개별적인 것이 아닌 하나인 것이다. 전자는 하나 안의 앞 단계성을 갖고 후자는 하나 안의 뒤 단계성을 갖는 것으로, 이를 일러 민인혁명론(民人革命論)이라 약칭했다. 한마디로 뿌리와 등치인 민족혁명과 가지와 꽃인 인간혁명의 관계로 유기적 일체성을 갖는다는 것이다. 이종률은 민족혁명을 거친 인간혁명 단계에서는 국제 공용어인 에스페란토(Esperanto)가 공용어로 사용되어야 한다는 생각을 갖고, 조선에스페란토협회 부회장을 맡는 등 우리 나라 에스페란토의 초기 보급에 크게 기여했다. 그는 「에스페란토의 옳은 이해를 위하여」(114매), 「신고(新稿) 에스페란토 교정(敎程)」(93매) 등의 글을 남기기도 했다.

민인혁명론은 철학적 인식의 바탕을 어디에 두고 있는가. 그는 여기서 인간사 방향의 혁명을 설명하면서 기존의 유물론 인식을 전혀 새롭게 할 필요가 있음을 역설했다. 이종률은 인간사 방향의 혁명은 능변유물론(能變唯

物論) 또는 활성유물론(活性唯物論)에 입각하고 있음이 특징이고, 인간 성능의 사회화 체계로의 지양이 실천적 전개의 방향이라 했다.

이종률은 민족혁명론을 구체적으로 '서민성 자본민주주의 민족혁명론'으로 표현했다. '자본민주주의 민족혁명' 앞에 '서민성'이라는 관형사를 붙인 것은, 오늘날의 '자본민주주의' 실체 분석과 관련하여 세계 어디에도 그 실체가 있지 않다는 것이다. 그는 자본주의를 '집중성'(集中性) 자본주의와 '서민성'(庶民性) 자본주의로 나누었다. 전자는 대개 선진성 지역의 권력 실체이나, 후자의 경우 후진성 지역의 대중이 요구하는 것일 뿐만 아니라 선진성 지역의 서민성 산업 대중들도 현실적으로 요구하는 것이라고도 했다.

이종률은 '민주주의'를 여러 갈래로 인식했다. 우선, 오늘의 '두 개의 세계'란 다른 말로 하면 '노동과 자본의 세계'라 할 수 있기 때문에, 민주주의라는 것도 엄밀히 분별해서 이해해야 한다는 것이다. 민주주의는 크게 부르주아 민주주의라고도 하는 자본민주주의와 프롤레타리아 민주주의라고도 하는 노동민주주의로 나눌 수 있다. 여기서 전자의 자본민주주의는 집중성(集中性) 자본민주주의와 반집중성(反集中性) 성격의 서민성 자본민주주의로 나뉘며, 후자의 노동민주주의는 소비에트 민주주의와 인민 민주주의 등으로 나뉜다고 했다.

세계사적 처지에서 자본민주주의혁명(시민혁명)과 오늘날 세계 후진성 지역 여러 곳에서 요구하는 서민성 자본민주주의 민족혁명(민족혁명)의 차이점에 대해서도 역설했다. 다른 부면은 모두 사상해버리고 오직 사유재산제적 자본주의를 정치철학으로 하는 부분만을 가지고 말한다면, 자본민주주의혁명과 민족혁명은 동일한 성격의 것이 된다고 한다. 그러나 전자가 자본제 사회의 첫 단계인 상업자본제 단계의 혁명임에 반해, 후자는 자본제 사회의 세번째 단계인 금융자본제 단계의 혁명으로 각기 성격상 큰 차이가 있다고 했다.

민족혁명의 영도자 세력은 세계사적 노동자 철학을 자기 철학으로 하고, 거기서 노동자가 주요 소속 계층인 '노력성 민족 대중=노력성 인간 대중'이 그 임무를 맡는 것이라 했다. 그리고 혁명의 항쟁 대상으로서 전자는 토착 지주 및 정권 세력이 전부지만, 후자는 제국주의 세력이 제일이 되고 거기에 종속해 있는 봉건적 및 매판적 세력이 대상이 된다고 한다.

반집중성의 서민성 자본민주주의 민족혁명운동은 앞에서 언급한 '삼반' 위에서 다음과 같은 사회의 건설운동을 지향했다. 첫째, 경제체제는 사유재산제이며, 기계공업적이며, 계획적이며, 서민적인 것을 지향한다. 토지가 가장 중요한 생산수단인 재래에서 성격의 변화를 가져와 종위상의 것으로 되고, 그 대신 공장·기계·원료 등이 제일의 중요 생산수단이 된다. 기계·원료·자본·고급 기술 등은 국제 유입으로 하고, 저급 기술 및 노무력만을 토착적으로 제공하는 등의 사태에서 탈각된다. 둘째, 통치체제는 명실상부 주권재민의 자주적 민주적 통치를 행한다. 셋째, 사회체제는 신분·성별 등에 의한 차별이 없는 만인 평등과 자유와 박애를 사회적 통념으로 한다. 영토는 물론이요, 언어·문자 등도 통일을 기한다.

4. 역사적 평가

앞에서 살펴본 바와 같이 이종률은 1989년 향년 87세를 일기로 세상을 떠날 때까지 항일민족독립운동과 민족자주통일운동이라는 변혁운동 역사의 한가운데 서서 민족혁명운동을 실천해온 혁명가의 한 사람으로 평가된다. 이종률은 식민지 시기의 광주학생운동과 신간회운동 등 일련의 항일민족운동, 8·15 이후 민족자주화운동 전개와 민족건양회 창립, 1950년대 대통령 선거운동 과정에서 통일운동과 언론 활동, 1960년대 민족일보 사건과 민자통운동의 전개 등 역사적으로 중요한 고비마다 오랜 투옥 생활을 거듭하면서 민족혁명운동을 실천적으로 전개해왔다.

그의 이와 같은 민족혁명운동과 그 과정에서 정립된 민족혁명론은 지난 세기에 좌·우익의 대립적 관점에서 주로 이해되어온 우리 역사를 새로운 차원에서 인식할 수 있게 하는 중요한 단서를 마련해줄 것이다. 이제 6·15 남북공동선언과 관련하여 민족통일운동을 한 차원 높게 성숙시켜가야 할 시점에서, 민족혁명운동의 삶과 민족혁명론으로 집약된 그의 사상에 대해 역사적 평가가 본격적으로 이루어져야 할 때가 되었다고 생각한다. 이종률은 1961년에서 1965년까지의 투옥 생활 시절부터 말년의 병석에서까지 자신의 실천운동을 바탕으로, 정치학에 관한 방대한 분량의 논문을 집필하면서 일생의 운동을 기본으로 한 자신의 이론을 체계화했다. 현실의 실천운동과 관련한 그의 사상이 이제 본격적으로 연구되어야 할 것으로 본다.

5. 연구 현황

이종률이 대중에게 알려진 것은, 십수 년 전 『한겨레신문』(1991년 3월 15일)의 기획 시리즈 '발굴 한국 현대사 인물' 연재에서 간략하게 소개된 것이 처음이다. 이종률의 생애와 사상에 대한 전면적인 연구는 아직 이루어지지 않고 있으며, 그에 대한 연구는 그동안 부분적으로 이루어져왔을 뿐이다. 이는 이미 간행된 그의 저작물 일부를 자료로 하여 통일운동 또는 민자통운동사를 규명하는 가운데 부분적으로 언급된 경우이다.

그에 대한 연구 성과를 개괄해보면, 민자통운동사 연구와 관련하여 김지형의 「4·19 직후 민족자주통일협의회 조직화 과정」(『역사와 현실』 21, 1996)과 「4월 민중항쟁 직후 민족자주통일중앙협의회 노선과 활동」(『4·19와 남북관계』, 한국역사연구회 4월민중항쟁연구반 지음, 민연, 2000)에 대한 연구가 주목된다. 통일 논의와 관련된 연구로는 안병욱의 「4월 민중항쟁기 진보적인 통일 논의(統一論議)와 통일운동(統一運動)」(『국사관논총』 75, 1997)이 있다. 부산의 4월 민주항쟁과 관련한 연구로는 김선미의 「부산의 4월 민주항쟁과 주도 세력」(최장집 외 공저, 『한국 민주주의의 회고와 전망』, 도서출판 한가람, 2000)에 대한 연구가 있다. 이종률의 철학적 인식과 관련하여 부분적으로나마 접근한 연구로 박준건의 「3·4월 민주민족 항쟁의 역사철학적 의미」(최장집 외 공저, 위의 책, 2000)가 있다.

그러나 이상의 연구는 이종률 자체에 대한 연구는 아니고, 한국 근·현대사에서 매우 주요한 위치에 있는 민자통운동과 통일 논의 등에 대해 초점을 맞춘 것이기 때문에 개인에 대한 전모와 역사적 평가를 내리는 데 한계가 있을 수밖에 없다. 최근 이 한계를 어느 정도 극복한 연구로는 이종률의 생애와 사상에 대해 개괄적이나마 총체적으로 접근한 장동표의 「산수 이종률의 민족운동과 민족혁명론」(『지역과 역사』 10, 사단법인 부경역사연구소, 2002)이 유일하다. 그러나 이 연구도 민족운동 실천의 역사와 그 과정에서 정립한 민족혁명론의 내용에 대한 소개가 주요 내용일 뿐, 각 시기의 활동과 그의 사상에 대한 깊이 있는 접근은 아직 이루어지지 않고 있다.

앞으로 이종률의 일생에서 역사적으로 중요하게 평가되는 신간회운동, 민자통운동 등 그가 우리 나라 근·현대사의 주요 역사적 사건에 직접 또는 간접으로 개입하여 활동한 부분에 대한 구체적 연구가 필요하다. 그의 생애와 유고를 통해 근·현대사의 주요 역사적 사건들에 대한 평가가 달라질 수 있는 부분도 있기 때문이다. 근래에 이종률을 기념하는 기념사업회에서 그의 유고를 수집하여 저작 자료집을 연차적으로 발간하면서, 그에 대한 관심이 조금씩 증대되고 있다.

이종률은 일생을 통해 정립한 민인혁명론을 실천하고 펼치는 일과 관련해 관심 분야가 매우 총체적이다. 그는 역사와 철학, 정치와 경제, 문학과 예술 등 많은 분야에 걸쳐 방대한 유고를 남겼다. 이러한 것을 바탕으로 하여 이종률에 대한 더 심층적이면서 종합적인 연구가 이루어져야 할 것이다.

참고문헌

개운중학교 육성교우회, 『녹성학보』 창간호, 1970.

산수이종률선생기념사업회, 『山水 李鍾律 著作 資料集』 1·2집, 도서출판 들샘, 2001·2002.

李一九(李鍾律 筆名), 『現瞬間政治問題小辭典』, 國際新聞社, 1960.

_____, 『己未를 알자』, 茂林社, 1979.

李鍾律, 『祖國史의 분열과 統一의 主潮』, 通文館, 1971.

_____, 『민족혁명론』, 도서출판 들샘, 1989.

_____, 「케인스경 인식을 위한 일시론」, 『부산대학교 개교 10주년 기념논문집』, 1956 외 다수.

韓國革命裁判史編纂委員會, 『韓國革命裁判史』, 1963.

간행되지 않은 방대한 유고

『민족일보』, 『국제신문』, 『부산일보』 등의 논설과 수많은 각종 기고문.

잡지 『이러타』, 1931.

63인의 역사학자가 쓴 한국사 인물 열전

박정희 朴正熙

한국의 1960·70년대를 독점한 인물

홍석률 성신여자대학교 사학과 교수

머리말

박정희(朴正熙, 1917~1979)는 1961년 5·16쿠데타로 권력을 잡은 뒤 1979년 암살당하기까지 18년 동안 대한민국의 최고 통치자였다. 현재까지 대한민국의 대통령 가운데 그만큼 오래 집권한 사람은 없다. 또한 그가 집권했던 1960~1970년대의 한국 사회는 그 어떤 때보다도 더 역동적인 정치·경제·사회적 변동을 겪었다.

역사에 중요한 행적을 남기고, 역할을 한 인물은 단순히 한 개인이라기보다는 그 시대를 대변하는 표상으로 부각될 수밖에 없다. 그러나 한 인물이 시대를 표상한다고 했을 때, 그 시대의 흐름과 한계가 지도자 개인에 대한 평가만으로 대체될 수 있다는 뜻은 아니다. 역사 속에서 영웅과 지도자의 역할은 인정되지만, 역사 자체가 영웅담으로 씌어질 수는 없다. 그럼에도 불구하고 박정희 대통령은 한국 현대사회를 만들어 나가는 가장 중요했던 시기에 막강한 영향력을 행사한 사람이다. 그가 집권하던 시기에 국가는 정치와 행정 영역은 물론 경제와 문화, 사상에도 상당한 통제력을 발휘했다. 따라서 1960~1970년대 역사에 대한 평가는 박정희라는 인물에 대한 평가와 매우 직접적으로 연결되어왔다. 이러한 상황은 역사를 기록하는 데도 불행하고, 어쩌면 박정희 개인으로 보아도 불행한 일이 아닐 수 없다. 또한 이 같은 불행한 현상은 18년 동안 1인 중심의 정치 질서를 유지해온 박정희 개인의 업보이기도 하다.

1. 출생과 성장

박정희는 1917년 11월 14일 경상북도 선산군 구미면 상모리에서 태어났다. 아버지 박성빈(朴成彬)과 어머니 백남의(白南義) 사이에서 태어난 5남 2녀 가운데 막내였다. 박대통령이 태어날 때 박성빈은 46세였고, 백남의는 45세였다.

박정희의 전기에 따르면, 아버지 박성빈은 무과에 급제해 무반 정9품직에 해당하는 효력부위(效力副尉)에 올랐지만 조선 말기 조정의 부패상에 환멸을 느껴 동학농민운동에 참여했던 것으로 되어 있다. 그런데 국립중앙도서관에 소장되어 있는 1919년에 간행된 『고령박씨세보』(高靈朴氏世譜)에는 박정희의 할아버지인 박영규(朴永奎)를 끝으로 그의 아들 성빈, 용빈(龍彬), 일빈(一彬)의 이름이 모두 빠져 있다. 고령 박씨의 족보에는 가까운 시대에 벼슬한 사람이 없다. 따라서 박성빈이 무과에 정식으로 급제했다면 1919년에 간행된 족보에 그의 이름이 나오지 않을 가능성은 그리 많지 않다. 박성빈은 무과에 급제했다기보다는 무과 초시 정도에 합격한 사람이었을 것으로 추정된다.

박성빈의 아버지, 그러니까 박대통령의 할아버지 박영규는 경북 칠곡군 약목면에 살던 부농이었다. 그는 아들 성빈을 당시 그 지역에서 가세(家世)가 있던 수원 백씨 문중의 처녀 백남의에게 장가보냈다. 그러나 박성빈은 농사나 가산(家産)을 유지하는 데는 관심이 없고 술과 사람을 좋아했으며, 벼슬자리를 얻는다고 가산을 탕진했다. 따라서 재산 대부분이 막내아들인 박일빈에게 상속되었다고 한다. 그리고 박성빈은 처가 백씨 문중의 선산을 지키며 위토(位土: 산소에서 지내는 제사 비용을 위해 장만한 논밭)를 경작하는 처지가 되었다. 결국 박정희의 가계는 전반적으로 볼 때 전형적인 몰락 양반 집안이라고 할 수 있다.

그 무렵 박정희는 대부분의 자수성가한 인물들이 그랬던 것처럼 가난한 농촌에서 태어났으며, 8km나 되는 거리를 걸어다니며 구미보통학교에서 수학했다(1926~1932년). 1932년 대구사범학교에 입학해서 1937년에 졸업했다. 대구사범학교는 전교생이 관비 장학생이었고, 일정한 생활 보조비까지 받으며 전원 기숙사 생활을 했다. 당시에는 지방의 수재만이 그 학교에 들어갈 수 있었다.

사범학교는 엄격한 군대식 규율과 통제로 운영되었다. 학교와 기숙사 생활은 오전 6시 15분 일석 점호에서 시작해 오후 10시 불을 끌 때까지 빈틈없는 일정으로 짜여 통제되었다. 기숙사의 사물과 학용품, 서랍 등은 완벽하게 정리되어야 했으며, 학생들은 일종의 수양록인 일기를 반드시 써야 했고, 또한 이것을 수시로 검사받았다.

학생들에 대한 사상 통제도 매우 엄격해서 사상 서적뿐만 아니라 한글 서적은 합법적인 출판물까지도 거의 모두 압수 대상이었다. 모든 방면에서 학생들에게는 금욕적이고 집단적인 생활을 요구했다. 또 검도나 다도(茶道), 참선 등을 제외한 다른 학생 활동도 엄금했다. 이성 교제나 영화 관람도 퇴학 사유일 정도였다. 일제의 사범학교 교육은 인문적인 소양 교육보다는 실용적인 기능 교육이 중심이었다. 일반 공립 보통학교에 비해 사범학교는 영어나 수학 같은 과목의 비중이 뚜렷하게 약하고, 대신 직업 교육과 음악, 체조 등의 예능 교육을 강조했다. 또한 천황과 국가에 대한 충성을 강조하는 정신 교육에 더 큰 비중을 두었다.

대구사범학교에서 박정희의 성적은 매우 나빴다. 그는 100명 가운데 51
등으로 입학했지만, 상급 학년으로 진급할수록 성적이 계속 나빠져 최하위
권을 맴돌았다. 이 같은 부진한 학업은 가정 환경 등 여러 원인이 있지만,
그보다는 교사를 양성하는 사범학교 교육이 그의 적성에 맞지 않았기 때문
이다. 그는 사범학교 재학 시절부터 이광수의 『이순신전』과 『나폴레옹전』
을 읽고, 이미 군인으로 뜻을 펼 꿈을 꾸었다. 그래서인지 교련 과목 성적은
항상 상위권이었다.

박정희는 사범학교를 졸업한 뒤 1937년부터 1939년까지 3년간 문경 공
립 보통학교에서 교사 생활을 했는데, 그때 이미 그의 하숙집에는 나폴레옹
의 사진이 걸려 있었다.

1940년 4월, 박정희는 마침내 만주국 육군 군관학교 2기생으로 입교했
다. 여기에는 만주계 학생 240명과 일본계 학생 240명이 있었는데, 박정희
를 비롯한 조선인 11명은 만주계에 속했다. 그런데 만주계 학생들은 일본
계 학생들과 식사에서까지 차별을 받았다. 당시 조선인 학생들은 실질적으
로 일본군 장교를 양성하는 학교에 다니면서도 학업 성취도는 일본인 학생
이나 다른 중국인, 몽골인 학생에게 뒤지지 않으려는 묘한 '민족의식' 같은
것을 가지고 있었다. 일부 논자들은 이러한 차원의 민족의식은 일본 제국주
의에 대한 저항이라기보다는 일본이 주도하는 대동아 질서 안에 존재하는
다양한 '민족' 집단간의 경쟁의식에 불과했다고 지적한다. 즉, 박정희를 비
롯해 일본군에 입문한 생도들의 민족의식이라는 것은 일본의 지배를 거부
하는 차원에서 나온 것이 아니라 일본이 아시아를 지배한다는 사실을 인정
하고, 그 안에 있는 다양한 민족들 사이에서 우위를 차지하기 위해 같은 민
족끼리 단결하는 차원의 의식이라는 것이다.

박정희는 1942년 3월 만주국 육군 군관학교 예과 만주계 수석으로 졸업
했다. 만주계 학생 가운데 일부 우등생과 일본계 학생 모두는 만주 군관학
교 예과를 졸업하면 일본 육군사관학교 본과 3학년에 편입하도록 되어 있

었다. 박정희는 그해 10월 일본 육사 본과에 입학해서 1944년 4월에 졸업했다. 그는 소위로 임관되어 1944년 7월 열하성(熱河省) 홍룽현(興隆縣) 보병 8단에 배속되었다. 이 부대의 주적은 모택동(毛澤東)의 팔로군 부대였다. 박정희가 비밀 광복군 대원이라는 설도 있고, 만주 지역의 항일 빨치산을 토벌하는 간도 특설대에서 근무했다는 설이 있지만 사실을 확인할 수는 없다. 또한 그가 여운형(呂運亨)과 연결된 만주군 장교 박승환이 조직한 조선건국동맹 만주분맹 군사위원회에 참여했을 것이라는 이야기도 있지만, 이 또한 사실을 확인하기 어렵다.

1945년 8월 9일 소련군이 만주의 일본군을 공격하기 시작했을 때 박정희는 만주군 중위였고, 일본군이 패주하자 북경(北京)으로 와서 최용덕 장군이 지휘하는 광복군 제3지대 2중대장이 되었다. 이 부대는 만주에 있는 군인과 청년들이 고향으로 돌아갈 배편을 기다리기 위해 만든 조직으로, 뚜렷한 활동을 한 것은 아니었다. 박정희는 1946년 5월 10일 부산항에 도착했다.

2. 군인 박정희와 5·16쿠데타

광복 후 만주에서 귀국한 박정희는 1946년 9월 조선경비대 사관학교 제2기생으로 입학했다. 입학하자마자 가족 중에 신식 교육을 받은 유일한 사람으로 박정희에게 많은 영향을 주었던 형 박상희가 10월항쟁* 과정에서 경찰에게 죽임을 당했다. 이 일로 말미암아 박정희는 미군정과 경찰에 반감을 가졌고, 따라서 당시 좌익 성향을 띤 장교 및 인물들과 가까워졌다는 이야기가 있다.

---

* 1946년 10월 1일 대구에서 발생한 유혈 사태를 시작으로, 이후 경북·경남·전남·전북 등으로 확산된 대중적 항쟁을 의미한다. 이 항쟁은 조선공산당이 좌익 탄압에 맞서 기획하고 촉발했지만 한국인의 자치권 부정, 미곡 수집정책 등 미군정의 실정과 친일 경찰 등에 대한 일반 대중의 반발 및 저항을 보여준 것이었다.

1946년 12월 조선경비대 사관학교를 졸업한 뒤 소위로 임관되어 춘천에 본부를 둔 8연대에 배속되었고, 여기서 중위를 거치지 않고 대위로 승진했다. 1947년 9월부터는 조선경비대 사관학교에서 중대장으로 근무했다. 이때 박정희가 지도했던 중대원들은 육군사관학교 5기생으로, 뒷날 5·16쿠데타가 일어났을 때 핵심 노릇을 했다.

1948년 8월에는 소령으로 승진했고, 같은 해 11월 육군본부 전투과에서 근무하던 중 남로당 협력 혐의자로 체포되었다. 그 당시 남로당 군사부 책임자인 이재복과 관련이 있었다고 한다. 남로당 협력자로 함께 검거된 최남근·김종석·오일균 등의 장교들은 사형을 당했지만, 박정희는 주변 선배들의 구명운동과 군내 좌익 세력을 검거하는 데 적극 협조함으로써 목숨을 건졌다. 무기징역형을 선고받았지만 징역 10년으로 감형되었고, 형 집행 면제를 받아 곧 군에서 파면되었다.

그뒤 박정희는 자신이 장교로 근무하던 육군본부 전투정보과에서 모호한 문관 신분으로 계속 근무했다. 그러던 중 6·25전쟁을 맞았고, 전쟁중에 단신으로 한강을 건너옴으로써 자신의 사상을 입증했다. 이에 전쟁 직후 수원에서 파면 당시의 계급이었던 소령으로 복귀했고, 1950년 9월 중령으로 진급했다. 당시 그의 동기였던 육사 2기생들은 대부분 대령이었다. 그러나 박정희는 좌익 혐의로 체포된 전력 때문에 군 경력에 오점이 있었고, 그런 까닭에 만주 군관학교 수석 졸업과 일본 육사 졸업이라는 뛰어난 경력에도 불구하고 동기생들에 비해 진급이 늦었던 것이다.

박정희는 9사단 참모장(1950년 12월), 육군정보학교 교장(1951년 5월)을 거쳐 1951년 12월 육군본부 작전국 차장으로 부임했다. 당시 작전국 국장은 이용문이었다. 박정희는 이때 그의 일생에서 매우 중요한 경험을 한다.

1952년 이승만 대통령은 국회의원들이 대통령을 선출하는 현행 헌법 아래서는 자신이 대통령으로 당선되기가 어려워지자 대통령직선제 개헌을 추진했다. 그리고 그 과정에서 국회와 갈등이 생기자 1952년 5월 '부산 정치

63인의 역사학자가 쓴 한국사 인물 열전

파동'을 일으켜 야당 의원들을 검거하고 부산 지역에 계엄령을 선포했다.

이대통령은 이 일로 당시 육군 참모총장이던 이종찬에게 부산에 병력을 파견해줄 것을 요청했지만, 이종찬이 이를 거부함으로써 한국군 수뇌부와 이승만 정권 사이에 갈등이 생겼다. 이 과정에서 육군본부 작전국장 이용문은 당시 국무총리였던 장면(張勉)의 측근 인사들과 접촉하면서 이승만 정권을 뒤엎으려는 쿠데타 음모를 꾸몄다. 이 일은 결국 미국 군부 세력이 이승만을 지지함으로써 무산되었지만, 박정희는 이용문 바로 밑에서 이러한 일을 목격했다. 박정희는 이렇듯 1950년대에 이미 쿠데타 모의를 경험했고, 그때부터 쿠데타 가능성을 염두에 두면서 이따금 측근 인사들에게 이승만 정권과 기성 정치인들에 대한 불만을 털어놓기도 했다.

1952년 10월 박정희는 포병으로 전과(轉科)했고, 이 무렵 대령으로 승진했다. 3군단 포병단장을 거쳐 1953년 11월 25일 준장으로 진급했는데, 포병으로 전과한 덕분에 빨리 진급할 수 있었다고 한다. 박정희는 다른 대부분의 장교들과 마찬가지로 1954년 1월부터 6개월 동안 미국에서 연수했으며, 그후 광주 육군포병학교 교장으로 근무했다. 1955년에는 강원도 인제에 있는 5사단장으로 부임했다.

그는 주로 후방에서 작전이나 정보, 군수를 담당했을 뿐, 일선 전투 부대를 지휘한 경험은 없었다. 5사단장 직은 그가 처음으로 맡은 일선 전투 부대 지휘관 업무였다. 그런데 1956년 2월, 그 지역에 내린 폭설로 장교 1명과 병사 8명이 사망하고, 장교들이 월북하는 사고 등이 일어나자, 1956년 7월 5사단장에서 해임되었다. 그뒤 육군대학교에 입교했으며, 1957년 9월 강원도 인제에 있는 7사단장에 부임했다. 7사단장으로 재직하던 1958년 3월 군 장성이 되는 데 대단히 중요한 계급인 소장으로 진급하는 데 성공했다. 이때도 좌익 경력이 문제가 되었지만, 백선엽 등의 도움으로 진급할 수 있었다고 한다. 결국 육사 2기 동기생 가운데 가장 먼저 소장이 되었다. 그후 1군 사령부 참모장(1958년 6월)을 거쳐 1959년 7월 서울 지역을 관할하는 6관구 사령관으로 전임했다. 6관구 사령부는 2년 뒤 5·16쿠데타의 거점이 되었던 곳이다.

1960년 1월 박정희는 부산 군수기지 사령관이 되었으며, 여기서 4·19혁명을 맞았다. 이때도 일부 측근 인사들과 쿠데타를 모의했는데, 학생 시위로 말미암아 이승만 정권이 무너지자 무산되었다. 4·19혁명 때 계엄령이 선포되자 부산 지역 계엄 사령관이 된 박정희는 학생들에게 매우 동정적인 태도를 보였다. 따라서 박정희가 조총련(朝總聯)의 자금을 받아 학생들과 혁신계의 활동을 부추긴다는 소문이 나돌기도 했다.

박정희는 동기생들과 비교했을 때 비록 승진면에서 커다란 불이익을 당하지는 않았지만, 그의 좌익 경력은 계속 꼬리표처럼 그를 따라다녔다. 그는 만주 군관학교 수석 졸업과 일본 육사 졸업 등 당시 한국군의 기준으로는 대단히 좋은 경력을 가졌지만, 그가 장성으로 한국군에 행사할 수 있는 영향력은 매우 작았고, 장성급 가운데 비주류에 속했다. 그는 좌익 경력 때문에 쉽게 오점을 남기는 이권 사업에 뛰어들기가 어려웠다. 돈과 연줄로 후배 장성을 규합해 파벌을 구축하면서 영향력을 발휘하는 장성이 될 수는 없었다. 반면에 기존 국군의 주류 세력에서 소외된 젊은 장교에게서 청렴하며 파벌 때문에 사람을 차별하지 않는 장성이라고 존경과 지지를 받았다.

4·19혁명으로 말미암은 권력 교체와 공백 상태, 기존 권위의 퇴락, 젊은 세대의 진출 등은 비주류 소장 장교 집단에게 기회를 주었다. 박정희는 이승만 정권이 붕괴한 직후인 1960년 5월 2일, 송요찬 육군 참모총장에게 부정 선거와 군의 부패에 대한 책임을 지고 용퇴하라는 서한을 보냈다. 이를 계기로 이른바 '정군운동'(整軍運動)을 추진하던 젊은 장교들과 긴밀하게 연결되었다. 정군운동을 하는 과정에서 박정희와 소장 장교 집단은 이미 장면 정권이 출범한 직후인 1961년 9월의 '충무장' 회합에서부터 쿠데타 모의를 구체화하기 시작했다.

박정희를 중심으로 규합된 쿠데타 세력은 그가 1950년대부터 개인적인 인맥을 바탕으로 규합한 장교들과 육사 5기생 및 8기생이 주축을 이루었다. 이 가운데 육사 5기생인 공수단의 박치옥, 6군단 포병대의 문재준, 5사단장 채명신 등은 쿠데타에 필요한 병력을 동원하는 데 중요한 역할을 했다. 또한 김동하, 김윤근 등의 해병대도 거사에 참여했다.

김종필을 중심으로 한 육사 8기생들은 육사 전체 기수 가운데 가장 많은 장교를 배출한 집단이다. 그들은 군 내부에서 정군운동을 주도하던 세력으로 쿠데타에 가담한 다른 장교들이 박정희와 점조직 방식으로 관련된 데 반해, 정군운동을 하는 과정에서 내부에 횡적인 연대를 맺었다. 또한 육사 8기생 장교들은 육사를 우등으로 졸업해 임관과 동시에 주로 육군본부 등 중앙 요직에서 근무했던 소장 장교 집단으로, 어떤 집단보다도 정치 문제에 관심이 많았다. 때문에 쿠데타 이후 자체 내의 응집력을 바탕으로 쿠데타에 가담한 선배 장교들을 숙청하고 실권을 장악한다.

박정희는 소장 장교들의 정군운동에 동조한 대가로 1960년 7월 광주의 1관구 사령관으로 잠시 좌천되었지만, 정군운동의 대상이던 송요찬과 최영희가 육군 참모총장에서 물러나자 1960년 9월 육군본부 작전 참모부장이 되어 서울로 올라와 쿠데타 음모를 본격적으로 추진하기 시작했다. 그는 1960년 12월 제2군 부사령관이 되어 대구로 내려갔지만, 서울을 자주 오가면서 쿠데타 모의를 주도했다.

당시 육사 5기생과 8기생 등 소장 장교 집단이 추진하던 정군운동은 그것을 주도했던 세력들이 어떤 목적을 가졌든 간에 4·19혁명 이후 사회 전체에 파급된 개혁의 흐름을 탔다. 당시 허정(許政) 과도 내각 수반이나 장면 총리는 과도기의 군을 안정시키기 위해서는 선배 장성들이 퇴진하여 후배 장성들에게 기회를 주어야 한다고 생각했다. 한국군의 급속한 팽창과 6·25전쟁으로 인한 특수성으로 말미암아 초기 군사 영어학교 출신 장교와 육사 초기 기수 장교들은 고속 승진을 거듭했다.

그러나 전쟁이 끝나자 육사 5기 이후 장교들의 승진 정체가 매우 심각했다. 이 같은 승진 정체도 문제였지만, 당시 참모총장이나 장성 자리에 있던 장교들의 나이와 대령·중령급이던 5기생·8기생 장교들의 나이 차이가 얼마 안 나는 것도 문제였다. 예를 들어, 5·16쿠데타가 일어났을 때 육군 참모총장이던 장도영은 1923년생이었고, 8기생 소장 장교의 대표 격이던 김종필은 1926년생으로, 겨우 세 살 차이였다. 당시 선배 장성들은 정식 사관학교 교육을 받지 않은 지원병(송요찬·최경록)과 학병(장도영·최영희·김종오) 출신이 많은 데 비해, 5·16쿠데타의 주축을 이룬 세력들은 정식 사관학교를 졸업했고, 특히 육사 8기생들은 정부 수립 이후 처음으로 사관학교에 들어간 사람들로 학력이나 자질면에서 남다른 자부심을 가졌던 집단이었다. 이러한 사정 때문에 허정과 장면은 선배 장성 집단을 교체하려 했다. 하지만 한국군의 작전 지휘권을 가지고 있고, 실질적으로 중요 장성 인사에도 영향력을 발휘하던 미군 장성들은 급격한 지휘관 교체가 군의 전력을 약화한다는 이유로 이를 제지하고 나섰다. 이에 소장 장교들의 불만은 걷잡을 수 없이 커졌고, 이들의 쿠데타 음모는 더욱 힘을 얻어갔다.

1961년에 접어들면서 쿠데타 준비는 거의 마무리 국면에 들어갔다. 쿠데타를 주도하던 세력들은 원래 1961년 4·19혁명 1주년을 기해 대규모 학생 시위가 일어나면 이를 진압하기 위해 서울로 출동하여 자연스럽게 쿠데타를 일으킨다는 계획을 세웠다. 그리고는 학생운동 지도자들과 은밀히 접촉해서 더 과격한 시위를 촉구하는 일련의 공작까지 꾸몄다. 그러나 당시 학생들은 쿠데타 음모설이 워낙 파다했기 때문에 침묵 시위 등을 하며 조용히 4·19혁명 1주년을 보냈다. 결국 쿠데타는 무산되었다.

그후 4월 하순경부터 쿠데타 음모는 꽤 구체적으로 미국 정보기관과 장면 정권에 의해 감지되기 시작했다. 5월 들어서는 쿠데타 음모에 가담했던 일부 민간인들이 검찰 조사를 받기 시작했고, 5월 16일 거사 직전에도 군대를 동원하기로 했던 30사단에서 쿠데타 음모가 발각되었다. 그러나 당시 육군 참모총장이던 장도영은 쿠데타 음모를 이미 여러 차례 눈치챘지만 적극적으로 밝혀내지도 않았고, 또한 이를 주도하지도 않는 애매한 태도를 보였다.

박정희가 이끄는 쿠데타 세력들은 서울 주변의 여러 부대를 동원할 계획을 세웠지만 실제로 쿠데타를 일으킨 날 동원된 부대는 해병여단과 공수단 일부, 그리고 6군단 포병대가 전부였다. 쿠데타 세력이 동원한 군대는 2천5백 명에서 3천명 사이에 불과했다. 그러나 이를 진압할 책임이 있는 한국의 정치 지도자와 국군의 작전 지휘권을 쥐고 있던 미국의 군부 지도자들은 서로 책임을 미루며 이를 적극적으로 진압하지 않았다. 결국 5월 18일 새벽, 가장 많은 병력을 갖고 있으면서 쿠데타에 반대한 이한림 1군 사령관이 부하 8기생 장교들에게 체포되었고, 장면 국무총리도 체포되어 하야 성명서를 발표했다. 쿠데타를 일으킨 직후에 발표된 혁명 공약과 각종 공식 문건은 당시 육군 참모총장이던 장도영의 이름으로 나갔지만, 5월 17일부터 국내와 해외 언론들은 쿠데타를 실제로 주도한 사람이 박정희라고 보도했다. 박정희는 결국 쿠데타에 성공했고, 이후 실질적으로 국가재건 최고회의를 이끌면서 입법·사법·행정을 모두 통괄하는 국가 조직을 장악했다.

3. 대통령 박정희

대통령 박정희의 통치 기간은 크게 세 시기로 구분할 수 있다. 첫째는 1961년 5·16쿠데타부터 1963년 12월 선거를 거쳐 민정 이양이 이루어지기 전까지 군부를 직접 통치하던 시기이다. 둘째는 민정 이양부터 1972년 10월 유신체제를 성립하기 전까지, 박정희가 권위주의 방식으로 통치하기는 했지만 절차적 차원의 민주주의 질서가 지켜졌던 시기이다. 셋째는 절차적 차원의 민주주의조차 심각한 결함이 있던 유신체제기이다.

박정희를 비롯한 쿠데타 주도 세력은 1963년 12월까지 실질적으로 입법과 행정을 총괄하는 국가재건 최고회의를 만들어 3년 동안 직접 군부를 통치했다. 이 기간에는 삼권 분립 등 기본 민주 질서조차 정지된 형편이었다. 쿠데타 주도 세력들은 거사 직후 반공 태세를 강화한다는 명목으로 4·19혁명 시기에 사회운동 및 통일운동을 했던 사람을 대대적으로 검거, 소급법을 적용하여 처벌했다. 이 과정에서 언론인 조용수가 사형된 것을 비롯해 수많은 인권 침해 사례가 있었다.

한편, 박정희는 이 시기에 최고회의 의장으로서 제1차 경제개발 5개년계획 실행(1962년), 구법령 정리 및 통폐합, 울산 공업지구 건설 기공식(1962년 1월), 화폐 개혁(1962년 6월), 깡패·축첩 공무원·병역 기피자 소탕 등의 개혁 조치를 단행했다.

또한 그는 1961년 8월 미국의 압력을 받고, 2년 뒤인 1963년에 선거를 거쳐 민정 이양을 하겠다는 정치 일정을 발표했다. 하지만 1963년 민정 이양 과정에서 쿠데타 주도 세력의 내분과 '4대 의혹 사건'*으로 말미암은 군정에 대한 여론이 악화되면서 민정 불참을 선언하고, 다시 이를 번복해 군정 연장을 언급하는 등 혼선을 보이기도 했다.

그러나 결국 박정희는 1963년 8월 육군 대장으로 전역하고, 10월에 대통령 후보에 출마했다. 대통령 선거에서는 상대 후보 윤보선을 15만 표라는 아주 적은 표 차이로 물리치고 당선되었다. 이후 11월에는 국회의원 선거도 치렀고, 박정희와 군부 쿠데타 세력들이 사전에 조직한 민주공화당(民主共和黨)이 압도적인 의석을 차지했다. 1963년 12월 17일 새 헌법이 발효되면서 제3공화국이 발족하고, 박정희는 제5대 대통령으로 취임했으며, 이와 동시에 제6대 국회도 개원했다.

1963년 민정 이양 이후 박정희 정권은 1964년 한일회담 반대운동을 하는 과정에서 심각한 위기를 겪었다. 그러자 1964년 6월 3일 비상 계엄령을 선포하고, 군대를 동원해 한일회담 반대운동을 탄압했다(6·3사태). 비상 대권(非常大權: 비상 사태 발생시 국가를 보위하기 위해 국정 전반에 걸쳐 취할 수 있는 대통령의 비상 조치)을 발동하여 직접 군을 동원해 저항 세력을 탄압하는 일은 박정희 군사독재 정권이 등장한 뒤에 나타난 특별한 현상이다.

박정희는 1962년 2월부터 경제개발 5개년계획에 착수했지만 초기 계획은 지지부진했고, 성과도 그리 좋지 못했다. 그러나 1963년 미국의 압력과 유도 속에서 경제개발계획을 기반 산업에 대한 투자 위주에서 노동집약적인 경공업 부분에 투자하는 방식으로 수정하고, 한일회담이 이루어져 일본에서 자금이 들어오고, 한국군을 베트남에 파병하여 월남 특수를 봄에 따라 1960년대 중반부터 경제가 급속하게 성장하기 시작했다. 1960년에 3천3백만 달러에 불과하던 수출이 제1차 경제개발 5개년계획 마지막 해인 1966년에는 2억 5천 달러로 증가했으며, 제1차 5개년계획 중 연평균 성장률도 8.5%에 달했다. 1967년부터 1971년까지 실시한 제2차 경제개발 5개년계획은 매우 성공적으로 진행되었다. 이때의 연평균 성장률은 무려 10.7%에 달했고, 연평균 수출 신장률은 33.7%에 이르렀다.

박정희는 경제 개발에서 얻은 성과로 말미암아 1967년 5월에 실시된 대통령 선거에서 통합 야당인 신민당 후보 윤보선을 무려 110만 표 차이로 따돌리고 압승해 제6대 대통령으로 당선되었다. 그러나 이때부터 장기 집권에 대한 강한 의지를 내보이기 시작했다. 당시 헌법은 대통령의 중임(重任)만을 허용했다. 그러자 박정희는 장기 집권을 하기 위해 1967년 6월 제7대 국회의원 선거에서 전보다 훨씬 노골적으로 부정을 저지르면서 무리하게 의석을 확보했다. 마침내 1969년 9월, 삼선(三選)을 목적으로 한 삼선개헌안과 국민투표안을 변칙으로 통과시켰다.

1971년 4월, 박정희는 제7대 대통령 선거에서 신민당의 젊은 후보 김대중과 경쟁을 벌였다. 경제 개발을 이룬 업적과 10년 넘게 집권하면서 쌓은

* 5·16쿠데타 직후에 설립된 중앙정보부는 모든 정보와 권력을 독점하고, '민주공화당' 사전 창당 작업 등 국내 정치에 깊숙이 개입했다. 이 과정에서 많은 자금이 필요했고, 중앙정보부는 주식 시세 조작을 통한 폭리(증권 파동), 워커힐 호텔 건설 과정에서의 자금 유용, 회전당구기(빠칭코) 도입, 새나라 자동차사의 일본 자동차 수입 비리에 연루되어 자금을 동원했다. 이를 4대 의혹 사건이라 한다.

여당의 탄탄한 기반 등을 고려했을 때 이 선거에서 박정희가 쉽게 이길 것이라고 예측되었다. 그런데 김대중은 활발한 선거운동과 참신한 공약으로 독재 정권과 경제 개발에서 소외된 사람들의 표를 결집하기 시작했고, 선거는 우열을 가리기가 힘들어졌다. 그러나 결국 박정희가 95만 표 차이로 승리했다.

이 선거에서 광범위한 투개표 부정이 이루어지지는 않은 것으로 보이지만, 관권에 의한 언론 통제, 행정 조직과 공무원의 선거 동원 등은 대대적으로 이루어졌다. 또한 야당 선거운동원들에 대한 핍박도 심해서 야당 선거운동원들의 의문사 사건도 일어났다. 이러한 점들을 고려해볼 때 이 선거는 박정희의 대중적 인기와 정치력이 내리막길에 들어섰음을 보여준 선거라고 할 수 있었다.

1970년대 초반 박정희 정권은 위기 국면에 휩싸였다. 평화시장 피복 노동자 전태일 분신 사건(1970년 11월), 파행적인 주택 정책을 실시한 결과 나타난 광주 대단지 사건(1971년 8월) 등에서 보듯 경제 개발에서 소외된 계층들의 저항이 시작되었기 때문이다. 또 경제 상황도 여의치 않아 그는 1972년 8월 3일 기업들의 사채를 동결하는 일종의 경제 쿠데타인 비상 조치(8·3 조치)를 취하기도 했다. 닉슨 독트린(Nixon Doctrine: 1969년 미국 대통령 닉슨이 국회에 보낸 외교 교서를 통해 밝힌 아시아 안보에 관한 외교 정책), 주한 미군 1개 사단 감축 결정, 미국과 중국의 관계 개선 등 한반도를 둘러싼 국제 정세도 매우 복잡하게 전개되었다.

박정희는 이와 같은 복잡한 문제를 자신의 독재 권력을 한층 강화하는 방법으로 해결하려고 했다. 그는 1971년 10월, 교련 반대운동을 일으킨 학생들을 탄압하기 위해 서울시내에 위수령(衛戍令: 육군 부대가 일정한 지역에 주둔하면서 그 지역의 경비, 질서 유지, 군대의 규율 감시 및 시설물을 보호하도록 규정한 대통령령)을 발동하고, 10개 대학에 무장 군인을 진주시켰다. 그리고 1971년 12월 6일 국가 비상 사태를 선언했다.

한편, 이러한 조치와는 모순되게 1971년 8월부터 북한과 남북 적십자회담을 개최함으로써 데탕트(긴장 완화)로 가는 국제 정세에 부응하기도 했다. 남북 대화는 1972년 7월 4일 양측이 밀사를 교환한 끝에 「남북 공동성명서」를 발표함에 따라 급진전되었다. 그러나 박정희는 남북 대화를 하기 위해 내부 체제를 정비할 필요가 있다는 허울 아래 1972년 10월 17일 대통령 특별 선언을 발표함과 동시에 국회를 해산하고, 전국에 비상 계엄을 선포했다(10월유신). 그뒤 실질적으로 박대통령의 영구 집권을 보장하는 유신헌법이 발의되고, 국민투표를 거쳐 통과되었다. 1972년 12월 유신헌법에 따라 통일주체국민회의 대의원들이 체육관에 모여 박정희를 제8대 대통령으로 선출했다. 야당은 이 같은 선거 방식에 동의하지 않고 이를 거부했다. 박정희는 1978년 7월에도 역시 같은 방식으로 제9대 대통령으로 선출되었다.

유신체제를 성립하기 전의 한국 정치체제는 비록 내용은 억압적인 권위주의 통치였지만 형식과 절차는 민주주의의 기본 원칙을 지키고 있었다. 대통령 선거와 국회의원 선거가 관권과 금권으로 얼룩지기는 했지만, 4·19혁명을 일으킨 3·15부정선거 같은 큰 규모의 투개표 부정 없이 치러졌다. 야당의 정치 활동도 결코 자유로운 것은 아니었지만 아무튼 존재했고, 제도적인 차원에서는 여당과 경쟁할 수도 있었다.

그러나 유신체제는 이러한 정치체제에서도 한 발 더 후퇴한 것이다. 유신헌법은 그 자체에 민주국가에서 국민들에게 기본적으로 보장하는 기본권을 제약하는 내용을 가지고 있었다. 또한 통일주체국민회의 대의원들이 행하는 체육관 대통령 선거, 국회 의석의 3분의 1을 대통령이 지명하는 제도 등은 실질적으로 정치의 다원성, 즉 반대 정파의 성장 가능성 자체를 봉쇄하는 것이었다.

유신체제를 수립한 후 상황은 안정보다는 계속 위기 국면으로 치달았다. 유신체제 선포를 계기로 박정희 정권에 저항하는 민주화운동이 더욱 거세게 일어났고, 미국과의 관계도 악화되었다. 박정희는 잇따라 긴급 조치를 선포하면서 억압을 더욱 강화하는 방식으로 이러한 위기를 타개하려고 했다.

유신체제기의 경제는 석유 파동에도 불구하고 계속 고도 성장을 유지했다. 박정희는 1972년부터 시작한 제3차 경제개발 5개년계획에서 조선, 석유, 화학, 철강 등 중공업화를 본격적으로 추진했다. 박정희 정권의 중공업 추진 정책은 경제적인 목적도 있었지만 닉슨 독트린 이후 주한 미군이 감축되고, 1977년에 집권한 카터 대통령이 주한 미군 철수론을 주장하는 상황에서 '자주 국방'을 추구하려는 군사적인 목적도 있었다.

또한 박정희는 1970년대 초부터 미사일과 핵무기 개발을 추진했는데, 1974년에 미국이 이를 알아차렸다. 박정희는 미국의 압력으로 핵무기 개발을 일단 보류했지만, 그가 암살당하기 직전 국산 미사일을 개발하는 데 성공했고, 핵무기 개발도 다시 시작했다고 한다. 이는 물론 미국과의 관계를 더욱 악화시켰다.

1979년 10월, 부산과 마산 지역 학생과 시민들은 박정희 독재에 항거하는 대대적인 시위를 일으켰다. 박정희 정권은 비상 계엄령과 위수령을 선포하고, 군을 동원해 이를 진압했다. 상황은 4·19혁명 직전의 분위기를 연상케 했다. 이러한 가운데 마침내 10월 26일, 박정희는 중앙정보부장 김재규에 의해 암살되었다.

4. 박정희 평가 논쟁과 문제점

대통령 박정희의 공과(功過)에 대한 평가는 최근까지 언론인과 학계 인사 사이에서 치열한 논쟁을 불러일으킨다. 박정희에 대한 재평가 논쟁은 1993년 김영삼 대통령이 집권한 뒤 자신의 정부를 '문민 정부'라고 칭하고, 군사 독재 청산 작업에 들어가자 본격적으로 고개를 들었다. 박정희 옹호론자들은 박대통령이 정치적으로는 독재자라고 할 수 있으나, 근대화와 경제 개발에 커다란 업적을 남겼다는 사실을 강조했다. 또한 한국의 민주화는 이와

63인의 역사학자가 쓴 한국사 인물 열전

같은 경제 개발의 성과를 바탕으로 가능했으며, 앞으로 한국 사회의 발전 방향도 박정희를 비롯한 군사 정권의 유산을 무조건 부인할 것이 아니라, 그것을 발전적으로 계승하는 방향에서 수립되어야 한다고 주장했다.

반면에 박정희 비판론자들은 경제 개발을 이룬 박대통령의 업적이 그의 억압적이고 폭력적인 통치를 합리화할 수는 없으며, 박대통령이 추구했던 외연적 성장 위주의 경제 개발은 실질적으로 한국 경제에 구조적 문제점을 낳았기 때문에 앞으로 한국 사회의 발전은 박정희 정권의 유산을 전면적으로 극복하는 방향에서 모색되어야 한다고 주장했다.

박정희 평가 논쟁과 관련하여 쟁점이 되는 것은, 먼저 역사에서 불가피하게 작용하는 시대의 구조적인 상황과 여건, 그 안에서 작동하는 지도자의 역할을 어떻게 설정하느냐 하는 문제이다. 박정희 옹호론자들은 1960～1970년대 경제의 고도 성장을 대체로 박대통령의 탁월한 결단과 지도력이 맺은 결실로 파악한다. 옹호론자들은 이처럼 경제 문제를 이야기할 때 당시 국내외의 구조적 상황보다는 지도자의 역할을 강조한다. 반면에 정치 문제를 이야기할 때는 그 반대의 경우가 된다.

옹호론자들도 박정희 정권기에 권력이 지나치게 집중되었고, 인권 침해가 있었으며, 독재적 정치 행태가 존재했다는 사실은 인정한다. 그러나 이러한 정치 문제는 경제 개발을 우선으로 두는 당시의 시대 상황에서는 불가피했으며, 민주주의에 대한 경험이 없고 파쟁적인 정치 풍토에서는 어쩔 수 없는 일이었다고 역설한다. 그들은 경제 문제를 이야기할 때는 지도자의 역할을 강조하지만, 정치 문제를 이야기할 때는 지도자의 역할보다는 불가피한 시대와 사회의 구조적인 한계를 강조한다.

당시 박정희 정권기에 자행된 억압적인 통치와 인권 침해를 모두 시대적인 한계 탓으로만 돌리기는 어렵다. 박대통령은 당시 최고 책임자였으며, 현재 일부만 남은 자료를 보더라도 중요한 정치·사회 문제에 대해 지금 추측하는 것보다 훨씬 세밀히 보고를 받고, 관여했다. 최근 TV에서 방영된 바대로, 1971년 광주 대단지 사건이 일어났을 때도 박정희 대통령은 이를 보고 받고, "주동자를 엄단에 처할 것"을 지시했으며, 실제로 그 주동자들은 엄벌에 처해졌다. 따라서 이 시기에 자행된 폭력적인 통치를 오직 시대의 한계 탓으로 돌리고, 박대통령에게 직접적인 책임을 묻지 않기는 어려운 일이다.

한편, 비판론자들은 박정희 정권기의 고도 성장이 박정희 개인의 정책적인 판단이나 지도력보다는 미국의 제3세계 경제개발 정책, 교육 수준이 높은 국내의 인적 자원, 1960~1970년대 국제 분업체계의 재편 등 구조적인 상황과 여건 때문에 가능했다고 강조한다. 반면에 박정희 정권기의 정치적 억압에 대해서는 왜 그러한 억압이 자행될 수 있었는가 하는 구조적인 문제보다는 박정희 개인의 책임을 더 강조하는 경향이 있다.

박정희 정권기의 고도 경제 성장을 설명하려면, 국내외의 구조적 여건을 반드시 짚고 넘어가야 한다. 그러나 이것이 박정희라는 지도자가 경제 성장을 이루는 데 중요한 역할을 하지 않았다고 무조건 부인하는 근거가 될 수는 없다. 당시에 아무리 구조적인 여건이 좋았더라도, 국가의 정책을 이끌어가는 지도자가 이를 얼마나 잘 인식하고 또 잘 대처했는가 하는 문제는 여전히 남는다. 물론 이 무렵 경제 개발과 관련 있는 중요한 결정, 즉 외자 도입을 통한 경제 개발이라는 기본 노선의 설정, 1963년 제1차 경제개발 5개년계획 수정 등에는 국제 자본과 미국 정부의 영향력이 크게 작용했지만, 경부고속도로 건설이나 포항제철 건설 등 세부 사안에는 박대통령의 결정도 중요한 변수로 작용했다. 따라서 경제 개발에 대해 어떤 구조적인 문제만을 강조하고, 박대통령의 지도력을 완전히 배제할 수는 없다.

물론 역사의식은 서로 다른 정치적 지향과 이념을 갖는 정치·사회 집단에서 다르게 나타날 수 있다. 따라서 구조적인 면을 더 강조할 수도 있고, 지도자의 역할을 더 강조할 수도 있다. 그러나 어느 집단의 역사의식이든, 적어도 역사와 사회를 보는 시각에 일관성이 있어야 제대로 된 역사의식이라고 할 수 있다. 그런데 특정한 측면에서는 사회의 구조적인 문제와 한계의 불가피성을 일방적으로 강조하고, 다른 측면에서는 지도자의 역할을 일방적으로 강조하는 것은 결코 정합적(整合的)인 역사의식이라고 할 수 없다. 이와 같이 앞뒤가 맞지 않는 분절적(分節的)인 역사의식이 나타나는 요인은, 박정희 평가 논쟁이 역사적 사실에 대한 깊이 있는 생각과 연구를 바탕으로 이루어졌다기보다는 일부 언론인과 정치인을 중심으로 역사에 대한 이해와는 관계없이 선험적인 정치적 판단과 선전 영역에서 이루어졌다는 사실을 반증한다.

또한 박정희 평가 논쟁과 관련하여 제기될 수 있는 것은 역사를 설명할 때 가끔 적용되는 '단계론'의 문제점이다. 이 논쟁 과정에서 일부 논자들은 1960~1970년대 한국 사회에서 기본적으로 제기되는 것은 먹고사는 문제였고, 그렇기 때문에 이 시기의 역사적 단계는 경제 개발과 산업화가 우선시될 수밖에 없으며, 민주주의의 발전은 그 다음 단계에서나 논의할 수 있는 것이라고 주장한다.

역사를 설명할 때 어떤 특정 단계를 설정하고 모든 역사 해석을 그 단계에 맞추어 평가하는 것은, 역사를 총체적으로 이해하기보다는 단선적(單線的)으로 이해하는 함정에 빠질 위험이 있다. 그러나 역사의 발전을 설명하고, 이를 통해 미래의 발전 방향을 가늠해보는 과정에서 어떤 단계를 설정한다는 것은 매우 유용한 설명 방식이며, 실제 역사가들은 이러한 단계를 설정해왔다.

그런데 이것이 역사를 설명하고 미래의 발전 방향을 가늠하는 유용한 단계론이 되기 위해서는, 특정 단계에서 그 시대의 한계를 절대적으로 설정하여 다른 모든 것들에 대한 생각과 설명을 배제하는 기계적인 단계 설정은 곤란하다. 역사의 발전을 설명하려면 그 시대의 한계를 지적하는 것도 중요하지만, 그러한 한계에서 비롯된 문제점과 그 문제를 인식하고 극복하려 했던 인간의 주체적인 활동, 즉 역사 발전의 동력도 함께 고려해야 한다. 만일 그 시대의 한계만을 절대화하고, 그것을 극복하려는 동력을 배제한다면 역사 발전은 바르게 설명할 수 없고, 그러한 역사관으로는 미래의 방향을 제시할 수 없다. 아무리 당시 한국 사회의 근본 문제가 먹고사는 것이라고 해도, 어떤 방식이든 외연적이고 양적인 경제 성장이 필요했다고 하더라도, 이러한 과정에서 비롯된 문제점과 그 문제점을 극복하려 했던 인간의 노력을 단지 그 단계에는 걸맞지 않게 너무 성급했다거나 부차적인 일이었다고 취급하는 것은 결국 역사의 발전을 설명할 수 없도록 만든다. 이와 같은 시대적 한계를 절대화하는 역사인식도 결국 이 논쟁이 역사에 대한 깊이 있는 성찰과 이해를 결여하고 있음을 보여주는 것이라고 할 수 있다.

이처럼 기존의 박정희 평가 논쟁은 역사적 사실에 대한 심층적인 연구와 깊이 있는 성찰을 토대로 전개하지 못한 한계를 지닌다. 이 같은 한계를 극복하기 위해서는 먼저 이 시대와 관련된 국내외 자료들을 정리할 필요가 있다. 이 논쟁의 바탕이 되는 1960년대와 1970년대 관련 1차 자료를 발굴하고 정리하는 일은 현재 제대로 시작도 못한 단계이다. 연구자들은 미국 공문서 자료 가운데 일부를 이용하지만, 정부 기록보존소와 기타 기관에 흩어져 있는 국내 자료조차도 아직 그 실태가 제대로 파악되지 않는 실정이다. 아울러 이 시기의 경제 개발 및 민주화 문제를 다른 나라의 사례들과 비교하면서 좀더 세계사적인 시각에서 자리매김하는 작업도 필요하다. 이러한 학문적 작업 토대들이 제대로 구체화될 때, 박정희 대통령 개인에 대한 평가도 한층 깊이 있는 역사적 근거와 성찰 속에서 이루어질 수 있다.

박정희라는 사람은 어차피 18년 동안 남한을 통치했던 지도자이다. 그는 결코 개인일 수 없다. 그의 공적과 허물은 그 시대에 대한 역사적 연구와 성찰을 바탕으로 더 구체적이고 합리적으로 평가할 수 있을 것이다. 한 시대에 대한 올바른 역사적 규명 없이 그 시대를 이끌었던 지도자의 역할을 평가하는 일은 허공을 맴돌 수밖에 없다. 구조적인 문제와 지도자의 역할에 대해, 필요에 따라 기준이 왔다갔다하는 역사의식과 기계적인 단계론이 오락가락하는 역사의식 속에서 전개되는 박정희 평가 논쟁은 이 시기의 역사를 이해하는 데 자극과 도움을 주기보다는 오히려 그것을 해치는 측면이 강하다. 박정희 대통령 개인에 대한 평가와 1960~1970년대 한국 현대사에 대한 인식은 이제 좀더 거리를 두고 냉정하게 전개해야 할 것이다.

참고문헌

한국군사혁명사 편찬위원회, 『한국 군사혁명사』 1~2, 동아출판사, 1963.
박정희, 『우리 민족이 나아갈 길』, 동아출판사, 1962.
_____, 『국가와 혁명과 나』, 동아출판사, 1963.
_____, 『민족 중흥의 길』, 광명출판사, 1978.
대통령 비서실, 『박정희 대통령 연설문집』 1~16, 1963~1979.
신범식 편, 『박정희 대통령 선집』 1~6, 지문각, 1969.
정재경, 『한민족의 중흥사상 ─박정희 대통령의 정치 철학』, 신화출판사, 1979.
이상우, 『(비록) 박정희 시대』 1~3, 중원문화, 1986.
양성철, 『분단의 정치 ─박정희와 김일성의 비교 연구』, 한울, 1987.
김교식, 『다큐멘터리 박정희』 1~3, 평민사, 1990.
박실, 『박대통령과 미국 대사관』, 백양출판사, 1993.
김성진, 『박정희 시대』, 조선일보사, 1994.
정재경, 『朴正熙 實記 ─行蹟 抄錄』, 집문당, 1994.
_____, 『朴正熙 大統領 傳記』 1~2, 민족중흥연구회, 1995.
김정렴, 『아! 박정희』, 중앙M&B, 1997.
중앙일보 특별취재팀, 『실록 박정희 ─한 권으로 읽는 제3공화국』, 중앙M&B, 1998.
조갑제, 『내 무덤에 침을 뱉어라 ─근대화 혁명가 박정희의 비장한 생애』 1~8, 조선일보사, 1999.
한국정치연구회 편, 『박정희를 넘어서』, 푸른숲, 1999.
전재호, 『반동적 근대주의자 박정희』, 책세상, 2000.

한상범, 『역사 법정에 세우다 ―민족과 역사의 이름으로 박정희를 심판한다』, 푸른세상, 2001.

기미야 다다시, 「한국의 내포적 공업화 전략의 좌절」, 고려대학교 박사학위 논문, 1991.

김대환, 「박정희 정권의 경제 개발」, 『역사비평』 23(겨울호), 역사비평사, 1993.

박동철, 「한국에서 '국가 주도적' 자본주의 발전 방식의 형성 과정」, 서울대학교 박사학위 논문, 1993.

임현진, 「박정희 체제의 지배 이데올로기」, 역사문제연구 편, 『한국 정치의 지배 이데올로기와 대항 이데올로기』, 역사비평사, 1994.

김일영, 「박정희 체제 18년, 어떻게 볼 것인가」, 『계간 사상』(겨울호), 사회과학원, 1995.

홍석률, 「5·16쿠데타의 원인과 한미관계」, 『역사학보』 168집, 역사학회, 2000.

_____, 「5·16쿠데타의 발발 배경과 원인」, 한국정신문화연구원 편, 『박정희 시대 연구』, 백산서당, 2002.

_____, 「1960년대 한국 민족주의의 두 흐름」, 『사회와 역사』 통권 62집, 한국사회사학회, 2002.

이기훈, 「일제하 식민지 사범 교육 ―대구사범학교를 중심으로」, 『역사문제연구』 9호, 역사문제연구소, 2002.

이송순, 「만주 국군 속의 조선인 장교와 한국군」, 『역사문제연구』 9호, 역사문제연구소, 2002.

박진희, 「한일 국교 수립 과정에서 '한일 인맥'의 형성과 역할」, 『역사문제연구』 9호, 역사문제연구소, 2002.

장준하 張俊河

계몽과 저항의 생애

안병욱 가톨릭대학교 국사학전공 교수

1. 머리말

20세기 한국 사회는 파동의 연속이었다. 일제의 식민 침략, 민족 분단과 전쟁, 이승만(李承晩)·박정희(朴正熙)의 독재, 4·19항쟁 등으로 점철되어왔다. 장준하(張俊河, 1918~1975)는 그 역사의 중심에 자리하고 있다. 그는 역사의 도전을 외면하지 않았고 시대의 요구에 온몸으로 대응했다. 20세기 한국 사회에서 장준하만큼 치열하게 역사를 살아간 경우는 흔치 않을 것이다.

장준하에 관해서는 비교적 풍부한 자료가 남아 있다. 그 스스로 자신에 관해 몇 차례 기록을 남겼다. 우선 학도병으로 끌려간 후부터 해방된 뒤 귀국하기까지 2년간의 행적을 담은 『돌베개』라는 수기집이 있다. 또 『사상계』를 발간하게 된 경위와 그 『사상계』가 독재 정권으로부터 탄압받은 기록, 독재 정권에 맞서 투쟁한 기록들이 소상히 남아 있다. 무엇보다 15여 년간 발행한 잡지 『사상계』는 그의 사상과 활동을 설명해줄 가장 풍부한 자료들이다. 그리고 평소 그를 가까이에서 보좌했던 인사가 이런 자료를 바탕으로 장준하에 대한 충실한 평전을 저술해 간행했다. 장준하와 함께 활동했던 여러 인사들의 증언을 모아 편찬한 추모 문집도 간행되어 있다. 그밖에 그와 고락을 함께했던 많은 인사들이 생존해 있기 때문에 앞으로도 그들의 증언을 통해서 더 필요한 사실들을 자세히 밝혀낼 수 있을 것이다.

장준하와 그가 발행한 『사상계』를 연구한 논문도 여럿 나와 있어 이를 통해 장준하에 대해 많은 이해를 할 수 있을 것이다. 하지만 아직까지는 20세기 한국사에서 차지하는 그의 위상이나 또 그의 활동들을 역사적 맥락에서 검토한 작업은 충분해보이지 않는다.

2. 성장 배경

장준하는 1918년에 평안북도 의주 고성면에서 태어났다. 그는 기독교 목사인 장석인(張錫仁, 1901~1966)의 4남 1녀 가운데 맏이였다. 그는 어려서 할아버지의 가르침을 받았다. 할아버지 장윤희(張潤熙)는 기독교 장로로 한학을 하다 중도에 신학문으로 바꾸었으며 의주에서 양성학교(陽成學校)라는 사학(私學)을 세워 신학문을 가르치기도 했다.

장준하의 아버지 장석인은 신의주 공립보통학교를 졸업하고 신의주 부청(府廳)의 고원(雇員)으로 근무하던 중 3·1운동에 참여했다가 일경(日警)에 쫓기게 되었다. 그 일로 장준하 일가는 삭주의 청계동으로 피신해 살았다. 장석인은 그후 23세가 되는 1923년에야 평북 선천의 기독교계 사립학교인 신성중학교에 3학년으로 편입했고, 그곳을 졸업한 후 평양의 숭실전문학교에 진학했다. 숭실전문을 졸업한 뒤에는 숭실중학교 교사를 거쳐 선천의 신성중학교 교목(校牧)으로 재직했고 장로회 신학교인 평양신학교에도 입학했다. 그리고 삭주의 대관교회 목사를 지내다가 해방 후에는 가족과 함께 월남했다.

장준하가 태어나 자란 평안도 지방은 당시 세계적으로 가장 성공한 기독교 선교 지역이라는 평가를 받을 정도로 장로회 중심의 기독교가 널리 전파되어 있었다. 1910년의 통계에 따르면 당시 평안도 지방에만 장로교회가 260개나 설립되어 있었다. 이처럼 평안도 지역에 교회가 많았던 것은 이 지역이 조선 시대 유교의 영향이 크지 않았고 양반 사족의 지배력도 강하지 않아 외래 문화에 대한 주민들의 거부감 또한 심하지 않았기 때문이다. 19세기 말 사회 혼란이 심해지면서 이런 평안도의 지역적 특성에 맞추어 기독교의 선교 활동이 활발하게 이루어졌던 것이다. 일제 때 기독교인이며 오산학교를 설립했던 이승훈(李昇薰)은 양반 지배 문화로부터 소외된 점이 오히려 근대 신문명을 수용하기에 좋은 조건이 되었다고 했다. 이승훈은 그에 따라 서북인들이 신문명 수입에 앞장설 수 있었으며, 그 결과 평안도에는 기독교가 일찍부터 보급되었고 문화도 일찍 발달했으며 교육열 또한 높았다고 평했다.

당시에 기독교는 문명 부강을 가져다주는 것으로 인식되었다. 기독교를 전파하면서 내세운 주장은 기독교로 나라를 다스리면 사람을 죽이거나 땅을 빼앗지 않고도 나라가 부강해지고 문명 개화가 이루어질 것이며, 전국에 기독교가 흥왕해지면 나라도 행복해진다는 것이었다. 이런 주장은 당시 상당한 호응을 얻었다. 이렇듯 평안도에서 기독교는 종교적 기능 못지않게 근대 문물을 전달하는 매개자였고 그런 까닭에 대부분의 기독교인들은 근대 교육에 열심이었다. 안창호(安昌浩)의 실력양성론 같은 경우도 그런 배경과 무관하지 않았다.

기독교의 전파는 민족의식 형성에도 기여했다. 1911년 일제가 조작한 데라우치(寺內) 총독 암살미수 사건에 평안도 일대의 수많은 기독교 인사들이 연루되어 체포 고문당하고 처벌받았다. '105인 사건'으로 불린 이 사건은 평안도 기독교인들의 민족의식을 일깨우는 계기가 되었으며, 이런 지역적 정서 때문에 3·1운동에 이 지역의 수많은 기독교인들이 참가할 수 있었다. 또 3·1운동을 통해 형성된 항일 민족의식은 장준하에게 큰 영향을 끼쳐 그가 뒷날 발간한 『사상계』의 정신적 기반이 되었다고 보인다. 그는 『사상계』를 발간하는 동안 거의 매년 3월호에는 3·1정신을 기리는 권두언을 실었다. 그가 어떤 국경일보다도 삼일절에 큰 비중을 두고 관심을 기울였던 것은 그것이 성장기의 그에게 끼친 사상적 배경과도 무관하지 않았을 것이다. 그런가 하면 기독교는 장준하의 반공의식을 배태시키기도 했다. 일제하 기독교인들은 사회주의 세력의 반종교운동에 대항해 반유물론적인 인식을 강화했다.

장준하는 아버지가 객지에 나가 있던 관계로 어릴 적 할아버지에게서 기초적인 학습을 받다가 대관보통학교에 중도 입학해 2년 만에 졸업했다. 그리고 1932년에 아버지가 교사로 있던 숭실중학교에 입학했다. 그러나 이듬해에 다시 아버지가 평북 선천의 신성중학교 교목으로 전근해가자 아버지를 따라 그 학교로 전학해 1938년에 졸업했다.

장준하는 일찍이 중학교 시절부터 계몽 활동을 시작했다. 그는 평양 숭실중학교 1학년 여름 방학 때 동아일보에서 농촌 계몽운동으로 벌이던 브나로드(vnarod)운동에 적극적으로 참여했다. 그는 동아일보 평양지사에서 시행한 계몽 활동의 요령과 한글 신철자법에 대해 3일간 교육을 받은 후 고향 삭주의 청계동 마을에 내려가 일제의 금지령으로 중단될 때까지 3년간 계몽 강습을 진행했다. 그는 뒷날 술회하기를 "중학교에 입학해서부터 3학년 때까지 내리 3년, 여름 방학 때만 되면 저절로 신바람이 나서 그 브나로드운동에 참가해왔던 나도 (일제의 금지령으로 중단하게 되자) 잠시는 우울했지만, 그러나 이때가 나의 일생을 기초지어준 아주 중요한 계기가 되었다"고 했다(『장준하전집』 3 수록, 「한 시민이 읽은 30년간의 신문」, 1963). 그는 이 기간에 일제 경찰의 심한 간섭과 탄압을 받았고, 그때부터 커다란 배일 감정을 품게 되었다.

3. 독립군을 거쳐 해방 정국으로

중학교를 졸업한 후 장준하는 정주의 신안소학교(新安小學校) 교사로 부임했다. 이 학교에서 후일까지 오랫동안 친구로 지낸 김용묵(金龍默)과 함께 3년간 재직했고 3년 후에 일본 유학길에 올랐다. 그는 일본의 도요(東洋)대학 예과를 거쳐 1942년 니혼(日本)신학교에 입학했다. 그곳에서 전택부(全澤鳧), 문익환(文益煥), 문동환(文東煥), 김관석(金觀錫), 장병길, 박봉랑(朴鳳琅) 등을 만나 교류했다. 그러나 1943년 10월에 시행된 학도지원병제에 따라 그는 신학교에 입학한 지 1년 반 만에 학교를 그만두고 1944년 1월 학도병에 지원해 일본 군대에 입대했다.

장준하는 후일 『돌베개』에서 "나는 우리 집안의 불행을 내 한 몸으로 대신하고자 이른바 그 지원에 나를 맡겨버린 것이다. 내가 지금 일본 병영 안에 병정으로 있는 이유는 나의 집안에 닥칠 불행을 예감했기 때문에 그 방파제로서 나를 스스로 설득시킨 결과다. 그런데 내가 이곳에서 탈출을 한다면 어떻게 될 것이냐?" 하면서 당시의 복잡했던 심정을 토로했다. 그러나 그가 아버지의 신사참배 거부로 야기된 탄압을 피하기 위해 학도병에 지원했다고 했지만 애초부터 탈출할 의도를 품고 있었던 것으로 보인다. 그가 자원 입대 반년 만에 탈출을 결행했고 그 순간에 "나의 생존 가치는 지금 이 시각 이후부터 비로소 존재한다고 나는 어금니를 갈았다"고 했으며, 또 학병 지원 환송회 자리에서 "나는 이제부터 내가 해야 할 일을 발견해서 꼭 그 일을 마치고 돌아오겠습니다"라고 분노에 찬 한마디 답사를 내뱉었다는 데서 그런 의도를 엿볼 수 있다.

장준하는 일군(日軍)에 입대한 지 반년 만인 1944년 7월 중국 서주(徐州)의 일본군 부대를 김영록(金永祿), 홍석훈(洪錫勳), 윤경빈(尹慶彬) 등과 함께 탈출했다. 일군을 탈출한 일행은 잠시 중국 유격부대에 의탁했고 그곳에서 앞서 탈출한 김준엽(金俊燁)을 만나 평생 동지가 되었다. 장준하, 김준엽 등 일행 5명은 얼마 후 중국군 부대를 떠나 6천 리나 떨어져 있는 중경(重慶)의 임시정부(臨時政府)를 향해 대장정에 나섰다.

장준하는 중경으로 향하던 중 안휘성(安徽省) 임천(臨泉)에 머문 적이 있었다. 그곳에는 중국의 중앙군관학교 임천 분교가 있고 그 안에 한국 광복군 간부 훈련반이 특설되어 있었다. 그곳에서 70여 일 동안 특설반 훈련을 받은 후 장준하 일행은 준위로 임명되었다. 그 훈련을 받는 동안 장준하를 비롯한 한인 부대원들은 수필(手筆) 잡지 『등불』을 두 차례 펴냈다. 이는 뒷날 『사상계』를 발간하게 된 시발점이었다.

임천의 특설 '한광반'(韓光班)에서 훈련을 마치고 준위로 임명된 후 1944년 11월 장준하 일행은 다시 중경을 향해 장정을 계속했다. 그리고 이듬해 1월 31일 중경에 당도했는데 이는 일본 군대를 탈출한 지 6개월여 만이었다.

이렇듯 오랜 행군 끝에 임정(臨政) 청사에 당도한 일행은 모두 방성통곡할 정도로 감격스러워했다. 그러나 감격도 잠시, 장준하가 임정에서 목격한 것은 임정 지도자들이 여러 정파로 갈리어 서로 반목하고 다투는 실망스런 모습이었다. 불과 130여 명의 교포들이 살고 있을 뿐인데도 그곳에는 한국독립당을 비롯해서 조선민족혁명당, 한국무정부주의자연맹, 한국민족해방동맹, 한국청년당, 그외 무슨 무슨 당이란 이름으로 6~7개의 정파가 난립해 서로 반목하고 헐뜯고 있었다.

그런 중경에서 그가 의미를 두고 할 수 있는 일이란 『등불』을 속간하고 기독교 신자들의 요청을 받아 목회 활동에 나서는 것 정도였다. 그는 중경 임정에 모인 인사들의 파벌 싸움을 보면서 젊은이들이 앞장서 그들 지도자들의 각성을 촉구할 필요가 있다고 생각했다. 이를 위해 임천의 한광반에서 펴낸 『등불』 1, 2호에 이어 3, 4, 5호를 속간했다. 그 잡지는 독립운동을 위한 행동 통일, 독립운동의 이론화와 체계화, 민족의 총단결을 위한 방향 모색을 목표로 했다. 임천에서는 손으로 써서 고작 2부를 제작해 돌려가며 읽었지만 이때는 등사로 150부를 제작해 임정 요인들과 광복군 산하의 주요 기관, 그리고 교포들에게까지 배포해 상당한 반향을 일으켰다. 그는 뒷날 "편집 목표로 내세운 시대적인 민족 진로의 제시를 위해 조금도 주저없이 용감한 필봉을 휘둘렀던 잡지"였다고 술회했다.

장준하는 1945년 4월 광복군 참모장 이범석(李範奭)의 요청에 따라 서안(西安)의 광복군 제2지대로 편입되었다. 곤명(昆明)의 미군과 연합해 국내 침공 작전에 참가하기 위해서였다. 그는 미군 OSS 대원에 편성되어 3개월간 특수 훈련을 받았다. 장준하는 그 훈련 기간중에도 또다시 잡지를 만들어냈다. 죽음을 각오하고 오직 조국의 독립을 위해서 제물이 되겠다는 뜻으로 제호를 『제단』(祭壇)이라 이름하고 두 차례 발행했다. 당시 훈련을 제1기로 마친 한국인들은 50명이었는데 이범석이 이들을 모두 대위로 진급시켰기 때문에 장준하는 광복군 육군 대위가 되었다. 그러나 장준하 일행의 국내 침투 작전은 히로시마 원폭 투하로 일본이 무조건 항복함으로써 실행 직전에 중단되었다.

일본의 항복으로 해방이 되자 김구(金九)의 명령을 받은 이범석이 국내 정진군(挺進軍) 총사령관의 지위로, 그리고 장준하·김준엽·노능서 3명이 그 수행원으로 8월 18일 미군 비행기 편에 동승해 국내로 향했다. 이들은 일본의 항복을 접수하기 위한 광복군 예비 선발대로 맨 먼저 국내에 들어왔던 것이다. 그러나 일본군은 이들의 요구를 수락하기는커녕 공항에 착륙하는 것조차 완강히 거부했다. 겨우 여의도 공항에 착륙하기는 했지만 연금 상태에 있다가 다시 중국으로 되돌아가야 했다. 그후 11월 23일 그는 김구 주석 등과 함께 미군 수송기를 타고 김포 공항을 통해 뒤늦게 고국에 돌아올 수 있었다.

해방된 조국에서 장준하가 맨 처음 맡아 한 일은 임정 주석 김구를 수행하면서 김구가 발표할 성명서와 기자회견문을 작성하고, 김구를 면담하러 온 내방객들을 안내하고 주요 인사들 간의 회담에 배석해 그 내용을 정리·

기록하는 일이었다. 장준하는 1946년 말까지 경교장에서 김구의 비서로 일했다. 1947년에는 이범석의 간청에 따라 김구의 막하를 나와 이범석이 만든 조선민족청년당, 이른바 족청의 교무처장직을 맡기도 했다.

장준하는 이범석의 족청에 1년쯤 관계하다가 곧 그만둠으로써 이제 해방 공간의 정치판에서 물러나 있게 되었다. 정치판의 혼란한 와중을 벗어난 장준하는 니혼신학교 교우인 문동환의 주선으로 1949년 2월 한국신학대학교에 편입해 학업을 계속하다 그해 6월에 졸업했다.

그는 귀국 후 김구의 비서로 있으면서, 또 이범석의 족청에 관계하면서 당시 정치 지도자들의 파벌과 갈등, 그리고 각자의 이해관계에 따라 벌이는 계략과 술수에 크게 실망하고 분노했다. 『돌베개』에서 그는 정치 지도자들 상호간의 분파적 적대 행위, 그리고 좌익 세력들의 농간에 대해 여러 차례 비판했다. 장준하는 이범석이 초대 국무총리가 되어 그에게 비서실 근무를 요청했을 때 학업을 계속할 생각으로 거절했다고 했지만 그가 왜 해방 정국을 비켜나 있을 수밖에 없었는지는 좀더 면밀한 분석을 요하는 문제다. 그 이후 정부 수립과 전쟁 시기인 3년여 동안 장준하의 자세한 행적에 관한 설명은 찾아볼 수 없다.

4. 『사상계』의 간행

1953년 장준하는 피난 수도 부산에서 월간지 『사상계』를 창간했다. 『사상계』는 『사상』을 모태로 출발했다. 『사상』은 1952년 백낙준(白樂濬)이 장관으로 있던 문교부 산하 국민사상연구원의 기관지로 간행되었다. 백낙준은 전쟁으로 파괴된 국민 정신을 바로잡고 민족의 사상체계를 확립하겠다는 목적으로 국민사상연구원을 만들고 장준하를 참여시켰다.

장준하는 『사상』의 편집을 맡아 간행했는데 그는 창간호의 편집 후기에서, "인간 생활의 가장 중요한 부분은 사고일 것이다. …… 민족과 인류가 가장 험난한 고비를 넘는 오늘날 우리 앞에는 과거와는 전혀 그 각도를 달리하는 고민과 과제가 놓여 있으니 이 고민과 과제를 해결하고 이 겨레의 활로를 개척함에는 선인(先人)들의 체험과 아울러 새롭고 넓고 깊은 세계적인 사고가 요청된다. 『사상』은 실로 이런 역사적 사명을 느껴 나서게 되는 바이므로, 그 편집에 있어서도 특히 연구적이며 이념적인 것에 치중했다"(『사상』 창간호, 「편집 후기」, 1952년 9월)고 천명했다. 그런가 하면 "사고의 필요성은 현실을 합리화하거나 도피함에 있는 것이 아니라 이를 극복하고 더욱 우월한 것으로 향상 발전시킴에 있는 것이다. 그러므로 사고의 목표는 항상 현실에 대한 가장 정당한 비판과 결함 제거에 두어야 하며 나아가 새 역사 창조에 두어야 한다"(『사상』, 「편집 후기」, 1952년 12월)고 주장했다. 『사상』은 제호 그대로 전쟁으로 피폐해진 사회를 사상적으로 북돋우기 위해 발행한 잡지였다.

그러나 이 잡지는 4호까지 발행되다가 중단되었다. 이에 장준하는 연구원을 그만두고 중단된 잡지의 속간을 꾀하다가 그 자신이 직접 발행인이 되어 제호를 『사상계』로 바꾸고 1953년 4월호부터 발행했다.

처음에는 순전히 장준하 혼자의 힘으로 『사상계』를 발행했다. 편집에서부터 원고 청탁과 자금 마련, 인쇄, 판매 등 모든 것을 혼자서 분주히 뛰어다니며 처리했다. 그렇게 2년 가까이 발행하다가 편집위원회를 구성해서 체계적으로 운영하게 된 것은 1955년부터였다. 소설가 김성한(金聲翰)이 초대 주간을 맡았으며, 홍이섭(洪以燮)·정병욱·정태섭·신상초·안병욱(安秉煜)·강봉식·엄요섭·전택부·장준하 등이 편집위원으로 위촉되었다. 처음으로 어엿한 편집위원 진용이, 그것도 당대 재사(才士)들로 구성된 것이다.*

* 장준하는 각계의 저명한 지식인들을 편집위원으로 위촉하거나 그들의 원고를 받아 『사상계』 지면에 실었다. 사상계사는 당대의 영향력 있는 지식인들이 모여들어 교유하는 구심체 구실을 했다. 4·19 당시인 1960년 4월의 『사상계』에는 운영위원으로 金俊燁(주간), 宋秉武, 嚴堯燮, 劉彰玄, 張俊河(발행인) 등이 활동했고, 편집위원으로는 金相浹, 金夏泰, 申相楚, 安秉煜, 嚴敏永, 呂石基, 李東旭, 李鳳順, 李萬甲, 李廷煥, 李鍾珍, 鄭泰燮, 韓泰淵, 玄勝鍾, 黃山德 등이 선임되어 있었다.

또 그해 8월부터는 '『사상계』의 헌장'이라는 것을 제정해 사고(社告)로 싣기도 했다. 그 헌장에서 "이 지중(至重)한 시기에 처하여 현재를 해결하고 미래를 개척할 민족의 동량은 탁고기명(托孤寄命)의 청년이요 학생이요 새로운 세대임을 확신하는 까닭에 본지는 순정무구한 이 대열의 등불이 되고 지표가 됨을 지상의 과업으로 삼는 동시에 종(縱)으로 5천 년의 역사를 밝혀 우리의 전통을 바로잡고 횡(橫)으로 만방의 지적 소산을 매개하는 공기(公器)로서 자유·평등·평화·번영의 민주 사회 건설에 미력을 바치고자 한다"라고 천명했다. 이 헌장의 내용은 평소 장준하가 잡지 발간을 통해 추구했던 목표였고, 그가 계몽 활동을 통해 추구했던 지향점이었다. 그 헌장을 중심으로 구체적인 편집 방침도 제시했는데 그것은 민족의 통일 문제, 민주 사상의 함양, 경제 발전, 새로운 문화의 창조, 민족적 자존심의 양성 등이었다. 그가 특히 민족의 자존심을 내세운 까닭을 살펴보면 "오랫동안 이민족의 지배 아래 있어온 우리 민족은 그 성정이 비굴할 대로 비굴해졌다. 이것을 거족적으로 청산해야 한다. 그리고 우리 선조들의 자랑스런 전통을 찾아 그것을 되살리고, 결코 우리는 못난 조상이 되지 않기 위해 이 시대를 명예롭게 살아야 한다"고 했다. 그의 계몽적 사고 이면에는 다분히 감상적인 역사의식이 깔려 있었던 것이다.*

장준하의 사회의식은 1960년대에 들어서도 여전히 근대 지향의 계몽주의적 틀을 고수하고 있었다. 그는 기본적으로 자유민주주의적 이념이 바탕이 되는 사회 질서의 수립과 근대화에 뜻을 두고 있었다.

4월혁명이 배반당한 소이(所以)는 4월혁명이 무계획적인 것이어서 혁명의 논리를 관철하기 어려웠다는 객관적인 사정에 기인하는 바도 크려니와 다른 한편으로는 우리 국민 대중의 지성 수준이 낮은 탓이기도 하다. 기업체마다 소동이요 노조가 자본가나 경영자를 쫓고 자신이 관리하겠다고 하는 것이 일쑤이니 우리의 생산 활동은 모두 마비되고 중단돼도 좋다는 뜻인가? 왜곡됐던 노자관계가 개선되는 것은 물론 정당한 일이지만, 거기에도 서로들 상대방의 권한을 존중할 줄 아는 룰이 있어야 하는 것이다. …… 4월혁명 후 데모의 과잉, 남발은 우리 사회의 일종의 특징을 이루고 있다. 그저 데모만 일으키면 만사가 해결된다는 데모 만능사상이 오늘과 같은 혼란과 무질서를 자아내고 만 것인데 우리 국민은 데모란 의사 표시의 수단, 그것도 여러 가지 수단 중의 하나의 수단에 지나지 않는다는 점을 망각하고 있는 것이다. (권두언: 『사상계』, 「4·26 이후의 상황을 보고」, 1960년 7월)

이상의 권두언에 드러난 바처럼 그는 4·19 이후의 상황을 우리 국민의 의식 수준이 낮은 데서 비롯한 혼란과 무질서라고 인식했다. 그는 그런 상황 인식하에 사상계사 안에 국제연구소라는 것을 만들어 새로운 정부에 직접적으로 도움이 되는 일을 하고자 했다. 그리하여 그는 편집위원들과 학계, 언론계, 문화계, 경제계의 저명 인사 30여 명을 연구위원으로 위촉해 연구비를 지급하면서 연구 과제를 맡겨 논문을 작성하게 했다. 그는 스스로 사상계사는 '잡지사'라기보다 오히려 '나라 정책의 산실' 같았다고 했다. 국정에 관한 토론도, 잡지를 만들기 위해서라기보다는 직접 국정에 반영하기 위한 것이라고 했다. 그 정책연구소에서 활발하게 논의한 것은 치산, 치수, 항만, 도로, 전력 개발 등 사회간접자본의 이용과 개발을 어떻게 할 것인가 하는 국토건설사업에 관한 것이었다.

장준하는 민주당 정권에 대해 "평화적이고 민주적인 절차를 밟아 신정권을 수립해놓았다는 것은 우리 민족의 민주적인 역량을 과시한 것이요, 우리 민족이 민주정치를 실천할 만한 자격이 있음을 입증하는 것이다. …… 혁명 완성의 제반 과업은 장면(張勉) 정권의 숙제로 남게 되었는데 신국회,

---

* 『사상계』를 발행하면서 그는 전문 학술지의 간행도 도와주었다. 소장 역사학자들이 주도해 새로 조직한 역사학회의 기관학술지인 『역사학보』를 비롯해 『교육문화』, 『동방학지』, 『철학』, 『진단학보』, 『국어국문학』, 『영어영문학』 등 당시 우리 나라의 대표적인 학술지들을 맡아 출판해준 것이다.

신정부가 어느 정도의 성의와 능력을 가지고 이 과업에 주력하는가에 따라 새 사회, 새 시대가 출현할 수도 있고 구태의연한 사회가 지속할 수도 있는 것"(권두언: 『사상계』, 「지금 곧 행동하라」, 1960년 9월호)이라고 지적했다. 그는 한때 "원래 민주당의 성립 과정으로 보아 본질적으로 기대할 아무것도 없다는 것을 모르는 바 아니었으나 야(野)에 물러선 후의 그 위장에 속았다"고 비판했다(권두언: 『사상계』, 「파쟁·모함·멸망」, 1958년 2월).

장준하가 민주당 정부가 설립한 국토건설본부에 참여해 국토건설사업을 추진했던 것은 지식인으로 계몽적인 역할을 펼치고자 했던 그의 평소 사고와 부합하는 것이었다. 장준하는 국토건설본부 기획부장, 『사상계』 편집위원이었던 이만갑(李萬甲)과 신응균은 각각 조사연구부장과 관리부장을 맡았다. 국토건설사업은 우선 대학 졸업자 중 군복무를 마친 2천 명을 선발해 일정 기간 훈련을 시킨 후 국토 건설 요원으로 전국에 배치할 계획이었다. 그들을 6개월 동안 농촌에서 일하게 한 후 중앙 관서에 기용하고 장차는 지방의 군수들도 모두 국토 건설 요원으로 대체할 방침이었다.

그러나 이런 그의 계획은 5·16쿠데타로 중단되었다. 하지만 이른바 군사혁명위원회는 혁명 명분을 확보하기 위해 이 국토건설사업을 계속 추진하려고 했다. 장준하는 5·16 세력이 국토건설사업만은 민주당의 정책을 그대로 계승 실시한다는 포고까지 내놓고 정작 그들이 추진한 것은 민주당이 추진했던 사업의 정신적 바탕을 완전히 무시해버린 것이라고 비판했다. 민주당 정부는 건설 요원으로 대학을 졸업하고 군복무를 마친 자들 가운데 특히 우수한 인원을 선발한 후 훈련을 시켜 현장으로 보내려고 했다. 이에 반해 쿠데타 세력은 깡패들을 붙잡아 투입함으로써 국토건설사업을 불량배들의 강제 노동 현장으로 전락시켰다고 비판했다.

하지만 5·16이 일어났을 때 그는 『사상계』 권두언을 통해 쿠데타 세력이 내걸었던 구호에 찬동하고 5·16쿠데타의 당위성을 인정했다.

자유당과 본질적으로 다를 것이 없는 민주당은 혁명 직후의 정치적 공백기를 기화로 지나치게 비대해진 나머지 스스로 오만과 독선에 사로잡혀 정권을 마치 전리품처럼 착각하고, 혁명 과업의 수행은커녕 추잡하고 비열한 파쟁과 이권운동에 몰두해 그 바쁘고 귀중한 시간을 부질없이 낭비해왔음은 우리들이 바로 며칠 전까지 목격해온 바이다. …… 그 결과 절망, 사치, 퇴폐, 패배주의의 풍조가 이 강산을 풍미하고 있었으며 이를 틈타 북한의 공산도당들은 내부적 혼란의 조성과 붕괴를 백방으로 획책해왔다. 절정에 달한 국정의 문란, 고질화한 부패, 마비된 상태에 빠진 사회적 기강 등―누란의 위기에서 민족적 활로를 타개하기 위해 최후 수단으로 일어난 것이 다름 아닌 5·16군사혁명이다. …… 무능하고 고식적인 집권당과 정부가 수행하지 못한 4·19혁명의 과업을 새로운 혁명 제 세력이 수행한다는 점에서 우리는 5·16혁명의 적극적 의의를 구하지 않으면 안 된다. 따라서 이런 의미에서는 5·16혁명은 4·19혁명의 부정이 아니라 그의 계승 연장이 되어야 하는 것이다. (권두언: 『사상계』, 「5·16혁명과 민족의 진로」, 1961년 6월호)

그에게 5·16은 또 다른 가능성으로 인식되었다. 이는 4·19 후 정권을 맡은 민주당을 향해 "민주 반역자의 공직 추방과 부정 불법 축재의 몰수와 환원은 정의의 요구요, 제2의 독재 출현을 막기 위해 필수 불가결한 조건이다. …… 이 문제뿐 아니라, 낡은 질서 낡은 기풍을 일신하고 진정한 의미의 민주공화국, 국민이 안거낙업(安居樂業)할 수 있는 복지사회 건설"을 강조했던 것과 괘를 같이하는 것이다(권두언: 『사상계』, 「지금 곧 행동하라」, 1960년 9월호).

그는 스스로 "군인들을 잘 달래어 이 나라에 더 이상 어려움을 가져오지 않게 해야겠다는 충정과 그래도 젊은 의욕이 이 나라 건설에 다소나마 새로운 계기가 되지 않을까 하는 기대감에서 건설적인 충고"를 보내고자 했다는 것이다. 그는 부패한 정치인들과 관료를 대신해 새로운 집단인 군인들이 평소 자신이 희망했던 사회 개혁을 추진해주기를 은근히 기대했던 것이다. 그는 권력을 장악한 그들에게 우리 민족이 나아갈 방향을 제시해주기 위해 열심히 노력했다고 자부할 정도였다(『장준하전집』 3, 「사상계지 수난사」). 장준하는 "수백 년의 사회악과 퇴폐한 습성, 원시적 빈곤"의 해결을 시급한 과제로 여겨왔다. 그래서 "국제 공산제국주의와 대결하면서 자유와 복지와 문화의 방향으로 국가를 재건해야 하는 우리들의 민족적 과업은 크고도 어렵다"고 하면서 그 과업의 성취를 요구했다. 따라서 그가 생각한 혁명 과업은 "과거의 방종, 무질서, 타성, 편의주의의 낡은 껍질에서 자기 탈피해, 일체의 구악을 뿌리 뽑고 새로운 민족적 활로를 개척"하는 것이었다.

4·19 이후 그가 추진했던 실천적인 역할이 박정희의 쿠데타로 좌절되면서 그의 활동은 다시 계몽적인 분야로 옮겨갔다. 평소 장준하의 계몽주의적인 성향은 매우 강렬했기 때문에 쿠데타 세력까지 그 매개자로 활용하고자 했던 것이다. 당시 지식인들은 세계 여러 나라에 들어선 군사 정권들이 추진한 근대화 정책에 관심이 많았다. 그런 추세에 따라 처음 5·16이 일어났을 때 그는 예상과는 달리 반대하거나 거부하는 뜻을 드러내지 않았다. 그는 군사 정권의 특성을 파악하고 그에 대처하기보다는 쿠데타 세력에 대한 막연한 기대를 바탕으로 평소 그의 계몽주의적 발전·지향의 속내를 드러낸 것이다.*

장준하에게 구시대의 부패상과 후진성을 극복하는 과제는 근대화를 추진하기 위한 전제로서 중요한 문제였다. 하지만 그는 사회혁명을 통해 구시대의 역사적 모순을 타파할 때에 진정한 근대화의 기초가 마련될 수 있다고는 생각하지 않았다. 이는 그가 줄곧 반공주의를 근저에 안고 사회 문제에 접근해온 것과도 통하는 것이었다. 평소 그는 박정희 정권을 지원하는 것 때문에 미국을 비난한 적은 있지만 기본적으로 친미 반공주의적인 인식을 견지해왔다. 그는 미국 진영에 가담해 반공을 부르짖던 약소 국가들이 생활이 안일해지고 향락과 부패에 빠지면서 반미와 중립화를 주장하기에 이르렀다고 우려했다. 이는 공산 진영의 침략 정책에 말려드는 위태한 것으로, "평화 공존이라든가 중립화라는 교묘한 술책에 어리석게도 넘어가지 않을 뿐만 아니라, 우리의 주변에서 우리의 정신을 혼미하게 할 모든 독소를 제거하는 동시에 국민 정신을 정화하는 일대 국민운동을 일으킬 것이 시급히 요청된다"고 주장했다(『사상계』, 「이데올로기적 혼돈의 극복을 위하여」, 1960년 11월). 이런 인식은 계몽주의적이고 반공주의적인 사회의식에서 비롯된 것인데, 이는 군사 쿠데타 세력이 내세운 주장과 어긋나지 않았다.

장준하는 5·16쿠데타 정권이 주요 정치인들의 정치 활동을 금지시킨 이른바 정치활동정화법(1962년 3월)에 따라 부패 언론인으로 낙인 찍히고 그 여파로 5만 부를 상회하던 『사상계』의 판매 부수가 2만 6천 부 정도로 떨어지는 큰 손실을 입었지만 그때까지도 그는 군사 정권을 전면적으로 부정하지는 않았다. 그의 관심은 여전히 사회의 계몽적 성장에 있었던 것이다. 곧 그가 독자의 신뢰를 회복하기 위해 더욱 정성을 다해 충실한 잡지를 만들 것을 다짐하면서 내세운 방침은 "1. 민주재건을 촉구하는 이론의 전개, 2. 헌정 복구를 위한 전(全) 국정의 검토, 3. 민주주의의 근본 이념의 추구, 4. 자유의 재인식(공산주의와 대결할 정신적 거점으로서), 5. 민주 재건을 위한 지도 세력 문제, 6. 언론과 지식인의 각오, 7. 경제 건설 문제, 8. 교육 문제" 등이었다. 이렇듯 그는 군사 정권이더라도 사회 발전에 도움이 된다면 협조하고 도와주어야 한다는 입장이었다. 당시(1962년 8월) 필리핀에서 막사이사 이상 언론문학 부문 수상자로 장준하를 선정했다. 그들은 수상 이유를 "한국의 새로운 세대를 계몽해 그들로 하여금 더욱 자유로운 사회를 건설하는

---

* 사상계사 기자였던 安柄燮은 5·16이 일어난 후 장준하의 사상계사는 7월 4일경 쿠데타 주동자들과 미국 대사관 직원들을 한자리에 초대해 파티를 열었다고 증언하고 있다. 파티는 창경원 수정궁에서 열렸는데, 그 자리에는 미국 대사를 비롯해 쿠데타 주역들이 모두 모였고 박정희는 참석하지 않았다고 했다. 그 파티는 아마 두 집단을 서로 연결시켜주려는 의도에서 주선되었던 것으로 판단한다고 했다. (安柄燮, 「기쁜 우리 젊은 날의 사상계」, 『장준하의 생애와 사상』, 202쪽)

길을 찾게 했"기 때문이라고 밝혔다. 이것은 장준하의 활동에 꼭 맞는 평가라고 하겠다.

그러나 군인들이 끝내 그의 은근한 기대를 저버리고 새로운 폭력 집단이자 부패 이익 집단의 속성을 드러내기 시작하면서 그는 군사 정권을 향해 맹렬한 저항운동을 전개하기 시작했다. 그는 남은 생의 모든 것을 걸고 박정희 정권과 대결했다.

5. 계몽에서 저항으로

장준하는 그가 자란 시대적 배경에서 영향을 받아 줄곧 계몽 역할을 기본적인 소임으로 인식해왔다. 그가 일제하에서 보인 계몽 활동들은 그런 소임의 실천이었다. 그러나 일제의 식민지 침략이 근본 모순이라고 인식하면서부터 그 침략을 극복하기 위한 투쟁에 나섰다. 독립군에 투신해 일제와 무력항쟁에 나선 것은 그 같은 적극적인 저항 투쟁을 의미했다. 장준하의 이런 성향은 이승만과 박정희에 대해서도 그대로 드러난다. 처음에는 계몽적인 지원으로 시작했다가 마침내는 가장 적극적인 반독재운동으로 이어졌다. 초기 이승만 정권 시기에 『사상계』를 발간한 것도 계몽 활동의 일환이었다. 그러나 이승만의 독재가 극심해지자 이 정권과 정면에서 대항하는 반정부 비판을 전개했다.

『사상계』는 자유당 정권의 비정(秕政)을 가차없이 비판했다. 그 결과 4·19 이후 항간에서는 자유당 정권을 무너뜨린 것은 『사상계』라는 평이 나돌 정도였다. 『사상계』는 1958년 들어 함석헌(咸錫憲)의 「생각하는 백성이라야 산다」는 논설을 통해 자유당 정권을 신랄하게 몰아붙였으며, 그해 12월 보안법 파동이 일어났을 때는 권두언의 제목만 달고 내용은 백지로 비워두는 극한적인 형태로 항의했다. 1960년 3·15부정선거에 맞선 마산의거 이후에는 폐간을 각오하고 희생된 투사들에 대해 "당신들이 흘린 피는 ……

관의 폭력으로 민을 지배할 수 있다는 망상에 사로잡힌 흉도들의 가슴속에 깊이깊이 비수를 꽂아놓은 것"이라는 격렬한 헌사를 올리면서 투쟁을 통해 자유와 민권을 쟁취하자고 주장했다. 『사상계』는 이승만 정권과 첨예하게 대립하던 중에도 해마다 발행 부수가 늘어났으며 시간이 흐를수록 한국 사회 지식인의 구심점 역할은 확대되어 나갔다. 1950년대 말에는 4만 부를 발행해도 매진될 만큼 절대적인 위상을 확보했다.

1950년대는 『사상계』가 국민 계몽적인 역할에 충실할 수 있었다. 그러나 1960년대 군사 정권이 들어서면서부터 『사상계』의 주변 상황은 달라졌다. 이제 시대가 변함에 따라 『사상계』의 역할 또한 바뀌어야 했다. 지난날 이승만 정권과의 마찰은 스스로 새로운 사회를 건설하는 데 필요한 이념이나 신사상의 전달에 중점을 두었기 때문에 심하지 않았다. 그러나 박정희 정권의 속성은 『사상계』가 추구했던 방향과는 크게 달라 충돌이 심할 수밖에 없었다. 박정권의 거듭되는 반민주적이고 반민족적인 정책은 곧바로 사회적인 파장으로 이어졌다. 이제 『사상계』의 역사적 소임은 지난날의 계몽적 차원을 넘어 현실의 잘못을 비판하고 정권을 감시하는, 곧 정권과의 직접적인 대결과 저항으로 바뀌었다. 박정희 정권은 그런 『사상계』의 비판적 도전을 수용해낼 만한 여유가 없었다. 『사상계』에 대한 박정희 정권의 탄압은 이승만 시대보다 훨씬 강력하고 집요했으며 수법 또한 교활했다.

처음 5·16쿠데타가 발생했을 때 장준하는 『사상계』 권두언을 통해, "4·19혁명이 입헌정치와 자유를 쟁취하기 위한 민주혁명이었다면 5·16혁명은 부패와 무능과 무질서와 공산주의의 책동을 타파하고 국가의 진로를 바로잡으려는 민족주의적 군사혁명이다"라고 성급하게 찬양에 가까운 글을 게재한 바 있다. 그러나 바로 다음호인 7월호에는 논조를 달리해서 군사 정권에 대한 심각한 우려를 표시했다. 장준하는 권두언에서 시급히 민주주의를 복구시킬 총선 일자의 공표를 요구했고, 또 함석헌의 「5·16을 어떻게 볼까?」라는 논설을 실어 군인들이 총칼로 감행한 쿠데타를 신랄하게 비판했다. 이때부터 장준하와 박정희 간의 타협할 수 없는 오랜 대결이 시작되었다.

장준하의 박정희 쿠데타 집단에 대한 비판은 군정 연장 반대로부터 본격화했고 굴욕적인 한일회담 반대에 이르러 맹렬하게 전개되었다. 박정희는 경제 협력을 얻기 위해 정권의 운명을 걸다시피 하면서 한일회담을 굴욕적으로 추진했다. 사상계사는 이 무렵 매일같이 각 부문의 교수들을 초청해 좌담회와 토론회를 열었다. 또 한일 국교 문제를 연구하게 한 후 집필을 의뢰해 『사상계』에 발표하도록 하는 등 대일 굴욕외교 반대투쟁의 전략 본부와 같은 구실을 했다. 이때의 『사상계』 필봉은 그 어느 때보다도 날카로운 정점에 이르렀다.

이렇게 장준하가 『사상계』를 앞세워 반정권운동을 벌이자 박정희 정권은 사상계사를 고사시키기 위해 갖은 수단을 동원했다. 서점 판매를 금지시켰다가 모조리 한꺼번에 반품시키도록 했고 인쇄를 방해하고 세무 사찰을 통해 거액의 추징세를 물리기도 했다. 당국은 그 와중에 장준하를 대통령에 대한 명예 훼손 혐의로 구속했다. 1966년 삼성 재벌이 일본에서 사카린을 밀수해오다 적발되었는데 이것을 장준하가 "밀수 왕초는 바로 박정희란 사람입니다"라고 대구연설회에서 비판했던 것이다.

1967년에는 장준하를 비롯한 사상계사 인사들이 나서서 난립해 있던 야권 대통령 후보를 단일화시켰다. 그리고 장준하는 통합야당의 대통령 후보 지원 유세에 열심히 참여했다. 그 유세 연설 가운데 박정희를 비판한 내용이 허위 사실을 유포한 것이라고 하여 장준하는 선거법 위반 혐의로 또다시 투옥되었다. 그러자 그는 곧 이어진 1967년 6월 국회위원 선거에 옥중 출마했다. 그렇게 국회의원으로 당선된 후 이번에는 정치인으로서 대정부 투쟁에 앞장섰고 민주 투사로서 직접 거리에 나서기도 했다. 장준하는 국회의원이 된 후 1968년부터 『사상계』를 편집위원이었던 부완혁(夫琓爀)에게 넘겨 운영하도록 했으나 1970년 5월 『오적』(五賊) 필화 사건(筆禍事件)으로 『사상계』는 끝내 정간되고 말았다.

1969년 박정희는 장기집권을 위한 삼선개헌을 추진했다. 이때 장준하는 국회위원 신분이면서도 재야 인사들과 함께 가두시위를 감행했다. 장준하와 박정희의 대립은 유신독재하에서 가장 첨예하게 전개되었다. 장준하는 유신헌법 개정을 위한 '100만인 서명운동'을 전격적으로 조직하고 활동에 돌입했다. 박정희 종신집권 구도에 감히 누구도 반대하지 못하도록 온갖 수단을 동원해 극악하게 탄압하던 시기에 장준하는 아랑곳하지 않고 항거하고 나섰다. 박정희는 이른바 긴급조치 1호라는 것을 발동해 유신헌법을 비방하거나 헌법 개정을 주장하는 일체의 행위를 금지하면서 위반자는 15년의 징역에 처하겠다고 했다. 장준하는 박정권의 협박에도 불구하고 백기완(百基玩)과 함께 개헌 청원 서명운동을 추진하다가 1974년 1월 체포되어 군법회의에서 15년 징역형을 선고받았다. 1년 정도 형을 살던 그해 12월 건강이 악화되어 형집행 정지로 석방되었다. 쇠약해진 건강을 추스르면서도 여전히 반유신운동을 전개하기 위해 활동하던 중 1975년 8월 17일 포천 약사봉 산행길에서 맞이한 의문의 죽음으로 57세에 생을 마감했다.

6. 민족 통일을 향해

장준하는 평소 글을 유창하게, 손쉽게 쓰는 편도 아니었고 연설을 잘하는 웅변가도 아니었다고 여러 지인들이 언급하고 있다. 박경수, 유경환을 비롯한 『사상계』 기자들과 일부 편집위원들은 가끔 장준하의 이름으로 글을 대필해주었다고 증언했다. 장준하의 수기인 『돌베개』도 박경수, 유경환 등이 구술을 받아 집필했다고 한다. 박경수는 『장준하 평전』에서 "장준하는 원래 수사학적 문장가로서 글을 유창하게 쓰는 사람도 아니지만 연설을 잘하는 웅변가도 아니었다. 자기의 생각과 사상을 직설적으로 풀어 전달하는데 그게 다소 정연하지 못한 데가 있다 하더라도 정직하게 진실을 말하는 점으로 사람을 감동시키는 그런 인간형이었다"고 평한 바 있다(박경수,『재야의 빛 장준하』).

장준하는 필요할 때는 각 대학을 비롯한 여러 시국강연회에 참석해 박정희 정권에 대한 비판의 강도를 높여 나갔다. 박정희의 사상적인 의혹에서부터 박정권이 내세운 민족적 민주주의나 한국적 민주주의 등 정략적 선전에 대해 그 허구성을 파헤치는 강연 활동을 분주히 전개했다. 대일 굴욕외교 반대투쟁이 치열하던 1964년, 1965년에는 더욱 분주한 강연 활동을 전개했다.

박정희의 모든 것을 비판하고 반대하던 장준하도 단 한 가지 일에서만은 그를 지지했다. 그것은 1972년 남북한 간에 발표된 7·4공동선언이었다. 7·4공동선언이 발표되자 장준하는 "지난 7월 4일 남북한 공동성명이 발표되고 8월 말과 9월 초에는 적십자회담을 위해 갈라졌던 동포가 27년 만에 오고갔다. 민족적 양심에 살려는 사람의 지상 과제가 분단된 민족의 통일이라고 할 때 어떻게 이 사실을 엄청난 감격으로 받아들이지 않겠는가. ⋯⋯ 진실로 남북 공동성명과 적십자회담이 민족 평화통일의 첫발이 된다면 그것은 우리 민족 모두의 인간적 고통의 해결이요, 민족사가 자기 파괴와 왜곡의 역사를 청산하고 새로운 막을 올리는 계기가 될 것"이라면서 그 의미를 높이 평가했다(『씨울의 소리』,「민족주의자의 길」, 1972년 9월).

그러나 7·4성명이 유신 독재를 만들어내기 위한 기만적인 술책에서 비롯된 것으로 드러나자 장준하는 7·4성명은 한 장의 휴지에 지나지 않았다고 하면서 참을 수 없는 분노를 터뜨렸다. 그러나 7·4공동선언이 나오면서부터 장준하는 통일 문제에 집중적인 관심을 기울이게 되었다. 이전까지 북한공산 정권에 대한 장준하의 인식은 냉전의식의 범주 안에 머물러 있었다. 예컨대 북한 정권에 대한 인식은 "우리 대한민국 국토의 반은 공산 괴뢰 집단에게 강점당하고 있는 것이 우리의 현상 아닌가. 사실상 그 반에 해딩하는 국토와 따라서 1천6백만에 해당하는 우리 국민의 생명, 재산의 보호 임무를 다하지 못하고 공산 괴뢰의 노예로서 어쩔 수 없이 버려둔 채……" 운운하는 데서 볼 수 있듯이 냉전적 사고의 틀을 벗어나 있지 못했다. 해방정국의 여운형(呂運亨)과 '건준'(建準)에 대해서도, "그 건국준비위원회의 내부에는 좌익 계열들이 압도적으로 많아 어느덧 여운형은 그들의 포로가 되어버렸으며 그들은 멋대로 소위 인민공화국의 각료까지 발표하기에 이른 것이다"(『돌베개』)라고 하면서 부정적 시각을 감추지 않았다. 그러나 1973년에 강연을 위해 준비한 글에서는 몽양(夢陽)을 중심으로 한 건준은 8·15 해방 전의 항일운동체인 건국동맹과 농민동맹을 모체로 해서 민족 해방을 맞으려는 기민한 대책이었다고 하면서, 최초의 국내외 세력의 통일 전선 구축이라는 측면에서 건준을 높이 평가해야 한다고 했다.

이 즈음부터 장준하는 민족 통일에 대한 자신의 생각을 거침없이 쏟아내기 시작했다. 이제 그의 관심은 민족 통일로 옮겨갔다. 그는 "모든 통일은 좋은가? 그렇다. 통일 이상의 지상 명령은 없다"라고 했다.

그는 어떤 일을 하든 모든 것을 바쳐 도전했다. 임정을 향해 학병을 탈출할 때도, 임정에서 선배 요인(要人)들을 비판할 때도, 잡지를 발간하는 일에서도, 박정희 독재와 투쟁하는 과정에서도 한치의 주저함 없이 온몸으로 도전했다. 온몸을 던져 투쟁에 임하는 그의 의지는 "나는 일전에 수유리의 4·19 묘지에 갔다가 새삼스레 느낀 일이 있었다. 그것은 185위의 묘 중 어찌 단 하나의 어른 묘도 없이 한결같이 모두 젊은 학생들의 묘뿐인가 하는 것"(『장준하전집』 3 수록, 「죽음에서 본 4·19」, 1972년 4월)이라는 소회(所懷)에 결연하게 드러나 있다. 그는 교수나 교사나 소위 나라를 사랑한다는 정치인들이나 지도자를 자처하는 사람들의 죽음은 왜 하나도 없는지에 대해 통절(痛切)하게 묻고 있는 것이다. 이러한 의지는 그가 『돌베개』를 저술하면서 "못난 조상이 또다시 되지 말아야 한다는 말을 이 수기 속에서 중언부언했다. …… 이 말이 곧 나라를 빼앗긴 우리의 못난 조상에 대한 한스러움과 다시는 후손에게 욕된 유산을 물려주지 않으려는 우리의 단호한 결의 그

것이었기 때문"이라고 밝힌 동기와 서로 연결된 의지인 것이다.

　장준하의 일생에서 드러난 큰 특징은 시대상이 변하는 데 따라 그 자신도 꾸준히 성장해갔다는 점이다. 기독교 신학생에서 항일 독립투사로, 근대주의 계몽 활동에서 반독재 저항운동으로, 자유주의 반공 이념에서 벗어나 민족 통일을 향한 끊임없는 자기 혁신을 이루어냈다. 그렇기 때문에 장준하의 생애를 통해서 우리는 20세기 역사의 생생하고 격동적인 흐름을 살펴볼 수 있는 것이다.

참고문헌

『장준하전집』 1~3, 세계사, 1992.
  1. 『돌베개』(학병 탈출로부터 행방 후 귀국시까지의 2년간 수기)
  2. 『지식인과 현실』(『사상계』에 실린 권두언과 편집 후기 모음)
  3. 『민족주의자의 길』(장준하의 논설, 브니엘, 사상계 수난사 등 자전적 기록 모음)
장준하 선생 추모문집 간행위원회, 『장준하의 생애와 사상』, 나남출판, 1995(지인들의 회고,
    증언, 추모문, 추모 학술토론회 발표문).
박경수, 『평전 ―재야의 빛 장준하』, 도서출판 해돋이, 1995(2003년 개정판, 『장준하』, 돌베
    개).
김상태, 「근현대 평안도 사회 지도층 연구」, 서울대학교 박사학위 논문, 2002.
김건우, 「1900년대 후반 문학과 사상계 지식인 담론의 관련 양상 연구」, 서울대학교 박사학
    위 논문, 2002.

저자
소개
3

* 본문 수록순

이영학 한국외국어대학교 사학과 교수

『대한제국의 토지조사사업』, 「17세기 사회경제적 상황」, 「개항 이후 조선인 어업의 근대화 시도와 그 좌절」

송찬섭 한국방송통신대학교 교수

『朝鮮後期 還穀制改革研究』, 「1862년 진주농민항쟁의 조직과 활동」, 「正祖代 壯勇營穀의 설치와 운영」

박인호 세명대학교 교양과정부 교수

『한국사학사대요』, 『조선후기 역사지리학 연구』, 『조선시기 역사가와 역사지리인식』

서영희 한국산업기술대학교 교양학과 교수

「명성왕후연구」, 「명성왕후재평가」

서현주 서울대학교 규장각 책임연구원

『京城府의 町總代와 町會』, 『朝鮮末 日帝下 서울의 下部行政制度 研究』

류승렬 강원대학교 역사교육과 교수

『뿌리깊은 한국사 샘이깊은 이야기』, 「한말 교육 운동의 추이와 객주」

김승태 한국기독교역사연구소 연구실장

『한국기독교의 역사적 반성』, 『일제 강점기 종교정책사 자료집』(편역)

이상찬 서울대학교 국사학과 조교수

「乙未義兵 지도부의 1894년 反東學軍 활동」, 「1896年 義兵運動의 政治的 性格」, 「1900년대 초 일본과 맺은 조약들은 유효한가」

정병준 목포대학교 역사문화학부 교수

『몽양여운형평전』, 「이승만의 독립노선과 정부 수립운동」, 「한국 농지개혁 재검토」

전우용 서울시립대학교 서울학연구소 상임연구원

『19세기말～20세기초 韓人 會社 硏究』,「한국 근대의 華僑問題」,「대한제국기 ~일제초기 선혜청 창내장의 형성과 전개」

이호룡 덕성여자대학교 연구교수

『한국의 아나키즘 —사상편』,「해방 이후 아나키스트들의 조직과 활동」

서중석 성균관대학교 사학과 교수·역사문제연구소장

『한국근현대의 민족문제연구』,『한국현대민족운동연구』,『비극의 현대지도자』

홍순권 동아대학교 사학과 교수

『한말 호남지역 의병운동사 연구』,「일제시기 직업소개소의 운영과 노동력 동원 실태」

박찬승 충남대학교 국사학과 교수

『한국근대정치사상사 연구』,「일제 지배와 한국 민족주의의 형성과 분화」

정재정 서울시립대학교 국사학과 교수

『일제침략과 한국철도 1892～1945』,『일본의 논리 —전환기의 역사교육과 한국인식』,『韓國의 論理 —轉換期의 歷史敎育과 日本認識』

박태균 서울대학교 국제대학원 교수

『조봉암 연구』,「1956～1964 한국 경제개발계획의 성립 과정」

김태웅 군산대학교 사학과 조교수

『1862년 농민항쟁』,『뿌리깊은 한국사 샘이 깊은 이야기-근대-』

권태억 서울대학교 국사학과 교수

「통감부 설치기 일제의 조선 근대화론」,「근대화·동화·식민지 유산」,「동화정책론」

장동표 밀양대학교 교양과정부 교수

『朝鮮後期 地方財政硏究』,「조선후기 밀양 표충사(表忠祠)의 연혁과 사우(祠宇) 이건 분쟁」,「산수 이종률의 민족운동과 민족혁명론」

홍석률 성신여자대학교 사학과 교수

『통일문제와 정치, 사회적 갈등』, The Reunification Issues and Civil Society in South Korea(*The Journal of Asian Studies*)

안병욱 가톨릭대학교 국사학전공 교수

「민족통일과 한국사학의 과제」,「6월민주항쟁의 계승과 민족민주운동의 과제」,「19세기 향회(鄕會)와 민란(民亂)」